厚德健行 取精用弘

——浙江工业大学文化研究文集

浙江工业大学老教授协会 编

浙江工商大学出版社
ZHEJIANG GONGSHANG UNIVERSITY PRESS

图书在版编目(CIP)数据

厚德健行 取精用弘：浙江工业大学文化研究文集 /
浙江工业大学老教授协会编. —杭州：浙江工商大学出
版社，2017.11

　　ISBN 978-7-5178-2328-5

　　Ⅰ. ①厚… Ⅱ. ①浙… Ⅲ. ①浙江工业大学—校史—
文集 Ⅳ. ①G649.285.51—53

　　中国版本图书馆 CIP 数据核字(2017)第 200263 号

厚德健行 取精用弘
——浙江工业大学文化研究文集
浙江工业大学老教授协会 编

责任编辑	王黎明
封面设计	林朦朦
书名题签	周　旭
篆刻设计	周　旭
责任印制	包建辉
出版发行	浙江工商大学出版社
	(杭州市教工路 198 号　邮政编码 310012)
	(e-mail:zjgsupress@163.com)
	(网址:http://www.zjgsupress.com)
	电话:0571-88904980,88831806(传真)
排　　版	杭州朝曦图文设计有限公司
印　　刷	杭州恒力通印务有限公司
开　　本	710mm×1000mm　1/16
印　　张	27.25
字　　数	522 千
插　　页	16 面
版 印 次	2017 年 11 月第 1 版　2017 年 11 月第 1 次印刷
书　　号	ISBN 978-7-5178-2328-5
定　　价	60.00 元

浙江工业大学老教授协会第五届理事会成员

前排左起：李　瓯、周　　南、贺亚娟、曾鹤翠、姜海陵、钱重芳、胡朋子、翁爱湘
二排左起：曹志锡、邱继征、陈文光、徐鹤鸣、蔡增伸、朱锦忠、林宝琨、张治辉
后排左起：王治平、王积瑾、徐伟良、吴炎曦、贾高顺、姜一飞、唐　　明、罗国勋
（吴惠民、顾伟民、盛华三位理事因故缺席）

编委会与部分作者的合影

前排左起：王光云、刘化章、林宝琨、贾高顺、蔡增伸、姒承家、张康达、张　澄、
　　　　方铭阁、徐德明、肖延龄
后排左起：唐　明、曾鹤翠、王积瑾、梁利华、高增梁、姜一飞、吴炎曦、邸继征、
　　　　朱良天、徐伟良、王治平、翁爱湘

浙江中等工业学堂 1911.3-1912.3

宁波公立中等工业学校 1912.3-1914.8

江苏省立松江高级应用化学职业学校 1927-1950

浙江公立中等工业学校 1912-1913

旧宁属县立甲种工业学校 1914.8-1923.9

江苏工业学校

浙江公立甲种工业学校 1913-1920

旧宁属县立工业学校 1923.9-1926.9

江苏省立苏州高级工业职业学校 1946.9-1949.5

浙江公立工业专门学校 1920-1927 ——工专

旧宁属县立工业职业学校 1926.9-1927.8

苏州高级工业技术学校 1949.5-1951.1

甲种工科

宁波市立工业职业学校 1927.8-1930.8

第三中山大学工学院附设高级工科中学 1912?-1928

苏南苏州高级工业技术学校 1951.1-1952(冬)

宁波市立工科高级中学 1930.8-1931.2

浙江大学工学院附设高级工科中学 1928-1930.8

江苏省立苏州高级工业技术学校 1952(冬)-1953.3

鄞县县立高级工科中学 1931.2-1933.8

国立浙江大学代办高级工科中学 1930.8-1933.9

江苏省苏州高级工业技术学校 1953.3-1953.8

鄞县县立高级工业职业学校 1933.8-1934.8

国立浙江大学代办浙江省立高级工业职业学校 1933.9-1935.9

化工

浙江省立宁波高级工业职业学校 1934.8-1941.4

国立浙江大学代办浙江省立杭州高级工业职业学校 1935.9-1937.11

私立蜀蒙工业职业中学 1942.2-1943.4

英士大学代办浙江省临时中学第四部 1941.11-1942.3

浙江省立浙西临时高级工业职业学校 1944.3-1946.2

恢复

私立瑞安蜀蒙工业职业学校 1943.3-1953.8

英士大学代办浙江省立宁波高级工业职业学校 1942.3-1943.8

浙江省立杭州高级工业职业学校 1946.2-1950.3

旧温属联立工业职业学校 1946.10-1948.8

浙江省立宁波高级工业职业学校 1943.8-1950.2

浙江工业干部学校 1950.3-1952.10 ——土木 纺织

浙江省立温州高级工业职业学校 1948.8-1952.10

杭州市私立大勇高级测量科职业学校 1934(上半年)-1950.2

杭州工业学校 1952.10-1953.8 ——水电

浙江省温州工业学校 1952.10-1953.8

化工

化工

浙江测量讲习所 1928.3-1934(上半年)

杭州化学工业学校 1953-1958.6

杭州化工学校温州分校 1953.8-1954.8

浙江化工专科学校 1958.6-1960.8

浙江经济管理干部学院 1984.8-1994.11

衢州化工专科学校 1958.6-1960.3

浙江化工学院 1960.8-1980.10

杭州船舶工业学校 1960.2-1999.7

浙江工学院 1978.2-1993.12

浙江省建筑材料工业学校 1979.1-2001.3

浙江工业大学 1993.12至今

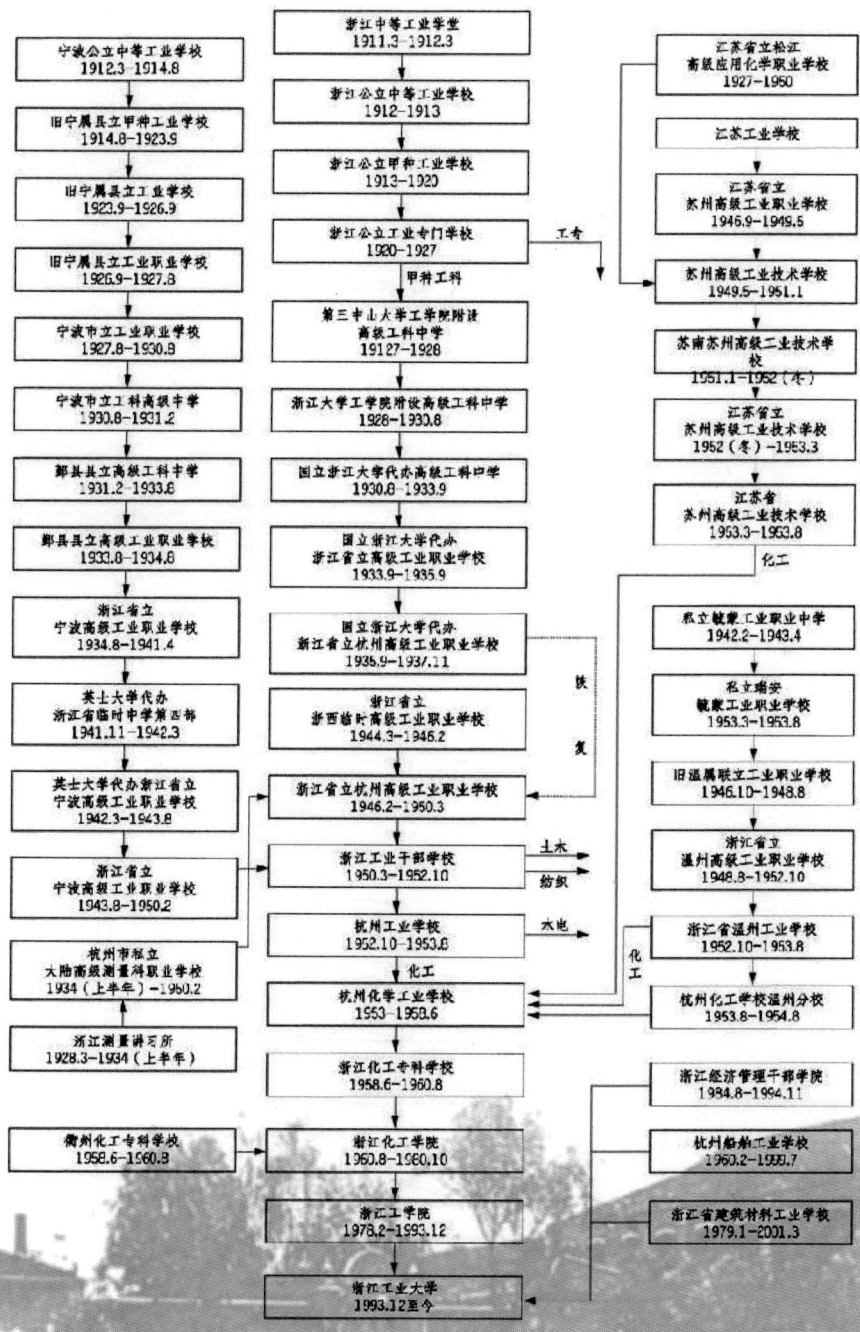

浙江工业大学沿革图

中国化工教育之父李寿恒（1898—1995）

2013 年，浙江工业大学建校60周年之际，在屏峰校区设立了"学渊纪念碑"，其格式系仿自1934年夏建立的浙江工业教育二十周年纪念塔，它既是浙江工业教育的纪念碑，也是浙江工业大学历史渊源的纪念碑

1950年代：杭州化学工业学校校门

1960年代：浙江化工学院大门

08-60年代：衢州校区大门

1970年代：浙江化工学院校区俯瞰

2011年新立于浙江化工学院原校区的学缘石

简易竹桥（现拓工桥）

1980 年代：浙江工学院的拓工桥，其前身是一座简易竹桥

1990年代：浙江工学院朝晖校区大门

1990年代：朝晖校区翔园俯瞰

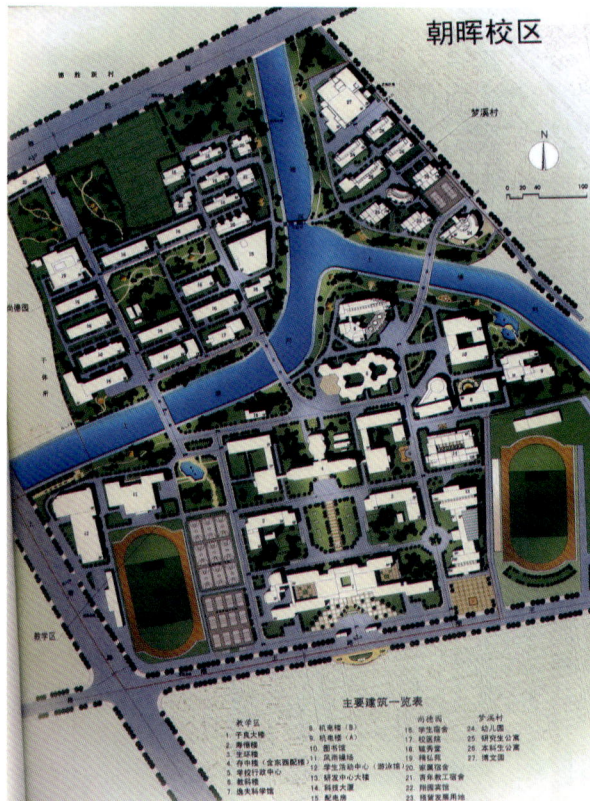

1990年代：朝晖校区规划图

ZHEJIANG UNIVERSITY OF TECHNOLOGY

1953

厚德健行

2000年代：校徽和校训

2000年代：朝晖校区大门

2000年代：之江学院大门

2000年代：屏峰校区规划图

2010年代：屏峰校区一角

2013年：屏峰校区西大门

2019年即将启用的德清校区鸟瞰设计图

前言 FOREWORD

HOUDEJIANXING
QUJINGYONGHONG

　　"文化",本身是一个很抽象、很难界定的概念。宽泛地说,"文化"就是人类精神活动的各种表现(包括物质表现)的总和(包括历史的积淀和现实的表现)。有文化,是人类超脱于动物界的基本标志之一。

　　大学,作为一处集中从事文化活动的场所,既是文化的产物,也是文化的产地。在特定历史和社会背景之下,一所大学创立和发展的过程,必定会蕴含特定的文化内涵,形成自身的文化特质。这所大学的文化,就是它自诞生以来所积累的物质成果和精神成果的总和,也是它的师生们多年来的创造和传承。如果在它诞生若干年后,能从文化的视角回眸它的成长历程,审视一路的长短得失,发掘和解读它的精神内涵和文化特质,这必将有利于后来者汲取它的经验教训,传承和发扬它的精神财富和文化传统,使它今后走得更好。

　　2007年,北京大学、清华大学和高教出版社联合组建的"大学文化研究与发展中心"联合一批国内的著名大学,共同发起了名为"中国大学文化百年研究"的重大课题(列入了教育部人文社会科学研究2007年度规划基金项目),并主编出版了"中国大学文化百年研究系列丛书"。截至2013年,北京大学、清华大学、中国科学技术大学、上海交通大学、复旦大学、中山大学、湖南大学、浙江大学等,先后出版了各自的研究专著。这些专著模式不一、结构各异,分别阐述了各自文化研究的成果,对全国其他大学的文化研究起到了很好的借鉴,营造了良好的氛围。目前,这一研究在许多大学里已经从校史、院史的研究进展到系史的层次了。

浙江工业大学(简称浙工大),是浙江省的一所地方综合性大学,它肇源于上世纪初叶兴办新学的热潮中,初创于中华人民共和国成立之初的工业化需求中,历练于共和国成长的风雨历程中,勃兴于改革开放的新时期中,到如今,已昂然立于全国高校的百强行列中。六十多年一路走来,这所学校从单科性中专、大专、本科,到多科性工学院,再到综合性大学,非常坎坷,非常典型,也非常精彩。经历这一过程的许多老人,每当回忆起那些呕心沥血、跌宕起伏、伤痕与勋章共辉的奋斗历程,总会心情激荡、唏嘘不已。趁老人们还健在,借全国大学文化研究的东风,抢救和研究浙工大这半个多世纪的历史记忆,挖掘其中蕴含的精神理念、文化内涵和经验教训,给后来者留下丰富的文化财富,此其时也!

浙工大老教授协会,是浙工大的一批退休教授自愿组织起来的群众组织。这些老教授们在浙工大工作多年,是它发展历程的亲历者和见证者,对它很有感情,退休后仍然关心着它的状态和发展,有些人还在一些岗位上继续发挥着余热。作为一个有着较高文化素养的群体,他们自认对浙工大的文化研究有一份责任,自 2002 年协会成立以来,就一直致力于对浙工大教学、科研和文化的研究,先后组织开展了十五项研究课题,还经常举办各种文化联谊活动。2013年底,协会发动会员群策群力,出版了第一部浙工大文化研究文集《大学学术文化与校史文化》,作为向浙工大一甲子校庆的献礼,获得了广泛好评。

2014 年 1 月,为了跟上全国大学文化研究的潮流,由会长毛信德牵头,向学校申报了"浙工大文化研究"课题,得到了校党委和宣传部的肯定和支持。课题组邀集了如承家、徐德明、林宝琨、朱良天、蔡增伸、罗国勋、贾高顺、王积瑾、王治平、姜一飞、邸继征、唐明等一批退休老领导、老教授,参阅已出版的各高校文化研究的专著,开始了对浙工大文化的系统研究。他们不但自己着手收集材料、访谈老人、撰写文章,还广泛发动更多的会员共同参与。不幸的是,2014 年12 月毛会长抱憾辞世,常务副会长蔡增伸接过了领导课题组的重任,全组成员又经过两年多的共同努力,终于结出了现在的这个硕果——浙江工业大学文化研究的第二部文集《厚德健行 取精用弘》。

本文集包括三个部分:

第一部分"学校篇",阐述浙工大的校史沿革及其文化内涵。共有十二篇文章,其中前五篇文章是纵向的,追踪校史发展的五个阶段及其文化形成:

一、浙工大前史:作为文化渊薮和背景的中国文化传统和浙江地域文化渊源;

二、1953 年至 1960 年:初创的化工学校从中专、大专到本科的八年奋斗;

三、1960 年至 1980 年:在曲折动荡中艰苦办学二十年的浙江化工学院;

四、1978 年至 1993 年:在改革开放中重获新生、鼎新奋进十五年的浙江工学院;

五、1993 年至 2013 年:升格上台阶、跨越腾飞二十年的浙江工业大学。

后七篇文章是横向的,分别研究了几个断面的文化现象:上世纪六十年代初乌溪江化工学院的史事、浙江工学院的诞生和华丽转身、七十年代的科研起步、八十年代的存中楼建设、九十年代的学风建设、新世纪的校训文化建设,以及多次校园变迁的文化研究。

第二部分"院、系、学科篇",共有十九篇文章,首先概述了浙工大主要学科集群的演化发展脉络,然后分别阐述了若干学院、系和学科的发展及其文化,涉及的学科领域(参照教育部颁发的一级学科名录)大致有:化学、化学工程与技术、机械工程、力学、信息与通信工程、计算机科学与技术、建筑学、土木工程、生物学、食品科学与工程、环境科学与工程、药学、教育学、数学、物理学、经济学、管理科学与工程、公共管理、工商管理、哲学、政治学、马克思主义理论、中国语言文学、外国语言文学、新闻传播学、兵器科学与技术,等等,涵盖了浙工大现有的大部分学科。

由于各学科发展的历史长短不一、路径不同、特色各异,撰写人也各有自己的见解和风格,所以对学科文化的解读和叙述也各有千秋。我们尊重这种多元性,基本保留了撰写人原有的风格和他们各自文化研究的观点。

第三部分"学人篇",限于篇幅,仅有八篇文章,象征性地收集了几位学者的简要介绍或个人回忆,有的甚至只是速写似的"一瞥",所谓"窥一斑而知全豹",希望多少能展现一些浙工大学人的文化面貌。这一部分的更多内容或许将来会另外成书。

三个篇章共有三十九篇文章,有长有短,或详或略,读者可以从中读到关于浙工大文化的多侧面、多视角的描述。虽不能说它们已经把浙工大文化阐述得多么清晰、多么深入,但可以肯定这些描述是真实的,而且很有"浙工大特色"。概要提炼一下,我们觉得浙工大的文化至少包含了以下几方面的特质:

1. 行政主导:浙工大从初创开始就是政府主办的,因而学校的各方面都始终服从党和政府的直接领导,它的文化自然就有浓厚的行政化色彩,比如坚持政治导向、崇尚"厚德载物"、遵从政府的各种安排。应该说,这是所有公办学校的共同特征,也是公办学校能够稳步发展壮大的基本保证。但是,行政命令并非总能符合教育事业发展的规律和需求,教育过于依附行政也会有负面作用,例如:学校的从属关系六十多年来在化工部和浙江省教育厅之间多次来回变换,最后发展成"省部共建",导致学校的办学目标、治学理念、管理体制、专业设置乃至办学地点,都跟着来回变换,才会有"五年三迁"的荒唐故事,领导和师生们常感难以适从,学校的办学之路也格外曲折。至于"文革"中的折腾和瘫痪,那更是遍及全国教育领域的惨痛而深刻的教训。

2.经世务实:中华人民共和国成立初期创办化工学校,就是为了培养国家工业化起步急需的化工人才,针对性非常强。在以后六十多年的发展中,浙工大也一直秉承着这种专业指向明确的传统,从专业设置、教学实习、学科建设,到校办企业、社会服务,都以化工部和浙江省经济发展的急迫需求为导向;对学生的培养,也始终强调"卓越工程师"的基本方向,既重视基本知识和理论,也重视基本技能和应用,突出"健行",强调"上手快",学校的精英培养班也冠名为"健行学院"。这既秉承了浙江地域文化中"经世致用"的古老传统,也体现了现代高等教育"服务社会"的重要功能。多年来浙工大的毕业生一直口碑不错,比较受社会欢迎,也应该与此有关。但是,过于强调经世务实,也容易使人眼界狭窄,囿于实用和经验,弱于理性思考和人文情怀,长远来看也会局限人们的视野开拓、深层哲思和求变创新,对培养全面发展的高素质人才也是不利的。放大来看,强实用而弱思维、重经验而轻理论,其实也是中国传统文化的短板之一。

3.艰苦奋斗:从初创开始,在浙工大的每一个发展阶段,时任领导和各级管理人员都保持了艰苦奋斗、因陋就简、不事铺张的朴素作风,为了办学,许多时候是有条件要上,没有条件创造条件也要上。浙工大历史上先后建起了四个校园、搬迁了六次,每次都从极简陋的条件起步,边建校边办学。在极困难的时候,为了保障教学科研的需要而常常因陋就简、将就替代。而在条件较好的时候,它也秉持着够用就好、不事铺张的原则,比较注重节约。这与它的务实理念有关,无疑是一个很好的文化传统。不过,应付、将就毕竟不是办一流大学的气魄,未来的高水平大学更需要有相应的前瞻和大气。

4.追求卓越:浙工大的发展历程有若干不同的阶段,各阶段的定位和目标也各有不同,但各时期的学校领导和教师们总能在相应的层次上追求卓越。在部属中专阶段,它成了化工系统的中专教育领跑者;在单科性工科院校阶段,它又成了全国化工系统教育领域的佼佼者,因而在教育系统的寒冬岁月中得以坚强存活;改革开放以后,刚刚转身为多科性地方工科院校,它就立志争创地方工科院校的全国一流;升格为综合性大学之后,它又瞄准了国内一流、世界著名的研究型大学的更高目标。在六十多年的发展中,浙工大始终有一股积极向上、追求卓越的精气神,这是浙工大文化中最耀眼的特质。有高目标、有精气神,才能有昂扬斗志、有聚力方向,也才能吸引高水平人才,所以这种特质无疑极其可贵。但是也应该清醒地看到,过于看重排名、声誉,也容易令人急功近利、重表轻里,片面追求"业绩",而忽视学术基础和学养素质的深厚积累。应该认识到,在教育领域,厚实的积累比奋进的精神更重要。

除此之外,关于浙工大文化可以讲的还有很多,比如勇于改革和进取,强调育人为先,追求工科与理科、理工科与文科的融合,鼓励和推进创新开拓,等等,但最具有浙工大特色的，主要是上面几点。这些文化特色，如今已凝聚成了浙工大的"厚德健行"校训和"取精用弘"学风。

文化，本来就是一个难以说清的话题，何况我们所研究的对象又经历了六十多年的演化，各个阶段的文化主题和色彩自会有所不同，其成长道路的曲折、文化内涵的纷繁，更像是一个无比丰厚、采撷不尽的矿藏。因此，本文集述及的历史，只是各位撰写人记忆和理解的历史，对于各文所述及的事件、人物和文化现象，各人都立足于自己的视角、理解和感受，即使对同一事件，也可能会有不同的认识。在编辑这部文集的时候，我们只要求叙事的真实性，尽可能尊重作者的个人观点和行文风格，言明文责自负。对可能的歧见，我们存而不议，不加评判，留给后人去评说。这样，所谓"浙工大文化研究"，也就无法进行统一的、模式化的文化论述，而只能散见于各篇文章，并会呈现出多元状态。因此需要申明：如果读者对某个说法有不同见解，请与原作者商榷，编委会不负责解释，敬请见谅。

最后，我们愿借此机会，向关心、支持我们进行这项工作的浙江工业大学党委、宣传部、档案馆、校史办、有关学院的院办，以及广大的老教授协会会员们，表达衷心的感谢！

《厚德健行 取精用弘》编委会

2017 年春

目 录 CONTENTS

HOUDEJIANXING
QUJINGYONGHONG

院、系、学科篇

学校篇 PART ONE
HOUDEJIANXING
QUJINGYONGHONG

我校源远流长的文化脉络

林宝琨

　　回望我校 60 余年的校史,虽然历经了中央部属和省属的隶属体制几经变化,办学校址几番迁移,校名多次更迭,但是都在浙江大地上,可谓是"姓浙"的。探究一所大学文化的成因,主要在于两个方面:一是在学校所处的社会环境中不断选择吸收的地域文化;二是从学校的历史发展中不断积淀升华的校园文化。这两个方面的相互作用和影响逐渐形成具有独特性和针对性的大学文化。一所具有悠久历史的大学,其文化名片与地域的特色文化密切相关,成为其生命活力的源泉之一。我校的学脉可以追溯到 20 世纪初浙江工业教育的肇始,然而我校的文脉与浙江优秀文化传统密切相关,尤其是以注重事功、工商皆本和经世致用为特征的浙东学派及其源头的吴越文化。梳理大学文化脉络,探求其已经远去了的历史文化基因,是当今优化与创新大学文化的基础,构建办学特色的文化标识。

一、承载浙江工业教育的文化基因

　　1953 年 7 月 3 日,重工业部化学工业局发文《关于成立杭州化学工业学校筹备委员会及 1953 年设置专业的通知》。9 月 14 日,在杭州拱墅区观音桥(现今的文一路打索桥西)校址举行开学典礼。校名为"中央人民政府重工业部杭州化学工业学校"。从此,开始了浙江工业大学校史的元年。

　　当时,国家对全国高等学校和中等专业学校进行大调整,以适应我国第一个五年计划建设事业的发展需要,确定各类中等专业学校逐步划归相关业务部门领导,按照国民经济各领域的需要及专业化的原则培养人才。因此,重工业部决定在华东地区设立一所化学工业学校。浙江省工业厅与教育厅以主动提供部分校舍等优惠条件,积极争取化工学校在杭州办学,并在方案中提出拟将温州工业学校和杭州工业学校化工科调整到中央重工业部领导的化工学校,反映了浙江省对培养工业技术人才的迫切需求和发展工业教育的极大热情。重工业部根据中央财政委员会和高等教育部对华东地区工业性质的中等技术学校调整方案,决定将浙江省温州工业学校、杭州工业学校、苏州高级工业技术学校的化工科合并,集中于杭州成立杭州化学工业学校,归属重工业部化学工业局领导。

杭州工业学校的历史可以追溯到创办于 1911 年 3 月的浙江中等工业学堂和创办于 1912 年 3 月的宁波公立中等工业学校;温州工业学校的历史可以追溯到创办于 1942 年 2 月的私立毓蒙工业职业学校;苏州高级工业技术学校的历史可以追溯到创办于 1927 年的江苏省立松江高级应用化学职业学校和苏州工业学校。由此可见,杭州化学工业学校的办学基础源于江浙(历史上的松江、苏州一带属于"两浙"的浙西地域)的工业教育资源及其文化脉络,尤其是浙江近代经济发展催生工业教育的文化基因。这对浙江工业大学 60 余年的办学产生了潜移默化的影响。

二、浙江近代经济发展催生工业教育的兴起

浙江近代民族工业的兴起是在 19 世纪 80 年代。在此之前,浙江的商人主要是到交通便利、商务繁华的外地,特别是近在咫尺的上海办工厂。

浙江第一家近代民族工业是创办于 1887 年的宁波通久源机器轧花厂,从日本运来机器设备,并聘用日本的工程师和技工。1889 年宁波商人在慈溪开办火柴厂,在当时被称为是一个新的创举,然而缺少技术人员,仍需聘用日本技师。民族工业的起步及其发展,急切需要培养自己的技术人才。尤其是在 1895 年甲午战争之后,由于帝国主义国家资本与商品的大量输入,极大地刺激了浙江的商人,他们在爱国救亡运动中掀起了办厂自救,抵制洋商洋货的风潮。这一时期最具影响力的是宁波通久源纱厂、杭州通益公纱厂和萧山通惠公纱厂所谓"三通"纱厂的创办,在浙江产生了很大震动,并且带动了浙江其他民族工业的发展,诸如机器缫丝业、面粉业、矿冶业、航运业等。这些厂矿企业大多集中在宁波、杭州等地,交通运输比较便捷,也便于原材料的获取和技术上的支持等。据统计,从 1887 年到 1900 年浙江创办的厂矿企业有 12 家,资本总额为 242 万余元,无论从数量上和规模上浙江民族工业都处于全国前列。1915 年,浙江省共有工厂企业 2501 家,从棉纺、丝绸、造纸、茶酒业、火柴等轻工业,到机器工业、电力工业;从垦牧公司到创办银行业;以及各地的商会、商务公所像雨后春笋般地建立起来。从金融业发展中可见当时浙江经济在全国的地位,清末我国最早创办的 10 家银行中,有 4 家为浙江人所创办,中国银行、交通银行的商股股权中也有很大部分掌握在浙江人手中,故有"江浙财阀"之称。当时浙江经济发展水平仅次于江苏,名列全国第二。

在清末民初,随着近代民族工业的兴起,掀起了"实业救国"和"教育救国"的热潮,涌现出一批从日本、法国等国学成归来的青年,他们一方面筹资兴办民族工业,另一方面又积极举办工业学校,培养急需的技术人才。晚清时期的职业技术教育,统称为实业教育,办学机构为各级实业学堂,实业教育自成系统,形成农、工、商、医、师范的实业教育体系。实业教育反对那些崇尚训诂考据、脱离实际的"古文经学",提倡学习实用的学问和生产技能。辛亥革命后,清政府颁布的教育宗旨被废除,中华民国教育部颁布的教育宗旨为:"注重道德教育,以实利教育、军国民教育辅之,更以美感教育完成其道德。"确立了德、智、体、美和谐发展的教育方针。同时,在中国民族工业不断发展的推动下,实业教育更为新兴的资产阶级所重视。经过蔡元培、黄炎培等教育家的提倡,在社会上很快地形成了实业教育的思潮,促进了各地实业教育的发展。

1912年4月,根据南京临时政府教育部颁布的《普通教育暂行办法》,原官立中等实业学堂一律改称为公立中等实业学校。9月,教育部又颁布《学校系统》,将实业学校分为甲、乙两种。浙江各实业学校按上述规定,工业、农业、商业等学校均冠以"省立甲种"字样。1913年,杭州中等实业学校共有6所,创办于1911年的浙江省立甲种工业学校就是其中之一,而且是杭州唯一的工科学校。全省除此之外还有一所工科学校,就是创办于1912年的宁波公立中等工业学校。

三、浙江工业教育承载的吴越文化

浙江工业教育的发展有着深厚的文化背景。浙江地处东海之滨,具有与其他国家进行商贸往来和文化交流,从而汲取世界各民族文化精华,对外来文化善于兼容并蓄的传统。浙江历来是长江三角洲的繁华富庶之地,它所承载的吴越文化在吸收融合了中原文化的同时,又孕育出有别于中原文化而具有自己特色的新文化。

经世致用、求真务实的吴越文化脉络,可以追溯到东汉的王充(27—97,浙江上虞人),东晋南朝的范缜(450—510,河南南阳人),北宋的范仲淹(989—1052,江苏吴县人)、王安石(1021—1086,江西临川人),南宋的陈亮(1143—1194,浙江永康人)、叶适(1150—1223,浙江永嘉人),明清之际的黄宗羲(1619—1693,浙江余姚人)、顾炎武(1615—1682,江苏昆山人)等。这是贯穿吴越文化历史过程一脉相承的学术文化。历史上的改革与变法,实际上也是一场传统学术文化的争论。学术文化是社会文化的灵魂,对社会发展的影响非常深远,有着不可估量的作用。

在中国历史上第一个举起注重物质讲求实用学风大旗的就是东汉王充,他

是中国思想史上伟大的唯物主义无神论思想家。在他至今仍留世的著作《论衡》共84篇，自述写此书的宗旨在于"实事疾妄"，坚持实事求是，批判虚妄迷信。在《论衡》一书中通篇贯彻了这种求实批判精神，其中的《问孔》篇是具有历史意义的批判性的教育论著，提出了近20个问题来责问孔子；在《刺孟》篇中又举例责难孟子。他公然批判"好信师而是古"的学风，提倡学者应有"核道实义、证定是非"的独立思考精神。在教学方面，虽然重视感性经验，但是认为感性经验有局限性，故提出"不徒耳目，必开心意"，要发挥思维的作用。他主张学者既要博览古今，又要联系实际，把所掌握的知识运用到社会生活中。这在浙江学术思想上开创了求真务实、批判虚妄、经世致用的优良学风。东晋南朝的范缜，他的著作《神灭论》继承了王充的无神论思想。

北宋的王安石是具有唯物主义倾向的思想家。他在26岁时到浙江鄞县任县令4年，试行变法，行之有效后在其当宰相时制定一系列的新法，推行全国。这表明他具有经世致用、求真务实的学风。在教育理论上，他反对性善、性恶等先验主义人性论，强调教育在人的个性形成中的作用，教育是培养治国人才的关键。在他执政时期，针对教育弊端，采取了一些改革措施。王安石的著述甚多，写于1058年的《上仁宗皇帝言事书》是他重要的人才学专著，尖锐地提出变法的关键在于人才，并在培养造就人才方面采取一系列改革措施。后来教育改革虽然失败，但是却留下深远的历史影响。

南宋建都杭州，全国政治经济文化重心南移，文化蓬勃发展。随着学者的集聚，浙江的学术空气日趋活跃，形成了著名的以陈亮和叶适为代表的浙东学派，以及后来在明末清初以黄宗羲为代表的浙东学派。这两个浙东学派的一个共同特点，就是对两宋以来风靡全国的程朱理学采取强烈的批判态度。介于这两个浙东学派之间，浙东又出了一个王阳明（1472—1528，浙江余姚人）。阳明学派对于明朝中叶以后的思想界影响很大，讲学议政之风盛行，他们抛弃明心见性的空谈，专讲经世致用的实务。王阳明重视教育，他的教育活动遍及浙江、江西、安徽、贵州、广西、北京等地，创办书院，聚徒讲学，宣讲他的学说。他主张"知行合一""知学并进"，反对程朱理学的"知在行先"的说法。对儿童教育，他反对传统的"鞭挞绳缚，若待拘囚"，主张"必使其趋向鼓舞，中心喜悦"。《明史·儒林传》说他创立的学派"门徒遍天下，流传逾百年"，产生了很大的社会影响，与程朱学派长期对峙。

明末清初的浙东学派，比起南宋的浙东学派，学术思想更激烈，经世致用、求真务实的学术思潮的影响更深远。这个学派的代表人物黄宗羲，一生著作宏富，留世百余种，其中影响最大的是《明夷待访录》，在此书的《财计》一章中，提出了一系列有利于发展商品经济、发展工商业的思想主张，如对"崇本抑末"重新做了解释，提出了"工商皆本"的进步思想；提出"废金银"而"通钱钞"的币制改革主张等。这一系列学术思想的产生，顺应了当时江浙一带首先出现的资本主义萌芽，各种"商帮"的兴起，发展工商业的历史要求。这是一种有助于催生新型资本主义生产关系的人文思想。黄宗羲也是清代致力于书院教育的大师，在教育学上做出了很大的贡献。在他的《明夷待访录》的《学校》一章中，提出了他的教育思想，即极力反对科举制。他在绍兴、宁波、余姚等地设馆讲学的内容中，不仅有经史、文学，还有科学，崇尚讲习科学之风气。他在长期讲学活动中，逐渐形成了自己的思想体系，并且培植了一个以他为首的浙东经史学派。这个学派的特色是经史并重，重视"经世应务"，关心"万民忧乐"，其为学宗旨和学术风格，在当时的学术界形成一股崇实黜虚、舍虚务实的新风尚，对于清代乃至近现代都产生了重要的影响。

清朝末年，传统封建教育空疏无用的弊病暴露无遗，当时的有识之士普遍要求废除科举制度，改行实用学科。儒学久已名存实亡，书院从1898年起逐步改为学堂。光绪三十一年（1905），清政府在各方面的压力下，不得不于是年8月"谕立停科举以广学校"。从隋炀帝大业二年（606）起曾在中国实行了1300年的科举制度，至此废止。这乃是中国教育史上一件大事。

创办于清末民初的浙江中等工业学堂，是鉴于当时浙江工商经济发展对工业教育的迫切需求。在办学的奏折中提出："教育不施，实业无由发达，即社会生计永无充裕之时。"学校注重培养"实用人才"，是"理想上完全的工业人才"，要求学生具有"坚强之体魄，健全之道德，正确之知识，果毅之精神，敏活之动作，娴习之技能"。强调"手脑并用"，重视实验实习，为此要求教师不但应有学历，更须富有实践经验。校长许炳堃（1878—1965）时任浙江省学务专门委员兼实业科长，系日本东京工业学校机织科毕业生。他怀着"工业救国""教育救国"的思想办学，注重理论联系实际，知识与技能相结合。学校根据工业经济发展需要，先办机械、染织两科，而后又陆续增设应用化学科、电机科、土木科。

浙江中等工业学堂的创办，不仅推动了浙江丝绸业的复兴，而且对浙江近代工业的兴起与发展发挥了重要的作用。1913年按照教育部的规定，更名为浙江公立甲种工业学校。经过10年的办学历程，由于办学成绩卓著，校誉较佳，浙江省政府决定将甲种工业学校升格为工业专门学校（简称工专）。同时，原甲种工业学校由工专附设继续办学，仍设置机械、电机、应用化学、染织等4科。

1912年宁波公立中等工业学校的创办，是鉴于当时宁波商业发达而工业落后的情况，在"工业救国"的强烈呼声中应运而生。学校以"勤朴"为校训，传承了浙东学派"经世致用、求真务实"的学术文化。在教学上本着"教学做合一"的方针，倡导"敦品励学""手脑并用"，注重学生的全面发展，要求学生养成劳动的习惯，充实生产之技能，启发创业之精神，以造就工业技术之人才。按照宁波工业经济发展之需，首先开办机械科，而后陆续开设土木科、汽车道路科、水利科等。

浙江中等工业学堂和宁波公立中等工业学校是浙江省最早建立的两所工科学校,也是我国早期创立的一批工科学校。

四、杭州化学工业学校创建的文化背景

浙东学派最具特色的思想是"经世致用"和"重民、重商、重文教",最根本的精神是"务实开拓""批判创新"。这是浙江历史"人文化成"积淀的结果,也是当今浙江精神的历史文化底蕴。浙江工业大学就是在这样的文化土壤上创建和成长的。

我校创建于1953年,当时称为杭州化学工业学校,成立之初是由来自上海、杭州、温州、苏州四个方面的人员组织而成。人是文化最重要的载体。他们带来了各自的办学理念和文化背景,三所学校的传统与校风,对新建的杭州化学工业学校的成长和发展产生了深远的影响。

苏州高级工业技术学校化工科并入杭州化学工业学校,来了27名教职工和238名二、三年级学生。这是一所已具有27年办学历史的学校,设置化工、土木、电机三大类专业。在教学上十分重视教与学的结合,师生合作,系统理论教学与实验实习环节的结合。该校具有爱国传统,以及艰苦朴素、自强自立、手脑并用、勤勉求学的优良学风。校长薛天游于1947年为校歌填词:"日出作,日落息,多生产,靠勤勉,求学问,永不歇。自强自立,双手与头脑并重,伟大无穷。一心一德,有始有终,要一齐努力,为国家造福,为人类争光荣。"由此可见该校所传诵的校园文化。

温州工业学校并入杭州化学工业学校时,全校有74名教职员和417名学生。于1953年先期来到杭州的为17名教职员和164名学生,其余留在温州暂设分校,次年全部迁至杭州。该校是由浙南机械工业先驱李毓蒙先生于1942年创办的私立毓蒙工业职业学校沿革而来,致力于培养当地机械工业技术人才。在专业设置上以机械学科为主,后又增设土木科、化工科。在教学上确立"学科学习与实习教学并重"的方针,强调学校发展是为了适应地方工业建设的需要,使之成为培养浙东南工业建设人才的摇篮。

杭州工业学校化工科有27名教职员和144名学生,以及相应的图书仪器设备等并入杭州化学工业学校。杭州工业学校是中华人民共和国成立后,为适应经济建设需要而集中全省工业教育优质办学资源的基础上建立的省属多科性的浙江工业干部学校变革而来。它承载了浙江工业教育的悠久历史,可追溯到创办于1911年的浙江中等工业学堂和创办于1912年的宁波公立中等工业学校,见证了浙江工业教育沿革的历史变迁。在浙江中等工业学堂创办后的办

学历程中,践行了诸如培养"手脑并用"的技术人才,造就"理想上完全的工业人才",培养"实用人才之优秀者"等办学理念。在教学上历来重视学生实践能力的培养,认为"工校应以实习为基本,实习工场为工校之首要","教师非但应有学历,更须富有经验"。这些教育思想成为优良的办学传统而传承下来。1950年,浙江省政府根据全国教育会议精神,本着充分发挥办学潜力,提高教育质量,加速培养更多专业人才的理念,形成了将省立工业学校合并的意见。在组建浙江工业干部学校时,设置了机械、化工、土木、测量、纺织等5科,全校学生570人。1952年,在贯彻国家关于中等技术教育"专业化""单一化"和"学以致用"的要求过程中,纺织科师生并入杭州纺织工业学校;土木科师生分出,另设立杭州土木工程学校。1953年,又将化工科师生划调到杭州化学工业学校;机械科、电机科师生划调到新建的杭州水力发电学校。这样,一所见证40余年浙江工业教育历史的学校就此宣告终结,迎来的是一批新型的规模更大的工科学校的诞生,开创浙江工业教育历史的新篇章。

杭州化学工业学校的筹建工作起始于上海。时任中央重工业部华东化工局基建科长的刘亚东,受命筹办化工学校。据他的回忆:"1953年3月的一天,化工局领导告诉我要办一所化工学校,由我负责先搞一个计划。筹备工作就此拉开了帷幕。"1953年7月杭州化学工业学校筹备委员会在上海成立,由刘亚东任主任委员,蔡耀宗为副主任委员,委员还有杨承训、王士英、徐瑾、李冶、宋荫铭、陈同素、江涛等共9人,包含了并入学校的负责人。随后,刘亚东调集了一批上海的干部到杭州办学。7月28日杭州化学工业学校筹备委员会正式在杭州对外办公。

1953年9月14日,举行首次开学典礼。全校有学生835人,教职工160人,设置分析化学、无机物工艺、化工机械三个专业。当年未招新生。1954年招收新生440人,1955年招收新生500人。从提出办一所学校,到正式开学,只有半年筹备时间,千人的学校进入秩序井然的教学活动,其中的困难和艰辛可想而知。在这半年期间,经历了办学方案的筹划,在上海、南京、杭州等地校址的选择,三校的合并、搬迁和重组,新校舍的基建,教学计划与大纲的编制,教学仪器设备的采购与准备,师生生活设施的安排等。然而,办一所好学校最为关键的还在于办学理念与目标的选择和定位。

校长刘亚东是一位对工业教育情有独钟的人。他在回忆杭州化学工业学校办学往事的文章中写道:"我喜欢并且崇敬工业教育这一事业。这是与我所受的教育以及所从事的教育工作有关的。"他曾于1938年考入国立中央工业学校化工科就读,毕业后留校担任助教两年后,又就读于国立重庆大学冶金系。他回忆:"在大学里,我是优等生,又是学生运动的头头之一,这更加巩固了我热爱工业教育的信念。因此,在1953年创办杭州化学工业学校的时候,我与一些同事经常议论工业教育的前景和布局问题,进一步增强了自己的敬业观念,更加热爱这一行业。"他认为在办学中自己所坚持的"敬业与求实"精神,"敬业"是办学的精神支柱,"求实"是办学的要求。两者是相互作用的辩证统一。因为敬业,才能一步一个脚印踏实地把学校办好。

刘亚东在办学之初就强调,要融合三校的办学优点于一炉,努力培养德才兼备、合乎规格的国家建设人才;教学工作是压倒一切的中心工作,提高教学质量和教学效果是学校工作的重中之重;在全面学习苏联教育经验的同时,要注重"中国化"。他的办学理念及实际工作主张,正如他在回忆中所说:"当时我是主办人,因此许多想法比较容易得到落实,并且可以切实地贯彻于工作之中。"产生了很好的效果,学校各方面工作井然有序,教育质量得到上级主管部门的认可与重视。在建校一年后的1954年8月,中央重工业部把6名越南留学生的培养任务委托给我校,就是最好的例证。

一所大学的文化,首先体现在它的历史与传统中。我校在1953年建校之初,融三所学校优秀文化为一体,传承浙江工业教育的优秀文化,建树正确的办学理念。这些直接影响了办学过程的方向和质量标准,并对以后的办学视野和境界产生深远的影响。

我校初创期八年在务实图强中崛起

林宝琨

1953 年至 1960 年的八年,既是我校的初创时期,又是快速发展的机遇时期。在这八年期间,我校从一所中等专业学校,经过五年的艰苦创业、开拓图强发展成为大专学校,又经过两年多的努力,成为一所本科院校。

八年回望,这是一段探索教育规律发扬浙江精神的办学历程。浙江人民在漫长的历史演进过程中,积淀了丰厚的具有特色的浙江文化。求真务实、开拓图强是浙江文化的内在价值和核心精神。我校在初创期八年中,以务实图强的精神办学,紧紧抓住历史的机遇,快速崛起,成为一所具有一定办学实力的受到社会好评的学校。

一、汇集优质教学资源,夯实教学质量基础

教师的水平、学生的素质、必要的教学设施和图书仪器装备等是办学的基本要素。在当时比较困难的条件下,汇集优质教学资源,是确保教学质量的关键,也是办好学校面临的首要问题。

组建一支素质高、业务能力强、学科比较完备的以学术骨干和学科带头人为核心的教师队伍,是办学的首要条件。1953 年建校时,从三校四地调集的教职工共 160 人,其中专任教师 60 人。教师中 90% 以上毕业于浙江大学、交通大学、南京中央大学、北洋工学院、大同大学、沪江大学等院校,具有 10 年以上教龄的老教师有 17 人,占教师人数的 28%。当时担任各专业科主任和学科主任的都是具有较好学术背景和教学经验丰富的教师,从而确保教学质量的提高和对年轻教师、助教的培养工作。

学生来源充足并且学生质量较高是办学的重要条件。建校初,重工业部教育司确定的学校学生规模为 1500 人。三校合并时,共有学生 835 人,分为 19个班级。当年没有招收新生。一年级学生是由 27 名复读生和 36 名浙江省工业技校转来的学生组成。1954 年,学校为了做好招收新生工作,确保新生的质

量,专门成立招生委员会,下设杭州、宁波、温州、嘉兴、扬州等招生点,负责组织报名、考试、阅卷、录取等工作。1954年招生440人,设置化工机械、分析化学、无机物工艺三个专业。1955年以后每年招收新生500人。新生入学经过严格的考试选拔,由于当时学生对从事工业建设事业的向往和入学后的学费全免,尚有生活费津贴,大批家境贫寒而学业优秀的生源被吸引过来,考生与录取人数的比例高达27∶1,有些考点甚至更高,挑选优秀学生的余地很大,这为学校实施高起点的教学计划创造了良好的条件。

实验室建设和教学仪器设备的配置是当时学校建设中的重点,也是确保教学质量的重要举措。三校合并时,接收的仪器设备总值为4.04亿元(旧币,下同)。1953年度,学校拟定的教育事业费预算为30.4亿元,其中重工业部拨款的设备费为17.5亿元。当年购置了一批科学仪器与实验用品,以及中外文图书,确保了教学实验的需要,图书馆也于1953年的国庆节正式开放。为了适应实验教学的需要,在建校初就建立了化工总库,负责管理化学药品、玻璃仪器等的计划与供应工作。1954年实验馆楼建成后,首批建立普通化学、物理、电工、分析化学、有机化学、工业分析等7个实验室。1955年又建立了化工原理、物理化学、金相、力学等8个实验室。以后陆续建设了化工机械、化工仪表等一批实验室,使实验室建设符合教学大纲的要求。

校园建设经历了艰难困苦的初创阶段。在新校园里,接收了由浙江省工业厅原为浙江纺织学校建造而因调整停办的校舍——共5153平方米的7幢楼房。同时,搭建了一批草棚等临时性用房,供作行政办公和学生餐厅。由于校舍不足,机械科的253名学生和部分教师暂留在温州高工原地办学,1年后迁至杭州。基建工作是当时的一项大事。首先要解决基建的经费问题,由于事先没有预算安排,上级主管部门也感到为难。后闻悉华东高教局掌握中等技术学校的调整经费,几经交涉,通过重工业部向高等教育部提出申请,最后获批拨款33亿元。最先列入基建项目的是实验馆和体育运动场地。实验馆项目委托上海天原天利厂基建科设计,由浙江建筑工程公司承包。同时开工的有跑道为400米的标准田径场和球场,以及校内的道路等。经过半年多的施工,实验馆和15000平方米的体育运动设施完工,而质量和功能备受称赞的2040平方米的实验馆成为当时校园里的标志性建筑。在第二年度基建项目安排上,把机电类实验用房优先列入计划,建筑面积为1727平方米的机械实验楼(8号楼)开工建设。同时开工建设的有配置金工、钳工车间的学生实习工场和教室、生活设施等。在基建经费紧缺的情况下,我校把教学设施建设摆在优先的位置,并且努力确保建设项目达到优质工程的标准。

二、务实图强,不断提升办学水平

在建校初期,正临我国高等教育和中等专业教育领域全面否定原有的办学模式,高等院校实行院系大调整,中等专业学校进行全面清理和重组,形成全盘搬用苏联的教育模式、教学组织形式和教材等的一股热潮。在以全面学习苏联教育经验为主要内容的教学改革中,不仅组织教师学习凯洛夫《教育学》等教育理论,而且还在1954年初邀请两位苏联教育专家来校指导。在教学上实行以苏联教学计划、教学大纲为蓝本的基本文件,课堂教学和考试方法也试用苏联的一套做法。

在当时的历史条件下,学习苏联教育经验收到一些积极的效果,教学的计划性、思想性得到了加强,同时遵循系统性、科学性、直观性、可接受性和巩固性等教学原则认真备课,较大地发挥了教师的主导作用,增强了课堂的教学效果。但是,简单地搬用苏联教学模式,不少脱离国情和校情的做法也产生了不少弊端。在教学改革实践中,还是应该坚持求真务实的文化传统,从我国的实际和校情出发,不断在教学实践中提炼出属于学校自己的办学理念和行之有效的教学方法。

在杭州化学工业学校办学阶段,正是学校筚路蓝缕的创业阶段,也是我国实行第一个五年计划时期,国家迫切需要大批工业建设技术人才。因此,中央重工业部对我校寄予厚望。当时学习苏联教育经验其实也是教育改革的探索,旨在建立适合我国国情的教育制度和符合校情的办学模式。在教育改革的实践中,不断提高办学水平和教学质量,正是当时学校领导集体和广大教师的共识与追求。时任校长的刘亚东在办学往事回忆中写道:"江南的学生水平高,智商高,成绩也好,是可以比全国平均水平提高一点,可以在教育过程中体现出来,即在共性的目标下,提高到当时大学二年制专科的学识水平。在学制不动的情况下,有些专业我认为可以扩大专业面,以增强适应性。"在这样的办学思想指导下,当时实施了一个高起点的培养目标。在具体制订专业教学计划中,对培养目标、工作业务范围、理论知识范围、实际操作技能、主要课程内容、教学实习和生产实习的内容与要求等分别做出详细的规定。在实际的教学过程中提高了起点与要求,例如分析化学专业的四门主干课程:"普通化学"选用四册一套的苏联大学本科教材,在授课时做了一些删减;"物理化学"的中专教材仅供参考,而实际授课采用北京大学黄子卿著的本科教材,两本教材同时发给学生;作为专业课的"定性分析"和"定量分析"两门课程均采用大学本科教材。

为了切实实施高起点的教学计划,学校采取了一系列措施。一是加强教师备课环节,不断改进教学方法。学校明确提出:"教学效果的好坏,很大程度上取决于教师的备课是否充分,改进教学也需要以充分备课为基础。"广大教师认真备课成为当时的普遍现象。教研室还在教师个人备课的基础上组织集体备课,研讨教材和教学方法,开展试讲,相互听课,组织教学观摩等活动。二是倡导教师之间相互帮助,发挥教研室的集体作用。尤其是倡导教学经验少的教师向经验丰富的教师请教,并且邀请兄弟院校教师开展教学经验交流与研讨,有效地推动教学方法的改进和教学效果的提高。三是教师积极开展课外辅导,与学生课代表沟通,主动了解学生的学习情况,并通过课外辅导活动及时排难解惑,对改进教学方法和增强学习效果起到了积极的作用。四是制订教师进修和助教培养计划,具体措施为参加上级部门举办的师资培训班;在校内组织由老教师主讲的培训班;到浙江大学等高校听课;到专业对口的工厂进修,取得生产实践知识与经验等。上述措施极大地改善了教学效果,确保了教学质量的扎实提高。

当时,国家十分重视学生的生产实习环节。1953 年 5 月,政务院《关于加强高等学校与中等技术学校学生生产实习工作的决定》,以及随后高等教育部根据此决定精神制订的《高等学校与中等技术学校学生生产实习暂行规程》,对学生生产实习提出十分明确的要求及相关规定,把学以致用、专业教学结合生产实际作为培养工程技术人才的重要途径。为此,学校在办学过程中十分重视实验教学、教学实习、生产实习与毕业设计等实践性教学环节。1954 年设置生产实习办公室,在校长和教务处主任的领导下,负责组织学生的生产实习、毕业实习、毕业设计及答辩等实践性教学环节,组织专人落实实习计划,安排学生分批下工厂;组织教师到专业对口工厂调研,收集资料,确定毕业设计项目等。由于生产实习的工厂都是部属的大企业,是我国化学工业的一批骨干企业,学生到工厂实习,在厂方的指导与安排下,通过摸流程、顶岗位、参加实际操作,使学生不仅达到生产实习的教学要求,而且扩大了专业的视野,增强了学习的兴趣与热情,提高了运用理论知识解决生产实际问题的能力。这种按照专业教学的要求,又得到企业重视与指导的生产实习,成为提高教学质量的重要举措。

这一时期,在积极推进校内教学改革,扎实地提高教学质量的同时,学校承担了重工业部委托的一系列教育教学任务,对提升办学水平发挥了促进作用。1954 年 8 月,重工业部委托培养 6 名越南留学生,来校后编入无机物工艺专业108 班学习。学校为此专门组建留学生工作组,按照重工业部对留学生工作的要求,组织教师和同学对他们进行辅导与帮助,使他们克服语言与学习上的困难,取得了良好的成绩。1957 年 8 月毕业,其中 3 人送大连工学院继续深造,另外 3 人回国工作。

1955 年起,重工业部陆续组织一批教学经验丰富的教师编写一套化工类中专教材,杭州化工学校承担主编其中的 10 种教材。同时,学校自编了 7 种教材,除供校内使用外,还作为与兄弟学校交流的教材。

1956 年 9 月,学校增设了大专层次的中专师资进修班。这是按照化学工业部的委托,在浙江、江苏、河南、北京等省市招收高中以上学历的学员 171 人,设置语文、数学、物理、力学、制图等 5 个中等专业学校师资班,学制 3 年,为化学工业部所属的中专学校培养基础课教师。

在务实图强的办学进程中,一步一个脚印地推进教学质量的提高,并且逐步提升办学水平。随着毕业生走向社会,杭州化工学校毕业生以专业知识扎实、业务能力较强著称,受到企业的欢迎和社会的好评,学校的办学水平也受到教育界同行的赞誉。

三、把握发展机遇,与浙江经济互动

随着从 1957 年开始我国全面建设社会主义时期的到来,高等教育和中等专业教育开始了一个新的快速发展阶段。已经具有五年办学实践和比较扎实办学基础的杭州化工学校,迎来了新的发展机遇。

在 1956 年 9 月召开的中国共产党第八次全国代表大会上,刘少奇所做的《政治报告》中提出:"第二个五年计划要求高等学校学生增加一倍左右,中等专业学校、高级中学和初级中学的学生也有相应的增加。"在中共八大通过的《关于发展国民经济的第二个五年计划(1958—1962 年)的建议》的报告中,明确提出"要努力发展高等教育和中等专业教育"。同时,在这一时期,全国掀起了向科学进军的热潮。重工业部化工局领导专程来校做"科学技术发展趋向"的报告。全校师生受到很大的鼓舞与激励,教师们纷纷制订新的进修计划,提出了更高的努力目标。

1958 年,党中央制定了社会主义建设总路线,发动了"大跃进",文化教育事业也需要实行相应的"大跃进"。同时,中共中央、国务院发布《关于教育工作的指示》(以下简称《指示》),提出:"党的教育工作方针,是教育为无产阶级政治服务,教育与生产劳动相结合;为了实现这个方针,教育工作必须由党来领导。"《指示》还指出:"共产主义社会的全面发展的新人,就是既有政治觉悟又有文化的,既能从事脑力劳动又能从事体力劳动的人,而不是旧社会的只专不红、脱离生产劳动的资产阶级知识分子。"为此,组织开展了对"为教育而教育""劳心与劳力的分离"和"教育只能由专家领导"的资产阶级教育思想的批判与斗争。并提出这两种教育工作方针的斗争,是"社会主义道路和资本主义道路两条道路之间的斗争"。这就是当时开展的教育"大跃进"和教育"大革命"的背景。

在这样的背景下,倡导多快好省地发展教育事业,动员一切积极因素,发挥中央和地方两个积极性办学,为此将大部分高等院校和中等专业学校从中央部

委所属下放给省市管理。当时,浙江省政府以加快浙江工业发展的迫切需求为由,与化学工业部协商,最终决定杭州化工学校自 1958 年 6 月起下放给浙江省政府管理,同时继续担负支援华东、华中、华南协作区建设新的化工学校的任务,近期毕业生的 60%—70% 归化学工业部分配。与此同时,浙江省重工业厅决定杭州化工学校增设大学专修科,自 1958—1959 学年起正式招收大专新生。为反映学校办学情况的实际变化,浙江省政府又决定杭州化工学校更名为浙江化工专科学校。从此,学校由中专发展成为大学专科的办学层次。

我校的浙江化工专科学校时期,是正处于国家在经济上"大跃进"和教育上"大革命"的特殊时期,是一个发展道路的探索与选择阶段。在这一时期,浙江化工专科学校既迎来了扩大办学规模和多层次办学的新发展阶段,又着重于在贯彻党的教育方针中,探索适合本校办学实情的教育与生产劳动相结合的办学路径,努力适应浙江经济发展的需要,为浙江经济建设做贡献。

1958 年下半年,根据浙江省经济建设的需求,增设一批新专业,扩大招生规模,招生人数达到 2081 名,为建校以来之最。学校分设大专和中专两个办学层次。大专的专业设置为基本化学、化学肥料、化学工程、化工机械、有机合成 5 个专业,学制为 2 年制、5 年制(招收初中毕业生,后来改为预科制)两种,次年又将 2 年制改成 3 年制。中专的专业设置为无机物工艺、基本有机合成、化学工厂装备、分析化学、炼油工程、炼油工艺、有机化学 7 个专业,学制分为 3 年、4 年两种。

另外,举办多种类型的培训班,培养经济建设急需的化工技术和管理人才。1958 年化工部委托举办的氮肥训练班(大专层次),培养合成氨厂生产工艺过程和设备维修的技术干部。学员来自浙江、江苏、河南、广东等 8 个省,共 741 人。1958 年 10 月,浙江省委工交部委托增设炼油专业,对 73 名学员进行培训。1959 年 8 月,杭州市轻工业局委托培养炼油工艺专业学生 70 名。1959 年 11 月,浙江省石化厅委托举办化工厂矿企业干部培训班培养 100 人等。这些培训班的成功开办及学员结业后重返工作岗位,不仅增进了学校与厂矿企业的互动,扩大了学校的社会影响,而且提升了办学实力。

在 1958 年至 1960 年近三年时间的一场全国性教育革命中,浙江化工专科学校贯彻执行党的教育方针,批判资产阶级的教育思想和教育方法,强调知识分子的思想改造,组织师生参加生产劳动,开展以"勤俭办学、勤俭生产、勤工俭学"为中心的教育革命探索。同时,按照国家《关于教育工作的指示》精神,把生产劳动列为正式课程,组织学生参加生产劳动,作为培养全面发展新人的途径。

勤工俭学试行初期,在教学计划上规定除假期外,教学与生产劳动时间的比例原则上为 1∶1。每天上午 4 节课,下午劳动 4 小时,以校内生产基地劳动为主。1958 年 12 月修订教学计划,将教学与生产劳动的比例改为 7∶4 至

8：3，并采取集中时间参加劳动和集中时间上课的方式。对各个年级生产劳动提出不同的要求，教师在生产劳动现场进行教学和辅导。三年级学生的生产劳动一般要求结合专业教学，诸如分析化学专业的学生在样品分析室承担社会或企业委托的分析任务；化工机械专业的学生组成化工设备安装队，在教师带领下承担工厂的设备安装任务；无机物工艺专业的学生参加校办化工厂新生产车间的设计安装任务等。

学生的勤工俭学和参加生产劳动，需要建立校内的生产劳动基地。学校办工厂，在当时成为贯彻党的教育方针和落实国家《关于教育工作的指示》精神的一项重要举措。1958年，学校创办了杭州化学试剂厂，同时又将在建校初设置供学生教学实习的机械工场扩建成机械工厂。扩建后的校办机械厂，职工人数比原来增加7倍，由单一的教学实习任务转变为实习与生产双重任务。先后为杭州通用机械厂、拖拉机厂、杭州农具厂等企业生产铸件和加工零部件，并且陆续生产整机产品，其中有牛头刨床、摇臂钻床、液压千斤顶等。在承接学生教学实习和生产劳动任务的同时，生产的机械类产品面向社会销售，产生了经济效益，生产业务归浙江省重工业厅主管。为了更好地实行教学、科研、生产三结合，机械厂曾一度并入化工机械科。

校办的杭州化学试剂厂，因学生开展勤工俭学的需要而开办，在化工专业师生的共同参与下逐步发展壮大，受到了化工部的重视。在1958年师生下厂的动员会上，化工部萧桂昌副部长到会讲话。到1958年底，生产的化学试剂产品已达43种，畅销本省和广东、东北等地。1958年10月，在浙江省重工业厅支持下，又筹建化工厂，由化学试剂厂领导班子负责筹办，实行以厂养厂。化工厂由学校组织力量进行设计，实行化学试剂厂建厂时的边建厂、边试制、边生产的"三边"方针。到1959年底，化工厂的产品已达28种。按照当时的国家规定，上述两厂的原材料供应和产品销售均列入省化工厅的统一计划。

在一年多的时间里，校办工厂不仅较好地承担了学生参加生产劳动，开展勤工俭学活动的任务，实施教学、科研、生产相结合；而且为社会提供了所需的工业产品，产生很好的经济效益，取得利润达143万元。学校利用这笔自筹资金，不仅盖了化工厂的厂房，而且还建造了学生宿舍等。校办工厂在促进教学改革和创造经济效益两个方面都取得了显著成效，成为办学的特色之一。

在开展教学、科研与生产相结合中，各个专业都进行了各具特色的探索。分析化学专业以建立样品分析室为平台，通过承接浙江省化工研究所全省样品分析的部分任务，与80多个单位建立固定联系，每天接收20—50个样品的分析测试任务。在教师的指导下，由三年级学生担负分析工作及相关的技术准备和组织管理等工作。教师在样品分析过程中，结合讲解"工业分析"课程，进行理论与实践相结合的教学探索。样品分析中遇到难题，由师生共同研究解决，注重提高学生的实际操作技能,培养独立分析与解决问题的能力。在样品分析中,学生们改进分析方法,提高分析速度,降低分析成本,试制市场上供应困难的化学试剂,先后完成了钢铁快速分析法、硅酸盐快速分析法等100多个项目。在师生共同努力下,制定和修正了76个项目的分析方法,编印了5册技术资料,供内部使用,并编写《仪器分析》《工业分析》《定性与定量分析》等教材,由化学工业出版社出版。化工机械专业以建立浙江化专安装工程队为平台,承接化工机械设备的安装任务。由专业课教师带队,学生在工厂的生产现场上辅导课,边学边干,通过安装任务,学习相关的理论知识和实际操作,最后完成设备安装和试车,既完成生产任务,又达到教学要求。

在这一时期,教学改革进行了许多探索性的实践,学校主动为经济建设服务,学生的实践能力得到锻炼与提高,积累了许多有益的经验。但是,以群众运动的形式,做了不少违背教育规律的事。学生参加生产劳动时间过多,对课程做了不适当的大合大改,对教师的主导作用重视不够,影响了教学质量。政治运动和政治教育过多,在师生中开展了"兴无灭资""红专大辩论""插红旗、拔白旗""大炼钢铁""除四害"等运动,严重冲击了正常的教学秩序。

浙江化工专科学校在"教育革命"过程中,积极主动地为地方经济建设服务,与地方经济互动,以及在推行教学、科研与生产相结合,开展学生勤工俭学活动,尤其在创建校办工厂促进教学改革所取得成效等方面,受到上级主管部门和社会的认同与好评。1959年底,随着浙江经济发展对工程技术人才的迫切需求,尤其是始建于1958年的浙江第一个大型化工联合企业衢州化工厂的快速发展,浙江省委提出以浙江化工专科学校为基础,在衢州建一所浙江化工学院,并且迁建省化工研究所,在衢州以衢州化工厂、浙江化工学院、浙江省化工研究所形成产学研三结合的基地。产学研三结合是当时一个响亮的口号,是被社会广泛认同的行之有效的理念。集中全省化学工业优势资源,在衢州组建一个产学研三结合的试验区,是浙江省委的一个战略性部署。因此,1959年12月28日至1960年1月1日,在衢州化工厂召开了有关各方参加的会议,研究落实省委的意见,浙江化工专科学校校长刘亚东等五人参加了会议。1960年2月,浙江省委下达文件,决定成立浙江化工学院。从此,开始了我校长达20年的浙江化工学院时期。

烂柯山记忆:浙江化工学院

林宝琨

位于衢州城南的烂柯山,山不高,却具有千年的历史文化记载。它以晋朝王质上山砍柴、观棋烂柯的佳话流传至今,成为历代骚人墨客十分向往的仙山妙境。如今,烂柯山又增添了一个新的文化记忆,这就是曾在其山麓办学的浙江化工学院。在游人上山去烂柯山景区途中经过的浙江化工学院原址,现今已是衢州市的一所新学校,校内矗立一块"学缘"碑,记载着浙江化工学院的办学史。

浙江化工学院,是我校在 1960—1980 年的一个发展阶段。在这期间,我校经历了为实现一个美好的产学研三结合基地建设蓝图而艰苦创业,在办学困境中以务实图强谋求新生,在"文化大革命"中坚守大学理念与探索改革之道,在高等教育恢复发展中寻求自我价值的突破的过程。回望 20 年艰难曲折的办学史实,这是在被誉为围棋圣地烂柯山麓的校园里,在教育改革的潮起潮落中,下了一盘既谋子又谋势的好棋,令人难以忘怀。

一、一幅产学研三结合的建设蓝图

1959 年底,浙江省委提出在衢州建设一个产学研三结合基地的"共产主义试验区"的构想。始建于 1958 年的衢州化工厂,是浙江省第一个大型化工联合企业,为浙江省发展化学工业奠定了基础,对全省工农业发展具有重要的推动作用。省委决定以浙江化工专科学校为基础在衢州创办浙江化工学院,同时将浙江化工研究所从杭州迁至衢州。这样,在衢州形成以衢州化工厂、浙江化工学院、浙江化工研究所三结合的基地,并与衢州当地情况相结合,沿乌溪江两岸建设一个带状城市。这一构想既是当时经济上"大跃进"思路的延续,又是高等学校贯彻中央《关于教育工作的指示》精神,实行教育与生产劳动相结合的举措。当时,要求高等学校、科研机构和工厂企业相结合;学校的教学、科学研究与生产劳动相结合;学生、研究人员与工人相结合。集全省最大的化工联合企业、省化工研究所于一地,再有一所化工学院,以探索新的办学路径,寄予许多美好的期待。

1959年12月28日至1960年1月1日,在衢州化工厂召开有关各方参加的会议,讨论落实浙江省委提出的在衢州建设产学研三结合基地的意见。具体研究浙江化工学院、浙江化工研究所的规模、地址、发展远景及基本建设规划等,浙江化工专科学校校长刘亚东等五人参加了会议。

1960年2月,浙江省委下达文件,决定在衢州以浙江化工专科学校为基础成立浙江化工学院,衢州化工专科学校并入浙江化工学院。衢州化工专科学校是一所由衢州化工厂主办的学校,是按照"学校办工厂,工厂办学校"的指示精神,为工厂培养所需的专业技术人才,设置有1个大专专业,3个中专专业,学生506名,其中大专学生70名,教职工62名。浙江化工学院校址定位于衢州城南12千米的石室公社烂柯山麓、乌溪江畔。

在浙江化工学院筹备领导班子和主要领导干部的安排上,可见浙江省委对建校的重视程度及其办学思路。浙江化工学院筹备委员会主任为省化工厅厅长马国治,副主任为衢州化工厂党委正副书记孙文成、张庆三,委员为衢州化工厂厂长刘德甫、浙江化工专科学校党委书记周学山等五人。省委任命张庆三任浙江化工学院党委书记,周学山为党委副书记,刘德甫兼任院长,李寿恒为副院长。后来又增加一位副院长刘亚东。

副院长李寿恒教授,到任前为浙江化工研究所所长。他在1925年获美国伊利诺伊大学博士学位后回国从教,先后为东南大学、金陵大学、浙江大学教授,曾任浙江大学工学院院长、教务长、副校长,是我国化学工程学科的奠基人和开拓者。1957年被错划为右派分子,调入浙江化工研究所任职。在浙江化工学院初创时期,浙江省政府就委任他担任副院长,后又任院长,对浙江化工学院的建设与发展起了重要作用,贡献卓著。

浙江化工学院领导班子的构成,充分体现了以衢州化工厂为核心的产学研三结合的办学路径,有利于实施教育与生产劳动相结合,有利于学生下厂生产实习,为开展教学改革创造良好的条件,提供了组织保证。

当时编制的浙江化工学院建设规划,学生规模为6000人,近期4000人,其中本科生3000人,中专生1000人;当年浙江省计划基建投资400万元,征地400亩,预定1962年建成。根据浙江经济发展的需要,设置8个本科专业:无机物工学、化工机械、基本有机合成、氟化学、电化学、化学纤维、炼油炼焦、高分子工学,另设有5个专科专业,7个中专专业。设置无机化工、有机化工、化工机械三个系。

2月17日成立以张庆三为指挥,刘亚东、杨德俊为副指挥的浙江化工学院基建指挥小组。2月22日首建学生宿舍4号楼破土动工,开始了艰苦的新校园建设和师生分批轮流参加的建院劳动。第一批参加建院劳动的是衢州化工专科学校 500 名师生。浙江化工专科学校首批参加建院劳动的 500 名师生于 3 月 19 日从杭州赶来进驻工地，与衢州化工专科学校师生轮换。参加建院劳动的师生与建筑工人一起从通电、通水、通路开始。每天工地施工所需的数以百计立方米的沙石料，都由参加劳动的师生从 2.5 千米外的沙石场用翻斗车推运过来。不论刮风下雨，不讲劳动条件的艰辛，在劳动竞赛中展现师生建院劳动的热情。学生一个月的建院劳动，是将分散的公益劳动时间集中使用并列入教学计划，使正常教学与建院劳动相结合，并发挥了建院劳动育人的作用。

为了使衢州新校园于 1960 年 9 月能如期开学上课，在建造一批学生宿舍、机械楼等永久性建筑的同时，还赶建了 3064 平方米共 8 幢毛竹结构的草棚，作为临时教室和辅助用房。当时的办学条件十分艰难与简陋。经过半年多的基建和师生们的劳动，新校园粗具规模。为了迎接浙江化工学院第一届新生和新学期的开学，于 8 月 6 日成立迁校指挥小组，由周学山任指挥，李寿恒、钱序勖为副指挥。8 月 14 日，党委办公室副主任姒承家带队的第一批干部 30 名，由杭州迁衢州，在新址建立办公机构，立即开展新学期的各项准备工作。

9 月 13 日，举行首届开学典礼，不过当时的校名已由浙江化工学院改为乌溪江化工学院，在开学前的 8 月 23 日，由浙江省省长周建人签发的浙江省人民委员会人字 517 号通知："为了适应大规模的文化革命和技术革命的需要，经 3 月 25 日省人民委员会第十六次会议讨论决定：建立乌溪江化工学院，……"（1962 年恢复浙江化工学院名称）在开学典礼上，院长刘德甫在报告中提出："自力更生、奋发图强，苦战 3 年建成学院"和"努力成为教育、科研、生产三结合的典范，理论联系实际的榜样"，并发出要"爱劳动、勤学习，积极上进，艰苦朴素，既有远大的革命理想，又有踏实的求是精神"的号召。

在 8、9 月间，共有 2500 余名师生迁入新校园，其中本科新生 523 人。开学后，学生在草棚大教室上课，部分实验室、图书馆、办公室也安排在草棚里。教职工家属租用附近的石室村农民房子。衢州是一个新形成的工业集聚地区，短时期集聚了大量城镇人口，副食品与物资供应十分困难。因此，在建校初期，学校成立了副业队，养禽畜，种瓜菜，以解决部分副食品供应的困难。开学后继续组织师生参加建院劳动，至 1961 年底因停止基本建设而告结束。

在教学上，鉴于当时教师结构是新教师多，年轻教师比例高，教学经验少，热情高的特点，积极开展年轻教师培训，以老带新，加速师资队伍的建设。时任副院长的李寿恒教授，到任后的第一件事就是抓师资队伍建设，亲自兼任师资训练班的班委会主任。李寿恒是我国著名的老教育家、一级教授，他在长期的办学实践中素有重视教师队伍建设的好传统，强调教师必须具备扎实的"三基"（基础理论、基础知识和基本技能），熟练的教学方法，高尚的师德，并严格教学要求,这样才能提高教学质量。他以身示范,亲自担任化工原理、普通化学和无机化学等化工基础理论课的主讲,上大班课,言传身教。李寿恒教授还为年轻教师开设传递工程学等研究生课程,指导外语教材和文献阅读,并引导开展科学研究工作。在此同时,还邀请省内外的教授、专家来校讲课或做学术报告,开展学术交流活动。在校内充分发挥老教师在教学上和学术上的带头作用,经常组织多种形式的讲座、经验交流会等活动,增进教师水平和教学质量的提高。

李寿恒教授的办学理念及其教学主张,受到了学校党委的充分尊重和支持,学校党委在教学上采取了一系列举措,确保教学秩序和教学质量。在烂柯山麓校园里,虽然在草棚教室里上课,但是全校教与学的氛围十分浓厚,教师们认真备课讲课,严格教学要求,形成一派严谨的治学作风;学生们在艰苦的环境里培养了勤奋好学与严格训练的风气。"所谓大学者,非谓有大楼之谓也,有大师之谓也。"这句在中国高等教育史上拥有重要地位的话,虽然是出自梅贻琦先生在1931年12月3日就任清华大学校长时的就职演说,但对当时浙江化工学院的办学是一种鼓舞,激励着全校师生。

1960年,在我校历史上是一个重要的时间节点,具有里程碑的意义。在办学层次上从大专升格为本科;在办学规模和专业设置上有较大的扩展;在办学理念上践行教育、科研、生产三结合;在校园文化上倡导尊重知识、尊重人才,进一步培育与发扬艰苦创业和务实图强的精神。

二、在困境中谋求新生

从1961年开始,浙江化工学院在衢州农村办学的困难更显突出,既有来自学校所处地域环境条件的影响,更主要的来自国家经济大环境的变化,全国高等教育由大发展转入大调整。

在当时的历史条件下,衢州地区经济尚不发达,农村经济较差,由于衢州化工厂等大型单位的集聚,物资和副食品供应变得更加紧缺。学校离衢州县城虽然只有12公里,但是交通十分不便,且有一条乌溪江相隔,江上无桥,依靠渡船过江,雨季涨水,则交通阻断,师生的生活受到影响。烂柯山在历史上被誉为围棋圣地,天生石梁等名胜与石刻遗存尚在。当年南宋大诗人陆游(1125—1201)拜访居住于烂柯山的好友时所留下的《访毛平仲问疾与其子适同游柯山观王质烂柯遗迹》诗中,有"篮舆访客过仙村,千载空余一局存"的诗句。被誉为"仙村"的石室村尚处于贫困破落状态,然而在烂柯山麓办学的浙江化工学院师生的记忆中却难忘那"一局残棋岁月忘"的故事,努力克服物质上的困难,为学校的生存与发展而奋争。

1961年3月,浙江化工学院党委根据中央八届九中全会决定对国民经济实行"调整、巩固、充实、提高"的八字方针和省委电话会议精神,研究部署学校的整编工作。在 1961—1962 年期间,根据省委指示,我校做了较大幅度的调整。

调整办学规模。本科学生由 3000 人压缩到 800 人,后又进一步调整为 600 人,每年招生规模只有 120—150 人。相应调整基本建设规模,由原来的 7.5 万平方米调整为 4.5 万平方米。原计划中的化工实验楼、教工宿舍等工程均告停顿。

调整专业,压缩机构。本科专业由 8 个调整为 4 个,后又进一步调整为无机物工艺、基本有机合成工艺、化工机械 3 个基本专业。并将无机化工系和有机化工系合并为化工系,将科研生产处、设备处改编为教务处下设的科级建制,校办的化学试剂厂并入机械厂,杭州分部划归省化工厅,恢复杭州化工学校建制。

动员部分学生回乡、务工、参军和精简教职工。共有 406 名学生离校,其中102 人回乡务农,179 人回原单位工作(工农预科班),62 人去衢州化工厂当工人,63 人应征参军。减少教职工 267 人,占教职工总数的 32%,其中回乡支农的 93 人,外调企事业单位的 148 人,退休的 26 人。

浙江化工学院的上述调整,仅是全国高等院校调整的一个缩影。全国先后停办 800 多所高等院校,占 1960 年高校总数的 68%。浙江省 50 所高等院校调整至 12 所,学校数减少了 76%,在校学生数减少 39%,并出现连续 5 年的负增长。在这样严峻的形势下,浙江化工学院办学面临更多的困难,广大师生认清形势和肩负的责任,以极大的热情在贯彻执行中央"高校六十条"(《教育部直属高等学校暂行工作条例》的简称)的过程中,探索新形势下教学改革途径的同时,积极主动地思索与谋划学校发展的前程。

1961 年 11 月 26 日,浙江化工学院党委书记张庆三在全院党员大会上做"高校六十条"的学习动员报告,开启了学习贯彻"高校六十条"的工作。"高校六十条"是 1961 年 9 月中共中央批准试行教育部起草的《教育部直属高等学校暂行工作条例》的简称,因其内容共六十条而得名。不仅要求教育部直属高校要执行,而且明确要求全国全日制高校都要贯彻执行。它总结了中华人民共和国成立以来高等教育发展的经验教训,并对高等学校的培养目标、教学工作、科学研究工作、领导体制和行政组织等方面做出了规定,在一定程度上纠正了1958 年教育改革的一些错误,标志着从国情出发建立我国高等学校比较全面的基本制度。据此,学校切实加强基础工作和制度建设,努力提高教学质量和办学水平,积极争取有一个良好的自我发展环境。

在制度建设方面,成立党委领导下的院长为首的校务委员会;采取教学会议的形式,使贯彻"高校六十条"工作与广大教师的教学活动相结合,探讨学校建设与教学工作中的重大问题;成立学术委员会和教师职称评定委员会,推进科研工作,开展教师职称评定;建立和健全以学籍管理为中心的各项教学管理制度。

调整教学计划、教学大纲,延长学制。贯彻以教学为主,纠正前一阶段存在的劳动过多,社会活动过多,科研工作过多,而教学过少的"三多一少"偏向。根据高等工科院校实行五年制的要求,经过一年多的努力,经教育部批准,从1962年起招收五年制本科生。

倡导"基础第一、质量第一",并采取了一系列具体措施。规定有经验的教师主讲基础课;强调学生首先要学好基础课,达到"透彻理解,牢固掌握,熟练运用,举一反三"的要求;按教学大纲开出实验,严格操作技能训练;组织社会实践、生产实习,加强教学检查,从而稳定了教学秩序,加强了"三基",提高了教学质量。

进一步加强与衢州化工厂的协作,探索厂校共同培养人才的途径。教学计划中实践性环节列入工厂的计划,给予保证;工厂的生产技术问题列入学校的科研任务或作为学生毕业设计、课程设计的题目;学生的毕业设计由厂校双方组成指导委员会,并参加答辩;聘请工厂工程技术人员兼课等,厂校之间形成全方位的合作关系,在教学、科研、生产的结合上取得不少成功的经验。但是,一个大工厂也难以满足所有专业实践性教学的要求,毕业设计选题困难,不得不到其他工厂。

在贯彻"高校六十条"的过程中,随着学校工作取得多方面的进步,促进了人的思想活跃,教职工中酝酿着思变求发展的办学热情。然而,当时学校面临的办学环境与条件,是生存的困境,不具备发展的条件。办学规模逐年缩减,1962年7月省委批转教育厅党组《关于进一步调整本省教育事业和精简学校教职工的报告》中决定:乌溪江化工学院今后的学生规模为480人,并恢复浙江化工学院的校名。这样,每年只能招生120人。办学经费十分困难,省教育事业费拨款从1960年的127.5万元减至1962年的48.35万元,1963年只有47.07万元。

现实的办学难题和学校的前途命运问题,引起了化工部和浙江省委的重视。化工部部长彭涛,化工部副部长、我国著名化工专家侯德榜先后到校考察办学情况,关切这所最初由化工部创办的学校的命运。浙江省委第一书记江华和省委书记陈伟达分别到校视察,召开教师座谈会,听取意见。当时,浙江经济困难,教育经费紧缺,省委有意改变浙江化工学院的隶属关系,学校领导不失时机地积极向化工部反映情况,争取化工部的支持。1963年6月,化工部教育司派员到校了解情况。7月,浙江省委同意将浙江化工学院上交化工部管理。8月,化工部教育司司长马恩沛专程到校考察,认为在烂柯山麓办学的外部条件太差,投资大,见效慢,不利于人才培养,提出迁校杭州办学的意见,并随后提出了具体方案。浙江省委书记办公会议同意迁校杭州的方案。10月25日，国务院批准："同意将浙江化工学院改由化学工业部直接管理。"11月，迁校工作启动，首批129名一年级学生从衢州迁入杭州文一路原校园上课。1964年初新学期开始之时，全部学生在杭州校园里上课了。化工部接管后，采取了一系列改善办学条件的措施，调入10余名教师和50余名64届本科毕业生充实教师队伍；增添一批教学仪器设备；增拨办学经费；租用附近楼宇，以缓解校舍短缺；扩大招生规模，开始从上海、江苏等地招收新生；教学工作和学生实习纳入部属院校的计划。这样，学校较快恢复元气，开始进入新的发展时期。

1964年，全国掀起的两大运动对刚安定下来的浙江化工学院产生冲击与影响。一是全国掀起的"社会主义教育运动"，即"四清"运动。学校党委按照省委的指示，由党委书记张庆三带领91名教职员，于10月参加萧山闻堰、浦沿公社的"四清"运动工作队，历时1年。二是在编制第三个五年计划中提出的"三线建设"（又称战略后方建设）的问题。化工部决定以浙江化工学院为主体和北京化工学院的一些保密专业组建一所我国西部的重点化工学院，校址为西安市郊临潼。

根据化工部的步骤，浙江化工学院于1965年3月着手西迁的准备工作。党委副书记周学山、副院长刘亚东等人随即赴西安考察校址等相关事宜，并于7月在当地开始土建等筹备工作。正在此时，浙江省委对浙江化工学院西迁持不同意见，认为浙江化工学院是姓"浙"的，不同意外迁。省部之间经过一番争议，化工部不得已而将浙江化工学院归还给浙江省。1965年11月20日，化工部发函给高等教育部，提请转报国务院批准将浙江化工学院和杭州化工学校移交给浙江省管理。国务院于1966年1月8日批复："同意将浙江化工学院由化学工业部交由浙江省直接管理。"然而，当时的实际情况是在1965年8月，浙江省委以"备战需要"为由，强势下令浙江化工学院在1966年1月前迁回衢州原址办学。学校领导执行省委的指令，立即着手再次迁校，到1965年底已经迁回衢州烂柯山。1966年1月2日，国务院的批文尚未下达，浙江省委第一书记江华信守自己的承诺亲临浙江化工学院视察，目睹烂柯山麓艰难的办学境状，同意增建一幢化工实验楼和由衢州化工厂拨出一幢宿舍楼，但也难解校舍严重不足的困难。

如果说，1960年从杭州迁址衢州是学校发展史上的一次希望之迁，1963年从衢州迁往杭州是新生之迁，那么1965年又从杭州迁回衢州则是韬晦之迁。在烂柯山这一棋文化故地，稳定态势，运筹帷幄，期待着新的发展机遇。这就是浙江化工学院时期被称为"五年三迁"的史实。

三、在"文化大革命"中坚守与前行

1966 年 5 月至 1976 年 10 月的"文化大革命"期间,浙江化工学院在烂柯山这样一个比较闭塞的环境下,同样遭受与全国高等院校相似的冲击和摧残。1966 年 5 月 22 日,校内贴出第一批大字报。6 月下旬开始"停课闹革命",整天搞运动。年底掀起了一场批判"资产阶级反动路线"、揪斗"牛鬼蛇神"风潮。1967 年初,全校 90％中层以上干部和高级知识分子,25％左右的教师职工遭受审查、批斗、抄家,学校的领导机构瘫痪。随后,驻衢空军派出解放军毛泽东思想宣传队进驻学校,衢州化工厂和水电部十二工程局派出工人毛泽东思想宣传队先后进驻学校,领导"斗批改"和连续不断的政治运动。

在"文化大革命"的 10 年中,从 1966 年开始停止高考招生,到 1977 年底恢复高考招生,中间停顿 11 届。实际上,学校里的大学生没有断过档,1967 年毕业生 123 名和 1968 年毕业生 131 名,延期到 1969 年寒假分配工作;1969 年毕业生 161 名和 1970 年毕业生 157 名,延期到 1970 年下半年毕业。1970 年下半年开始招收工农兵学员。在这期间还开办多种形式的短训班、试点班,作为教育革命的探索。广大师生员工在十分困难的条件下,坚守大学的底线和对教育事业的责任,开展教学改革的实践与探索,进行科学研究,并积极筹建新专业。

1967 年 7 月校革委会公布《浙江化工学院复课闹革命试行草案》,9 月 1 日全面复课。1969 年 5 月,组成教育革命小分队,分赴衢州化工厂、杭州电化厂、义乌化肥厂等。在工厂里,师生与工人相结合编写单元讲义;举办试点班、短训班;开展技术革新等活动。1970 年 8 月,根据中共中央《关于北京大学、清华大学招生(试点)请示报告的批示》,招收首届工农兵学员 154 名。北大、清华招生报告提出的教育革命模式,是遵照毛泽东主席《七二一指示》,走上海机床厂从工人中培养技术人员的道路,教学内容是"以学为主,兼学别样,即不但学文,也要学工、学农、学军,也要批判资产阶级"。废除了新生入学的业务文化考试制度,采取"群众推荐,领导批准,学校复审"的办法。第一年工农兵学员实行 2 年半的学制,1972 年开始为 3 年制。强调发挥工农兵学员"上大学、管大学、改造大学"的作用。在教学上打破原有的课程体系,以典型产品组织教学,到工厂进行现场教学。由于学生的文化水平参差不齐,基础较差,学校制订了补习基础的方案,取得较好效果,却被批判为复辟、倒退。在教学体系上提出所谓的要砸烂"地下室"(指补课),火烧"三层楼"(指基础课、技术基础课、专业课的循序渐进教学体系)。在这种情况下,教学体系被打乱,理论教学被削减,教学质量严重下降。

1970 年 7 月 27 日,浙江省革命委员会发出"关于调整大专院校的决定",提出："从社会主义革命和社会主义建设的需要出发,根据中央有关指示精神,结合本省实际情况,确定省属大专院校 6 所:浙江大学、浙江农业大学、浙江医科大学、杭州大学、浙江化工学院、浙江美术学院。各校校址,除浙江化工学院已在衢县外,浙江农业大学、浙江美术学院迁至农村,其余学校必须加强后方基地的建设,积极创造迁往农村的条件。"同时,决定杭州化工学校并入浙江化工学院等。浙江省高等院校又经历了一次大折腾,师范院校被全部停办。在这样严峻的形势下,我校师生员工以务实图强的精神,在主动为浙江经济服务中办学。1971 年 6 月,组织教育革命调查组,到省有关厅局和 19 个地、县,11 个工厂,5 个研究院所等共 39 个单位,调查浙江省的化工资源、化工生产、技术发展等状况,研究编写筹建若干新专业、新学科的调查报告。在 1973 年至 1974 年间,根据生产部门的需求和有关厅局的意见,新办了化工分析、化工设备防腐蚀 2 个专业。1975 年受化工部委托,筹办农药生产及应用专业,从举办农药技术培训班着手,通过农药研究工作、编写教材和培训师资,使学科快速成长,为农药专业面向华东地区招生创造了良好的条件,较好地适应了社会对该专业人才的需求。

与此同时,广大教师以极大的学术热情与志趣,在科研硬件条件十分困难的情况下,从实际出发选择产学研相结合的途径,逐步形成具有烂柯山下办学特色的学术文化。1970 年 10 月,成立了催化研究室,从事氨合成催化剂的研究。在十分简陋的实验室里,首先要解决熔铁催化剂制备的高温设备和氨合成催化剂性能评价的高压实验装置,这是开展氨合成催化剂研究必须具备的条件。科研人员不畏艰难,自行设计,并通过协作研制与安装调试,建立这些装置。他们独创的氨合成催化剂性能评价装置,成为国内首创的高压实验装置,于 1990 年被化工部审定为国家行业标准和仲裁装置。在此基础上,催化研究室(所)取得系列的氨合成催化剂研究成果及其在生产上推广应用所创造的巨大经济效益,先后获得 9 项国家和省部级科技成果奖。催化研究所的成长及其所取得的卓著成果,就是起步于烂柯山校园里,在以刘化章、常家强、徐如玉等为核心的科研团队的那种踏踏实实、埋头苦干、勇于探索、执着追求的学术文化氛围下所取得的。

在当时学术氛围日趋活跃的校园文化中,许多教师纷纷投身于科学研究中。徐崇嗣等化学工程教研室的教师,于 1972 年开始开展多降液管筛板塔技术的开发研究,并在实验室研究成果的基础上,先后到浙江、江苏、山东等省的化肥厂推广使用。韩玉生等金相教研室的教师,于 1973 年开展了国产新钢种及配套焊条耐腐蚀性能研究,把实验装置建在衢州化工厂的生产车间旁,利用工厂生产现场的条件开展研究工作。他们不仅完成了冶金部、燃化部下达的多种新钢种的研究项目,而且成功开发了具有独特技术的高压管件弯制工艺,成为日后创办的校办化工设备厂的基础。张康达等化机教研室的教师,自行设计研究并建成了国内第一套压力容器疲劳试验装置。于1974年开展了系列的疲劳断裂研究,承接来自企业生产装置新结构的疲劳失效试验研究项目。研究成果列入化工部、石油部和机械工业部联合制定的《钢制石油化工压力容器设计规定》中。濮阳楠等防腐教研室的教师,于1976年开始与上海化工设计院合作,开展硬聚氯乙烯塑料的耐腐蚀性能研究;以及受化工部委托,开展杀草丹生产设备防腐蚀材料的研究,攻克杀草丹生产关键性难题。沈德隆等教师开展农药新剂型研究。田冰式等教师开展农药废水处理技术研究等。

这些研究课题都是来自生产上迫切需要解决的技术难题,通过产学研相结合的途径进行研究,科研成果又能适时地推广应用到生产中去,产生了良好的社会效益和经济效益。这就是当时我校科研工作的特色和成功之道。科研工作有力地促进学科建设和新专业的成长,并为学校发展创造良好的条件。

四、在高等教育的恢复发展中寻求突破

在"文化大革命"结束后,高等教育开始了拨乱反正,以1977年底恢复高校招生统一考试制度为标志,逐步恢复高校正常的管理制度和教学秩序。学校恢复了党委和行政的组织机构,加强了教学管理,建立了必要的规章制度。同时,落实干部政策和知识分子政策,首先是平反"文化大革命"中的冤假错案,澄清是非,重新凝聚"尊重知识,尊重人才"的氛围,激发蕴藏于教职工中办好学校的智慧和积极性。

在这一时期中,主持学校全面工作的周学山发挥了重要的作用。周学山于1957年从外交部调入我校,曾任杭州化学工业学校党总支书记,浙江化工专科学校党委书记,浙江化工学院党委副书记。1966年5月,院党委书记张庆三调任国家对外文化联络委员会工作,由周学山接替主持党委工作。在随后开始的"文化大革命"中周学山遭受残酷迫害,曾两次受到错误的撤职处分,长期被关押。1976年底起,由他主持学校工作,1978年任党委书记兼院长。他在恢复工作后,就以极大的热情和责任感,重建教学秩序和运筹学校的发展,提出并实施从单科性向多科性办学目标发展等一系列举措。

以增设专业突破化工类单科的办学模式。在恢复高考制度的1977年时,不仅恢复原有的本科无机物工艺、基本有机合成工艺、化工机械3个专业,而且增设了工业分析、农药化工、工业企业电气自动化和机械制造等4个专业,其中后2个专业突破了化工类专业范围,开启了向多科性工科院校方向发展。1978年,又增设了化工设备防腐蚀专业。1979年,举办企业管理专科班(3年制),培养地方企业管理人才,以服务于地方经济发展与企业管理改革的需求。

主动走出浙江，开展多种形式办学，扩大社会影响。1978 年 3 月，接受化工部的委托，为天津化工设计院等单位开设有机化工和无机化工 2 个培训班，60 名学员，为期 2 年。接受第二机械工业部的委托，举办防腐蚀技术短训班，52 名学员，历时 2 个月。接受化工部等部委的委托，承办系列的全国工科院校和研究设计院所参加的研讨班。在 1979 年至 1980 年初，先后举办了化工机械新教材研讨班，有 39 所高校 70 余位教师参加；化工原理新教材研讨班，有 68 所高校 101 位教师参加；物理化学新教材研讨班有 105 位教师参加；断裂力学研讨班，有来自化工部、石油部所属的设计院、15 个省市的化工设计院的工程技术人员和部分高校教师共 45 人参加，历时 40 余天。

突破本科的办学层次，创造条件招收硕士研究生。1979 年首次招收研究生，通过全国各省市招生办公室，原计划招生 30 名，实际报名 10 名，经考试录取成绩合格的 2 名，为化工机械学科和化学工程学科各 1 名。当时学校还没有硕士学位授予权，以联合培养的名义由浙江大学授予。然而这是研究生教育的起步，经逐年扩大形成一个新的办学层级。

学术活动日趋活跃，学术氛围浓厚，科研成果取得突破性进展。在这一时期，科研工作发展较快，科研项目与经费倍增。承担科研任务的教师大幅度增加，约占教师总数的 34％，三分之二的教研室开展科学研究工作，并且设立了催化、化学工程、三废治理、化工机械、化工腐蚀与防护等研究室。1977 年有 ZA-1 型氨合成催化剂、小合成氨四合一高压容器两项成果获浙江省科技成果奖。1979 年有压力容器抗疲劳性能研究、多降液管筛板塔技术等 9 项成果获浙江省科技成果奖。在科技成果的推广使用方面也取得较好的成效，如氨合成催化剂成果在上虞化工厂建立生产车间，产品在多个化肥厂推广使用。同时，科研工作促进了实验室建设。化机实验室在科研中建设了一套压力容器测试、爆破、疲劳试验、探伤等装置，扩建了实验用房，并承接外单位委托的压力容器疲劳试验等任务，成为能开展多种实验的专业实验室。科研工作促进了教师学术水平的提高和发表学术论文的积极性。在 1978—1980 年间有 20 余篇学术论文获浙江省自然科学优秀论文奖。创刊于 1973 年的《浙江化工学院学报》，从 1978 年开始成为国内公开发行的学术期刊。

在经历了"文化大革命"十年动乱之后，回望浙江化工学院艰难曲折的办学历史，不少教师与干部深刻地认识到需要突破从 1960 年一路走来的在衢州建设化工基地的办学思路。尤其是一批经历了 60 年代的"三年困难时期""五年三迁"和"十年文革"锤炼的年近 40 岁左右的教师与干部，更加急切地期盼学校走出烂柯山，探求一条新的发展之路。其实，这也是学校党委书记周学山和广大教职工的共识。在这样的背景与氛围下，就有了 1977 年 9 月 10 日由 8 位教师与干部签名的致中共浙江省委书记铁瑛、陈伟达的公开信，提出了浙江化工学院迁移杭州,创办浙江工学院的建议。这是以满腔热情呼唤加快高等教育恢复发展步伐的心声,也是期盼学校走出烂柯山办学的第一步。

在学校党委的运筹决策下,这一场由群众自发掀起继而演变为由校党委书记周学山带领的,有组织、讲谋略,充分反映群众心声与智慧的兴校举措。周学山再三强调,首先要做好本职工作,把学校办好,扩大社会影响;与此同时积极主动地向上级及有关部门反映师生的呼声,寻求学校发展的新途径。随后就有了向省委书面陈述《关于进一步办好浙江化工学院的几种设想》,派代表向省委有关领导汇报办学体制和发展方向等问题,以及向化工部反映要求改变办学体制等问题,第二机械工业部来浙江协商接收浙江化工学院在杭州建校问题等。在历经两年艰难曲折的诉求和办学实力的不断提升,以及高等教育恢复发展的大趋势和二机部乐到杭州建校的刺激下,浙江省委教卫部领导按省委副书记薛驹的指示,于1979年8月6日接见了我校去杭州的12名干部,听取意见。17日,薛驹亲自接见我校在杭州的党委委员与处系干部,听取汇报后表示:省委决心要办好工学院,工学院要以化工学院为基础,如何办好工学院,你们回去后发动大家积极提出合理化建议。

浙江省委决定在杭州建一所浙江工学院,是在浙江化工学院向省委提出迁校杭州创办浙江工学院的建议之后。这所学校于1978年7月开始筹建,按3000名学生的规模设计,1979年4月破土动工。至1980年8月建成约5000平方米的校舍,并陆续从各地调集约180名教职工。两年多的筹建实践表明,办一所新大学艰难,创办工科院校更难。因此,才有浙江省政府于1980年5月上报国务院的《关于以浙江化工学院为基础办好浙江工学院的报告》和经国务院批准,教育部于1980年9月10日下达的《关于同意浙江化工学院并入浙江工学院的通知》。9月21日,浙江工学院和浙江化工学院合并后第一次干部会议在省府杭州米市巷招待所举行,会议由临时党委书记周学山(8月4日省委决定建立浙江工学院临时党委会,由周学山任书记)主持并进行会议总结。从此,浙江化工学院成为浙江工学院的办学基础,衢州校园作为浙江工学院分部,随着原来的学生毕业而逐年搬迁至杭州,我校进入了浙江工学院的发展时期。

烂柯山,见证了浙江化工学院艰难曲折的20年办学历程,以及随后以浙江工学院分部继续办学的4年,1984年底才全部迁移杭州。当今,烂柯山已建设成为衢州市风景秀丽的著名历史文化景区,它不仅向游人展示了自然风光和千年的历史文化遗存,而且记载着20世纪曾经有过的大学文化。对于曾经的浙江化工学院师生,他们不仅铭记着当年的难忘岁月,而且烂柯山的天生石梁和流传千年的故事也给他们留下了难以忘怀的记忆。

古运河畔新学府:浙江工学院

林宝琨

浙江工学院,是我校在 1978—1993 年的发展阶段,是我校历史上新建的第三个校园。在校址的选择上几经周折,最后定位在杭州城北的上塘河畔,当时属于西湖区的上塘人民公社。上塘河在元朝末年之前,是京杭大运河进入杭州的主航道,江南运河的重要组成部分,杭州的城市之脉。1980 年,浙江化工学院在围棋文化的发祥地衢州烂柯山麓办学 20 年以后,成为浙江工学院的办学基础,迁入杭州古运河畔的新校址,与大运河文化相融合。上塘河与烂柯山都曾有过辉煌的往昔,如今都融入了浙江工业大学的校园文化,为我校文化建设提供了厚重的历史文化积淀。

一、在古运河畔办学的情愫

1978 年 5 月,浙江省委发文决定在杭州筹建浙江工学院,7 月组建了筹建工作领导小组(简称"筹建小组")。在筹建工作中,校址的选择是大家最关注的问题,将会直接影响学校的建设速度和办学环境。据当时参加筹建工作后任浙江工学院副院长的胡本斋回忆,他在 1978 年 7 月接到省委通知参加筹建工作后,立即参与校址的考察调研,曾按照杭州市基本建设委员会提供的建议,到转塘、新凉亭、半山、文教区等地考察,均以不适宜而未成。在一次面向省委领导的汇报会上,杭州市建委的一位工程师提议,省军区干休所东面的上塘河畔可以考虑作为建校用地。这一偶然的提议,最终成就了浙江工学院的校址。

1979 年 3 月 22 日,经浙江省革命委员会批准,浙江工学院校址定位于西湖区上塘人民公社东新、潮王大队,规划用地面积 430 亩。在征地手续尚未办妥的情况下,租用东新大队 3 亩多的猪圈用地,开工建造两幢二层的简易楼,作为筹建初期的落脚点。当时,校址地处农村,周围都是农田,西边紧靠省军区干休所,只有一条小路从长板巷延伸沿着上塘河北岸,通向东新桥。

1980 年,学校在上塘河上架设了一座以钢管为骨架、毛竹片为桥面的临时性竹桥,改变租用小船摆渡的困境,这是校园跨上塘河的第一座桥。由于校园南北纵向布局,学生生活区在上塘河以北,教学区与教工生活区在上塘河以南,竹桥对基建工作和师生生活发挥了重要作用。竹桥,也是当时校园建设中的一处风景,给人留下难忘的记忆。1983年9月,日本足利工业大学29名师生参访团来校交流访问,就是走此竹桥到南岸的教学主楼工地参观的。

流经校园的上塘河,给建校初期的基建工作和校内交通带来不便,但是为校园文化与环境建设提供了独特的资源。上塘河是一条具有悠久历史文化积淀的古运河组成部分。纵观2000多年的大运河历史,肇始于春秋时期,完成于隋代,繁荣于唐宋,取直于元代,疏通于明清,是我国古代纵贯南北的唯一交通命脉,可谓"半天下之财赋,悉由此路而进"。它沟通了长江文明与黄河文明,形成了独特的运河文化。据《杭州运河史》《上塘志》记载,上塘河于公元前210年为军用运粮开凿,自嘉兴至杭州通钱塘江,时称"陵水道"。上塘河自古以来就是大运河在浙江的主航道,自元朝末年(1359)张士诚据杭州,疏浚自余杭塘栖至杭州江涨桥段河道,称新运河以后,上塘河才变为支流。同时,上塘河及其支流是沟通钱塘江流域和太湖流域这浙江两大水系的主要通道,继续发挥着水利、航运、生态、文化等功能。

1984年建造的拓工桥,是一座宽11米的钢筋混凝土的桥梁,沟通上塘河南北校园两大部分的通道,正当教学主楼施工的重要阶段,虽然可以替代原先的竹桥,但建造的是一座步行桥,不能通车。这是由于上塘河北岸边的小路还是市民的一条重要通道,要保持畅通,拓工桥便成了断头桥。这条小路是城北居民从长板巷、走石灰坝、过东新桥,跨越上塘河到绍兴路一带的主通道。当时德胜路和潮王路均尚未建成,在每天的上下班高峰时,步行与骑自行车的人络绎不绝。东新桥自古以来就是杭州城北的重要通道,因近东新关而得名。现在已成为校园一景的东新桥,始建于唐贞观年间(627—649),为单孔石阶拱桥,古时在桥塆附近有古松夹道,虬枝参差,郁郁如华盖,苍劲古朴,故又称古松老桥。今桥为光绪二十五年(1899)重修,桥上刻有对联:"地接新关利普工农商贾,石侍古老源通南北东西。"以彰显东新桥的历史地位与作用。为此,拓工桥直至2003年才改建成可通车的新桥。

在校园建设中,对于上塘河、东新桥这些古运河历史文化遗存,不仅应该敬重,给予必要的保护,继续发挥其社会功能;而且可以进一步为大学文化建设服务,焕发历史文化的时代风貌。在校园基本建设计划的安排上,十分珍惜这一来之不易的校园,精心策划,倍加呵护。当时根据国务院批准的学校规模,新校区于1981年由浙江省建筑设计院设计,经省建委会同15个有关部门审批后执行。在具体的基建项目安排上,根据有限的基建经费,学校领导班子权衡利弊,最后研究决定首先建设体量最大的教学主楼,打下办学基础,站稳脚跟,以防在校址问题上的节外生枝。这并非空穴来风,在 1980 年省委决定将浙江化工学院作为浙江工学院的建校基础时,杭州市规划局曾提出将浙江工学院搬迁到杭州市化工区域的祥符桥,后经多方努力沟通才未迁移。由此做出先建主楼,后建辅楼的基本建设安排。28800 平方米的教学主楼(存中楼)于 1983 年开工建设,1985 年底竣工。接着是 10317 平方米的图书馆,1986 年 3 月开工建设,1988 年 10 月竣工。然后再建 7030 平方米的化工楼和 6492 平方米的机械楼。这样的基建安排,尽管对前几年的办学增加了许多困难,但是有利于学校的稳定和后续的发展,办学的实践是最好的证明。

二、夯实办学基础,根植于浙江经济沃土中

浙江工学院在筹建过程中,经历了建校基础的变更,从而改变了为浙江经济服务的走向。1978 年 5 月 22 日,浙江省革命委员会给国务院《关于创办浙江工学院的请示报告》中提出,浙江省工科大学,仅浙大、浙江化工学院、浙江丝绸工学院 3 所,其中浙大已确定划归中国科学院,这样浙江没有专业较全的工科大学,为此要求创办浙江工学院。并提出以浙江农业大学农机系为基础建校,农机系时有农业机械和拖拉机 2 个专业;浙大今后如专业调整,有些专业可以放到工学院。关于工学院的方向和专业设置,主要为浙江省培养农业机械化和工业技术人才,拟设置地质、机械、电机、土建等 4 个系 14 个专业。1979 年 1 月,根据浙江省革委会《关于 1978 年高等学校扩大招生问题的通知》,确定设浙江工学院杭州分校,招收大专新生 440 名,由于校舍还未建,分散于杭州钢铁厂、杭州制氧机厂等 7 个教学点授课。又以浙江工学院宁波分校名义招收大专新生 150 名,教学点设在宁波西郊的布政巷。这些教学点的教学工作,由刚从全国各地调集而来的教师和科技人员承担,学生在各教学点所在单位管理下开展教学工作,直至毕业。

在这一时期,浙江化工学院历经了 20 余年的办学,敏锐地感受到浙江经济发展对工业技术人才的迫切需求和时代赋予的使命。时任院党委书记兼院长的周学山,组织干部与教师向省内外的厂矿企业、科研设计单位、高等院校和有关业务部门开展调查研究,广泛听取意见,了解对人才的需求情况。在此基础上认真分析本校的条件与潜力,提出了要解放思想,振奋精神,根据浙江经济的需求,由单科性的化工学院向多科性的工学院过渡,加速扩大办学规模,增办新专业的办学方略。当时,不仅增设了非化工类的机械制造、工业企业电气自动化等专业,而且于 1979 年建立电子工程系。与此同时,浙江化工学院的教师与干部主动向省委提出迁校杭州创办工学院的建议与方案。

1979 年 8 月 9 日,浙江省委副书记薛驹召集省有关部、委、局负责人会议,

对浙江工学院建校基础进行了复议,鉴于原来设想的以浙江农业大学农机系、浙大部分面向本省的专业为基础组建浙江工学院,由于这两所大学本身系科配套的需要,原来的方案不能落实,为此提出改为以浙江化工学院为基础建立浙江工学院。变更建校基础的情况,在 1980 年 8 月 30 日教育部向国务院提交的《教育部关于拟同意将浙江化工学院并入浙江工学院的请示》中做了十分明确的表述:"由于原拟支援浙江工学院的两所大学本身系科配套的需要,原来设想调出一些教学力量的方案不能落实。为此,浙江省委和浙江省人民政府经过酝酿讨论,提出改为以浙江化工学院为基础建立浙江工学院的意见。浙江化工学院办学多年来,师资条件较好,又积累了一定的教学经验,并入浙江工学院后,发挥现有潜力,可以较快地把学校建设起来,而且也解决由于现在化工学院办在衢县交通不便,给学校教学工作和师生员工生活带来的困难……"

1979 年 11 月 30 日,浙江省委任命周学山(浙江化工学院党委书记兼院长)、姒承家(浙江化工学院党委副书记兼副院长)为浙江工学院筹建领导小组副组长。从此开始了将浙江化工学院作为浙江工学院建校基础的进程。1980 年 8 月 4 日,省委决定建立中共浙江工学院临时委员会,周学山任书记。然而,教育部下达《关于同意将浙江化工学院并入浙江工学院的通知》是在 1980 年 9 月 10 日。在这一期间,各项筹建工作和杭州、衢州两地的教学工作正在有序地推进。

1980 年 9 月,浙江化工学院的 768 名教职工和浙江工学院在筹建中调集的 180 名教职工,共计 948 名教职工奠定了浙江工学院的办学基础。古运河畔的新校园尚处在建设初期,位于衢州烂柯山的原浙江化工学院校园成为浙江工学院分部,承担大部分学生的教学任务。新组建的浙江工学院设置化学工程、机械工程、电子工程、土木工程、轻工业工程、管理工程等 6 个系。1980 年有 11 个专业招收 610 名本科新生,其中电子、土木 2 个系新生在杭州新校区上课,其余 4 个系 15 个班级新生到衢州分部上课。

9 月 14 日,举行 1980 年新生开学典礼。省委副书记薛驹到会讲话,他指出:浙江工学院这所多科性的工业大学,是为适应浙江省"四化"建设需要而创建的,主要任务是为本省培养又红又专的工程技术人才。他号召同学们要艰苦奋斗、勤奋学习。9 月 21 日,举行两校合并后第一次干部会议,讨论专业设置、招生规模、基本建设计划等。9 月 26 日,宣布学校的组织机构及各系、部门负责人。

1981 年 12 月 2 日,省委转发中共中央组织部通知,中央同意:周学山任中共浙江工学院委员会书记,李恩良任浙江工学院院长。同时,省委任命姒承家为党委副书记,姒承家、胡本斋、林正、赵学廉为副院长。

院长李恩良教授,1937 年毕业于之江大学土木系,后获美国密执安大学硕士学位和美国康奈尔大学博士学位。1942年后，为浙江大学、之江大学、复旦大学等校教授。1962年任浙江大学教授、副校长。他为浙江工学院第一任院长，德高望重，为学校的建设和发展做出了重要贡献。曾任第六届浙江省政协常委。

在浙江工学院建校初期，原浙江化工学院整建制并入，充分发挥了建校基础的作用。衢州校区作为浙江工学院分部，承担了近2000名学生的教学任务。自1981年起，按照杭州新校舍的建设进度，每年新生在杭州入学，衢州的教职工和图书、仪器设备等则分期分批迁至杭州，分部负责1980级以前在校学生的培养，直至毕业。这样有利于按照浙江经济发展需要培养人才，稳定教学秩序和确保教学质量。为了加快杭州校舍的建设，筹措基本建设资金，1981年经省政府批准，将衢州校园土地连同建筑物转让给衢州化工厂，450万元转让费全部用于杭州校舍建设，经省计经委安排分年纳入省基本建设投资计划。

浙江化工学院作为浙江工学院的建校基础，不仅在于物质层面的作用，而且还在于大学文化层面的作用。在一所大学的发展史上，办学经验、文化积淀、历史记忆等是最为宝贵的精神财富和不断进取的基石。浙江化工学院所历经的28年艰苦创业传统，尤其是20年的烂柯山麓务实图强的办学记忆，对于浙江工学院建设与发展的影响是深远的。

三、以开拓创新精神探索校际合作办学的路径

在20世纪80年代初期，我校尚处在"边建校、边办学、边迁校"的阶段，办学条件比较艰难。然而，全国高等教育经过恢复与调整，趋于加快发展时期。1983年4月，国务院批转教育部、国家计委《关于加速发展高等教育的报告》中提出："加快发展高等教育事业，已成为刻不容缓的大事，必须采取有力措施，促使高等教育事业在近期就有计划按比例地有一个较大的发展，并为今后更大的发展打下基础。"这对于我校是一个莫大的发展机遇，积淀30年的办学经验及其自强不息、善于汲取、开拓创新的校园文化，更加强烈地显示出运用杭州的办学条件加快开放办学、推进改革发展的渴望。以校党委书记周学山为代表的领导集体，志存高远，于1983年跨出了国际和国内的校际交流与合作步伐，并且亲自带队考察国内外大学的办学经验和探讨改革发展的路径，把他校成功的办学经验内化为本校的改革举措，从而推进学校的进步。

大学校际合作有多种类型和模式，当时是自愿组合的在教学、科研和社会服务等方面的交流与合作，研讨共同关心的改革与发展问题，通过资源共享、优势互补，实现互惠互利、相互促进。无须讳言，我国高等学校在相当长的时期中处于相对封闭的自我发展状态，尤其缺乏与国外大学的交流与合作。这种状态

持续到 20 世纪 80 年代才开始逐步改变。一次偶然的机会,我校开启了对外校际交流与合作。1983 年 8 月 3 日,以日本栃木县日中友好协会会长、县议员、足利工业大学后援会会长吉田晴保为团长的栃木县民之翼先遣团一行 3 人来到杭州,通过中国国际旅行社杭州分社向浙江工学院表达建立友好交流与合作关系的愿望。事先我校已得悉由中国驻日本大使馆介绍,日本足利工业大学将派员前来洽谈建立两校交流合作事宜。当初考虑学校尚处于基本建设阶段,还不具备与国外大学建立合作关系的条件,故拟婉拒。但是,在接待过程中感到此事对学校今后的发展有利,也就承接下来了。经过精心策划与安排,一个月后的 9 月 5 日,接待了以日本足利工业大学副校长有国肇教授为团长,吉田晴保为顾问的日本足利工业大学访华团一行 29 人的来访。两校师生开展学术交流与联谊活动,并经过友好协商,签订了两校《友好交往、学术和科学研究交流和共同研究的备忘录》。这次校际交流活动,不仅得到两校师生的欢迎,而且受到省教育厅等有关部门的赞誉和好评,浙江日报、浙江电视台、浙江人民广播电台等媒体分别做了专题报道。一年后,以日本足利工业大学法人樱井章盛为团长的 29 人代表团第二次来校参观访问,两校师生开展学术交流和联谊活动,并再次就建立校际友好协作及共同关心的问题进行座谈。

作为对日本足利工业大学两次来访的回访,1984 年 11 月 25 日至 12 月 2 日,应日本足利工业大学校长采泽信光的邀请,以浙江工学院党委书记周学山为顾问、院长邓汉馨为团长一行 7 人访问日本足利工业大学。在访问期间,就 1983 年签订的两校交流与合作备忘录的基础上,正式签订建立友好关系协议书,并参观该校的研究机构和实验室,与各学科主任座谈,讨论今后开展学术交流与合作等事宜。为了能够对日本高等教育做进一步考察,了解不同类型大学的办学特色及其文化特质,在足利工业大学的安排下,参访了东京大学、横滨国立大学和宇都宫大学,并顺道参观了日产汽车公司栃木工厂和东京三洋电机厂,对日本工业企业的生产与管理状况有一个粗略的了解。

从 1984 年我校和日本足利工业大学签订校际交流与合作协议书以后,每年两校师生都开展学术交流和文化访问等活动,以及讲学、进修和合作办学等。我校于 1983 年迈出国际学术交流与合作的第一步,随着办学条件的改善、规模的扩大和学术水平的提高,逐年扩大国外校际交流与合作,先后与日本、美国、德国等 10 余个国家数十所大学建立校际协作关系。在交流与合作中,不仅提升了办学实力,而且为提高我国文化的影响力和国际学术交流中的话语权发挥作用。

1983 年,在开展国外校际合作的同时,浙江工学院与福州大学、上海工业大学一起发起成立华东地区地方工科院校协作组。中央所属的高等院校有教育部组织研讨办学及其发展等问题,而地方工科院校缺少这一机制,面对改革发展中诸多共性问题，迫切需要相互交流与研讨。协作组第一次研讨会于 1983 年 12 月 15 日在福州大学举行。浙江工学院由党委书记周学山带队，教务处长刘景善和科研处长林宝琨 3 人参加会议。到会的还有江西工业大学和山东工业大学代表，华东五校相聚。会议交流了各校的办学情况，着重就教学工作和科研工作进行研讨，并对今后校际协作内容、方式等共同关心的议题达成共识。

华东地方工科院校协作组第二次年会于 1984 年 12 月 20 日在浙江工学院举行，参加会议的有华东五校和闻讯到会的云南工学院院长。按会前商定的议题，交流了各校教学改革、校内管理体制改革和思想政治工作等方面的情况与经验，并达成了各校本着平等互助、各尽所能、优先优惠、相互信赖的原则，在教学、科研、管理等方面开展校际合作的共识。还对下一年度开展研究生学位点申报工作、青年教师培养、创办新专业等的专题研讨做出安排。这次会议受到浙江省政府的重视，副省长李德葆看望到会代表。

华东地方工科院校协作网的发起与扩大，以及每次年会的卓有成效，受到相关省市政府的重视和支持，反映了华东地区高等教育改革发展的客观需求，因而受到越来越多同类院校的青睐，要求加盟的院校不断增加。1985 年的第三次年会时，不仅华东 7 所省属工科院校全都参加，而且还有北京工业大学等华东地区以外的 4 所院校到会。1991 年，当浙江工学院作为第二轮东道主举办第九次年会时，已发展到全国 21 所地方工科院校。同时，云南工学院发起组织西南地区地方工科院校协作网，与华东地区协作网联网。校际协作成为 20 世纪80 年代、90 年代地方工科院校的一道风景线。

校际协作网为成员提供了交流合作的平台与服务，促进各院校的改革与发展，同时也对地方政府教育主管部门产生正能量。华东地方工科院校协作网的有效运行，受到众多同类院校的欢迎。为顺应这一高等教育改革发展潮流和一些同类院校的呼声，浙江工学院院长洪起超发起组织全国地方工科院校协作网。经过一番策划与协商，于 1993 年 12 月 15 日在浙江工学院举行全国地方工科院校的校（院）长研讨会的筹备会议，到会的有来自各大区 10 所院校代表，共商会议主题等安排。

由浙江工学院发起、筹备、组织的全国地方工科院校首次校院长研讨会，于1994 年 10 月 20 日在浙江工学院召开。参加这次研讨会的有来自全国 41 所省属本科院校的校长、党委书记等代表。国家教委主任朱开轩委托国家教委专职委员郝克明和高教司司长周远清出席会议，他们在讲话中分析了我国高等教育形势，回答了校（院）长们提出的办学问题。全国政协副主席、上海大学校长钱伟长到会讲话。浙江省政府、省人大等领导出席了开幕式。在这次研讨会上，代表们共同呼吁国家教委和地方政府进一步关心和重视地方工科院校，帮助解决办学中的实际问题，同时各院校要把握好发展机遇，努力办出特色；深化改革,尤其是加大教学改革的力度;坚持走内涵发展为主的道路,努力提高办学效益;发挥人才和科技优势,加强社会协作,开拓筹措办学资金的渠道,改善办学条件等方面达成了共识。同时,提出以这次研讨会为契机,进一步加强校际交流与合作。

自1983年迈出的国内外校际交流与合作的步伐,这一开拓创新精神在浙江工业大学发展史上具有划时代的意义,有力地推进学校的发展和扩大社会影响力。实践表明,大学群体的协同效应,对增进大学的进步和践行强校之道具有现实意义。

四、以改革为动力,提升办学水平

在浙江工学院时期,正处于我国高等教育在“文化大革命”结束后由拨乱反正、逐步恢复转向改革发展的阶段。改革,是发展的动力,也是提升办学水平的重要举措。高等学校改革的成效,在很大程度上取决于办学理念和领导力。改什么,怎么改,把正确的办学理念变成广大师生的共识,对学校的建设与发展是至关重要的。在20世纪80年代的前几年,两校合并后科类结构和专业设置进行了较大调整,招生规模也随之扩大,这一时期的改革以整顿提高和调整结构为主要特征。随着高等教育的快速发展,特别在1985年贯彻的《中共中央关于教育体制改革的决定》,成为高等教育改革的转折点,国家高等教育管理体制改革带动了校内管理体制机制的改革。1990年暑期开始酝酿编制《浙江工学院1991—2000年发展规划》,在1991年4月经教职工代表大会审议通过,这标志着校内改革逐步从单项改革进入综合改革阶段。80年代校内管理体制改革主要为以下三个方面。

一是招生和毕业生就业制度改革的逐年推进。从1977年恢复高考招生制度后,每年的招生工作由分管的副院长领导,组织人员参加。1985年起成立招生办公室,归属教务处管理,1988年开始归属学生处管理。具体的招生政策与录取办法逐步变革。1977—1980年的招生工作,按照划定的录取分数线,由地、市初选,学校录取,省招生办公室批准。1981年取消招生预录取环节,由学校按高分到低分分段自行录取。1983年,省招生办投放考生档案数增至招生数的120%,增加选择新生的范围。1984年,录取新生数允许超过计划数的1%—3%,以弥补新生报到时可能产生的缺额。同时,首次招收委托培养生。1987年开始招收工业管理工程第二学士学位学生,并执行国家教委的《普通高等学校招生暂行条例》,开始招收自费生。

毕业生就业制度改革力度较大。1973—1980年的毕业生,一般返回原单位、原地区工作。在这8年中,统一分配占毕业生的总数不足1%。1982年开始恢复国家统一分配制度，贯彻"统筹兼顾，适当集中，加强重点，兼顾一般，学用一致，适当考虑学生来源地区的原则"。1985年，根据中央"改变高等学校全部按国家计划统一招生，毕业生全部由国家包下来分配的办法"的精神，进行了毕业生分配制度改革，由省计经委、教委和学校共同编制毕业生调配计划。1987年，根据中央改革毕业生分配制度的精神，于1988年5月起在工业企业管理专业，试行由毕业生在一定范围内选报志愿，学校择优推荐，用人单位考核录用的"双向选择"办法。1989年扩大"双向选择"的试点。1991年全部实行"双向选择"的分配办法。委托培养的毕业生按合同规定到委托单位工作。自费毕业生实行由学校推荐就业或自谋职业。改革指向毕业生自主择业的就业制度。

二是进行校内领导体制改革的试点。在20世纪80年代后期，我国高等学校曾经一度实行校长负责制的改革，浙江工学院作为浙江省的试点，起始于1988年。这一校内领导体制改革是根据1985年5月《中共中央关于教育体制改革的决定》所提出的：学校逐步实行校长负责制，有条件的学校要设立由校长主持、人数不多的有威信的校务委员会，作为审议机构。1988年1月，在中共浙江工学院第一次代表大会期间，浙江省委常委、宣传部长罗东在会上宣布浙江工学院准备试行校长负责制。此后学校着手有关试行院长负责制的准备工作。在4月举行的院教代会扩大会议上，讨论《院长负责制暂行条例》《系主任负责制暂行条例》和《常设机构调整方案》。8月29日省委高校工委副书记周群来校宣布：浙江工学院是实行院长负责制的试点。暑假后学校从原来的党委领导下的院长分工负责制改变为院长负责制，并组建了以院长洪起超为主任委员、党委书记屠德雍为副主任委员的院务委员会。

1989年7月，根据中共中央、国务院批转国家教委《关于当前高等学校工作中的几个问题的意见》中提出的"实践证明，实行党委领导下的校长负责制，有利于保证学校的社会主义方向和全面实现培养目标，比较符合高等学校的实际，在今后一个相当长的时期，高等学校仍应实行党委领导下的校长负责制"的精神，开始为学校领导体制的恢复做准备。1991年3月4日，中共浙江省委高校工委副书记李俊生来校，宣布浙江工学院的领导体制转为党委领导下的院长负责制的决定。院长负责制的改革试点就此告终。然而，它作为一项浙江省高等学校领导体制改革的试点，曾经实施了两年多时间，留下了历史的记忆。

三是校内管理体制机制的改革。1983年，校内管理体制机制改革起步，从单项改革逐步深化，而后转向综合改革。改革的基本思路在于探索新的管理模式，转换机制，调整结构，优化队伍，增强办学活力，改善办学条件和教职工待遇，不断提高教育教学质量、科研水平和办学效益。

在校内人事制度改革方面。1984年改革教师工作量制度，实施系、部教师定编、定岗，缺、超编与经济挂钩的办法，促进教师结构的优化，提高教师的积极性。同时,改革教师考核办法,推动教师提高自我素质。1986 年开展以教师职务聘任制为中心的师资管理改革,实行专业技术职务聘任制;确定系主任负责制,扩大系主任职权;校机关实行以编定岗。1988 年实行以任务聘任为内容的主讲教师聘任制。1989 年对青年教师实行讲师三级晋升制度;对实验室技工实行初级专业技术职务聘任制,增强激励机制。

在教学改革方面。1984 年进行选修课学分制的试点,1988 年全校实行学年学分制。1985—1989 年连续 5 年对浙江工业结构、人才需求以及毕业生进行社会适应性的追踪调查。根据浙江经济发展和社会实际需求,调整与改造老专业,增设新专业,并经多次教学工作会议讨论,改革培养方案、教学质量管理及检查评估方案,改革实验教学方案等一系列制度和工作规范,推进教学过程、教学内容、教学方法的深化改革。与此同时,1987 年后实行了"双学位制""3+2工贸结合制""优秀生选培制""模块式学制""产学结合制"等多种教学制度的改革。教学管理体制由一级管理向二级管理转变,将教学与科研管理作为系主任责任制的主体部分,并着重于重点课程建设、教学过程和结果的评估等工作。

在科研管理改革方面。为了加强科学研究和科技服务的内在联系,推进科技成果转化,于 1984 年成立科技服务部。在开展科技服务中,创造条件建立一批教学科研生产联合体。1987 年设立科研开发基金。1988 年又设立科技发展基金,以鼓励申报国家研究课题,支持前期研究。1990 年设立青年科技发展基金,资助青年教师承担科研任务,还设立学生科技活动基金和奖励基金,推动学生科技活动,提高科研能力。与此同时,在科研管理制度方面进行了一系列改革,修订与完善管理办法。

在后勤服务改革方面。1983 年 3 月,后勤管理体制改革在食堂率先进行,试行经费包干责任制。以一定的质量指标为前提,将营业额的 18% 行政拨款给食堂,作为食堂全部经费来源,这种承包责任制能达到提高工效,改进服务,增加个人收入,减少学校开支的目的。食堂改革的初步成效,推动了后勤运输、水电、维修、校园管理等部门的改革,上述部门分别实行定额承包、独立核算、包干到人的办法,提高了服务质量和经济效益。

1992 年 3 月,开展学校综合改革方案的研究与编制。综合改革方案是以转换机制为中心,建立以系、部综合责任制和改革校办产业管理体制为重点,把结合人事、分配、财务、机关体制等的校内管理体制改革作为主体的一揽子改革方案。系、部综合责任制主要是通过综合评估,强化竞争机制推动工作。校办产业管理体制改革,成立校生产委员会统一管理校办企业,以及实行企业厂长、经理负责制。校机关按照"小机关、大服务"的思路,精简机构和人员,实行干部任用的公开聘任制。改革校内奖酬金制度,开设校内银行,改革校内财务管理体制等。1992 年 9 月,校教代会讨论通过《浙江工学院综合改革方案》。该综合改革方案是实施《浙江工学院 1991—2000 年发展规划》的一项重大举措。浙江工学院成为浙江省高等学校综合改革的试点。

浙江工学院在我校历史上是一个重要的承前启后的转型发展阶段。流经校园的古运河上桥的古今变迁，见证了这一发展进程。在 20 世纪 80 年代初，始建于唐朝的东新桥还是校园外的一座古桥，是行人来往的交通要道。1980 年为沟通校园南北，在河上架设一座临时性的竹桥，直至 1984 年拓工桥建成才拆除，然而拓工桥的建造受到制约，只能是一座校内步行桥。2000 年随着学生人数倍增，拓工桥成为校内交通的瓶颈，于是新建了精弘桥。2001 年因新建学生生活区——梦溪园，又新造了梦溪桥。此时，随着校园的扩展和杭州市政道路建设的进程，东新桥已成为校内桥，于 2002 年重修。2003 年拓工桥也改建成可通车的新桥。至此，承载悠久历史文化流经校园的古运河的河段上，不仅有 4 座桥梁，形成优美畅通的校园风景线，而且在校门外的潮王路上还有一座跨越古运河的"工大桥"，留下了潮王路建设的历史文化记忆。古运河两岸的沧桑巨变及河上架构的一座座桥，至今仍是留在人们记忆里的历史文化脉动，彰显着浙江工业大学的校园文化。

抚今追昔，我校 60 余年来从杭州西溪河畔观音桥堍建校，几经迁址，而今在上塘河畔办学，见证了杭州城市发展的脉络。杭州城市发展的巨变，尤其是 1996 年提出了"跨江、沿江"发展的理念，开始了从"西湖时代"走向"钱塘江时代"。2014 年底，富阳撤市设区，又从跨江发展迈向沿江纵深发展的历史新阶段，逐步形成水乡大都市的发展格局。然而，在杭州城市史上，从隋代以来经历漫长的"运河时代"，以及作为古运河主干的上塘河的沿革，乃是杭城历史珍贵的印记。我校作为一所古运河穿越校园的学府，应该承载和发扬大运河的历史文化。

追求卓越的强校之梦

朱良天

20世纪90年代以后,学校进入了快速发展阶段。这里,通过既相互联系又相对独立的三个故事,反映浙江工业大学图强奋进的足迹,追求卓越的实践,以及相关的校史文化。

一、抓住机遇,促成浙江工学院升格

1993年12月3日,这是学校发展史上十分重要的一天。中午,雨过天晴,空气格外新鲜。时任党委书记屠德雍和校长洪起超带领学校党政领导班子全体成员,把浙江工业大学的校牌挂在当时学校大门的柱子上。没有仪式、没有讲话;他们鼓掌、他们凝望;这是责任的担当,也是新征程的开始。

当时,国家教委对学院升格为大学是管得很严格的。为什么其他学院没有做到,而浙江工学院却做到了呢? 这与一位台湾实业家张子良先生的爱心有关,而浙江工学院较好地把握了这一机遇。

张子良(1915—1993),浙江嘉兴市滕镇人,青少年时就怀有实业救国的理想,在沪、宁等地开办纺织厂和贸易公司;1947年赴日本兴办企业,曾任日本华侨联合会副会长,主持全日侨务工作;1954年定居台湾,先创办东南碱业公司,后从事石油气、房地产等业。五十年筚路蓝缕,实业终有成就。

1990年8月,张子良先生作为海峡两岸工商访问团副团长访问北京、上海。此行所见所闻,促使他萌发了捐资办学的想法。因为先生深谙"欲强乡帮必先办教育,欲强教育必先兴学校"之道理。过去,他曾捐资嘉兴市小学、中学和嘉兴高专,在嘉兴及杭州等地设立奖学金、建造教学楼和图书馆等,而这一次他想的是办一所大学。

1991年10月13日,张先生一行2人到杭州考察。与浙江省人民政府李德葆副省长、周洪昌副秘书长及浙江省教委领导商谈捐资办学事宜。10月14日,首次来到浙江工学院实地考察,他在贵宾签名簿上用毛笔写下"心中有爱回故

042

乡"七个大字。洪起超院长向张先生介绍了浙江工学院的概况,张先生表示满意。座谈结束后,张先生从十楼贵宾接待室下来,在主楼周围走了一圈,葱郁的绿化、清洁的马路、整齐的楼宇和放置有序的自行车,都给张先生留下良好的印象。当他走到图书馆附近时,张先生对当时建筑工地留下的一幢坐西朝东的二层"小红楼"感到好奇。当工作人员告诉他这是学校领导的办公楼,二楼最南面一间是洪起超院长办公室时,他感到震惊,并予称赞。

张子良先生在谈及捐资办学时还关切学校的后续发展,他要求提供一块土地,由他筹资建设一座教育发展基金大厦,由基金委员会负责管理,其经营收入用于学校的发展。子良先生认为,有固定的后续基金比一次性投入更加重要。

由于当时基金大厦的土地暂没有落实,子良先生准备第二天先回台湾。晚餐时,洪起超院长提出:学校在莫干山路和文一路交叉口(莫文路)有一批五六十年代建造的教工宿舍,占地面积约 10 亩,可作为基金大厦用地。在座的省教委郑祖煌副主任和阮忠训处长等都认为可行,这立即激起张先生的兴趣,于是他决定不回台湾,到莫文路考察。第二天,由洪起超院长陪同,到现场察看,还计算周围汽车的流量,他对该地块感到满意。

张先生通过省领导的推荐、听取学校介绍和实地考察,以及与洪院长的多次交谈,对浙江工学院已有良好的印象,包括对办学理念和管理的认可,而开拓奋进的精神风貌,艰苦奋斗、务实图强的工作作风,……都使他感到放心。12 月 4 日,张先生致函省府周洪昌副秘书长,明确表示同意在浙江工学院的基础上兴建浙江工业大学的方案。

12 月 14 日上午,张子良先生一行 5 人再次来到浙江工学院,听取了洪起超院长关于建设浙江工业大学的初步方案,与李德葆副省长、周洪昌副秘书长进行会谈,具体商议捐资办学事宜,形成了《关于张子良先生捐资兴建浙江工业大学协议书》和《关于开发莫文路土地的协议书》。12 月 16 日下午 4 时,葛洪升省长在杭州黄龙饭店接见张子良先生,并与张先生亲切交谈;接着,李德葆副省长代表浙江省政府与张子良先生在《关于张子良先生捐资兴建浙江工业大学协议书》上签字。葛洪升省长及省政府、省教委、省台办负责人鲁松庭、周洪昌、杨丽英、郑祖煌、冯裕德、阮忠训和浙江工学院洪起超院长等见证了签字仪式。当晚,葛省长在黄龙饭店宴请了张先生一行。次年 4 月 21 日,浙江工业大学子良教科大楼奠基典礼暨文化体育中心(体育馆)开工仪式隆重举行。葛洪升省长、李德葆副省长出席,张子良先生专程来杭参加奠基仪式。

自 1992 年下半年起,正式启动学院更名工作。省教委要求省政府《关于批准正式成立浙江工业大学的请示》(浙教计字〔1992〕第 241 号);浙江省人民政府在浙政发〔1992〕330 号文《关于建立浙江工业大学的批复》中指出:在浙江工学院基础上筹建浙江工业大学已近一年,各项指标已基本达到国务院《关于高等学校设置暂行条例》中关于设置大学的要求。因此,同意正式建立浙江工业大学,撤销浙江工学院。1993年2月10日,张子良先生为浙江工学院更名为浙江工业大学,并亲自给国家教委副主任朱开轩写信。8月30日,浙江省人民政府以浙政发〔1993〕181号文《关于浙江工学院改建为浙江工业大学的函》致国家教委。1993年夏,国家教委计划建设司司长一行亲自来校实地审查,审查组对学校基本建设和学科建设两大方面进行全面、仔细、严格的审查,认为已具备更名条件,并上报国家高校设置评议委员会评审。同年9月,经过高校设置评议委员会评审,20所高校获得通过,浙江工学院名列其中,并被列入第一批公布名单。1993年11月26日,国家教育委员会发文,同意浙江工学院更名为浙江工业大学(教计〔1993〕182号)。

这一天总要被校史铭记。1993年12月3日上午9时半,学校隆重举行浙江工学院更名暨建校四十周年庆典。古人云:四十而不惑。在建校四十周年时,更名为浙江工业大学,这是学校发展史上的一个里程碑,也是几代工大人的梦想。它激励所有工大人奋进!在庆祝大会上,省委副书记、省政协主席刘枫说,浙江工学院更名为浙江工业大学,虽然只有两字之差,但这两个字来之不易,要珍惜这两个字,把学校办得更好,上一个新台阶;副省长徐志纯把浙江工业大学的校牌授予屠德雍书记和洪起超校长,才会有本节开始时学校党政领导班子集体在校门口挂牌的一幕。因张子良先生于1993年6月8日从台湾返杭途中,疾劳遂甚,魂羁香江,他虽然没有看见浙江工业大学授牌的这一刻,但其夫人陈绣莲女士专程到会,见证了浙江工学院更名为浙江工业大学。

张子良先生逝世的消息传来后,浙江工学院师生深切怀念这位爱国爱乡、造福桑梓的老人。1993年8月4日,学院举行悼念会,省委、省政府领导刘枫、徐志纯和省政协、省台办、上海市、杭州市、嘉兴市的领导,浙江工学院师生代表,张子良先生的生前友好参加。李泽民、万学远、葛洪升、柴松岳等送了花圈。张先生夫人与女儿也专程从台湾来杭州参加了悼念会。

著名书法大师沙孟海先生曾为张子良先生书写了"泽被桑梓"四个大字,褒扬先生爱国爱乡、热爱教育、造福桑梓的精神。

后人写《浪淘沙——纪念子良先生》,全文如下:

(一)

　　处士子良张,两鬓苍苍,七旬远道始还乡,梦里几多愁思在,寸断肝肠。

　　此意不能忘,整饬行装,携孺挈妇渡重洋,可惜香江羁旅魄,岭外钱塘!

（二）

处士子良张，意正德芳，为仁为富济邦乡，工大牵缘携手进，家国共匡。

盛世谱华章，泼墨钱塘，朝晖碧影蔚泱泱，试看屏峰江曲处，帆竞鹰翔。

2008 年 10 月，在庆祝建校 55 周年、子良先生捐资兴校 15 周年时，学校在子良楼设立纪念碑并举行揭牌仪式；学校印发了纪念张子良先生画册，校长张立彬为纪念册作序，他说："桃李不言，下自成蹊，子良先生于吾校之恩泽当百代铭记。"这一年，浙江工业大学出资 100 万元设立张子良奖学金，以铭记先生功德，并激励后生好学上进、报效祖国。

浙江工业大学在迈向新的历史征程中，又出现新的变化：

1994 年 12 月 13 日，浙江省人民政府决定浙江经济管理干部学院并入浙江工业大学（浙江经济管理干部学院成立于 1984 年，隶属于浙江省计经委，校址毗邻浙江工业大学），翌年 1 月 5 日，浙江工业大学与浙江经济管理干部学院的合并大会在学校主楼报告厅举行。1999 年 7 月 12 日，浙江省人民政府决定将杭州船舶工业学校并入浙江工业大学，原校址定名为浙江工业大学之江校区（杭州船舶工业学校创办于 1960 年，隶属于中国船舶总公司，坐落于杭州市西湖区转塘杭州之江国家旅游度假区内）。2001 年 2 月 16 日，浙江省人民政府决定将浙江省建材工业学校（该校创办于 1979 年，隶属于浙江省建材集团公司，校址位于杭州市假山路）并入浙江工业大学。

2008 年底，浙江省人民政府推荐浙江工业大学进入教育部共建高校行列。2009 年 3 月，教育部同意省部共建浙江工业大学。6 月 8 日，浙江省人民政府和教育部于杭州签订《浙江省人民政府、教育部共建浙江工业大学协议书》，学校成为以浙江省为主管理、教育部重点支持的"省部共建"高校。

2013 年，长三角绿色制药协同创新中心进入国家高等学校创新能力提升计划（又称 2011 计划）。5 月 17 日，正式认定为 2012 年度国家协同创新中心，学校成为首批"2011 计划"高校。

二、顶层设计，引领学校实现跨越发展

自 20 世纪 90 年代起，中国高等教育进入了快速发展时期。浙江工业大学始终与时代同步、与祖国同行，学校面向未来，遵循办学规律，主动把握趋势，科学谋划发展，其发展目标、战略思考、办学思路、定位与特色、重大举措、文化特质以及取得的成就等，比较集中地沉淀在学校的 3 个中长期发展规划及其实

践中。

第一个学校中长期发展规划(1991—2000年)详细分析了建校30多年的经验教训和全国34所地方工科院校的现状,认为今后10年是关系学院命运和前途的关键时期,做好这10年的工作,不仅关系到学院的发展和进步,也关系到前10年取得成绩的巩固和下一个世纪跻身更高的层次。但是,规划跟不上变化,1993年浙江工学院更名为浙江工业大学,高等教育的形势和学校的实际又发生了较大的变化,于是学校在1994年对规划进行了一次全面的修订。先前,这一发展规划提出把学院建设成为全国地方工科院校中先进的、有特色的、能主动适应经济建设和社会发展需要的社会主义工业大学。1994年修订后提出:把学校建设成以工为主,理工结合,文理渗透,经管师法兼容,能主动适应经济建设和社会发展需要的全国一流的地方工科院校。这个规划(含1994年修订稿)指引着学校90年代的发展里程。

第二个学校中长期发展规划(2001—2010年)是在全面实现了第一个十年规划各项目标的基础上,为审时度势、抓住机遇,加快学校改革与发展,在深入分析中国高教育发展趋势和广泛听取基层意见后制订的。规划的制订过程恰逢学校领导班子换届,上一任提出规划的框架意见,下一任成立专门班子完成规划的编制。因此,规划的内容也反映了两届领导班子的思想。第二个十年发展计划提出,到2010年,把学校建设成国内知名的综合性的教学研究型大学,综合实力进入全国高校100强。这一规划引领学校在新世纪前10年的发展。

第三个学校中长期发展规划纲要(2011—2020年),由序言、总体战略、发展目标、发展重点、重大专项、保障措施、结语等7个部分组成。在制订过程中,站在"省部共建"平台,对办一所什么样的浙江工业大学和怎样办好浙江工业大学进行广泛、深入的思考。第三个发展规划确定未来10年的发展目标是:基本建成区域特色鲜明的综合性研究型大学,综合实力跻身全国高校50强,达到全国高校先进水平;提出了"四大发展战略"和省部共建十大专项计划,为建设高水平大学描绘了一幅新的发展蓝图。2011年11月25日,教育部省部共建高校工作咨询专家组对正在制订中的浙江工业大学第三个中长期发展规划进行全面系统的论证,充分肯定学校站在高等教育强国和高等教育强省建设的战略高度,确立学校发展目标,符合浙江省委、省政府对学校发展的新要求,顺应高等教育发展的新趋势。这一发展规划正在实施中。

这三个中长期发展规划的形成有以下几个共同的特点:一是学校党政十分重视,有一位主要领导亲自抓,专门成立领导小组和相关的工作班子;二是每次编制或修订时,都对中国高等教育发展趋势进行研究,对国内高校开展调研互动,对学校定位进行分析和专题研讨;三是编写过程集思广益,动员全校力量进行制定,并几易其稿,经党代会、教代会审议,第三个十年发展规划还经教育部专家组咨询论证;四是以奋发图强的决心和坚忍不拔的毅力,层层分解,求真务实,真抓实干,使规划得到很好的落实。

制订战略发展规划是把握规律、分析形势、总结过去、筹划未来的重要工作,带有统领和指导的作用。规划的生命在于实施,实施的过程包含着责任与担当。这三个学校中长期发展规划是学校发展过程的战略构想和顶层设计,承载着学校的理想,背负着工大的希望和对未来的追求。催人奋进,给人力量。如果细细品味它的制订及实施过程中所反映的精神文化内涵,你会感到时光的脉动、发展的迅速、前行的艰辛、耕耘的执着,以及传统的基因、精神的力量、大学的灵魂、文化的传承。

(一)自强不息、勇于争先的优良传统

有梦想才有目标,有希望才会奋斗。从以上三个中长期发展规划可见,这20余年来,学校的发展目标和定位出现了四个明显的转变:(1)从以工为主和多科性大学向综合性大学转变,为学校的进一步发展开拓了新的空间,在学科和事业布局上注入了新的内容;(2)从以地方工科院校作为学校发展的参照系转变为以全国高校整体水平作为参照系,对未来的发展提出了更新、更高的要求;(3)从以本科教学为主的教学型大学向教学研究型、研究型大学的方向转变,在重视本科教学的基础上更好地重视科研工作、学科建设、学位点建设和研究生培养,从而推进学校各项工作上层次、上水平;(4)学校综合实力从全国地方工科院校先进水平或一流水平,向跻身全国高校 50 强转变,吹响了进军全国高校先进水平的号角。这四个转变顺应了中国高等教育的发展,反映了浙江工业大学勇于争先的前进步伐和自强不息的进取精神。它也是浙江工业大学的优良传统。

前进的道路充满着挑战与竞争,但机遇总是给有理想的人的,有事业心的人,追求卓越的人,自强不息的人。浙江工业大学在实施自己的中长期发展规划中,在历任学校领导和全校教职工的共同努力下,把握规律、不失时机、积极作为、求真务实,抓住了推进学校快速发展的机遇,显著提升了浙江工业大学的社会影响力和办学实力,推进学校中长期发展规划的实施。

第一个十年发展规划在总结 20 世纪 80 年代学校工作时提到:"八十年代是我院艰苦创业时期,也是迅速发展的阶段。""发扬了艰苦创业、自强不息的精神,办学条件得到较大改善。"在提及 90 年代学校发展指导思想时,指出:"继续发扬齐心协力、开拓创新、实事求是、艰苦奋斗、自强不息、无私奉献的优良传统。"一所具有悠久历史的高等学校,在它的发展过程中必定会积沉着一种独特的精神标志,成为学校发展丰厚的滋养。1994 年,结合以往的发展历程和当时提出争创一流地方工科院校的目标,学校提出发扬"艰苦创业、开拓创新、争创一流"的工大精神,也有人将其称为"三创"精神。党委宣传部曾将这 12 个大字安置在存中楼报告厅顶上,路过师生均能看见。"三创"精神包含着工大人共同的理想信念和价值观念,释放出强大的号召力和凝聚力。在最近制订的《浙江工业大学章程》的序言中写明:"发扬艰苦创业、开拓创新、争创一流的优良传统。""三创"精神既是自强不息、勇于争先的精神,也是浙江工业大学的优良传统。

浙江工业大学是一所有理想、有追求的高等学校,为了实现中长期发展规划中所确定的目标,审时度势、抢抓机遇,解放思想、改革创新,自动加压、主动作为。曾记否:"争创一流""上层次、上水平""进入全国百强""跻身全国50强""建设国内高水平大学"等成为学校在不同时期发出的最强音。经过这20余年的深耕厚植,办学规模和层次不断扩大、提升,学校取得长足的进步。1993年浙江工学院更名时,在校全日制本科生3915人,专科生1077人,硕士研究生15人,成人高等教育学生1612人,至2014年在校普通全日制本科生28461人(其中之江学院学生7495人),全日制博士生595人,硕士在校生5703人,其他类研究生2604人,共计研究生8902人;成人高等学历教育学生8460人。本科生增加了6.2倍,研究生增加了592倍,成教学生增加了4.2倍。现学校设置24个学院、2个教学部,学科涵盖理学、工学、法学、文学、农学、哲学、经济学、医学、管理学、教育学、艺术学等11个学科门类,形成综合的专业学科体系。1993年校园占地约375亩,至2014年,学校已形成多校区办学格局,占地面积约3000亩,增加了7倍。1993年建筑面积为17.4万平方米,至2014年建筑面积达90万平方米,增加了4.2倍。1993年学校固定资产总值7790万元,其中教学科研设备1929万元,至2014年学校固定资产总值达30亿元,其中教学科研设备7.95亿元,分别增加了38倍和40倍。目前,学校图书馆面积6万平方米,藏书(含电子图书)887万册,中外期刊3.5万余种,数据库56个。在学科建设、本科教育、科学研究、研究生教育与学位点建设和师资队伍等方面都取得卓越的成就,办学的层次、质量和水平,服务经济建设的能力进一步提高,学校各项事业实现了跨越式发展。这种自强不息、勇于争先、追求卓越的进取精神,牢牢烙在浙江工业大学的基因里,支撑着学校60余年的风雨历程;这种奋发向上的精神风貌奏响了希望的乐章,自信、责任、创新、奋进,激励着工大人以饱满的热情,为实现学校崇高的理想而奋斗。

(二)主动服务经济社会发展的办学理念

高等学校为祖国经济建设服务是贯彻党的教育方针的必然选择。一个学校的办学理念是这个学校生存和发展方式的表达。浙江工业大学在长期的办学过程中,主动服务国家战略和地方经济社会发展,主动为浙江(区域)经济建设、社会发展、科技进步服务。这种主动服务是浙江工业大学的办学理念,是使命意识,是服务精神,也是优良传统。

早在 20 世纪 80 年代,邓汉馨院长在一次省府召开的校院长会议上谈及办学指导思想时说:浙江工学院是姓"浙"的,应为浙江的经济建设服务。1988 年 6 月 26 日,中央电视台曾来校以"如何为浙江经济建设服务"为主题进行采访录像。是年 11 月 2 日,省委副书记葛洪升来校,对学校在多年实践中总结的办学指导思想和所取得的成绩给予肯定。当时学校把服务地方经济建设的坚定理念称为办学指导思想或办学宗旨。1991 年 3 月,原国家教委副主任滕藤等在省教委主任邵宗杰陪同下来校视察,滕藤对浙江工学院适应浙江经济建设,为中小企业服务的办学指导思想表示赞赏,希望学校继续探索并总结地方工科院校主动适应地方经济建设的办学经验。

学校第一个十年发展规划,在总结 80 年代办学成效的十个方面中,第一条就是:坚持正确的办学指导思想,按照浙江经济社会发展实际需要办学;肯定学校紧紧扣住浙江经济发展对人才需求的变化,适时调整办学规模和专业设置,并且积极开展多种形式办学。在制订 90 年代发展指导思想时提出:要"为浙江的经济发展做出更大贡献";在发展的总目标中强调要将学校建设成"能主动适应经济建设和社会发展需要的社会主义工业大学";1994 年修改为"能主动适应经济建设和社会发展需要的全国一流的地方工科院校"。

学校第二个中长期发展规划的指导思想提出:"以立足浙江、面向全国为学校的办学宗旨。""主动适应浙江经济、科技和社会发展的需要,为浙江省经济结构战略性调整和高新技术的发展提供人才支撑和技术支撑是学校的办学方针。"与此同时,学校把办学的视野向全国拓展。

办学特色往往需要经过时间沉淀后才能看得清晰,2003 年,学校对办学特色进行提炼,一方面发动群众提建议,教务处和校工会开展"我看学校特色"征文活动;另一方面集中了一些"文化人"在杭州大华饭店进行专题讨论。最后认为"以浙江精神办学,与浙江经济互动"符合学校的办学特色。2003 年 12 月 5 日,教育部本科教学工作评估专家组在对学校教学工作评估后召开评估意见反馈会,在专家组的反馈意见中,充分肯定学校为浙江经济社会发展所做出的贡献,意见说:浙江工业大学在以改革为动力的办学过程中,重视发挥地缘、学科优势和吸纳时代精神,通过不断探索、挖掘、提炼和积累,呈现了以"以浙江精神办学,与浙江经济互动"为核心理念的办学特色。意见肯定学校"形成以知乘势、敢想敢干、求新求实、适时对路的风格,与浙江经济发展有效互动运行机制。……浙江经济社会的发展增强了办学运行机制的活力,双方形成相互联系、相互依托的互动关系"。在人才培养中实现了"对浙江经济和社会的结构性覆盖和规模性效益"。评估专家组准确地阐释了浙江工业大学办学与浙江经济社会发展的相互关系。服务形成办学特色,责任形成办学特色,主动适应形成办学特色。工大人说:"以服务为宗旨,在贡献中发展。"

这里还要补充说明什么是浙江精神？网上有这样一段话：2000 年提炼出的浙江精神是 16 个字："自强不息、坚韧不拔、勇于创新、讲求实效。"2005 年，进入发展新时期的浙江，又把浙江精神再次提炼为 12 个字："求真务实、诚信和谐、开放图强。"有一位专家还阐释道，浙江精神表现在：良好的文化基因、早发的市场经济教育、不事张扬的个性等；在未来进程中，浙江精神应该是更加民族的、科学的、大众的。另一位学者则概括为："以人为本"的精神，应该是浙江精神最根本、最核心之所在。也许，正是因为浙江精神是处在动态的发展中，所以，浙江精神才会不陶醉于历史，不断得以升华。浙江精神是浙江发展的动力，是充满地域文化个性和特色的价值取向。浙江工业大学长期在浙江办学，是浙江精神哺育了这所学校，并渗透在血液中、融溶在基因里。

2009 年，浙江省与教育部签订了共建浙江工业大学协议。在学校第三个中长期发展规划中，提出"立足浙江、对接区域、走向全国、面向世界"，后又提出：坚持"立足浙江、服务区域、面向全国、接轨国际"的办学宗旨和"以浙江精神办学，与区域发展互动"的办学特色。提出"坚持以服务区域发展为己任，与区域发展紧密互动、合作共建、协同创新，加强智库建设，推进技术转移、成果转化和产业化，促进科技进步，提升学校的社会贡献度和影响力，成为区域重要技术研发基地和文化创新新阵地"。

在第三个中长期发展规划中，学校在全面判断国内外经济科技、文化发展趋势和学校自身办学发展走势的基础上，提出了"以提升解决经济社会发展重大问题的能力为发展主线"的办学思路。这与过去"以学科建设为发展主线"的办学思路相比是重大的战略调整，把服务社会与创建高水平大学更紧密地结合起来。学校把提高地方或区域的创新能力作为学校开展社会服务的重要目标，不断增强主动为经济社会服务、主动适应经济社会发展需要的意识，建立和健全校院两级社会服务组织体系，完善相关的政策措施，鼓励教师开展各种形式的社会服务，努力提高服务经济社会发展的能力、层次与水平，为国家和浙江经济结构调整、产业转型升级提供智能支持。

近年来，学校坚持新的发展主线，把握经济社会发展脉搏，主动对接区域重大发展战略，把服务转型升级作为自身义不容辞的责任。努力整合校内外科技资源，完善和健全"产学研用"多种服务经济社会发展的合作模式，完善和健全"学校布点、学院定点、学科团队建点"的三级联动模式，使社会服务的内涵不断丰富，成效不断提高。学校以浙江省加快建设创新型省份和产业转型升级的契机，先后与省内 30 余个市、县（区）政府签订全面合作协议或科技合作协议，建立合作机制，开展政府政策咨询和战略性、前瞻性、对策性研究，加强与地方政府的合作与联系。通过成立或加盟各种研究院、产学研联盟、技术转移中心、校企联合研发中心、协同创新中心、院士专家联合工作站，以及设立科技创新专项基金、扶植重点项目计划等多种措施,推进创新载体建设,共建创新服务平台,直接服务经济转型升级、企业创新发展。学校还举办科技局长论坛,组织教师参加地市县举办的科技协作洽谈会、科技成果交流会、文化创意产业博览会、社科专家基层行等,接受企业咨询、发布科技信息、搭建合作平台、开展社会服务。此外,学校积极参与"希望之光"的合作计划、对口扶贫工作,以及选派科技特派员、科技顾问、局长助理,培训党政干部、企业高管、专业技术人员等,直接服务地方的经济建设、社会发展和科技进步。

服务经济社会发展贵在"主动"两字。2014年9月9日,校党委书记梅新林对李强省长说:学校以重大需求为导向,以提升解决重大问题能力为主线,着力提高学校发展与打造浙江经济"升级版"的契合度、高端科技成果转化的集聚度、服务企业转型升级和创新发展的贡献度、社会各界对人才培养质量的满意度,努力为浙江经济社会转型升级做出新贡献。在一份介绍浙江工业大学的画册中,学校宣示:"工大人的追求,是把学问做在重大产业上,把科研论文写在经济建设上,让校园里的创新成果不断推动国民经济社会的发展。"并强调"主动对接区域重大发展战略,把服务转型升级作为自身义不容辞的责任"。

(三)崇尚学术本位的核心价值

不断提高学术水平是浙江工业大学长期以来不懈的追求,是学校的核心价值所在。学校提出的"争创一流""上水平、上层次""建设高水平大学"等,首先是学术水平的提高,体现了学校崇尚学术的品格。学校在制订第二个十年发展规划的时候,曾经讨论过"学术本位"与"官本位"的问题,进一步加深了教职工对大学精神的理解。张立彬校长说过:"彰显学术权力,发挥学术组织在学术事务中的主体作用,是研究型大学建设的应有之义。"他还说:"坚持以学术为先铸就卓越,遵循学术规律,尊重学术自由、彰显学术权力、健全学术制度、激化基层学术组织的活力,走以学术发展、学术创新为先导的研究型大学建设之路。"充分体现了学术本位的核心价值。在《浙江工业大学章程》中,专门规定学术治理体制,这一体制随之成为学校治理体系的重要组成部分。学校尊重知识、尊重人才、尊重劳动、尊重创造,倡导严谨求实的学术作风,营造自由宽松的学术环境和科学研究氛围,鼓励创造思维和探索精神,强调宁静致远、和而不同,引导教师追求学术卓越,反对和杜绝学术不端行为。

核心价值是文化软实力的灵魂。学校崇尚学术本位体现在学校工作的方方面面,尤其反映在学科建设、人才培养、科学研究和队伍建设中。

1.学科建设

学科是学校基层学术组织的核心单位,集人才培养、科学研究、社会服务、文化传承与创新等职能和任务于一体,是高等学校出成果,成特色,上质量的关键,是学校可持续发展的内在动力。学科建设是提高学校学术水平的基础工程,学科建设的水平和实力决定了大学办学的层次。学校各学科实行学科带头人负责制,根据学校和院、部规定或者授权,履行自己的职责。

20世纪90年代初,学校对学科建设予以高度重视。1991年,学校就提出要加强学科建设,成立学科建设委员会,加速重点学科的梯队建设,积极培养和引进学科带头人等。1993年,学校召开第一次学科建设工作会议,提出"以任务带学科,以学科建设促进学位点建设"的指导思想。1994年,学校第一个十年发展规划修订中提出"以学科建设为龙头"的发展思路,把学科建设提高到学校发展战略的高度。随后,学校于1995年和1999年又召开两次学科建设专题会议,先后提出"学位点—研究所—学科性公司三位一体"的学科建设模式和"人人进学科,人人有学科归属,人人有学科方向"的学科建设新体系。进入新世纪后,学校第二个十年发展规划提出"以学科建设为主线",进一步提升了学科建设在学校发展中的位置,要求根据我国特别是浙江经济社会发展的趋势、学校发展的总体目标和有利于形成学科群原则,系统规划学科布局,拓宽学科建设思路,形成结构合理、相互支撑、充满生机和活力的学科体系。2004年9月,学校举办首期学科负责人研究班,加强学科带头人的培养。2006年,学校2个人文社科类学科成为首批浙江省高校人文社科重点研究基地,为综合性大学建设注入了丰富的内涵。2008年12月召开的八届二次教代会,审议通过了《浙江工业大学学科建设规划》。学校第三个中长期发展规划表明,浙江工业大学的学科建设进入了特色化、综合化的发展阶段:一是以特色化为引领,推进优势学科创新平台、特色重点学科和学科群建设,加大投入,增强学科核心竞争力;二是促进工科与理科、人文社科类学科的交叉融合,形成应用学科、基础学科、新兴交叉学科互为联系、互为支撑、互为促进、协调发展的高水平的学科体系;三是进一步做强工科,做优理科和文科,大力扶持新兴交叉学科,形成学科的综合优势;四是瞄准国际学科前沿,突出国家战略目标,着眼社会发展,对接战略性新兴产业,形成新的学科增长点;五是积极打造在国内外、区域内具有潜力与水准的品牌学科集群,推进3—5个优势学科创新平台建设,成就学科高峰,引领其他学科发展。

正是这种坚定不移抓学科建设的决心,浙江工业大学的学科建设取得卓著的成绩。经过20余年的艰苦努力,学校从1993年拥有4个省重点学科,到2012年已拥有国家级重点(培植)学科1个,浙江省重中之重一级学科2个,浙江省重中之重学科4个,浙江省人文社科重点研究基地3个,浙江省重点学科22个,博士后流动站6个,有11个学科已成为省高层次创造性人才培养、知识创新和科技开发的重要基地,一些工科学科已达国内先进水平。绿色制药协同创新中心已进入2012年度国家首批"高等学校创新能力提升计划"。学位点建设也取得了显著发展,1992年全校只有2个硕士学位点,至2014年学校有6个博士后流动站;拥有一级学科博士点 5 个,二级学科博士点 32 个;一级学科硕士点 24 个,二级学科硕士点 101 个。博士学位点建设覆盖 4 个学科门类,硕士学位点建设覆盖 11 个学科门类。化学、工程学、材料科学 3 个学科进入 ESI 前 1%。浙江工业大学的学科建设朝气蓬勃,充满着生机与活力。

2.人才培养

学校长期坚持立德树人的教育思想,强调"育人为本、德育为先、能力为重、全面发展";始终把人才培养作为学校的根本任务,把教学工作列为学校的中心工作;提出本科教育是立校之本,研究生教育是强校之路;强调一切为了学生的健康成长。

20 世纪 90 年代,学校提出坚持以提高人才培养质量为中心,造就具有社会主义觉悟、理论基础扎实、工程实践能力和开拓创新精神较强、受社会欢迎的德智体全面发展的人才。强调按三个面向要求拓宽专业面,按学科群组织好基础教育,逐步建立一套科学的实践教学体系。按"起点高、基础深、实践多"的要求办好提高班。要坚持社会主义办学方向,始终把培养合格的社会主义事业的建设者和接班人作为学校的根本任务。1993 年,学校强调加强基础、拓宽专业、重视工程实践能力和创新精神的培养。1996 年,学校强调转变教育观念、更新教育思想,经过教育思想大讨论后,又把"工程化"特色和多样化人才培养作为教学的基本目标,提出了集科学、技术、文化于一体,知识、能力、素质于一体的"大工程"教育思路,吴添祖校长还提出:要打破学校内与学校外、课堂内与课堂外、专业内与专业外、学期与假期四个界限,全方位、全过程关注学生的培养。同时,学校先后创建了 6 个工程教学研究中心,使之成为学生的实习基地和创新基地。在 1999 年全国教育工作会议提出大力推进素质教育之后,学校积极开展教学创新和创新教育一系列工作,实施多样化人才培养。1999 年学校提出了"把我校办成浙江省高级工程技术人才培养基地和工程技术研究开发基地的办学目标"。本科人才培养目标逐步从培养应用型高级技术人才转向培养适应 21 世纪浙江省经济和社会发展需要的具有工程创新意识的高级工程技术人才和企业管理人才,并首次提出了"实基础、宽口径、重个性、善创新"的人才培养目标。2001 年后,把其作为人才培养目标的特征,强调学生的创新精神和实践能力的培养,并出台学生创新精神培养的具体措施,加强理工结合、文理渗透,努力培养基础扎实、知识面宽、能力强、素质高的多层次、多规格的创造性、复合型人才。进入新世纪后,中国高等教育步入大众化教育阶段,2003 年学校初步提出"大众化教育阶段应担当起培养精英人才的使命"。2006 年学校第五次党代会确立了"大众化背景下培养精英人才"的目标,提出要"培养一批引领、推动浙江乃至全国经济和社会发展的领军人才、核心人才、骨干人才",同时实施精英人才培养的 10 条指导意见。2009 年提出秉承开放式办学理念,形成有利于提高学生学习能力、实践能力、创新精神、综合素质的开放、合作、交叉的教学体系,鼓励学生参加课外科技活动、学科竞赛、社会实践及文化素质教育活动。在学校第三个十年发展规划中,再次提出精英人才培养目标,着力实施"本科精英人才培养计划"。自 2009 年起,实施本科生"第二校园经历"计划。2010 年,以"有特色、高水平、(区域)示范性"为目标,立足省部共建发展平台,以国内高水平研究型大学为标杆,推进人才的精细化培养,全面开展第二校园实施计划。2012 年 12 月,在第八次本科教育工作会议上,张立彬校长做了题为"坚持育人为本,促进内涵发展,为建设一流的本科教育而努力奋斗"的主题报告。张立彬强调,建设一流的本科教育,需要我们全面总结历史经验,不断继承优良传统;并以一流的理念、思路和举措,以改革的勇气和精神,大力推进本科教育的各项工作,首先是坚持立德树人根本任务,强化本科教育中心地位。

目前学校坚持"厚德健行"的校训和"取精用弘"的学风,把立德育人作为学校教育的根本任务,把本科教育作为学校的中心工作,努力在培养"引领和推动浙江乃至全国经济社会发展的骨干人才和领军人物"目标定位的基础上,着力培养以"厚基础、宽口径、强实践、求创新"为特色,具有国际视野的高素质创新人才。

学校的教育教学工作取得诸多成绩,学校设本科专业 68 个,覆盖 9 大学科门类。现拥有国家级教学名师 3 人,国家级教学团队 2 个,国家级特色专业 7 个,国家本科专业综合改革试点专业 3 个,国家级精品课程 9 门、国家精品视频公开课 2 门、国家精品资源共享课 9 门、教育部来华留学英语授课品牌课程 2 门、国家级双语教学示范课程 3 门、教育部英特尔精品课程 2 门,"十二五"国家级规划教材 14 种,国家级人才培养模式创新实验区 3 个,新一届(2013—2017)教育部高等学校教学指导委员会委员 21 位,国家工程实践教育中心 7 个,国家级大学生校外实践教育基地 1 个,全国重点职教师资培训基地 1 个,是教育部卓越工程师教育培养计划试点高校,"国家大学生创新、创业训练计划"项目单位。在近三届高等教育教学成果奖评选中,获国家二等奖 6 项,省级一等奖 15 项。2003 年学校以"优秀"的成绩通过教育部本科教学工作水平评估。在浙江省属本科院校教学业绩考核中稳居第一。近三年学生在全国、国际大学生重要科技竞赛中获奖达 183 项,毕业生深受用人单位青睐,本科生初次就业率保持在 93% 以上,研究生初次就业率保持在 95% 以上。

3.科学研究

大学是国家创新体系的重要组成部分,学校贯彻"经济建设必须依靠科学技术,科学技术必须面向经济建设"的方针。科研工作着力于自主创新能力的提升。

早在 1981 年,学校制订了"六五科研规划",1981 年制订《浙江工学院科学研究管理工作条例四十条》，1987年设立科研开发基金，1988年设立科技发展基金。

20世纪90年代，浙江工业大学提出"以科技工作为突破口"的学校发展思路。当时提出，"八五"期间，科技工作主要目标是电话号码"423435"（当时的电话号码只有六位数）。"42"，就是实现研究经费、校办产业利润、科研人员数、学术论文数4个"翻番"；"34"是建成4个省重点学科、4个院重点学科、4个工程研究开发中心；"35"是实现5个硕士点，取得5项重大科研成果，科研设备总投资500万元。1991年，学校还制订了"八五科技规划"。1990年修订了对外科技服务管理办法。进入21世纪后，提出：坚持教学与科研并重，明确和形成了学校两个中心的格局；要求年度科研经费达1.5亿元，其中纵向达3000万元；10年内争取国家级科技成果奖3—5项，省部级成果100项；SCI和EI等学术榜排名列全国高校前80位；对获国家自然科学基金、国家社会科学基金项目给予配套奖励；创建以浙江工业大学为主体的大学科技园，推动高新技术产业化；争取创建高科技的上市公司。随后，又提出"自主创新、重点跨越、支撑发展、引领未来"的方针和"大项目、大成果、大平台、多专利"的发展战略，把推动自主创新放在科研工作的突出位置。2006年11月，在七届二次教代会上，全校省重点学科带头人发出《秉承科技创新神圣使命，着力提升自主创新能力》的倡议书。在为地方或区域经济社会发展服务，推进产学研合作进程中，"以服务求支持，以贡献求发展"。2012年提出"以协同创新为动力，不断提高科学研究水平，更好地为经济建设、社会发展服务，为建设科技强省、文化大省服务"。目前，学校科研工作全面贯彻落实创新驱动发展战略，坚持以提升解决经济社会发展重大问题的能力为主线，全力打造学校科技创新和社会服务工作"升级版"，紧紧围绕"打造大平台、争取大项目、培育大成果、做出大贡献"的工作为重点，以三级协同创新体系建设为抓手，促进科学研究与人才培养、学科建设、师资队伍、社会服务的协同发展，为学校研究型大学建设奠定坚实的科研实力基础。

科研水平是学校综合实力的重要标志，近10年来学校的科研工作的规模、结构、层次和水平都取得骄人的成绩，加快推进了"区域特色鲜明的综合性研究型大学"的建设步伐。其特点：一是科研基础平台建设形成良好布局，至2012年，学校设有研究所（院）、研究中心等科研机构95个；建立省部级（含）以上重点实验室和科研平台30余个，其中国家重点实验室培育基地1个、国家级大学科技园（牵头建设）1个、国家级"国际科技合作基地"1个、国家地方联合实验室1个、教育部重点实验室2个、教育部工程研究中心2个、浙江省重点实验室9个、浙江省工程实验室1个、浙江省重大科技创新平台10个、浙江省哲学社会科学重点研究基地1个、浙江省人文社科重点研究基地3个。二是承担大项目的能力显著增加，学校形成国家、省（部）、校三个层次的科研创新平台，呈现出可持续发展的良好态势。在 2003—2012 年这 10 年间,学校主持和参加的国家科研项目就达 624 项,其中 863 计划项目 23 项、973 计划项目 17 项、国家科技工程类项目和国家科技支撑计划课题 20 项、国家科技重大专项课题 4 项、国家国际科技合作项目 12 项、国家自然科学基金项目 506 项、国家社科基金项目 42 项。三是重点科研成果喜人,2003—2012 年这十年间,全校新上科研项目 13563 项,其中纵向科研项目 5278 项,横向科研项目 8285 项;科研经费总到款数 28.69 亿元;其中纵向到款 9.94 亿元,横向到款 18.75 亿元;共有 389 项科研成果获各类科技成果奖,作为第一完成单位,获省部以上科研成果奖 143 项,其中国家级 7 项。2013 年,学校被 SCIE、EI、CPCI-S 三大索引机构摘录的论文数在全国高校排名分别为第 70、61 和 70 位。申请专利共 2240 件,其中发明专利 640 件;获授权专利 1820 件,其中发明专利 313 件。由于学校的科研水平和综合实力的不断提升,学术水平和服务区域经济及社会发展的能力也不断增强。

4.队伍建设

人才是核心的支撑,高校要提高自身的学术水平和综合实力,必须依靠教师,尤其是站在学术前沿领军的教师。

教师的学识与道德,直接影响到数代人的行为规范,乃至影响整个社会的价值观建设,在现代社会转型进程中,学校重视人才的师德建设,强调并引导教师立德树人、为人师表、言传身教、敬业奉献、热爱学生、团队协作、宁静致远、开拓创新、锐意进取等。

学校坚持"人才资源是第一资源"的理念和人才强校的发展战略,爱才、惜才、敬才,努力加强高层次人才队伍建设,不断增加师资总量、优化师资结构,基本建成了一支能适应学校发展的高素质教师队伍,为学校在人才培养、学科建设、科学研究、社会服务、文化传承创新等方面取得重要突破提供了坚实的智力支撑。

学校在第一个、第二个中长期发展规划中对教师队伍建设都有相应的要求和配套的政策,列为学校发展的指导思想,提出以师资队伍建设为重点,实施人才兴校战略,全心全意依靠教职工办学;2001 年,学校提出"以学科建设为主线,以师资队伍建设为核心"。2003 年,学校制订了《关于进一步加强师资队伍建设的若干意见》,全面实施"以人为本,人才兴校"战略,形成了"队伍建设服务学科建设、学科建设促进队伍建设"的人才工作思路;2004 年,学校出台《高层次创造性人才培养计划实施意见》,提出"1212 人才计划",建立了分层次分重点、共同目标共同投入的人才培养机制;2006 年,校第五次党代会提出"牢固树立人才资源是第一资源"的观念,启动"人才强校"战略;2012 年,学校第六次党代会进一步明确了"深入实施人才强校战略"的指导思想,以"高端人才队伍建设计划"为载体,努力建立适应顶尖、拔尖和冒尖人才发展的良好机制。2013 年,学校召开首次人才工作会议,会议的主题为"坚持人才优先,实现跨越发展,为建设区域特色鲜明的综合性研究型大学提供坚实的人才支撑。学校还先后出台了《高层次人才引进的若干办法》《"运河学者"特聘教授实施办法》等文件。可见,随着学校的发展,对师资的认识和要求不断提升,而这一切,都是为了使教师的潜力和创造力充分地发挥出来,铸就学术卓越。

经过长期的努力,学校师资队伍建设取得明显成效,至 2014 年,学校拥有专任教师 2116 人,其中,正高级职称教师 488 人,副高级职称教师 1036 人;博士学位教师 1117 人;中国工程院院士 2 人,共享中国科学院和中国工程院院士 3 人,浙江省特级专家 5 人,国家级有突出贡献专家 7 人,国家"万人计划"首批教学名师 1 人,国家级教学名师 3 人,国家杰出青年基金获得者 4 人,入选中央"千人计划"4 人,入选教育部"长江学者"特聘教授 1 人,入选人事部"百千万人才工程"7 人,入选教育部"新世纪优秀人才支持计划"12 人,浙江省有突出贡献中青年专家 20 人,入选浙江省"千人计划"23 人,浙江省特聘教授 21 人;教育部创新团队 2 个,国家级教学团队 2 个。

崇尚学术本位的重要性无与伦比,是建设高水平大学的应有之义。学校在学科建设、人才培养、科学研究、队伍建设中取得的成绩,正是崇尚学术本位的核心价值所在,也是崇尚学术本位的大学精神所在。

(四)坚持改革创新的时代精神

改革创新是当代中国的最强音。如果回望近 30 年的学校发展历程,改革创新无疑是最热门的词汇,它是推动学校发展强大的动力,是破解学校发展瓶颈的宝典,是保持学校生机与活力的源泉。

1.管理体制改革

学校不断探索适合学校发展的内部管理体制。早在 1981 年下半年,学校就探索教师工作量制度改革,试行教师定编、定岗等。当年 9 月 3 日,《浙江日报》第一版刊登题为"落实教学责任制,调动师生积极性,浙江工学院实行教师工作量制度"的报道。1983 年食堂实行承包责任制;12 月实验室也进行管理体制改革;1986 年进行教师职务聘任制改革;1985 年开展毕业生分配制度改革,1988 年起实行"双向选择"等。

1992 年 7 月,学校在西天目山讨论校内管理体制改革方案,着力体制机制,摒弃思维定式,主要内容是:以转换机制为中心,建立系(部)综合责任制和改革校办产业管理为重点,结合进行人事、分配制度和机关系统改革。1993 年,学校开始校内人事制度改革,人员校内流动,竞争上岗,实行岗位聘任,改革原有的奖酬金分配办法,调动教职工的积极性和主人翁责任感。1999 年,进行学院制改革,建立"学校—学院—学科"二级机构三级管理的新体制,并构建了学院的学科责任制、教学责任制、队伍建设责任制、自主理财制度和自制配置院内物力资源的制度。从而进一步理顺了学校与学院的关系,使学校管理重心下移,管理权限下放,调动学院的办学积极性。在人事制度改革方面,淡化身份、注重岗位,全校教职工进行岗位聘任,岗级分为1—9级,相应的岗位津贴也拉开差距。这次人事分配制度改革自1999年3月招聘后勤服务总公司总经理开始,5月完成机关、图书馆等全校各部门的聘任。次年6月,五届三次教代会审议通过《关于实行岗位聘任和岗位津贴制度的办法(试行)》,同时学校还制订《岗位设置和人员聘任实施细则》。10月,校关键岗位(教学、科研)人员116位同志受聘。接着,各院(部)根据岗位设置方案(职责、条件)聘任学院重点岗位和基础岗位。

之后,学校在坚持学院制和自主理财为基本特征的校内管理体制整体框架基础上,对原有的管理体制进行完善和深化。2009年,学校下发《关于进一步深化校内管理体制改革的意见》,对学院实行目标责任制,进一步深化和完善机关改革,以及自主理财、津贴分配、收入监管、战略目标奖励等。

为了深入实施第三个中长期发展规划,积极构建与学校战略目标相适应的管理体制和运行机制,2012年5月,学校印发了《关于进一步完善校内管理体制改革的意见》。这次改革对20个校机关和直属部门职责进行调整,成立工学一部和工学二部,完善中层干部聘任制度,实施新一轮的目标责任与岗位聘任。构建研究机构平台建设,尝试组建跨学科、跨学院研究机构,建立"科研特区",隶属学校科研院或社科院管理,并实行院长(主任)负责制,拥有相对独立的人、财、物配置权。

学校管理体制改革的深化与完善,调动了教职工的积极性、主动性和创造性,提高了机关部门的办事效率,增强了学院和基层学术组织的活力,使学院成为相对独立的充满生机和活力的办学实体,从而推进了学校的发展。

2.教学改革

深化教学改革是提高人才质量的必由之路,20世纪90年代,中国经济从计划经济向市场经济转型,为适应社会对人才培养提出的新要求,学校在教育观念、教育思想、教学手段、教学方法等方面进行改进,推进教学创新和创新教学,以满足社会对人才培养的期望。1993年,学校实行必修课学年制和选修课学分制相结合的混合学制,教学计划强调"加强基础、拓宽专业、重视工程实践能力和创新精神"的培养。1996年,学校实施了学分制、主辅修制、双学位制和"工业外贸3+2"教学模式等一系列改革举措。1997级教学计划还从"大工程"思路着手培养具有"工程化"特色的工程技术人才。进入21世纪后,在高等教育进入大众化教育阶段时,浙工大的人才培养规格和目标定位引起大家思考,学校在提出培养精英人才的使命后,出台了《关于本科教育阶段实施精英人才培养工作的若干意见》等一系列鼓励学生参加科技活动,创新、创造、创业的政策举措。在教学内容方面,初步建立了促进学生知识、能力、素质协调发展的,以"综合素质课程—学科基础必修课—专业课程"为结构层次的课程体系。在教学内容的整合和优化方面,先后提出浓缩经典课程,更新陈旧课程,增加能力培养课程,增加知识和应用集成型新课程,开设系列学科前沿讲座形式的选修课程,加强类别课程在教学内容和体系上的统筹与协调,减少课内学时,增加自主学习时间与空间,提高课程综合化和现代化的程度,实现从注重知识传授向更加重视能力和素质培养的转变。教材改革也同步进行,学校出台了《2004—2010年教材建设规划》,通过整体规划和组织,加大经费投入,建立校院二级教材建设体系,规划建设50部校级精品教材,其中已有24部确定为国家级"十一五"规划教材。学校还以精品课程建设为抓手,加强课程改革与建设。在教学方法上,倡导基于问题的教学、面向实践的研究型教学、项目式教学、案例式教学、服务性教学等多种方法,推进教学方法的改革。

人才培养模式的改革是教学改革的核心,学校积极推进教学改革和教学建设,着力培养学生的社会责任感、创新精神、实践能力和国际视野。2004年,学校在原提高班的基础上成立了健行学院。目前在推进的主要有以下几种模式:一是大类培养,在按院分类招生的基础上,实施前期(1—2年)按类培养,后期开展多样化专业教育;二是拔尖创新人才培养,通过"长三角绿色制药协同创新中心",开展校校、校所、校企,以及与国际创新力量深度融合,实现人才的多元协同培养,或者通过健行学院(既是学校高素质人才培养模式的创新试验区,又是拔尖创新人才培养基地)进行培养;三是卓越人才培养,学校是教育部首批实施"卓越工程师教育培养计划"试点学校,2010年起,启动卓越人才培养计划;四是复合型人才培养,通过一体化双专业、两段式复合型专业、辅修专业培养途径,造就高素质、创新型、复合型优秀人才;五是国际化人才培养,在开展双语教学的基础上,通过与国外高校合作培养和"第二校园经历"计划,学生有机会到国外名校交流、学习,丰富学习经历,拓展国际视野,提升国际化从业能力。

此外,学校建立"教学科研等效评价机制",完善教学评估和质量监控,学生"选专业、选课程、选教师、选进程"的体系和制度,推出"一页开卷"考试和弹性学制,创新学分认定办法,特长生转专业,导师制及就业制度等一系列改革举措。

学校还在推进人才培养、专业建设、教学内容、课程体系、教材建设、教学管理、现代教育技术、实验实践教学等方面开展综合性改革研究与实践。设立教学改革立项项目,其中不少进入浙江省新世纪高等教育改革研究项目、中国高等教育学会"十一五"教育科学研究规划课题、浙江省高等教育学会研究课题。学校重视教学改革成果的培育与推广,建立校级、省级、国家级教育成果培养、评选、推荐体系。

3.后勤及产业改革

后勤系统改革走在学校改革的前列。早在 20 世纪 80 年代,学校在后勤系统开展改革,主要是食堂实行承包责任制。这也是浙江省高校最早推行的后勤改革之一。

高校后勤改革的目标是实行后勤服务社会化。学校后勤积极引进现代企业制度和灵活的经营管理,强调服务,努力构建让学校和师生员工满意的后勤保障体系。

1993—1998 年,学校后勤开始进行综合改革,试行"小机关、多实体、大服务"的管理体制。先为总务处,1996 年以后按"事业与企业分开、管理与经营分离"的原则,设后勤办公室和后勤服务总公司。1997 年起,总公司从学校的行政序列中整体剥离,组建新的后勤服务总公司,学校与总公司成为契约的甲乙方关系。总公司内部建立自主经营、自负盈亏、自我约束、自我发展的机制,试行企业化管理。2002 年在后勤服务总公司的基础上,组建浙江容大教育发展集团公司,内设 18 个中心,职工人数达 2140 名。2002 年对屏峰校区的学生生活区进行开发建设,2005 年集团从滨江高教园区整体撤离,2009 年撤出之江学院的后勤管理。2009 年,学校出台《关于进一步深化与改善后勤改革的若干意见》(浙工大发〔2009〕28 号),学校后勤实行甲乙方管理,公共事务管理处代表学校对乙方的发展进行规划、定位,对经营、管理、服务实行监督,对投入进行论证,对服务质量进行监控考核。2012 年,撤销公共事务管理处,成立后勤管理处,继续甲乙方管理模式。

学校的后勤改革有力地保障了学校各项事业的发展,先后获得了"全国高校后勤工作先进集体""全国高校后勤系统信息工作先进集体""全国高校百佳食堂""全国城市节水先进校园""全国高校节能成果示范单位",以及浙江省和杭州市相关部门授予的诸多荣誉称号。

学校的校办产业为学校发展做出过重要贡献。为加快企业发展和贯彻落实《企业法》,学校实行"一校两制",1993 年成立产业管理委员会和产业分党委,在校办产业发展规划、产品开发、产业职称评审、人事调配、副处以下干部任命方面开展工作。20 世纪 90 年代中期,学校的一些重要科技成果在校内完成了产业化,取得良好的经济效益和社会声誉。2001 年 9 月,学校成立浙江工业大学产业集团;2002 年底,又成立浙江工业大学东晖科技发展有限公司,公司以学校的科技力量为依托,以建立现代企业制度为目标,进一步盘活资源,增添活力,谋取新的发展。20 世纪 90 年代起,是校办产业致力于发展改革的时期,学校按照教育部和浙江省关于校办产业改革的总体要求,努力规范产业管理体制和企业运行机制,逐步建立和完善以股东会、董事会、监事会"三会"为代表的校办企业法人治理结构,理顺学校与企业的产权关系。2008 年,学校成立经营性资产管理委员会及经营性资产办公室,同时撤销了产业集团。学校还在东晖科技发展公司的基础上,依法组建了浙江工业大学资产经营公司,经营性资产管理办公室与资产经营公司实行两块牌子、一套班子运作;之后,完成了对建筑规划设计研究院等 7 家企业的公司制改造及资产划转工作。2012 年校办产业各企业实现销售收入 3.13 亿元,利润 2946 万元。建筑规划设计研究院有限公司入选"当代中国建筑设计百家名院"。

党的十八届三中全会以后,新一轮的改革在全国掀起。梦想从现实中走来,更美好的未来一定与改革创新联系在一起。校党委书记梅新林在 2014 年暑假中层干部会上,以"大棋局·大变革·大跨越"为题,系统地阐述了浙江工业大学新一轮改革的背景、内容、目标、要求,按下了学校发展的快进键。这将是一次整体的改革、综合的改革、深化的改革。改革将全面推进学校的内涵发展、转型发展和跨越发展,向着区域特色鲜明的综合性研究型大学的目标,向着高水平大学的目标奋勇前进。

改革创新是强校之要。浙江工业大学是浙江省最早的综合改革试点单位,学校有求变、求新、求进的要求,更有革旧鼎新的品格。学校紧跟时代行走的步伐,着力于完善体制机制,坚持以改革促发展,各项改革始终有利于人才培养、科学研究、学科建设和服务经济社会能力的提升;始终注重科学精神与时代精神的结合;始终有助于调动教师和基层的积极性与主动性。教职工拥护改革、重视创新,校园内有良好的改革氛围,从而形成整体谋划、目标明晰、凝心聚力、求真务实、真抓实干、有序推进的格局。这种勇于改革的时代精神,这种务求实效的态度和作风,这种以崇高价值引领的各项改革,成为学校发展的强大动力,使学校始终充满生机与活力,促进既定目标的实现。学校的许多改革举措和创新成果还为其他高校所借鉴,成为省属高校推进改革的领头羊。

三、协同创新,迈向研究型大学的新起点

"协同创新"是胡锦涛总书记在 2011 年 4 月 24 日庆祝清华大学建校 100 周年大会讲话时,从建设创新型国家的战略高度提出的重要思想。

为了推进协同创新,促进高等教育与科技、经济、文化的有机结合,大力提升高等学校的创新能力,支撑创新型国家和人力资源强国建设,2012 年 3 月 23 日,教育部和财政部联合下发了《关于实施高等学校创新能力提升计划的意见》,正式启动"2011 计划"。该计划按照"国家急需,世界一流"的要求,结合国家中长期教育、科技发展规划纲要和"十二五"相关行业领域以及地方重点发展规划,以人才、学科、科研三位一体创新能力提升为核心任务,旨在通过突破高校内外部机制体制壁垒,充分释放人才、资源等创新要素活力,大力推进高校与

高校、科研院所、行业企业、地方政府,以及国内外科研机构的深度合作,深化高等学校的机制体制改革,转变了高等学校的创新方式。同年 5 月,教育部与财政部联合召开视频会议,并印发《高等学校创新能力提升计划实施方案》,标志着"2011 计划"进入具体实施阶段。根据两部下发的《高等学校创新能力提升计划实施方案》,浙江省也启动了省属高校"2011 协同创新中心"的培育组建工作。

绿色制药协同创新中心的前身是浙江省新药创制科技服务平台,是由浙江工业大学牵头建设的省内首批行业科技创新平台,旨在通过体制机制的创新实现科技创新。中心于 2004 年 10 月启动运行。平台以产学研合作的方式,联合有关企业共建了 20 多个研发中心,以及多个合作研究院,并在江苏等地建立中试和生产基地,研发成功一批拥有自主知识产权、国际先进水平的药物制造关键共性技术,广泛应用于国内近百家企业,创造了显著的社会效益和经济效益,推动经济社会与生态文明协调发展。平台集药学、药效学、毒理学、新药设计与发现、药品质量控制研究于一体,有效整合省内 5 家高校和科研院所,并吸纳300 余家医药企业加盟,通过建立资源共享机制为企业提供新药筛选、工艺改进、质量控制、药效研究和安全评价多类新药临床前研究"一条龙"服务。平台的创新方式、服务基层的能力和取得的成果受到社会的广泛关注,时任省委书记赵洪祝,全国政协副主席、科技部长万钢先后对平台进行视察与指导。《教育体制改革简报》《教育部简报》《中国教育报》等媒体对平台主动对接制药行业重大需求,服务区域经济社会发展的经验给予报道。2012 年 4 月 28 日,中共中央政治局委员、国务委员刘延东在视察浙江工业大学时指出:新药创制科技服务平台是产学研结合的一个典范,真正做到了资源整合、开放共享,而且瞄准世界前沿、服务制药产业的需要,体现了胡锦涛总书记去年提出的"协同创新"的要求,做到了"国内一流、国际接轨"。

学校深刻理解"协同创新"对于深化学校改革,转变和提升学校创新能力的重要意义,牢牢把握国家实施"2011 计划"的重大历史机遇,迅速成立"2011 计划实施工作领导小组",认真梳理浙江省新药创制科技服务平台建设中的经验和成果,进一步整合新的国内外优势创新力量,推进一系列新的体制机制改革,于 2012 年 7 月 23 日,成立浙江工业大学绿色制药协同创新中心,并启动中心的培育和组建。7 月 29 日,全国政协副主席王志珍在视察后对中心的运行机制给予充分的肯定。

9 月 16 日,学校名誉校长沈寅初院士和学校党委书记梅新林共同为浙江省绿色制药协同创新中心揭牌,标志着校绿色制药协同创新中心已被浙江省确定为全省首批 3 个"2011 协同创新中心"之一。意味着共建单位在构建协同创新的模式与机制上迈出了新的一步。省绿色制药协同创新中心成立后,确定了理事会理事、监督委员会委员及中心的机构设置、首席科学家、方向平台负责人、理事会秘书长等名单,产生了《绿色制药协同创新中心章程》和多项主要运行机制,选举产生了中心理事长和副理事长。

学校于 2012 年 9 月和 10 月向教育部申报绿色制药协同创新中心为国家级"2011 协同创新中心",并提交了《绿色制药协同创新中心实施方案》,经专家组初审,从众多的申报材料中脱颖而出,进入下一轮应答辩的 35 个中心之一。12 月中旬,张立彬校长在教育部科学技术委员会全会上,介绍了中心运行与实践。次年 2 月,苏为科一行 10 人赴京答辩,并以优异的成绩通过答辩,成为进入现场考察的 17 个中心之一。2013 年 3 月,认定"2011 协同创新中心"的考察组钟掘院士一行来校现场考察,在考察意见反馈会上,对中心的建设给予高度评价和肯定。4 月 11 日,中心以"长三角绿色制药协同创新中心"之名进入国家"2011 计划"认定名单,并予公示。2013 年 5 月 17 日,教育部、财政部联合公布,由浙江工业大学牵头建设的长三角绿色制药协同创新中心被认定为 2012 年度国家级协同创新中心,成为全国首批 14 个国家级协同创新中心之一。

中心以"做精原料药,做强制剂"为己任,按照"国家急需、世界一流、制度先进、贡献突出"的要求,瞄准世界前沿的国际合作,主动对接区域制药产业发展的重大需求,突出科技创新和人才培养两条主线,努力建设成为制药领域具有国际影响力品牌的协同创新体和推进我国从制药大国变为制药强国的重要创新基地。

中心实行理事会领导下的中心主任负责制,理事会为中心最高决策机构,并设立监督委员会、学术委员会和人才培养委员会等非常设机构,以及办公室、项目与成果转化部、人力资源发展部、国际合作部和发展战略研究院等内设机构。长三角绿色制药协同创新中心主任是中国工程院院士沈寅初,曾任浙江工业大学校长,现任名誉校长,曾成功研制我国第一个用量少、药效高、对环境安全、对人畜无毒的井冈霉素,被誉为"中国生物农药之父";中心执行主任和理事会秘书长是苏为科,浙江省特级专家、浙江工业大学教授,他感恩于国家对他的培养,不忘回馈社会,2008 年汶川大地震时,他带领其团队把获得的国家技术发明二等奖的奖金 9.5 万元捐给灾区爱心学校;2010 年,他又带领团队将浙江省科学技术一等奖奖金 10 万元设立为奖学金,人称他为"为制药强国梦而奋战的绿色制药专家"。

中心按核心层、紧密层、服务层三个层面运行。核心层由浙江工业大学、浙江大学、上海医药工业研究院、药物制剂国家工程研究中心、浙江省医学科学院、浙江省食品药品检验研究院等 6 家核心协同单位组成;紧密层由美国 Irvine Pharmaceutical Services, Inc.(IPS 公司)、美国 University of California at Irvine(UCI)、俄罗斯科学院西伯利亚分院等国际创新力量组成;服务层由华东医药、浙江医药、海正药业等 300 余家区域制药企业组成。

近两年来,中心相继制订、完善并协同实施了《中心创新团队聘任管理办法》《中心高层次人才聘用实施办法》《中心重大科研任务绩效考核办法》等一系列管理制度。通过系统机制体制的改革,集聚了一批制药领域高层次人才,建立创新人才协同培养模式,促进绿色制药优势学科群的建设,为学校争取了更多的办学资源和政策支持,办学内涵显著提升。

通过协同创新,中心重点突破药物制造工艺路线绿色设计、有毒有害物质绿色替代等 20 余项达国际先进水平的重大关键共性技术,有效支撑国家浙东南化学原料药出口基地和杭州湾工业园区率先建成国内一流、世界先进的现代制药模式示范区。技术成果的实施使企业建成了全球最大、最强的卡马西平、萘普生等 15 个大宗产品的生产示范基地,产生直接经济效益 100 余亿元。目前,中心正加快推进普瑞巴林、瑞舒伐他汀、波利维、立普妥等一批重点药物的协同研发。

长三角绿色制药协同创新中心是首批入选国家"2011 计划"的 14 个协同中心之一。"2011 计划"是继"211""985"重点高校建设后,我国高等教育领域的第三个国家战略工程。它的申报成功是浙江工业大学在追求卓越、实现强校之梦、建设高水平大学征程上浓墨重彩的一笔,是浙江工业大学的一张新名片。学校目前正在推进"国家—省级—校级"三级协同创新中心建设工作,这将会对学校的改革、创新、发展产生巨大的影响,现设的绿色制药、高端激光制造装备、膜分离与水处理等国家级和省级的协同创新中心将成为试验田和先行区。这些影响可能表现在:以协同创新的理念加强学科建设,通过强化学科建设来提升协同创新能力,从而使两者相互促进,优化学科的整体布局;学校发展的主线是提升解决经济社会发展重大问题的能力,以协同创新为抓手,必将改变原有的科研组织形式,加强形成科研工作的新优势,加快科技成果产业化,更好地为区域经济发展服务,从而建立和健全与研究型大学相适应的科学研究和社会服务体系;提升高层次人才创新能力的培养,包括与国内外知名高校、研究机构或企业的协同培养机制;密切学校与社会的联系,推进学校的综合改革,转变高等学校创新方式,提升学校的创新能力。

创新是学校发展的灵魂,浙江工业大学崇尚创新发展。站在新的起点,"协同创新"承载着工大人的强校梦想,必将引领学校再现跨越式发展,迈向特色鲜明的综合性研究型大学,它是一所无数学子向往的高水平大学。

厚德健行 取精用弘

HOUDEJIANXING QUJINGYONGHONG

乌溪江化工学院的故事

林宝琨

乌溪江化工学院,这一我校历史上曾经的校名,当今的浙江工业大学师生对其也许很陌生,就是在浙江省高等教育史上亦几乎已经被遗忘了。但这是一个有故事的校名,虽然过去了半个多世纪,有人早已淡忘,而我却选择了记忆。它在我校历史上尽管很短暂,只不过是一段插曲,然而却是一段非常重要的插曲。这一校名的始末,正处于我国高等教育史上一段大起大落、艰难曲折的历程中。

从教育大革命中一路走来

1960 年 2 月 8 日,中共浙江省委发文决定成立本科层次的"浙江化工学院",院址建在衢县(今衢州市),把原在杭州的浙江化工专科学校的大专部迁往衢州作为建校基础,同时将新建的衢州化工专科学校并入。这是由省委第一书记江华亲自确定的校址,位于远离衢县县城的乌溪江畔、烂柯山麓的一片丘陵地上。

正当师生们在这个新校园里参加建校劳动,准备着 9 月 13 日浙江化工学院首届学生开学典礼的时候,8 月 23 日收到了由省长周建人签发的浙江省人民委员会通知:"为了适应大规模的文化革命和技术革命的需要,经 3 月 25 日省人民委员会第十六次会议讨论决定,建立乌溪江化工学院,并任命刘德甫为乌溪江化工学院院长;李寿恒为乌溪江化工学院副院长。"于是学校就此更名,校名中的"浙江"变更为"乌溪江"。

说是为了适应"需要",究竟是一种什么样的需要呢? 这是省政府的决定,应该是出于对当时经济形势和高等教育发展态势的研判:由于各地化学工业大发展,对化工专业技术人才有了更大的需求,浙江可能需要设立多所化工类高等院校。

当时高等教育大发展的态势,是从教育大革命中一路走来的。1958 年 9 月

19 日中共中央、国务院发出的《关于教育工作的指示》中着重指出："经济、政治思想战线上的社会主义革命已经取得决定性胜利。随着工农业生产的大跃进，文化教育战线也迎来一场大革命。"这是在经济大跃进的驱动下提出的教育大革命，因而要求教育事业有一个大发展。

而 1958 年的教育大革命，又是在 1950 年至 1957 年对教育制度进行大规模改造和探索的基础上展开的。1956 年中共八大的《政治报告》中明确提出："第二个五年计划要求高等学校学生增加一倍左右，……"这就要求进一步发展高等教育和中等专业教育。在贯彻执行中央《关于教育工作的指示》中，为了多快好省地发展教育事业，调动中央和地方两个积极性，中央部委将大部分所属院校下放给省市政府管理。我校就是在这样的历史背景下，由化学工业部下放给浙江省管理，成为一所省属学校，但同时仍须承担部分化学工业部的任务。

归属权转换之后，省政府就决定将我校迁址衢州，与衢州化工厂、浙江省化工研究所一起，开展产学研三结合的实验。这是贯彻执行"教育为无产阶级政治服务，教育与生产劳动结合"的教育方针的一项实验，旨在使工厂、大学、科研机构三方协同发展，以科学技术为结合点，把教学、科研和生产劳动结合起来，带动专业和学科的成长，把教育与生产劳动相结合提高到一个新的水平。

教育大革命的意义在于探索，通过一系列的教育改革与实践，不断总结经验和吸取教训，逐步建立适合我国国情的高等教育制度。我校从 1953 年建立以后，就一直处于这个探索之中。先是经历了全面学习苏联教学经验、选用苏联教材、引入苏联式的考试方法与评分办法的大规模变革；1958 年，为践行"教育与生产劳动相结合"，各学校又纷纷办厂，我校就创办了化学试剂厂、化工厂、机械厂，学生普遍参加生产实习和勤工俭学；1960 年，为实践产学研三结合的教育理念，我校又从杭州迁到了乌溪江畔。

迁校之后，许多从杭州来校报到的 60 级新生，需清晨乘火车经 8 个多小时的行程到达衢县火车站，再等候从衢县县城到黄坛口水电站的汽车班车（此时只有等候末班车了）。汽车在一个叫溪东埠的小站下车，再沿江边沙滩步行，还要走过由一串小木船搭建在江上构成的浮桥，此时负责接待的教师就会向同学们介绍："你们脚下就是乌溪江。"学校办在乌溪江畔，所以就称为"乌溪江化工学院"。

在乌溪江畔办学

乌溪江是衢江的一条支流，青山秀水，是衢州市的饮用水源，周围有一个以生物多样性与山地为特色的国家级湿地公园和水利博览园，也是一处绝佳的旅游胜地。乌溪江化工学院位于乌溪江水库和黄坛口水电站的下游，坐落在石室村旁的烂柯山南麓。

烂柯山是一座有故事的名山，是我国的围棋发源地。它原名石室山，山上有一个巨大的石梁腾空飞架在两端巨石之上，形成一个巨大的天然石室。据北魏郦道元著《水经注》云：晋时有一个叫王质的樵夫到石室山砍柴，见两童子在石室中下围棋，便坐于一旁观看。一局未终，童子对他说，你的斧柄烂了。王樵回到村里，见到少年时的玩伴都成了白发老人，才知已过了数十年。于是后人便把石室山称为烂柯山，石室称为烂柯洞，"烂柯"也由此成了围棋的别称。至今"烂柯"一词在国内外期刊上仍屡见不鲜。一些高段棋手还常将"烂柯"两字书于扇面，用以馈赠亲友。我国一些围棋古典弈谱，也有不少根据"烂柯"而定书名。2011年5月23日，烂柯山的传说经国务院批准列入了第三批国家级非物质文化遗产名录。

乌溪江畔、烂柯山麓，现在听起来好似美妙的"仙境"，可当年那里却是穷乡僻壤、艰困境地，在这里办学的日子其实是很苦的。

多少年来，乌溪江水流冲积下来大量的沙石，造就了以鹅卵石为建材的自然生态的石室村，也为当年我校建设提供了取之不尽的现成建筑材料。校舍就建在烂柯山麓的丘陵边及农田上。1960年2月开工建设，全校学生分批参加建校劳动，每批一个月，以"公益劳动时间的集中使用"列入教学计划。建筑所需的沙石料都由参加劳动的师生运送，每天从2.5公里外的乌溪江边沙石场手推2吨多重的翻斗车运送到工地。据统计，在2月至7月的半年里，平均每日参加建校劳动的师生约470人，共运送沙石料约1.3万立方米，砖66.2万块，师生们还要上山背运毛竹、到衢州化工厂拉预制水泥板等建材。与此同时，按照基建进度的安排，还要参加筑路架桥、挖掘地基土方、通水通电等劳动。尽管很累，但大家的劲头都很高。

乌溪江是师生的生活用水和教学实验用水之源。学校在江边建了一个水泵房，再在校园北边的山丘上建一座水塔，便自力更生地构筑起了全校的供水系统，使乌溪江清澈的江水流进了实验室、师生宿舍、食堂和校园各个用水的角落。然而，每逢大雨过后，乌溪江泥沙俱下、江水混浊，当时的净水装置很不完备，所以水质就变得很差。当时江上尚未建桥，人车往来都靠木船摆渡，稍后虽然建起了由一串小木船铺上木板构成的浮桥，但每逢雨季江水大涨，浮桥就要拆除，渡船也要停开，交通就被阻断了，学校也就成了孤岛，师生的生活和教学科研活动随即陷入困境。

尽管如此，师生们仍然热火朝天地参与校园建设。在浙江建筑公司职工和师生的共同努力下，仅半年多时间就建起了8400平方米的4幢学生宿舍，1700平方米的学生食堂，还搭建了8幢40余间毛竹搭架、稻草盖顶的临时教室和辅助用房，共3000余平方米，终于确保了9月份千余学生的按时入学，迎来了乌溪江化工学院首届学生的开学典礼。

衢县本是浙江省内比较偏远的欠发达地区,为了开展大型企业衢州化工厂和产学研三结合的"共产主义试验区",周围人口一时大增,物资供应马上就非常紧缺,所以化工学院的师生们不仅要因陋就简克服校舍的不足,还要自力更生解决部分副食品和蔬菜的供给。学校为此组建了副业队(农场),自养猪牛鸡鸭;又与衢州化工厂合办果园,种植蔬菜瓜果;还组织师生员工利用校内空闲地自己种植蔬菜。经历过乌溪江化工学院时期的师生,每当回忆起当时的情景,不仅难忘那几年苦与饿的感受,而且也有一种战胜困难的自豪感和成就感。

学校的教学和科研工作,在曾创办我国第一个化学工程系的老一辈化工教育家、时任副院长的李寿恒教授主持下,采取了一系列行之有效的措施,来稳定教学秩序、保证和提高教学质量,如举办师资培训班,科目包括高等数学、普通物理、普通化学、机械制图和力学等主要基础课程;组织富有教学经验的老教师帮助青年教师熟悉教材、开展备课与试讲等活动;组织青年教师听老教师的课,尽量发挥老教师在教学上的示范与带领作用;学校成立学术委员会,组织开展科学研究和教学方法研究等活动,等等。

虽然当时的办学条件很困难,师生的生活也很艰苦,但是教学等各方面工作井然有序,校园里充盈着刻苦好学与艰苦创业的积极氛围。虽然在草棚教室里上课,然而教师们都十分认真负责、一丝不苟,经常忍受饥饿而备课到深夜,并热情辅导学习上有困难的学生,师生相处和谐友好。学生的生活虽然比较艰苦与单调,但是学习热情很高,非常刻苦,清晨在校园周围的山坡地边都是埋头苦读的学生和年轻教师的身影。正是在那个不平静的年代,在那个贫苦偏远的地方,乌溪江化工学院艰苦卓绝地办学,草棚教室里的知识之灯长明,简陋校园里呈现一派勃勃生机。

此景此情,使我联想起烂柯山上曾经办过的柯山书院。那是在南宋时期,浙江曾是全国书院最发达的地区,柯山书院便是当时二十二个大书院之一,由于书院周围梅林成片,故又称为梅岩精舍。虽为有名的书院,却也只有绿树丛中的几间木屋,文人雅士读书讲学多在烂柯洞那个天然石梁之下,倒是极为宽敞通透。这里也是学术史上被称为"三衢之会"的一个重要阵地,据说在宋淳熙三年(1176)春天,当年的一代鸿儒朱熹(1130—1200)与创办丽泽书院的浙东学派首领吕祖谦(1137—1181)就曾在这山洞里坐台讲学。纵观中国高等教育史,不论是千年书院,还是百年现代大学,比物质条件更为重要的是精神振奋,大学推崇的不是大楼,而是大师,教育不仅在于传授知识与技能,更在于开启智慧,点化和润泽生命,培育时代的精英。

在调整中回归

乌溪江化工学院的办学时期,恰逢国家遭遇三年巨大困难,国家实行了"调整、巩固、充实、提高"的八字方针,高教系统也经历了高等教育大调整和贯彻执行《教育部直属高等学校暂行工作条例》(简称《高校六十条》)这两件载入我国高等教育史册的大事。

1961年3月23日,学校党委根据中央的八字方针以及省委电话会议精神,研究了学校的调整工作。7月10日,学校传达了省委宣传部对浙江高校的调整意见,研究讨论了具体的贯彻落实措施。随后就陆续开始实施各个方面的调整工作。这是一次全国性的国民经济大调整,高等教育规模被大幅度压缩,浙江省高等院校从50所压缩至12所。我校虽属保留的学校,但也备受压力,从办学规模到专业设置等各个方面做了大幅度的调整。

调整办学规模。学生人数从原计划的远期规模6000人、近期规模4000人(其中本科生3000人),调整为本科生800人,后来又进一步压缩至600人。1962年7月又被调整为480人。

调整专业设置。本科专业由8个调整为4个,后又调整为无机物工艺、基本有机合成工艺、化工机械3个基本专业。5个专科专业则全部停办。

调整基本建设计划和缩减办学经费。原计划兴建的化工实验楼、教工宿舍等工程全部停建。部分学校管理机构撤并。办学经费由1960年的127.5万元缩减为1962年的48.35万元。

调整精减人员。动员了343名学生去工厂、农村回乡支援工农业生产;63名学生应征参军;137名应届毕业生去省化工厅直属工厂当工人。精减了267名教职工,占教职工总人数的32%。

学校在调整过程中经受了重重困难。1961年9月浙江省委第一书记江华来校视察,勉励大家树立创业思想,做长期打算,用20年时间办好学校。全校师生在调整中坚持正常的教学秩序,以勤奋学习和做好本职工作来分担国家的困难,努力把学校办好。11月26日,学校党委做了贯彻《高校六十条》的学习动员报告,并以此条例为准绳来安排工作。

《高校六十条》是1961年9月15日中共中央批准试行的高等学校工作条例,系统地总结了中华人民共和国成立以后,特别是1958年以来高等教育改革发展中的经验和教训,规定了高等学校的方针、任务和有关政策,强调了高等学校的办学规律,也比较符合当时的实际情况,是我国第一个比较完整的关于高等学校工作的法规性条例,在我国高等教育史上具有里程碑意义。在实施《高校六十条》过程中,学校工作回归高等教育规律,纠正了以往存在的参加生产劳动过多、社会活动过多、科研工作过多、教学活动过少的"三多一少"偏向,同时调整了教学计划、教学大纲,延长了学制。经教育部批准,我校从1962年开始招收5年制本科生。在教学上提出了"基础第一,质量第一"的口号,对基础课教学、实验教学、生产实习等更加严格要求,并做出相应的规定,建立与健全以学籍管理为中心的各项教学管理制度,从而稳定了教学秩序,加强了"三基"(基础知识、基础理论、基本技能),提高了教学质量。学校还进一步加强了与衢州化工厂在各类教学实习中的合作,提升了实践性环节的教学效果。

在调整进程中,随着人们对国情、省情和高等教育规律认识的深化,我校的校名也从"乌溪江"回归到"浙江"。1962年8月30日,根据浙江省人民委员会第39次会议通过,并经国务院批准,"乌溪江化工学院"改名为"浙江化工学院"。

在此期间,浙江省教育经费困难,有意将我校上交给化学工业部。化学工业部的部长彭涛,副部长、我国著名化工专家侯德榜曾先后来校考察,对我校的办学状况表示关切。到1963年,浙江化工学院回归化学工业部,并迁回到杭州原址办学。

乌溪江化工学院的历史虽然只有短暂的两年时间,却经历了很不平常的岁月,这是令人难以忘怀的一段校史。这段历史记载了我校务实图强、艰苦卓绝的办学精神,对于"浙工大文化传统"的形成有着深远的影响。

浙江工学院的诞生与华丽转身

姜一飞

浙江工业大学 60 余年的发展历史,主要经历四个阶段:杭州化工学校、浙江化工学院、浙江工学院、浙江工业大学,每一个阶段都有许多艰苦创业、精彩纷呈的办学故事。浙江工学院,是承前启后的第三个发展阶段,它的诞生、华丽转身、直到升华的故事是其中的华彩乐章之一,可以看出浙江工学院振兴于改革开放新时期的渊源脉络,也可以从一个侧面展示改革开放初期我省教育文化事业的恢复和发展过程。

浙江工学院的诞生

20 世纪 70 年代后期,"文化大革命"的十年动荡刚刚落幕,国家百废待兴,渴求大量人才。被"文革"折腾得千疮百孔的我国高等教育,终于迎来了重新焕发生机的科学春天。1977 年 8 月,邓小平主持召开科学和教育工作座谈会,提出我们国家要赶上世界先进水平,必须从科学和教育着手。2 个月以后,中断10 年的高等学校招生统一考试制度便恢复了。1978 年 2 月,五届人大一次会议的《政府工作报告》中提出,要充分发挥现有高等学校的潜力,积极扩大招生人数,同时加速建设新的高等学校。3 月,邓小平在全国科学大会开幕式上讲话指出,四个现代化,关键是科学技术的现代化,而科学技术人才的培养,基础在教育,并提出要使教育事业有一个大的发展和提高。稍后,邓小平在 4、5 月间举行的全国教育工作会议上又指出,教育事业必须和国民经济发展的要求相适应。

粉碎"四人帮"以后,我省的国民经济得到了迅速恢复和发展,1977、1978 两年,全省工农业总产值平均每年递增 20.9%。而与此同时,科技人才不适应经济建设发展需要的矛盾也非常突出,许多行业科技人员比例很低,专门人才青黄不接、后继乏人。据 1980 年初的统计,全省机械、纺织、建材、轻工、食品五大行业中,全民所有制工业企业的工程技术人员、科技人员占职工的比重,最高的机械行业也仅有 5.6%,其余 4 个行业分别为 1.4%、1.9%、1.7%、1.2%,二轻系统(集体所有制)仅为 0.61%,经营管理人才则更为缺乏。

浙江的教育事业跟不上本省现代化建设的需要,高等教育规模小是最主要的问题。"文革"期间,浙江高等学校一度由 13 所减少到 7 所,到 1976 年恢复到 11 所,在校生也仅有 10369 人。浙江省的工科大学仅有浙江大学、浙江化工学院、浙江丝绸工学院 3 所,而其中的浙江大学已划归中国科学院(1978 年 8 月国务院正式批准同意浙江大学归属中国科学院和浙江省双重领导,以中国科学院为主)。为了加快培养本省的工业技术人才,浙江省委决定创办一所专业较齐全的省属工科大学,定名为浙江工学院。

浙江工学院的筹建工作于 1978 年 2 月开始启动,5 月 12 日省革委会正式向国务院呈报《关于创办浙江工学院的请示报告》(以下简称《报告》)。关于"工学院的方向和专业设置",《报告》提出,工学院的任务主要是为我省培养农业机械化和工业技术人才;关于专业设置,《报告》提出,初期拟设置 4 个系、14 个专业(1. 地质系,先设采矿、选矿、勘探 3 个专业;2. 机械系,先设农业机械制造与维修、拖拉机制造与维修、机械制造及设备、内燃机、铸造、船舶设计与制造 6 个专业;3. 电机系,先设工业企业自动化、工业仪表、发配电 3 个专业;4. 土建系,先设工业民用建筑和水利水电 2 个专业)。当年 12 月 28 日,经国务院批准,教育部发出通知,全国恢复和增设 169 所普通高等学校,其中工科院校 46 所,包括了浙江工学院。

1978 年 7 月,省委正式组建了浙江工学院筹建小组,任命省委常委、省革委会副主任冯克为组长,宁波地委常委、组织部长藏效美,省交通厅副厅长姜义,省委组织部干部二处处长胡本斋为副组长,组员有浙江农业大学农机系党总支书记赵学廉、省公安厅劳改局局长江巩等。

未来的浙江工学院落址何处?这是大家首先关心的问题之一,因为这将直接影响到学校近期的建设速度和未来的远景发展。

杭州市基本建设委员会提出了三个备选校址:西湖区的转塘、古荡西面的新凉亭、半山杭州市牛奶公司所在地。1978 年 9 月,筹建小组的同志们顶着烈日,对这三个备选校址逐一进行实地勘察调研,大家认为,转塘离杭州市中心较远,用水用电一时难以解决,会影响近期的建校速度;新凉亭离市区较近,但只有七八十亩土地,对于一所几千人的大学来说面积太小,会影响学校的远景发展;半山杭州市牛奶公司所在地靠近杭州肿瘤医院,每日进出大量病快快的人群,会影响到青年学生的生理、心理方面的健康成长,因此得出结论:这三个地方都不适宜建校。

筹建领导小组将考察结论汇报给杭州市基建委,这时有人提出:杭州电子工学院西面有一块七百亩大的土地,可以考虑作为校址。筹建小组立即去现场勘察,觉得那里靠近杭州电子工学院、杭州丝绸工学院和省委党校,在那里建浙江工学院确实比较理想,于是立即向省革委会报告,建议将浙江工学院的校址选在教工路和文一路交叉路口西南面。省革委会将报告批转到省基建委征求意见,省基建委又将报告转回杭州市基建委征求意见,然而杭州市基建委返回的意见却是:浙江工学院还是以建在半山杭州市牛奶公司所在地为好。市基建委的明确意见令筹建小组十分无奈,但如照此方案实施,杭州市牛奶公司就必须马上搬迁,因而杭州市基建委立即向杭州市委负责农业的领导汇报,没想到这位领导坚决反对搬迁牛奶公司,这反而使市基建委自己陷于两难,于是市基建委领导直接向省委冯克、薛驹两位领导汇报了浙江工学院选址的一系列相关情况。

就在这次汇报会上,市基建委的一位工程师提出:浙江省军区干休所东面、上塘河沿岸,有一片土地(上塘人民公社的潮王大队、东新大队一带)可以考虑作为建校用地。于是筹建小组又前往勘察,发现这地方真的不错。就在当地一户农民家的堂屋里,相关领导现场拍板决定:浙江工学院就定址在这里了,这一处地方可向北延伸至现在的德胜路。考虑到这里位于笕桥机场的航线下方,高校科研高频用电对飞机航线可能会有影响,所以还征求了机场的意见,然后确定了学校的大体布局:上塘河以北的东新区块可建学生生活区,教学科研区则建在上塘河以南的潮王区块。1978 年 11 月初,杭州市基建委正式发文,同意浙江工学院定址在西湖区上塘公社潮王大队、东新大队(这两个区块现分属杭州市下城区和拱墅区),具体规划用地面积 430 亩。1979 年 3 月 8 日,省委副书记薛驹等领导听取了筹建小组选址问题的汇报。3 月 22 日,省革委会批准了这个选址方案,浙江工学院的建设随即展开,4 月 4 日破土动工,次年 8 月就建成了约 5000 平方米的校舍。

筹建组建立之初(1978 年 9 月至 1979 年 11 月),租用了大华饭店分部的两个房间办公。刚从外地调进来的几位干部、教师无处安家,为了节省住宿费,有的同志晚上就在办公室里打地铺,有的则租住在远离市区的笕桥、三墩,因为那里的旅馆招待所较便宜。

1979 年动工之初,还未来得及办理征地手续,学校决定先租用东新大队 3 亩多猪圈用地,建两幢二层的临时简易楼。为节省造价,墙体用多孔煤渣砖砌筑,楼板用预制的水泥多孔板,屋顶则采用预制的三合一水泥板加盖瓦片。几个月后简易楼建成(建筑面积 2115 平方米),筹建组人员终于可以告别大华饭店分部和三墩、笕桥旅馆,搬进聊以栖身的新居来过冬了。

两幢简易楼都位于上塘河北岸,南北并列形成一个小院。南楼为“内走廊”,两面是单间,中间一条走廊横贯东西,各家就在走廊里做饭烧菜,是典型的筒子楼;北楼为“外走廊”,走廊朝南、房间冲北,每间内有套间,住户在自家门口的走廊上稍作遮挡,摆上煤饼炉就是厨房。两幢楼都没有上下水和卫生设施,用水和如厕都得去楼西侧的公共盥洗间和公共厕所。盥洗间有一间简陋的淋浴室,只有几个冷水淋浴头。浴室小而住户多,要洗澡就得自带热水,早早在门外用脸盆排队。南楼东头几间是办公室及图书室,北楼东头几间则是一个小食堂。两幢小楼虽然简陋,却是浙江工学院最初的唯一落脚点,老人们对它的回忆满是温馨和怀念。它们存活了 20 年,于 1998 年 11 月被拆除,原址上建起了女生专用的学生宿舍 3 号楼。

因为急需人才,浙江工学院一创建就开始招生,边建校边教学。没有校舍,首届的 1979 级学生就分散在杭州钢铁厂等 7 个教学点授课,教师跑点上课,学生进车间实习,教学秩序难以建立。

一年以后,1980 年 8 月底,赶在秋季开学前,简易楼东面建起了第一幢正式的教学综合楼(4056 平方米,后来成了学生宿舍 2 号楼),楼内容纳了土木、电子、机电 3 个专业 150 名新生的住宿与教学(楼有五层,上三层分别用作女生和男生宿舍,下两层作为教室和实验室),师生在简易楼的小食堂打饭,端回自己教室或办公室用餐。运动设施也尚付阙如,就在简易楼北边的茭白地上垫上厚厚的石块、塘渣与煤渣,建成简易篮球场,成为唯一的运动场所。

1980 年秋天,上塘河沿岸的部分石坎砌筑完成,北岸的一排周转房交付使用,学校有了最初的校门、传达室、收发室,挂出了"浙江工学院"的第一块校牌。

1981 年 8 月,又建成了建筑面积 1655 平方米的第一食堂,餐厅东头建了一个大舞台,师生们才有了开大会与看电影的场所(尚须自带凳子)。

80 年代初,国家还是计划经济体制,基建用的钢材、木材、水泥都有严格规定,按批准的基建项目下拨指标。比如,外墙门窗一律采用钢门钢窗,而内部木门窗的加工,须先到位于凯旋路的省林业厅审核,再安排到下属的木材加工厂加工。那时木材严重短缺,十分重视综合利用,门框多用短材对接,木门用小木档做内框再外贴纤维板而成。钢材也按指标供应,且在指定的物资处采购。水泥供应也有指标控制,每年年底由建设单位派人到环城西路的省物资局开会,落实水泥厂家与提货时间。由于大厂水泥供不应求,小厂水泥也列入供货计划,但小厂水泥质量很差,于是大厂水泥成为市场争夺对象,有时往往要派人长住大水泥厂监督催货。这些情况现在的年轻人是难以想象的。

随着筹建工作逐渐展开,许多教职工陆续调入。简易楼已经住满,校区南面的浙工新村才刚动工,新来的教职工只好租用附近的农居。这些农居大多位于上塘河以南,而教职工们上课、上班却大多要到北岸,来回过河须借用生产队的小船摆渡,实在太不方便而且危险。1980 年,学校在上塘河上架设了以钢管为骨架、毛竹片为桥面的临时竹桥,又在桥南面的农田间修筑了一条连通潮王路的小道,大大方便了教职工的上下班,但一到雨天(特别是冬天下雪),桥面的竹片又湿又滑，田间的小路则泥泞不堪，通行的艰苦可想而知。直到 1984 年，上塘河南岸的教学主楼动工，1985 年，临时竹桥变成了钢筋水泥的拓工桥，1986 年，又把泥泞小路变成了水泥路，这种状况才得以改变。

浙江化工学院的艰难回杭路

按照省委的最初设想，浙江工学院的筹建以浙农大的农机系、浙大的机械系（部分）和地质系为基础，但浙农大和浙大都不肯放，所以工学院创建一年多，还是举步维艰。它的华丽转身发生在 1980 年，这里需要先讲述浙江化工学院艰难返杭的经历。

1977 年，全国高校恢复了统考招生，中国教育的春天来到了。当时教育部提出的发展方针是"恢复、调整、整顿、提高"，各高校纷纷开始拟订各自的发展规划。此时，远在衢州的浙江化工学院已偏处山沟 18 年，长期积累的各方面矛盾日益凸显：交通不便、信息闭塞，设备简陋、生活艰苦，文化氛围贫瘠、学术交流贫乏，单科性学院难以扩展、教职工情绪普遍低落。如何才能在这个春天里改变困境、谋取新的发展？大家已有共识——迁回杭州、拓宽专业！

1978 年初开始，学院党委（那时还称"党的核心小组"）和教职工们通过多条途径，不断向上级反映、要求，坚持不懈地努力了两年，又碰上了浙江工学院创办艰难的契机，终于实现了重返杭州、扩大专业的多年夙愿。两年的努力过程大致可分为四个阶段：

（一）争取化工部收归部属，图重返杭州

1978 年 3 月底，核心小组提出：须先向省委陈伟达副书记等领导人做一次情况汇报，建议将学院交回化工部，迁杭办学。

4 月初，姒承家、梁宝生、林宝琨等赴北京化工部汇报，询问能否将浙江化工学院收归部属。4 月 4 日，化工部教育司副司长郭祖荫接待了他们，表示："华东地区已有四所化工学院，化工部的教育投资重点在西北地区；至于浙江化工学院的体制问题，涉及部和省的关系，一贯来部里不先提意见，一定要省里先有态度，如果省里有意向，派人来谈谈也可以。"

4 月 23 日，周学山、姒承家、钱时青等人携带了省里的有关文件和陈伟达书记的书信再次赴京，27 日受到了化工部副部长冯伯华和教育司司长于文达的接待。冯伯华表示：1）浙化院要部管可以考虑，但要经国务院批准，这就要有个过程，今年恐怕不行了，因为已经批了一批；2）要搬回杭州恐怕不行，同意省委意见，到宁波设个教学点，在衢州把学校办好。

5 月 10 日，浙江省革委会向国务院递交了《关于改变浙江化工学院领导体制的报告》，申请浙化院由部省双重领导。

这时,学校党委已觉得学校归属化工部并直接迁杭已然无望,只能按省委意向,在省部双重领导下,先在宁波设点,争取向宁波发展,创造条件超越化工单科,逐步转移到宁波办学。

(二)争取宁波建立基地,图逐步转移

1978 年 6 月 1 日,党委派成立之、林宝琨二人先去宁波摸底了解,宁波市表示需要高校,对我们设点表示欢迎。

6 月 20 日,在杭参加省高校规划工作会议期间,省教育局有关领导表示:省委只决定在宁波设个点,并没有明确往宁波转移。实际上宁波设点的具体方案还难以落实。

6 月 22 日,周学山又带人去了宁波,宁波市热情接待,表示欢迎设点,甚至希望整个学院迁来宁波,但基建则须按程序办手续,也就是说到宁波设点必须要先有基建投资。

7 月 28 日,姒承家等人又专程去杭州与石化局领导商谈宁波设点的基建事宜,并起草了一份落实宁波设点的具体意见,向省委报告,希望得到省委批文,以便开展下步工作。

9 月 14 日,省石化局领导来衢州,传达了化工部教育司对浙化院办学的意见:"1)体制上,部里对双重领导已有态度,但国务院批准以前,学校仍是省属院校。2)尊重省里的意见,宁波只设个教学点,学校还要在衢州坚持下去,不同意石化局上报的在宁波搞 16000 平方米基建的意见。"也就是说,在国务院审批之前,化工部不愿投资。

一直等到 1978 年底,省里仍无具体措施,宁波设点的事也就搁浅了,这使得校内教职工的情绪波动日趋剧烈。

1979 年 1 月上旬,周学山在杭参加省委扩大会议,教职工要求趁机集体上访。党委研究后,劝说大家不要采取过激行动,同意有组织地向省委反映群众情绪和要求,推选出 10 人组成代表团,由姒承家带队,于 1 月 14 日去杭州向省委汇报,同时以党委名义向省委写了书面报告。

学院党委给省委的《关于要求改变校址问题的请示报告》中再次申述了要求改变校址的理由:"一是工科院校办在山区不符合办学的客观规律:……在山区办学缺乏必要的教学和科研条件,不利于学术交流,不利于师资培养提高,不利于又红又专的技术人员的成长。二是不依靠社会、孤立地办学,是少、慢、差、费的。……我们在这里要自己办幼儿园、办中小学,自来水厂、商店、图书代销店、浴室、甚至豆腐店,也都要自己开。三是远离省的领导机关,遇到问题不能随时请示汇报、及时得到解决。……上级领导机关召开半天会议,我们来回就得花去三天。……"

1 月 16 日,省委教卫部部长钟儒和石化局代表接待了学校代表团,会上代表们陈述了学校的困境,提出了解决问题的意见,特别是要求尽快解决校址问题。钟儒在听完意见后表示:1)同志们是关心教育事业,想多做贡献,动机是好的;2)我负责向省委领导汇报,争取请一位负责同志直接听你们意见;3)你们可以先留下来,等待消息。

1月19日,省委宣传部部长商景才和教卫部部长钟儒来到代表团的住地,传达省委意见。其内容除了肯定浙化院的工作成绩和代表们的积极性以外,就是重申省和化工部双重领导及宁波设点,并要求大家耐心等待。

1月22日,代表们在返校之前又分组活动,分别找了新华社记者、浙江日报记者反映意见;请求石化局再向省委写报告;同时写出了书面材料"八位教职工给新闻单位的信"送交记者。信里说到了由于校址不当造成的"严重后果":

"人心浮动,队伍无法稳定;学院内部普遍存在着'焦急'情绪……我院自1966年第二次迁来巨(衢)县以后,就开始了'文化大革命',以后凡是外面乱得愈厉害,……学校里倒是平静的,……但是外面形势比较好转了,……我院却相反地不安宁了。"

"现在十一届三中全会提出了要'转',……这些就像是一团烈火,点燃了每个人心中的干柴,大家是再也坐不住了,有人提出要写大字报,有人提出这个问题解决不了我就走! 也有的说要罢课……"

"当初把一所大学办到那么偏僻的地方,决策者的初衷或许是好的,但是多年办学实践的结果是事与愿违(到1979年初,全校教职工仅有757人,其中教师仅310人,学生仅有在校本科生714人,培训、进修生76人)。改革开放前的二十来年,我们学校除了与其他高校一样遭受'文化大革命'等运动的折腾以外,更是吃足了教育决策不按教育规律办事的苦头。……"

2月8日,姒承家和周小庭一起赴杭,接连找了副省长王家杨、宣传部副部长刘亦夫、办公厅副主任汪弘毅、教卫部部长钟儒、教卫部副部长沈国辉、教育厅副厅长李春田、石化局局长马国治和处长陈荣桂等人,分别交谈。交谈的情况综合起来,大体是:

1. 他们的态度有几种情况:多数同情我们的困难处境,积极支持改迁。如石化局局长马国治在文件上明确批示:"我们同意浙江化工学院党委的报告要求,迁回杭州有利,请省委定。"少数人同情而又感到困难太大,无信心。个别人认为只能安于现状。

2. 在解决途径上有明显分歧,一种主张迁杭与浙江工学院合并;另一种主张保留浙化院,迁杭与省化工研究所结合;但无人支持去宁波设点。

3. 多数人为我们出主意,如:校内组织一个专门小组,大力抓此事,搞出几个方案,以党委名义写报告,便于省委决策;社会上要大造舆论;多做化工部的工作;等等。

总之,省委虽讲在宁波设点,但无具体实施意见,各部门也都无能为力,因此宁波设点之事实际上已经落空。

(三)争取二机部投资,图迁杭重建

1979年2月下旬,党委在校内连续召开了多次座谈会,周学山又在处系干部会上提出:"我们还是要到省里反映意见,但不能只一门心思一条路,要做多种考虑。"最后党委汇总各种意见,归纳成了当时提出的三种方案:1)省教卫部的方案,即与浙江工学院合并;2)省石化局的方案,即迁杭与省化工研究所结合,各自独立,校名不变;3)省里出一块地,由另外的部来杭州投资建校(当时就设想二机部)。

3月5日,新学期开始。党委决定这学期的工作是:

1. 少数人着重做解决校址问题的工作,具体由党委书记周学山带领项浙学、钱时青外出到省、教育部等处活动。

2. 多数人在校稳定情绪,抓好教学、科研、生产、生活。校内工作重点是:

1)努力创造条件,如解决设备、房子、交通、校办附小等;

2)努力提高教学科研水平,做出成绩来,要准备浙化院继续在这里招生办下去;

3)今年仍要招生,人数可减少一些,重在提高;

4)对省有关部门还要不断反映情况。

党委的决定在全校教职工大会上公布,很快稳定了大家的情绪。

3月7日,周学山、项浙学、钱时青三人赴杭开展活动。

3月14日,周学山向我校在杭参加省科学大会的代表传达了省委副书记薛驹向他交底的话:"1)陈伟达书记在浙江时,曾讲过先在宁波设个点,逐步过渡到在宁波成立以化工为主的工学院。但现在不能考虑搬迁,一是投资困难,二是土地困难,三是一校搬迁影响他校。2)如果化工部来投资,可以考虑在杭州或宁波建校,但不能搬出浙江。3)要想省里来解决,只能是根据形势,把你们作为办浙江工学院的建校基础之一,逐步合并,但形成工学院没有几年时间不行,你们目前重要的是做好校内稳定工作。4)同意学校去北京活动。"

3月16日,周、项、钱三人去北京活动。4月10日回衢,周学山向各部门负责人通报了去二机部联系的情况:二机部非常热情,认为浙化院现有的8个专业他们都需要,还要加一些新专业,主要搞通用专业。愿投资在杭新建校舍,几年内过渡迁杭。他们要这个学校,将派人来和浙江省委协商。这真是一个振奋人心的好消息。

4月19日,二机部派一位副局长带领3人来杭,与浙江省委协商接收浙化院并在杭建校的问题。此后一个多月,二机部代表和浙江省委反复商谈,并由周学山、项浙学、钱时青等陪同到良渚、湘湖、转塘等地踏勘可供建校之地,部、省共同形成了一个浙化院改变领导体制、由二机部投资建校的意向书。但校址一直未定。

6月27日,二机部又派出了一个由几个局联合组成的代表团来到衢州,实地考察浙化院,准备和省委正式签协议。实地察看后,他们对校党委表示:1)学校班子、教师精神很好,虽条件困难,但组织得井井有条;2)省部关系,最后要由省委来定,我们希望把事情办成;3)如果学校归二机部,宁波方案是不成立的,主要考虑在杭州;4)即使体制、校址都定了,征地、拆迁、建设也还有个过程,要有一个过渡时期。

与此同时,省委也收到了化工部的电函,大意是:浙化院首先应还给化工部,省委已经有文在先。这样一来,事情出现了转机,省里又要重新考虑了。

二机部的代表团在杭等待多日,始终未能与省委领导再次会谈,最后未签约而回。事后,二机部致电学校:"不是我们不要这个学校,实在是情况复杂。化工部教育司的于文达已到教育部去过两次(重申化工部提出的'浙化院首先应还给化工部'),所以不准备再谈下去,请学校转告浙江省委。"争取二机部投资建校的事就此告吹,但这件事对省委还是有所触动的。

(四)推动省委早做决策,图减少损失

得知二机部未签约的信息后,全校干群的失望情绪再次蔓延。

1979年6月底,周学山再次赶赴杭州,要求省委早做决策,强调拖得越久则人心越散,于工作越不利。既然各方面意见都认为须要解决我院专业方向和校址问题,请早做决定,可逐步实施。

8月1日,党委全体成员和部分处系干部共12人,又利用暑假组团赴杭向省委汇报。教卫部副部长姚全瑾听取了意见,他也认为省委该做出决定了,要求大家在杭等省委答复。到8月17日,薛驹终于代表省委向去杭人员宣布了省委的决定,并谈到了我省的高教发展现状和今后的意向。

整个讲话是聊天式的,大意是:浙江高校理工科比例太低,浙大归属中国科学院后,不愿多招生。浙化院、丝工院都是单科性的,因此必须办一所适应浙江特点的综合性工学院。浙江省办好一所工大和一所农大是大势所趋,非办不可。虽然办综合性的浙江工学院确感困难,但省委一致意见还是要办,而且国务院已经批下了,3000学生规模,10万平方米房子,1300万元投资。投资还要争取,国务院能给多少就多少,反正省里千方百计要办。现在省委一致同意以浙化院为基础,浙大拿出一些专业、浙农大拿出农机系来。办工学院,主要还在你们这里,这是省委的决定。二机部和化工部都要浙化院,农业部也来要浙农大,我们认为算了。不是不欢迎部里来办学校,而是要从省里的布局出发,因为他们各有自己的要求。问题在立足于省还是立足于部。欢迎部里来投资,我们承担任务,但体制不变。浙化院在衢州,偏僻、困难,必须要解决。但不能讲迁

错了要落实政策。现在是教育和经济如何适应的问题,也不叫迁校,以免引起其他反应。具体怎么办,由教卫部和几个有关方面商量提出,还要研究,关键是财经关系。落实还有个过程,大致要到年底。方向定了,但还要准备克服困难,希望多提些办法,少走点弯路。

虽然大家对这个答复尚有疑虑,因为毕竟只是口头讲的,无正式文件,但这一许诺后来很快就逐步实施,大家也就逐渐定心了。

其实在此之前,得知省里拒绝与二机部签约的信息后,周学山书记于 7 月上旬去找省领导,正好冲撞了省委常委会议,受到薛驹副书记的严厉批评,说你作为老同志,怎么可以来干扰省委常委会议呢? 要给予组织纪律处分。但他又告诉周学山,常委会上正在讨论你们学校的事,已决定你们学校搬回杭州,作为浙江工学院的建校基础。周学山当即表示:"只要学校能搬回杭州,个人受任何处分都可接受。"这两年来,他在衢州、杭州和北京三地之间上下奔走、殚精竭虑,其间过程抑或山穷水尽、抑或柳暗花明,可谓峰回路转、跌宕起伏,此时苦尽甘来,终现曙光,一番酸甜苦辣的心情,只有他自己才能体会了。

在浙江工学院创办之初,省里并没有考虑浙江化工学院,原先的初衷只是以浙农大农机系、浙大机械系(部分)和地质系作为工学院的建校基础。无奈后来浙农大和浙大都不肯放手,使得工学院的创建难有起色。在薛驹谈话之前,浙江工学院已经开始招生。那时的"浙江工学院",实际上只是一所没有校园的"虚拟大学"。校舍建设刚刚动工,首届 440 名大专新生无处落脚,只得以"浙江工学院杭州分校"的名义,分散放在杭州钢铁厂、杭州汽轮机厂、省电力局、机床厂、制氧机厂、机械工业学校、华丰造纸厂 7 个教学点,由教学点解决学生的食宿(另以宁波分校名义招收了 150 名大专新生,校址设在宁波西郊的布政巷)。为数不多的教师,一部分是刚分配来的大学毕业生,一部分是从工厂调入的工程技术人员,有教学经验的教师严重缺乏,有时只好请所在教学点的工程技术人员代为上课,所以基础理论教学很不系统,难以保证教学质量。这些情况,省里是知道的,分管教育的薛驹副书记心里更清楚。鉴于工学院筹建工作的艰难,浙江化工学院又再三要求回杭,二机部和化工部又都想要浙化院,于是省里改变了最初的思路,同意把浙江化工学院迁来杭州,并入浙江工学院来加强筹建的基础。

1979 年 9 月份,教育部下文同意省委意见,10 月份浙江省政府正式发文宣布,11 月 30 日,浙江省委任命周学山、姒承家为浙江工学院筹建小组副组长,负责工学院的具体筹建。1980 年 9 月 10 日,教育部又下达了《关于同意将浙江化工学院并入浙江工学院的通知》。至此,浙江化工学院终于走通了艰难的回杭之路,再一次开始了边建校、边迁校、边办学"三管齐下"的艰巨历程。这对于化工学院来说已是第四次了,但愿也是最后一次。

浙江工学院的华丽转身

　　浙江化工学院正式并入浙江工学院,浙江工学院完成一个华丽的转身。这一转身具有两方面的意义:一方面,偏远冷僻的浙江化工学院获得了新生,不但实现了回杭办学的夙愿,也同时实现了拓宽专业面的更大理想;另一方面,艰难创建中的浙江工学院也呈现出崭新的发展势头,原化工学院的768名教职工和工学院筹建中陆续调集的180名教职工,汇成了浙江工学院新的办学基础,工学院获得了新的发展动力,大大加快了建校步伐,并有了新的发展前景。

　　不过谁也没想到,这个合并却意外地让刚刚开建的浙江工学院(此时已建好了第一食堂和二号楼、四号楼)遇到了一个坎——杭州市规划局顾虑化工类专业的教学科研实验可能对环境带来不利影响,提出要工学院搬到地处远郊的祥符桥易址重建。这真是节外生枝!易地重建意味着要另起炉灶,势必造成前期投资和物资的极大浪费、大大拖延建校的时间。至于后来工学院是如何有惊无险地迈过这道坎的,就不得而知了。

　　新组建的浙江工学院设置了化学工程、机械工程、电子工程、土木工程、轻工业工程、管理工程6个系,随即开始了1980级的招生。

　　历经28年办学已粗具规模的浙江化工学院要迁来杭州、两校合并后的浙江工学院要加快建校进度、扩大了的招生规模要尽快走上教学正轨,这次的"三管齐下"规模更大、时间更长、工作头绪更复杂。1980年8月4日,省委决定建立中共浙江工学院临时委员会,周学山任书记。1981年12月2日,省委又转发了中共中央组织部通知:中央同意周学山任浙江工学院党委书记,李恩良任浙江工学院首任院长。同时,省委任命如承家为党委副书记,如承家、胡本斋、林正、赵学廉为副院长。在新班子的领导下,乘着改革开放万象更新的东风,这三方面的工作一直在快速而有序地推进。

　　杭州古运河畔的朝晖新校区刚开始建设,衢州烂柯山麓的化工学院老校区就作为浙江工学院的分部,承担了大部分学生的教学任务。1980级有6个系、11个专业,共招收610名本科新生,其中电子、土木2个系(3个专业)5个班的新生在杭州新校区上课,其余4个系15个班级的新生到衢州分部上课。

　　9月14日,1980级新生的开学典礼如期举行,薛驹到会讲话。他指出:浙江工学院这所多科性的工业大学,是为适应浙江省"四化"建设需要而创建的,主要任务是为本省培养又红又专的工程技术人才。他号召同学们要艰苦奋斗、勤奋学习。

　　9月21日,学校举行了两校合并后的第一次中层干部会议,讨论了全新的专业设置、招生规模、基本建设计划等。9月26日,宣布了学校的新组织机构及各系、部门的负责人。

1981年开始，新生全部在杭州报到，衢州作为分部开始停止招生，随着在读学生陆续毕业，学校也陆续搬迁。

当时朝晖校区仅有少量的简易校舍，大量教室、实验室都是临时房子或租用农舍，教学和生活条件都非常艰苦。广大师生发扬了化工学院艰苦办学的传统，克服各种困难，认真办学、刻苦学习，顺利地完成了各项教学、学习任务。

在这过程中，曾出现过两种办学思路的激烈争论。一种意见认为：两校合并后，实力明显增长，学校要有宏图大志，要有全国视野，要按全国一流大学的方向来建设，甚至提出要赶超浙大。另一种意见则认为：工学院是省属院校，应主要服务于浙江经济建设，两校合并虽然改善了学校的发展条件，但专业基础仍比较薄弱，应该首先夯实基础、拓宽口径、提高教学科研水平，按当时的能力，只能在全国省属院校中力争排名前列。两种意见似乎各有道理，互不相让，甚至发展到学校领导权之争，严重影响了建校、搬迁和日常教学。后来省委出面协调，争论逐渐平息。现在回过头看，前一种意见有些好高骛远，不太符合当时的实际，后一种意见比较适合于自身的定位和实力，浙江工学院基本上就是按照后一种意见的思路发展的。

浙江工学院衢州分部的搬迁工作到1985年基本结束，衢州老校区及其设施有偿转让给当地政府，现在成了衢州高级中学的校园。

1985年底，建筑面积为28800平方米的主楼（现在被命名为存中楼）竣工，教学科研功能区的建设随之逐步铺开，化工楼、机械楼、图书馆一一矗立，学校的各方面教学设施也在逐步完善，教学秩序和教学质量得到快速的恢复和提升，浙江工学院的发展逐渐进入了快车道，到80年代末，两校合并仅10年，就达到了工学院一期规划的3000名学生的规模。

浙江工学院的升华

进入90年代，国家进一步推升高等教育。新生的浙江工学院日益呈现良好的发展势头，"万事俱备，只欠东风"，就盼着有个机遇来实现进一步的升华，机遇也就真的降临了。

(一)捐资办学，一波三折

张子良先生是一位台湾实业家，祖籍浙江嘉兴，20世纪40年代去台湾经商办实业，取得很大成功。多年来，他一直心系家乡，希望能有机会用自己的力量报效国家、造福桑梓。虽然他自己只念过小学，但深知教育是影响整个民族的根本大业。所以从80年代后期开始，他就在嘉兴捐资办学并设立了奖学金，捐款数已达数百万美金。

1990 年 8 月，他作为海峡两岸工商访问团的副团长访问北京、上海，得知祖国建设急需大量高级科技人才，而当时国内大学在校生总数仅 107 万人，平均每万人口中只有 10 名大学生，于是萌发了捐资办大学的想法。他在致浙江省领导的信中说：

办教育事业为国家社会造就一些将来必需的人才，实为（我）最大的愿望。人生在世，短短数十年，无论如何都必须告别，只是迟早问题，希望创立一些对国家大众有利而少为人做的事，方得心安。

1991 年夏，他又分别致函曾任嘉兴市长、时任浙江省政府副秘书长的周洪昌和上海的老友徐振元先生（原永生金笔厂厂长），提出在杭州或上海办一所现代化的科技学院，为祖国造就高级科技人才的想法，请周、徐代向浙江省、上海市政府的领导转达和联络。周洪昌接信后当即向省领导汇报，李泽民书记、葛洪升省长及时做出了批示。李书记的批示是："以省政府名义邀请张先生来访，提出在浙江工学院的基础上建设浙江工业大学的方案与张先生协商。"时任上海市市长的黄菊也热情欢迎张先生到上海访问和办学。

1991 年 10 月 7 日，张子良先生亲自带着他的智囊团，先到上海、再到杭州考察洽谈。在杭期间，他与李德葆副省长、周洪昌副秘书长和省教委领导多次商讨在杭办学的问题，并实地考察了浙江工学院，留下了良好的印象，于是初步决定要在杭州实现他的心愿。

这对于浙江工学院的发展无疑是一个大大的利好机遇，然而却差一点失之交臂。

原来，张子良先生认为，要培养出高质量的人才，就需要有高水平的师资；为能引进优秀的教师，让他们能专心致志地从事教学，就需要提高教师的待遇，为他们提供良好的工作与生活条件；而这就需要有长期、稳定的资金来源，以弥补大陆大学经常性经费的严重不足。他反复强调："办学的后续基金问题的解决，比一次资金的投入更为重要。"为此他提出：在捐资 1000 万美元兴办大学的同时，要求当地政府提供土地，由他筹资建设一座"教育发展基金大厦"，交由一个教育发展基金委员会全权负责管理；其经营收入除必要的管理费用支出外，全部用作浙江工业大学的后续资金和支持其他教育事业的发展。这个想法确有远见，但也提高了操作的门槛。

上海答应他提供浦东的土地，但张先生觉得自己是浙江人，前几年的捐资助学又都在嘉兴，他更希望把大学办在浙江。

10 月 13 日晚，省教委主任邵宗杰宴请张子良先生一行，参加宴会的工学院洪启超院长发现，餐桌上气氛沉默而压抑，全无往日的欢快融洽。原来在下午的会谈中，浙江省回绝了提供建造"基金大厦"土地的要求，这使张先生深感失望，准备放弃在杭捐资办大学的打算，第二天就要离杭回台湾。

洪院长没有参加下午的会谈。他发现气氛不对，问明缘由后，深恐这个大好机遇成为"泡影"，来不及回校商量请示，就硬着头皮大胆提出："我们学校在位于莫干山路和文一路交界处的'西接待寺'有一批五六十年代建造的教工宿舍，占地近 10 亩，可作为建造'基金大厦'的用地。"这立即引起了张先生的兴趣，省教委郑祖煌副主任、阮忠训处长也认为可行。洪院长详细介绍了西接待寺的情况之后，张先生当即要求取消第二天上午的回程安排，先去察看西接待寺现场。

第二天一早，张先生等在洪院长陪同下到西接待寺察看现场，又阅读了有关资料，深感满意，这一个即将失之交臂的机遇就这样又被我们"抓"了回来。

张先生回台后不久，于 12 月 4 日致函周洪昌副秘书长，明确表示接受在浙江工学院的基础上兴建浙江工业大学的方案，并定于近日来杭再详细讨论具体细节。

12 月 13 日，张子良先生一行 5 人抵杭，14 日上午就在工学院会议室与李德葆副省长、周洪昌副秘书长以及省教委领导郑祖煌等进行会谈。听取了洪起超院长关于初步方案的介绍后，大家对张先生"在杭捐资办学、以浙江工学院为基础兴办浙江工业大学"的有关问题又进行了认真全面的协商，最终达成了一致协议。

这份《张子良先生捐资兴建浙江工业大学的协议书》的要点是：

（1）张子良为在浙江工学院的基础上兴建浙江工业大学捐资 1000 万美元，省人民政府配套经费 6000 万元人民币。

（2）浙江工学院更名为浙江工业大学，下设工商管理、职业技术教育和工程技术 3 个学院。

（3）浙江工业大学的建设分两期进行，1992—1995 年投资数占总数的 62.5%，1996—2000 年投资数占总数的 37.5%，2000 年完成。捐资接受单位为浙江工学院；更名后，接受单位为浙江工业大学。双方认为，如有可能，力争使上述计划尽快实施。

（4）建设项目分期的建设方案由浙江工学院（浙江工业大学）提出具体实施意见。

12 月 16 日下午 4 时，双方在黄龙饭店举行了隆重的签字仪式，葛洪升省长亲自参加了签字仪式。代表浙江省政府签字的是李德葆副省长，出席签字仪式的还有各有关方面负责人鲁松庭、周洪昌、杨丽英、郑祖煌、冯裕德、阮忠训、洪起超等。

这一天还同时签署了《关于开发莫文路土地的协议书》。此后省、市领导对"基金大厦"也都给予了很大的关心和支持。结合庆春路的拓宽改造，李志雄副市长代表杭州市提出，将庆春路 35 号地块（庆春路与建国路交叉口的东北角）

划归"基金大厦"的建设用地,这样"基金大厦"的总建筑面积可增大至 5.6 万平方米,预计年纯收益可达 7000 万至 8000 万元,收益的分配原则是:省、市政府和浙江工业大学各占三分之一(另有口头协议:在省政府的分成中,浙工大占 25%)。

当晚,葛洪升省长举行了盛大宴会,表示庆贺。

(二)群策群力,共铸丰碑

1992 年 3 月 16 日,浙江省人民政府批准了浙江工业大学总体规划,规划学校用地 500 亩,在校生 6000 名,校舍总面积 26 万平方米。还组建了以省人民政府副秘书长周洪昌为组长、省市 14 个有关单位负责人为成员的浙江工业大学(筹)基本建设项目领导小组。学校也成立了浙江工业大学筹建工作领导小组,负责具体的筹建工作。时任杭州市市长的王永明也高度重视张子良捐资兴建浙工大的工程。1992 年 4 月 21 日,在我校朝晖校区隆重举行了浙江工业大学子良教科大楼奠基典礼暨文化体育活动中心(现在的体育馆)的开工仪式,浙江省长葛洪升、副省长李德葆亲自参加了奠基仪式,打下了建设浙江工业大学的第一桩。

从 1991 年张子良打算捐资办大学开始,浙江工学院就酝酿着更名,协议的签订使更名的条件初步具备。1992 年下半年,浙江工学院正式启动更名工作。

那时国家教委对大学的设置和更名控制非常紧,全省也就我们一家要更名,为此张子良先生还曾亲自致函国家教委主任朱开轩。1993 年夏,国家教委计划建设司司长亲自带队来我校实地审查。审查组对我校的基本建设和学科建设两大方面进行了全面、仔细、严格的审查,认为我校已具备更名条件,同意上报国家高校设置评议委员会评审。同年 9 月,经过高校设置评议委员会评审,20 所高校获准更名,我校也名列其中,并被列入第一批公布名单。之后,国家教委以教计〔1993〕182 号文正式批准我院更名为"浙江工业大学"。12 月 3 日,我校隆重举行浙江工学院更名为浙江工业大学暨建校 40 周年的盛大庆典,浙江工学院终于实现了一次脱胎换骨的升华,跨上了一个全新的发展台阶。

(三)爱乡办学,造福桑梓,公可心安

1993 年 6 月 8 日,在浙江工学院即将更名为浙江工业大学的前夕,张子良先生在来杭途经香港时突发心脏病,经抢救无效不幸去世,享年 78 岁。

本来按照约定,8 月底前张先生要将当年的捐资 200 万美元支付给我院,但由于去世,他在台湾的财产被依法冻结,导致捐资计划无法如期实施。其夫人陈绣莲女士及子女为不负张先生的承诺,同意将张先生于 1992 年 6 月用 200 万美元购置的上海永生股票计 170 万股交由我院作为抵押,向银行贷款 1200 万元人民币,用作当年张先生的捐资款项,待股票上市出售后再行偿还银行贷款。后因该股票未能及时上市,故于 1998 年 6 月将该股票共计 310.2585 万股,悉数捐赠给我校,作为张先生的最后一笔捐款。

洪起超校长始终怀着对张子良先生的感激和怀念之情,他认为:"张子良先生捐资兴建浙江工业大学不能光用他捐助的钱来衡量。"当时这笔钱对我校的建设发展起到了"雪中送炭"的作用。正是他的捐资,让浙江工学院的更名升格成为可能,也成就了今天浙工大在全省的地位和影响,他捐资的效应已经远远超出了金钱的价值。

时任浙江省省长葛洪升给张子良先生赠画上题词"爱乡办学、造福桑梓",说得恰如其分,张子良先生的这种精神,永远值得我们学习,永远是激励我们奋发进取的动力。

七十年代我校学术文化前行的足迹

林宝琨

在我校 60 多年的发展史上,20 世纪 70 年代是一段令人难忘的历史。那时,我校尚处于浙江化工学院阶段,也是我国高等教育发展史上一个非常特殊的阶段,一个充满动荡和剧变的年代。然而,它毕竟已是"上一个世纪"了,成为历史研究的对象。

校史是学校文化积累的载体和再积累的重要依据,承载着丰富确凿和生动有趣的史料。大学的根本在于"学",其中学术研究和学术文化是大学发展史上最为重要的特征。大学文化,尤其是学术文化不仅是一所大学的特殊标识,而且显示了校史的走向及其脉络。1970 年,我校与其他院校一样,在经历了 4 年停止招生以后开始恢复招收新生。这是一个重大转机,学校终于从"荒芜"中逐步复苏,随着教科活动的展开,学术空气也逐渐活跃,激起了师生发自内心的热情与干劲。

一、教学在复课中探索前行

1970 年,我校在教学方面有两件大事,一是举办一年制的"教育革命"试点班;二是招收首届工农兵学员。

"文化大革命"全盘否定了高等教育的成绩及其规章制度、教学计划,教材也遭到批判。在这种情况下,教育革命怎么个"革"法,于是在工宣队和革委会领导的大学体制下,我校师生组成教育革命小分队,去专业相关的工厂举办试点班、短训班,由教师、学生和工人结合共同编写教材,在生产实践中结合典型产品进行教学。我校一年制试点班就是在这样的背景下举办的。1970 年 6 月,化工机械试点班 28 人进校,一年后结业回原单位。同时,化工专业的合成氨(小化肥)试点班 29 人在义乌化肥厂举行开学典礼,在工厂学习半年后返校教学,到 1971 年 11 月结业。这些虽然是一种培训性质试点班,但是在当时环境条件下,积极开展教学过程、教学方法和教材选编等诸多方面的探索性实践,也实属不易。

　　首届工农兵学员的招生工作是根据全国的统一步骤来进行的,全国招生数量较少,我校按 3 个专业招收 154 名学员。1970 年 6 月,中共中央批转《北京大学、清华大学关于招生(试点)的请示报告》,提出废除招生考试制度,实行"群众推荐、领导批准和学校复审相结合的办法"招收工农兵学员。从此,经过"文革"撤并后全国保留下来的 309 所高校开始了招生复课。我曾参加浙江省招生工作组,到温州地区招收首届工农兵学员。所谓"群众推荐、领导批准",实际上是各级革委会推荐批准,招生人员要考察生源素质十分困难与艰辛,招生工作耗时近半年。这种招生办法持续到 1977 年恢复高考制度才终止。

　　我校首届工农兵学员于 1970 年 11 月到校后,曾安排到金华军分区独立连当兵一个多月,部分教师一起去当兵,我也去了,接受拉练等军训。1971 年 7 月在全国教育工作会议上通过的《会议纪要》,全面否定中华人民共和国成立后 17 年的教育工作,提出了"两个估计",即教育战线是资产阶级专了无产阶级的政,是"黑线专政";知识分子的大多数世界观基本上是资产阶级的,是资产阶级知识分子。在这样的氛围下,更加强调了工农兵学员"上大学、管大学、用毛泽东思想改造大学"的作用,简称"上、管、改"。这一决策在学校中贯彻落实。从 1970 年至 1976 年期间招收的工农兵学员,文化程度参差不齐,相当数量学生为初中文化程度,但是在他们之中有些人即使在动乱岁月中仍保持了较强的求知欲望,在进校前就开始了知识和文化的准备,进校后更是刻苦学习。同时,被扣上"资产阶级知识分子"帽子的我校广大教师更是以极大的教学热情和学术自信,在烂柯山下的校园里积极践行"教育革命"的种种尝试,为提高教学质量而尽心尽力。从当时的实际可能出发,制订教学计划,编写教材,下工厂进行生产现场教学,按照典型产品和接受工厂的设计任务组织教学,并且根据政府有关部门和工厂需求,筹备并增设新专业,举办多种专业培训班等。

　　当时,我校地处衢州农村,办学条件比较艰难。然而,有了学生,有了教科活动,就有了学术氛围和人文气息,校园里活跃着最具书卷气和人文味的人,为1977 年开始的恢复高考招生制度和学校招收新生奠定了基础。恢复高考制度的第一年,我校招生专业由过去的 3 个增至 7 个,随后又增至 8 个。新办的机械制造、工业企业电气自动化 2 个本科专业,标志着从原来的化工单科性向多科性办学转变,招生规模也随之大幅递增。学校根据教育部、化工部的教学工作会议精神重新编制教学计划,并开始安排选修课,教学秩序日趋正常化。高考制度是高等教育的制度性恢复,随之而来的是教育思想大讨论。我校在恢复中开始走上快速发展的征途,并积极寻求改变办学环境的机遇。

二、科学研究走产学研结合之路

产学研结合是我校的办学理念之一。1960年,我校从杭州迁址衢州,就是为了创建一个以产学研结合为基础的办学模式。70年代,我校教师以极大的学术热情与志趣,在科研硬件条件十分困难的情况下,从实际出发选择产学研结合的科学研究途径,形成了具有我校特色的学术文化。在这种学术文化的潜移默化作用下,科学研究自成一条风景线,取得了长足进步,不仅产生了一批具有重大学术价值和实际经济效益的成果,而且为学科建设奠定了基础。

我校第一个科研机构——催化研究室就成立于1970年10月,在其随后的40多年中,科研成果累累,在推广应用中产生巨大的经济效果,获得多项国家级科技成果奖。刘化章教授在回顾其科学研究历程时颇有感慨地认为:文化是我们创新创业的灵魂,40多年来始终坚持科研成果产业化,促进经济发展作为科研的目的和价值观,走了一条产学研结合的成功之路。1976年6月,A110-2型氨合成催化剂完成实验室工作后,7月立即在湖南桃源氮肥厂试生产,8月投入浙江海宁化肥厂工业应用,并一举获得成功。如此快节奏的科研、生产、推广应用,是在刘化章等科研人员走出实验室,深入工厂,与工人同吃同住同三班倒,直接在生产使用现场解决各种技术难题,掌握了大量第一手资料的情况下才能取得的。1977年,经省石化厅推荐,A110-2型催化剂转让给濒临破产的上虞化工厂,成效卓著,曾在《浙江日报》头版头条以"一项专利救活一家厂"为题做了报道。

徐崇嗣等化学工程教研室的教师,于1972年开始进行多降液管筛板塔技术的开发研究。这项技术具有液气通量大、板压降低、板间距小和操作稳定等优点,在当时是一种新型优良板型。因此,在实验室研究成果的基础上,这项技术于1977年应用到杭州良渚化肥厂的水洗塔上,后又推广应用到江苏、山东等省化肥厂的水洗塔和衢州化工厂合成氨水洗塔改造项目上。这一科研成果于1979年获省科技成果二等奖。

张康达等化机教研室的教师,自行设计、研究并建成了全国第一套压力容器疲劳试验装置。于1974年开展了系列的断裂疲劳研究,承接了多项来自企业生产装置新结构的疲劳失效试验研究项目。研究成果列入化工部、石油部和机械工业部联合制订的《钢制石油化工压力容器设计规定》中。这项成果于1979年获省科技成果二等奖。

韩玉生等金相教研室的教师,于1973年开始开展了国产新钢种及配套焊条耐腐蚀性能研究,把实验装置建在衢州化工厂的生产车间旁,利用工厂生产现场的条件开展研究工作。他们与鞍钢钢研所协作,完成了冶金工业部、燃化部下达的"化肥厂中置锅炉副产蒸汽中温用钢研究"等多种新钢种的研究项目,获得多项省、部科技成果奖。在此基础上,开发成功具有独特技术的高压管弯制工艺,成为日后创办我校化工设备厂的基础。

濮阳楠等防腐教研室的教师,于1976年开始与上海化工设计院合作开展硬聚氯乙烯塑料的耐腐蚀性能研究,而后又开展了多项非金属材料防腐蚀性能研究。1979年受化工部委托,开展杀草丹生产设备防腐蚀材料的研究。因当时杀草丹生产的紧迫需求,他们就把试验装置设在西宁电化厂和株洲农药厂,利用工厂的生产现场条件开展研究,奔波于学校实验室和西宁、株洲的试验装置之间,在较短的时间里完成研究任务,攻克杀草丹生产关键性难题。此项研究成果被评为化工部科技成果二等奖。

沈德隆等教师开展农药新剂型研究,田冰式等教师开展农药废水处理技术研究,吴肖安等教师开展恒槽压法碳化塔阴极保护研究等都历经了产学研结合而取得成功。陈运根等无机工艺教师与校办机械厂谭志人等技术人员合作,设计试制了与催化研究室科研成果A110-2型氨合成催化剂配套的单管折流式合成塔内件,并获得成功,从而使校办机械厂逐步成为设计、生产销售合成塔内件的专业企业。

70年代,我校科学研究在产学研结合的理念下,取得了长足进步。然而,产学研结合的形式多种多样,有松散型、紧密型、一体型等。当时的研究是属于松散型的,随着项目结束而终止。在80年代,我校曾践行过科研生产联合体的模式。当今时兴的"协同创新中心",其实是产学研结合基因发育的现代版。

三、我校第一本学术期刊的创办

我校《高教与经济》季刊出版第100期的时候,应编辑部之约,我写了《百期回望》一文,顺便拿到了《浙江工业大学学报》,编号已为第41卷。这触动了我在41年前经办《浙江工业大学学报》前身《浙化科技通讯》的情景,往事依然可记。

1970年,我调入当时的校教育革命组(相当于教务处、科研处、设备处和基础课部等管理职能的机构)从事科研管理工作。随着教科活动的逐步恢复和活跃,教师参加科学研究的热情不断提高。为了改善我校地处衢州农村办学与尚处"文革"时期封闭的学术境况,我向校革委会提交了创办《浙化科技通讯》学术刊物的书面报告,经领导同意后在不设机构不增人员的情况下,于1973年4月创刊。正如在创刊号的"编者的话"中所表达的,旨在及时报道我校在科学研究中的进展和成果,活跃学术空气,更好地向兄弟单位学习与交流。

1973年11月,《浙化科技通讯》编辑出版了第2期。这两期的内容记载了当时我校科学研究的动态与成果,也反映了科研管理者的思绪。第2期刊载了诸如化机、力学两教研室合作的《16Mn、15MnV中温拉伸曲线的测定和外压容器设计计算图表的绘制》;催化研究室的《合成氨复合催化剂筛选试验》;任贤鹏等的《小合成氨厂"四合一"高压容器的设计》;防腐科研组的《杀虫脒生产中的设备防腐》以及徐崇嗣的《筛板塔及其设计》等文章。同时,还适当选载一些译文和文献综述,介绍国外化工科技动态。

李寿恒教授曾为创刊号撰写了《石油化学工艺中某些潜在的突破》一文,这是一篇节译自美国《C.E.P.》杂志的文章。李先生是我国化学化工教育的前辈,"文革"前为我校校长,当时"靠边",每天上午到科技资料室上班,我在办刊中得到他的指导与帮助。第2期刊载由他撰写的《美国化学文摘简介》一文,这是应我提出的请求,为年轻教师查阅化学化工文献提供帮助,也能更好地发挥我校图书馆所藏始于创刊号的美国《化学文摘》杂志及其完整的检索系统的作用。此文受到当时的浙江省化工研究所总工程师章元济先生的重视,推荐给该所年轻的科研人员。

翻阅当今的《浙江工业大学学报》,回望41年的沿革,令人欣喜。它已经成为包括美国《化学文摘》在内的国内外15种文摘和数据库的源期刊,始终发挥着学术交流平台和传承学术文化的作用,记录了我校科学研究进步的脉络及其成果。然而,它在1973年这样一个特殊的年代创刊,既有其偶然性,更是反映了当时我校学术文化的积淀和学术追求。

四、矢志不渝地"冲出去"的学术文化

在70年代的后期,我校历经了杭州、衢州两地20余年不同的办学境遇,尤其是经受过衢州办学期间的"困难时期"、学校的"五年三迁"和"文革"浩劫后,全校教职工逐渐形成了改变办学困境是生存发展首要条件的共识和自强不息"冲出去"的精神。这种共识和精神,在教科工作和学术研究上得到充分的体现。

面向全国多种形式办学,扩大社会影响。在恢复高考制度、教学秩序正常化的基础上,我校主动走出浙江,开展多种形式办学。1978年3月接受化工部的委托,为天津化工设计院等化工单位开设有机化工和无机化工两个培训班,60名学员,为期2年。接受第二机械工业部的委托,举办防腐蚀技术短训班,52名学员,历时2个月。

以举办全国性研讨班形式,提高学术水平及其辐射力。我校接受化工部等部委的委托,在校内开展一系列全国性的工科院校和研究设计院所参加的研讨班。在1979年至1980年初,先后举办了化工机械新教材研讨班,有39所高校

70余名教师参加;化工原理新教材研讨班,有68所院校101名教师参加;物理化学新教材研讨班,来自各高校105名教师参加;断裂力学研讨班,有来自化工部、石油部所属设计院、15个省市的化工设计院所的工程技术人员和部分高校教师共45人参加,历时40多天。

创造条件招收研究生,努力提高办学层次。1979年首次招收研究生,通过全国各省市招生办进行,原计划招生30名,实际报名10人,经考试录取成绩合格的2名,为化工机械学科和化学工程学科各1名。当时我校还没有硕士学位授予权,硕士生的学位是以联合培养的名义由浙江大学授予。然而,正是研究生教育的起步,才有以后的逐年发展壮大,最后逐渐形成一个新的办学层级。

学术研究的活跃推动了学术社团的兴起。1977年,随着更多教师参加科研工作,学校新设立了化学工程、化工机械、三废治理、腐蚀与防护等4个研究室,同年有2项科研成果获省科技成果奖。1979年,我校又有9项科研成果获省科技成果奖。1978年开始,学术团体陆续恢复活动,我校教师走出校门积极参加全国和省级学术团体活动的同时,校内的学术社团活动也日趋活跃。同年,由我校与衢州化工厂联合发起组建于1962年4月的浙江化工学会衢州化工区分会恢复活动,并发展了一批新会员,于1979年4月召开第二次会员大会,传达全国化工学会年会精神,选举产生新一届理事会,李寿恒任理事长,廖文长为秘书长。我校自然辩证法研究会的学术思想十分活跃,正如徐德明教授在《科学决策的价值——软科学研究报告》一书所作序中写道:"十一届三中全会精神像和煦的春风,吹到了位于烂柯山下、乌溪江畔的浙江化工学院,打开了人们的心扉。人们的思想开始活跃起来,观察问题的视野开始宽广起来。……项浙学教授以及周怀溪、林宝琨、郑耀华、范竞藩等老师,结合世界科学技术的最新成就,一起学习恩格斯的《自然辩证法》,开展讨论,举办讲座。这个小小的活跃的群体,是社会科学工作者、自然科学工作者与管理者的自愿结合。他们的活动,成为浙江化工学院的一道风景线。"

我校当时的学术刊物《浙江化工学院学报》,经过有关部门审批,于1978年开始由过去的内部发行转变为国内公开发行。

70年代的校园,既动荡又平静,蕴含着许多故事和学术文化碎片,是值得记述的。

论我校的"厚德健行"校训

徐德明　俞薇薇

笔者认为,"厚德健行"四个字,作为浙江工业大学的校训,意味着什么,是一定会有不同的解读的。不必也不可能强求一致,但是,引导全体教职员工对"厚德健行"校训的关注和践行,则是必须的。

一、"厚德健行"校训的词源来自《周易》,是木有所本,水有所源

《周易·象辞上传》乾卦曰:"天行健,君子以自强不息。"①其意是说:苍天的运行强劲刚健,君子具有苍天的品德,因此能够发奋图强,奋斗不止。这句话蕴含一个深刻的哲理,先讲天道,后讲人事,认为天道和人事具有同一性,明白天道也就明白怎样尽人事。"奋发图强、奋斗不止"的品德是符合自然规律的,是自然法则在人身上的体现,丧失这种品德就不能生存和发展。

《周易·象辞上传》乾卦曰:"地势坤,君子以厚德载物。"②其意是说:大地的风范厚实和顺,君子具有大地的风范,因此能够增加美德,容纳万物。大地纵向无边,横向无涯,兼收并蓄,积淀深厚,它赋予大地之子——人类广厚兼容的品性,它启迪人类不断厚积其德性的价值取向。

《易传》基本上是战国中后期学者对《易经》的解释。《易经》产生于周朝,有学者认为是周文王的研究成果。《易经》的核心范畴正是"易"。"易"即是"反易",易理推原于太极,托始于乾坤,乾坤是阴阳相反之物,二者相反而相成;"易"即是"交易",阴阳两个对立面,通过相摩、相感、相搏、相成,于是"万物化生"。《易传》明确提出了"一阴一阳之谓道"的哲学思想,把阴阳对立统一规律作为"易道"变化的根本规律,并以此贯通易象、易辞、易占,促成了中国哲学思

---

① 林之满主编:《周易全书》壹,象辞上传·乾卦,中国戏剧出版社 2002 年版,第 127 页。

② 同上,第 128 页。

想的飞跃,它标志着以《易经》为元典的理论模式和思想体系的正式形成。

《易经》在天与地之间引入了"人"的范畴,《易传》明确提出"有天地然后有万物,有万物然后男女"。[①] 人是天地之子,人可以与天地相感应,人可以与天地合其德;天地人"三才"是相辅相成的关系,"立天之道曰阴与阳,立地之道曰柔与厚,立人之道曰仁与义",[②]圣人作《易经》的目的就在于仿效天道、地道以辅助人事,而人事的成功可以赞化天道地道。

《易传》与《易经》相对应,均以乾卦为第一卦,坤卦为第二卦。乾,象征天,其性刚健,具有阳刚、健美之德;坤,象征地,其性柔顺,具有阴柔、宽厚之德。按照天地人"三才"相辅相成的原理,作为人之君子,必须具备自强不息和厚德载物的优秀品质。

浙江工业大学"厚德健行"校训,是提取了《易传》中第一卦乾卦中的"行健"一词,并且将上述两个词汇连接而成。由此可见,将"厚德健行"作为校训,是木有所本,水有所源,它来自中华民族优秀传统文化之元典《周易》。

二、"厚德健行"思想萌芽于上古时代,展开于春秋战国时代

中华民族的祖先,从旧石器时代到新石器时代,历经几十万年、几万年、一万年至5000年前,在极其漫长的岁月里,总是不断健其行,而厚其德。他们通过团结协作、艰苦奋斗,有所创造、发明,求生存、求发展。迄今为止的大量考古资料表明了这个事实,只是尚未出现文字记载而已。自文字产生和形成之后,"厚德健行"的思想已经有明确的表述,且处于其思想体系的核心地位,并获得了哲学上的论证,虽然没有将"厚德"与"健行"相连一体的提法。

春秋战国时期的诸子百家,从不同角度深刻阐述了"厚德健行"的光辉思想。

道家学派的创始人老聃建立以"道"为核心的哲学思想体系。他强调道与德之间的统一性,"德"是对"道"有所"得"。他的经典命题是:"道生一,一生二,二生三,三生万物。万物负阴而抱阳,冲气以为和。"[③]"道生之,势成之。是以万物莫不尊道而贵德。道之尊,德之贵,夫莫之命而常自然。"[④]"道大,天大,地大,

---

① 林之满主编:《周易全书》壹,象辞上传·乾卦,中国戏剧出版社2002年版,第215页,下经。

② 林之满主编:《周易全书》壹,象辞上传·乾卦,中国戏剧出版社2002年版,第205页,说卦传。

③ 《老子》第四十二章。

④ 《老子》第五十一章。

人亦大。域中有四大,而居其一焉。人法地,地法天,天法道,道法自然。"①"德者得也,得也者,谓其所得然也。"(《管子·心术上》)

儒家学派的创始人孔子建立以"仁"为核心的伦理政治思想体系。他强调"为仁由己""学而时习之"。他的典型命题是:"我欲仁,斯仁至矣。""为仁由己,而由人呼哉?""有能一日用其力于仁矣乎? 我未见力不足者。盖有之乎,我未之见矣。"②"无求生以害仁,有杀身以成仁。"③"吾非生而知之者,好古,敏以求之者也。""知之为知之,不知为不知,是知也。""三人行,必有我师焉。择其善而从之,其不善而改之……多闻,择其善者而从之。"④"学而不思则罔,思而不学则殆。""君子欲讷于言而敏于行。""敏于事而慎于言。""温故而知新,可以为师矣。""今吾于人也,听其言而观其行。"⑤"学而不厌,诲人不倦。"孔夫子尤其珍惜学习时光,他在河边看到河水不断奔驰时,发出"逝者如斯夫! 不舍昼夜!"的感叹。

墨家学派的创始人墨翟建立了"必以众人之耳目之实"⑥为基准的唯物主义经验论和赖其力、图其强的人生哲学。他强调人的知识来源于人的感觉器官所能感觉到的客观实际,检验人的认识正确与否必须有一个客观标准,人必须强其力,艰辛劳动才能生存。他的命题是:认识来源于"耳目之实"⑦;必须坚持"取实予名"和"察类明故"的原则,如看到一个人,不能只看他"仁"的言论,而要看他"仁"的行为,认识事物必须进行合理的分类,辨析其异同⑧;检验人们认识的正确性,必须采用"言必仪"的三表法:"言必立仪。言而无仪,譬如运钧之上而立朝夕者也,是非利害之辩不可得而明知也,故言必有三表。""何谓三表? 墨子言曰:有本之者,有原之者,有用之者"⑨;人之所以异于禽兽必须赖其力(劳动)、图其强。"人赖其力则生,不赖其力则不生","彼以为强必治,不强必乱;强必宁,不强必危。""强必贵,不强必贱;强必荣,不强必辱。""强必富,不强必贫;强必饱,不强必饥。"⑩墨子及其弟子强调身体力行,具有"摩顶放踵,立天下而为之"的吃苦奉献精神。

---

① 《老子》第二十五章。

② 《论语·述而》;《论语·颜渊》;《论语·里仁》。

③ 《论语·卫灵公》。

④ 《论语·为政》;《论语·述而》。

⑤ 《论语·为政》;《论语·里仁》;《论语·述而》;《论语·公治长》。

⑥ 《论语·为政》;《论语·述而》;《论语·子罕》。

⑦ 《墨子·明鬼下》。

⑧ 《墨子·贵义》;《墨子·公孟》;《墨子·非攻下》。

⑨ 《墨子·非命上》。

⑩ 《墨子·非乐上》;《墨子·非命下》。

法家学说的集大成者韩非建立了以"法"为核心的思想体系。非常强调"得事理则成功",尊重事实、奖励耕战、追求功效。他认为德是道德的功用,指出:"道有积而德有功,德者道之功";认为"人皆自为",指出:"凡人皆挟自为心也";主张遵循客观规律,发挥人的主观能动性,"缘道理以从事,无不能成","因物而多之,孰与骋能之",主张用"事实"、用"功效"来检验认识的价值,人的言行,"循名实以定是非,因参验而审言辞","夫言行者,以功用为之的彀者也"[①]。

上述四个人物,分别作为中华民族四大原创性流派的符号性人物,对于《周易》"厚德"与"健行"的价值取向各自展开,都具有相当的深刻性,但也难免有各自的片面性,正因为如此,他们都极具个性,难以复制。

三、"厚德健行"校训建立在知与行、智与德辩证关系的深刻理解之上

"厚德健行"校训,蕴含着需要正确认识和处理下列两对关系:一是德与智的关系,二是知与行的关系。

德与智的关系从本质上看就是作为实践主体的人,对事物的认识判断能力与对事物的价值选择目标的关系。对事物的认识判断能力通过概念、判断、推理表现出来;而对事物的价值选择目标则通过善恶标准、利害考量和美丑评价表现出来。对事物的认识判断能力与价值选择目标的关系从本质上看是"矢"与"的"的关系,即手段与目的的关系。

中国传统文化的主流是坚持德与智的一致和协调。"阴阳五行"的思想是中华民族在生产和生活实践中形成的独具特色的思维方式,"阴阳五行"首先是实体性范畴,我们的祖先应用阴、阳和水、木、金、火、土之间相生相克来解释万事万物生生不息;进而,我们的祖先又把"阴阳五行"作为特征性范畴,它们的性质的相生相克可以解释万事万物性质变化的丰富性和规律性;进而,我们的祖先用"阴阳五行"范畴来描述人的德性,并用阴阳五行为依据对人的品性进行分类;再进一步,我们的祖先把阴阳五行作为审美尺度,使用丰富的文学语言赞扬阳刚之美、阴柔之美、水之灵魂、木之质朴、土之厚敦、火之热情、金之爽亮。作为实体性范畴和特质性范畴的"阴阳五行"思想,是我们的祖先在生产和生活实践中形成的,是对事物判断能力的结晶,它一旦形成又反过来指导人们的生产和生活实践;作为品德性范畴和审美尺度范畴的"阴阳五行"思想,是我们的祖先在生产和生活实践中形成的,对事物价值选择目标(品德和审美)的积淀,它一旦形成又反过来影响人们的生产和生活实践。通过"阴阳五行"思想体现出

---

① 《韩非子》《解老》《天论》《奸劫弑臣》《问辩》。

来的德与智的一致性和协调性，从思维方式的角度解读，它具有类比、类推、比喻、比兴的鲜明特点。用一种笼统一点的说法，它是"天人合一"思想的典型表现。

中国传统文化的主流是"以仁且智"为理想人格。孔子将仁与智并提，他说："知者利仁"；"未知，焉得仁？"①他的弟子们也称道孔子为"仁且智"的楷模，孟子称赞孔夫子："学不厌，智也；教不倦，仁也。仁且智，夫子既圣矣。"②荀子也称赞孔夫子说："孔子仁知且不蔽，故德与周公齐，名与三五并。"③中华民族引以为傲骄的伟大人物，均具有大智与大德相一致的基本特征。诚如北宋王安石所言："未有仁而不智者也，未有智而不仁者也。"④清戴震也说："仁且智者，不私不蔽者也。"⑤

儒学和中华民族的心理积淀具有厚德的价值取向。中国传统文化以仁为根本，尤以儒家为代表。孔子首创仁智勇为君子必备的三种基本品德，其中以仁为根本。孔子说："君子道者三，我无能焉；仁者不忧，知者不惑，勇者不惧。"孔子认为仁智勇三者相互疾系，以仁为根本。他说："知者利仁"，"未知，焉得仁？"知即智，知人、智事、知礼，都服务于行仁。孔子又说："仁者必有勇，勇者不必有仁"，"见义不为，无勇也。"⑥只有以仁为核心，三者齐备，才是君子的理想人格。中华民族的传统心理积淀中，对仁智勇三者关系的处理，包含有很多的组合，有不同的层次和类型，认可人才群落的多样性。但是绝不容纳大奸大恶之人，总是对这种人以最严厉的谴责和唾弃；同时，强调人的道德品质必须经过一个坚持不懈、不断积累的过程，即所谓"不积跬步，无以至千里；不积小流，无以成江海。骐骥一跃，不能十步；驽马十驾，功在不舍。锲而舍之，朽木不折；锲而不舍，金石可镂"。⑦

知与行的关系引起先辈的丰富哲学思想，其中有对知与行谁先谁后；知与行谁难谁易；知与行谁重谁轻等问题的思辨。

早在春秋时期，先哲们就提出了"知之非艰，行之惟艰"⑧的命题。这是说，人们认识一件事情，懂得一个道理，并不困难；困难的是如何把它付诸实行，把主观认识变为客观实践的行动。据学者考证，这种朴素的知行观，产生于春秋

---

① 《论语·里仁》；《论语·公治长》。

② 《孟子·公孙丑上》。

③ 《荀子·解蔽》。

④ 王安石：《仁智》。

⑤ 戴震：《原善》。

⑥ 《论语·宪问》；《论语·里仁》；《论语·公治长》；《论语·为政》。

⑦ 《荀子·劝学》。

⑧ 《尚书·说命中》。

时期①,它一方面发现了知和行之间确实存在着矛盾,即存在着知和行脱节的可能性;另一方面又着重提出了知行统一的要求,即要求知道了必须实行,说到必须做到,反对知而不行,空说不做;同时,它更强调"知易行难"。从此以后,"知易行难"成为中国古代的哲学命题。不同朝代不同诉求的人们利用"知易行难"这个命题,或成为自己言行不一、知行脱节辩解的依据;或成为自己卑怯踟躇、畏难不敢行的借口;或成为人们要求言行一致、重视诚信,努力践行的武器。

中国革命的先行者孙中山先生则针锋相对地提出了"行之非艰,知之惟艰"的命题。1917 年 7 月 21 日,他在广东全省学界的欢迎会上的演说,首次提出"行之非艰,知之惟艰"的命题;1918 年冬,他闭门著书,取名《心理建设》,详细论证了"知难行易"的道理;1921 年 12 月 9 日,他在桂林学界的欢迎会上的演讲,再次集中阐发这一论断的意蕴。孙中山"知难行易"说的主要论据是:

第一,中国之所以积弱衰败,是由于知易行难说的长期浸淫和毒害,使人们遇事踟躇审顾,畏难苟安,造成极为深重的暮气。孙中山从心理上分析说:"人到了怕事,便遇事畏难,不去做艰难的事,只找容易的事做。好像倒一盆水到地下,总是向没有抵抗力的低下部分流去,是一样的道理。人到了畏难,就不敢轻于尝试,试问文化上怎么能够进步呢?"一般人的心理都是避难趋易。"知易行难"的传统旧说,从心理上给人们积极践行设置了一个严重的障碍,给一些人畏难苟安,空疏怠惰制造了一个借口。

第二,知和行相比较,知是难的,行是容易的,孙中山不厌其烦地以十件事证明之。如饮食,"凡一切人类皆能行之,婴孩一出母胎则能之,雏鸡一脱蛋壳则能之,无待于教者也",但是,要懂得饮食的道理,包括身内营养卫生之道和身外的食货之道,就必须掌握烹调法和生理学、医药学、卫生学、物理学、化学,以至"粮食之生产、粮食之运输、粮食之分配及饥馑之防备"等许多专门的知识和学问。人类经过长期的饮食的行为,直到今天,科学家们也不能说已经把关于饮食的道理"穷其究竟"了。又如人们不知货币经济之学而会用钱,人们不知文法文理之法而会作文,人类能造屋宇以安居而不知几何之学……造船、筑城、电学、化学、进化等十项例证,都证明了,行在先、知在后;行容易,知困难。为什么?孙中山认为:"为需要所迫而不得不行而已","需要者,创造之母也","殆亦行之而不知其道也","行之而知其道,并不知其名,比比皆是也。"

第三,行在先,知在后,一切真知都是在行的基础上长期艰苦探索而后获得的。在人类文明进化的任何时期,不论是在"能知"还是在"不知"的情况下,"行"都是不可缺少的,否则什么知识文明,什么发展进步都谈不上。孙中山从事功到人的心性,从日常生活到革命建设大业,都证明了一个道理:能知必能行

---

① 方克立:《中国哲学史上的知行观》,人民出版社 1982 年版,第 6 页。

动,不知亦能行就。在"知而后行动"和"不知而行动"两种情况下,人类都必须有所行动,从这个意义上说"行"是"容易"的。因此,人们应该"无所畏而乐于行","不知固行之,而知之更乐行之"。

第四,孙中山考察人类进化史和认识发展史,断言:人类的知识文明是历史进化的结果,行是知的基础。孙中山认为:"世界人类之进化,当分为三个时期:第一由草昧进文明,为不知而行之时期;第二由文明再进文明,为行而后知之时期;第三自科学发明而后,为知而后行之时期。"前两个时期合为一大阶段,为"先行后知"时期,后一阶段为"先知后行"时期。"先行而后知,进化之初级也;先知而后行,进化之盛轨也。"孙中山的一个结论是:人类的知识文明不是天上掉下来的,也不是一开始就在人脑中固有的,而是从行中产生的,是历史进化的产物。

第五,孙中山指出:人类文明进步的根本动力是行,而行的主要内容是:生徒之习练,科学家之试验,探索家之探索,伟人杰士之冒险等"行其所不知以致其知"之行为。他说:"古人进步最大的理由,是在能实行。能实行便能知,到了能知,便能进步。""故人类之进化,以不知而行者为必要之门径也。""且人类之进步,皆发轫于不知而行者也,此自然之理则,而不以科学之发明为之变易也。"孙中山认为,"行其所不知以致其知"的认识过程包习练、试验、探索、冒险等,他指出:"夫习练也,试验也,探索也,冒险也,之四事者,乃文明之动机也。生徒之习练也,即行其所不知以达其欲能也;科学家之试验也,即行其所不知以致其所知也;探索家之探索也,即行其所不知以求其发见也;伟大杰士之冒险也,即行其所不知以建其功业也。由是观之,行其所不知者,于人类则促进文明,于国家则图致富强也。"

第六,孙中山也十分重视知对于行的指导作用,认为"因其已知而进于行"。能知必能行,是孙中山知难行易学说中的一个基本命题。它有两层意思:其一是,知是很难的,"凡百事情知了之后,才去行,是很容易的";其二是,知或不知乃行或不行即行动是否成功的关键。孙中山强调知的重要作用,特别是在科学昌明的时代,人类进入知而后行之第三时期,一切进步文明都离不开科学知识和革命理论的指导。孙中山深刻认识到在他领导的革命事业中,存在着以知为易、轻视科学知识和革命理论的错误倾向,这种错误倾向对革命事业造成了严重危害。

学者方克立在研究孙中山的知行学说之后指出:孙中山把人类的认识和实践、知和行都看成是可变的历史发展过程,二者不是相互孤立地发展,而是相互联结、相互促进,其基本的趋势是"其始则不知而行之,其继则行之而后知之,其终则因已知而更进于行"。即使在科学昌明的时代,不知而行之事"仍较于知而后行者为尤多",还需要"行其所不知以致其知",因此,孙中山把自己的学说归结到一个"行"字。他说:"兄弟之新学说,即一味去行之谓""道在行之而已""人志家富强者,宜需勉力行也",要有一点"冒险精神"不可,不要那么多的"顾虑之念""畏难之心"。总之一句话,孙中山的知行学说,就是"健行"之学说。①

在孙中山发表《孙文学说》不到 20 年,1937 年,毛泽东撰写了著名的哲学论文《实践论》,《实践论》的副标题是:论认识和实践的关系——知和行的关系。这表示这篇论文是中国传统哲学中的知行问题上的成就,特别是孙中山的知行学说的继承和发展,它阐述了辩证唯物论的知行统一观:"通过实践而发现真理,又通过实践而证实真理和发展真理。从感性认识而能动地发展到理性认识,又从理性认识而能动地指导革命历史实践,改造主观世界和客观世界。实践、认识、再实践、再认识,这种形式,循环往复以至无穷,而实践和认识之争循环的内容,都比较地进到了高一级的程度。这就是辩证唯物论的认识论,这就是辩证唯物论的知行统一观。""我们的结论是主观与客观、理论与实践、知和行的具体的历史的统一……"毛泽东的知行统一观,坚持实践的观点,认为它是马克思主义认识论的第一的基本的观点。

综上所述,浙江工业大学"厚德健行"校训,是建立在智与德、知与行辩证关系的深刻理解的基础之上的。而把厚德与健行联结起来,则是把智与德和知与行两对关系联结起来,形成知(智)与德和行三者的辩证关系。三者的辩证关系可以用通过右图表示出来:知(智)、德、行三者,每一方都相对于另两方,是相互比较、相互联结着互动着。厚其德与健其行和知(智)是相比较而言,你如果做了孤立的、静止的、绝对的理解,那是你的错而不是校训的错。

四、"厚德健行"校训准确提炼了浙江工业大学萌芽时期 40 多年历程中广大师生员工的文化基因

浙江工业大学的诞生和发展历程如何全面把握,学校有关方面已经提供了非常宝贵的资料,这就是:

其一,由姒承家主编,陈世瑛副主编的《浙江工业大学志》(1953—1993 年),浙江教育出版社,1993 年 10 月第 1 版,61 万字。

其二,由韩翼祥主编,林宝琨副主编的《浙江工业大学志》(1993—2002 年),浙江古籍出版社,2003 年 9 月第 1 版,136.9 万字。

---

① 关于本文论中孙中山的知行学说部分均转引自方克立:《中国哲学史上的知行观》第八章孙中山的知难行易说(人民出版社 1982 年版,第 336—365 页)。

其三,《薪传华章——浙江工业大学溯源》,韩翼祥主编,朱良天、周健副主编,浙江古籍出版社,2008 年 9 月第 1 版,80 万字。

其四,《校园风物——浙江工业大学校园建设巡礼》,宣勇主编,陈呈频、赖大法、单王川副主编,中国建筑工业出版社,2007 年 11 月第 1 版,31.6 万字。

其五,《大学学术文化与校史文化——纪念浙江工业大学建校六十周年文集》,浙江工业大学老教授协会毛信德主编,王家诒、林宝琨、蔡增伸副主编,浙江工商大学出版社,2013 年 4 月第 1 版,34.3 万字。

上述 5 部文献共计 343.8 万字,它们提供了大量翔实的史实,充分显示:浙江工业大学的办学历史最早可以追溯到 1911 年创办的浙江中等工业学堂,"厚德健行"的文化基因源远流长、积淀深厚。

《薪传华章——浙江工业大学溯源》一书明确指出:"综观浙江省早年工业学校的历史沿革,浙江工业教育与国内众多工科学校有着文脉关系。浙江工业大学与浙江省早年工业教育的学脉紧密相连,并以此为渊源和基础,直接传承着浙江工业教育的历史,最早可追溯到 1911 年创办的浙江中等工业学堂。这种渗透在血液里的基因,连接着浙江工业大学的昨天,今天和明天。"[1]

浙江工业大学前身由众多工业学校构成,犹如一条江河的上游,由许多的涓涓细流,遍布浙江全省甚至江苏南部,历时 40 多年,汇集成浙江化工学校的办学基础,留下宝贵的精神财富。这些精神财富,综合起来就是:"热爱祖国、服务地方、立德树人、艰苦奋斗、自强不息、兼容并蓄、崇尚科学、尚实求变、开拓创新。"这些宝贵的精神财富,"也给浙江工业大学打下不可磨灭的胎记"。[2]

浙江工业大学文化基因中最具特色的正是"厚德健行"。譬如杭州高工开办时提出的培养目标是:"理想上完全的工业人才",要求学生必须有"坚强之体魄、健全之道德,正确之知识、果毅之精神,敏活之动作、娴习之技能",还以"诚朴"为校训,要求学生"戒欺、戒妄、戒虚、戒浮、戒骄、戒侈、戒惰",以"学生存养修省、知行如一"为唯一祈响;譬如宁波高工强调"敦品励学、进德修业";譬如温州高工的教学方针是"学科学习与学习并重",杭州高工在甲等工校期间强调"手脑并用",杭州大陆高测是"书本(知识)与野外测量作并举"。中华人民共和国成立前,各个学校均饱尝办学之艰辛与曲折,要生存、求发展,各学校都十分重视教师的选聘,并要求老师为人师表,教书育人,在内忧外患的大环境下,经历坎坷飘摇,锤炼了"厚德健行"的精气神,这种精气神积淀为浙江工业大学的

---

① 韩翼祥主编:《薪传华章——浙江工业大学溯源》,浙江古籍出版社 2008 年版,第 2 页。

② 同上,第 5—6 页。

文化基因。①

这些众多的工业学校，在 40 多年时间内，英才辈出，其中还有不少有大成就的人物，这些有大成就的人物，从学缘上讲，他们无不认同学校教育的深刻影响。本文试简单枚举如下：

都锦生	杭州茅家埠人 (1898—1943)	浙江省立甲种工业学校机织科学生，毕业后留校任教	首创西湖风景织锦，著名爱国企业家
夏　衍	浙江余杭人 (1900—1995)	浙江省立甲种工业学校染色科学生	著名翻译家，我国新文化运动的卓越领导人
常书鸿	浙江杭州人 (1904—1994)	浙江省立甲种工业学校染织科学生，毕业后留校任教	著名画家，被尊称为世界文化遗产敦煌的守护者
汪　猷	浙江杭州人 (1910—1997)	浙江省立甲种工业学校应用化学科学生	中国科学院院士，著名化学家，获国家自然科学一等奖两项
干福熹	浙江杭州人 (1933—)	浙江省立杭州高级工业职业学校应用化学科学生	中国科学院院士，著名化学家，主攻光学、玻璃技术
吕冠中	江苏宜兴人 (1919—)	浙江省立杭州高级工业职业学校毕业	著名画家、教育家、法兰西艺术学院通讯院士
徐光宪	浙江绍兴人 (1920—)	宁波高级工业职业学校毕业	中国科学院院士，著名化学家，获国家突出贡献科学家荣誉称号
邢球痕	浙江嵊州人 (1930)	浙江省立宁波高级工业职业学校毕业	中国科学院院士，我国固体火箭发动机奠基人
周光跃	浙江鄞县人 (1935—)	浙江工业干部学校学生	中国工程院院士，著名无机化工专家，获国家科技进步二等奖一项、三等奖一项
王大田	浙江桐庐人 (1915—2002)	浙江测量讲习所毕业	济南军区原炮兵副司令（正军级）
李民雄	浙江嵊州人 (1932—)	浙江工业干部学校毕业	民族音乐理论家，上海音乐学院教授
韩天芑	浙江象山人 (1923—)	宁波高级工业职业学校毕业	我国天文大地测量科学开创者之一
张康达	浙江杭州人 (1935—)	浙江工业干部学校毕业，留校任教	学校化工过程机械学科带头人，全程见证了工大的发展

---

① 韩翼祥主编：《薪传华章——浙江工业大学溯源》，浙江古籍出版社 2008 年版，第 4 页。

续　表

| 朱复华 | 浙江杭州人
(1937—　) | 浙江工业干部学校机械科毕业 | 聚合物可视化技术奠基人,当代国际塑机科研领域学术带头人 |
| 姜嘉锵 | 浙江瑞安人
(1937—　) | 温州工业学校化工科学生
(1951—1954) | 1957年始转行,获文化部声乐表演一等奖,国家一级演员,有"全国听众最喜爱的歌唱演员"之誉 |

表中列举的曾就读于浙江工业大学前身众多工业学校的学生,每一个人均有其丰富的经历,独特的建树,人格的魅力。成就他们的家庭背景、社会大气候与小环境各有不同,不能归结为仅仅某一时段的某一方面的影响因素,但是,他们都承认自己在工业学校就学期间学校对他们的深刻影响,即使转行从事反差极大的人文艺术事业者也是如此。歌唱家姜嘉锵对母校有深厚的感情,也认为学校给予的思维方式,使他的工作有更多的创新和特色。"厚德健行"正是他们身上共同的优秀品格,当然,他们已经把这种优秀品格个性化了,因而也极具人格魅力,有的则更显大师风范。

五、"厚德健行"校训准确表达了浙江工业大学的核心竞争力和全校师生员工的共同价值观

自1953年6月国家工业部批准建立《中央人民政府重工业部杭州化学工业学校》以来,60多年征程中的每一个关键时刻,都依赖"厚德健行"的精神力量战胜困难,得以生存和发展。

1953年至1958年5年时间内,学校完成了对原三个办学实体的整合,将自身建设成部属中等专业学校中有较大影响的学校,也为学校升格打下了坚实的基础。

1958年至1980年的22年时间,学校经历了三更其名、五年三迁、"文化大革命"等严峻考验。1958年,学校更名为浙江化工专科学校,归浙江省领导,招收专科生;1960年,学校更名为乌溪江化工学院,迁址衢州,建新校园,招本科生;1962年,学校更名为浙江化工学院,1963年又归化工部领导,迁回杭州办学;1965年,学校再次归浙江省领导,又迁到衢州办学;1966年开始了"文化大革命",停止招生达4年。1970年开始卓有成效的科学研究和化工设备与产品的生产,并招收工农兵学员;1977年恢复本科招生,1979年首次招收研究生,至1980年有46项科研课题列入省部级及厅局级等科研计划,校办工厂效益成倍增长。这22年,既是学校大发展、大提高的时期,也是学校大折腾、大考验的时期,还是学校"厚德健行"精神特质形成的时期。此时的浙江化工学院已练就了顽强的生命力、高度的凝聚力和旺盛的创造力,成为浙江工学院的办学基础。

1980 年,浙江省人民政府经国务院批准,浙江化工学院并入浙江工学院,作为浙江工学院的建校基础。从此,学校进入了快速发展的新阶段。"厚德健行"的精气神,在各个方面迅速展开,成为推动学校改革和发展的强大精神力量。遥想 20 世纪 80 年代初期,搬一所学校,建一所学校,由单科向多科,广大师生员工聚精会神,目标明确,像演奏一曲英雄交响曲,至今令人回味。经过 10 余年的奋斗,1992 年,省人民政府批准浙江工学院更名为浙江工业大学。浙江工业大学一路走来,可谓高歌猛进,成为浙江省新时期改革开放成就的一道亮丽的风景线。在这道亮丽的风景线中,在丰富多彩的视角系统和规范有序的行为系统中,渗透着以"厚德健行"为核心的理念系统。

一批颇具实力的教学科研团队正在崛起。

譬如,以刘化章教授为首的工业催化研究团队,自 1970 年开始自主创新、艰苦创业,40 多年后终于取得骄人的成绩。先后获得国家发明二等奖、三等奖、国家科技进步二等奖各一项和省部级一等奖 5 项等,重大科技成果奖 20 多项;获中国、美国、德国、丹麦等国发明专利 12 项;从一个课题组发展成浙江省重中之重学科;团队成员虽有进有出,但核心成员一直稳定,先后涌现出 7 名教授,3 名国家有突出贡献科技专家、1 名全国杰出专业技术人才、1 名国家"百千万"人才工程人才、1 名浙江省特级专家、6 名浙江省有突出贡献科技专家、2 名浙江省"151"人才工程人才、3 名浙江省高校中青年学科带头人和 100 多名博士、硕士。1998 年成为浙江省属高校第一个博士学位点,此后相继成为第一个博士后流动站,2003 年成为我校第一个绿色化学合成技术国家重点实验室。刘化章教授在回顾自己的教学科研历程时说:"人生的意义在于追求、探索和奋斗。追求就要勇于探索、不断奋斗。探索未知,其乐无穷。堂堂正正地在自己的本职岗位上,勤勤恳恳、踏踏实实、埋头苦干、勇于探索、奉献于国、奉献于民、鞠躬尽瘁、死而后已,这是我的人生态度和价值观。"[①]刘教授是我校第一届本科毕业生,是学校自己培养的土生土长的一名教师,他的创业和心路历程很有代表性。

还譬如:以徐崇嗣、俞晓梅二位教授为首的化工原理教学团队,以张康达、贾高顺二位教授为首的化工机械教学团队,以洪起超、蔡增坤二位教授为首的材料力学教学团队,以沈德隆教授为首的农药学科和以项浙学教授为首的科学哲学(自然辩证法)团队,等等,它们都有一个共同的特点:从时间上讲,都在 20 世纪 70 年代或 80 年代初就将教学与科研相结合,把高度的使命感与卓越的实行精神相结合,开拓了我校上述学科的新领域。总而言之,它们都具有"厚德健

---

① 刘化章:《世界首创 Fel-xO 基氨合成催化诞生记——工业催化研究所创新创业的故事》,见浙江工业大学老教授协会编:《大学学术文化与校史文化——纪念浙江工业大学建校六十周年文集》,浙江工商大学出版社 2013 年版,第 63 页。

行"的精气神。

人们不会忘记校办工厂的专业技术人员和工人师傅。当年他们承担着教学、科研与生产三结合的无可替代任务,在办学经费极其紧张、办学条件极其困难的年代,他们与学校的命运紧密联系在一起,为学校的生存与发展做出了独特的贡献,这种贡献是一般的高校不能比拟的,他们在我校特殊的历史时期与全校师生员工同呼吸共命运,他们也是"厚德健行"校训的培育者。

学校后勤部门的职工也是"厚德健行"校训的培育者。他们努力践行"服务育人、管理育人"的宗旨,重视职工素质的提高和餐饮文化建设,曾荣获全国高校食堂先进集体,享有"食在工大"的口碑。服从学校发展的内在要求,不断推进后勤社会化改革,努力为教学科研和师生生活提供优质的后勤服务。后勤全体职工在与师生的良性互动过程中,形成现代文明的相互尊重的人际关系,构建了以"厚德健行"为核心价值的大学共同体。

六、浙江工业大学已形成一个具有"厚德健行"精气神的大学生态系统

宣勇教授在其专著《大学变革的逻辑》一书中指出:大学是一个生态系统。他从学科的研究视角指出:"大学生态系统可以界定为,指在一定空间和一定时间内,学科组织群落与环境组成的整体,各学科组织由于信息传递、能源流动、成果共享而形成的相互联系、相互影响、相互依赖,形成具有自适应、自调节和自组织功能的复合体。"①如果我们从学生与学科相结合的研究视觉出发,也可以将大学生态系统界定为:在一定时间和空间内,学科组织群落、学生组织群落与环境组成的整体,各学科组织和学生组织由于信息传递、能源流动、成果共享而形成的相互联系、相互影响、相互依赖,形成具有自适性、自调节和自组织功能的复合体。

如下图所示:浙江工业大学已经发展成为一个自组织能力非常强的大学生态系统,学生既是"厚德健行"精神的塑造体又是"厚德健行"塑造的主体。

第一,日益增长的学科组织群落对与之相应的学生组织群落起主导作用,这种主导作用既体现在专业知识和技能的建构上,还体现在职业道德和人格修养的规范上。

第二,教师和学生之间互为主客体,呈现出良性和互动局面;学科组织与学生组织之间互为主客体,呈现着良性互补局面;学科多样性之间相比较而存在,

① 宣勇:《大学变革的逻辑——科学组织化及其成长》,人民出版社 2009 年版,第 321页。

105

社会生态系统
（自然、社会和文化生态环境）

大学生态系统

输入
人
财
物
信息等
→ 校内环境

校内环境 → 输出
新知识
技术准备
思想
观念
人才等

● 学科组织和
学生组织

⊕ 学科组织种群和
学生组织种群

学科组织群落和
学生组织群落

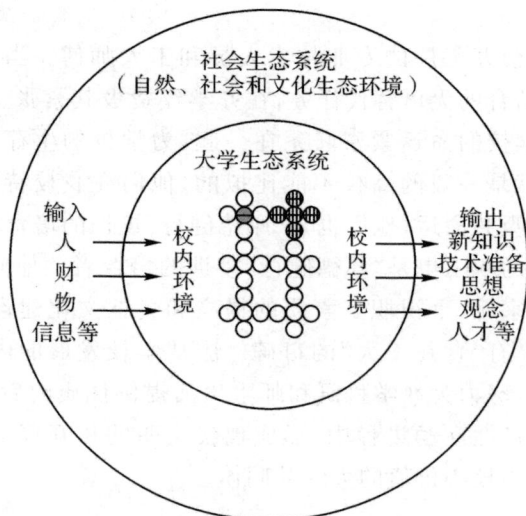

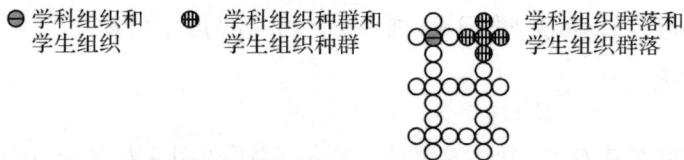

相竞争而发展，形成浙江工业大学颇具活力的文化生态系统。一方水土养一方人，一方人又养一方水土，浙江工业大学正在形成人与环境的良性互动态势。

第三，浙江工业大学生态系统与社会生态系统已形成良性的互动态势。一方面，社会生态系统的人、财、物和信息等输入浙江工业大学这个生态系统；另一方面，浙江工业大学这个生态系统又有大量的新知识、技术、思想、观念，特别是人才输出到社会生态系统。这种良性的互动态势是社会对浙工大的正面肯定、评价、检验的结果，是社会对浙工大的期望以及浙工大满足社会期望的良性反应。其中，师生员工"厚德健行"的精神面貌对于提升和释放浙江工业大学的正能量无疑起着关键性作用。

在浙江工业大学生态系统里面，学生社团的崛起成为"厚德健行"主体意识强化的一个标志。浙工大的学生社团有100多个，大致可分为专业性社团、理论性社团、文体娱乐性社团三大类。在这里，仅介绍在校大学生"邓小平理论读书会"这一个案例，便可以管中窥豹——浙工大学生对培育"厚德健行"校训的主体作用。

"邓小平理论读书会"成立于1998年。10多年来，总计培育了校级骨干会员1500多人，发展了3万多大学生会员，其中涌现入党积极分子和学生党员8000余名。"邓小平理论读书会"创新教育教学方式，提高了学生的理论水平；引领校园文化方向，营造了校园理论学习的浓厚氛围；整合校内外教育资源，拓

厚德健行 取精用弘
HOUDEJIANXING QUJINGYONGHONG

展了学生社会实践平台。践行"知行合一"是读书会的一大特色,它把"知行合一"哲学命题解读和践行具体化,推进"以知导行"的教学组织创新;推进"知行并进"的教学方式创新;推进"知而必行"的教学实践创新。更为可贵的是,它持之以恒,产生了广泛而深刻的影响:丰富的创新活动有效地弥补了课堂教学的不足;求真务实的良好学风引领广大学生的校园文化氛围;新颖有序的组织策划锻炼了一批走向社会并且均有出色表现的优秀人才;既产生了校内外资源的聚合效应,又产生了对省内外高校和社会各界的辐射效应。读书会已成为我校学生社团培育"厚德健行"精神的一个品牌:

2005年,获教育部、团中央、全国学联"全国优秀学生社团"称号;

2007年,获教育部"全国高校校园文化优秀奖";

2002年,获省委宣传部、省教育、团省委、省学联"浙江省大学生学习'五个代表'重要思想主题网页设计大赛一等奖";党在我心中浙江省大学习"三个代表"重要思想知识竞赛组织奖、浙江省"三个代表"重要思想优秀理论社团;

2002、2006、2008年三度获省教育、团省委、省学联"浙江高校十佳社团"称号;

2010年,获浙江省优秀教学成果一等奖:《邓小平理论读书会——"知行合一"的中国特色社会主义理论教育教学模式》。

"邓小平理论读书会"优秀会员近30人获省级以上奖项,其中有:

蒋一波,2004年获中国青少年科技创新奖;金启为,2006年获中国青少年科技创新奖。颁奖单位:共青团中央、全国青联、全国学联、全国少工委。

蒋一波,2005年获全国'挑战杯'课外科技竞赛一等奖。颁奖单位:共青团中央、全国学联。

金婧靓(读书会第八任干事长),2007年获全国优秀团员,(共青团中央颁奖)。

陈耀,2002年获团省委授予浙江省青少年英才奖。

应宇捷,中共浙江省第十二次党代会(2007年)最年轻的代表,也是唯一的学生代表,浙江省"十佳大学生"(2008年),颁奖单位:省委宣传部、省教育工委、团省委。

学生永远是大学生态系统中数量最多、年纪最轻、流动性最大、生命力最旺盛的群体。他们既是浙江工业大学"厚德健行"精气神的接受者,更是"厚德健行"精气神的创造者,还是"厚德健行"精气神的传播者。而各种类型的学生社团(浙工大有100多个,被戏称为"百团大战")自主、自觉、自律活动,是学生发挥主动性作用的平台,是评价一个大学的"生态系统"是否形成、是否具有大学气度、大学气象重要标志。浙工大在校大学生"邓小平理论读书会"只是100多个大学生社团之一,我们可以从这个案例,看到浙江工业大学的"大学气度与大学气象"及其特点。

七、浙江工业大学六十周年校庆:弘扬"厚德健行"校训,再创辉煌

(一)浙工大六十花甲能耳顺,成共识"厚德健行"创辉煌

2003 年,学校实施了校训征集活动,在广泛征集师生员工意见的基础上,经专家研讨,校党委于 6 月 4 日确定以"厚德健行"作为学校校训;中国工程院院士、浙江工业大学校长沈寅初教授为"厚德健行"校训题词,并在 2003 届学生毕业典礼上,阐发了"厚德健行"校训的内涵和意义,学校有关部门相继采取有力措施,开展丰富多彩的活动,构建以"厚德健行"为核心的校园文化品牌。这是一个标志,它标志着浙江工业大学有了一个书面的正式的校训,这也意味着浙江工业大学的校园建设进入整体自觉、顶层设计、系统推进的新阶段。

自正式确立校训至今已有 10 多年,今日的浙江工业大学已取得长足的进步:拥有 3 个校区,面积 3000 余亩,教职工 3200 余人;普通全日制学生 34000 余人,在读各类研究生 7700 余人;设有 22 个学院 2 个部,66 个本科专业;有硕士学位授权二级学科 101 个,涉及一级学科 32 个,其中硕士学位授权一级学科 24 个;有博士学位授权二级学科 25 个,涉及一级学科 8 个,其中博士学位一级学科 5 个,并拥有 4 个博士后流动站,先后有 350 项科研成果获国家、省部级研究成果奖,其中获国家发明奖和科技进步奖 19 项;截至 2011 年,有效专利拥有量名列全国高校第 13 位。

以学校 60 年的发展,特别是近 10 年的大发展为基础,浙江工业大学已站在再创辉煌的新的历史起点上。由我校牵头的"长三角绿色制药协同创新中心"进入国家"2011 计划"首批认定名单就是一个明显的标志。"2011 计划"是我国高等教育领域继"221""985"之后第三个体现国家意志的战略性计划。长三角绿色制药协同创新中心已被认定为"2011 计划"首批单位之一。这个中心由浙江工业大学牵头,联合浙江大学、上海医药、工业研究院、药物制剂国家工程研究中心、浙江省医学科学院、浙江省食品药品检验研究院等核心协同单位共同组建。它按照"国家急需,世界一流"的要求,以"做精原料药,做强制剂"这一区域制药产业转型升级的重大需求为导向,集聚国内外优势创新力量,通过校校、校所、校企以及国际创新力量的深度融合,围绕科技创新和人才培养两条主线,强化机制体制改革和国际合作两大保障,全面提升人才、学科、科研三位一体创新能力。通过协同创新中心的建设,为支撑和引领长三角制药产业转型升级,推动实现我国从制药大国向制药强国的转变做出重要贡献,也为浙江工业大学建设成为国内有重要影响力、区域特色鲜明的综合性研究型大学的奋斗目标做出具有战略性意义的贡献。遵循"厚德健行"校训创造辉煌,我校牵头的

长三角绿色制药协同创新中心获得国家"2011 计划"首批认定单位之一；遵循"厚德健行"校训定能再创辉煌，我校牵头的长三角绿色制药协同创新中心定能实现预期目标。这是一件具有标志性的事，它生动地展示了浙江工业大学继往开来的发展态势。

（二）坚持弘扬"厚德建行"校训，进一步构建共享价值体系，促使校园文化建设进入新境界

真正的大学生态系统的形成，其本质特征是共享价值体系的存在。这是因为大学生态系统是一个有价值共享性的系统，而系统具有整体性特征，所以大学生态系统具有共享价值体系的本质特征，其理自明。

所谓共享价值体系，是指存在于群体内或群体与群体之间的，以共生存、共创造、共规范、共受用为基础的价值选择和价值导向系统。

浙江工业大学生态系统是学校师生员工共享的资源，营造良好的内部环境和外部环境，既是每个成员的权利，又是每个成员的义务；每个成员在维护自身生存和发展权利的同时，必须，也应该尊重其他成员生存和发展的权利。

浙江工业大学生态系统以共同创造为基础，劳动、创造是大学生态系统存在和发展的动力和源泉。劳动创造既是每个师生员工的权利，又是每个师生员工的义务，每个师生员工在维护自身劳动创造的权利的同时，必须，也应该尊重其他同仁的劳动创造权利。

浙江工业大学生态系统存在着维系其存在和发展的规范。科学规范、道德规范和审美规范的协调，是大学生态系统超越其他社会系统的标志。对规范的追求、完善和践行是每个师生员工的权利，又是每个师生员工的义务。

浙江工业大学生态系统具有文明成果的共享性。"文明成果共享"是一个综合性的历史命题，它在空间上的展开至少包括自然的、经济的、制度的、文化的成果共享，其中包括学校的声誉共享（由此形成荣誉感、成就感）；它在时间上的延续包括过去、现在、将来的成果共享，是继往开来、承上启下的成果共享。

浙江工业大学生态系统是价值选择的结果。所谓价值选择，是指个体或群体为了自身的生存和发展而进行的关于要什么、不要什么，爱什么、不爱什么，什么有利、什么不利的判定、选定、决定的活动。这种活动具有针对性，是针对问题、困难、挑战而做出的反应；具有目的性，是在追求一定的目标过程中对问题、困难、挑战做出的反应，而这种反应本身又是为着一定的目标的实现；具有过程性，是知、信、行相连贯的一个复杂过程。众多的个体和群体在较长时期内的价值选择，呈现系统化趋势，赋予大学生态系统持续的动力和旺盛生命力。

浙江工业大学生态系统又是价值导向的结果。所谓价值导向，是指群体内部或群体与群体之间更大范围的群体的为首者，对其下属施加影响的活动过程。与价值选择相比，它的针对性、目的性，过程性，其自觉性、能动性程度更高,它主要通过为首者对下属实施组织、指挥、垂范、激励、教育、协调、管理和控制来实现。

浙江工业大学生态系统中,以共生态、共创造、共规范、共受用为基础的价值选择和价值导向具有系统性,即这是一个共享价值体系。在群体与群体之间,各价值要素、层次、结构之间,是一个有机构成,具有整体功能,呈整体优化趋势。这个共享价值体系以"厚德健行"校训为灵魂,以大学文化为表征,因而具有个性魅力。更加自觉地营造工大的共享价值体系,既是再创辉煌的一项重要内容,又是再创辉煌的重要保障。

(三)厚德健行让学科之花万紫千红,让人才之星不拘一格

浙江工业大学的发展,必须自觉地适应现代科学技术发展的大趋势。譬如:科学与技术一体化趋势,哲学与基础理论、技术科学、工程技术诸层次之间,相互渗透与融合的趋势;现代科学技术既高度分化又高度综合科学技术诸门类的跨学科综合化的趋势(其中包括自然科学诸门类与人文社会科学诸门类之间);科学精神与人文精神协调发展的趋势;科学技术与文学艺术协调发展的趋势等。当我们审视浙江工业大学 60 多年的发展历程和展望未来发展趋势的时候,有一个鲜明的印象是,它基本上是适应现代科学技术发展趋势的,既坚持发展自己的优长学科,又不断增加自己的新兴学科,不断克服影响自己生存和发展的短板和瓶颈。

我们有根据地做这样的"工大之梦",在未来,让工大的各学科群落万紫千红。以"厚德建行"校训为灵魂建设起来的各学科群落都具有真、善、美的文化基因,而美是有色彩的。

浙江工业大学的发展,必须自觉适应现代伦理道德发展大趋势。譬如,文化大交流引起中华民族文化道德生活的大变革,一方面极大地开阔了人们的视野,有助于克服自身的陈规陋习,促进人们遵循全人类文明的规范;另一方面有助于提升民族的自信心和凝聚力,促进人们弘扬中华民族优秀道德规范。又譬如,人们的活动空间的扩大,为人们的行为提供了更多的选择机会,使千千万万的人具有丰富多彩的经历和阅历,因而在道德品性上具有鲜明的个性;在古代,由于活动空间的严重局限,可供人们选择的机会极少,多数人的道德品性雷同,只有少数人有丰富多彩的生活经历和阅历,因此,只有少数人的道德品性才有鲜明个性。在小农经济时代,靠经验技术培育的鲜花品系不多,同一品系的品种也不多,靠现代科技培育的鲜花则品系众多,且同一品系品种繁多。光是菊花品系就有一千多个品种,而且各具特色,争奇斗艳。现代社会生活的多要素、多层次、大空间、高速度,加上每个人的能动的选择,能动的修养与追求,道德修为更具多样化,即便是千姿百态的菊花也难以匹敌。中国古代农民的形象显得单一,现代中国农民形象千姿百态,就是一个生动的写照。

　　浙江工业大学"厚德健行"校训的弘扬,绝不意味着广大师生员工道德修为的单调、枯燥、古板;而是促进广大师生员工道德修为的多样性、生动性、情趣感。

　　我们有根据地做这样的"工大梦":让工大的人才之星不拘一格。浙江工业大学不仅是工程师的摇篮,也是科学家的摇篮、艺术家的摇篮。你能武断地下结论,浙江工业大学今后不会产生理论家、思想家、文学家吗?浙江工业大学今后如果出现"一根筋式"的人物、"苦行僧式"的人物、美食家式的人物,你能容忍吗?浙江工业大学这个高等学府的生态系统,必然、必须也应该培养,涌现人才的多样性。

　　浙江工业大学广祝六十周年华诞,坚持弘扬"厚德健行"校训,必定会再创辉煌!必定会使校园文化建设进入新境,必定使学科之花万紫千红,必定使人才之星不拘一格。这就是我们的"工大之梦"!

　　有云:
　　天乾地坤人为贵,中华经典《易》第一。
　　万千厚德健行者,宁静致远写传奇。

论"取精用弘"学风

——"取精用弘"学风碑三读

徐德明

在写了《论"厚德健行"校训》之后,老教授协会副会长蔡增坤教授又给我布置了一个任务。他在电话里说:"老徐,建议你写一篇有关'取精用弘'学风的文章,收在工大文化研究的文集中。'取精用弘'四字还是你向学生会提供,被他们采用的,关于校训的文章你写了,关于学风的文章你更应该写了,给学校留点史料。"我在这里是把蔡老师的布置当作给我的作业来做的。

这已是第三次来做关于"取精用弘"学风的作业。第一次,是时任浙江工业大学党委副书记的沈敏光同志(分管学生工作),要我写一篇提倡"取精用弘"学风的文字,发表在校报上,并被作为校精神文明建设的原始资料保存。第二次,是时任浙江工业大学副校长的宣勇同志(分管校后勤基建),嘱我写一点文字,收集在《校园风物——浙江工业大学校园建设巡礼》一书中,题为《"取精用弘"学风碑再读》。现在已是一而再,再而三。因此,这次做的作业就题为《"取精用弘"学风碑三读》。

一、工大学风文字表述的确立并建碑铭志,是以学生为主体高度自觉的、有组织选择的结果

任何一个有渊源的学校都有自己的学风。但是,有学风却未必会有文字的明确表述,它只是在许多学校自发地存在着。有的只可意会,有的甚至难以意会。但人们却能感到它的存在,或者甚至也感觉不到它的存在,处于"集体无意识"状态。

将一个学校的学风用文字简练地、准确地表述出来加以倡导,有相当高的自觉性和复杂性。凡是从事校园文化建设或企业文化建设的人都深知,一旦提出用文字表述校园文化或企业文化的任务,就会出现莫衷一是、众说纷纭的局面。其原因在于文字表述本身的局限性,也在于人们理解的丰富性(多样性)。

因此,如何将学风用文字简练地、准确地表述出来,这本身就是一个对学风问题的讨论、研究和决策过程,也是主体自觉性的体现。

竖立在朝晖校区图书馆大门前的学风碑碑文,如实地记载了以学生为主体的高度有组织的选择行为:

公元一九九五年四月,浙江工业大学第七届学生会发起了'工大学风'征集活动,历时三周。从998条来稿中经筛选,最后确定'取精用弘'为学风内容。精,精华;弘,又作'宏'、'大'。作为学风来提倡,此四字可做这样理解:从浩瀚知识海洋中汲取精华,学贵在应用,用于民族之振兴、国家之昌盛。特以本校91、92、93级全体同学名义立碑以铭志,并与广大工大学子共勉,奋发图强,造福社会。

化学工程93(2)班、电化学93班、工业工程94班、房地产93班、技术经济94班、生物工程93(1)班、路桥93班、通讯94班、王建秋、陈钦安、蔡其文、陆祖栋、鲍剑文、王兆因、徐未斌、唐毅等班级和同学为筹建学风碑贡献尤多,此致谢忱!

另对衢化校友总会等单位和校友的大力资助表示衷心感谢!

公元一九九五年七月一日立

笔者当时提供的仅是碑文中指出的"998条来稿"之一。4月的一天上午,学校学生会的同学到社会科学部办公室找到我,说:"学生会正在全校范围内提倡良好的学风,这项活动分三步:第一步,请老师和同学提出书面建议,用简明扼要的文字表述出来,该提倡什么样的学风;第二步,将师生的建议整理出来、罗列出来,发给广大同学讨论,海选出他们满意的词句;第三步,送达学校领导审定。你担任了多个社团的顾问或名誉社长,特恳请提供书面建议。"

我也像其他老师那样,赞赏同学们的创意,愿意为同学们出主意。工大学风建设很重要,用文字简明扼要表述则有点难。我想第一要切合工大学生的特点;第二要言简意赅,有哲理;第三要有前瞻性;第四最好不与其他高校雷同。根据自己作为学生的体验和在工大30余年的感悟,思来想去,用了四个字"取精用弘"来表述工大学风。我用一张信笺,写上了"取精用弘"四字并做了简要注解。第二天,学生会的同学来取了去。3个月之后,学校在图书馆前动工兴建学风碑,我才知道同学们海选最终选中了"取精用弘",并得到了领导的确认。自己的心灵与学生如此相通,我深感欣慰。

这是工大史上第一次有了用文字表述的学风并建碑铭志。最为可贵的是,这是以学生为主体,高度自觉的有组织选择的结果。

二、20 多年的倡导与践行，"取精用弘"学风不断积淀与弘扬，已成为校园文化生态系统中的有机组成部分，并通过一系列标识体现出来

"取精用弘"这一工大学风的文字表述，的确受到工大各级领导和管理部门的尊重、重视，并自觉地加以倡导。

建成于 1985 年的食堂，2770 平方米，1998 年重新装修，被命名为"精弘食苑"。

建成于 2000 年的一座单跨 45 米、宽 13 米的钢结构跨虹桥，被命名为"精弘桥"，因桥南端东侧的图书馆门前竖有"取精用弘"学风碑。这座桥初建成时曾有一些人议论，认为弯拱的钢管过于粗大而显笨拙。待到 2 万多平方米、15 层楼高的教学楼屹立于它的东面，4 万多平方米、10 层高的三幢研究生楼屹立于它的东北面之后，这座"精弘桥"便与这些大楼组成了校园内的一幅颇有几分巍峨的壮丽景观，人们隔岸观赏，不仅不再觉得钢管粗笨，反而觉得恰到好处，并且由衷赞赏它"象征博大、宽广，体现了大学精神与文化积淀的博大精深与源远流长"。那弯拱而浑圆的粗大钢管下一排如琴弦般竖直排列以悬挂桥面的小钢管，被工大学子们发现了它的妙用，成为悬挂学术活动和文体活动大型海报的绝佳设施。现在，精弘桥已成为工大学子展现自己风貌、集聚校园文化的信息中心，这种奇特现象，是不是工大建筑规划设计研究院的教师们在设计此桥时的奇思妙想呢？人道是"好马要配好鞍"，其实"好鞍也要配好马"，最初暂时的委屈，换成了持久的感谢。精弘桥是一座有故事的桥，今后的故事还会越来越多。

建成于 20 世纪 90 年代的朝晖校区教学区被命名为"精弘教学区"。它拥有存中楼（为 80 年代浙江高校单体建筑面积之最——28800 平方米）、图书馆、子良楼、寿恒楼、生环楼、教科楼、机电楼（A、B）、学生活动中心等建筑，教科楼南面还有一座颇具抽象美的日晷碑，碑座上镌刻着时任团中央书记的胡锦涛同志为我校学生的题词"听从祖国召唤，把青春贡献给中华民族第三次腾飞的伟大事业"。教学区环境优美，大楼间环绕着桃李园、文荟园等园林，还点缀着李寿恒先生铜像、青春少女雕塑组合（命名为"翔"）、足球运动员雕塑、乔年松等地标。世界文化遗产中国大运河的古航道"上塘河"由北而来，在教科楼北隅分叉向西和东南，绕行达 2000 米，河上有古东新桥、精弘桥、拓工桥和梦溪桥等桥跨越，它是悠久文化传统和优秀办学传统与开拓创新精神相结合的展现。

适应互联网发展需要和挑战，全国高校最早一批网站之一的工大网站被命名为"精弘网站"。这个网站最初是学生讨论学习的阵地"精弘论坛"。经过 20

多年的建设,其影响力正逐步扩大,颇具名牌效应。

上述命名,前可见古人,后可启来者,仰能通透旷远,俯能咏隽铭心,寓教育意义于表征,足以证明学校领导者和管理者以学生为本的办学理念,绝非虚言。

三、"取精用弘"这一工大学风的文字表述的确立,提高了工大学子培养优良学风的自觉性,博学多闻、善学多思、精通事理、学以致用、开拓创新、服务社会,逐渐蔚成风气

近 20 年,是浙工大办学规模、办学水平突飞猛进的 20 年。这为学风建设创造了良好条件和强大动力。

如今的工大图书馆,拥有 6 万平方米建筑面积,5276 个座位。图书 835.5 万册,重视数字化文献资源的建设并开通共享。

工大的在校学生人数,从 1993 年的 5000 人上升到 2016 年的 35000 人;在校硕士研究生人数,也从 1993 年的 6 人上升到 2016 年 8000 人;在校博士生人数从 1993 年的 3 人上升到 2016 年的 1709 人。

20 世纪 90 年代以后,学校逐渐突出了"以学科建设为主线"的发展思路。至 2012 年,学校已拥有一级学科博士点 5 个、二级学科博士点 25 个,一级学科硕士点 24 个、二级学科硕士点 101 个,覆盖了哲学、经济学、法学、教育学、文学、理学、工学、农学、医学、管理学、艺术学等 11 个学科门类。

(一)学校逐渐提高了人才培养的目标

2003 年,学校提出了"大众化阶段应该担当起培养精英人才的使命";2006 年,学校提出要"培养一批引领、推动浙江乃至全国经济和社会发展的领军人才、核心人才、骨干人才";工大《2011—2020 年发展规划纲要》再次提出精英人才培养的目标,着力实施"本科精英人才培养计划"。

2003 年 2 月 12 日,广东管理科学研究院的中国大学评价课题组公布了中国大学排行榜,浙江工业大学在全国普通本科大学中名列第 100 位。到 2016 年,据国内最权威的两家民间评价机构评估,学校综合实力已进入全国普通本科大学第 62 名。这意味着在近 13 年时间内,学校的综合实力以平均每年两位数以上的速度上升,这在全国高校中是很少见的。

学校综合实力迅速上升的态势,为学风建设提供了非常良好的条件和强大的动力。诚然,学风建设也为综合实力的迅速上升提供了正能量。

(二)学生理论学习课内外协同,颇具活力

1998 年,学校成立了以教师为主导、学生为主体的在校大学生"邓小平理论读书会"。通过这一组织,把第一课堂教学延伸到第二课堂,不断创新教育教学方式,整合校内外教育资源,拓展学生"知行合一"的平台,引领校园文化方向。

10多年来,"邓读会"形成"校有总会、学院有分会、班级有学习小组"的组织格局,由初期的200多名会员发展为累计3万多名会员,成为我校第一学生社团,涌现了入党积极分子和学生党员8000余名,2005年被教育部、团中央、全国学联授予"全国高校优秀学生社团"称号,2007年荣获教育部颁发的"全国高校校园文化优秀奖",成为"浙江省大学生邓小平理论读书会秘书处"所在单位。由于提倡"知行合一"的中国特色社会主义理论教学模式,我校于2009年获得浙江省人民政府教学成果一等奖,这是"取精用弘"学风在理论学习方面的生动体现。(据《邓小平理论读书会——"知行合一"的中国特色社会主义理论教育教学模式》教学成果奖报告书)

(三)学术科技理论与实践相结合成果丰硕

学校重视学生专业特长的发挥,倡导学生学以致用,培养学生的创新精神、创新思维、创新能力、创新习惯。学校建立、评定了17个校级大学生创新基地;坚持开展一年一届的"运河杯"学生科技作品竞赛;积极组织优秀学生参加浙江省和全国"挑战杯"大学生课外科技作品竞赛和大学生创业计划竞赛活动。浙工大学生在全国高校的学术科技活动中不断崭露头角,成绩优异。譬如2011年第十二届"挑战杯"全国大学生课外科学技术作品竞赛中,工大学生共获得4个一等奖、1个二等奖、1个三等奖,以团体总分第5名的成绩获得全国高校优胜杯和"高校优秀组织奖"。大学生形式多样、成果丰硕的学术科技活动,也是"取精用弘"学风的一道亮丽的风景线。

(四)学生社会实践活动持续发展

学生社会实践活动内容:"科技、文化、卫生"三下乡、理论宣传、社区援助、社会调查、学习考察。学生社会实践活动具有集中与分散相结合、专业学习与实践应用相结合、锻炼提高与地方需求相结合的特点。工大学生社会实践的参与率,历年都在95%以上;有一定的社会影响力,仅新闻媒体报道,2003年有200篇,2004年有405篇,2005年有400余篇,2007年有1000余篇,2008年有500篇,2009年有500篇,2010年有621篇,2011年有513篇,2012年有890篇……还涌现出大批先进小分队、先进个人。浙江工业大学的学生社会实践活动从1993年开始至今已连续被中宣部、中央文明办、教育部、共青团中央、全国学联授予"社会实践活动先进单位奖"(总计19次)。

(五)学生社团活动丰富多彩

浙江工业大学的学生社团持续保持在100个以上。因此,人们以"百团大战"形容其活跃程度。学生社团有学术科技型、文学艺术型、实践公益型、体育竞技型,学校每年要举办社团文化节系列活动。近几年还开展了年度十佳社团、优秀社团、优秀社团指导老师、优秀社团干部的评比活动;推进"社团活动彩虹基金"、打造"成长型精品社团";召开社团代表大会;公开选举产生了学生社团联盟理事会。社团活动是学生才华和个性展示的舞台,也是学生相互交往、相互激励和文化共享的舞台。丰富多彩的学生社团活动,是"取精用弘"学风盛开的"百花园",也是大学文化生态系统独特的景观。

(六)青年志愿者服务与社会共进步

2001年12月28日,学校正式成立浙江工业大学志愿者协会,并在省内率先正式注册。此前,我校的志愿者服务活动早已有之,只是尚未实行注册制度而已。至今,在校注册的志愿者达25000人;长期共建基地70余个,注册志愿者达8万余人。他们坚持"以奉献扬青春,与社会共进步"的理念,开展多种形式的志愿服务活动,据不完全统计,已达100万个志愿工时,志愿者们既奉献了社会,又完善了自我。

(七)精弘毅行活动磨炼意志,感悟团队精神

精弘毅行活动是引导同学走出寝室、教室,参加爬山活动,提倡不抛弃不放弃的团队精神和坚毅意志。毅行活动的路线共20公里,从屏峰校区大门口出发、途经金莲寺、国耻柱、午潮亭、龙门坎、慈母桥、老焦山、屏峰山等景点,终点是屏峰善院。参与者以2—4人为一小组,从早上7点到下午5点,用脚丈量群山,小组全员完成全程即可获得精弘毅行团队证书。精弘毅行活动每年春、秋各举办一届,自2012年秋举办首届,到2016年已举办了九届。第一届只有200人参加,第九届有5000多人报名、2000多人参加。除学校师生外,还有校外人士慕名而来。精弘毅行活动已成为全省唯一有专业保障、智能化技术支持的毅行活动。

(八)精弘网站打造精神家园

精弘网站是2002年投入使用的学生网站。它设置政策法规、在线服务、学子风采、精弘论坛、创新导航等栏目。其中,精弘论坛的注册会员已达30多万(含毕业生会员),总计来访2亿多人次;同时在线人数最高达3582人,日均发布超过5000个新帖。精弘网站已成为浙江工业大学名副其实的网上精神家园,曾荣获全国高校"百佳网站"称号。

四、对浙江工业大学学风建设的思辨

(一)"取精用弘"学风的文字表述与浙江工业大学学风不能画等号,它只有相对的准确性

子曰:"书不尽言,言不尽意。"[1]孔子是说:"书面文字不能完全表达人的语

---

① 林之满主编:《周易全书》壹,《周易注释与解析》,中国戏剧出版社2002年版,第187页。

言,而语言也不能完全表达出人的意识。"这是一个非常重要的而且很有哲学道理的论断。他看到了书面文字表达语言、语言表达人的意识的局限性。同理,"取精用弘"的文字表述也不能完全表达浙江工业大学的学风,必须承认它的局限性。在人类文明史上,是先有意识,后有语言,而后才有文字。人类有意识、有语言的历史是几万年,甚至几十万年,而有文字的历史才几千年。但一旦有了文字,人类社会就由蒙昧时代进入了文明时代,而且它的发展迅速加快,所以,必须承认,有了文字表达语言和意识,其意义是非常重大的。同理,在浙江工业大学60多年的学风发展史上,有了正式的文字表达,其意义是不言而喻的。

在讨论如何表述工大学风的问题时,1995年就有998条之多,这足以证明工大师生在当时就有许多不同的感悟与理解。这也足以证明,这998条表述都有各自的局限性。"取精用弘"四字也有局限性,这四字只是海选的结果,它只具有相对的准确性,但并不具有完全的、绝对的准确性和全面性。

(二)"取精用弘"在语义学方面历史悠久,意蕴丰富

"取精用弘"的语义,从源头上可追溯到2500年前的《易传》。系辞下传第五章,在阐释"易"卦中有体与无体的辩证关系时,孔子曰:"精义入神,以致用也;利用安身,以崇德也。"①

所谓"精义入神",三国学者王弼注曰:"精义,物理之微者也;神,寂然不动,感而遂通。"著名学者孔颖达又疏曰:"用精粹微妙之义入于神化。"孔子的意思是说:"众人钻研事物的义理而达到神妙的境地,是为了实践运用;这样利用,以安身心,是为了增崇美德。"在孔子时代还没有"取精用弘"的成语。但是,孔子的上述论断,可以称得上是"取精用弘"最早的论述。

精,原意为优质纯净的米。后来,由名词转意为动词,精择。

精,指事物的本质,宇宙间的一种灵气。庄子曰:"可以意致者,物之精也。"②这是指事物的内在本质。庄子又说:"吾欲取天地之精以佐五谷,以养民人。"③这是指宇宙间的一种灵气。管子说"一气能变曰精"④,也是这个意思。

精,指纯洁、纯净。孔子曰:"食不厌精,脍不厌细。"这里的精是指优质纯净的米。"刚健中正,纯粹精也。"⑤纯而且粹,后称精华。

---

① 林之满主编:《周易全书》壹,《周易注释与解析》,中国戏剧出版社2002年版,第195页。

② 《庄子·秋水》。

③ 《庄子·在宥》。

④ 《管子·心术下》。

⑤ 《易·乾》。

精，指最好、专一。"精，引申为凡最好之称。"①宋朝叶适说："守以精志，行以强力。"在这里，精，是志向专一之称。

精，指精通。唐朝韩愈《进学解》说："业精于勤荒于嬉，行成于思毁于随。"

以上枚举说明，"精"字的含义，由指纯净优质的米，逐渐演化开来，被赋予多种含义，具有非常强的表达力。作为学风"取精用弘"的"精"字，主要是指学术和修养方面的取向。

弘，于省吾在《甲骨文字释林》一文中指出："甲骨文在弓背隆起处加一斜划以为标志，于六书为指事，而《说文》误认为声符。弓背隆起处是弓之强有力的部分，故弘的本意为高为大，高与大义相因。"

弘，《易·坤》："含弘光大。"《诗·大雅·民劳》："戎虽小子，而式弘大。"《尔雅·释诂上》："弘，大也。"都以弘为大，广大之义。

弘，《论语·卫灵公》："人能弘道，非道弘人。"诸葛亮《出师表》："恢弘志士之气。"这二处的弘，是动词，是扩大、光大之义。

宏，房屋深广而有回响。《说文》："宏，屋深响也，从宀，厷声。"

宏，后假借为"宏大"的宏。《尔雅·释诂》："宏，大也。"

宏，广博。《字汇·宀部》："宏，广也。"

宏，远。《广雅》："宏，旷，远也。"

宏，发扬。《初学记》："是以君居谦而宏道，然后德能象天地。"

从词源上讲，弘强调的是力量，即弓的张力，宏强调的是容量，即屋的空间。经过不断地演化，弘与宏逐步相同，这是力量与容量，张力（时间）与空间的相通。两者都具有为高为大、深广恢宏、发扬光大等意蕴。

《左传·昭公七年》里讲："蕞尔国，而三世执其政柄，其用也弘也，其取精也多矣。"这里有用弘和取精二词联系在一起的表述方式，但还不具备成语的特征，也不是用于治学，而是讲财富的享用。

朱自清先生在《经典常谈·〈史记〉、〈汉书〉第九》中说："兰台是皇家藏书之处，他取精用宏，比家中当然更好。"朱自清先生又在《〈文选序〉"事出于沉思义归乎翰藻"说》中讲："前二语见事义浅深，与学成正比例；读书多的，取精用宏，自然深了，读书少的便不能如此。"在上述两个地方，都清晰地采用了"取精用宏"的表达方式，具有成语的特点，而且也是用于治学。他指出：藏书丰富，读书多，才能"取精用宏"。

从孔子到朱自清，都具有"取精用弘"的治学思想，但 2500 年前的孔子还未出现"取精用弘"这个成语，而朱自清先生已明确使用了"取精用宏（弘）"这个成语。

---

① 《段玉裁说文解字注·米部》。

由此可见,以"取精用弘"四字来提炼浙江工业大学的学风并予以倡导,这是可以的,既有历史渊源,又有时代前瞻。

(三)"取精用弘"学风与"厚德健行"校训思想同源

"取精用弘"和"厚德健行"思想都源于《周易》。《周易》有《易经》与《易传》之分。《易经》是公元前11世纪至前10世纪(殷周之际)的周文王所著,"文王拘而演《周易》"(司马迁《报任少卿书》)。《易传》是孔子晚年(50岁,即公元前501年)后从事于文化典籍的整理工作的成果之一。孔子读《易经》韦编三绝,将《易经》列入六经之一。经孔子的研究并作十翼,称《易传》。《易传》广泛吸纳了春秋战国之际诸子百家的学术思想成果。《易经》是一部占卜之书,《易传》则标志着《周易》由占卜之书向哲学典籍的转变。

"厚德健行"源自《易传》之一象辞上传·乾卦和坤卦。乾卦曰"天行健,君子以自强不息";坤卦曰"地势坤,君子以厚德载物"。"厚德健行"各取乾卦与坤卦中的一个关键词,表达了以人为主体的天地人三者的关系,即人既法地(坤)又法天(乾)的基本思想,既吸取了道家学派"人法地,地法天,天法道,道法自然"的合理思想,又吸取了儒家学派以人为主体、既厚其德又健其行的主体能动精神。在建设浙江工业大学的过程中,以"厚德健行"为校训,既继承工大的过去,又开拓工大的未来。

"取精用弘"源自《易传》之一系辞下传第五章"精义入神,以致用也;利用安身,以崇德也"。第五章主要阐释《易》卦模型中有体与无体、现象与理义的辩证关系,侧重于学习、治学的方法论和目的论。孔子拥有丰富的社会阅历和文献知识,还具有长期从事教书育人的经验,他对于《易经》的解释,具有重视理性思维和发挥人的主观能动性的特点,成为第一个强调理性自觉的哲学代表;他坚持理性主义的认识论,提出了一套行之有效的治学原则和学习方法,成为中国历史上最伟大的教育家。"取精用弘"就是孔子首创并一以贯之的治学原则和学习方法,这个原则和方法已逐步为中国学术思想史上各家各派有所建树的杰出人物所共享。

"厚德健行"属于世界观和人生观层次上的格言,"取精用弘"属于治学原则和学习方法层次上的格言。作为校训的"厚德健行"与作为学风的"取精用弘"的关系,是世界观、人生观与治学原则、学习方法的关系。

(四)学风建设中须正确认识和处理的五个重要问题

第一,提升抱负。

有抱负,是"取精用弘"学风的动力源。有抱负的人,才有"取精用弘"的需求,才会提出"取精用弘"的问题。很难想象一个没有抱负的人会产生"取精用弘"的需求和问题。抱负水平越高,动力越强。

所谓抱负,俗称理想。作为一个人,是指人生的目标、人生的理想;作为一个学校，是指办学的目标、办学的宗旨，培养什么样的人、为谁培养人。抱负，不仅指学生的抱负，还包括学校的抱负、老师的抱负、学校管理者的抱负。很难想象一个没有抱负的学校、一个没有抱负的老师、一个没有抱负的学校管理者，能成功地对学生进行提升抱负水平的教育。

浙江工业大学的抱负、老师的抱负、管理者的抱负和学生的抱负，正呈整体上升的态势，正为学风建设提供强劲的动力。

第二，打好基础。

我国化学工程科学与技术高等教育的开拓者、浙江化工学院（工大前身）院长李寿恒教授，在学院初创时期就提出"打好基础，质量第一"的口号。他十分重视师资队伍的建设，一方面引进人才，一方面亲自讲授提高课，教学上强调严格要求、打好基础。

李寿恒院长要求学生首先要学好"基础知识、基础理论、基本技能"，这就是我校发展史上有名的"三基"教学思想。他认为前两者是"文"，后者是"武"，掌握了"三基"就"文武兼备"。他提出学好"三基"的标准是"透彻理解、牢固掌握、熟练应用、举一反三"。李先生关于学好"三基"的标准，实际上就是 30 年后正式提出"取精用弘"学风的核心内容。

打好基础是工大师生的共识，提倡"取精用弘"学风，如果忽视了"打好基础"这一优良传统，就很容易把"一本好经"念歪。

第三，坚守实诚。

实，实事求是。诚，诚实不欺，真实无妄。实诚，是科学精神和艺术精神、伦理精神（合称人文精神）的有机统一。我们经常讲要继承和发扬中华民族优良传统，我认为坚守实诚正是中华民族的优良传统。从旧石器时代、新石器时代到金属工具时代，坚守实诚的精神正是伟大的中华民族发挥伟大的创造力、继往开来的安身立命之本。劳动者之务农务工、管理者之为官为吏、医家为医、史家治史、学者治学、艺术家创作，莫不以坚守实诚为要。

先秦思想家莫不强调坚守实诚，"诚者，天之道也；诚之者，人之道也"。（《礼记》）

自明诚，谓之教。贤人通过学、问、思、辩而明乎善，从而达到诚的境界。（《中庸》）

"诚身有道""反身而诚，乐莫大焉"，以达到诚的境界为最大快乐。（孟子）

"诚者，君子之所守也，而事政之本也。"（荀子）

中国的历史学家强调史德，他们都称赞司马迁有"良史之才"，撰史"其文直，其事赅，不虚美，不隐恶，故谓之实录"。他们都认为，据事直书尽管不容易做到，但真正具有历史价值、能够传诸后世获得人们的钦佩和景仰的，始终是那些忠于史实、秉笔直书的史家及其著作。

东汉唯物主义哲学家王充是个百科全书式的人物,他写了一部巨著《论衡》,其宗旨正是针对"世人多不实诚":"又作伪书俗文,多不实诚,故为《论衡》之书。"他指出:"圣人作经气,著传记,匡济薄俗,驱民使之归实诚也。"他多次强调"实诚":"实诚在胸臆,文墨著竹帛,外内表里,自相副称,意奋而笔纵,故文见而实露也。"应当"实诚在胸臆",才能写出好文章、做出大学问。

国画大师傅抱石曾经指出:"中国文化的精髓是真诚。"他一语中的。

提倡"取精用弘"的学风,必须坚守实诚这条底线。

从科学技术的角度讲,这是科学精神应有之义。取精,就要弃伪存真、去粗取精、由表及里、由此及彼;用弘,就要凭真本事去"天工开物",去"夺天地之造化"。

从伦理道德的角度讲,这是人文精神应有之义。人与动物的根本区别,在于创造和使用工具能动地改造、适应客观世界。失去真诚,则失去为人之根本。

在当今世界、当今社会,弄虚作假层出不穷、花样翻新、丑态百出。倡导"取精用弘"学风,必须构筑反对弄虚作假的"防火墙",从反对考试作弊这件"小事"着手。反对考试作弊、反对弄虚作假,永远在路上。

第四,教学相长。

如果我们把大学文化看成一个开放的复杂巨系统,就必须承认这个复杂巨系统与社会环境在物质、信息交流方面的复杂性,更必须承认这个复杂巨系统内各个要素、各个层次关系的复杂性。尽管复杂,但总有一对关系起着基础性、根本性的作用,这就是教师与学生的关系。

教师是办学的主体,学生是教学的主体,一个是办学的主体,一个是教学的主体,都是主体,都要尊重和发挥主体的作用,两个主体的互动推动着大学的发展。

曾几何时,有人把市场经济中的雇佣关系引进到学校,说什么校长就是老板(甚至直呼校长为老板),学生是顾客、是"上帝"。那教师是什么呢?教师就是老板雇来的打工仔,就是向学生这个"上帝"提供商品的店小二,教师和学生的关系就是店小二与上帝(顾客)的关系。如此定位校长、教师和学生之间的关系,还美其名曰"解放思想"。其实这是一种否定大学的社会本质和历史使命的"理论"。按照这种理论,教师还有"教书育人"的职责吗?

在大学文化生态系统中,教与学、教风与学风的关系是基础性、根本性的。

学生是学校中最活跃的群体。这个群体对于一个学校而言是永远年轻的,他们一年一届进入学校,几年之后,留下许多故事、带走许多回忆,又一年一届离开了学校,离开的时候依然还非常年轻。

老师是学校最稳定的群体。这个群体对于一个学校而言是相对成熟的,不仅是知识、阅历,论年龄而言也是如此。老师也有进有出,但多数老师是稳定的,他们甚至把一生都献给了学校。一人一世界,他们每一个人都有自己的故事,除了小学、中学或者读大学时不在这所学校,其余的日子,他们的历史都是为这所大学而写,甚至终其一生。打个比方,这个学校为社会生下了许多许多"鸡蛋",这是大家都承认的,但是有多少人知道哪一个"鸡蛋"是哪一只"母鸡"生的呢?

我们在探讨学风建设的时候,千万不能忽视老师的主导作用。老师的教学、治学,人们强调教风、职业道德,从本质上讲也是学风,这是因为老师们曾经也是学生,在做学生的时候打下的基础会一直决定着为人师后的教学、治学。一届又一届的学生又直接激励着老师的教学和治学。

老师在教学和治学过程中,自己也不断学习着。师生互动、教学相长,这是大学文化生态的自组织法则。

第五,与时俱进。

浙江工业大学由单科发展成多科,由工科学院发展成综合大学,涵盖了理学、工学、文学、法学、农学、哲学、经济学、医学、管理学、教育学、艺术学等 11 个大学科部类,形成了综合性的专业体系。学风建设必须与学科特点、专业特点、办学层次相结合,所以学风建设作为校园文化生态系统建设的一个子系统,必须与时俱进。

中国的经济、社会、文化正在经历伟大的历史性转型时期,它的高等教育也正面临巨大发展机遇和新的挑战。学风建设不仅必须适应校内环境的变化,还要适应社会复杂系统的变化,所以学风建设必须与时俱进。

现代科学技术革命方兴未艾,在信息、人工智能、能源、材料、航天、生物等领域的科学技术上的突破,都对当今世界提供了发展机会和挑战。譬如互联网的发展,引起人们生活的多个领域的巨大进步的同时,也向人们提出了严峻的挑战。一些利益集团可能利用互联网强大的影响力,制造虚假信息,引起巨大规模的群体性误判和混乱,危及人类共同体的命运。现代科学技术革命在每一个重大领域的创新和应用,都关涉到人类命运。学风建设必须关注人类命运,这个问题已经被提上日程,所以学风建设必须与时俱进。

关于学风建设的第三次作业在此搁笔。

诗曰:

工大群英显本色,天工开物今胜昔。

理义之辩古今有,取精用弘正当时。

参考文献:
[1] 姒承家.浙江工业大学志[M].杭州:浙江教育出版社,1993.
[2] 韩翼祥.浙江工业大学志(1993—2003)[M].杭州:浙江古籍出版社,2003.
[3] 宣勇.风物校园——浙江工业大学校园建设巡礼[M].北京:中国建筑工业出版社,2007.

[4] 韩翼祥. 薪传华章——浙江工业大学溯源[M]. 杭州：浙江古籍出版社，2009.

校园变迁的文化展示

唐 明

　　一所学校的校园,是学校师生的活动环境,也是学校文化理念的物化载体,"学生不但在课堂里成长,也在校园里成长"。虽然说校园中的各种学生社团、科学文化体育活动(包括各种赛事)、非学科的出版物、校园广播电视等等,也都是校园文化的组成部分,但限于篇幅,本文只探讨浙工大的校区变迁和校园建设中所体现的文化现象。如果说师生的教学科研等各种活动是隐形的文化样式,那么校区变迁和校园建设则是显形的文化样式;如果说校园环境是静态地展示了一所学校的价值取向和审美理念,那么校园的变迁和建设过程则是动态地描述了一所学校的成长历程和精神演化。

　　浙江工业大学的历史始于 1953 年,至今已有 64 年的历史。它先后建设了四个校区,也经历了四次蜕变。四个校区直观地体现了校园文化的四次重塑,也反映出我们国家四次重要的时代变迁和我们学校发展的四次跨越。

　　浙工大的前两个校区是杭州文一路的白荡海校区和衢州的烂柯山校区,共历时 30 年,这是浙工大的幼年和童年时代。这 30 年的办学历程可以概括为"筚路蓝缕、艰苦创业、几经折腾、积淀基础",校园建设的理念大体上是"简朴实用、功能为上"。学校领导和员工也逐渐养成了"因陋就简、艰苦办学、认真务实、勇于争先"的奋斗传统和"政治挂帅、劳动光荣、经世致用、服务社会"的办学理念。

　　浙工大的后两个校园是杭州古运河畔的朝晖校区和小和山麓的屏峰校区,也已有了 38 年的历史,这是浙工大的青年时代。这个阶段的办学历程可以概括为"求质量、谋发展、上水平、争前列",校园建设不但继承发扬了以前的艰苦奋斗传统和务实理念,而且注重构建优美环境、营造文化生态,逐渐形成了"开阔眼界、兼容并蓄、科研领军、瞄准一流"的办学新理念。

第一个校区:杭州文一路的白荡海校区(1953—1970)

一、部属中专,艰苦起步

20世纪50年代初,新中国初步恢复经济,开始执行第一个五年计划,急需能尽快上手的技术人才。1951年6月教育部召开全国中等技术教育会议,1952年3月政务院指示"对中等技术教育进行有计划、有步骤的整顿和发展","各类中等专业学校划归有关业务部门领导,按照国民经济各部门的需要及专业化的原则来培养干部"。由温高工、杭工化工科、苏高工化工科合并成立的杭州化工学校,由此应运而生。

1953年6月,重工业部化工局领导亲自考察南京、上海、杭州等地选择校址。因浙江有较丰富的非金属矿产资源,适宜发展化工产业;始创于1911年的杭州工业学校化工科已有较好的办学基础;而浙江省属的"浙江纺织学校"在调整中被下马,其位于杭州城西北郊"白荡海"的7幢新建小楼正好用作新校舍,于是决定将校址定在杭州,10月下文定校名为"中央人民政府重工业部杭州化学工业学校"(简称"杭化")。

杭化于1953年9月开学,有学生835名、教职工152名。当时的校舍("白荡海校区"的萌芽)远不够用,故将原温高工暂作为杭化的分校供253名机械装备专业的学生就读,一年后撤销。

新"杭化"边办学边建校,各方面都异常困难:校舍周围是大片水田,水、电、路全不通;临时架设的一条照明供电线路容量过小,时常跳闸;现打3口水井的水量不够,只能供饮用和实验用水,其他生活用水要去附近的池塘;一个临时小食堂设在暂作教工宿舍的5号楼走廊过道,只能供教师用餐,学生须去附近邻校搭伙;教材匮乏,小图书室仅有3000册藏书;那时还没有推行普通话,来自三地的学生各持方言,教师也是南腔北调;这一切使得新学校比较混乱。重工业部化工局领导专程来杭指导,改善后勤保障、加快基建进度、整顿教学秩序,搭建了几个临时草棚权作办公室和学生饭厅,又在半年内抢建了2000余平方米校舍、标准运动场及篮球场,理顺了教学计划和管理规章,还请来苏联专家驻校指导,终于使学校的运行逐渐变得顺利有序。

这一段"边建校边办学"的经历,这些因陋就简、吃苦耐劳、灵活变通、踏实办学的做法,在工大以后的发展中一再重现,逐渐升华为一种精神,沉淀为一种传统,融入了"工大文化"之中。

1956年,重工业部拆分为冶金、化工、建材三部,杭化被划归化工部,更名为"中央人民政府化学工业部杭州化学工业学校"。经过三年的认真办学,杭化摸索出了不少经验,并有了自己的毕业生,质量得到部里的肯定,毕业生大多被分配到部属的骨干厂矿企业和教学科研单位,有些人后来还成了重要骨干。除正常教学外,杭化还接受了一些部里下达的临时任务,如短训、委培(包括 6 名越南留学生)、专业师资培训、编写教材等,在部属中专学校中产生了较大影响。

到 1958 年暑假,杭化的白荡海校区基本建成。校园占地 235 亩,环境整洁、绿树成荫,校舍建筑面积 3 万余平方米,拥有 16 个专业实验室和 1 个实习工厂,教学楼高大、简朴而庄重,颇具时代风貌,图书馆有了 8 万余册藏书,并形成了一支比较职业化的教职员工队伍,在校学生也达到 1600 多人。

文一路开通后,专设了一条公交专线从湖滨起点到杭化终点,"杭化"成了杭城西北部的一处重要地标。

二、下放省属,增设大专

1958 年,中国开始了"大跃进",浙江省急需化工专业人才来推进本省的化工产业,经与化工部协商,于 1958 年暑假将"杭化"下放为省属(归省化工厅领导),校名被改为"浙江化工专科学校"(简称"浙化专"),省里随即决定增设大学专修科,开始招收大专生,学校也被分为中专部和大专部,共有 6 种学制、12 个专业,学生增加到近 2000 名。根据与化工部的协议,浙化专除培养本省学生以外,还要支援华东、华中地区新办中专,同时要接受部里和省里下达的一些临时性任务,诸如办职工业余学校、委托培训(包括中专和大专师资培训)等,因而在校学生人数常常远超 2000。

办学层次提高了,规模扩大了,白荡海校区就显得过于狭小了,不得不再次拿起"因陋就简、灵活变通"的法宝:教室不够用,就采用二部制轮流上课;食堂挤不下,就把饭菜送到教室里用餐。

那时,全国教育系统开始贯彻新公布的"教育方针"(教育为无产阶级政治服务,教育与生产劳动相结合),浙化专也兴起了以"勤俭办学、勤俭生产、勤工俭学"为中心的教育革命,重头戏之一就是搞校办厂:先搞试剂厂,再搞化工厂,又扩建了原本用作学生金工实习的机械厂,面向社会提供服务。"边办学边建校"的老传统体现为"以大跃进精神办厂"——边试制、边建厂、边生产:试剂厂和化工厂第二年就具有了稳定的生产能力,机械厂的对外服务也从修理为主发展到制造为主,省化工厅还把三个厂的产品销售和原材料供应纳入了省级统一计划。学校办厂,不仅满足了学生的实习需要,还为社会提供了一些化工产品,既支援了本地工业发展,也为学校创造了利润(1959 年三个厂共获利 143 万元),支援了学校发展,当年就新建了学生宿舍、化工厂厂房等共 4000 平方米校舍,校园面积也有所扩大。

这时的白荡海校园,不但是一个环境优美的读书学习之所,也是一个热火朝天的生产劳动之地,在那个年代,这是我国许多学校的一个普遍现象,显示了我国教育对生产劳动的格外重视。其实从延安根据地开始,党的教育方针就强调德智体美劳全面发展,尤其看重劳动观念和劳动能力的培养,强调教育"与生产劳动相结合"、师生"与劳动人民打成一片"。这些理念固然源于中国革命的草根性,但同时也承袭了我国古代"经世致用"的文化传统,应该说有其合理性。但后来的"文革"把这个观念推向了极端,完全不顾教育本身的规律,对教育系统造成了致命破坏。

白荡海校区在 1960 年至 1970 年间还经历了一些新的动荡变迁,直到 1970 年完成历史使命,省政府将其另作他用。

第二个校区:衢州的烂柯山校区(1960—1984)

一、省属学院,艰难新建(1960—1962)

"大跃进"年代中,浙江省也有自己的宏伟计划,其中最耀眼的是所谓"三朵红花"——新安江水电站、衢州化工厂、乌溪江化工学院,省委书记江华对这"三朵红花"格外青睐。

20 世纪初以来,浙江省陆续探明了一些非金属矿藏,如明矾石、叶蜡石、石灰石、氟石等,储量大、开采条件好,因此"二五"期间浙江省打算将发展化学工业作为提升浙江经济的重要抓手。1958 年,省委决定在衢州乌溪江北建设大型化工联合企业——"衢州化工厂"(简称"衢化"),并打算依托它进一步建起一个产、学、研三结合的大型化工基地,甚至希望在衢化附近搞成一个"共产主义试验区"。(根据这个蓝图,省委书记江华认为化工学院应该与化工厂相毗邻,后来化工学院的"五年三迁"即与此有关。1980 年化工学院最终迁回杭州并入浙江工学院,令江华十分不快,甚至拒绝出席浙江工学院的首届开学典礼,此乃后话。)

根据这一规划,1960 年 2 月省委决定新建本科层次的"乌溪江化工学院",把浙化专的大专部迁往衢州作为建校基础,同时并入新建的衢州化专,在衢化对岸的烂柯山下建设新校区,设计征地 400 亩,基建投资 400 万元,学生规模4000 人(远期规模 6000 人)。浙化专的中专部留在杭州,作为"乌溪江化工学院杭州分部",白荡海校区被一分为二:主马路以西的半个校区留给"化工学院分部",而主马路以东的半个校区则用来新建"杭州工学院",后来杭州工学院没办成,这半个校区又转给了省委党校。

"大跃进"年代,到处鼓吹"跑步进入共产主义",所以起初烂柯山校区的建校速度奇快:1960 年 2 月省委拍板,省建筑公司马上开始破土动工,衢化专师生随之入驻工地参与建校劳动。仅仅半年,抢建了 1.25 万平方米校舍,还搭建了3000 多平方米竹棚和草屋,保证了"乌溪江化工学院"当年招生、按时开学。1960 年秋季,衢州本部、杭州分校同时开始上课,共有本科生、大专生、中专生

2176 名,教职工 895 名(这种两地办学的状态一直维持了三年多)。

没想到的是,1960 年国家进入困难时期,新建的乌溪江化工学院很快陷入困境:由于是在一片水田、坡地上"边设计、边施工、边迁校",不得不再一次"因陋就简、吃苦耐劳、灵活变通",许多课都在草棚教室上课,部分实验室、办公室、图书室也设在草棚里,教工则租住附近的农民房。即便如此,校园建设仍难以为继,到1961 年还是因缺钱而被迫停工。原定的 400 亩征地面积被一减再减,建校工地一片狼藉,校办工厂也几近瘫痪。那年头,国家供应的生活物资原本就短缺,加上衢化周围逐渐形成新工业区,外来人口急剧增加,生活物资就更加紧缺,这让师生们的生活十分窘迫。

但这些困难并没有熄灭师生们的办学热情,起初全校师生分批参加建校劳动,还开展了热火朝天的劳动竞赛。建校停工后为了克服物资困难,学院专门组织了副业队,自己饲养猪、牛、鸡、鸭等,还自种了 65 亩蔬菜,使荒寂的新校区呈现出别样的田园景象,维持了师生的基本生活和学校的正常运转。

二、回归部属,回迁杭州(1963—1965)

维持到 1963 年 7 月,浙江省实在没钱办学了,遂与化工部商定将"乌溪江化工学院"及其杭州分部一并交回化工部。化工部的办学思路与浙江省不同,认为衢州烂柯山下过于偏远,不适宜办大学,决定将"乌溪江化工学院"改为"浙江化工学院",迁回杭州,暂时与分部共挤白荡海校区的半个校园,同时增强了对学院的师资派遣和设备投入,提高了办学力量,徐图发展。这令师生们十分高兴,迁校工作于 1963 年 11 月开始,到次年 3 月就基本完成。

1964 年暑假,化工学院面向华东地区首招本科生。白荡海校区的学生人数很快达到了 1959 年的 3 倍,而校园却只有那时的一半,实在太过狭小了——学生宿舍人均不足 1.8 平方米,单身教工宿舍人均不足 4.5 平方米,教室、实验室都捉襟见肘,这严重束缚了化工学院的发展,而部里和省里当时又都没钱来建新校舍,只得临时租用 1.5 公里远的一幢空校舍(原属浙江师范学院)救急。在困难条件下,化工学院发扬传统,再度"因陋就简、吃苦耐劳、灵活变通、踏实办学",保证了教学秩序和教学质量。

1964 年下半年,全国四清运动展开,学院的高年级学生和部分干部教师分批参加四清、社教;低年级学生和部分基础部教师也分批下连队当兵、军训。这样,校舍紧张的局面得以暂时缓解,但教学秩序却被严重打乱了。那个年代政治运动重于教学科研,类似的情况全国皆然,"山雨欲来风满楼",这实际上是"文革"来临前的某种预兆。

三、再归省属,再迁衢州(1965.8—1981)

1965 年 8 月,国家和各省经济情况有所好转,浙江省又向化工部要回浙江化工学院和杭州化工学校,并再次决定将化工学院迁往衢州,化工学校也再次与化工学院分家，重新归属省化工厅。于是，停建了四年的烂柯山校区再次开工续建。

在两种不同办学思路的夹缝中备受煎熬的师生们，不得不再次打点行装返回烂柯山下。这次再迁工作到 1965 年底基本完成，次年 1 月，省委书记江华前往衢州视察，为安抚师生，同意添建一幢实验楼，并让衢化拨一幢宿舍楼给学院以安置教职工家属。

然而，烂柯山校区的建设刚有点起色，"文革"风暴就刮起来了。1966 年暑假以后，校内出现停课、批斗、打派仗、搞武斗，办学受到了更加严重的冲击。1970 年 7 月，省革委会决定压缩全省的教育系统，将 13 所高校减为 6 所，包括取消杭州化工学校，把师生和设备迁往衢州并入浙江化工学院。白荡海校区剩下的半个校园，被移交给浙江丝绸工学院，就此结束了作为浙工大第一个校区的使命。

在烂柯山校区，虽然正常的教学秩序全被打乱，但校区建设还在缓慢继续："文革"前开工的化工实验楼和机械厂终于在 1970 年完工；到 1973 年又建成了教工家属宿舍、幼儿园、机械厂钳工车间；还办起了化工学院职工子弟中学。截至 1975 年底，烂柯山校区总共建成了 4.87 万平方米校舍，比 1965 年重启时增加了一倍多，校园占地面积也恢复到了 400 亩；1974 年 11 月开建的图书馆工程，也于 1978 年 9 月竣工（1980 年的校舍总面积达到 5.32 万平方米）。不过，由于"文革"中停止招生，到 1976 年底"文革"结束时，学院有教职工 666 人，但仅有"工农兵大学生"385 人，校园显得非常清冷。

随着粉碎"四人帮"、否定"文革"、拨乱反正，烂柯山校区逐渐复苏：学院领导班子和师资力量得到调整和充实，1977 年恢复了本科招生，专业也增加了几个，1979 年在校学生已达到 1360 人，教职工增加到 715 人。除正常的本科生教育外，学院当时还承接了许多临时性的办学任务（如各类补习班、委培专修班、进修班、短训班、系列讲座、讨论班、研讨班等），1979 年还首次招收了 4 名硕士研究生。校办厂的生产也开始逐渐恢复，为学校提供了一些急需的资金（如 1979—1980 年，校办厂提供学院基金 65 万元，相当于 1980 年国家拨款经费的三分之一）。依仗这些基金，学院竣工了图书馆楼，还建了新的教学大楼、家属宿舍等，并添置了电子计算机等最新的设备。"风雨过后才见彩虹"，烂柯山校区不但重新焕发出了勃勃生机，也为以后的发展打下了经验和人才基础。

第三个校区：杭州古运河畔的朝晖校区（1979—   ）

一、并入浙工，落户杭州（1979—1993）

"文革"结束、拨乱反正、改革开放、百业待举，思想观念的转折激荡促使人们在迷茫之中寻找新的希望。

"化工学院向何处去?"逐渐成了学院领导和教师们时常议论的焦点。烂柯山下偏远冷僻、交通不便、眼界闭塞、文化贫瘠,成为学院发展的制约瓶颈,大家普遍认为:学院应该再次迁回杭州,而且必须突破"化"字、增办专业,由单科性学院向多科性学院转型,才可能有发展前景。1977 年 9 月,化工学院八位党员干部联名给省委领导写信,提出《进一步办好浙江化工学院的几种设想》,其"上策"就是"在化工学院的基础上筹建浙江工学院",以后学院各级干部又就此多次向省里汇报,还一再向化工部汇报、向二机部汇报。正好 1978 年浙江省也正考虑要筹办浙江工学院,于是一拍即合,机遇降临。

"文革"结束以后,浙江省打算恢复和新建一批高校,其中包括以浙农大农机系为基础筹建浙江工学院,以培养农机和工业人才(1978 年 2 月便已下决心)。3 月份全国科学大会在北京召开,恢复和发展教育提上了国家的重要议事日程,5 月份浙江省便向国务院打请示报告,未等批复,即于 7 月底建立了浙江工学院筹建工作领导小组,10 月份成立了基建处,开始考察半山、新凉亭、转塘、上塘等地为"浙江工学院"选址。到 12 月,教育部正式发文宣布要在全国恢复和增设 169 所普通高校,其中包括浙江工学院。

1979 年 6 月,国家计委正式批复了"浙江工学院筹建工作领导小组"上报的计划任务书,批准校址选定杭州市古运河畔、上塘河边的东新桥一带(位于新开发的朝晖住宅区,故称为"朝晖校区"),设 14 个专业,教职工 1000 人以内,近期规模 3000 名学生(远期规划 5000 名学生),征地 430 余亩(实际用地 375 亩),校舍建筑总面积 10 万平方米,土建投资 1330 万元。新校区于 1979 年 4 月 4 日开始破土,到年中先建了 2 幢简易楼权作行政办公和员工宿舍,在附近租用了一批农民房暂做教工宿舍。8 月 1 日省工业设计院民用设计室接手校舍设计,1980 年 8 月建成了第一幢学生宿舍和第一个大食堂(兼礼堂)。

但实际上"浙江工学院"此前早已开始了它的教学活动:1979 年 1 月,最初的一批教师调入后,随即在杭钢、汽轮机厂、省电力局、机床厂、制氧机厂、机械工业学校、华丰造纸厂分别设立了 7 个教学点,以"浙江工学院杭州分校"的名义开办了专科班,招生 440 人,全部走读,所以这时的"浙江工学院"是一所没有校园的"虚拟大学"(又是一次经典的"边建校、边办学")。

鉴于当时筹建工作很艰难,浙江化工学院又再三要求回杭,于是省里改变了最初的思路。1979 年 8 月,省委同意把浙江化工学院迁来杭州,并入浙江工学院,作为筹建基础。9 月份教育部下文同意,10 月份浙江省政府发文宣布,由此开始了浙江工学院(含浙江化工学院)边建校、边迁校、边办学"三管齐下"的艰巨历程。在陆续迁校的 5 年中,衢州的烂柯山校区暂作浙江工学院的分部,一直未停止教学。

1980年暑假,"浙江工学院"正式挂牌招生,9月14日在建校工地上举行了第一届开学典礼。初建的校舍不足,仅能容纳2个系的新生,另4个系的新生和化工学院原有的老生就只好在衢州分部上课。到1981年,1.5万平方米的校舍建成(连同"因陋就简"建起的一批临时教室),81级新生便全部在杭州上课,而所有老生则放在衢州分部直到逐年毕业离校。学生逐年减少,分部也逐年迁移,这又是一个创造。到1984年底,分部的学生全部走完,教职工和教学设备也绝大部分迁来杭州,迁校工作遂告结束。经历20多年风雨跌宕建起来的美丽的衢州烂柯山校区,从1981年起分批有偿转让,到1984年终于结束了它的使命。现在,它成了衢州高级中学的校园。

烂柯山校区有偿转让的补偿金投入朝晖校区的建设,加快了新校区的基建。从1979年开始,平均每年完成建筑面积1.5万平方米,到1986年,校舍存量已近10万平方米,综合教学大楼("主楼")及其附属设施在当时本省高校中已堪称佼佼者。以后几年,又陆续建成了卫生所、图书馆(兼计算中心)、化工楼、机械楼、学生宿舍楼,以及拓工桥、标准田径场和篮、排球场,加上购买的德胜新村、朝晖六区的教工宿舍楼,共拥有了15.8万平方米校舍,朝晖校区基本建成。校园占地375亩,区域规划整齐、功能布局合理、校园绿树成荫、教学环境优美。

1989年,拓工桥南竖起了不锈钢雕塑"翔"(由中央美术学院壁画系张世椿教授设计)。雕塑位于学生生活区、教学区、运动区的交会处,把三个功能区在气韵上连成一体,是整个校园的点睛之作。清纯少女飞扬的身姿和神态、由她指尖飞出的鸟群、鸟群所穿透的背景壁画墙"宇宙",浑然一体,灵动而大气,意境深远、发人深思,赋予了新校园鲜活而深邃的灵魂,也成了朝晖校区的美丽地标。

二、浙江工业大学 1.0(1993—)

1978年党的十一届三中全会以后,中国开始了改革开放,与港台的交往首先热络起来。进入80年代,许多港台实业家纷纷回大陆投资办工厂、办医疗、办教育。而进入90年代,国内的高教领域也出现了升格热,各大学纷纷扩大招生、提档升格,于是我校迎来了新的发展机遇。

80年代末,浙江工学院已粗具规模,在校生超过了6000人的远期规划,教学质量和管理也在社会上赢得了较好口碑,校领导开始考虑工学院的升级跨越,着手制定和实施第一个十年发展规划。

恰在此时,原籍浙江嘉兴的台湾实业家张子良来大陆捐资助学,浙江省将他推荐到浙江工学院,并提供了配套资金。学校抓住机遇,修订规划、拓宽专业、改革体制、强化学科,终于获国家教委批准升格。1993年12月,"浙江工业大学"的新校牌换下了"浙江工学院"的旧校牌。省计委批复"浙江工业大学"的总体规划方案,同意占地面积扩大到 500 亩,学生规模扩大到 6000 人,建筑总面积扩大到 26 万平方米(1995 年,一墙之隔的浙江经济管理干部学院并入浙工大,校园面积和建筑面积得以进一步扩大),朝晖校区的建设又出现一轮新的高潮。1993 年以后,陆续建起了子良楼(1995 年、1998 年)、体育馆(1993 年、2001 年)、邵科馆(1999 年)、师生活动中心(连同游泳馆)(2002 年)、教科大楼(2002 年)、机电大楼(2007 年)、梦溪村(2001 年、2002 年)、幼儿园(2002 年)、博文园餐厅(2001 年)、毓秀堂餐厅(2002 年),修缮了原经干院的主楼(1997 年)。到 2002 年,校园占地总面积达到 561.8 亩,总建筑面积近 32 万平方米。

与前两个校区的建设不同的是,朝晖校区的建设中注重了整体布局设计和文化生态建设,在校园文化方面上了一个新的台阶。

1994 年前后,伴随着工商大潮在全国兴起,各种价值观和新思潮剧烈碰撞,各高校也受到剧烈冲击,"加强精神文明建设"被提上重要议事日程,浙江省教育厅和共青团省委在全省高校发起了"建设文明校园"的活动。在这个背景下,浙工大制订了《1995—2000 年校园精神文明建设规划》,开展了一系列校园文明建设活动,积极营造校园文化生态。1995 年,学校向全校师生征集校风、学风、校歌、校标、楼名、桥名、路名等,1996 年又进一步制订计划、加大投入,召开了8000 名师生的动员大会,成立了以校长为组长的"校园文明建设领导小组"和"校园文明建设办公室"等机构,全面整修了校园的园林绿化、休读景点、道路桥梁、建筑外墙,更新了广播系统,建立了电视台、阅报栏、宣传橱窗,制订了各方面的"职业道德"和"文明公德",终于在省级评估中获得优秀,被授予"浙江省文明校园"称号。从此,校园中的桥、园、楼、路陆续有了自己的名字。

桥名有:东新桥(上塘河上的古桥,2001 年修缮)、拓工桥(1985 年新建)、精弘桥(2000 年新建)、梦溪桥(2001 年新建)。

楼名有:存中楼(原主楼,取自沈括的字"存中",也有"存续中华文化传统血脉"之意。沈括的著述和发明多属于工科范畴,很适宜作为工学院的象征)、寿恒楼(原化学楼,改名以纪念李寿恒先生。李寿恒先生,字乔年,是我国近代化学教育的奠基人、浙江化工学院的老院长,1998 年是他的 100 岁诞辰,学校举行了系列庆祝活动,包括建立他的半身铜像、将图书馆前的大雪松命名为"乔年松"、命名寿恒楼、设立李寿恒奖学金等)、明志楼(原主楼的西配楼,取意"淡泊以明志")、致远楼(原主楼的东配楼,取意"宁静以致远")、文荟楼(原经干院的主楼,取意"文脉荟萃")。不过后来建造的一些楼就直呼其名了,如子良楼(张子良先生捐建)、邵逸夫科学馆(邵逸夫先生捐建)、教科大楼(教学科研大楼)、机电楼(机电学院大楼)、生环楼(生环学院大楼,初建时曾是机械学院楼)、东教楼(教科楼以东的教学楼)等等,显得与那些起有雅名的楼不匹配(不过那些雅名中被认可而广为流传的只有存中楼和文荟楼,另三个楼名几乎被人遗忘了)。

　　园名有：翔园（拓工桥南，因雕塑"翔"而得名）、尚德园（拓工桥北的生活区，是朝晖校区的起点）、趣园（尚德园中心的一块供学生休憩、活动的小园，园中有"劝学亭"）、桃李园（拓工桥南到精弘桥南一带的沿河园林，因紧邻桃李满天下的李寿恒先生铜像而命名）、樱花园（桃李园以南、存中楼以北，遍植日本足利工业大学所赠的百株樱花）、文荟园（原经干院校园中的景观园林，非常精致）。2002年以后又增添了翰墨园（存中楼南中心广场两侧，园中小径共缀有80条古人的励志格言地雕，用古朴的篆体书法刻成，翰墨意味浓厚）、梦溪园（沿东新桥和上塘河两岸的园林，园名取自宋代科学家沈括的《梦溪笔谈》）、毓秀园（"毓秀堂餐厅"以东、东新古桥以西的沿河园林，与梦溪园隔河相望、相得益彰）等。这些园林造型多变，树形高低色彩搭配、建亭置景、曲径通幽，灯光、长椅、假山、奇石都经过精心设计，使整个朝晖校园犹如一座大花园。

　　路名有：工大一路（存中楼南）、工大二路（存中楼北）、工大三路（尚德园南）、敬业路（教学区与运动区之间的主通道）、勤学路（拓工桥北、尚德园西的主通道），不过这些路名现在也几乎被人遗忘了。

　　1995年到2002年之间，朝晖校区的校园文化建设有两个亮点，一个是"取精用弘"的普及，另一个是运河文化的发掘。

　　1995年由徐德明先生首提、大多数学生投票遴选出的工大学风"取精用弘"，易读易解，很接地气，得到了师生们的广泛认可。当年7月，在图书馆正门前竖起了"学风碑"，毗邻李寿恒先生的铜像和乔年松，与图书馆、讲演厅一起构成了一个文化中心。后来又由此衍生出一系列名称——图书馆前的跨虹桥叫"精弘桥"，浙工大校园网上的学生论坛叫"精弘论坛"，尚德园的学生餐厅叫"精弘食苑"，……"取精用弘"渐成品牌，深深融入了工大文化之中。相比较而言，同时期诞生的工大校歌、工大学生之歌，在热闹了一阵之后便很快被冷落了（现在校歌仅留存于工大内部电话的彩铃中）。后来建立的泰山石（2003年）、日晷碑（2005年），甚至"厚德健行"的校训（2003年），也都没有达到类似的文化融入度。

　　跨越上塘河的东新桥，为单孔石拱古桥，始建于唐贞观年间（627—649），原名古松老桥，清光绪二十五年（1899年）重建，改称东新关桥（现在"东新关"地名已不存在，就叫东新桥）。桥下的上塘河，据说是杭州地区自古以来第一条由人工开挖的运河，其历史可以上溯到春秋战国的吴王夫差时期（前486），全长50公里，直通到海宁盐官镇，自秦汉至隋唐宋元历代一直是运河南端的主航道，直到元末张士诚据杭州时（1359），另辟更宽阔的主航道将运河取直，上塘河才成为运河的支流。东新桥及其所跨的上塘河道，虽然其交通制水作用在盛极两千年之后有所淡化，但其古迹文化作用却与日俱增，不但凝聚着深厚的运河文化，也是杭州地域文化的重要标志。2001年，工大征得桥东区块建设新的学生生活区,东新桥便成为校园内的古迹。学校不但对其进行了"修旧如旧"的修缮保护,还围绕它和历史人物沈括进行了地域文化的系列开发——在古桥东西两端种植一些百年古松以还其"古松老桥"之实;精心设计和建造了"梦溪园",在园内围绕沈括设计了一些景点,包括桥东头新建"古钟亭"(古朴的青铜大钟上刻有沈括画像、"梦溪笔谈"四个篆书大字和《梦溪笔谈·序》全文),桥东的生活区命名为"梦溪村",村南的新建大桥命名为"梦溪桥",教学区的主楼命名为"存中楼",等等,这就以东新桥和上塘河道为中心形成了具有浓郁的古运河特色和沈括意味的古文化区。

从整体上看,朝晖校区的布局设计就是围绕上塘河及其"人"字形分叉展开的,简称为"一、二、三、四"格局——一条河、两大功能区、三个区块、四座桥将它们相连:

上塘河自北向南而来,流过东新桥以后呈"人"字形分叉分别流向东西两方,河南是连成一片的教学、运动区,河北由东新桥连起两个区块,是师生生活区和一些附属校舍。下面来做一个简要的巡礼:

朝晖校区的正大门向南,开在上塘河以南的潮王路上,一条中轴线从南大门向北直贯上塘河南岸,高大的存中楼在南岸坐北朝南形成"压轴",它的主楼向东西两侧伸出双臂,连通两个配楼"致远楼""明志楼",两配楼南面各有"生环楼"和"寿恒楼"分列东西,在它们南面横亘着宽达 200 米的子良楼,这四座楼(存中、生环、子良、寿恒)围出了一块 70 米见方的庭院式中央广场,广场中央立着一块形如泰山的巨石,古朴粗犷、崎岖险峻,象征着攀登精神(与存中楼门厅里一幅"攀登珠峰"的油画相映)。子良楼虽宽却不高,横陈于中央广场南缘与南大门之间,犹如一道"照壁",使教学区不至于一览无余而失之于直白。子良楼是双排中空结构,内部回廊曲折、空间富于变化,中段的 B 区架空了 3 层,又形成一座高 10 米、宽 24 米的拱门跨越中轴线,人们进入南大门虽感觉有一面屏障遮掩整个教学区,却可一眼望到中央广场和存中楼,这就使得中轴线既完整又通透、中央广场既封闭又开放,也使得子良楼既大气雄伟又不至于喧宾夺主。这组楼群色调统一、样式相近,体现了严谨对称、主次有序的传统建筑布局理念,同时也融入了开放通透、多元统一的现代建筑思想,很耐品味。这里是学校的中心区域,学校的机关、教室、实验室、会议室、报告厅大都在这个区域。

存中楼东北面的"人"字形河道腹部,另建有结构新颖的图书馆(兼计算机房),六边形的组块高低错落,很有艺术味,但不够大气,也与中轴线无关,属于教学区的外延部分。

最初规划的教学区布局到此为止,随着学校的发展(尤其是经干院的并入),后来校园逐渐向北、向东延拓,陆续新建了邵科馆、教科楼、机电楼和东教楼,修缮了原经干院的主楼"文荟楼",在教学区中心区域的东北形成了另一个副教学区。这块区域的东北角,是由原经干院 1992 年所建的"文荟园",精致的小桥流水、游廊花榭,宛如朝晖校区的"后花园"。

教学区的西边隔着敬业路,是运动区,包括标准运动场及其看台、篮球场、排球场、网球场(现在变成了停车场),加上后建的体育馆、游泳馆、师生活动中心,非常开阔,既为师生提供了丰富的体育文娱活动场所,也很好地阻隔了西边交通繁忙的上塘路的交通噪音对教学环境的干扰。

运动区与教学区在翔园交界,"翔女神"立于翔园中心,北望拓工桥。过桥往北的尚德园是朝晖校区最初的立足点,如今已是一大片学生宿舍、教工宿舍楼群及若干生活配套设施,包括趣园、校医院、超市、精弘食苑、毓秀堂食府。

尚德园以北,是校内实习工厂区和校印刷厂,再向北就是翔园宾馆构成的北大门,出北门是德胜新村住宅区,那里也有几幢楼是工大买下的教工住宅。

尚德园以东,穿过"毓秀园"、跨过东新桥,便是河东的另一片学生宿舍区"梦溪村",还包括博文园餐厅、网球场和幼儿园。梦溪村往南,跨过梦溪桥,就是河南的教科大楼和东教楼,回到了教学区。

升格工大以后,陆续还有一些学校并入:浙江经济管理干部学院于 1995 年并入,使朝晖校区的校园东扩到文荟园;杭州船舶工业学校于 1999 年并入,其校园成为浙工大的之江校区,2001 年成立了浙工大下属的独立学院"之江学院",现在之江学院又到绍兴市柯桥区开辟了新校区,留下的之江校区又将另作他用;浙江建材工业学校于 2001 年并入,其校园成为浙工大的假山路校区,与朝晖校区北面的德胜新村隔着上塘路,基本没做改造。

在校园文化方面,之江校区较有特色,也值得一写,尤其是它的楼名、亭名和园名——"行健楼"(取自"天行健,君子以自强不息")、"厚德台"(取自"地势坤,君子以厚德载物")、"致知楼"、"穷理楼"(取自"格物致知,源物穷理")、"慎思楼"(取自"博学之,审问之,慎思之,明辨之,笃行之")、"仰止园"(取自"高山仰止,景行行止")、"致用阁"(取自"学以致用"),还有"学缘堂""一览阁""无息亭""融会桥"等,不仅起名高雅,而且建筑物上都大书其名,促其流传,这一点上胜过朝晖校区。

总的来说,朝晖校区的建设应该说是成功的。校园布局规整合理,区块功能明晰得当,人员流动便捷顺畅,环境绿化优美统一,文化气息丰富良好,符合本科大学校园的定位。但从"综合性大学""教学研究型大学"的高要求来看,它也还存在一些局限:

1. 校园设计的格局体现了当初规划的局限。从"单科性大学"的化工学院变成"多科性大学"的工学院,再到"综合性大学"的浙工大,需要有更大的胸襟和眼光,但朝晖校区的布局仅重点关注了化工学院的两个传统学科(化工、化机),分别为它们设计了专用大楼,其他后来陆续新建的专业院系就只好在其他大楼里见缝插针了,这不仅导致以后所建的几座大楼布局比较凌乱,也使得各个学院在校园中的分布散乱多变,一些大楼也就时常被变更用途、拆装改造。30多年来,中心区域几乎所有的大楼都经历过多次的类似施工。虽说这可归因于工大的快速发展令设计者始料未及、令房产管理部门穷于应付、频繁调配,但也反映出最初的规划和设计缺乏远虑、目光短浅、格局较小。

2. 大楼和教室的一些设计不符合大学特点。

(1)楼梯与电梯:大学的特点之一是学生量大、活动集中,人流潮汐起伏极大,上课时段校园中行人稀疏,一旦上下课即人流汹涌,大楼通道和校园道路的设计必须考虑到这种起伏。存中楼的教室一直设计到八楼,虽然楼梯较宽,却只安装了两部小电梯,时常可以看到有教师因挤不进电梯而提着大捆作业本气喘吁吁地爬楼梯。教科楼高达十四层,教室更集中,人流潮汐更大,却也只有四部小电梯,人为地制造了许多抢挤电梯的不文明现象。后来这两座大楼的高层不得不改作办公室和实验室,而把子良楼的低层办公室打通以后改造成教室,这就是实践给予的教训(顺便说,子良楼的走廊有多道门,有的门也设计得不合理,阻碍人流)。

(2)小教室与大教室:大学教学是大班好还是小班好?观念也几经变化。最初的教学楼设计主要依据小班教学,大教室很少。20世纪90年代扩大招生使教师短缺,许多课(尤其是基础课)不得不合成大班课,于是提倡"提高效率""提高师生比"。大教室不够用,就把一些小教室打通合并成大教室,这样的教室往往过于狭长,并不适合大班教学。后来建的子良楼、教科楼,专门设置了多个宽敞的大教室,局面有所改观。但是不久又转而提倡小班化教学,考核指标中也规定"降低师生比"(向西方教育看齐吧?),大教室就经常闲置了。

(3)多媒体与讲台:90年代开始,多媒体教学手段逐渐普及,几乎所有的教室都安装了相关设备。升降屏幕起初被挂在黑板正中,教师提意见后被移到旁边,露出半边黑板,却又产生了灯光矛盾,于是部分教室的黑板前灯改成分开控制,但也还有其他问题,如灯泡老化、麦克风不便、电扇太远、讲台太高太小等(讲台的高低、大小,也曾引起许多议论,其实上课不比做演讲,低矮宽大的讲台会更好些)。这些看起来琐碎的技术问题,直接关系到教学方式甚至是教学思想(例如:多媒体如何与传统板书结合、讲台如何利于教师讲课和与学生交流),但设计、购置和安装这些设备的人往往缺乏对教学细节的切身体会,也缺乏为教师设身处地考虑的人文关怀。

总之,随着学校定位的提高,早年那种"因陋就简"的观念不再适应当前实际,学校在校园建设和相关设施装备上需要持较高的标准了。

3. 朝晖校区的园林绿化虽然比较完整,但一些细小的设计还有瑕疵。比如说,树下道边的长椅、石凳可供游人休憩,用于点缀公园很好,但用在校园中却不够好,应使其更便于阅读书写;亭阁景点和大楼空旷处也应设置一些便于读写的桌椅,总之,应使校园的大楼和园林更多一些学校味,更方便学生(这一点,子良楼的阳光厅是很好的例子,可惜这样的地方太少了)。校园中的诸多楼名、路名、桥名、园名,也应该有更醒目的标记,让师生们常读常认、养成习惯,才能自然地融进校园文化生态中。在这方面,之江校区和屏峰校区做得更好一些。

第四个校园:小和山高教园区的屏峰校区(2002—　)

一、浙江工业大学 2.0(2002—　)

1998 年开始,中国高等教育进入快速发展时期,各高校纷纷大幅度扩大招生,高等教育开始从精英教育转向大众化教育。浙江省为此采取了两大举措:一是建设六大高教园区(如紫金港、滨江、下沙、小和山、转塘等)以扩大办学空间,二是依托本科院校创办二级学院(如浙大的城市学院、浙工大的之江学院、杭师大的钱江学院等)以吸纳社会办学资源。

朝晖校区的发展空间已达极限,校园内十分拥挤,四周却再无拓展余地,于是省政府决定在城西小和山高教园区内划拨一块土地,建设浙工大的新校区,与朝晖校区协同运作,浙工大的发展由此进入“2.0 时代”。新校区位于杭州城西小和山森林公园腹地,北倚大成山,南望屏峰山,称为“屏峰校区”,规划占地2150 亩,四面环山、曲水萦绕、植被茂密、空气清新,得天独厚的自然环境为校园规划和景观设计提供了丰富美好的天然资源。

屏峰校区的建设速度也很快,2000 年开始规划设计,2002 年 6 月全面开工,2003 年 9 月就建起了广知楼、语林楼、健行楼、家和西苑生活区和运动场,开始迎接大一新生,2006 年一期工程完成,部分学院开始搬迁,2009 年完成了二期工程,初步形成了西面教学区、中间运动区、东面生活区的大布局。2010 年,在生活区(家和西苑、家和东苑)的东面又开建了另一片教学区和运动区,估计2017 年可以交付使用。2014 年又规划在西部教学区的北面山坡上建设维尔切克量子中心等科研院所。按照省里的划拨,原本在生活区南面、隔着留和路还有一块教工生活区,但后来被省教育厅收回另作他用,另将屏峰校区以西约 5公里的“翰墨香林”住宅区分给浙工大若干幢楼来补偿教工生活区。这样,屏峰校区最终形成了“西南教学区—中部运动生活区—东北教学区”的“扁担两头挑”的狭长布局,三个区块在大城山东南麓沿留和路一字排开,由西南向东北绵延 4 公里,而宽则不过 500—800 米。

由于是“在一张白纸上画图”,屏峰校区从一开始就很注重区块功能设计和园林景观设计,委托了一些资质好的设计单位和施工单位,并注意向全校师生征求意见。从目前建成部分的效果来看,校园建设应该说是总体成功的,展现出以下一些文化特点：

1.体现了浙工大"综合性教学研究型大学"的定位。以大学而论，浙工大共经历了三次转型：第一次从单科性工科大学转型为多科性工科大学，第二次从工科大学转型为"以工为主、理工结合、文理渗透、经管师法兼容"的综合性大学，第三次从教学型大学转型为教学研究型大学。在三次转型中，不仅学科大大增加、领域大大拓宽，而且办学重点也从培养本科生发展到本科生、硕士生、博士生、博士后的多层次培养，因此不但教学楼大大增加，而且对大楼的结构要求也从"办公室＋教室＋实验室"组合到"办公室＋教室＋研究所＋实验室＋学术报告厅"组合。在屏峰校区，各学院都有"自己的楼"，教授们也都有"自己的办公室"（或"办公桌"），而且增添了许多科研用房，包括实验室、资料室和学术报告厅。各学院楼还顾及到了学科的特殊需求，如理学楼有较多实验室和计算机房、法学楼有模拟法庭、郁文楼有演播实验室、语林楼有较多语音室等。未来的艺术楼还会有较多画室，建工楼也会有较多模型室和制图室。此外，每一座楼都有许多大小教室，既为各学院的未来发展用房预留余地，也可由学校统一调配安排上课。跨学院的公共用房（行政管理中心、公共机房、大型活动场所、接待安置馆所等），也预留了学校的未来发展空间。这样的格局，眼光长远、气度开阔，是朝晖校区所不可能有的。

2.屏峰校区没有很高的大楼。这一方面是由于身处小和山森林公园腹地，杭州市规划局规定所有建筑高度都不能超过 30 米，但另一方面也是出于学校自身的理念。大学之"大"，并不在大楼，主要在大师，而大师的养成和活动，需要开放、自由、相对独立和安静的环境，所以学者们一般都不喜欢体量巨大、人流集中、纷乱嘈杂的巨型大楼。屏峰校区的楼都不太高、不太大，分散掩映在绿树浓荫之中，设施齐全、疏密有度，四周树木葱茏、空气清新，既适于静思默想，也适于交流讨论。而对于上万师生员工来说，学校布局疏朗、环境优美，阅览室宽敞、教室富余，既适合静心学习，也适合开展丰富多彩的课内课外活动。同时楼不高、楼梯多、出入口多、楼间距宽、道路也宽，使校园内人流车流都比较通畅，不会出现潮汐拥堵。

3.屏峰校区的楼群设计颇具匠心。建筑风格总体上属于"新古典主义"，既有古雅庄重的古典风格，又有开放通透、简约直白的现代风格。外墙大立面统一采用了近似砖红的暖色系，与周围的碧水绿树形成了鲜明对照，远观非常温馨漂亮，已经在社会上成为一种口碑，被称为"工大红"。另一方面，各楼的造型也进行了个性化设计，力图体现学科的文化特征，如法学的庄严宏大、理学的严谨规整、人文的儒雅通透、艺术的唯美浪漫、政管的大气厚重、经贸的智慧通达、外语的国际色彩等等。各楼共存于一个校园中，既在风格和色彩上大体统一，又结构多变、各有千秋，四周茂林修竹、小桥流水、曲径通幽，构成既有中国元素又有国际风范、既统一又多元的"和而不同"的美丽校园,受到了师生们的一致喜爱,也为小和山森林公园增色不少。可以自豪地说,屏峰校区建筑设计、园林布局的品位,明显高于周围的其他学校,在小和山高教园区确属鹤立鸡群。

4. 屏峰校区的楼名也起得很好,如西南教学区的健行楼(健行学院、行政中心楼,2003年建成,取意"天行健,君子以自强不息")、语林楼(外语学院楼,2003年建成,取意"语言之林")、广知楼(公共教学楼,2003年建成,寓意"广取知识、拓广见识")、郁文楼(人文学院楼,2005年建成,取自孔子语"郁郁乎文哉")、仁和楼(政管学院、马克思主义学院楼,2005年建成,寓意"仁者为政之本,和者文化精髓",而且"仁和"也曾是杭州的旧名)、畅远楼(国际学院楼,2005年建成,寓意"畅行天下、远达四海")、博易楼(经贸学院楼,2005年建成,寓意"广泛交易""市场博弈")等,显示了较高的文化品位。不过还有些楼是直呼其名的,如理学楼(2004年建成)、法学楼(2005年建成),没有自己的雅名,有点遗憾,希望能补上。东北教学区的各楼尚未命名,也希望能少些遗憾。

5. 教学区东边的运动区很开阔,标准操场、篮排球场、风雨操场、体育馆连成一片,运动区与西南教学区之间还有一片开阔的草坪和向日葵园,从运动场一直延伸到高大壮观的图书馆(2006年建成),使教学区与生活区之间的运动区十分辽阔,显得非常大气,也让精力充沛的青年学子们有充足的活动空间。图书馆大楼虽然显得特别高大,但其楼高也并未突破30米,只是由于建在高地上(地基挖得较深,使存放贵重资料的地下书库能保持恒温恒湿),周围空间又特别开阔,所以显得格外大气。它正面的欧式古典立面充满书卷气,背面的半圆形设计与顶上的大穹顶相呼应,也与背后的山峦相呼应,白色的外墙和高端亮丽的现代结构相得益彰,曾获得多个优质建筑奖,成为屏峰校区的地标性建筑。运动区东边的学生生活区与教学区有明显的差异——楼层高些、布局密些,有利于做到人气集聚、功能配套、生活便利、管理有序。

6. 屏峰校区的正大门(2007年建成)也别具匠心:由高大的图书馆向南,两条平行大道(中间是花坛)直通留和路边一块半圆形的宽阔绿地,绿地北缘横立两块矩形巨石,一块是粗犷厚重的花岗岩,镌刻着郭体集字的校名"浙江工业大学",另一块是方正光滑的大理石,两端各内藏一道伸缩门,为正大门的出入口,大理石正面用甲骨文镌刻着校训"厚德健行"。在出入口两则,沿绿地弧形排列着十块矩形花岗岩组成的文化墙,代表学校目前已形成的十个一级学科(工学、农学、管理学、教育学、经济学、法学、文学、医学、理学、哲学),文化墙正面刻着屏峰山脉的等高线,状如行云流水、木纹年轮,背面则分别刻有各学科名的篆体印章、图腾符号和文字表达。这个设计不仅大气开放,而且寓意深刻——既象征浙江工业大学的源远流长、学海无涯,又象征学校的理工结合、多学科渗透共存,不但显示了学校的高水准、高品位,也表达了学校的高追求、高目标。

综上所述,屏峰校区的建设可以说是高起点、新理念,不过目前看来还是存在一些不足:

1.“一根扁担两头挑”,两块教学区安排在中央生活区的两端,其实是屏峰校区整体设计上的一个败笔。一个校区被规划成狭长的形状本来是很尴尬的事情,虽然有其外因,但如何“因陋就简”、减小其不利因素,在布局设计上还是能反映一些建校理念的。学校的中心是教学科研,教学科研区必定是人流最活跃、最集中的地方,理应置于长条的中央部位,而将运动区和生活区置于两个远端,使日常较集中的人流方向从远端往中心流动。但屏峰校区的布局恰好相反——生活区和运动区置于中央部位,教学科研区被分置两端,而且这种格局已经无法改变。这至少有三个缺陷:

(1)会增加许多东、西两个远端之间的人流车流,许多管理人员、教师和学生将不得不长距离奔波,不但大大增加学校的运行成本,也会人为造成人流、车流的潮汐拥堵。有人曾提议开通校内公交车,或设置校内租赁自行车,但恐怕也会问题多多,难以实行。

(2)根据学院楼的分布,文科和理科(人文、法学、政管、马克思主义学院、经贸、理学)主要集中于西南区,工学学科(机械、建工、信息、计算机等)集中于东北区,而化工、药学、生物、环境、材料、海洋等需较多化学实验的学科将集中于未来的德清校区。这种“集团军”式的学科分布,与综合性大学“理工结合、文理渗透、经管师法兼容”的办学理念是背道而驰的。不同学科的教师难以交流,不同大类的学生各奔东西,只会使各学科门类相互阻隔、渐行渐远,不利于学科的自身发展与相互渗透,也不利于学生综合素质的养成,甚至连选课、排课都会有困难。

(3)学校师生的活动大都集中在教学区,但食堂建在生活区,师生就餐极其不便,所以后来不得不在教学区设置若干购餐点,饭菜从食堂远途送去,不仅就餐环境远不如食堂,而且常常有迟来的师生没饭吃或只剩冷饭冷菜。也许将来在东北、西南两个教学区必须各建一个食堂,才能彻底解决师生的就餐难题,但那时生活区的两个大食堂就会显得“产能过剩”了。

各国的许多著名大学都流行“多校区”,但实践证明,“多校区”只会给管理带来麻烦,只是不得已而为之。但在一块相连通的区域中人为设计成两个分离的中心区,这无异于自讨苦吃,不能不说是设计中的一个败笔。

2.虽然屏峰校区的建筑群大体统一,但也有一些刺眼之处——主要的标志性建筑图书馆大楼(2006年建成),单独来看,高大、气派、洋气、漂亮,非常夺目。但它与周围建筑的“工大红”色调和蕴含中国元素的含蓄风格不太协调,显得很孤独,被师生们戏称为“白宫”。紧邻广知楼的两个体育馆(2006年建成),一大一小,都是银白色球形外观,中间以平台相连,号称“一个大盘托起两颗明珠”,

但也不为师生认可,戏称为"两个蒙古包",甚至是"两个大坟包",也是只能单独看的,在校园整体中显得很突兀。

3.还有一些问题,与管理有关,也与设计有关。比如,西南教学区的郁文、法学、仁和、博易四座楼及其中央草坪都是架空的,下面是一个四通八达的地下车库,这本是不错的设计,但一些通道至今被锁着,或堆放着杂物,让人们通行不便,所以很少有人愿意去这个地下车库停车,大多停在楼旁空地,十分凌乱。朝晖校区的教室设计(包括多媒体设备)中存在的一些问题,在屏峰校区也仍然存在,有的还更严重,例如有些教室太大,被隔成两个小教室来用,但隔墙边上却不密封,以致两个教室互相串音。广知楼没有空调,大小教室夏天都靠电扇降温,但讲台上方却依然没有电扇。

4.目前看来,屏峰校区虽然环境很好,但人文景观还是太少,文化氛围尚显不足,需要逐步添置。一些楼名、路名还需改得更雅一些。虽然说有的路名有其历史意义(如白荡海路是纪念白荡海校区的,乌溪江路是纪念烂柯山校区的),但似乎并没有被师生广泛接受,也需要多运用多宣传。

二、浙江工业大学 3.0(2014—　　)

2014年,德清县政府与浙工大达成协议,在德清莫干山麓建设浙工大的又一个新校区"德清校区",计划到2017年基本完工,到2019年,浙工大的部分专业(如化工、材料、海洋、药学、生工、环境等与化学关系较密切的专业)将迁往德清,浙工大即将进入崭新的"3.0时代"。不过到那时,对莫干山的环境保护将可能成为新的问题。

此外,位于杭州城西南的之江校区,由于之江学院迁往绍兴柯桥而腾空了,那是一个精致而美丽的校区,如何利用? 会不会让浙工大进入"4.0时代"? 对校园文化将带来哪些影响? 这都是将来的话题。

"存中楼"史话

林宝琨

从潮王路走进浙江工业大学朝晖校区的南大门,经过深 40 米的大拱门,映入人们眼帘的是一座被称为存中楼的教科大楼。30 余年来,这座雄伟的大楼陪伴学校教学科研的进步,见证了诸多学科成长和各个院系前行的步伐。

存中楼名称的由来

存中楼原称主楼或教学主楼,其东面和西面又有两幢配楼。1982 年教学区总体设计的方案中,唯其体量最大,且具有综合性行政、教学、科研和实验功能,故称为主楼。两幢配楼南面又各设计有一幢大楼,即机械楼和化工楼,三楼呈"品"字形分布,共同构成当时学校教科楼群的主体格局。

1996 年,学校党委宣传部向全校师生征集校园景点和楼、路名称。这是自 1993 年学校更名为浙江工业大学以后,加强校园精神文明建设系列工作的一项举措,学校的形象设计和校园文化建设日益受到重视。当时,我参加了这一研讨活动,并提出了一些建议,其中对楼名提出了"以浙江籍的我国历史上著名科学家命名"的方案,以提升校园文化的历史底蕴和显示浙江的地域文化特色。根据当时教学主楼承担多学科综合性的功能及在校园教学区布局中轴线上的地标性区位的状况,我提出了以我国北宋时期著名科学家沈括的字"存中"为楼名的建议。

沈括(1031—1095),字存中,杭州人,是我国古代以博学著称的科学家。《宋史·沈括传》中记载他"博学善文,于天文、方志、律历、音乐、医药、卜算无所不通,皆有所论著"。沈括一生论著颇丰,存世的《梦溪笔谈》26 卷及其补、续笔谈 4 卷是他的晚年代表性名著,其中有对当时科学技术成就的十分珍贵的忠实记录,是我国科学技术史上一部十分重要的著作。作为地处杭州的一所以工科为特色的综合性大学,我们在校园文化建设中引入被中外学者所公认的历史上卓越科学家沈括,是十分有益的。同时,"存中"一词与教学主楼在校园中所处的区位特点及其所承担的教科功能亦十分妥帖。

经过讨论,"存中"作为教学主楼楼名的方案被采纳,这就是"存中楼"名称的由来。

在此之后,沈括及其传世名著《梦溪笔谈》作为校园文化的元素被多处运用,在校园中陆续有了梦溪村(2001年竣工的位于上塘河东的学生公寓群)、梦溪桥(2001年竣工的梦溪村连接教学区的桥梁)、梦溪园(2002年底建成的位于梦溪村上塘河沿岸的绿化园林带)以及端庄古朴的梦溪钟(位于东新桥东堍的仿古铜钟,刻有沈括的画像及简介、《梦溪笔谈·序》等文字)。

存中楼功能的演变

存中楼作为学校当时的主楼,是教学区的第一个基建项目,是当时学校基本建设的重中之重的标志性项目,由浙江省建筑设计研究院于1982年底完成设计,浙江省第三建筑工程公司于1983年初开工建设,造价为943万元,而1983年全校的教育经费只有413万元,衢州烂柯山校园的全部转让费亦只有450万元,全部补充为基建经费尚有不足。由此可见,在当时教育经费十分困难的情况下开建的存中楼,在校园建设中的分量之重。

存中楼从开工建设至今30余年来,在学校发展史上发挥了独特的作用,它的功能演变客观地记载了我校前进的步伐。

在开工建设不久后的1983年初秋时节,存中楼还只是一个建筑工地,基础部分刚露出地面,楼体的庞大规模初见端倪,便已开始发挥对外展示我校形象的功效。日本足利工业大学副校长有国肇教授带领30余名师生来我校开展联谊活动,我们陪同他们走过上塘河上的临时性竹桥,参观了存中楼建筑工地,描述了教学区建设的蓝图和学校发展的美好前景,当时就听到了足利工业大学师生的赞美之声,该校土木工程系的师生尤感兴趣。存中楼的基础工程奠定了我校与足利工业大学建立友好合作关系的基础,成为我校与国外大学签订友好合作协议的肇始。

1985年底存中楼竣工。这是一幢建筑面积为28800平方米的大楼,由主楼和东、西两幢配楼以及学术报告厅组成,四部分的功能相对独立,但在建筑造型上是一个整体,形成体量大、造型丰富的建筑形象。主楼主体为8层,中央局部11层,总高度为40.9米。存中楼的体量、造型、建筑色调等体现了20世纪80年代我国高校主楼建筑的艺术特征,也成为当时杭州城北地区的一座标志性建筑。

1986年2月1日,学校举行教学主楼的落成典礼,从此全校教科活动的重心由上塘河北的学生生活区转移到教学区。楼内设置了80个教室,以及土木系、电子系、工管系和基础课部的全部实验室,校行政管理部门也陆续迁入。学术报告厅成为教科活动与会议中心,大型学术报告会、校内重要会议和一些校际协作活动等均在此举行。主楼中央的第十层为会议室,曾一度作为学校的贵宾室,接待了众多的国内外宾客,在学校历史上留下许多事关我校发展和校际交流合作的佳话,接待中还往往把宾客接引到楼顶的平台,俯瞰学校的布局与周围的环境风貌,尤其是流经校园的古运河与千年东新古桥的历史遗韵,常给他们留下深刻的印象。主楼第九层为设备层,曾在 40 周年校庆时作为我校的第一个校史陈列馆。

随着 1988 年化工楼(寿恒楼)竣工和 1991 年机械楼的相继竣工,与存中楼外形风格一致、色调一致,共同构成东西相望对称的教科楼群,化工、机械两大支柱学科与存中楼的诸多学科一起奠定了浙江工学院的办学基础。

1995 年,子良楼 A 区竣工,随即承担了校行政办公功能和部分教学与教辅功能,存中楼中的校行政机构全部迁出,成为单一的教科功能大楼。

进入 21 世纪以后,我校的办学规模和办学空间快速扩展。2002 年屏峰校区开工建设。2003 年 9 月,随着健行楼、广知楼、语林楼和一批学生宿舍相继竣工,迎来了新校园的开园,第一批新生进驻新校区。随后几年,大批新校舍陆续建成,大部分院系迁至屏峰校区。与此同时,存中楼的功能也逐年调整,成为以化学工程与材料学院为主的教科楼。2010 年,位于 8 楼的教室外迁,存中楼进而演变为教科实验楼,其中东配楼已于 2007 年成为药学院的实验楼。

漫步存中楼

如今,漫步存中楼,主楼门庭内外已标识为化学工程学院。这是 2013 年 7 月随着材料科学与工程学院独立建院,化学工程与材料学院更名恢复为化学工程学院。这是我校的元老级学科,伴随着学校的发展衍生出一个又一个新生学科及院系,而老学科也与时俱进,呈现勃勃生机,教科成果卓著,是我校最早进入基本科学指标数据库(ESI)学科排名前 1‰的学科。现在楼内分布着诸多学科的实验室以及分析测试中心,处处是人们忙碌的身影。

门厅内最吸睛的是位于正中的院训匾。这是我校 20 世纪 60 年代的老校长、我国著名化工教育家、创办我国第一个化学工程系的李寿恒先生的题词:"团结一致,勤奋学习,刻苦钻研,努力为祖国的四化大业做贡献。"李先生的谆谆教诲,激励着一代又一代学子。

存中楼的南面,正对着的是中央广场,绿茵丛中矗立着一块重达 40 多吨的泰山石,古朴而粗犷。泰山石背面的《石头记》,记载着毕业多年的学子们对母校的拳拳盛意。

　　绕行至存中楼西面,迎面的是一座高 6.5 米"翔"的雕塑和一组壁画,与水池、草坪、园艺小品所构成的"翔园"景点。这是由中央美术学院设计,于 1989 年建成的富有艺术感染力的校园文化作品。

　　存中楼学术报告厅的北面,紧靠着一座李寿恒(1898—1995)先生的铜像。这是 1991 年为祝贺李寿恒先生 95 岁寿辰和纪念执教 67 周年所建,当时国家教委和化学工业部等单位都发来了贺电。李教授开创了我国化工教育的先河,从教 60 余年,桃李满天下,故在拓工桥与精弘桥南端沿河一带的绿化园林被命名为桃李园。在铜像附近有以李寿恒先生的字命名的"乔年松"、"取精用弘"学风碑和樱花园等,形成了内涵十分丰富的校园文化景点集群。

　　地处存中楼东北角的东配楼现在已是药学院的实验楼,与以六边形造型、呈台阶蜂窝状的造型独特的图书馆和以"扬帆远航"为主题建筑造型的邵逸夫科技馆相伴。楼厅内展示了药学院自 2001 年建院以来的教科成就。引人注目的是该院"天人合一,循理精炼"的院训,崇尚科学精神与人文精神相结合、理论与实践相结合、传统文明与现代文明相结合,追求至真至善至美的办学精神。

　　朝晖校区最初规划用地 375 亩,建筑面积短期设计为 10 万平方米,如今整个校园已扩大到 560 余亩,各种校舍近 34 万平方米。新建屏峰校区以后,存中楼的功能也在不断变化。但是,存中楼在朝晖校园里的地位和作用,特别是在我校发展历史上所发挥的独特功能、经历的人文往事和积淀的校园故事,诸多历史记忆是值得陈述和回味的。

院、系、学科篇 PART TWO

HOUDEJIANXING
QUJINGYONGHONG

溯源·集群·共进

——我校化学工程与技术学科集群记

林宝琨

在我校的发展史上，化学工程与技术学科不仅历史最为悠久，而且是一个"母"学科。在学科内涵与时俱进的基础上，学校不断主动地面向社会发展和经济建设的需求，开拓新的学科方向，增设新的专业，逐步积淀内生新的学科。60余年来，以化学工程与技术学科为核心，衍生并集聚了材料科学与工程、生物工程、环境科学与工程、药学、海洋化学与化工等一群学科，成为我校特色鲜明的学科集群。

学科史与校史

学科史是校史的主线，体现学校沿革的时代脉络。我校60余年来艰难曲折的历史所显示的强盛生命力，其基础在于办学实力与竞争力，更在于学科建设及其水平。在我校的学科史中，最具代表性的是化学工程与技术学科。

以化学工程与技术学科为核心所形成的学科群，各学科内含化学工程与技术学科的基因，相互之间有着千丝万缕的联系，这是与我校的办学历史密切相关的，也正是原先的浙江化工学院务实图强岁月所留下的印记。

1953年，国务院重工业部创办杭州化学工业学校时，按照当时我国化学工业建设的需要，开设了无机物工学、化学工厂装备、分析化学3个专业，之后又陆续增设了基本有机合成、有机化学等专业。在学科分类上，分析化学、有机化学可划分为理学的化学学科，但是在实际专业设置方向上则偏向于工学，如分析化学专业在1973年以后就改为工业分析专业。

20世纪60年代的浙江化工学院时期，根据浙江化学工业发展的需要，在继续办好化工基本专业的同时，学校又开设了一批新专业。1960年，我校设置了无机物工学、化工机械、基本有机合成、氟化学、电化学、化学纤维、炼油炼焦、高分子工学等8个本科专业，在后来的全国高等教育大调整中，不少专业被调整合并了。这一时期,李寿恒教授担任浙江化工学院分管教学和科研的副院长,后任院长,在加强学科建设和提高教学质量方面做了大量工作,采取了一系列措施。他是我国老一辈的化工教育家,1927年就在浙江大学创办了我国第一个化学工程系,因而是我国高等化工教育的开创者。他十分重视教师队伍建设,亲自兼任师资训练班的班委会主任,并且言传身教,给年轻教师授课,介绍国外新教材,做读书报告等。当时狠抓基础课教学质量,李先生亲自担任化工原理、无机化学等主要基础理论课的讲授。他不但是大班课讲授,而且还组织中青年教师随班听课,容纳200人的大教室常常是内外挤满了听课的师生。这一系列加强基础、提高教学质量的举措,极大地提升了化学工程与技术学科的水平。

70年代,学校在办学理念上主动寻求新的发展机遇,在学科设置方面设法突破化工单一学科的办学格局,努力向多学科办学方向发展。具体表现在两个方面:

一是在化学工程与技术学科内开拓边缘交叉的学科,创办新专业。1973年开设了工业设备防腐蚀专业,这在当时是一个创新的专业,后来在1978年,在国家新颁布的统一专业目录中,该专业改为腐蚀与防护(化工设备防腐蚀)专业。1977年,还根据化工部的建议增设了农药化工(1985年改精细化工)专业。

二是在原有的教学和科研基础上,创办非化工类专业,如1977年新开设了机械制造工艺与设备专业、工业电气自动化专业等。

在80年代的浙江工学院时期,我校更加注意以增设新专业、建设新学科来服务于浙江经济,与浙江经济建设互动。当时为筹建轻工业工程系,化学工程系曾一度改称为化工轻工系。轻工系的第一个专业是发酵工程,后来又开设了食品科学与工程专业等。

进入90年代,尤其是在1993年我校首届学科建设工作会议以后,提出了"以学科建设为龙头,以科研工作为突破口"的办学思路,对加强重点学科建设采取了一系列举措,省、校、院(系)三级重点学科协同发展,不但进一步促进了原有学科的发展,还增进了一些新兴学科的成长,组建了若干新的学院。

我校的学科发展史,具有十分鲜明的产学研结合的特点。在新专业的筹备与设置、科研选题及教科结合的过程、学科建设及其新的学科方向成长等,曾先后经历了产学研结合的松散型合作、教科基地的选择与培育、科研生产联合体、学科性公司、科技产业园、产学研协同创新中心等历史性过程。化学工程与技术学科的成长与发展,正是一个教学、科研、创新、创业与浙江(乃至全国)的经济和市场既分离又互动的学科建设与学科衍生的实践历程。

学科衍生的足迹

在化学工程与技术学科的发展历史中,随着新的学科方向的选择与建设、科研工作与科研机构的组建、教科结合与新专业的创办,衍生出了一个又一个新的学科。这些新学科成长的足迹,构成了我校一部富有生命力的学科发展史。

材料科学与工程学科,是以高分子材料与工程、腐蚀与防护两个专业为基础组建而成的。我校曾在 1960 年开设高分子工学本科专业,后被调整并入基本有机合成专业。腐蚀与防护专业是从 1973 年创办的工业设备防腐蚀专业起始的,1978 年更名为化工设备防腐蚀,1984 年按国家教委的全国工科专业目录调整为腐蚀与防护专业。1985 年,腐蚀与防护专业停止招生,同时开设塑料工程专业。1993 年,塑料工程专业更名为高分子材料与工程专业,并新开设材料化工专业。1996 年,在机构调整中,化学工程学院曾增设材料科学与工程系。2001 年,为适应材料科学发展,拓宽专业口径,将高分子材料与工程专业和材料化工专业合并为材料科学与工程专业。2003 年,化学工程学院更名为化学工程与材料学院(简称化材学院)。化材学院又经历了十年的历程,极大地增进了新材料及加工工程学科的成长与发展。2013 年,材料科学与工程学科独立出来,建立了材料科学与工程学院(化材学院又改回化工学院),标志着材料学科进入新的发展历程。该学科现为浙江省"重中之重"学科,拥有材料化工博士点、材料科学与工程一级学科硕士授予权,建有省塑料改性与加工技术研究重点实验室等一批研究机构,并与相关行业协会建立了广泛联系与协作,为学科建设创造了良好的协同发展空间。

生物工程学科,起始于 1981 年轻工系开设的微生物化学工程专业,1984 年按照全国统一专业目录更名为发酵工程专业,1993 年又曾改为生物化学工程专业,1998 年更名为生物工程专业。生物化工学科是运用化学工程科学的原理和方法,对生物技术实验成果加以开发和工程化的一门学科。生物化工学科于2003 年获博士学位授予权,2004 年入选省"重中之重"学科。2015 年,该学科独立出来,组建了生物工程学院,设有生物工程和生物技术两个本科专业。

环境科学与工程学科,起始于 1994 年化学工程系开设的环境工程专业。1998 年,轻工业工程系发展成立生物与环境工程学院(简称生环学院),环境工程专业从化学工程学院转入生环学院,2003 年又创办了环境科学专业,形成了环境科学与工程学科。环境科学与工程学科是依托化学工程和生物化工等学科发展起来的,于 2005 年被列入浙江省"重中之重"学科,同年获一级学科硕士学位授予权,2010 年获一级学科博士学位授予权,2012 年成功申报一级学科博士后流动站。

药学学科,1998年起步于化学工程学院的制药工程系,是在制药工程专业的化学制药方向和生物制药方向的基础上逐步发展组建的。2001年开设了药物制剂专业,才进入医学类的学科。2000年,药学院开始筹建,与化学工程学院实行两块牌子一套班子,2001年11月,药学院开始独立建院。药学学科现为浙江省"重中之重"学科,具有药物化学二级学科博士点和药学一级学科硕士点。2013年,以它作为牵头单位的"长三角绿色制药协同创新中心"被认定为首批国家级"2011计划"协同创新中心。另外,药学院还拥有教育部和省级的研究中心、实验室等,为提升药学学科水平创造了良好条件。

海洋化学与化工学科,是依托化学工程与技术学科而建立的新兴二级学科。2002年,化学工程学院开设了海洋技术专业,2009年又成立了海洋系,2012年设立了海洋化学与化工学科。2013年,海洋化学与化工学科和食品科学与工程学科一起成为新组建的海洋学院的两大学科。海洋化学与化工学科于2011年获硕士学位授予权,2014年获博士学位授予权。浙江是海洋大省,我校早有开展海洋化工研究的愿望。这使我联想起四十余年前的往事,那是在二十世纪七十年代初,我在科研选题时曾在李寿恒教授指导下开展了有关海洋化工的文献编译和综述,编印了《海洋化工》资料集,还在相关院校之间进行了交流。

学科在集群中共进

在这一学科群中,化学工程与技术学科作为核心优势学科所起的引领作用,对于各学科建设具有特殊的功效,并对提升我校的整体办学水平发挥了独特的作用。我校第一个硕士点是化学工程学科(1983年),第一个博士点是工业催化学科(1998年),第一个博士后流动站是化学工程与技术学科(2003年)。化学工程与技术学科为我校第一次获得国家发明奖(1983年)和国家科技进步奖(1987年),也是获得国家级科技成果奖项最多的学科。2002年,绿色化学合成技术实验室成为我校第一个国家重点实验室培育基地。2007年,工业催化学科成为我校第一个国家重点(培育)学科,同年化学工程与工艺专业入选教育部第一批高校特色专业。这众多的"第一",彰显了化学工程与技术学科在我校学科建设中的引领地位与辐射作用。如今,刘化章教授的工业催化研究团队、徐振元教授的绿色农药研究团队、李小年教授的精细化学品研究团队、马淳安教授的绿色电化学研究团队等,在绿色化工与能源领域承担和完成了一批重大科研项目,其科技成果应用于相关产业中,产生了巨大的经济效益和良好的社会效益。

学科群在教学理念和学术思想上不仅具有校本情结,而且富含特有的"同根"性。这是学科成长的优质土壤,是良性发展的根基,有利于发挥相互促进与协同发展的效应。现在这一学科群中的学科,均具有博士学位授予权。化学工程与技术、药学、环境科学与工程、材料科学与工程等学科已先后被列为浙江省"重中之重"学科,这又为学科群的建设提供了有利条件与资源。

当然,我校学科水平比较的视野不应该局限于省内,而应以一流学科建设为导向,与全国高校同类学科进行比较,并进而指向世界的一流学科水平。教育部学位与研究生教育中心曾组织开展学科评估,对具有研究生培养和学位授予权资格的一级学科进行了整体水平评估。在 2013 年 1 月发布的评估结果中,我校化学工程与技术学科在全国具有博士一级学科授予权的 41 所高校排序中位列第 14 位,成为我校学科在此次评估排序中位列最前的学科。其他学科中,药学学科为第 20 位,环境科学与工程学科为第 21 位,材料科学与工程学科为第 68 位。这基本反映了目前我校学科建设所处的状态。学科水平的高低,不但有其发展的历史因素,更在于学科建设的理念,在于精心培育的特色,特色就能产生优势。我校以"化工情结"形成的学科群,是脉络相通的群体,有利于形成以合作与创新为主线,学科之间互相支撑、交叉融合,发现与培育新的学科生长点,有利于形成优势互补、共同进步的学科群生态环境。

学科群以优势互补构建特色,需要相关学院在核心价值观上达成共识,形成必要的交互和融通机制。在化学工程与技术学科和化学工程学院的发展历程中,先后组建了轻工业工程系、生物与环境工程学院、药学院、材料科学与工程学院、海洋学院,正是新学科的成长与发展,催生了新学院的组建。在学院建设中,发挥学科群体在学科建设中的作用,具有现实的和潜在的效能。因此,学校与学院要善于为学科群造峰,选培新兴特色学科,优先重点支持能较快进入一流水平的学科,营造良好的学术生态环境,这对于提升学校的整体水平具有十分重要的意义。

当今,我国高等教育更加注重学科建设和学科水平的国际比较。在"双一流"建设中,一流学科是一流大学的基础和加速器,以特色取胜是一流学科建设的战略选择。六十余年一路走来,化学工程与技术学科作为我校学科建设的引擎依然强劲有力,仍走在学科建设的前列。今后,在走向世界一流学科的征程中,化学工程与技术学科依然任重道远。

化工工艺专业发展简史

姜一飞

我校的化工工艺专业,涵盖了有机化工、无机化工,再加上化工机械,号称浙江工业大学最初的"三只老母鸡",在发展过程中孵化出了许多相关的专业,成了学校后来发展的核心基础,对"工大文化"影响至深,所以了解它的发展过程很重要。

它的整个发展过程大致可分为四个阶段:

一、"文革"以前

杭州化工学校始建于 1953 年,起初是中专。

1958 年,国家第二个五年计划要求大力发展高等教育,根据教育部精神,浙江省政府决定将杭州化工学校更名为浙江化工专科学校。从此,学校由中专发展成为大专办学层次。学校分设大专部和中专部,大专部学制为 2 年,设 3 个专业:基本有机合成工艺、无机物工艺、化工机械。各招 2 个班的学生,按照大专的专业教学大纲设置各门课程,教学则由原中专部的教师担任。为了适应大专教学需要,从原中专毕业留校任教的教师中,选送了一部分到各相关大学的化工专业去进修提高。这批大专学生于 1960 年夏季毕业,大都分配去了工厂或机关,学校也留了一部分以充实师资队伍(主要做学生辅导员或实验员)。教学上轨道以后,学校要逐步实行大专与中专的分离,原来基本有机专业教研组的一套班子也就分成了大专组和中专组。

1960 年,根据省委书记江华的指示,学校大专部由杭州迁至衢州烂柯山下,同时并入新建的衢州化工专科学校,组建成立乌溪江化工学院(1962 年改名为浙江化工学院)。1958 年秋季所招收的学生此时被分成了三类:1)初中起点中专专业,2)高中起点大专专业,3)初中起点大专预科,2 年后升本科。第三类学生于 1960 年秋季升至本科,随学校迁往衢州,成为浙江化工学院的首届本科生(共 360 多人),他们的专业分为基本有机合成工艺、无机物工艺和化工机械三个专业,学校由此正式进入本科院校序列。

按照省里的规划,乌溪江化工学院基建投资 400 万元,征地 400 亩,规划学生规模为 6000 人,拟建六幢 8000 平方米规模的教学大楼,这在当时可以说是很宏伟的目标。但随即遭遇了三年国家经济困难时期,国家对国民经济开始执行"调整、巩固、充实、提高"的八字方针,规划中的教学大楼仅造了一幢就因资金问题而被迫停下,1961 年的招生人数也被限制在 180 人左右,即 6 个班,每个专业 2 个班。

到 1963 年,国家通过对国民经济的调整,逐渐走出了经济困境,开始进入较快恢复增长期,这时化工部又计划在西北地区办一所万人规模的"西北化工大学",地点打算设在西安临潼。化工部的计划是:以浙江化工学院为基础,并入青岛化工学院、北京化工学院的一些保密专业,组成西北化工大学的班底。所以化工部在 1964 年把浙江化工学院收为部属院校,从衢州搬回杭州,暂时与化工部所属的杭州化工学校共用一个校区作为过渡。据说当时校党委副书记周学山、副校长刘亚东等一班领导曾经跟随化工部有关领导去西安考察新校址,他们在西安临潼看到了大片不毛之地,心都凉了。应该说西北地区的整体环境与南方相比本身就差距很大,西安远郊更显荒凉(据说兵马俑就在那里被发现,如果当时在那里破土建校,说不定兵马俑可提前发现)。学校领导们觉得那里的办学环境太差,远不如衢州烂柯山下,不想去(再说当时浙江省委也不情愿把浙江化工学院交给化工部),这使化工部领导很恼火,说:"既然你们不愿去西安,那化工部也不要你们这所学校。"于是报请国务院批准以后,浙江化工学院又和杭州化工学校一起,由部属改为省管。

省委书记江华当初之所以坚持要把浙江化工学院办在衢州烂柯山下,意图是要让它与衢州化工厂隔江相对,再把省化工研究所(省化工研究院前身)也迁到衢州,最终在衢州形成衢州化工厂、浙江化工学院、省化工研究所"产学研三结合"的新型化工基地。"产学研三结合"是当时一个响亮的口号,被社会广泛认同为行之有效的新理念。集中全省化学工业优势资源,在衢州组建一个产学研三结合的试验区,是浙江省委的一个重大战略部署。当时浙江省"大跃进"的产物有著名的"三朵红花"(新安江水电站、衢州化工厂、乌溪江化工学院),其中两朵红花落户衢州,因此省委书记江华对衢州特别重视,每年都要多次亲临衢州视察指导。省里甚至计划要把衢化发展成有 15 万产业工人的"综合化工托拉斯",在那一带形成一个常住人口达 80 万的化工城,如果隔岸相对的是大学文化区,将可以使企业有更深厚的文化底蕴,更有利于产学研三结合,这可以成为全国工业发展的典范(有人甚至设想进一步搞成一个"共产主义试验区",这就更理想化了)。所以浙江化工学院下放给省管以后,省里就要求学校搬回衢州烂柯山下,于是 1965 年底学校又从杭州迁回衢州,这就是"五年三迁"故事的由来。这样的多次来回搬迁,显然对学校的整体发展很不利。

1960年艰难起步的乌溪江化工学院,于1961年开始招收本科生180人左右,学制4年,3个专业各招2个班,共6个班。1962年减少到150人左右,5个班,其中基本有机合成专业只招1个班,无机化工专业、化工机械专业各招2个班,但学制改成了5年。这样的招生规模、学制和教学,一直持续到1965年。

这个阶段,我校的师资陆续得到充实。新师资主要有三批:1960年搬至衢州组建化工学院时,分配进了一批浙江大学等名牌学校的本科毕业生;1964年在本校的首届本科毕业生中留下了20名优秀学生,同时分配进来30余名外校毕业生;1965年又在第二届本科毕业生中留了一部分,陆续也有少量其他大学的毕业生分配来学校。为了提高教师队伍的水平,学校选派了部分教师去上海华东化工学院(现华东理工大学前身)、浙江大学等名校进修,使师资队伍的整体水平有了明显的提升。

二、"文革"期间

1966年,还没来得及招生,"文革"就爆发了,不仅打断了学校的发展,也打乱了正常的教育计划和教学秩序。

1966年开始至1969年,学校"停课闹革命",也停止了招生,经历了动荡纷乱的大串联、大批判、大夺权。从1962年到1965年期间招的学生,分别在1967至1970年间陆续毕业,此即所谓的"老五届"(其实我校只有四届毕业生,那些名牌大学早几年就改成五年制,才有五届毕业生)。

1968年下半年,中央发出了"抓革命、促生产"的指示,各地纷纷成立革命领导小组或革委会,我们学校也由军代表、工宣队代表、群众组织代表和老干部一起组成了革委会,形势逐渐稳定了一些。在"教育为工农兵服务"的口号下,学校于1970年下半年抽调一批骨干教师,组成了以刘化章老师为组长的合成氨催化剂研究团队,迈出了我们学校科研的第一步,并为我校在合成氨催化剂研究领域的突破打下了最初的基础。

1970年6月下旬,毛主席的讲话"理工科大学还是要办的"发表了,停止了4年的大学招生开始部分恢复。起初全国确定十个省市搞试点,共招生23000人,学制2到3年,学生由工厂、农村、部队第一线推荐。浙江省属试点省份,分配到2300名招生指标,我校分配到153名(后来增加到154名)。招生专业怎么定呢?浙江省是农业大省,对农药、化肥的需求量比较大,但浙江仅有县办的农药厂二十几家和化肥厂三十几家,不仅产量低、生产工艺落后,工艺技术人员也奇缺。按照"教育与生产劳动相结合"的原则,这一年招生就暂定为四个班:农药专业(一个班,41人)、化肥专业(一个班,35人)、化工机械专业(两个班,共

78人）。但毕业证书上怎么写呢？参照"文革"前的专业目录，在这届学生的毕业证书上就把农药、化肥这两个专业分别写成"基本有机合成专业（农药）"和"无机化工专业（化肥）"。

这些学生分别来自工厂、农村、部队农场，是名副其实的工农兵学员，他们经历不同、年龄差距很大，跨度达三十余岁。学历差距更大，有的小学没毕业，有的却是大学肄业，因而教学难度相当大。而且"文革"已经把原先的教学秩序全都打乱，谁也不知道学制、课程该如何确定，教学该如何进行，学校只好把基础课、专业基础课和专业课教师混编成一个教学组，整体放到各专业班级（当时按部队编制，班级定为排，系定为连级单位），根据临时的教学计划来安排教学任务。学制开始时暂定为2年，后因学生基础太差，怕2年学不到什么东西，毕业出去影响不好，学生们自己也不同意2年学制，认为学制太短学不到知识。这批学生都来自生产第一线，虽然文化程度参差不齐，但求知欲都很强，很珍惜这个学习机会，希望能多学些知识，后来学校就将学制改成3年。

这批工农兵学生于1970年11月份进校后，先去金华军分区学军两个月，放完寒假后再到工厂学工三个月。在学工期间穿插一些补习课程，主要补习初高中的数理化基础知识，并结合工厂的现场生产工艺讲授一些专业基础理论和专业知识。由于比较直观，理论直接联系实际，一些比较抽象难懂的物理化学、化工原理、有机化学等内容，学生也基本听懂了。此外，为使教学更切合实际，学校与省化工研究所（浙江省化工研究院前身）合作，办了一个农药（稻瘟醇）中试生产车间，农药专业的学生从工厂学工回校后，就一边上理论课，一边参加中试车间建设和试生产，这种理论与实践相结合的教学方法，在当时不失为一种切实可行的方法。在教学实践中，无机化工专业的学生还根据小化肥厂的实际问题，对合成氨的合成塔进行了改进研究。改进后的合成塔，后来成了校办机械厂的当家产品，获得了巨大的经济效益。

1971年全国又停止招生一年（据说是为了对第一批招生中存在的问题进行总结和改进），1972年再开始恢复全国招生，招生人数仍不多（据说全国仅招4万多人），但对被推荐学生的文化程度有了基本要求，规定必须具有初中及以上的文化程度。到1973年以后，新生还要参加学校的文化考试（也称摸底考试），有些省甚至是由省里统一组织的。

1972年，我校还是招4个班：基本有机合成专业、无机化工专业各1个班，化工机械专业2个班。1973年以后，招生专业又增加了工业分析专业和化工设备防腐蚀专业（属于机械系）。从72届到76届，共招了五届学生，被称为"新五届"（其实对我校而言，应该是"新六届"，70届虽属试点，也应算在"文革"中的首批招生）。这几届学生的教材方面有一个变化：为适应当时的教学要求，以天津大学为代表的一些工科院校，纷纷对化工类专业教材进行了"三合一""五合一"

改编,即:将物理化学、化工原理、化工工艺合编在一起;或将无机化学、有机化学、物理化学、化工原理、化工工艺合编在一起。

20 世纪 60 年代中期至 70 年代,是国际上石油化工发展最迅猛的年代,欧美和日本等国的石化产业日趋成熟,并向大型化发展。石油裂解制乙烯的装置,已从单套年产 18 万吨乙烯,迈向年产 30 万吨、45 万吨乙烯。在我国,大庆油田的发现振奋全国,许多院校都纷纷开始考虑成立石油化工专业,我校也准备筹建石油化工专业。于是,基本有机合成专业派出几位教师,在组长张成荫老师带领下,也对国内石化厂及有关院校进行了一番调研考察。但是,当时国内的石油化工尚处在起步阶段,各厂现有的生产装置都只有几千吨规模,而且生产工艺落后,仅上海浦东高桥化工厂有一套年产 2 万吨乙烯的生产装置,是为金山石化进行人员培训所引进的试验性装置。如果各院校一哄而上都办起石油化工专业,连学生的参观、实习都会成问题。我校的学生只能到江苏丹阳化肥厂去实习,而他们仅有一套年处理能力 1 万吨原油的小石化(采用的是国外早已淘汰的蓄热炉裂解技术),按乙烯计算年产仅 1 千多吨。石化企业属于高科技综合性产业,当时我国尚无能力自行进行产业化研究开发,技术设备只能靠进口,而进口的技术设备自动化程度高,一套年产 30 万吨乙烯的生产装置,仅需几百人,这显然不适合于大量的石油化工专业的学生进行参观实习及毕业后就业,所以到 1977 年恢复正常招生后,我校就放弃了石油化工专业,还是按原先的基本有机合成专业招生。

1974 年,我省从中央争取到建设年处理原油 250 万吨的石化厂项目(即现在的宁波石化,其实当初仅是炼油厂,到 2012 年上了年产 100 万吨乙烯后,才成为名副其实的石化厂),投资 5 亿元人民币,这是我省自新中国成立以来最大的一笔工业投资(衢州化工厂投资 1 亿元人民币、新安江水电站投资 3 亿元人民币,已算是国家级大投资了,周恩来总理亲自关注建设进度,曾多次亲临视察),相当于当时全省的农业产值,这在我省是件大事,所以是副省长陈伟达亲自挂帅筹建。我省原本一直是个农业大省,工业发展主要是受限于能源的缺乏(那时的能源主要是煤炭)。其时宁波北仑港码头尚未建成,煤炭主要靠铁路运输,运能很小,加之全国的煤炭产量也并不很大,所以我省能源严重短缺。宁波的炼油装置上马后,可年产 110 万吨柏油,添加适量柴油稀释后就是很好的燃料,可解决当时浙江省全年所需燃料的 50%,这为我省工业发展奠定了坚实基础,所以省里对这个厂的建设格外重视,仅为该厂选择厂址,有关专家就在全省考察了十三处,最后决定选址宁波镇海(其实海盐乍浦的地理条件更理想,但那里紧靠上海金山石化总厂,省里担心今后会被金山石化厂吞并掉)。现在看来这个选址是非常好的,因为紧靠北仑港码头和油库,但当时争论却非常大,主要因为舟山渔场是我国唯一的特大渔场,有人提出:建了石化厂,渔场就毁了。专家们争论了两天两夜,最后陈伟达副省长拍板:为了浙江工业发展,即使毁了渔场也在所不惜! 现在看来,这个拍板也有其道理——即便渔场无鱼,还可以发展近海养殖和外海捕捞来弥补。宁波石化的筹建,主要由衢州化工厂抽调35位技术人员负责,当时我校正准备筹建石油化工专业,所以也在化机系、化工系抽调了五位老师(任贤鹏、高济生、庄毓萃、吴兰筠、姜一飞)去参加筹建处的工作。

三、"文革"以后

1976年,"文革"动荡正式结束,全国的高等教育也"拨乱反正",逐渐步入正轨,我们浙江化工学院的发展也进入了一个新的阶段。

1975年,我校争取到了为化工部办农药厂技术培训班的任务,培训时间为2年(无学历),学员来自浙江、江苏、上海二省一市的农药厂,共28人,分别来自27家农药厂,都是各厂的技术骨干或厂级、车间的领导,这对我校在1977年以后成立"农药化工"专业有很好的促进作用。学校和化工系都很重视,从基本有机合成教研室抽调了一批教师,以沈德隆老师为组长,组成农药教研组,进行调研及教学准备工作。农药对农业增产而言是不可或缺的,但农药生产毒性大、污染严重、生产工艺复杂、更新换代快,当时在国内还是新兴产业。国外的研究机构主要研究新产品开发,对相关基础理论的系统研究却很少,技术资料也很少,有关农药方面的教材根本没有。为了办好培训班,农药组的教师广泛查找资料、编写讲义,并结合科研精心组织教学,圆满完成了培训任务。

在努力办好培训班的同时,农药组的教师积极开展科研,从1976年至1984年,完成了一批高质量的科研项目,其中获省部级三等奖以上的科技进步奖6项,还签订了学校历史上第一个五万元的科技转让合同,并协同以田冰式老师为组长的三废研究室完成了省重点项目"马拉松废水处理",大大提高了学校在全省和化工部的声誉。

1972年教育部曾经要求天津大学、大连理工大学、华东化工学院(现华东理工大学)三所大学的"染料及中间体专业"改成"农药化工专业",由于缺乏教材资料等原因,他们都没有改。得知情况以后,我们一边努力办好培训班,一边与化工部教育司联系沟通,希望由化工部教育司出面同教育部联系,允许我们来筹办农药化工专业。经过多方努力,我校终于在1977年恢复高考招生时,增加了农药化工专业,并且面向华东地区招生,这为我校面向全国招生打开了一个窗口。农药化工专业从77届至84届共招了8届学生,这批学生进入社会后都表现得很好,成了各所在单位、企业的技术骨干。

1984年以后,教育部对全国大专院校专业做了调整,专业总数由1300多个

压缩为 671 个（1987 年颁布实施）。一些比较相近的专业进行了合并，如"农药化工"专业并入了"精细化工"；对部分专业名称也做了调整，如"基本有机合成"改称"有机化工"，"无机化工"改称"化学工程"，"化工设备防腐蚀"改称"塑料工程"等。我校的"精细化工"专业于 1985 年开始招生，招生名额由 1 个班扩大为 2 个班。由于社会需求大，其间还同时招了几届 2 年制、3 年制的大专班。

1977 年恢复高考招生后，高校迎来了大发展的机遇。以党委书记周学山为首的学校领导班子，认为学校必须搬回杭州，才可能更好地获取信息、人才、生源等优质资源，才可能抓住这个大发展的机遇。所以周学山书记等先后到省里、化工部去联系、争取。开始几次都碰了壁。后来项浙学副院长帮助联系上二机部，二机部表示愿意出资把学校迁到杭州，但学校要划归二机部。即将签订协议时，恰逢教育部把浙江大学收归部属，提升为"第二科技大学"，省里感到一下子失去两所工科院校，对浙江的工业发展将非常不利，因此改变了想法，不同意把浙江化工学院划归二机部。为这件事，党委书记周学山去找省领导，正好冲撞了省委常委会议，受到当时负责教育的省委副书记薛驹的严厉批评，说你作为老同志，怎么可以来干扰省委常委会议呢？并说要给予组织纪律处分。但他又告诉周学山书记，省委常委会正讨论你们学校的事，已决定你们学校搬回杭州，并入刚开始筹建的浙江工学院作为建校基础。周学山书记说："只要学校能搬回杭州，个人受任何处分都可接受。"（后来据说给了他一个党内严重警告处分）我们学校能有今天的发展，与这些前辈的勇于担当和艰辛努力所奠定的基础是分不开的，我们应牢记他们的辛劳和功绩。

1980 年 9 月份，教育部批复了《关于同意将浙江化工学院并入浙江工学院的通知》，校址定在杭州市。1981 年秋季新生在杭州报到，衢州作为分部停止招生，学校第四次搬迁由此开始。当时杭州的朝晖校区建设刚刚起步，仅有少量的简易校舍，大量的教室、实验室都是临时简易房或租用农舍，教学和生活条件都非常艰苦。广大师生艰苦奋斗，克服了各种艰难困苦，边建校，边搬迁，边认真完成日常的教学、学习任务。

在学校合并搬迁过程中，曾出现过两种办学方向的争论。一种意见认为，学校合并后实力明显增长，应该按全国一流大学的要求来建设新学校，有人还提出某些专业要赶超浙大，甚至提出要办成"东方剑桥"。另一种意见认为，学校是省属院校，主要为浙江省经济建设服务，搬迁合并虽然给学校发展创造了良好条件，但学校基础还是比较薄弱，不能好高骛远，应该着重夯实基础、拓宽口径、提高教学水平，先力争在全国省属院校中能排名前列。两种意见争论激烈，在许多具体问题上相持不下，这对教学工作及学校基建、搬迁等工作显然是不利的。后来省委出面协调，平息了争论，对领导班子做了调整，确定了以周学山为书记的领导班子。

整个搬迁工作到 1985 年基本结束,衢州校区 270 多亩土地、6 万多平方米的教学设施,以 450 万元的价格转让给了衢化公司。有人不无留恋地说:"学校终于离开了辛勤构筑、艰难哺育了 25 年的巢穴——衢州烂柯山校区。"

随着学校的发展,不但教学任务加重了,科研任务也大大加重了,而如果让任课教师一边搞教学一边搞科研,显然不利于完成较大的科研项目。于是从 60 年代末成立催化研究室开始,化工系(1993 年升格为化工学院)就一直根据科研需要成立专业科研团队(研究室),以保证按时有效地完成科研任务。在学校搬回杭州的同时,又调入了一批高水平的教师,如徐振元、周望岳、过中儒、胡锥孝等,也为提高教学科研水平增添了强大的生力军。所以学校搬回杭州以后,化工系(及化工学院)就源源不断地取得了一批又一批教学科研的丰硕成果。

四、从工学院到工大

20 世纪 90 年代,教育部又对全国大专院校专业目录做了两次调整,第一次修订目录于 1993 年颁布实施,专业种数由 671 个压缩为 504 个,第二次修订目录于 1998 年颁布实施,专业种数由 504 个调减到 249 个。在化工类专业中,把有机化工、化学工程(无机化工)、精细化工合并为化工工艺专业,保留了应用化学专业、药学专业。

1993 年,学校从工学院升格为工业大学,各系也先后升格为学院,按新调整的大专业招生,到大二以后再按模块化进行专业教学。化工类的模块有精细化工(有 2 个班,其中一个班为制药工程专业)、有机化工、化学工程(无机化工)、电化学工程等。2001 年又从精细化工中分出制药工程专业,并从化工学院各教研室、研究室抽调了胡维孝、苏为科、单伟光等骨干教师,于 2001 年 11 月成立了药学院。2006 年,化工学院成立了化工系、应用化学系、材料系、化学系 4 个系,2009 年成立了海洋系,2012 年成立了能源与资源工程系。

为了充分发挥综合性大学的特点和优势,化工学院于 2010 年开始,按"化学工程与材料类"进行大类招生与培养,在总体把握"夯实基础、拓宽口径、强化个性、善于创新"的基础上,前期宽口径按大类培养,后期实施多样化专业教育,推进专业交叉融合和内涵发展,实现人才的精细化培养。为此,学院设立了化学工程与工艺、应用化学、材料科学与工程、海洋技术和能源、资源工程等 5 个本科专业大类。

化学工程与工艺专业成立于 1996 年,设化学工程、化工工艺、精细化工 3 个模块,2002 年增设化工技术与贸易模块,2003 年增设化工自动化模块,2007 年增设生物化工模块,以及"化学工程与工艺＋计算机科学与技术"一体化复合双专业,2008 年增设"化学工程与工艺＋英语"一体化复合双专业。这种"双专业"是国家级特色专业,也是浙江省优势专业和教育部综合改革试点专业,于2010年被列入教育部卓越工程师教育培养计划首批试点专业,2011年通过了教育部全国工程教育专业认证。

应用化学专业是在1953年设置分析化学专业的基础上发展而来的,1992年,国家统一调整一级学科名称,分析化学专业与电化学专业合并,统称为应用化学专业,1999年设立应用电化学、分析化学等模块,2009年增设"应用化学+知识产权"一体化双专业。应用化学专业也是国家级特色专业、浙江省优势专业和教育部综合改革试点专业。是我校第一个进入ESI全球前1%的学科(2010年)。

在全国化工类专业排名中,化学工程与工艺专业进入了前十名,是我校第二个进入ESI全球前1%的学科(2011年)。

高分子材料与工程专业源于1973年设立的化工设备防腐蚀专业。1985年,化工设备防腐蚀专业停止招生,改设了塑料工程专业。1988年,塑料工程专科专业从机械系调整到轻工系,1993年塑料工程专业升为本科专业并改名为高分子材料与工程专业,并新设立了材料化工专业;1998年因学校院系调整并入化工学院。2001年,学校又将高分子材料与工程专业和材料化工专业合并为材料科学与工程专业,其下设高分子材料、高分子成型技术、高分子合成技术、金属材料与表面工程、功能材料5个模块,是我校第三个进入ESI全球前1%的学科(2015年)。

海洋技术专业于2002年建成,能源与资源工程专业为2010年新增的战略性新兴产业相关专业。

2014年,材料科学与工程专业从化工学院分出,成立材料工程学院;海洋专业分出,成立海洋学院。

现在的化工学院仅剩下化学工程与工艺专业、应用化学专业、新能源专业三大专业。而从20世纪50年代以后由最初的化工工艺专业这只"老母鸡"所陆续孵化出的生工学院、药学院、材料学院、海洋学院、环境学院,都已羽翼丰满、成长壮大了。

二十世纪化工原理教研室的成长之路

俞晓梅

1953 年杭州化工学校诞生，当时化工原理是一个教学组，从属于化工机械学科委员会。徐崇嗣老师是当时的校务委员会委员，兼任化工机械学科委员会的主任。1954 年，化工原理教研室正式成立，并开始建设化工原理实验室。徐崇嗣老师是化工原理教研室的创建人和第一任主任。1955 年，马瑞椿老师调入化工原理教研室，任敏老师从华东化工学院毕业分配到化工原理教研室。1956 年，常连栋老师也从华东化工学院毕业分配来。这几位老师就是当年化工原理的元老。在随后的 1958 年到 1978 年的 20 年中，马瑞椿老师担任了化工原理教研室主任。1979 年，马瑞椿老师升任化工系主任。经历了 20 年的风风雨雨，徐崇嗣老师又重新出任化工原理的教研室主任。1985 年，在徐崇嗣教授领导下，为了加强科研工作和实验室建设，学校将化工原理教研室一分为三，即分为负责科学研究的研究室、负责化工原理理论课教学的学科组和负责化工原理实验教学的实验室。三个组直属化工系，分别由董谊仁、俞晓梅、陈善堂三位老师任组长。当年研究室从事的科研工作为后来的化学工程设计研究所打下了基础。1990 年，学校组建化学工程学科，化工原理的三个组又重新合并，成为化学工程学科下的一个研究方向，称为化工传质与分离研究方向。当时徐崇嗣教授担任化工学院的院长，同时兼任化学工程学科负责人和化学工程设计研究所所长。1998 年，徐崇嗣教授退休，俞晓梅教授接任化学工程学科负责人和化学工程设计研究所所长。2005 年，俞晓梅教授退休，计建炳教授接任化学工程学科负责人，并担任新建的特殊分离技术研究所所长（后改名为超重力分离技术研究中心）。姚克俭教授接任化学工程设计研究所所长，并担任化工传质与分离方向负责人。

一、化工原理教研室和化工原理实验室的五年三迁

1958 年，杭州化工学校改名为浙江化工专科学校。1960 年，开始南迁衢

州,并改名为乌溪江化工学院。化工原理教研室和实验室一分为二,大部分迁往衢州石室,少部分留在杭州文一街分部。从 1960 年到 1966 年,化工原理实验室也与学校的命运一样,1964 年迁回杭州,1966 年又迁往衢州。面临五年三迁的厄运,化工原理实验项目受到影响,实验装置的仪器设备在搬迁中受到损坏。化工原理实验室如同一个小型化工厂,从流体输送到加热冷却,从吸收、解吸到精馏、干燥,建设时如同一个化工厂的设计和装备安装调试。拆迁时,拆下的零部件大都不再能复原,而实验教学又是不可欠缺的重要教学环节。虽然学校十分重视化工原理实验室的建设,多次拨下专款并组织专门师资队伍重建实验室。但每一次搬迁,化工原理实验室都要比任何一个实验室花更多的精力,教研室的老师除了完成理论课教学外,还要全员"参战",投身于实验室装置的拆迁和重建工程中。

在五年三迁的第一迁,也就是 1960 年化工学院建院并迁校到衢州时,校领导高度重视第一届本科生的培养,提出质量第一、基础第一的口号,化工原理又是重中之重的化工基础技术课程,故对化工原理教学和实验室的建设和发展尤为重视,在各方面配以最强的力量。1961 年初,为了做好第一届本科教学的准备,中国化工界老前辈李寿恒校长亲自上一个小班的课,其他专科班教学由徐崇嗣老师和马瑞椿老师承担,各配辅导教师;董谊仁老师在衢州本部的 2 个中专班授课并辅导。当年,每周都有一次集体备课时间,新老教师交谈教学体会,交流教学经验。1962 年,第一届本科化工原理教学上马,共 11 个小班:无机 6 个,化机 3 个,有机 2 个。上课则配以最强的主讲和辅导力量,强调青年教师没有经过本科的助教环节不能上台主讲,由李寿恒校长、徐崇嗣老师、马瑞椿老师主讲 4 个大班课。所配的年轻助教,必须随班听课、下班辅导、改作业、带实验、带实习、指导毕业环节、下实验室搞实验建设等。新老教师和实验员一起自己动手建成了流体阻力、孔板流量计校验、离心泵性能测试、过滤、传热、干燥、吸收塔和精馏塔等实验装置。确保了第一届本科生化工原理各个教学环节的圆满完成。实践证明,分配到全国各地的这一届毕业生,一般都具有较高的水平,可以同国内重点大学的毕业生相媲美。

在第一迁后,留在杭州的中专分部也面临着建设和完善化工原理实验室的重任。大部分实验装置和测试仪器都运往了衢州,为了满足中专化工原理的教学需要,当时杭州化工学校的化工原理教研室主任兼实验室主任常连栋老师,带领大家,自行设计,自己动手,赶制了一套化工原理实验装置。为了调试新建的装置,常连栋老师连 1963 年和 1964 年的春节都是在实验室度过的。

1964 年,学校回归化工部,为了使学校能更好地发展,化工部领导决定学校又要从衢州迁回杭州。化工原理教研室和实验室也要面临着第二迁。在一年之内,化工原理实验室加快重建,当年就建起了十余套新实验,成为在国内有影

响的设备齐全、仪器先进的一流实验室。化工原理教研室人数陆续发展到 20
人。那时,马瑞椿老师担任教研室主任,徐崇嗣老师担任实验室主任,实验室专
职教师和实验员达到 6 人。

1966 年,浙江化工学院又从部属下放为省属。浙江省领导坚持学校要与浙
江省化工研究所同放在衢州化工厂旁边,美其名为厂校结合,建设共产主义试
验区。学校又开始从杭州往衢州的搬迁。这是第三迁。由于"文化大革命"的
影响,化工原理教研室和实验室的搬迁速度大为减慢。化工原理实验室的重建
工作也迟迟没有走上正轨。直到 1970 年杭州化工学校撤销,杭州分部和衢州
本部合并,才又把建设和完善化工原理实验室提上工作日程。

二、70 年代到 80 年代初化工原理教研室和实验室的建设、教学和科研工作

70 年代到 80 年代初是化工原理教学工作和科研工作开始兴旺发达的时
期。从工农兵学员的开门办学到培养"文革"试点班以及六届工农兵大学生;从
编写全国通用的化工原理教材到主办全国化工原理教材研讨班;从培育"文革"
后高考入学的新大学生到招收第一届化学工程研究生;从开创塔器的科学研究
到将科研成果推广应用于工业生产中。从招收第一届化学工程研究生到我校
的第一个硕士点:化学工程硕士点的诞生。在那个年代,有许多值得庆贺的教
学和科研成果。

1970 年在杭州分部,即杭州化工学校,招收了一个化工制药试点班。由于
招收的学员基础都比较差,化工原理的俞晓梅老师除了化工原理教学外还担任
了补习数学的任务。朱锦忠老师则讲授工程制图,任敏老师负责化工原理的教
学和毕业实习。由于化工原理老师参与了教学的全过程,确保了这一届试点班
的教学质量。毕业后,学员回到各自原来的药厂,都受到厂家的好评。

70 年代初的老师都编入了教学连队。当时的化工原理老师编入了二连,与
化工机械的老师编在同一连队。所招的工农兵大学生共有一个试点班和六届
学生,即 70 年的 1 年制试点班、70 级、72 级、73 级、74 级、75 级和 76 级。所招
的无机工艺、有机工艺、化工机械和防腐等专业都开设化工原理课。那时提倡
开门办学,厂校结合。所有化工原理老师全都跟班下厂,一半或三分之二的课
程都带到厂里,老师边指导实习边上课。1976 年"文化大革命"结束,学校撤销
连队编制恢复教研室建制,化工原理教研室和实验室又全面组建。当时,马瑞
椿老师担任化工原理教研室主任,俞晓梅老师担任化工原理教研室副主任,陈
善堂老师担任化工原理实验室主任。1979 年马瑞椿老师升任化工系主任。经
历了风风雨雨 20 年后,徐崇嗣老师又重新担任化工原理教研室主任。1974 年

在本校的印刷厂出版了马瑞椿老师主编,化工原理老师参编的化工原理新教材,解决了"文革"期间工农兵大学生的教材需求。这一教材同时被全国 19 个省市的高等院校采用。博得了国内化工原理教学界的一致好评。1979 年受国家教委的委托,在衢州承办了"文革"结束后的第一届全国性的规模空前的化工原理教材研讨班。教材研讨班由马瑞椿老师负责,全国有 68 家高校 101 名化工原理老师参加。教材研讨班的成功举办受到国内化工教育界的赞誉。

当年由于化工原理教研室和实验室的不少老师都夫妻分居,因而陆续调离学校。为此,1971 年从航天部属的三线工厂引进了陈善堂老师来加强化工原理实验室的建设。当时虽然还没有恢复教研室和实验室编制。但已明确由陈善堂老师来负责实验室建设。实验室还从校办厂调来两名工人(毛援朝和郑金花),以加强实验室装置的建设和事务管理。

70 年代初,徐崇嗣老师参加兰石所《塔器》一书编写,引进了多降液管塔板技术。从此,化工原理教研室以徐崇嗣老师为首,董谊仁、周友生、俞晓梅等老师参与,实验室郑祖铭、朱锦忠等老师配合,塔设备研究工作开展了起来。当年,塔设备研究成果进入了国内塔器研究的前列。对于多降液管塔板,在实验室做了不少工作:先是在湖州加工了一座材料为有机玻璃,直径 285mm 的小塔,进行流体力学性能测定;后来又做了一个长方槽,对不同宽度的降液管进行性能测定。试验中发现了液体在降液管中的抛流和虹吸的两种形态。这是设计中要考虑的一个关键问题。而后实验室又进一步加工了更多降液管做实验,总结变化规律,寻找设计方法。后来,又作为研究课题,进一步研究了降液管的扼流现象和临界溢流强度计算准则,以及悬挂式降液管的自封准则,完善了多降液管塔板的设计方法。近年来,这一课题还被美国精馏研究公司 FRI 列为与浙江工业大学的国际合作项目,在我校 DN1200 的冷模装置中开展深入的实验研究。

为找一个 MD 塔板的第一个工厂使用单位,徐崇嗣老师和董谊仁老师外出山东、江苏和浙江省内不少化肥厂,最后落实到杭州良渚化肥厂。这个厂作为当时开门办学的一个基地,以任务带教学,完成化机 75 届的毕业环节。设计任务是水洗塔和饱和热水塔,工艺设计部分的教学由徐崇嗣老师和浙江大学谭天恩老师授课,分别介绍 MD 塔板和旋流板的设计方法。带队老师是:金邦炉,董谊仁,吕仙贵,何洪泉。前后大约有 2 个多月时间,设计任务完成后把资料交给了厂方。后来厂方负责加工和安装,这两座塔都投入了生产。投产时,徐崇嗣老师、俞晓梅老师和毛援朝师傅到现场参加了试车和性能测试。这是徐崇嗣老师指导下完成的第一座推广塔,后来开了国内专家鉴定会,博得好评。为此,这一科研项目在浙江省科技大会上获得了科技进步奖(相当于后来的省级科技进步二等奖)。

为了迎接"文革"后第一批恢复高考的大学生,1979 年,学校自行编写了相关的实验教学讲义,并增加了 10 个学时的实验数据处理方法和误差分析内容。1980 年浙江工学院成立,为了使学校的发展跟上高校教育事业的需要,学校要再次迁回杭州。根据浙江省教委的决定,化工原理实验室留给当时在衢州石室的浙西分校。从 1981 年开始,学校在杭州启动了从土建设计到水、电、气和配管设计的新化工原理实验室建设工程。在化工原理实验室主任陈善堂领导下,历时两年,终于建成了可满足教学大纲要求的现代化化工原理实验室。为此,化工原理实验教学受到化工部教育司的表彰和兄弟院校的赞誉,许多高校都派人前来参观学习。有关重点实验项目还由郑祖铭老师领衔,自行编制了一套计算机模拟辅助化工原理实验教学软件,并在本科教学中全面推广应用。有关实验教学的模拟软件被 30 多所相关院校购买和应用,受到全国有化工原理课程的院校一致好评。

1982 年以徐崇嗣教授为首申请到了一个国家自然科学基金项目——塔设备内两相流动分布的研究。这是我校申请到的第一个国家自然科学基金项目,后来化工原理的许多项目都是由此衍生而出的。

70 年代到 80 年代,以徐崇嗣和董谊仁老师领衔,在国内率先开发、研究和推广了金属、塑料波纹填料。董谊仁和周友生老师对填料塔的填料性能和分布器进行了深入的研究,研究成果和所撰写的专著和论文受到国内国际广泛关注,研究成果成功地推广应用于氯碱工业、石油化工和精细化工生产中,创造了显著的经济效益。

80 年代,吴志荣老师专门建立了高效低阻的脉冲填料的试验塔,研究了脉冲填料的流体力学性能,并在工业生产中获得了成功的应用。

1979 年,徐崇嗣教授招收了两名第一届化学工程研究生张秀成和张志群。当时我校硕士点还没有被授予。硕士生的学位是委托浙江大学授予的。当年还组建由徐崇嗣老师为主,董谊仁和周友生老师为辅的研究生指导班子。为了准备硕士生的课题,实验室专门组建了研究生实验筹建班子,由姜庆泉、刘炳炎、朱锦忠等人参加,为研究生课题做实验装置准备,搭建有关实验塔器和采购有关测试仪器。

化学工程硕士点于 1983 年建立。当时招收研究生的研究课题除了研究MD 塔板外,大多是围绕着波纹填料展开的。其中有三位研究生是研究金属波纹填料的,一位研究生研究塑料波纹填料。董谊仁老师在研究静态混合器时,从上海科技资料馆查到混合模型,提供给研究生楼建中,让他将此模型引用到波纹填料中,通过计算机编程和实验测定,写出了有一定质量的论文。楼建中后来还去信荷兰 Deft 大学,要到检测液体分布的相关资料。据此我们也加工了一套,成为后来计建炳研究波纹填料的实验装置。塑料波纹填料的开发研究,后来发展成为一个为化工生产服务的横向合同项目,当年的徐占平进行了流体力学和传质性能以及表面处理研究等。研究生裴俊红的课题是填料塔内气体分布,这是一项省自然科学基金项目。我校也是在国内最早接触到这个课题的。后来天津大学、清华大学也有类似研究。天津大学还专门派人来我校调研学习。

化工传递课程和实验的建立。化工传递课程号称化工原理的原理,李老对此课极为重视,64年我们刚回杭州时,为提高教师业务和外语水平,他选了Bird的原版书,亲自授课,但不久就由于下乡搞四清而流产。恢复研究生制度前,徐崇嗣老师很重视这门课的准备,先亲自外出到上海听加拿大的贝教授讲课,之后又派董谊仁老师先后到天大参加由日本片冈教授授课的培训班和华东理工大学举办的、由美国威斯康星大学Bird教授讲授的学习班。81年招收我校两位首批硕士生时,徐崇嗣老师和董谊仁老师共同开出此课。以后各届研究生的化工传递课则由董谊仁老师单独授课,1998年董谊仁老师退休,该课程由裴俊红老师接下。1985年,化工学院设化学工程专业时,化工传递课也是必修课。配合理论课教学,学院还自己动手建设了化工传递课程实验室。这在国内也是一个创举。以董谊仁老师为首的项目"化工传递课程系列实验开发",1993年获得浙江省教委颁发的优秀教学成果二等奖。该项目在大连理工大学召开的全国第一届化工传递课程教学会上也得到各校老师的认可和赞誉。

1983年,我校被授予了以化工原理为主(骨干核心)的化学工程硕士点。这是浙江工业大学的第一个硕士点,也是我国非重点高校的第一个化学工程硕士点。1985年7月通过了教育部专家组的评估。随后30多年来,化学工程的硕士生导师多达20余人,招收的硕士生超过150名。2004年,我校又被授予了化学工程的博士点,博士生导师有计建炳、姚克俭、祝铃钰、负军贤、高云玲等5名,共招收了3名博士生。

三、80年代后期到90年代,化工原理的教学和科研蓬勃发展,在化学工程学科的组建和发展中起了重要作用

80年代后期到90年代,化工原理课程被多次评为省级优秀课程,化工原理课程设计获得浙江省优秀教学成果二等奖,化工原理实验室被多次列为化工部属院校和省属高校优秀实验室。化工原理教研室被多次评为校级先进集体,在浙江工学院和浙江工业大学校报上多次登载表彰化工原理教研室的报道。

从1987年开始,由姚克俭、俞晓梅、郑祖铭领衔,申报了学校的教改项目,开始了计算机辅助化工原理教学的教学改革的实践。出版了多部计算机辅助教学软件,将计算机辅助课程设计和计算机辅助化工原理实验广泛应用于本科

生的教学实践。计算机辅助教学软件还被 30 多所院校采用,博得一致好评,并且于 1992 年获得了国家教委授予的国家级优秀教学成果二等奖。这也是我校第一个国家级的教学成果奖。

90 年代,姚克俭老师和俞晓梅老师参编了由浙江大学主编的化工原理教材,该教材被浙江大学和多家高校采用。俞晓梅教授和天津大学袁孝竞教授联合主编了《塔器》一书,于 2000 年由化学工业出版社出版。

1990 年以来,化学工程学科包括四个研究方向,即化工传质与分离方向、反应工程与化工工艺研究方向、化工过程控制与优化方向和水合物及海洋技术研究方向。后来水合物及海洋技术研究方向并入海洋学院,化学工程学科则保留三个研究方向。化学工程学科连续多次被评为省级 A 类重点学科。2000 年,化学工程学科成为一级博士点。化工原理教师都是这一重点学科中的骨干和中坚力量。

1995 年学校成立绿色化工国家级重点实验室培育基地,以化工原理为基础的化工传质与分离研究方向被作为一个分支,列为绿色分离技术方向。当时的绿色分离技术还包括水合物分离技术和膜分离技术。

90 年代以来,改进的 MD 型塔板被命名为 DJ 型塔板,在衢州化工公司、开封化工公司、石家庄化工公司等中型化肥厂的 DN2800 水洗塔中获得了成功的应用。自 1995 年以来,DJ 型塔板研究和工业应用在中国石油化工总公司、国家经贸委、浙江省科委被多次立项为重点资助项目。DJ 型塔板进入炼油和石化行业,被应用于乙二醇、芳烃精馏、催化和焦化的吸收稳定系统、加氢预分馏塔和乙烯工艺分离塔系等装置的扩能降耗技术改造中,获得了显著成效,并且于 1998 年获得中石化科技进步二等奖。2002 年获得浙江省科技进步二等奖。

徐崇嗣老师在 80 年代研制了穿流塔板与规整填料的组合式塔板,命名为复合塔板。1991 年,由徐崇嗣教授为发明人的复合塔板获得中国发明专利。复合塔随后很快在精细化工和制药工业中获得广泛应用,并获得了浙江省科技进步二等奖。

90 年代以来,计建炳领导了各种新型分离技术和设备的开发和研制,包括超重力场技术、生物质能源、化工功能聚合物、膜材料与膜分离技术、等离子体化工等。其中超重力场技术取得了中国发明专利,并两次获得了省部级科技进步一等奖和二等奖。地沟油制备生物柴油产业化技术,获得浙江省科学技术一等奖。

董谊仁等老师和有关人员在填料塔及其分布器的研究和工业应用方面做了卓有成效的工作。研究成果多次撰文发表在《化学工程》等重要期刊上,并在《化学工程实用专题设计手册》和《现代塔器技术》中做了专题介绍,受到国内外同行普遍关注。九十年代以来,又对氯碱工业的氯气干燥技术和 PVC 生产中的氯化氢回收工艺和设备做了突破性改进,后者在中国化工报上有专题报道,并获得国家发明专利,将成果推广应用于全国各地数十个大中型企业,有十分显著的社会和经济效益。

1997年,以俞晓梅为第一发明人的DJ-2型和DJ-3型塔板获得了中国发明专利。这一技术是将导流装置组合到DJ型塔板上,形成了DJ-2型塔板,将规整填料组合到DJ型塔板上,组成了具有高效高通量特性的DJ-3型塔板。又将导向浮阀代替筛孔,形成了DJ-6型塔板。2002年,DJ-2型和DJ-3型塔板均获得美国发明专利。2000年,以姚克俭为第一发明人的DJ-6型塔板获得中国发明专利。

1998年至1999年,国家经贸委专设产学研科技项目,拨款100万元资助DJ塔板的工业推广应用,并资助组建了学科性产学研公司——杭州赛普分离工程开发有限公司。该公司由浙江工业大学控股60%和中国石油化工总公司入股40%合资建成,由姚克俭教授担任法人和总经理。90年代以来,赛普公司和化学工程设计研究所为炼油、石化、制药、化肥、精细化工等设计和制备了几百套精馏和吸收装置,获得了扩产节能减排的重大经济效益。

化工原理教研室从20世纪中叶诞生,到20世纪末,经历了半个世纪的成长、壮大,成为一个先进的集教学、科研和实验全面发展的团队。进入21世纪,化工原理更是大步向前进,不断取得一个又一个的新成果。

化工机械学科的发展与精神沉淀

张康达 贾高顺 高增梁

　　化工机械学科是浙江工业大学历史最悠久的学科之一,现已成为国内知名、在国际上也有相当影响力的一个学科,2015年还入选了首批浙江省重点建设的一流学科。本文回顾了化机学科的发展历史,阐述了化机学科在人才培养、科学研究、社会服务等方面的丰富业绩,揭示了化机学科的老师们几十年产、学、研耕耘中形成的敬业尽责、团结实干、敢为人先的文化传承、化机精神。

一、学科的发展和业绩积累

　　学科是高等学校中进行教学和科研工作的一个基层单位。因此,搞好学科建设对出色完成教学科研任务,提高学校的整体水平至关重要。

　　浙江工业大学化工工程机械学科,包括化工机械设计研究所(简称化机所)是学校历史最悠久的学科之一。它随着学校的发展而不断成长,逐步发展成为今天的国内知名并且具有国际影响力的一个学科,2015年又入选首批浙江省重点建设的一流学科(A类)。

　　在六十余年的发展历程中,学科在人才培养、科学研究、社会服务等方面积累了丰富的业绩,并逐渐形成了优良的文化传承和化机精神。

(一)人才培养

　　1953年6月,重工业部根据政务院"必须对中等技术教育进行有计划、有步骤地整顿和发展"的精神,将浙江省温州工业学校、浙江省杭州工业学校化工科、江苏省苏州高级工业技术学校化工科合并,并选址杭州市建立中央人民政府重工业部杭州化学工业学校,设了无机物工艺、分析化学、化学工厂机械装备三个专业。化机学科就从筹办化学工厂机械装备专业开始,并从1954年开始招生。

　　当时,新中国刚成立,百废待兴,学校整个教学制度、管理体制,都学习苏联模式,采用苏联教材,考试采用面试,五级计分。学科内教师大都是二十出头的年轻人,来自浙江大学、大连工学院和上海的一些知名高校,他们都以敬业尽责、严格要求、团结实干的精神从事教学,学生也都以刻苦读书、勤奋好学的态度认真学习。因此,学科从创始时就逐步培养形成了勤奋、刻苦、敬业、团结的良好学风,为学科的精神文化奠定了基础。

为了办好本专业,1954年,青年教师张康达获得当时化工部仅有的一个名额,被指派到大连工学院,参加全国化机专业教师进修班,师从苏联专家 A. D. 杜马什涅夫学习,1956年回校任教。

1958年6月,学校归属浙江省人民委员会领导,校名改为浙江化工专科学校,当年招收专科生。根据浙江省和化工部的协议精神,设基本化学、化学工程、化工机械、有机合成等5个专科专业,学制为2年。

建校初期,主要从事中专和大专的教学。尽管学历层次不高,但在当时一五期间的国民经济建设中发挥了重要的作用,我们的毕业生遍布全国许多重点建设企业,并以他们的不怕艰苦、敢挑重担、刻苦钻研、勇于实践等优秀品质受到社会的广泛好评。

在这段时间培养的学生有:

1953年从温州工业学校并入的学生:1953届两个班,1954届两个班和1955届三个班。

1954年起,学校每年招收化学工厂机械装备专业学生4个班,合计200人,学制为三年,1957年起改为四年制。中专生培养到1969届为止,共培养约1600人。

1956年9月,学校受化工部委托开办教师进修大专班,承担培养中专教师的任务。设语文、数学、物理、力学、制图5个班,学制3年。1959年2月,语文班提前毕业,其他四个班改编为化学工程、化工机械和有机合成大专班。化工机械大专班于1959年毕业。这是化机学科培养的第一届大专生。

1958年9月,学校招收两年制化工机械大专生3个班100名学生,其中一个班来自福建省,1960年毕业。1959年招收三年制化工机械大专3个班,1962年毕业。

化机大专生培养到1962届为止,共培养学生约240人。

从1960年开始招收大学四年制本科生,化工机械专业为3个班,近80人。1958年学校曾办过化工机械五年制专科,招收初中毕业生,入学不久改成预科,实施高中文化教育。1960年学校招收四年制本科时,大部分预科生考入本科学习。

1961年,化机本科生招生减到两个班。上述两届本科生分别于1964年和1965年毕业。这两届学生虽于国家困难时期入学,又处于学校五年三迁的劫难之中,但由于国家"调整、巩固、充实、提高"的八字方针,学校很重视教育质量。

两届毕业生都受到社会的欢迎。在省部级研究院所、大型化工企业，如机械部通用机械研究所、浙江省石油化工设计院、兰化公司、镇海炼化公司等发挥了很大作用。

1962年，学校开始招收五年制化机专业本科生，连招了四届，62、63、64、65年入学的本科生近250人。1966年"文化大革命"开始，停止招生。这四届学生在"文革"中度过了大学生活，先后于1969年、1970年毕业。因"文革"关系，学生学习不太正常，特别是技术基础、专业知识学习不够，故部分学生在"文革"后的1978年、1979年又回到学校学习。

1970年，学校招收三年制工农兵大学生2个班，共70人。1972年，学校招收了1个班共30人，而后73、74、75、76年每年招收两个班，这六届大学生分别于73、75、76、77、78、79年毕业，共约340人。这些学生由工厂、农村、部队推荐入学，学历不一，有高中文化，也有小学文化；年龄不一，年龄大的有40多岁，小的20岁左右。他们的这些差异给教学带来了困难。这些学生有一个共同特点，就是珍惜学习机会，积极刻苦学习。学校按结合典型任务带教学的方法，把基础知识与专业技术结合起来，理论与实际紧密结合，使学生在三年时间里掌握了化机专业的基本要求。学生在毕业设计中绘制的氨合成塔、压缩机、离心机等图纸，尽管结构复杂、难度大，但学生的作品仍很规范很漂亮。

学生毕业后在机关与企事业单位补充了因"文革"造成的人才断层，涌现了不少受单位青睐、成绩突出的人才。

1976年，迎来了科学的春天，学校也打破了化工单科院校的格局，建立浙江工学院，化机系扩展为机械工程系，增加了机械制造、防腐蚀等专业。随着学校迁回杭州，师资队伍迅速扩大。

"文革"结束后，1977年恢复高考，化工机械专业招收四年制本科生。77级招收一个班，78、79、80年每年招两个班。1980年，以浙江化工学院为建校基础的浙江工学院成立，学校逐步迁往杭州。化机专业教师坚持在衢州进行教学，直至1984年化机80级学生毕业。"文革"后的四届化机本科生，特别是77、78级学生，在"文革"期间他们上山下乡，饱受艰苦锻炼，一旦恢复高考，他们欣喜若狂，学习非常努力，这些毕业生就是当今社会的骨干和栋梁，为国家的发展做出了重要的贡献！

1981年以后的化机本科生在杭州入学，每年招收两个班，专业课教师在送走1984届毕业生后于1984年下半年迁至杭州，开展1981级化机本科生的教学工作。化机专业一直都是每年招收2个班，1995年以后有些变化。1995年招收一个班，1996年机电工程学院改革，以机械工程及自动化大专业招生，其中有两个班为化机CAD。1998年，化机专业更名为过程装备与控制工程，故1997、1998年招入的机械工程及自动化大专业中各有两个班为过程装备与控制工程方向。1998 年以后正式以过程装备与控制工程专业招生,每年 2 至 3 个班。

"文革"后至 2013 届,共培养本科生 2153 人。

1984 年,受国家劳动部委托,筹办了锅炉压力容器安全技术专业大专班,学制三年。84、85、86 年每年 2 个班,87 年招一个班,全国各地招生,共招了四届 157 人。这些毕业生充实了全国各地的锅炉压力容器安检部门,为锅炉与压力容器的安全运行做出了贡献。

1979 年,化机专业招收了第一名硕士研究生,张康达任导师,开始了硕士研究生的培养教育。1982 年硕士生方德明毕业留校执教。1985 年,经国务院学位委员会批准为硕士学位授权点。

1986 年,全国高等学校"化工机械与设备"专业指导委员会成立,张康达任委员。

1991 年,学科和华东理工大学化机学科合作联合培养博士研究生,张康达兼任华东理工大学教授,副博士导师,开启了培养博士生的阶段。2000 年,经国务院学位委员会批准,化工过程机械专业获博士学位授予权。

化工过程机械经六十余年几代人的辛勤耕作,至 2015 年共培养了各类高级科技人才五千余人。他们活跃在祖国的装备制造业、石油化工、化学工业、能源工业、医药和食品工业以及产品质监部门、特种设备检验部门、科研院所、设计建设单位等,为国民经济建设发挥了重要作用。

(二)科学研究与社会服务

学校教育直接为国民经济建设服务,为社会的进步和企业的发展做出贡献,始终是我们努力的方向。我们学科从创立早期就十分重视理论结合实际,教学与生产的互相结合。它不仅可以使师生接受生产实践的锻炼,提高教学质量,还能为社会和企业解决生产实际问题,促进企业的发展。

1958 年化工部组织化肥大会战,要求各部属院校举办一年制"氮肥训练班"。我校举办了两期,培训了约 800 多名学员。我校张康达被指派参与了"县级氮肥厂机械装备"教材的编写并从事教学工作。

同年贾高顺等老师直接承担了杭州钢铁厂的 30 m^3/hr 制氧装置的全部安装和调试。

类似的项目还有不少,1960 年全国技术革新热潮中,师生组织了几个小分队分赴全省各地企业直接参与了各地的技术革新,既锻炼了师生,又促进了生产。为社会服务成了化机学科的传统,一直延续到现在。

自 1960 年学校正式纳入大学本科教学后,我们学科也就不失时机地开始了科学研究工作,不断提高教学水平。

1965 年贾高顺等参加了化工部组织的尿素全循环中试研究大会战,以后又参加了衢州化工厂联尿(合成氨和尿素联合生产)方案的设计与研究等。

70年代张康达等开始了外压容器的失稳研究,为制定我国压力容器设计标准提供了依据,紧接着又开展了压力容器疲劳断裂研究,自力更生因地制宜地建成了我国第一套压力容器疲劳试验装置,开展了试验研究,有效地为国民经济建设服务,提高了我国压力容器研究的水平。

1976年,贾高顺等又开展了卧螺离心机的研制,并获得了发明专利。学科还在过程装备结构完整性、膨胀节、泵阀密封等领域开展了许多科研项目,获得了国家、省部级许多奖项。

(三)学科层次的提升

随着教学、科研与社会服务业绩的积累,学科的层次不断提升。

1990年,化工机械和力学学科联合申报,成为浙江省重点扶植学科,学科带头人为张康达、洪起超两位教授。

1991年10月,学校在原有化机研究室基础上成立了化工机械研究所。1992年5月,省教委批复,下设化工机械研究室和结构强度研究室,张康达教授任首任所长。1993年,研究室获三类压力容器设计资质后,更名为"化工机械设计研究所",下设化工机械研究室、结构强度研究室、设计室、表面工程研究开发中心等。所长先后为张康达、高增梁。

1994年,化工机械学科成为浙江省重点学科。

1998年,根据教育部专业目录,化工机械本科专业更名为过程装备与控制工程,加强过程技术、机械工程和控制工程的结合,专业适应面更为宽广。

作为浙江省重点学科之一的化工过程机械学科,是首批设立浙江省特聘教授岗位的学科,具有一、二、三类压力容器及分析设计的设计资格。2004年9月,过程装备与动力工程学科列为浙江省重点A类学科。2005年,动力工程及工程热物理一级学科获硕士学位授权点(化工过程机械早在1985年就具备硕士授予权),下属的二级学科化工过程机械、流体机械及工程、热能工程招收硕士研究生,并具备相应二级学科专业硕士授予权。2012年起,学校按动力工程及工程热物理一级学科专业招收硕士研究生。

2009年,以动力工程及工程热物理学科和激光加工技术研究工程中心为基础的过程装备及再制造教育部工程研究中心经教育部专家论证,批准立项建设,2015年通过教育部验收。工程中心主任是高增梁,副主任彭旭东、姚建华、张生昌、金伟娅。工程中心设有过程装备结构完整性、工业泵阀与密封技术、表面工程和装备再制造三个建设平台,下设结构完整性研究室、工业泵阀研究室、现代密封研究室、重大装备绿色再制造研究室、及材料与表面工程研究室等研发部门。

2011年11月,动力工程及工程热物理学科列入"十二五"浙江省重点一级学科,学科负责人为高增梁。学科建有过程装备及其再制造教育部工程研究中心,共建国家化学原料药合成工程技术研究中心、特种装备制造与先进加工技术国家级国际联合研究中心等。

在这个阶段,科学研究和社会服务工作都有了跨越式的发展。

学校承担的科研项目有国家和省级的自然科学基金,重点科技攻关项目和各类专项基金等。社会服务项目也一样,有些都取得了重大的社会效益和显著的经济效益。

二、精神沉淀

化机学科经六十多年几代人的努力,在人才培养、科学研究、队伍建设等方面都取得了跨越式的发展,在学科建设中积累了许多经验,逐步形成了具有自己特色的精神沉淀。

(一)教学理念

回顾这 60 多年的办学实践,化机学科之所以能在不同历史时期排除各种干扰,使自身从小到大,由弱变强,取得一定的成绩,是与良好的教育理念分不开的。

1.在培养学生的过程中,引导创新意识,始终把基础理论教育放在首位。

强调创新是要有基础的,要打好扎实的理论基础,坚持学好数学、物理、化学等基础课和固体力学、流体力学、工程热力学、机械学、材料科学等基础技术课。在专业课教学中,主要是围绕这些基本的理论,使学生学会综合、深化和应用,而不只是停留在传授和讲解具体的专业技术知识上。要让学生体会到运用基础理论解决工程技术问题的乐趣,使他们感到愈学愈想学,从而掌握运用基本理论解决专业技术问题的方法和本领。我们所讲解的专业技术,仅仅是一些特例,主要是试图通过这些内容的讲授,让学生更全面地掌握基本理论和方法。这样,他们就可以不受专业的局限,拓宽创新领域,充分发挥自己的才华和兴趣,把自己的目光瞄准学科最前沿的领域。正因为这样,我们的毕业生,知识面广,适应能力特别强。在许多不同的工业部门,不同的领域和科研院所,都可以找到他们的位置,发挥他们的作用。

2.在教学过程中,强调理论与实际的有机结合,注重实践性环节的教学。

在专业教学计划中,下厂实习、毕业环节等实践性教学环节占三分之一以上。每次下厂实习前,教师必须做出详细的计划安排,提出明确的教学要求,各车间的实习岗位都要有具体的教学内容,对每个学生都要布置不同的作业,在现场观察并实测有关的技术参数,进行分析研究和计算,实习完成后,撰写实习报告。在实验室完成的教学实验,也是帮助学生印证理论知识、培养学生科学实验动手能力的重要环节,由学生自己设计、自己组建、自己采集数据、自己分析计算数据的大型综合性实验,更是学生从事科学实验研究活动的一次预演,学生做完实验后普遍感到收获很大。毕业环节,无论是毕业论文还是毕业设计,都被视为一次难得的理论结合实际的综合性技术演练,深受学生的重视。在毕业环节中,学生可以充分发挥自己的才能和想象力,运用所学过的理论知识,通过某个专业技术平台,分析各种技术问题,提出解决问题的方法,从而培养独立解决工程技术问题的能力。随着科研工作的开展,厂校关系更加密切,各种联合研发中心、重点实验室和工程教学中心的建立,都为进行实践性环节的教学提供了不可多得的机会。学生可以独立自主地学习,逐步掌握在实践中学习的方法。

3.在整个专业教学过程中,要始终注意培养学生的创新意识和独立工作的能力。

这是学生具有科学创新能力的基础,不仅要在基础课教学中培养,更要在专业课教学中培养。要让学生重视创新,善于思考问题,能在学习中发现问题,提出问题,然后提出自己的见解和解决问题的方法。要做到这点,必须善于将所学理论知识综合应用,要在工作实践中,仔细观察各种现象,分析这些现象发生的原因,运用理论知识思考分析前因后果,获得合理正确的解释,进而找出解决问题的方法。

4.要实施这样的教学,教师起着重要的作用。

重视师资队伍建设,希望他们热心教育事业,认真做好教学与科研工作,为人师表;要不断充实和更新基础理论知识,掌握学科前沿动态;要加强在生产和科研实践中的锻炼,不断丰富实际经验。历年来,我们在青年教师的培养中,都对他们提出严格的要求,以使我们学科的优良传统得以延续和传承,不断获得新的生命力。

5.重视课程建设与教材编写。

化工容器设计列入一类课程建设计划;参编和审定了全国高校统编教材,如化工机器,化工容器,化机测试技术,等。主编了化机专业实验,化工机械制造及化工机械专业英语等教材。为全国化机专业的教材建设做出了贡献。

6.重视教学改革、重视实验室建设。

例如通过化工机械专业实验教改课题,编写了教材与实验指导书;开展了实验项目建设与实验教学方法的改革;成功通过了化工机械专业指导委员会的评估。专家评估的结论是:课程建设、教学实践、教书育人成绩显著;实验课程紧密结合学科发展与科研工作,很有特色;重视微机应用、设置开放性实验、教学质量优良。

化机专业实验课程改革是化机专业数十年办学经验的积累,是化机专业教师与实验室教师共同努力的结果。通过这一课程改革,有几点体会是深刻的。

(1)实验课程要建设好,首先要有热心实验教学的教师和实验师,他们不计得失、智艺双全,为教学科研积极奉献,这是成功之本。

(2)实验课程一定要理论联系实际,既要重视经典的理论与实验,又要关注学科发展的前沿,开设创新性实验。

(3)实验室建设要与学科发展和科研工作紧密结合,既利于学科建设又可提高实验水平。化机实验室建设曾连续两次评为省级先进实验室。

(4)实验课程要改革实验教学方法,注意培养学生的科研与实验动手能力,提高教学质量。化机高年级学生因提高了科研实验能力,多次获"挑战杯"作品奖。1999年包士毅的作品获全国"挑战杯"三等奖,创造96万元经济效益,为当年获奖作品的首位。

(二)坚持产学研紧密结合,促进学科发展

1.产学研结合的重要性。

化机学科在几十年教学、科研工作的实践中,深深体会到产学研结合的重要性。办学之初,就结合工厂的需要组织师生参加钢铁厂制氧车间的安装,通过安装实践,既完成了教学任务又解决了工厂的实际问题;在压力容器、疲劳断裂研究、化工容器设计等方面紧密结合国家经济建设中的重大工程实际问题,深入到镇海炼化、燕山石化、秦山核电、杭氧、杭锅等大中型企业中去,解决了数十项影响设备和系统安全运行的结构疲劳断裂问题,为国家创造了数十亿元经济效益和社会效益,同时还参加研究制订了多项国家标准;卧螺离心机、膨胀节、叶片泵等项目的研究开发同样表明产学研结合可以出成果、出人才,促进学科的发展。

2.产学研结合是高校应该坚持的方向。

(1)结合生产实际搞科研,真刀真枪解决实际问题,对教师是一种锻炼,可以提高教师的学术水平。

(2)学生参与科研与试验工作,让学生在科研实践中学到书本上没有的东西,也学习了科学研究方法,提高了教育质量。

(3)紧密结合工厂、企业的实际需要开展科学研究,不仅促进了学校科研成果产业化,也提升了企业的技术水平,为企业的发展做出了贡献。

3.加强学科间合作,既提升了本学科的水平,又带动了其他学科的发展。

化机学科是学校建校初期无机、有机、化机三只"老母机"之一。建校初期化工装备(化工机械)专业的开班,就不仅有化工机械、化工原理课的老师,还有力学、材料学、机械学、图学、电工学等技术基础课,以及数学、物理、化学、人文、社科等公共基础课的老师。是各个学科共同合作办好了化工装备专业。随着学校的发展,专业的拓展,科研与社会服务工作的开展,各个学科进一步合作,大家都有了长足的进步。

化机与力学合作,1990年化机学科被批准为浙江省重点扶植学科,1994年在重点扶植学科的基础上,又成功申报了浙江省重点学科。

化机学科被批准为硕士点、博士点后,相关学科有条件的老师可以招收硕士生、博士生,提高了相关学科的学术水平,促进了相关学科的发展。

机械学、机械制造、机电工程等学科的发展提高了机械工程一级学科的水平,成功申报了浙江省重中之重学科。在机械工程、化机学科的基础上,机械系发展为机电工程学院、机械工程学院。

化工原理发展为化学工程一级学科,成为化工学院的基础。

电工学向电子学延伸,进一步发展为信息工程学院。

材料学衍生出了防腐专业,轻工专业,进一步发展为生物环境学院,材料工程学院。

以任贤朋等部分机械系教师为主筹建的技术师范系进一步发展为教育科技学院。

何洪泉、陈龙根、罗永彬、蔡十伟、诸森儿、朱银友等机械系老师调入成教院,担任院长、主任、科长等管理工作,促进了成教学院的发展!

1999年7月之江学院成立,贾高顺调任主管教学的副院长,面对船校转型、师资薄弱、三本生源等困难情况,贾老师带领之江学院老师在师资队伍、教学文件、教学管理等方面打开了局面,取得了成效。教改课题"独立学院教学管理的研究与实践——探索培养三本学生成才之路"获浙江省教学成果一等奖。

这一切表明学科间加强合作不仅提升了本学科的水平,促进了本学科的发展,同时也带动了其他学科的发展,从而在整体上推动了整个学校的发展。所谓"老母机"的作用也就在于此。

三、推动学科发展的化机精神

化机学科从建校初期名不见经传的学科发展为今天国内知名、具有国际影响的学科,固然与学校的发展和学校各级领导的重视和关怀有关,但主要的还是与化机学科自身的努力分不开的。化机学科在学科建设中不仅重视物质的东西,更重视精神层面的东西,化机学科有优良的文化传承,有敬业尽责、团结实干、敢为人先、勇于创新的化机精神。化机学科正是在这种文化传承和化机精神的指引下不断前进和发展。

(一)敬业尽责

化机学科的教师热爱教育事业,有事业心和责任感。重视教书育人,为搞好教学工作积极努力,上好每一堂课,热心辅导答疑,与学生一起下厂实习,指导学生如何从实践中学习,关心学生的成长,培养了一代又一代受社会欢迎的化机学子。作为高校教师明确肩负的重任,在搞好教学工作的同时,积极开展科学研究和社会服务,紧密结合生产实际和社会需要,潜心研究,为解决学术研究中的问题和促进企业进步做出了积极的贡献,在产学研结合中取得了许多突出的成果。

化机学科的老师有一个明确的目标和强烈的集体荣誉感。在那个工资很低、没有奖金、不计名利的年代,他们努力搞好教学工作,积极开展科学研究,为培养国家所需的人才,为社会的发展和科技的进步做出了许多贡献!他们希望学科在教学与科研上取得的成绩能提高学校在全国的知名度,为学校争得荣誉!

(二)团结实干

1.团结

化机学科是一个团结的集体,是一个能凝聚人才的地方。成员之间一直团结合作,没有相互指责,相互拆台的现象。即使有些小矛盾,也能通过沟通解决。

首先,领导班子团结。学科带头人张康达,教研室主任贾高顺,钱逸三位老先生相互关心、相互支持,悉心关注教研室、学科的发展,以身作则带领大家搞好学科的各项工作。

第二,党支部重视学科建设,党员在各个教学小组、学术团队中发挥积极作用,勇挑重任,努力工作,认真贯彻执行党的各项方针政策。在四人帮粉碎后,化机力学党支部为落实知识分子政策,积极支持优秀的知识分子入党,两位老教师正是在这样的氛围下,光荣地加入了中国共产党,实现了他们向往已久的愿望。实践证明,两位教授的入党为学校,为学科的发展做出了杰出的贡献。

第三,学科重视人才培养和人才引进。对于青年教师积极安排进修、出国深造;对于优秀人才积极引进,予以重视,五湖四海合作共事。

第四,学科全体人员齐心协力,把教研室、实验室当作自己的家,积极努力地完成各种教学科研任务。如有同事出国深造或生病,其他同事就主动增加工作量,努力完成任务;实验室要进行大型设备的测试或疲劳试验,大家就一起帮忙,甚至三班倒也在所不辞。

团结是基础,团结是力量。正是由于全学科人员团结协作,努力建设学科、发展学科,做好教学、科研、社会服务等各项工作,所以学科获得了许多荣誉。教研室多次被评为校级、院级先进集体,实验室连续两届被评为省级先进,党支部被评为省级先进支部。

2.实干

化机学科成员做事勤劳、踏实。为教好每一门课程,老师认真备课,常常埋头工作至深更半夜;为了让学生下厂完成生产实习、毕业环节任务,在那个旅途艰辛的年代,老师不怕路途遥远,带学生下厂,和学生同吃、同住、同劳动。即使家庭有小孩、老人需要照顾,也尽力克服,把教学任务放在第一位。

在科研工作中,老师们也是自力更生,因地制宜,自制试验设备。例如压力容器疲劳试验装置,膨胀节试验机,卧螺离心机就是这样建成的,而这些设备的建成不仅完成了科研任务,还武装了实验室,提高了教学实验的水平。在全国高校的化机实验中显示了自己的特色。全国高校化机专业教学指导委员会要我们编写《化机专业实验》课程教材,把《化机专业实验》课程评估试点放于我校,正是基于我校化机专业实验有显著的特色。

随着科研工作的开展,化机实验室场地不够,学校用房也很紧张,只能容纳实验仪器设备,科研设备无地可放。怎么办?化机学科就自筹资金,自己造房,在衢州烂柯山下,大石头旁,建造了两层楼的化机大院(就是现在衢州学缘石的地方)。上述的科研设备就有了落脚之地,化机人也把这里当成了家,在这里开会、试验、研究学问。到了杭州,同样存在用房不足的问题,化机人用老办法在学校的角落里,现在的新教科楼位置又造了化机大院。这两个化机大院为学科教学,科研工作的开展发挥了很大的作用。一个学科能够两次自筹资金,自建科研用房,解决学校用房紧张的困难,在浙工大是独有的。

这里要感谢已故的王兴华高级实验师,他勤恳、埋头苦干,发挥老黄牛精神,为化机大院的建设与管理奉献了毕生的精力。

(三)敢为人先

化机学科在教学、科研等工作中敢为人先,不墨守成规,勇于改革,敢于创新。在建校初期化机学科就积极贯彻教育与生产劳动相结合的方针,化机师生在杭州钢铁厂组成安装工程队,为无锡钢铁厂安装了该厂的第一套制氧装置,既解决了工厂的实际问题,又完成了学生毕业环节的教学任务。为适应全国氮肥训练班教学的需要,张康达老师积极参编《县级氮肥厂机械装备》教材,成为我校参编并在全国发行的第一本教材。

化机学科在本科教学中重视教学改革、教材编写与实验室建设。贾高顺老师参编的高校统编教材《化工机器》,是"四人帮"粉碎后的首套化机教材。由化工出版社1980年6月出版,并获化工部优秀教材奖。由贾高顺、任欣、孙伟明、方志民、王兴华等老师完成的《化机专业实验》课程建设成果,于1997年获浙江省教学成果一等奖。

1979年,为提高学校办学层次,化工过程机械与化学工程同时招收硕士研究生,张康达老师指导的化机硕士生方德明是我校第一位硕士毕业的研究生。1991年,化机学科又不失时机地与华东理工大学合作,联合培养博士研究生,张康达教授担任博士生副导师,开启了我校博士生培养阶段的序幕。柴国钟博士就是我校与华东理工大学联合培养的第一位博士。

化机学科在科研与社会服务工作中成绩斐然。外压容器、疲劳断裂、膨胀节等研究成果列入国家有关标准或规范。与许多大中型企业合作,解决了许多工程实际问题,创造了显著的经济与社会效益。实验室建立了全国第一套压力容器疲劳试验装置;卧螺离心机实验装置成为全国高校第二套实验装置。在国家实施专利政策后,卧螺离心机的研究获得了全校第一个专利,专利授权日为1986年9月5日。在学科建设中,化机与力学合作从浙江省重点扶植学科发展成为我校第一个浙江省重点学科。

化机学科很重视师资培养,在改革开放初期国家留学政策出台后,1981年9月就派出了殷旭伟老师作为访问学者赴荷兰留学,这是浙工大派出的第一位访问学者。

化机学科种种敢为人先勇于创新的事迹,有力地促进了学科的发展,提高了学科在全国的知名度,也为学校争得了荣誉!

总结化机学科发展的成就,有一个很重要的原因就是化机有优良的文化传承,有敬业尽责、团结实干、敢为人先、勇于创新的化机精神。化机学科正是在这一精神的推动下,不断前进发展。化机精神是化机学科的文化积淀,是宝贵的精神财富,要永远继承并发扬光大。

我校机械制造专业的建立与发展

张 澄 方铭阁

一、机制专业的建立与师资队伍的建设

"文革"结束后,浙江省经济迅速复苏,人才断层现象立即显现。省里高度
重视这一问题,1978年决定要办一所省属工科高校浙江工学院,准备向国务院
申报的具体筹建方案交由省工业交通办公室办理,办公室委派了袁怀莹,负责
调研、拟定需要申办的系部和专业,此方案当年就获得了教育部批准。与此同
时,省里还要求该办公室负责招收一千多名参加1978年高考的学生,其中一部
分分散在浙江工学院杭州分校的七个教学点,成为浙江工学院的首届两年制大
专生(还有一部分分散在宁波、衢州等几个教学点)。他们于1979年1月开始
教学,其专业包括机械制造、冶金机械、汽轮机设计、热能动力装置、化工机械等
专业,由此开始了浙江工学院机制专业的初建。另一方面,1977年恢复高考以
后,远在衢州的浙江化工学院就设立了机械制造的本科专业,当年招生一个班,
后两届也暂时维持一个班的小规模。1980年,浙江化工学院与浙江工学院合并
之后,开始正式以浙江工学院的名义招收机械制造本科专业两个班(1980届还
是放在衢州进行教学的)。如此说来,浙江工业大学机械制造专业的起点应从
1977年起算,1978年2月至1980年10月是浙江工学院(筹)与浙江化工学院
的办学交叉时期。

浙江化工学院筹建机制专业时,有梁宏业、王君良、黄启南、李雄飞、沈中
伟、汪克智、吕周堂、戴自林、杨燕川等老师担任各门课程的建设。梁宏业老师
为教研室副主任并担任机床液压传动课,王君良老师担任金属切削原理及刀具
课,黄启南老师担任金属切削机床课并任实验室主任,李雄飞老师担任机制工
艺学课,沈中伟老师担任夹具设计课,汪克智老师担任机床电器课,杨燕川老师
担任公差技术测量课,吕周堂老师担任测试技术课,程高文老师担任专业英语

课等。当时各方面条件较差,上述老师从课程内容到课程实验都做了大量工作,尤其是梁宏业、王君良、沈中伟老师为专业建设付出了辛勤劳动,并曾经与上海工学院(上海工业大学)共同讨论教学计划与教学环节的安排。

两校合并以后,为培养大批机制专业人才,80级开始扩招至两个班。学校从1979年开始连续几年又从全国高校及企事业单位引进了王道一、乐镇威、蔡培、陈宝信、高保荣、方铭阁、余大江 王烈鑫、王恩慈、俞甫南、贺兴书、李自康、张澄等十几位教师,之后还有一批较年轻的教师进入教研室,有计时鸣、欧长劲、彭伟、谢伟东、罗永彬、翁泽宇、鲁建厦、卢波、董星涛、杨峰、许雪峰、王玉芳、赵燕伟、王秋成、游红武、董建、李兴旺、张伟等,同时主要从事实验室教学及建设的还有斯培青、李拥民、胡建德、戴秀娥、林峰、黄亦申、任为轩、王贵明、马亚良等,他们在长期的教学科研及学科建设中都做出了很大的贡献。1982年后,王烈鑫、李自康、汪克智、吕周堂、计时鸣等老师调离了机制教研室,到测试技术教研室(后为机电教研室)任教,由王烈鑫老师任教研室主任,李自康老师任副主任,王烈鑫老师后又任科研处长。

机制专业对师资队伍建设很为重视,在长期的教学科研实践中,为进一步提高青年教师业务水平,机制教研室在实际教学中做了大量具体细致的工作。每个青年教师在主讲一门课之前,都要由老教师指导并严格把关,必须经过助课、试讲等环节。青年教师自身也都积极努力,在实际工作中不断提高自己,大部分青年教师经过再学习和进修提高,获得硕士、博士学位,这样就逐渐建成了一支强有力的教师团队。

1981年至1995年先后担任机制教研室主任的有乐镇威、张澄。担任过教研室副主任的有沈中伟、欧长劲、董星涛。1987年至1995年沈中伟还曾任机械系副主任。担任实验室主任的是斯培青,方铭阁任党支部书记。1981年至1991年,高保荣老师任党总支副书记;贺兴书老师任机械系副主任(后任教务处处长)。1992年成立了浙江省机床工具研究所(后为先进制造技术研究所),由贺兴书任研究所所长,张澄、欧长劲任副所长,乐镇威任总工程师。1995年后由彭伟任所长,董星涛任副所长。1991年至1995年,彭伟任副系主任,杨峰任系主任助理。1995年后,成立了机电工程学院,彭伟任副院长。2001年后,谢伟东任机电工程学院副院长,卢波任机械工程系主任,许雪峰任机械学院专业实验室主任、教育部重点实验室副主任,胡建德任机械学院基础实验中心主任及校机械工程训练中心主任。他们都全心全意、认认真真地承担起各项工作,为机制专业及机械工程学院做出了应有贡献。1989年后,张澄、贺兴书、彭伟曾先后被评为全国优秀教师。

二、教学建设与教学研究

从 1977 年开始,机制专业的学生在校期间都按教育部统一制定的本科四年制教育计划与相应的课程设置和教学环节进行培养。学生所学的技术基础课和专业基础课包括:理论力学、材料力学、电工及电子学、金属工艺学、热工及热力学、金相热处理、机械原理、机械设计、公差技术测量、计算机原理及应用等,然后再学习多门专业课,包括金属切削原理及刀具、金属切削机床及液压传动、机床电器、机械制造工艺学及夹具设计等,还有多门选修课。

每位教师都精心研究课程内容及每一个教学环节,紧密结合生产实际并大量收集国内外资料,并为上好每一门课,尤其在专业课程设计与毕业设计(论文)中,做到精心指导、精益求精。当时,老师们结合杭州机床厂、杭州轴承厂、杭州汽轮机厂、制氧机厂、重机厂、杭州齿轮箱厂、杭州柴油机厂等多个工厂,使学生获得大量真刀真枪的专业知识,还到上海机床厂、上海柴油机厂、无锡机床厂等工厂进行生产实习,培养学生理论联系实际的能力与创新的思维。

为不断提高教学质量,1987 年 9 月和 1990 年 8 月,学校曾两次修订机制专业教育计划,做了大量的调查研究工作,包括:毕业生从事的工作性质、内容及毕业生的质量,用人单位的反映,并发出两百多份调查信,请毕业生详细填写目前工作情况及对校内所学课程与各个教学环节的反馈意见,并征求对专业改革方向的建议和意见。调查取得良好结果,并在此基础上制定出了 88 级的专业教育计划,其特点是第一次明确提出要主动适应浙江省经济建设需要,培养"以机为主,机电结合"的高级技术人才,并在教育计划中明确突出以下特点:优化智能结构,强调能力培养,加强实践性教学环节,增设大型综合实验课及分组选修课,课程设计由两门改为三门,为设计能力的培养打下良好基础。1989 年 10 月,进行第二次专业调查,针对"如何培养机电结合人才"的问题,专赴十一所有关高校,重点是与上海交通大学的机制专业进行座谈学习(他们是全国机制专业评估试点学校,获评估第一名),收获较大。同时搜集了有关资料,制定出 90 级教育计划,其特点是:进一步加强了基础课与技术基础课,尤其是电类的技术基础课,增加了数字电路课、微机接口技术、计算机上机操作等,同时增加了专业实验课及专业选修课,总学时由 2250 增加到 2550。总体而言,学校进一步强化与优化了培养环节,制定出了机制专业教育计划,作为全校示范性的教育计划于 1990 年正式通过鉴定。校内教师同时完成了多篇专题论文,发表在《浙工学报》和《高教经济》上:1.《工科大学培养创造型人才的探索》(1989 年 4 月),2.《贯彻培养方针,制定专业教育计划》(1990 年 3 月),3.《机制专业教育计划改革论述,为工科专业培养有特色的创新型人才》。本科教育计划必须认真制定和贯彻执行好,这是十分重要的。90 年代我校还被指定为浙江省成人自学考试机制专业的主考单位,为此我们也做了大量工作,包括出考题、编写参考教材、进行辅导答疑等,为浙江省培养大批建设人才做出了一定贡献。

1989 年,《机械制造工艺学与夹具设计》被列入重点课程建设项目,项目负责人为张澄,参加人有欧长劲、王道一、卢波、董星涛,我们对课程内容进行深入探讨和分析,为提高课程的教学质量建立了良好的基础,并获得浙江工业大学一类课程建设二等奖。同时在各门专业课的建设中都努力做到按照培养目标的要求,使学生能有效应用机械工程学科领域中的工程科学基础、工程专业技术及管理等知识、解决实际问题的能力,且能应对复杂问题,有研究思考及解决的方法。为此,我们还开设了多门选修课:机床动力学、机械机构模态分析与参数识别、磨削机理、精密及超精密加工、CAD CAM 原理及应用、数控机床、模具设计、机械噪声测试与分析、现代设计法等等。

多年来,机制专业培养的大批毕业生中,涌现出了许多优秀的人才。其中留校任教毕业生,显示出了优秀的品质和高水平的专业能力,如:应富强、彭伟、谢伟东、鲍建强、罗永彬、翁泽宇、鲁建厦、肖刚、张林、鲁聪达、孙毅、申屠高雄、胡夏夏、许雪峰、金寿松、金晓明、厉淦等等,如今都已成了各岗位的骨干力量和领军人物。更多的毕业生分布在浙江省及全国各地,如谢平、童子远、于永明、谢列卫等,已成为国家机关及机械行业的骨干和主力军。

三、科学研究与学科建设

四十年来,我们在科学研究与学科建设中做了大量工作,每年的项目都较多,包括省自然科学基金项目及国家自然科学基金项目,还有许多是与生产企业合作的项目,大致可分为以下两个方面:

(一)金属切削原理刀具机床的机理研究与创新设计、数控加工技术及加工中心研制、自动线设计。

1.国家级项目:

CAD&CG 国家重点实验室基金:加工中心总体设计智能系统研究(1994—1996 年)

CAD&CG 国家重点实验室基金:可拓决策在机械产品方案设计中的应用

国家 863/CIMS 项目:机械产品方案设计智能技术的研究与应用(1994—1997 年)

国家 863/CIMS 项目:面向远程工业生产调度与过程控制的集成建模技术

2.省部级项目:

为三门机床厂完成 XQD6235 型低振动低噪声万能回转头铣床设计(省计

经委项目）

机床动态性能实验研究（1983—1988 年省教委重点项目）

计算机辅助工艺过程设计专家系统研究（1991—1992 年省教委重点项目）（1993—1995 年继续）

90 年代学科成立了产学研企业——萧山数控机床厂，生产学科开发研制的 XKJ5640 型数控立式升降台铣床（1994 年省计经委重点项目），并获得"95 年全国高新技术博览会"金奖

钻削加工中心研制（1993 年省重点项目）

ZH5025 钻削加工中心研制（1995—1998 年省科委重点攻关项目）

车削加工中心研制（1994 年、1997—1998 年省科委重点项目，获得浙江省科技进步二等奖）

数控插补和自动编程间数据传递智能化截取系统的研究（1996—2000 年省基金项目）

加工中心总体方案智能 CAD 系统研究（1994—1996 年省教委项目）

电脑提花羊毛衫大圆机控制及分色系统研制（1994—1997 年省教委重点项目）

机械产品方案设计中的可拓决策及其在智能 CAD 中的应用（省自然科学基金）

3. 与企业合作或由企业委托设计的项目：

80 年代为淳安机床厂完成 CW6163 普车设计

为温州瓯宝五金有限公司完成自动阀门装配线设计

为临安机床厂研制成功车辆联结勾修理流水线

当时还成立了组合机床设计研究中心，先后承担了临安高中压阀门厂、浙江新昌柴油机厂和浙江丽水柴油机总厂的组合机床生产线的设计，及杭州弹簧垫圈厂、德新食品厂等企业产品生产自动化专用设备的设计等

CJKO630 数控车床研制（1992—1994 年瑞安机床厂委托）

膨胀阀小孔加工专用机床研制（浙江三化集团委托项目）（1993—1995 年）

GCNC2000 型数控火焰切割机设计研制（杭州焊割机厂委托）（1992—1994 年）

铜包钢生产线工程研究开发（1993—1996 年为湖南、浙江建成多条生产线）

与诸暨机床厂合作开发加工直径 400 毫米的经济型数控车床

防虫片自动包装机电脑数控系统（浦江原田日化用品厂委托）（1998 年）

数控强力旋压机设计及电控系统研制（浙江轻工机械厂）（1996—1997 年）

数控双面镗削专用机床研制（杭州福前交通器材有限公司）（1997—1998 年）

金属粉末自动压力机设计（海宁超奇精密机械有限公司）（2001—2002 年）

超声波切削、气动升降器的研制、液压制砖机研制及一次性筷子机的设计（1987 年）等项目

浙江省五交化公司管理信息系统

瑞安印刷机械厂工艺规划设计（1997—1998 年）

浙江嘉吉公司摩托车改良设计（1999—2000 年）

4.企业形象设计等：

浙江吉利集团企业形象设计（1996—1997 年）

浙江嘉吉公司嘉吉摩托车色彩设计（1999—2000 年）

上海捷士达企业发展集团形象设计（1999—2000 年）

宁波美日汽车内装修设计（1999—2000 年）

杭萧钢结构有限公司企业形象设计（1999—2000 年）

基于可拓学理论的智能化概念设计方法研究

参加上述科研项目研究的教师有贺兴书、乐镇威、陈保信、蔡培、余大江、方铭阁、高保荣、欧长劲、董星涛、谢伟东、翁泽宇、鲁建夏、赵燕伟、王贵明等老师。

回顾当时,许多老师都付出了大量辛勤劳动:先期是乐镇威、陈宝信、蔡培、余大江等老师,他们联系了许多工厂,与工厂合作完成了多个课题项目,尤其是乐镇威老师,许多项目都需用大量图纸,我们还记得很清楚,乐老师为审阅图纸付出了大量心血,他一丝不苟认认真真地完成了大量图纸的审阅,在退休后还担任了许多项目的设计研究,真是把一辈子都贡献给了培养机制专业人才的工作;还有欧长劲老师,在大量教学任务外把精力都放在数控技术及自动化项目的研究与设计上,当时还专门建立了计算机室,他全力以赴搞好各项管理及学科建设工作。

近年来谢伟东、董星涛、赵燕伟等老师也研究了许多新项目,鲁建厦、翁泽宇等老师也做了大量工作,并有许多新创意,不断开拓新的领域。

（二）振动与噪声控制技术及降噪技术的研究,精密与超精密加工、磨削机理、磨削颤振及在线监控技术的研究。

1.国家级项目：

国家自然科学基金:基于超微磨粒电泳效应的超精密加工技术

国家自然科学基金:光硬化数字超薄型切割砂轮的研制

2.省部级项目：

省自然科学基金:磨削颤振机理与磨削表面质量实验研究（1992—1995 年）

省科委项目:平面磨削过程在线监控技术研究（1993—1995 年）

省自然科学基金:磨削颤振的预报控制及在柔性制造系统中的应用（1995—1997 年）

滚动轴承钢球精研(1984—1985年机械工业部及省机械厅项目)

滚动轴承钢球加工机床降噪技术研究及推广应用(1991年机电部项目)

3.与企业合作或由企业委托设计的项目：

与杭州轴承厂合作：超精加工机床设计研制(1984—1987年)

钢球加工机床降噪技术的研究(1993—1995年)

摩托车减震器试验台研制(吉利集团)(1996—1997年)

汽车减震器试验台(上海汇众公司)(1999—2000年)

减震器综合试验台(省技术研究所)(2000年)

参加上述项目的老师有贺兴书、王道一、张澄、彭伟、谢伟东、翁泽宇、卢波、王玉芳、杨峰、许雪峰等老师，都在机械加工振动及噪声的产生机理与降噪技术研究方面做了大量研究，并曾在杭州轴承厂结合生产实际做了大量测试试验，尤其卢波对减震降噪做出了多方面探讨，为光球机降噪及钢球精研取得了较好成果。谢伟东在减振器研制方面也取得了多项成果。

同时我们在磨削颤振及磨削表面质量方面做了大量研究，并且积累了许多资料，完成了多项国家自然科学基金与省自然科学基金项目。尤为突出的是贺兴书老师，他多年来带领大家闯出新路开发项目，是机制专业学科的带头人。彭伟在多年的科研实践中做出了很大努力，他主持参加了纵、横向科研项目17项(其中完成国家基金和省基金各一项)，其中"基于超微磨粒电泳效应的超密精加技工术"项目填补了国内空白，被国家自然科学基金委工程与材料科学部评为A级(优秀)，目前正在进行的"光硬化树脂超薄型切割砂轮的研制"项目有希望实现砂轮的快速洁净生产，此项研究成果国际上还未见报道。在上述研究工作中，翁泽宇、许雪峰曾付出了辛勤劳动，他们与贺老师、彭老师紧密配合，取得了许多研究成果，为机制学科建设做了很大贡献。

在大力进行学科建设中，我们努力结合各项科研成果，发表了许多科学论文，当时在职的每位教师都结合科研实践，做深入探讨与理论分析，发表了多篇论文(每人有十至二十篇)，刊登在各学报上。同时每位老师都积极参加各类学术活动，广泛交流科研成果，参加学会建设与活动，许多教师成为机械工程学会高级会员。有的还担任了学会理事会的工作，方铭阁老师曾任杭州市机械加工学会理事，张澄老师曾任浙江省机械工程学会加工分会理事，贺兴书老师于1981年至1984年参加筹建中国高校机械动力学研究会，1985年正式成立并任机械动力学会副理事长兼秘书长(至2002年10月卸任并任名誉长)，为机械动力学会的学术交流与学术建设做出了很大贡献。

历史经验值得总结，近年来根据经济建设发展需要，以科学发展观为指导，以"有特色、高水平、(区域)示范性"为目标，立足省部共建发展平台，以国内高水平综合性研究型大学为标杆，进一步提出培养目标为"培养知识、能力、素质协调发展,具有创新精神,竞争力强,能引领推动浙江乃至全国经济和社会发展的高素质创新人才"。并提出几项基本准则:1)大类培养,个性发展;2)加强合作,注意交流;3)整合课程,优化体系;4)协调发展,综合提高。经过三十六年的建设,机械制造学科发生了巨大的变化,由二级学科发展成为机械工程一级学科,它已经成为"先进制造技术与装备"浙江省重中之重学科,拥有了硕士博士授予权,承担着本科、硕士和博士生的人才培养,同时还承担着国家自然科学基金及省自然科学基金等一批科学研究项目,为社会进步和经济建设发挥更大的作用。

我校力学学科的发展及其特点

蔡增伸　梁利华

浙江工业大学力学学科的发展,按时间顺序可以分以下几个阶段:

第一阶段,浙江化工学院时期(1960—1982 年),教学求精与科研起步;

第二阶段,浙江工学院时期(1983—1993 年),狠抓本科生、硕士生培养与科研发展;

第三阶段,浙江工业大学时期(1994—2004 年),全面发展;

第四阶段,浙江工业大学时期(2005—),新形势下的机遇与挑战。

第一阶段:教学求精与科研起步(1960—1982 年)

浙江工业大学的前身是浙江化工学院,在其发展阶段的初期(1960—1966 年),本科的几门力学课程(理论力学和材料力学)是与机械类的另外两门专业基础课(机械原理和机械零件)合在一起的,这几门课的教师共同组成了一个教学研究组织(或称机械力学教研组),当时教研组长是刘棠。

刘棠,1952 年毕业于山东大学机械系,1953 年来浙江化工学院工作,讲授机械原理课程。由于教风严谨,深受学生欢迎。另一位副组长蔡忭涛,毕业于浙江工业大学前身化工学校化机专科,后去北京钢铁工业大学脱产进修机械力学类课程数年,讲授机械零件,课堂板书工整,条理清晰,同样受到学生的爱戴。

这一阶段,在当时学院领导强调"三基""少而精"及学习毛泽东思想的指引下,教研组首先狠抓教学求精、教师思想革命化,教师认真备课,或集体备课,组织试讲,严格执行教学大纲。教学大纲均以全国普通高等学校的相应大纲作为教学的指导性文件,一丝不苟。材料力学选用的教材,是清华大学杜庆华先生编写的教材。材料力学当时的主讲老师是王孚川,他是 20 世纪 40 年代清华大学机械系毕业的老教师。辅导老师对他的评价是:"王孚川老先生讲课条理清楚,由浅入深、举例恰到好处,授课功力深厚,课程的不少难点,迎刃而解,学生多有褒奖。"

1962年10月,洪起超从西安交通大学调入浙江化工学院后,在杨元隆、张传兴老师积极配合下,把西安交通大学力学教学的基本模式引进本校,上课理论联系生活实际和工程实际,除作业外,还布置思考题、讨论题,启发学生对课程的兴趣,加深对课程理论、定理的认识与掌握,深得学生好评。

当时,浙江化工学院,作为一所地方性专科学院,对于理论力学和材料力学这两门力学基础课,从教师配备、教材选用及教学秩序的建立以及授课效果来看,不低于全国普通高校。对于材料力学的实验教学更显得重视。实验指导书用的是天津大学贾有权编写的全国普通高校通用的指导书。开始由斯培青主持实验室工作,1964年上半年,蔡增伸从浙江大学机械制造专业毕业分配来校,一方面参与材料力学的本科课堂教学辅导,另一方面同时参与实验室建设及全部实验教学。

教科书中早就提到,在进行低碳钢拉伸实验当材料进入屈服阶段时,试样表面就会出现沿试样轴线45度的滑移带。但是当时的实验指导书中均未强调这一点,教师与学生也没有看到过。1965年初,蔡增伸与斯培青在准备低碳钢拉伸实验时,他们以毛主席的《实践论》指导进行实验准备,希望在试验中让学生看到:进入屈服阶段后,不但示力度盘的指针会前进、回退反复多次摆动,而且会亲眼看到光滑的试样表面出现沿试样轴线成45度的滑移带。这大大加深学生的感性认识,直观体会到进入材料屈服阶段时,由切应力引起材料晶格的位错与滑移,大大提高实验课的效果。于是,他们俩经过多次试验,不怕手上起泡,用手工反复打磨试样,直至把试样表面打磨得像镜面一样光亮。当受力进入材料屈服阶段时,试样表面果然呈现出了清晰的45度滑移带!第一次实验演示,就收到了极好的效果。不但试验效果高度还原,而且教育学生自己动手来达成目标!也告诉我们,实验室建设必须自力更生、敢于实践,勇于走创新之路。当时浙江化工学院校报还以"以毛泽东思想指导实验教学"的大标题报道了这一情况。1964年下半年,周士森、戴小娟、曹学诗等老师毕业分配来校。

1966年6月"文革"开始,进入停课闹革命的非常时期,学校一切教学活动全面停止。直至1968年复课闹革命开始,理论力学与材料力学单独设立了教研组,由方树荣任组长,洪起超任副组长。方树荣,20世纪60年代初,由华东水利学院毕业分配到浙江化工学院,起初在教务处工作,"文革"中调入力学组。1970年6月,学院招收化工机械试点班,学员29人,在义乌化肥厂结合生产进行教学,洪起超随班蹲厂,直至1971年11月结业。1970年首届工农兵学员进校,总共154名。化工机械招两个小班,按连队编制,将理论力学与材料力学合并为工程力学。

专业连队的教学方式是将力学课与专业课、工程生产实际结合得更为紧密。比如,70届、72届学员在上海压缩机厂实习时,结合压缩机活塞杆、连杆部件装配,讲授螺纹连接预紧力对保证与提高螺纹连接件的疲劳寿命的关键作用,收到了非常好的效果。此外,这也为力学工作者结合工程实际开展科研活动提供了契机。1973 年,洪起超、周士森对压缩机连杆小头的应力状态和强度计算进行了比较全面的研究,并以《活塞式压缩机连杆闭合头端强度计算方法的探讨》(一)、(二)两篇论文,发表于《浙江化工学院科技通讯》(浙工大学报前身)1974 年第 1 期,开启了教研组科研的先河。1976 年,衢州化工厂的一台氮氢气压缩机在大修后不久就发生活塞杆的意外断裂(此类零件是按无限寿命设计的),受该厂主管设备的技术人员之托,洪起超与吕周堂(金工教研组教师,负责断口金相分析)等人对事故进行了详细分析研究,最后确定该活塞杆是由于在大修中未按规程更新防止活塞杆与十字头连接螺母松动的卡(垫)片,从而导致在运行中的活塞杆——十字头螺纹连接的预紧力急速降低,最终在近于零预紧力状态下运行而引起的疲劳断裂。另一个例子是天台制药厂因扩容,增加了一台空气压缩机,结果引起管线的强烈振动而被迫停机。该厂技术人员潘明君(我校 72 届毕业生)来母校求教,教研组洪起超、戴小娟等人对管路系统进行初步分析后判明,该故障系气柱脉动所致,并提出了在管路的若干接头处加装孔板以消除气柱脉动耦合效应的方案,结果仅花了几百元钱就圆满地解决了这一问题。

1976 年 10 月,粉碎"四人帮"的喜讯传到学校,大家都兴高采烈。但高兴过后又都在默默思索着一个共同的问题:如何把这几年被"四人帮"糟蹋了的时间夺回来? 怎样迎头赶上? 如何为祖国的教育事业做出成绩? 其时,洪起超参加了在上海锦江饭店由华东地区力学同仁组织的一次学术会议,会上同仁们大谈近十年来国际上力学界的热点——断裂力学的兴起与成果。回校后,他向教研组同仁做了传达,大家心里都十分激动,感到自己落后了! 当时,教研组大部分是青年教师,1964 年到校的最多,刚走出校门、毕业了,就遇上"文化大革命"。因此,提高青年教师的学术水平就成为首要的任务,教研组决定为留校的工农兵大学生(主要是毕业分配在化机专业的年轻教师)和教研室的年轻教师们举办力学基础学习班,由洪起超担任主讲。洪起超老师从复变函数、弹性力学基础讲到线弹性断裂力学、弹塑性断裂力学以及断裂力学在化工压力容器上的应用。讲课内容新颖、生动活泼,每次上课教室里都是坐得满满当当的,当时全系相关的青年教师几乎都参加了,人气十分旺。这为逐渐形成力学的学术团队,在烂柯山下凝神聚力、埋头苦干、默默耕耘,积蓄力量,准备着紧跟形势、学习研究和实践应用断裂力学,打造了较为坚实的基础。

断裂力学的产生与发展在 20 世纪的五六十年代。在其诞生之前,工程界都是按照传统的强度理论进行设计和安全评定的。但是在二战时期,由于大量高强钢材及焊接件的采用,在低于设计应力条件下发生的脆断事故屡见不鲜。

如美国数百艘担任军用物资运输的"自由轮",在途经寒冷洋面时,突然拦腰折断,酿成灾难性事故,事先却没有任何征兆。大量的实践证明,传统的强度理论已不能确保设计构件的安全使用,研究遇到了严重的挑战!

洪起超老师在深入调研基础上,确定了以断裂力学为当前的主要研究方向,并首先开展压力容器接管拐角裂纹的疲劳扩展规律的研究。这是一个热点,和我校的化机专业关系又是如此密切。

研究课题确定了,模型的选择就是我们首要的问题。如果采用带接管的容器模型,不但模型容器的制作成本很高,试验设备与裂纹扩展量的检测装置也非常复杂,而且试验周期也很长。为此,蔡增伸去上海化工部情报站及上海市情报站,广泛深入地查阅了近十几年的相关科技文献资料,包括研究报告,看到荷兰的代尔夫特大学博洛克霍文教授的团队就是采用平板接管来模拟压力容器接管试验,进行了很多研究,在国际上有一定的学术地位和影响力。我们又通过通信联系,直接向他们索取了不少他们研究的珍贵的学术论文、文献资料。在认真分析现有资料基础上,并考虑我们的具体装备条件,从而决定我们也采用以平板接管力学模型来模拟压力容器接管拐角模型这一重要研究路线。

力学模型确定了,下面的问题是疲劳加载试验设备了。当时国内仅有少数单位拥有从国外进口的拉伸疲劳试验机,其价格极为昂贵。为此我们就土法上马,采用现有的 WE-60 型液压式万能材料试验机,通过拉力控制来实现疲劳加载,但这样的加载方式,加载频率只能达到每分钟 15—30 次。由于低周疲劳次数一般要达到 10 万—50 万次,才能留下孔边角裂纹的扩展形貌,因此系统就需要长时间进行疲劳加载试验工作。蔡增伸、张传兴等经过长达数月的反复试验,最后确定采用无触点控制技术,对常规的液压式万能试验机进行改装,使之能实现低周疲劳加载,从而达到了实验的要求。由于此项技术简单易行,且可靠、价廉,所以,在接下来的几年中,还为南京工业大学、哈尔滨焊接所等 34 个单位提供了改装服务。1981 年,第一篇关于平板接管拐角裂纹疲劳扩展规律实验研究的论文,在压力容器学会广西会议上做了学术交流,引起了学术界与工程界较大反响。

1980 年化工部委托我教研组为其下属各研究院、所及设计院的技术骨干举办断裂力学学习班,参加学习班的还有华东化工学院、郑州工学院等高校教师共 45 人。

学习班自 1980 年 4 月 1 日至 5 月 12 日,历时四十余天。内容包括:断裂力学的数学基础、断裂力学的基本概念、线弹性断裂力学判据、弹塑性断裂力学判据,以及断裂力学在压力容器安全评定方面的应用。由洪起超老师任主讲,蔡增伸和戴小娟担任助教,负责辅导课及课外指导,还专门为学习班编写了《断裂力学——在压力容器中的应用》教材,由化学工业部设备设计技术中心站作为内部出版物刊行。当时，大家都有一种紧迫感，学员们学习积极性非常高，每一个公式的推导、每一个新概念的建立，都要搞得清清楚楚。不少学员年龄比我们还大，总是放弃休息日，分秒必争，我们也深为他们的学习热情所感动。那时的五号楼三楼会议室布置了大课堂，每天晚上总是在十点以后才熄灯。

1981年夏天，洪起超老师再次受化工部委托，在北京举办了断裂力学学习班，学员来自化工设计院、合肥通用所、石油规划院和部分高等学校如华东化工学院。琚定一教授的博士研究生潘家桢也来学习班学习，并将此作为其博士学位课程。1983年8月，又在杭州为浙江省工程技术人员起举办了一期学习班，洪老师开题，由蔡忭涛、蔡增伸讲授，受到工人的欢迎。

20世纪整个80年代，洪起超老师为我们搭起了一个学习、研究断裂力学的平台，使我们的力学团队在国内学术界非常活跃，每当召开全国性的断裂力学或疲劳等方面的学术会议，都会有我们的身影。同时，在国际断裂力学学术会议上，也选送了论文参加学术交流。1981年，蔡增伸还得到著名力学家钱伟长教授的推荐，在《应用数学与力学》杂志上，用中、英文发表了关于断裂力学的讨论文章，受到同仁关注。

1972年，顾立成参与当时的实验室建设，与实验室负责人张传兴一起完成了激光全息试验装置的建设。由于资金困乏，一切都要自力更生。激光装置对抗震要求极高，我们就从衢州机场搞来飞机起降轮的内胎作为抗震垫，置于一块数平方米的长方形钢板下面，大家轮番用自行车打气筒给内胎打气抬起钢板，再外购激光管，于是一个土法上马、构思奇特的抗震激光实验台就此而成。利用这个平台我们进行了全息摄影，当从全息照片中看到了被摄物的背面，并从敲碎的全息玻璃底片的局部依然清晰地看到被摄物体的全貌时，成功的喜悦顿时驱散了大家多日的辛劳。

光弹性法是进行实验应力分析的一个重要方法。与电测法相比，具有直观和全场性的特点。当时现成的光弹仪价格昂贵，学校划拨的实验室经费简直是杯水车薪。于是大家找资料，了解和熟悉光弹仪的光学系统和具体结构，四处联系购买了所需的各种光学元件，如各种透镜、偏振镜、四分之一波片、钠光灯等。机械部分如导轨、光源箱、载荷架、安装各种镜片的刻度转盘、投影屏幕等，则都是群策群力，自己动手制作。如刻度盘等零件就是顾立成自己动手车制的。最后，经过安装、模型制作和反复调试，终于如愿以偿，在屏幕上显示了光弹模型在载荷作用下的应力条纹（等倾线和等差线）。这台自制的光弹仪也许应用在进一步的定量分析和科学研究上还有很多欠缺，但基本上已能满足教学实验的要求，更重要的这是全教研组同仁自力更生的成果。1985年3月国家教委副主任王达明来校视察时，还专门来力学实验室，对此项工作给予了充分肯定。

第二阶段：狠抓本科生、研究生培养及科研发展（1983—1993 年）

1977 年恢复高考后，教学开始步入正轨，力学学科又重新分设为"理论力学""材料力学"两门课。当时，担任理论力学教学的有洪起超、戴小娟、杨元隆、张传兴、丁丽华等，而承担材料力学课的有方树荣、蔡增伸、顾立成、周士森等。丁丽华是 1972 年 9 月由中科院新技术设计室调入我校的。此外，从化机专业 78 届开始增设了《断裂力学》选修课，由洪起超老师主讲。

1982 年夏天，以浙江化工学院为基础成立浙江工学院。力学教研组在那年夏天迁回杭州。这次从衢州到杭州的搬迁，最主要的是实验室的搬迁。这是在教研组教学任务没有任何间断的情况下进行的。洪起超、杨元隆先到杭州，对实验室试验机的安装位置、地脚螺钉的安装孔的预制等，都做了详尽细致的规划与落实。方树荣、张传兴、史竹斐、蔡增伸等在衢州校区，完成设备仪器的打包和托运。设备运到杭州后，立即进行安装、调试，按时完成了搬迁任务，保证在新实验室开出了全部材料力学教学实验。特别在张传兴老师生病住院后，蔡淑骅老师挑起了实验室负责人的担子。此时的力学教研组除原化工学院的老师外，又增添了原杭州工学院的几位老师：宋连城、施燮九、许赢飞、蔡淑骅、许培华、竺培、林红等。

回迁两部合并后，教研组的师资力量大为增强，如宋连城老师是 1956 年毕业于北京大学力学系，是王仁先生亲自指导的研究生。由于当时方树荣未来杭，洪起超已调到系里工作，担任系主任（1982—1983 年），教研组负责人为蔡忻涛和施燮九。80 年代初，沈乃杰、张淑佳、缪炳祺、卢炎麟分别到校，教研组又增加了许多新生力量。沈乃杰，1962 年毕业于北京大学力学专业，分配在哈尔滨国家地震研究所从事计算力学工作，来校后开设了计算力学相关课程。1985 年机械系举办全系教师计算机学习班，由沈乃杰老师讲授计算机语言和编程。缪炳祺，1963 年毕业于北京航空学院飞行力学与控制专业本科，1982 年获德国 Darmstadt 大学博士学位，来校后承担了理论力学相关课程的教学。卢炎麟，1967 年毕业于哈军工潜艇设计与制造专业，1982—1984 年赴日本东京工业大学进修断裂力学两年，来校后，参与材料力学课程教学及有限元分析的教学。张淑佳，1982 年毕业于东北大学（原东北工学院）机械专业，到上海重型机器厂研究所工作，1984 年 7 月来校工作，承担理论力学相关课程的教学，其间（1996—2000 年）在职攻读了东北大学机械设计及理论专业博士学位。

1984 年 12 月，柴国钟硕士毕业后留校，进入机械系力学教研组从事科研教学工作。1990 年，刘勇博士毕业后，调入力学教研组，是当时浙江工学院为数不多的博士之一。这期间是力学教研组师资力量最为鼎盛的时期。这一时期中，1983年12月—1988年1月，洪起超任浙江工学院副院长；1988年1月—1993年2月，洪起超任浙江工学院院长；1993年2月—1994年9月，洪起超任浙江工业大学校长。其间，洪起超还担任了浙江省力学学会理事长。

柴国钟，1984年12月毕业于浙江工学院化工过程机械专业，获硕士学位，后留校至今，主要从事计算力学、断裂力学及工程应用的研究。1987—1988年，赴日本足利大学机械工程系开展访问学者合作研究；1991—1994年，在职攻读华东理工大学机械系博士专业学位；1991年晋升为副教授，1996年晋升为教授；1996—1997年，赴日本横滨国立大学机械工程与材料科学系，作为特别研究员开展合作研究。历任机械工程学院副院长（2001—2003年）、院长（2003—2012年）、工学二部执行主任（2013—2015年）等职，担任中国力学学会理事、浙江省力学学会副理事长、浙江省机械设计学会理事长、浙江省机械工程学会常务理事等职。

刘勇，1990年毕业于南京理工大学机械系，获工学博士，后即在浙江工业大学机械系任教，主要从事材料力学课程教学和计算力学方向的研究工作。1994年8月获"浙江省优秀教师"称号；1994年11月破格晋升为教授；1995年获"浙江省劳模"称号；1995年8月—1997年10月，受德国亚历山大·冯·洪堡奖学金资助，在德国布伦瑞克理工学院从事合作研究；1997年2月—1997年7月，受洪堡欧洲基金资助在英国剑桥大学做学术研究；1997年11月—1998年9月在美国加州大学进行博士后研究；曾经担任浙江省力学学会副理事长。

在90年代初，浙江工学院为典型的教学型大学，科研刚刚起步，这个时期浙江工学院力学学科起了至关重要的作用。这一点可以从SCI论文发表看出来：在1990年全校共发表了8篇SCI论文，其中力学学科教师（洪启超、柴国钟、刘勇等）占了5篇；在1991年全校共发表了5篇SCI论文，其中力学学科教师占了3篇；在1992年全校共发表了10篇SCI论文，其中力学学科教师占了4篇；在1993年全校共发表了11篇SCI论文，其中力学学科教师占了4篇。1995年，全校国家自然科学基金项目新立项3项，其中2项由力学学科教师（洪启超、柴国钟）主持。

1985年上半年，在华东区高校教学会议上，上海大学校长钱伟长教授根据"教育要面向世界、面向未来"的要求，提出高等学校能否创造条件，让本科学生在校期间读1—2本原版教材。当时蔡增伸向系领导表达了使用原版材料力学教材的意愿。教务处与系领导表示支持。蔡增伸从图书馆借来了铁木辛柯1972年版的原版《材料力学》，很快通读了一遍，觉得文字通俗易懂，比阅读杂志文献要容易得多，立即向系相关领导汇报。在系领导的支持下，较快地解决了原版教材问题，接着利用暑假，紧张地投入原版教材的备课。

当时尚无"双语教学"这个概念,使用英文原版教材的目的是什么呢？系领导组织我们学习《中共中央关于教育体制改革的决定》,在此基础上我们着重考虑了以下三个问题:第一,如何将提高英语的阅读与理解能力,与获得课程基础知识与专业知识结合起来;第二,从引进国外优秀原版教材入手,促进本学科内容与体系的改革,接轨世界先进水平;第三,探索在我校应用英语原版教材的路子。

在系领导的支持下,力学学科确定化机83届两个班进行试点,教材用英语原版,板书全部英语,讲课基本汉语,专业名词用英语。教务处长贺兴书老师亲自来听了课,给予支持鼓励。当时材料力学100学时,做试点给了120学时,并配了林红老师来助讲。开始几章,为了让学生适应,放慢了速度,学生也很配合。由于铁氏的原著语法简洁,用词通俗,学生大多感到新鲜、有兴趣。每次课后蔡增伸都去学生宿舍答疑解惑。在1—2个月后,学生便适应了。学期结束时的民意测试,大部分学生反映良好,使我们受到了很大的鼓舞。

自第二年开始,由于外文教材买不到,加上外文教材的体系与中文也不同。我们又组织教研室另外两位材料力学老师蔡淑骅、沈乃杰一起,参阅了十几种当时流行的英语版材料力学教材,自编英文版教材讲义。根据系里要求,使用英语教材与使用中文教材的大纲、学时相同,并一起进行统考,请浙大老师出考题,实行考教分离。结果显示,使用英文版教材的学生成绩并未受影响。

接着,我们在化机84、85届又进行了使用英文版材料力学教材的教学实践,连续三届教学后我们进行了总结,认识到:第一,采用英文教材,通过考试等测试手段,证明可以达到材料力学本学科的基本要求;第二,使用英文教材,有助于提高学生英语阅读能力与自学能力;第三,使用国外高水平的原版教材教学,促进和推动了本门学科内容和体系的改革,提高了师资水平。

与此同时,我们也看到了使用英语教材存在的矛盾与问题。第一,使用原版教材提高了难度,使部分中等水平的学生出现两极分化。第二,有近半数的学生感到自己能力有限,不看或很少看原版教材,认为只要把材料力学知识学好就可以了,这就只有"一箭一雕",难以实现"一箭双雕",而且也会不同程度影响他们对材料力学的学习。针对以上问题,在第四轮教学中,采取机制、化机86届4个小班学生自愿选择听课的方式。报名来听英文版材料力学的学生,基础相对好一些,自觉性也较高。86、87、88届,我们已经采用自编的讲义,进行了英文版的材料力学教学,同时允许学生自愿选择听英文版或中文版的课。

在采用原版教材的前三年中,我们接触了国外十几种美、英、日、俄材料力学的新版本教材,扩大了视野。在编写英文版材料力学讲义的过程中,着重考虑了下面几点:第一,突出材料力学的方法学;第二,打破先拉压、剪切后扭转、弯曲四种基本变形的块块体系,建立应力——应变分析,强度、刚度、稳定性纵向主线安排内容的新体系;第三,提高起点,内力分析从弯曲变形入手。沿着前续课程——理论力学空间力系的平衡概念,加上截面法,得出任意截面上出现内力:拉力、压力、剪切力、扭转力矩和弯曲力矩的可能性,分别对应变形体的拉压变形、剪切变形、扭转变形、弯曲变形这样四种基本变形。从梁的弯曲变形的剪力、弯矩及其图形展开,了解基本概念、掌握技巧,对于轴力、轴力图及扭矩、扭矩图仅一带而过。这样提高了起点,节省了篇幅,以求"少而精"。讲义编好后还请了外语教师在语言文字上把关,使英语的难易程度控制在大学英语3级。

1985年底蔡增伸的论文"关于建立材料力学新体系的探讨"获浙江省力学学会优秀教学论文二等奖,1989年"使用编写英文材料力学教材的课程改革"获浙江工学院校级优秀教学成果奖。

1990年,经浙江大学刘鸿文等5位教授推荐,由北京世界图书出版公司在同年12月正式出版英文版材料力学教材《MECHANICS OF MATERIALS》,进一步推动了使用英文教材的课程改革。除蔡增伸外,教研室还有蔡淑骅、沈乃杰等参加编写的老师也加盟使用英文教材。1995年我们编写的教材获第一届浙江省普通高校优秀教材二等奖,到1997年全部用罄。

进入新世纪后,2002年国家教育部明确提出双语教学,校教务处要求我们再版。我们组织了年轻教师梁利华、冯平参加改编工作,在2002年9月仍由北京世界图书出版公司出了修订的第二版。同年下半年,我校土木专业开始使用材料力学双语教材;2003年上半年,我校机电学院3位教师蔡增伸、蔡淑骅、梁利华,6个班级使用了材料力学的双语教材。2003年蔡增伸老师获浙江省首届教学名师奖。

双语教学对学生和教师都提出了更高的要求,从调查看,大部分学生是接受和欢迎的。对于爱学习的学生,这会让他们得到更大的发挥,但对于要求不高者,显然会增添学习的语言难度。双语教学同样面临着母语教学中的一般问题,还有待我们与时俱进,不断探讨、解决新问题。

由于我们在断裂力学研究上,在国内有一个较早、较好的开端和基础,1983年洪起超老师的团队申报了《压力容器接管拐角裂纹疲劳扩展规律研究》科研项目,为学校首次申报成功中国科学院自然科学国家项目(国家自然科学基金的前身),资助金额为8.5万元。该项目自1983年12月至1988年6月,全部工作在浙江工学院机械工程系结构强度研究所完成。研究工作包括三部分:

(1)在大量孔板和平板接管模型(材料为15MnVR,16MnR及20g)和容器接管模型的疲劳试验基础上,建立起容器T字型接管内角裂纹扩展的力学模型——以1/4圆弧形自相似扩展模型。结合有限元分析及光弹试验研究,提出了用于疲劳分析的容器T字形接管内角裂纹的应力强度因子K_I表达式,从而建立了预测内压容器 T 字形接管内角裂纹疲劳扩展寿命的工程公式。还从工程角度出发,对将 Paris 公式延拓到高应变区的可能性进行了实验研究与理论分析;

(2)通过对球形容器接管模型的疲劳试验研究与理论分析,提出了球形容器径向型接管外角环形表面裂纹的 K_1 表达式和疲劳扩展速率公式;

(3)对应力梯度场中表面裂纹的疲劳扩展规律和加载频率对疲劳裂纹扩展的影响,以及 16MnR 焊接接头的断裂韧性测定与焊接区的疲劳裂纹扩展规律等做了实验研究与理论探讨。

本研究在 1990 年 3 月通过鉴定,专家在鉴定意见书中充分肯定了本课题在理论上和工程应用中都具有重要的意义和价值,为压力容器缺陷评定规范进一步完善提供了可靠的依据,是当今国内外研究的前沿课题。2003 年又获国家教委科技进步二等奖。本项目的主要完成人为洪起超、蔡忏涛、蔡增伸、柴国钟和冯定忠等。

自 1982 年始,我们还参与了我国首部压力容器缺陷评定规范(CVDA—1984)的研究与编制工作,该课题荣获机械工业部 1986 年科技进步一等奖。由于我组力学在压力容器断裂疲劳研究工作方面的影响,兰州球罐工程联营公司于 1983 年聘任我组洪起超老师为该公司顾问。1984 年 8 月全国压力容器标准化技术委员会成立,洪起超老师又被聘为顾问;1989 年 9 月再次被聘为该委员会第二届理事会顾问。

1983 年力学组开始招收硕士研究生,他们的硕士论文都是该课题的一个子部分或一个分支。冯定忠的学位论文是“球形容器接管连接区环裂纹疲劳行为研究”。该项研究完成了课题中球形容器部分的研究内容,指导教师洪起超老师,蔡增伸协助试验研究。徐一耿的学位论文是“接管拐角裂纹应力强度因子的理论探讨和实验研究”,论文中用光弹性法进行了接管拐角裂纹的实验研究,指导教师是蔡忏涛老师,蔡淑骅老师协助光弹性法实验研究。楼飞宇的学位论文是“横向应力梯度场中表面裂纹疲劳扩展规律研究”,指导教师是洪起超老师,蔡增伸协助试验研究,沈乃杰老师负责研究生的有限元计算指导工作。柴国钟与洪起超在 1990 年与 1991 年的“国际压力容器与管道”及“国际工程断裂力学”杂志上发表的论文中共同提出了压力容器接管拐角裂纹应力强度因子的计算公式,该计算公式后来被美国 API579-1/ASME FFS-1 2007 Fitness-for-Service(该领域国际最权威标准)所采用。

第三阶段：教学、实验室建设及科研、社会服务不断发展（1993—2005 年）

　　1993 年底，浙江工业大学正式挂牌，学校的发展进入一个教学研究型的阶段。1996—1998 年间，刘勇任教研室主任，在一次教研室会议上，他提出为了适应完成科研和社会服务任务，建议将教研室改名为研究所，具体取名为机械强度工程及软件研究所，全体赞同，启用新名。

　　1993 年开始，研究所挂靠西北工业大学招收博士研究生（因我校此时尚无博士学位点）首位博士生王勇的学位论文题目为"三维裂纹蠕变断裂分析的数值方法研究"，由洪起超、柴国钟指导。1986 年通过论文答辩。

　　1998 年，力学学科申请并获得了固体力学硕士学位授予权。

　　2000 年，力学与化机学科一起申请并获得了化工过程机械博士学位授予权。当年化工机械博士学位点共包含三个研究方向，分别是过程装备结构完整性（由柴国钟教授担任方向负责人），过程机械的强度及振动（由刘勇教授担任方向负责人），新型、高效过程机械（由高增梁教授担任方向负责人）。

　　随着教改的深入，加强实践性教学环节已是势在必行。我校的材料力学实验室始建于二十世纪五六十年代，当时的主要设备是 WE 型油压式万能材料试验机和 K—50 型扭转试验机，共开设拉伸、压缩（示范）、纯弯曲正应力和扭转这样几个传统的实验，在当时能让学生在课堂教学之外，见到和接触这些实验已经是很不错的了。但现在，原有的设备条件和教学内容、教学方法显现了诸多弊端：（一）材料力学是一门技术基础课，它与工程技术有着密切的联系。其中的许多理论分析需以实验观察为先导，而理论分析的结果又需要用实验数据来验证，且强度、刚度计算中的许多材料性能参数又必须通过实验才能测定。因此材料力学应是一门实验和理论并重的课程。但在以往，实验只作为课程的附属部分，没有受到应有的重视。（二）过去的材料力学实验都在大型设备上进行。由于设备套数的限制以及大型设备操作的安全性问题，实验分组过大（每组 4—5 乃至 7—8 人），每组有一指导教师管理甚至帮助操作，学生因此产生依赖思想，在实验中"吃大锅饭"，既不动手，又少动脑，回去实验报告一抄就了事。（三）实验项目过少，特别是缺少应用性实验（运用所学知识解决工程实际问题）和设计性实验，致使学生的操作技能得不到锻炼，主观能动性得不到发挥。

　　针对上述弊端，顾立成、蔡淑华、史竹斐和蔡增伸等老师通过调研和反复讨论，认识到要改变材料力学实验的现状，必须在教学内容、实验设备、组织安排上有新的突破：（一）在实验内容上，扩充测试手段，增加应用性实验和设计性实验；（二）除材料的破坏性试验外，其他实验全部从大型设备上解脱出来，使学生的注意力从紧张惶恐的试验机操作转移到实验内容上来;(三)减少分组人数,保证每个学生都有独立操作而且必须独立操作的机会,杜绝"吃大锅饭"现象。

在上述诸项措施中,首先是把尽可能多的实验从大型设备上解脱出来,实现实验装置的"小型化"。小型实验装置具有如下优点:(一)投资省。可以通过适当增加设备套数来减少分组人数。(二)安全可靠。小型装置采用手动加载,操作安全方便,使学生能专注于实验内容,教师也敢于放手,从而改变实验的指导方式,为进行开放实验创造了条件。(三)便于开发新的实验项目。小型装置具有极大的灵活性,只需略加改装,即可开发出许多新的实验来,例如应变片灵敏系数测定、材料的泊松比测定、圆环的实验应力分析、压杆稳定实验等。

实现实验装置小型化后,极大地加强了电测实验,相应地建立了一个颇具规模的电测实验室,配备了弯曲和"扭弯"组合实验装置各八套。同时改变了实验中传统的测力方法,采用较先进的压力传感器和数字测力仪来显示载荷。实验项目由原来的三四个增至十个左右。实验分组一般为二人一组,极大地调动了学生的学习积极性和主观能动性,收到了很好的效果。

"扭弯"组合实验台承担着主应力测定、二向应力电测法、应变仪的接桥方法练习、组合变形下的内力素测定等多个重要的实验项目,因此其测定数据的稳定可靠和设备的经久耐用是至关重要的。实验室同志在实验台的加载系统的机械结构上进行了创新设计:令加载钢丝穿过空心螺杆的中心,即采用了砝码的加载系统和支承系统的同轴线设计,从而使砝码的重力载荷可以方便地在支承系统和加载系统上转移。

在提出自制设备申请并被列项以后,实验室同志即以艰苦奋斗的精神投身其中:为了加工一批总重 600 多千克的零件,大家轮流去机械厂下料;自己蹬三轮车送出去进行机加工和热处理;然后对砝码逐个校准重量,最后安装调试。这中间大量琐碎的工作以及许多钳工活,大家无不亲力亲为,倾注了满腔热情。该自制设备共制作八套,总投资不足 4000 元。经过一年半的实际使用后,学校组织并通过了对该自制设备项目的鉴定。鉴定称:"整个设计构思新颖,具有独创性""加载系统稳定可靠,测量数据准确,操作使用方便、耐用""成本低廉,受益面广,可以增加学生的动手机会,有利于提高实验教学质量"。

2005 年,柴国钟教授牵头、梁利华具体负责申报成功《材料力学》浙江省精品课程。之后,建设浙江省精品课程,申报国家精品课程成为教学改革的主要目标,同时对这一阶段的教学改革进行自我评估和反思,把师资力量、教学网站和实践环节的建设作为工作重点,同时开始探索先进教学理念和研究型教学模式等问题。

从精品课程建设开始到结题,主要历史事件有:

2005 年,材料力学课程被确定浙江工业大学校级精品课程,同年成功申报了浙江省精品课程。

2007年，学院开始引入CDIO工程教育的先进教学理念，建立研究型教学实验班，本课程积极响应，探索了以综合性、设计性主题研究为基础的研究型教学模式，探索了研究型教学。

2007年，材料力学教学团队进入院高水平教学团队（教学名师）培育计划，梁利华进入院教坛新秀培育计划。

2008年，机械基础课实验省级教学示范中心以优异成绩通过验收。浙江省机械基础实验示范中心的建设项目力学部分一期建设投入约130万元用于购置和开发一批具有综合性、设计性的高水平工科基础力学实验，此时已完全能够满足开放式实践性教学的要求，效果良好。

2008年，理论力学课程成功申报了浙江省精品课程。

2008年，由课程负责人柴国钟教授带头的"机械工程及自动化专业教学团队"被浙江省教育厅评为首届高等学校省级教学团队。

2009年，由课程负责人柴国钟教授牵头的"适应区域经济的机械工程实践与创新能力培养体系与平台"成果获浙江工业大学教学成果一等奖，同时获浙江省教学成果一等奖。

在《材料力学》浙江省精品课程建设期间，开展的教学改革有：

引入了CDIO工程教育大纲：贯彻了CDIO工程教育大纲中"未来工程师的教育不能脱离实践工程"的原则。例如，在课程教学中，从圆柱销钉加圆柱孔的特定工程结构引入铰链约束概念后，进一步上升到从力学边界条件来理解这种约束。在日常教学中，课程组加强广义的工程概念，如与工程力学密切相关的机械、建筑、桥梁、飞机、舰船，也包括其他学科各式各样的工程问题，如核反应堆容器、计算机硬盘驱动器、体育工程、仿生学工程等等；强调培养学生的力学建模能力，例如将钻床简化为拉弯组合变形模型，齿轮箱轴简化为弯扭组合模型。

实施研究型教学模式：在材料力学课程教学内容整合的基础上，引入反映近代科技成果的新内容和大量涉及广泛工程领域的工程实例，如基于电测法的动态应力测试、新型材料或复合材料的力学性能研究、现代光测力学的应用与实践、非线性材料本构研究等；通过基于团队的研究性学习模式和主题研究项目的主动实践活动，建立以学生为中心，教师为主导的研究型教学模式，进行研究型课程教学的实施，努力消除工程教育和实践活动的差距，以培养出实践的工程师（或工程研究者）。

建立研究型训练平台，强化学生工科力学实践能力：在机械基础示范中心建设过程中，课程组建立了以综合性、设计性主题研究为基础的研究型训练平台，开发了一批提高型和研究创新型实验，如现代光测力学实验（云纹及全息相关实验、电子散斑测干涉条纹实验和电子剪切散斑测干涉条纹实验等）、焊丝等纤细材料温度场下本构关系测定实验和材料（金属）损伤演示实验。最重要的是，学生可以根据自己的设想，自由地实现创新性实验的设计。

强化学生工科力学实践能力的培养：在学院的支持下，课程组开办了材料力学研究型课程教学，鼓励学有余力的学生报名参加自主研究项目，建立了以学生为中心的创新型人才培养系统。在研究型课程教学过程中，突破了知识传授型的传统教学模式，采用"启发式"和"学导式"的教学方法，以讨论课的形式加深学生对基本概念和基本理论的理解，引导学生学习，激发学生的学习兴趣。课程组要求研究型课程的学生完成相应的研究性课题，学生以团队的形式，自主拟定研究题目，自己设计研究方案，在教师的指导下独立完成研究，并撰写研究报告。期间，教师只是起辅助和指导作用，做一些引导性工作。通过这些，学生的动手能力得到锻炼，分析和解决问题的能力得到提高，更主要的是培养了学生的团队精神和创新能力。

2002年，主要由张淑佳、李芳、缪炳祺、竺培等人完成的《理论力学优秀课程建设》获得了浙江工业大学优秀教学成果一等奖、浙江省优秀教学成果二等奖。

2008年，由张淑佳牵头成功申报《理论力学》浙江省精品课程。

在《理论力学》浙江省精品课程建设期间，开展的教学改革有：

适应大众化、多样化教育的需要，进行因材施教，实现分层次教学。处理大众化教学和精英教学的关系，对课程设置进行了调整，把理论力学课程分为基础部分（必修）和提高部分（选修），给学生选择权，以满足大众化、多样化和精英人才培养需要。

研究结合理论力学教学内容和特点培养学生科学思维能力的方法。在课程讲授过程中，适时培养抽象思维、演绎推理能力，引导学生联想与类比，培养学生的思维习惯、方法和科学的思维能力，以促进学生学习能力的发展。

课程教学着力于培养、引导学生创造性地应用理论力学知识的能力。在理论和实验教学设计中，遵循"融研究于理论教学，置创新于实验环节"的教学理念，把理论力学基本理论与实际应用结合的成果和途径引入教学，引导学生创造性地应用理论力学的基本理论。近年来，机电学院学生在挑战杯、机械设计竞赛中获得多项奖励。

依托浙江省机械基础示范中心建设项目，建设理论力学实验室，开设实验课。按浙江省机械基础示范中心建设项目要求，建设理论力学实验室，开设6学时的实验课（大部分高校理论力学不开设实验课），提高了学生理论联系实际的能力。

形成了教师不断探讨教学改革、提高教学质量、促进课程建设的机制。鼓励教师进行教学经验交流，学科全额资助教师发表教学研究论文、参加国内的教学交流活动。

研究在多媒体教学环境下学生认知的基本规律,应用现代教育技术手段,提高教学效果。根据本课程的特点,板书和多媒体教学手段有机结合,不断改进和优化电子讲稿,提高课堂教学效果。

注重使用信息技术手段。相关的教学大纲、教案、习题、实验指导、网络课件等上网开放,实现优质教学资源共享。

自成立机械强度及软件工程研究所后,蔡增伸考虑把现代强度检测及其装备研究作为今后的研究方向。在 1986 年 4 月第五届全国实验力学南京年会上,蔡增伸和同行讨论了现代强度检测与传统强度检测的区别,关键在于:在相应的检测装备上,测定强度等力学指标时,怎样保证测定结果的可比性。查阅国际多个 80 年代的相关标准,发现其中主要差别是在试样拉伸时,传统的标准没有加荷速度要求,而国际现代的标准有明确的加荷速度要求。弹性阶段与屈服阶段有明确的规定,还要求保持基本不变。为什么会这样呢? 进一步查阅国内外相关文献发现,早在 1966 年本乃特(Bennett)等人在美国基础工程研究文献中就指出,材料的静强度与加载时的应变速率(应变率)有密切关系。因此,在金属材料拉伸试验时,想要测准相关的强度指标,或使测试的相关强度指标具有可比性,就必须对加载的速度做出明确规定。不久,国家新的金属材料拉伸试验标准出台,就把上述国际标准中的加载速度要求完整地引用了过来。这样,当时不少强度检测工作者就从主要特征考量,把考虑加载速度影响的检测方法和使用具有加载速度控制的检测装备的称为"现代强度检测方法和现代强度检测装备",而把以前那种不考虑加载速度影响的检测方法和装备统称为"传统检测方法与装备"。而当时这种"传统的"做金属拉伸试验的液压式万能材料试验机,国内在用的有近 10 万台。如果我们的检测装备现代化全部依赖进口或用进口伺服阀生产新机,国家将要花费巨大财力,这几乎是不可能的。但如果我们从传统装备的控制方式上加以改革、创新,提升它的功能,使之具备加载速度控制的能力,这将为国家创造多大的财富啊!

当时使人耳目一新的电液比例新技术,浙江大学走在前面。蔡增伸确定要舍弃国外走过的耗资昂贵的电液伺服技术老路,运用电液比例新技术来达到目标。就这样,蔡增伸组织学生(包括机械设计、化工机械及工业工程等专业)组成的团队,展开了如何将传统试验装备改造、提升为现代试验装备的研究项目。这个项目的研究技术路线是:用传感器技术、计算机技术及液压比例技术来改造、提升传统试验机,使其具备应力速率及应变速率控制功能,成为现代强度检测装备。

这项工作比预想得更困难,前后历时二十余年,团队成员更替了一茬又一茬,经过了无数个日日夜夜,克服和战胜了无数的困难。课题组总结以往研究的经验,确定研究团队以研究生、本科生为主体,传感器及比例阀由蔡增伸直接指导,进行自行设计、制造及调试,计算机软、硬件由当时计算机专业的赵新建老师负责指导。参加课题的机械专业学生积极性很高,为了集中精力、提高效率,好几位学生主动要求从学生宿舍搬出来,入住实验室简陋的工作室里(当时实验室在化工设备厂边上的一个旧仓库里)。又经过了两年多的努力,我们终于攻克了许多困难,用一只自行研制的比例阀加上传感器及相应的软、硬件,构成了新试验机液压控制系统,在实验室条件下达到了应力速率及应变速率控制及两种控制间的连续切换。1998 年 6 月,由省科委主持通过了由金华试验机厂提供的样机鉴定,确认样机由一只比例节流阀实现了应力速率与应变速率控制,而且两种控制的切换完全符合国家标准要求。

1999—2003 年这五年,团队开发的技术,在几十家试验机厂、学校与研究院所及三峡建设工地等地进行了较大面积的推广服务,一方面筹集经费,另一方面进一步完善技术。2001 年 10 月蔡增伸团队历经十余年研究的项目"旁路节流比例调压调速技术在强度检测装备(试验机)中的应用"获浙江省科技进步三等奖,主要的学生骨干均在获奖人名单上。

2004 年,团队在学校支持下办起了学科性科技公司——杭州鑫高科技股份有限公司。这个公司办起来的第一件事就是参加当时机电学院机械基础重点实验室建设的力学试验装备改造、升级的项目招标。学校盛颂恩副校长主持了评标会。全国有九家同行参与竞标,蔡增伸定下三个"必须"原则:一是必须以最好的质量完成标书技术要求;二是必须以最低的价格报价;三是服务必须 12 小时应答、在 24 小时内到人。结果除两台新机外,其他全部改造、改制升级的项目,均为杭州鑫高科技公司中标。2005 年,当省教育厅组织专家验收该项目时,对他们的工作给予了一致的好评。

第四阶段:浙江工业大学时期——新形势下的机遇与挑战(2005—　　)

从 1997 年到新世纪这一段时间,力学学科还在蒸蒸日上地发展。由于当时力学学科和化机学科共同申请了省重点学科("化工过程机械"),利用省重点学科经费购买了日本岛津试验机、Sun 工作站和 ANSYS 有限元商业软件。根据当时的协商,Sun 工作站和 ANSYS 有限元商业软件由力学学科负责建设和管理,为此,力学学科建立了强度研究室,具体工作由沈乃杰老师分管,高发兴老师负责管理工作站,还在读刘勇老师硕士的梁利华,跟着第二导师沈乃杰学习 ANSYS 有限元商业软件。到 2000 年,力学学科建立了强度工程及软件研究所。

从 1998 年固体力学硕士点获批开始,固体力学学科就着手申请博士授予点。在 2004 年,当时申请博士点的三个研究方向为断裂、疲劳和结构完整性,混凝土力学与应用和计算固体力学。其中,断裂、疲劳和结构完整性方向由柴国钟牵头,混凝土力学与应用方向由建筑工程学院的郑建军教授牵头,计算固体力学由刘勇牵头。这个时候,力学学科老师大约还有 10 人,由缪炳祺担任所长,张淑佳担任副所长,建筑工程学院和理学院的部分教授,如杜时贵和吴峰民,还作为固体力学硕士点导师。

从 1995 年 8 月开始,刘勇老师受德国亚历山大·冯·洪堡奖学金资助,在德国布伦瑞克理工学院从事合作研究;1997 年 2 月,进一步受洪堡欧洲基金资助,刘勇教授在英国剑桥大学开展学术研究;由于事业发展以及家庭的因素,刘勇老师在 1997 年 11 月赴美国加州大学开展博士后研究,之后大概在 2000 年,赴美国伦斯勒理工学院(Rensselaer Polytechnic Institute,RPI)从事芯片封装研究。2000 年,受学院委托,柴国钟老师临时调化机研究所,组织化机学科和力学学科共同申请并获得了化工过程机械博士学位授予权(三个研究方向负责人分别为柴国钟、刘勇和高增梁)。同年年底,柴国钟受学院委派组建机械设计与理论学科(后与机械制造及其自动化学科联合成立先进制造技术与装备学科,并成为浙江省第一批重中之重学科,学科带头人为柴国钟和彭伟)。

21 世纪以来,固体力学学科老师基于学科特色,一方面积极发展基础研究工作。在此期间,梁利华主持了国家基金项目面上项目 1 项、浙江省自然科学基金项目 3 项、浙江省重大专项优先主题项目 1 项,参与了重大军工项目多项;王效贵主持了国家基金青年基金项目 1 项、国家基金项目面上项目 1 项、浙江省自然科学基金项目 2 项、浙江省人事厅(钱江人才计划)项目 1 项;许杨剑主持了国家基金青年基金项目 1 项、国家基金项目面上项目 1 项、浙江省自然科学基金项目 1 项、浙江省教育厅项目 1 项。2010 年以来,学科又引进了 5 名青年教师。比如,诸骏老师毕业于浙江大学,2012 年进入浙江工业大学,主要从事智能材料结构与器件的力学问题,2013 年晋升副研究员,2014 年入选学校首届青年英才支持计划,2016 年入选学院青年英才培育计划,目前已主持了国家基金青年基金项目和面上项目各 1 项、浙江省自然科学基金项目 1 项等。

另一方面,固体力学学科也积极寻找学科与行业的结合点。比如,张淑佳老师积极开拓流体机械动力学仿真及优化设计研究方向,与浙江省机电设计研究院合作,开展离心电泵性能优化研究。她先后主持完成了两项浙江省科技计划重点项目"石化流程用稀土永磁湿式转子离心电泵研制"(2002 年)和"管流式电泵研制"(2005 年),并与浙江省义乌泵业有限公司合作开发了 QYB100 双作用式划片泵和稀土永磁同步离心电泵研制,与上海熊猫机械(集团)有限公司合作开展了计算机辅助开式离心等泵综合测试区的设计调试的工作。比如,梁利华、许杨剑、王效贵老师等与杭州西子奥的斯电梯有限公司、杭州西奥电梯有限公司、杭州西子孚信科技有限公司、西子优耐德电梯有限公司开展了系列电梯结构件的结构优化仿真分析项目,与机械工业第二设计研究院开展了大型汽轮机动平衡设备 L 型槽铁及其支撑肋板的有限元分析研究。比如,梁利华老师与杭州阳光集团求是透平机制造有限公司开展了"氯气透平压缩机技术开发""氯气透平压缩机断轴故障失效分析技术研究""YG3-10000 氯气透平压缩机转子组件临界转速计算"和"LYT 氯气透平压缩机研发"等项目,与杭州轻机实业有限公司开展了"推料离心机转鼓强度有限元自动化分析软件的开发"和"大型双级推料离心机自动化有限元分析系统的开发",并与杭州轻机实业有限公司合作成功申报了浙江省重大专项优先主题项目"基于数字化、自动化协同仿真平台的大型双级推料离心机开发与研制"。比如,缪炳祺老师与航天科技集团公司第五院总体设计部开展了"大型全柔性航天器动力学建模及其分析软件开发""复杂航天器动力学模型降价技术研究及软件开发"等项目,与航天科技集团公司五院五〇一设计部开展了"空间实验室太阳电池分析仿真"等项目。

从 2000 年以来,由于有在美国伦斯勒理工学院从事芯片结构薄层的有限元和芯片封装计算模拟研究以及后来到美国 Fairchild 半导体公司从事封装技术方面工作的经历,刘勇老师积极在国内筹备微电子封装技术研究,首先从固体力学硕士点开始设立了电子封装与微电子机械系统计算机模拟研究方向,后来演变为微电子封装技术研究方向。电子封装和微电子机械系统模拟技术是解决电子封装和微电子机械系统的有效技术,随着计算机的发展,已经被广泛应用到相关的各个领域当中。为此,刘勇老师希望在浙江工业大学成立浙江工业大学电子封装中心,开展了国内外调研。刘勇、梁利华和许杨剑老师赴江阴长电、南京富士通、苏州工业园区和温州汽车电子产业开展调研,形成了《关于创建浙江工业大学电子封装中心的申请报告》(以下简称《申请报告》)。

《申请报告》指出:在未来 10 年中,国内在封装行业的投资将达到 600 亿元人民币,国外在中国用于电子封装业的投资将达到 75 亿美元,发展前景十分广阔。我国未来几年电子工业将迅速发展,电子工业的发展需要与之配套的封装行业协调发展,其发展前景是十分美好的。面对如此蓬勃发展的世界电子封装形势和我国的现状,为了把学校建设成科研与教学并重的研究型高等院校,我们应该把握世界爆炸发展微电子封装的机遇,前瞻性地对此投入资金,加强电子封装技术研究的开发,跟踪世界新型封装技术,以期具有坚实的技术储备,使我校的电子封装技术研究能与我国的电子封装业同步发展并跻身国际市场,走出一条全新而充满生机的道路。

《申请报告》递交学院和学校后,由于涉及几千万的研发投入,学校未能通过。这也是导致刘勇老师最后未能回国的原因之一。

　　然而,以此为契机,在刘勇老师的帮助下,学科微电子封装研究方向已与美国硅谷的创始企业美国 Fairchild 半导体有限公司联合成立了"美国 Fairchild-浙江工业大学微电子封装联合实验室",由梁利华担任联合实验室主任。2005—2008 年,美国 Fairchild 半导体有限公司每年为该方向的发展提供 30 万—50 万不等的科研经费。联合实验室为美国 Fairchild 半导体公司的中国子公司快捷半导体(苏州)有限公司相关技术人员开展了微电子封装技术的有限元培训,联合开展了 一 系 列 微 互 连 焊 点 材 料 (95.7Sn3.8Ag0.5Cu、95.5Sn4.0Ag0.5Cu、91.5Sn8.5Sb、95.5Sn3.8Ag0.7Cu 等)的特性实验研究、系列键合引线(Al、Cu、Au 等)材料特性研究、系列硅芯片(DPG Miror、SPM IGBT 等)三点弯强度测试、系列微互连焊点材料(95.7Sn3.8Ag0.5Cu、95.5Sn4.0Ag0.5Cu 等)的 Hopkinson 动态力学性能测试、系列微互连焊点剪切测试,基于 ANSYS WorkBench 平台开发了集微电子芯片热分析、湿气扩散分析、水汽分析及交互耦合分析的 AutoSim 自动化仿真软件,发展了微电子封装焊点结构可靠性仿真分析技术和电迁移仿真的原子通量散度(AFD)法;考虑到 AFD 法未虑电迁移演化方程的边界条件和初始条件,不满足质量守恒条件,提出了电迁移仿真的原子密度重分布算法。由于在电迁移仿真方面的研究,2011—2012 年期间,联合实验室受美国 ViSTEES 半导体有限公司的委托,开展了该公司 FCBGA 芯片的电迁移失效的仿真和寿命预测研究。通过系列研究,2010 年,刘勇、梁利华、曲建民(当时为美国佐治亚理工学院教授,梁利华在美国访学的合作教授)在科学出版社出版了《微电子器件及封装的建模与仿真》一书。

　　王效贵获得浙江大学固体力学博士学位后,于 2002 年 5 月进入新加坡高性能计算研究所从事博士后研究工作,研究方向为温度敏感智能水凝胶的力学建模与仿真。2004 年 6 月回国后,进入机械工程学院固体力学学科工作,同年 12 月评为副研究员。鉴于当时力学学科尚未形成强有力的研究团队,王效贵在化机研究所高增梁教授的邀请下,以参与美国内华达大学里诺分校蒋炎尧教授主持的国家杰青 B 类项目为契机(高增梁为国内合作对象),开始了与高增梁教授的合作,并协助指导博士、硕士研究生,研究工作主要集中在典型金属材料的多轴疲劳和疲劳裂纹扩展行为的实验研究和数值模拟方面。后来因国家杰青 B 类项目需要,于 2005 年 9 月至 2005 年 12 月在华达大学里诺分校进行了为期 4 个月的实验研究。国家杰青 B 项目圆满完成后,在疲劳断裂研究方面,王效贵获得了 1 项国家基金面上项目,并参加了高增梁教授主持的 1 项国家基金面上项目和 1 项浙江省重点基金项目(排名第二)。在上述 4 个项目资助下,他取得了一批有影响力的成果,在国内外主流期刊上发表论文 10 余篇,培养博士研究生 4 名。张淑佳老师退休后,王效贵开始具体负责理论力学精品课程,并于 2016 年起正式担任课程负责人。

为了响应学院工程教育专业论证工作,学科开展了"材料力学"和"理论力学"两门课程基于学生学习成效教育理念的教学改革。以材料力学课程为例,完善了课程的教学目标:通过课堂讨论、课外作业、综合作业、实验和自学等环节综合培养学生运用课程知识能力、团队合作能力和自主学习的意识,加深学生对课程知识的理解和掌握,初步建立机械产品的力学分析与计算能力。在教学改革中,特别强调了力学应用能力的培养。

同时,课程组柴国钟、梁利华、王效贵和卢炎麟四位老师共同编写了《材料力学》教材,并于 2012 年由科学出版社出版。考虑到机械类专业应用型本科院校生源的实际情况,在保证基础的前提下,该教材对传统的材料力学教学内容加以精选和融合,在内容叙述上循序渐进,在结构上务求紧凑,在知识表述上务求语句简明。它以构件的基本变形为主线,同时介绍了应力状态分析、组合变形、压杆稳定、能量法、动荷载、疲劳和静不定问题分析等材料力学课程的基本内容。又为了强化学生工程应用能力的培养,介绍了材料力学分析模型的新内容,并引入了诸多工程实践。为了有助于读者对知识的理解,该教材中的插图全部采用立体感与透明感较强的二维与三维图形,以期得到更形象直观的描述效果。

2015 年以来,学科开始规整,形成"微电子封装技术""机械结构强度"和"新材料中的关键力学问题"三个研究方向,并于 2016 年顺利通过了学位点合格自评估。学科现有在编教授 4 人、副教授 3 人、讲师 4 人,其中拥有海外博士学位的教师 2 人。2016 年起,力学学科正式加入机械工程学科,研究所更名为应用力学与机械强度研究所。学科归属的调整,便于共享机械工程的优质资源,促进了力学学科与工程实际相结合,可望摸索出一条适于力学学科的凤凰涅槃之路。

近几年,学科进一步强化与产业对接,结合《中国制造 2025》发展战略,开展了一系列的"机器换人"项目,如与浙江广涛卫厨有限公司合作的"Q12JW1.3—0A 型热交换器自动化装配线研发"、与浙江晨龙锯床股份有限公司合作的"CH360 数控型带锯床的开发"、与浙江三拓重工科技有限公司合作的"LwB550 卧式螺旋卸料沉降离心机研发"等。

浙工大力学学科在其数十年的发展中,形成了下面几个鲜明的特点:

一、十分重视学科教师水平的提高,注重夯实与拓宽基础,随时关注、跟踪学科的发展前沿,同时,培养与提高教师的科技能力。20 世纪 80 年代末,我们抓住断裂力学这一突破口,编写讲义、举办学习班、研发疲劳试验设备,获得了国家基金项目,培养了研究生,做出了压力容器接管拐角裂纹疲劳扩展规律研究的学术与工程成果。浙江工业大学力学学术团队,在教学、科研及社会服务等方面也产生了较深远的影响力。

二、坚持科学技术工作理论结合实际,学以致用。作为工科学校的力学学科,它既要从事一定的理论工作,又应该能为工程中的实际问题,提出以科学思考与分析为基础的解决方案。科学理论源于实践,又高于实践、服务于实践。比如,我们从理论和实验两方面,深入研究了压力容器接管拐角裂纹的疲劳扩展规律,从而为压力容器接管拐角裂纹的疲劳寿命估算做出了预判,这对于压力容器工程实际应用来说具有极大的工程价值。

三、自力更生、因陋就简、图强自立,不是坐等条件的到来,而是敢于拼搏、抓住机遇、创造条件。自制教学实验仪器、自制科研装备;自己动手将普通液压式材料万能试验机解剖油路、设计相应原件,改造成低周疲劳试验机,为完成一系列低周疲劳试验赢得了时间,创造了最基本的实验条件,解决了长期疲劳持久实验的相关技术问题。在此基础上再进一步,结合软件、硬件及传感器技术,改制、提升原有的传统材料试验机的应力、应变测控能力,使之符合现代强度测控装备的基本要求。

四、地方工科院校的工科力学学科必须走与工程相结合的道路。尽量做好为专业服务,配合专业提高教学、科研水平,从而也提高了自己。浙工大的力学学科几十年来正是走着这样一条路,无论是在衢州的浙江化工学院时期,还是杭州的浙江工学院时期,直至现在的浙江工业大学时期,都是走这样一条路。这是我们的成长之路、成功之路、经验之路。

回忆信息学院的初创时期

王光云

信息工程学院,是浙江工业大学中发展较迅速、教学科研实力较雄厚的学院之一。近些年来,学院在教学、科研、人才培养、院企合作等方面都有了很大发展,取得了辉煌的成果,我作为信息学院的一名退休教师,感到无比的骄傲和自豪。2016年是信息学院成立二十周年,2017年又是信息学院的前身电子系的第一个专业工自(工业自动化)专业创办四十周年,2018年还将迎来浙工大65周年校庆。高兴之余,大家情不自禁地想起信息学院初创时期(1977—1996年)的许多让人难忘的人与事。

一、追忆电子系第一任系主任俞云焘同志

1977年8月15日,浙江省革命委员会发布了《关于浙江化工学院试办工业企业电气装备专业的批复》,浙江化工学院那时还蜗居于衢州烂柯山下,由此突破了单纯"化工"的范畴,正式设立了工业企业电气装备专业,行政上隶属化机系,教学上独立,当年就招收了第一届本科生28名。后来,随着机制专业和工自专业的招生,步入了多科性工科院校的行列。

1979年,学院将"工业企业电气装备"专业更名为"工业电气自动化"(工自)专业,整合了机制专业,脱离化机系,新组建自动化系,俞云焘同志被任命为自动化系首任系主任。当年下半年,化工仪表教研室被撤销,其中庄毓萃、毛礼武和我被分别调入自动化系的计算机教研室、工自教研室和电子技术教研室,其他人仍留在化机系,归属化工原理教研室。

在浙江化工学院并入浙江工学院以后,自动化系变为电子工程系,俞云焘同志继续任系主任,直到1988年退休,历时十二年。这期间,除了原属化机系的机制专业外,电子系增加了几个新的专业:1977年筹建工自专业并招生,1980年电子仪器仪表专业开始招生,1985年计算机专业开始招生,1986年电气技术专科班开始招生。作为电子系主任的俞云焘,对电子系的专业建设和发展做出

212

了较大的贡献,也为此付出了艰苦的努力。

他对教学管理工作兢兢业业、认真负责,多次带领教师去各高校取经和调研,指导制订各专业的教学计划、教学大纲、课程设置等等。

他也很善于团结人,细致地做好每一个人的工作。与他共事多年的电子系第一任党总支书记邵文高同志说:"我是部队转业来高校工作的,对高校的教学工作和政治思想教育工作不太熟悉,开始没有什么经验,自己的文化水平也不是很高,但与俞云焘同志共事多年,他从来没有瞧不起我的感觉,在讨论工作时他非常尊重我的意见,也非常支持党总支的思想政治工作,我们相互配合,工作是融洽的。"

我调入工自教研室属于改行任教,俞云焘主任单独找我谈话,要求我1980年先在工自实验室一年,试制自控系统实验设备,然后承担78、79班的电力拖动控制系统讲课任务,并指导大型系统实验。我欣然接受了领导的安排,边试制实验设备边备课。为了对教学、对学生负责,考虑到尚有半年时间的空档,我提出1981年去南京工学院(现为东南大学)自动控制教研室进修,俞云焘主任爽快地答应了我的要求。

在电子系教师队伍的建设中,俞云焘主任与电子系党总支、行政和校人事处密切配合,把好进人质量关,短短几年时间就从全国各地调入了一大批素质好、业务水平高的教学科研人才,也在本校毕业生中留下了一批有潜力、有发展前途的优秀毕业生充实教师队伍,为后来信息学院的发展打下了坚实的基础。

据不完全统计,电子系20世纪80年代从全国各地引进人员见下表:

序号	姓名	毕业院校、专业	调入前原单位	调入时间(约)
1	蔡家楣	复旦大学物理系	湖南计算机厂	1985年
2	蔡尚峰	哈尔滨工业大学电器	原华中工学院	1984年
3	常福全	北京航空学院研究生	丽水油嘴油泵厂	1979年2月
4	陈筱艳	西安交通大学	西安交大	1986年
5	戴震东	西安交通大学	西安交大	1981年
6	董鼎伟	原南京工学院	合肥工大	1985年
7	洪永清	原北京钢铁学院		1980年
8	胡朋子	西安交通大学	西安交大	1981年
9	乐中道	原成都电讯工程学院	长春光机所	1984年
10	李瑞麟	浙江大学研究生	毕业分配	1982年
11	厉鲁卫	浙江大学无线电技术	毕业分配	1982年

序号	姓名	毕业院校、专业	调入前原单位	调入时间(约)
12	廖琼蓉		原华中工学院	1982 年
13	林本通	上海交通大学电气机车制造		1981 年
14	林镜钏	上海交通大学电气机车制造		1981 年
15	刘 锐	浙江大学无线电技术	浙大	1984 年
16	龙忠琪	原西安军事电讯工程学院	原昆明六机部七院五所	1981 年
17	吕 焱	研究生		1980 年
18	毛培法	原西安军事电讯学院	原西安军事电讯学院	1981 年 4 月
19	闵心蓉	西安交通大学	西安交大	1981 年
20	潘铁宝	哈尔滨工业大学	哈工大	1983 年
21	齐家国	原武汉钢铁学院研究生	毕业分配	1982 年
22	邵催吾	西安交通大学	西安交大	1987 年
23	邵士强	原上海圣约翰大学	原电子部 44 所	1984 年
24	孙华樵	哈尔滨军事工程学院		1978 年
25	孙庆堃	清华大学电机系	马鞍山钢铁学院	1982 年 8 月
26	孙志馨	西安交通大学	西安交大	1982 年
27	汪日康	原西安军事电讯工程学院	原杭州电子工学院	1984 年
28	王采国	原南京工学院	原大连工学院	1980 年
29	王家诒	复旦大学无线电物理	中山大学	1981 年 11 月
30	徐全发		成都地质学院	1980 年
31	徐守真	复旦大学计算数学	原华南工学院	1981 年 11 月
32	严珂珂		原大连工学院	1980 年
33	杨 扬	清华大学理论电工研究生	毕业分配	1982 年
34	叶幼慧		原昆明六机部七院五所	1981 年
35	尹更生	西安交通大学	西安交大	1982 年
36	袁南儿	天津大学	天津电气传动研究所	1981 年
37	张达明		原大连工学院	1980 年
38	张鸣华	西安交通大学	西安交大	1981 年
39	赵惠珍		原大连工学院	1980 年

厚德健行 取精用弘

HOUDEJIANXING QUJINGYONGHONG

续 表

序号	姓名	毕业院校、专业	调入前原单位	调入时间(约)
40	赵新建	浙江大学研究生	毕业分配	1981 年
41	周德英	原南京工学院	合肥工业大学	1985 年
42	周德泽	清华大学	天津电气传动研究所	1981 年
43	周筱龙	南京大学声学物理研究生	原昆明六机部七院五所	1982 年

俞云焘主任非常重视教学改革、课程建设等方面的工作,经常组织教师开展教学思想和教学经验的交流会,以提高课堂教学和实验教学的质量。电子系的教师来自五湖四海,相互切磋交流教学思想和经验,有利于取长补短。俞云焘本人除担任电子系领导职务外,还主讲电路等专业基础课程,这是电子系学生一门非常重要的专业基础课程,他根据自己多年来的教学经验,又吸取其他校内外同行的经验,组织电路教研室老师一起编写并公开出版了电路课程的自编教材,同时申报校优秀课程建设项目,通过了评估,在校内较早获得了校优秀课程的认定。

二、跟上时代,筹建工自专业
——工自教研室第一任主任郑耀华同志的回忆

熬过十年"文化大革命"的灾难和 1976 年的唐山大地震,中国人民终于迎来了 1976 年 10 月的"四人帮"垮台,曙光出现在中国大地,长期的压抑终于解放,人人扬眉吐气,又一个新的时代开始了。

十年"文化大革命",把整个国家都搞乱了,教育也被"工农兵上管改"砸烂。"四人帮"虽然垮了,但"文革"的一些极左思想影响还没有消除,国家百废待兴,长久压抑在心中的劲头往哪里使?这是我们当时共同思考的问题。我们当时还是 40 岁上下的青年,更是满怀着一种解放了的激情,思索着教育工作的未来,期盼着能为新局面的到来做点什么。

随着 1977 年 7 月邓小平的复出,"文革"的最后一片乌云也消散了。那年 8月,他主持召开了科学教育工作座谈会,会上提出百废待兴的中国,尤以教育建设为先为重,只有尊重知识、尊重人才、重视教育建设,国家才有希望。由于邓小平的大力支持,被中断了 11 年的高考拉开了恢复的序幕。这不仅改变了新一代人的命运,也让我们看到了大学复兴的希望,亮起了教育、科研发展的新曙光。当时我们学校还在衢州烂柯山下,所谓"山上围棋无声,山下万马齐喑""静听乌溪江涛,夜看烂柯山月",十分闭塞。所以,我们更把恢复高考看作是学校发展的一次机遇。学校领导也正好要跳出长期以来只有三机(化机、有机、无

215

机）的格局，拟增设机制、电器类专业。按当时学校条件，跟我们有关的是学校决定开办电器装置专业，依靠的是当时只有十几位老师的电工教研组，我当时也因此由化工仪表与自动化教研组调到电工教研组任组长。由电工教研组开始了我们学校电子信息类专业建设的历史。

我们接受这任务的困难是可以想象的：一个普通的面对化工类的电工教研组，专业教师建设、教学建设、实验室建设，几乎都是空白，而1977年的招生即将开始。但这正是一次把我们力气用于学校、国家发展建设的机会，面对办学条件的困难，大家非常团结合作，虽然辛苦，但很值得。当时担任教研组党支部书记的徐爱棠同志，和大家一起分析困难和可利用的条件，将人员分成维持正常电工教学和筹办专业两部分，既分工又合作。我是负责筹划新专业的，为了人员周转，也担任过一点电工课程教学。

专业建设的第一件事就是编制专业的教学大纲。没有大纲就不可能有师资和实验室建设。当时我校还在衢州烂柯山下，地处偏远，讯息不灵，我们就多次组织人员跑出去，到兄弟学校取经学习、了解信息。正好从浙江大学得知全国在1977年12月份要召开工业电气自动化专业讨论会，这对我们来说正如久旱遇甘霖。在浙大老师的帮助下，我作为学校代表挤进了会议。会议结束后我带回了很多有关专业建设的指导性文件和新信息、新思想，打开了新的思路，向教研组老师汇报后，大家深受启发和鼓舞。

当时最重要的是专业方向。大家觉得，"电气装置"的专业定位已不适应时代，为了预见技术发展和导前技术发展的需要，应该改为"工业电气自动化"专业。事关专业办学的方向，教研组多次慎重讨论，也多次邀请校教务办领导王柏霖同志和化机系主任梁宝生同志等一起探讨，我们分析了专业教学逼近的时间跨度和我们的条件，认为同是由零开始，办即将淘汰的专业，还不如加把劲跟上时代，办一个发展中的新专业。我还直接找过时任党委书记的周学山同志，他对我们的想法也很理解支持，这大大减轻了我们思想的顾虑，也增强了大家做好工作的信心。在有关领导的支持下，终于确定了按"工业电气自动化"专业模式办，但由于还不成熟，专业名称暂时保留"电装"，所以77班的专业是"电气装置"，以后的班才改名为"工业电气自动化"。

专业方向定了以后，紧接着是脚踏实地地落实各门专业课程的教学。杨锡清分担了电机拖动课，陈正伦、徐爱棠负责电工基础，俞荣泉、余尚泉讲授电子技术，蔡和麟承担变流技术，外加实验室建设总管，姜金世、祝长生担任了计算机原理课，我负责控制理论课。这些同志不仅要抓紧寻找合适的教科书（当时专业教材还没有统编教材，没找到教材就得自己编写）、尽快熟悉教材，还要负责实验课目的设计和建设。专业实验设备不仅不容易买，而且还很贵，学校也没有多少经费，给的钱还不够买一台装置，所以必须自己制作。这些任务都必须随着专业教学进程去完成,可知这些创办专业的元老们是十分辛苦的,那时既没有加班费也没有奖金,全凭着一腔热血和责任心,由此可以深深体会到"四人帮"垮台后,大家思变、进取所释放出的精神力量是何等可贵。

进入 1978 年,专业教学逼近了,担任实验室建设的老师们克服了许多困难,如期完成了任务。这些自制的实验装置不仅解决了工自 77 班的课程要求和毕业论文环节的实验需要,还一直服务到 2003 年才被新设备所淘汰。

1978 年正式有了工自教研室,在此基础上建立了电子系,至此学校有了化工、机械、电子三个系。1982 年,学校搬迁到杭州,又从全国各地汇集了许多能人,如潘铁宝、蔡尚峰、周德泽、严莉莉、袁南儿、张鸣华等,教学、科研进一步走上轨道,发展大大加快。

回顾这段创业的历史,由于学校领导深入基层、勇于变革,同仁们奋发精神、团结与共,我们终于迈向了成功。

三、自力更生,自制实验设备
——回忆实验教学的改革

工自专业实验室的建设要追溯到 1980 年初的那些日子,我们自力更生、白手起家,自制了六套电力拖动控制系统的实验设备。在时间紧、条件差、资金缺、人员少、困难多的情况下,我们只花了可以购置一套装置的钱,自己制作出六套积木式、可灵活组合适应不同实验任务要求的,十分方便也十分实用的系统实验装置。

下面摘录二位亲自参加装置试制任务的王光云老师和蔡和麟老师的回忆文章,可见一斑。

王光云老师的回忆:

1977 年,浙江化工学院毅然打破条条框框,充分挖掘师资和设备潜力,合理调配人力物力财力资源,增设了工业企业电气自动化、机械制造两个本科专业,从此迈入了多科性办学模式。为了筹建新专业,郑耀华老师比较早的调到电工教研组,我与庄毓苹、毛礼武三位也于 1979 年从化工仪表教研组分别调入工自教研组、计算机教研组和电子技术教研组,充实工自专业的教师力量。

当时全国高校中自动化类的专业名称很多,据 1983 年的福州会议的统计,有 37 个不同的自动化专业的名称,如工业电气自动化、化工自动化、纺织自动化、机械制造自动化、冶金自动化、石油炼制自动化、船舶自动化等,经过教育部几年的专业调整和整合,最后整合为"工业电气自动化"和"过程控制自动化"两个专业。目前的招生目录中统称为自动化专业,各校可根据自己的条件和社会需求在教学计划、课程设置上有所侧重。我是搞过程控制自动化的,领导让我讲授工自专业 78 级的专业课程"电力拖动自动控制系统",为了学院的发展,我欣然接受了组织的安排。当时工自专业的 77 级学生已是二下年级,接下来的教学任务大部分要落在工自教研组老师的肩上,他们的专业实验和系统大型实验要在 81 年春季按时开出,但工自实验室却还是一张白纸,什么都没有。系里要求我参加工自实验室建设一年,与蔡和麟、周健、沈永增三位老师共同试制六套可控环流不可逆直流调速系统,每二套组合后,即可构成三套可逆直流调速系统。经讨论,我们决定采用拼装式结构,每套系统拆开还可做多种单元实验,可满足半导体变流技术、电机拖动、不可逆可控硅直流调速系统、系统大型实验和毕业环节等课程的需要。蔡和麟老师是实验室主任,参加试制之外还负责外联工作,还要承担 77 级工自班的半导体变流技术课程,刚分配来的沈永增老师则负责整个系统的原理图、单元板原理图和印制板图的设计工作,并参加调试,也还要承担 77 级工自班的电力拖动自动控制系统课程,周健老师负责实验室器材管理并参加试制。那时我们只有衢州校区机械楼门口的一个小房间,既是仓库又是实验室兼办公室,工自实验室就在一楼走廊靠东的一个大房间,我们在这里焊接元件、接线、敲机箱、调试,不分寒暑假,整整干了一年,既没有加班费也没有奖金,但大家毫无怨言,齐心协力全身心地投入到试制中,终于如期试制完成了六套实验装置。现在回想起那些日子,在如此简陋的实验室里完成这么多实验装置的试制工作,真是不可想象。除了印制板、面板由院印刷厂加工,电动机组、电源变压器、电流互感器外购以外,其他全是我们自己亲手用电烙铁、锉刀、榔头和一台摇臂台钻加工出来的。这六套实验装置既原理先进,又灵活方便,堪称价廉物美,在全国的高校中当时都是罕见的,一直用到 2003 年,这六套系统才退出历史舞台,被购置的新设备所取代。1987 年,我院工自实验室获得了全国高校先进实验室称号,这与我院艰苦创业、奋发图强、自制实验设备、提高实验教学质量是密不可分的。

蔡和麟老师生前的回忆:

创办一个新的工科专业,除了师资外,各门课程必须备有相关实验室。那时的当务之急就是新建电路实验室、电子技术实验室(模拟数字)、自控原理实验室、自动控制专业实验室(电机拖动、变流技术、自动控制等课程的实验),一旦开课,电路、电子技术实验室必须能开出实验。面对如此困难的任务,系里决定成立中心实验室,统一领导各实验室的调剂、重复使用和实验教学等一系列工作。恰逢学校从衢州迁回杭州,给我们新专业的建设和发展迎来了好时光,为了保证向 77 级学生按时开出相关课程的实验,必须对全系的实验室用房做大的调整和统一安排；全系教师从大局出发，服从调配、积极支持。首先把对外系开实验的"电工实验室"单独分开，集中精力对付当务之急，而一年后就要开实验的"电路实验室"和"电子技术实验室"也立即动手建设。这时系"中心实验室"充分发挥集中管理的作用，把两年学院下发给全系的设备费集中投资给这两个实验室，按每个实验室同时开出16组的规模来购置仪器设备，保证一人一组，一个班级分两批完成一个实验。主要仪器如电源、信号源、示波器三大件外购，另外各种实验板和装置由各实验室自制。经过努力，终于按时建成了实验室并成功开出了规定的实验。在实验室建设中我们始终坚持精确规划、合理设计、集中投资、自力更生、自制设备，节省每一分钱，克服资金的短缺。我们也以这个指导思想来着手"工自专业实验室"的建设。这个实验室要承担电力拖动、变流技术、自动控制等专业技术和专业课的实验，主要仪器设备为"电动机—发电机—电负荷系统"，以及可控硅主回路和触发装置、各种调节器组成的自动控制系统，测试仪器主要是示波器。如果这些仪器设备都外购，我们没有这么多资金，再说用这些外购设备开实验也很死板，不利于学生动手能力的培养。所以我们决定：除示波器和电机机组外购外，由可控硅主回路、触发器、各种调节器组成的自控装置，都由实验室自制。整个调研、设计、制作、调试等自制过程，由教师、实验室人员共8至10人，集中一年时间，日夜不停地努力奋斗，终于制成了六套具有我们自己特色的自动控制系统实验装置。其独特之处是：每个调节器、触发器，每个可控硅都是单独的，对外只有输入输出接口，实验时学生完全可以自己设计从简单到复杂的各种类型的自控实验，从自行设计、调试、到完成实验，能最充分地调动学生的主观能动性，培养学生的设计和动手能力。这六套实验装置共投入资金五万五千元。如果外购，只够购一套自控装置的实验设备（英国进口，参自展览会）。

用了两年时间，我们建成了工自专业所必需的基础实验室和专业实验室，使我们的新专业有了可靠的基础。接下来的任务是如何利用这些实验室，使之成为切实有效的培养学生动手能力的基地，成为各门课程理论与实际相结合的桥梁，使这个新专业的毕业生在今后从事专业工作时有足够的自信。为此，我们在院系领导的支持下，对实验教学作了很多改进：

一是开设独立的实验课，实验课的考核分数，按一定比例计入相关课程的总成绩，并请理论基础好、动手能力强的教师任实验课的教师。

二是对实验指导书作了大的改进，指导书上只提出本实验的内容和要求，具体的实验过程和方法、步骤由学生自行设计。

三是实行一人一组独立完成，改变过去一人动手三四人围着看的现象，使实验室真正成为培养学生动手能力的场所，并且实验室实行开放制，那些一次实验失败的同学可以来实验室预约重做。

由于我们强化了实验教学,从易到难、从专业基础到专业实验,实行一条龙式的强化培养,通过三年的连续培训,学生的动手能力大有长进。我们对宁波、温州的有关用人单位进行过调查,普遍反映我们工自专业毕业生的工作能力都较好。这对我们的新办专业是一个合格的考评。

我们自力更生、自制实验设备和实验教学的改革,得到学校、省教委、国家教委的关心和重视,先后给了我们不少奖励:1989年省教委授予我们的"全面深化实验改革,加强对学生工程实践能力的培养"教改项目省级优秀教学成果二等奖;1991年国家教委授予我们"实验室建设与人才培养"成果奖。

三十多年后的今天,从工自专业到电子信息工程系,再到现在的信息学院,我们的办学规模和要求在不断升级,条件也越来越好。可每当回想起当年的"五万五千元创办一个工自实验室""一人一组学生自行设计,独立完成整个实验""独立开放实验课"……每一位同仁一看就知道这些看似平常的话语的分量。所以作为这项工作组织者的我,有必要提到那些发挥了独特作用的老师和实验室人员。他们是:

沈永增、王光云、闵心蓉、孙庆堃、周健、罗筱红……

四、回忆工自重点学科建设和自动化研究室的建设

回忆信息学院工业自动化重点学科建设和自动化研究室的建设,首先不能不提到第一任主任周德泽教授。他于1981年从天津电气传动研究所引进,担任了当时的电子系自动化研究室第一任主任,著有《电气传动控制系统的设计》(机械工业出版社,1985年)、《计算机智能监测控制系统的设计及应用》(清华大学出版社,2002年)等著作,负责完成了省部级科研项目和校企合同项目九项,发表在全国知名刊物上的主要论文近三十篇,获得过省部级科技进步奖三次,在学科专业建设中做出了重大贡献。他是我校的省级重点学科"工业自动化"的带头人,省级重点实验室"控制理论与控制工程"的负责人。

以下是周德泽教授自己的回忆:

我是1981年底调入浙江工业大学的,当时名称是浙江工学院。学校的另一部分正由浙江衢州往杭州搬迁,一切处于初创时期。我刚来时还没有教师宿舍,我们就住在由仓库临时构建的棚屋里,仓库的位置大约在现在朝晖六区浙工新村处。当时学校只有两栋楼,就是现在拓工桥北面的两栋楼,一栋既是教学楼,也是实验室,也是办公楼,另一栋是学生宿舍。拓工桥不是现在的水泥桥,而是一座用竹子搭成的桥,走在上面吱吱作响,看得见桥下的流水。遇到大雨,水会没过桥面,有些女孩子走在桥上会胆战心惊。从竹桥到我们住的仓库

要经过一片农田,既没有现在的潮王路,更没有上塘高架。

在基本稳定了教学环境后,系领导(当时是电子系,即现在的信息学院、计算机学院的前身)明确提出要教学科研两手抓。学校初创,没有什么名气,搞科研首先遇到的问题是项目很难找。我有一次上门找到省二轻局科研处,自我介绍说:"我是浙江工学院的。"接待人员说:"浙江工学院?没听说呀!只听说浙江大学!"所以当时要想得到纵向项目是很困难的。

于是就调头到工厂企业去找项目,从基层做起。但这也并非易事:有一年元旦期间,我趁放假没有课,去宁波附近的鄞县找项目,因为听说那里有些电气厂家。结果这些厂家也很实在,问我:"你有什么马上可以让我们赚钱的产品?"要他们出钱给我们,为厂里搞产品或科研,根本不可能,我又一次空手而归。回来后一位系办公室人员问我:周老师你去哪儿了?系里新年联欢聚餐好热闹,你怎么不来?我只能尴尬地一笑。

1986年,经一位校友牵线,在浙江乍浦塑料厂找到一个项目:他们的瓦楞板生产是一条连续生产线,要求将运动中的板材切割成规定的长度。当时的问题:一是剪切的长度不准;二是切割边不易切割成直角。对静止的板材要做到这两点不难,但是要对运动中的板材同步剪切就有相当的难度。找到一个项目实属不易,当然不能轻易放手;但这个技术难度确实不低,能不能完成也得考虑清楚。接还是不接?机会一失不再回,人生难得几回搏,还是搏一次!于是我接下了这个项目。

开展同步剪切的第一个问题是技术定位。要解决运动中的板材切割的精度和形状,用常规控制方法不大可能,我们大胆选择了智能控制方案。选择智能控制,起点是高的,20世纪80年代智能控制在国内还刚刚开始,人们对此还只有概念性的认识,没有可借鉴的成果,因此这也是一条艰难的路,但如果做成了,就可将我们的科研水平提升一大截,对学校的知名度也大有好处。

第二个问题是人员的组织,当时没有研究生,没有研究室。一个萝卜一个坑,教师都有繁重的教学任务。智能控制缺少不了计算机技术;开展项目研究还需要一些试验设备和场地。考虑到这些因素,我们就请计算机教研室的老师与实验室的实验员共同组成课题组。所有人员都是兼职的,教学科研双肩挑。

第三个问题是采用什么硬件和软件。当时没有工控机,PLC(可编程控制器)也不成熟,可选择的硬件只有单板机,还是从香港进来的,就是将CPU和中小规模集成电路等外围接口做在一块印刷电路板上的那种设备,软件用汇编语言,也没有开发系统,汇编语言都得一条一条手工输入、调试。

起点高、人手缺、硬件差三者同时存在,可以想象课题开展的艰难,而且项目合同时间只有一年,时间紧迫,所以我们加班做设计、做实验、做调试是常事,很少有双休日休息,寒暑假也都在干活。那年暑假,我们正在实验室调试,党总支书记进来对我说："今年学校有一个名额给我们系的老师去疗养，我们商量后决定让你去吧！"当时公费疗养很难得，但看看课题工作正在紧张进行中，短短的三五天时间也很宝贵，我只好谢绝了。

在设备制造上，除了买回来的单板机，还要配置许多外围设备和接口，这些都得装在一个很大的自制印刷电路板上。这个印刷电路板上的一条条线都需要在同样大的纸上绘制好，才能拿去加工。这是一个很烦琐、很细致、很费时间的工作。现在这样的工作都用计算机和电路板绘制软件来完成，当时根本没有这些设备，只能手工绘制。负责这项工作的老师是在到武汉出差时，在上海到武汉的轮船上用三天时间完成的，为了绘制了这张复杂的双面印刷电路板图，她在船上完全没有工夫去欣赏长江风光。

印刷电路板及控制设备上的各种元器件，都得自己到商店一个个地购买。当时深圳电子元件较多且便宜，我就去深圳买回来自己安装、焊接，就这样一点一点动手，将控制柜、控制台制造完成（机加工配线外协）。设备制造好了，要进行总调，没有调试场地，只好暂借了一间空闲的库房，借用的时间有限，调试基本上是日夜进行，吃饭就去食堂，吃完了就接着调试，根本无法照顾正读书的小孩的学习。

设备运到乍浦现场进行安装调试，是最考验的一步。调试不能影响生产，只能抽生产间隙时间进行。调试完成后的试生产运行要求我们跟班，好几天我们都得在生产现场与工人一起工作，工人换班了，我们还得连轴转，跟班观察设备运行情况，发现问题，进行修改完善。1987年快过春节时，我们还在厂里调试，系领导到我家看望，见只有两个孩子在家。1987年，现场运行成功，厂方同意交付使用。1988年11月通过省科委鉴定，鉴定意见是："技术先进，在国内自行研制的设备中具有领先水平。在塑料、纸板切割等行业中属国内首创。应用智能控制原理研制的MIC-1型工业智能控制器有所创新。"

同步剪切项目的成功，犹如我们的"第一桶金"，学校和省科委、省教委等上级领导从此对我们有了印象，以后逐渐注意我们了。我们也意识到不能停留在工厂企业级这个层次上，应当在此基础上再提升一步。

提升包括两方面，一是申报纵向项目，以求在水平上提高。1989年我们申报并获准了省教委项目"微机智能控制系统及应用"，1990年12月通过省教委鉴定，鉴定意见是："所研制的微机智能控制系统在国内同类装置中，技术上居领先地位。为我国直流调速产品的更新换代和技术改造提供了依据，可形成产品，推广应用。"

第二个方面是写论文发表，以求扩大影响，也是自我提高。自动化学报1991年第17卷第1期，发表了我们的论文《工业智能控制系统及在同步剪切中的应用》。

　　我们用自己的努力和成果得到了学校和省科委的认可,1989 年还申报并获准了省科委重点项目《水泥生料制备微机控制系统》,并与浙江新安江水泥厂签订了应用合同。水泥类项目,除了类似的人手、硬件困难外,还多了一个现场环境恶劣的问题,要求电控设备防尘。而在水泥厂调试,现场烟尘、粉尘很大,一天下来回到旅店,往往是满脸尘土,头发里沾满灰、鼻孔塞满水泥,洗澡冲下来的水都是灰黑色的。但我们还是坚持下来了,1990 年现场运行成功。1991 年 8 月通过省科委鉴定,鉴定意见也是"国内先进"。1992 年,该项目获浙江省科技进步三等奖,1991—1995 年,以合同形式在 6 家水泥厂完成了该项目的推广应用。

　　为了扩大影响、进一步开展科研,在这些工作的基础上,我们成立了自动化研究所,为了突出技术特色,下设了智能控制研究室。有了这些科研工作和组织机构,加之工自教研室其他教师的多项科研工作和成果,使我们有可能申请"工业自动化"为省重点学科。当时电子系在学校中没有校处级领导,要将我们的工作向上汇报以得到领导了解支持,还得做许多工作。经过多方面工作,申报、评审,在校系各级领导支持下,终于获得了"浙江省工业自动化重点学科",这是信息学院的第一个省重点学科,获得了学校经费资助及政策支持,建立了控制理论与控制工程重点实验室。

　　按当时学校政策规定,要得到学校对重点学科资助的经费,学科自己必须相应配套 1/3 的资金,共同用于重点实验室建设。为了便于管理,重点学科办公室和自动化研究所共用了重点实验室边上的一个房间。按当时系里规定,这个房间每年还得交租金。

　　这些资金从哪出?只有从我们承担的项目中来。所以,我们尽量多承接项目,将《水泥生料制备微机控制系统》项目在 6 家水泥厂进行推广应用,原因之一也是为得到资金的支持。

　　当时项目的资金,基本都用于项目设备的购置、开发、出差等,根本没有什么课题提成,唯一能发给个人的只有数量不多的劳务费及年终少量的年终奖金。所以我们是努力多接项目以开源,同时精打细算节省开支以节流,才得以支持配套资金,维持重点学科的运转。

　　重点学科和重点实验室这个平台,为开展教学科研及争取硕士点打下了良好基础。在这个平台上,我们与日本、俄罗斯等国进行了多次学术交流,与国内多所大学(清华大学、浙江大学、国防科技大学、北京科技大学等)进行了学术交流。这些活动提高了我们的技术水平,也提高了信息学院的地位。

　　更重要的是,这个平台为提升科研水平创造了良好条件。1994 年,申报并获准了省科委重点项目《水泥回转窑多媒体计算机监测与生产指导系统》,并与浙江华源水泥有限公司签订开发应用合同。1995 年该项目现场成功运行,1996

年10月通过省科委鉴定,鉴定委员会由中国科学院院士李衍达主持,省科委主任出席参加了会议。鉴定意见:"系统功能完善、技术先进、设计新颖、实用可靠,整体处于国内领先水平;其中,在水泥回转窑多媒体计算机应用、水泥回转窑专家生产指导系统以及用工业摄像机测量烧成带温度方面,达到国际先进水平。"

1997年,《水泥回转窑多媒体计算机监测与生产指导系统》获浙江省科技进步二等奖。这也是信息学院获得的第一个省部级二等奖。

在重点学科和重点实验室这个平台的支持下,学院在《硅酸盐学报》《电工技术学报》《信息与控制》等国内一级学术期刊上以及国际学术会议《IEEE International Conference on Intelligent Processing Systems》发表过多篇学术论文,由清华大学出版社出版过两本学术专著:《计算机新型控制策略及其应用》《计算机监测控制系统的设计和应用》。重点学科和重点实验室成为后来申报硕士点和培养研究生的基地。

工自教研室培养硕士生其实早已开始,在几年教学科研积累的基础上,我们已为控制理论与控制工程硕士生开设了完整的专业课程,包括四门主课:最优控制,智能控制(由周德泽教授开设),随机控制(由蔡尚峰教授开设),线性系统(由潘铁宝教授开设),但因为自己没有硕士点,只能挂靠在别的系的硕士点上。

要申请自己的硕士点,那时在研究方向、师资水平、科研成果上都已不成问题,主要问题在于当时学校、省里都没有审批权,必须经国务院下设的国家学位评审委员会审批。为争取硕士点,我们采取了"请进来、走出去"两条腿走路的方法。

请进来:我们先后请了多位学位评审委员来学校参观我们的控制理论与控制工程重点实验室,介绍我们的科研成果、教学情况。记得有位评审委员参观重点实验室后感叹道:"我们那里还没有做到你们实验室这样的水平。"我们还请学位评审委员给我们作学术讲座,主持我们的科研成果鉴定会等,实际了解我们的科研水平。

走出去:一是在学校领导带领下到北京、东北走访了数位评审委员,汇报我们的科研和教学成果;二是趁出差的机会给当地的评审委员做工作,汇报我们的情况,赠送我们出版的专著;三是组织论文参加评审委员主持的学术会议,让他自然地了解到我们的科研成果;四是给还没有接触到的评审委员打电话进行汇报。

通过这些工作,在我们第三次申报硕士点时,获得了国家学位评审委员会全票通过。这是信息学院的第一个硕士点,由此开始自行培养硕士研究生,也为开展更高水平的科研及为日后建立博士点奠定了良好基础。此外,这个硕士点也为信息学院其他非工自专业的教师带硕士生提供了可挂靠的地方。

回想信息学院初创的这一段时期,我们虽然没做出什么显赫的成绩,但我们心无憾事:我们人生的整个中年伴随着浙工大成长,在艰苦的教学科研中度过,我们将人生最辉煌、最成熟的岁月献给了浙工大信息学院的初创和发展事业!

从周德泽教授的回忆中可以看出,他的成果为学科和信息学院以后的发展打下了坚实的基础。而在信息学院自动化学科建设中值得一提的还有电子系最早的两位教授——潘铁宝教授和蔡尚峰教授。

潘铁宝教授是 1983 年从哈尔滨工业大学引进的知名自动化专家,他是苏联专家指导的第一届研究生,在全国自动化界有较大的影响。他调入浙江工学院后,接替郑跃华同志担任工自教研室主任。他是我校自动化学科最早的带头人,是电子系最早招收、联合培养的硕士研究生导师之一,也是浙江省自动化专业高级职称评审五人小组的成员之一。为了帮助电子系扩大社会影响、提高浙江工学院的知名度,他发挥了自己的人脉优势,邀请全国知名高校的多名自动化专家来我校、我系作专题报告和交流,做了大量有益的工作,发挥了重要的作用。

蔡尚峰教授也是全国自动化界的知名学者之一,1984 年从华中工学院引进。他在 1980 年就编写出版了教材《自动控制理论》(机械工业出版社 1980 年版),首次采用古典控制理论与现代控制理论相融合的编写方法,在全国影响深远,为全国自动化专业的教学做出了很大贡献。来工学院后,他又编写出版了《随机控制理论》一书,在研究生中开设了随机控制课程,也对学科的建设有很大贡献。

五、电仪专业的招生与科研的开展
——应用电子研究室第一任主任张鸣华教授的回忆

浙江工学院电子系成立之初只有一个专业"工业电气自动化",1980 年成立了第二个专业"电子测量及仪器"(简称"电仪"),并招收第一届学生。首任电仪教研室主任是王采国老师,教研室成员有洪永清、徐全发、张鸣华、吕焱、王家诒、叶幼慧等。那时的首要任务是从全国各地招聘老师,制定教学计划和课程大纲,制定实验室建设规划。

随着学生升到高年级,课程设计和毕业设计也提上议事日程,拿什么课题给学生呢?实验室刚建,只能勉强开出几个基本实验,尚不能为设计尤其是毕业设计提供支持,只有两个解决办法:一是拟出一批模拟课题,让学生做理论设计,但无法让学生实际动手,更不能实验验证,这就是所谓"空对空设计";二是立即着手开展科研,学生参与到老师的科研项目中,使学生得到从事科学研究过程的完整培训。老师们认真讨论后一致同意,为了培养高质量的学生,应立即开展科研,让学生进行"真刀真枪的毕业设计",在参与科研中得到真实的锻炼。

当时的浙江工学院真是一穷二白,要开展科研,说起来容易,做起来是真难,但老师们"明知山有虎,偏向虎山行",克服种种困难,努力创造条件,凭着勤奋努力、自己动手,开辟了一条浙江工学院电类专业开展科研的道路,为之后成为教学研究型大学创造了条件。

电仪专业老师都来自国内著名大学和研究所,大都参加过科研。过去的课题主要来自国家或省的规划,少数来自工厂企业的委托,所在单位既有馆藏丰富的中外文资料的图书馆,还有开展科研的场所和设备齐全的实验室,以及保障后勤支持的设备科。可是在当时的工学院,这些科研的基础条件基本没有。我们又大都来自外地,在杭州没有什么人脉资源,和工厂、研究单位也没有联络渠道。怎么办?只有一步一步走起来再说了。电仪的老师们,先后成立了以张鸣华为首的"塑料薄膜红外测厚仪"、以王采国为首的"电度表盘检测仪"、以洪永清为首的"萤石矿光电选矿仪"三个课题组作为起步,经过努力终于取得了成功。

回想起来,这条创业路是十分艰辛的,这里举"塑料薄膜红外测厚仪"课题组为例。

首先,没有课题来源,我们只好骑着自行车四处去拜访工厂企业,了解工厂企业要求,最后选定了杭州塑料厂。该厂有几条塑料薄膜自动生产流水线,所产薄膜主要用于制作外销雨披。国外薄膜生产以厚度为技术指标,长度为计量计价单位,我国没有厚度在线检测仪器,为保证厚度指标只能偏厚生产,以重量为计量计价单位,经济上非常吃亏,同样一吨料,外国可产 10000 件雨披,我国只能产 8000 件雨披。因此厂方迫切要求有测厚度的仪器,于是就定下搞这个课题。立项首先要经费,我们向科研处汇报时,林宝琨、孙东篱两位处长和主管工学院教学科研的赵学廉副院长亲自来听,会后批出 3000 元作为启动资金,据说是当时科研处批出的最大一笔资助了。

厚度是非电量,怎样转换成电量来测量?国内没有先例,自然没有资料可借鉴,据说国外有,但必须查阅国外文献资料。那时可没有电子计算机检索系统,完全靠检索者凭经验和知识面纯手工检索,非常费时费力;学校图书馆那时完全没有相关的外文资料,杭州市也只有位于平湖秋月的省科技情报所有一些,于是我们上午八时开门进,下午五时关门出,中午闭馆午休时去中山公园啃自带的两个馒头,在树影下的长凳上午休。用了整整一个暑假,终于找到几篇有价值的英文、日文的参考文献。在这些文献的基础上,我们确定了利用塑料薄膜吸收光谱上有一个固定的吸收波长的特性,采用双单色光斩波比较测量,实现厚度信号转换成电信号的技术路线,并进行了总体方案设计。

方案涉及三大部分:双单色光获取、稳定斩波的机械装置和横向扫描装置、光电转换及信号处理。光和机我们是外行,光学部分委托上海技术物理研究所研制,机械部分由轻工系李宏伟老师设计、胡学和师傅们加工,电气部分是我们自己完成的。当时学校条件的确很差,仪器上的每个集成电路、电阻、电容,甚至一根导线、一颗螺钉,都得跑去电子市场采购,经费又少,只能用一点买一点,几乎每周都要跑电子市场。电路板是自己动手,手工锯板,印刷线靠手工画好再用小刀一刀一刀刻,打完孔再一个焊点一个焊点焊。那段时间除上课和吃饭外,从早上到深夜全在实验室,根本没有周末和节假日,也没有寒暑假,全身心投入到项目中,真是"苦并快乐着"。最后真是功夫不负有心人,努力了两年多,经过多次调整和改进,第一台样机终于成功地应用于杭州塑料厂的薄膜生产线,得到了厂方和工人好评,之后又通过了省科委组织的成果鉴定,专家们给出了很高的学术评价,并获得了当年的浙江省科技成果进步奖,这是浙江工学院成立初期所获的等级最高的奖项。

参加该项目的老师有张鸣华、王家诒、闵心蓉、龚锡民、李宏伟、胡锡根等。项目进行过程中,获得省科委资助10万元。在当时,省科委对科研项目的资助强度为1万—2万元,3万元就算是强资助了,10万元,那更是资助力度最强的极少数几个项目之一。

通过科研,锻炼了师资队伍,开拓了学校与工厂、与省市科委等管理部门的联系,用科研经费购置了一些试验仪器设备和器材,为后续的科研创造了有利条件。整个项目进行过程中,先后有三届硕士生、四五届本科生参与研究,培养了一大批学生。

六、胡朋子老师回忆计算机应用专业的筹建

(一)计算机教研室的建立

浙江化工学院从1977年开始恢复高考招生。1979年,微型计算机开始进入我国,向全校学生开设计算机课程成为十分迫切的任务。于是学校从各单位抽调了一些教师,在电子系内组建了计算机教研室。当时整个教研室只有5名教师(庄毓萃、窦大定、彭铭南、祝长生和姜金世)和4名实验室人员(刘国浙、梁辉、周雪芬、刘杭),由窦大定、庄毓萃负责。

当时浙江省计算机研究所有一台仿美PDP系列小型机,国内命名DJS-183A,省计算所有意以优惠价转让给学校。为此,庄老师带领实验室人员组成

专门小组，为接机做技术准备。通过学习，掌握了机器性能、使用及日常运行维护管理等。

DJS-183A 小型机的硬件，除采用中小规模集成电路的主机外，外设配备有控制台、打字机（作显示输出和键盘输入）、磁鼓及磁鼓控制柜（外存设备）、80 行宽行打印机、光电纸带输入机（输入设备）、纸带凿孔机（输出设备）。软件仅配汇编语言及 BASIC 语言两种。这台机器对环境要求还挺高。上机时，先编好程序，还要在纸带凿孔机上打好纸带后，再由光电输入机输入程序，才能运行，现在想起来是多么麻烦呀！这台机器在衢州运行到 1983 年左右，为学校的计算机程序设计教学做出了贡献。

计算机教研组的主要教学任务是承担全校的 BASIC 语言教学，并为工业自动化专业开设计算机原理和控制课程。

（二）计算机教研室初具规模

1980 年，浙江工学院与化工学院合并，教研室除原有的教师及早期调入的孙华樵等老师外，1982 年前后还先后调入一些老师，有毕业分配来的研究生钟友良和本科生，及从外地调来的几位老师。1984 年后教研室又调入了几位老师及一些重点大学计算机专业的毕业生，进一步充实了力量。

当时教研室除承担全校的 BASIC 语言课外，还有工管系的 COBEL 语言课。

1982 年后，为了配合《微机原理》《程序设计语言》《计算机控制》等课程的教学，科研室又购进了一批 TP-801 单板机和四台 TRS-80 微机。当时上课时，设备少，又要保证每个学生能接触计算机并完成实验，每个学生就只能上机一两个小时，或几个人一组来做，而教师就得一直陪着，经常搞到晚上十一二点。也就在这点设备上，我们还承担着指导工自专业毕业设计的任务。尽管条件很差，但由于老师们严格要求，那时学生也很努力，他们的动手能力还是得到了很好的锻炼，毕业后也能很快适应工作。

（三）为浙江省的计算机普及做工作

从 1983 年开始，我们还为省内一些单位进行计算机培训。当时社会上广大技术人员渴望尽快掌握计算机知识，我们曾给杭州钢铁厂的技术人员培训，开计算机控制技术、程序设计课程。

1984 年暑假，市科委组织我们承办计算机培训班，有讲算法语言的，有讲计算机控制的，全体教研组教师都参加了，大家比较齐心团结，虽然整个炎热的暑假都在忙碌，但大家还是挺愉快的。因为省内参加培训的人员较多，影响较大，反应很好。后来我们教研室也被评为学校的先进集体。

（四）筹建计算机应用专业

1985 年，电子系主任俞云涛老师带队，组织四名教师到上海有关高校去调研计算机专业的教学计划和实验设备,回来后就着手筹备成立计算机应用专业。首先将 1984 年招收的工自专业的一个班转入计算机应用专业,这就是我们"计算机应用"专业的第一届 84 级的学生。1985 年正式开始计算机专业的招生,当年招了两个班,其中一个是工商银行的代培班,1986 年也招了两个班,其中一个也是工行代培班。这几届学生,现在都已经成为各单位的骨干人才。

从 1985 年开始,我们有了自己专业的学生,计算机应用专业的教学完整展开了。任务重,专业教师少,每个教师都承担了一两门课,年轻教师也挑起了重担,在老教师生病时,他们能勇敢地顶上去。大家的团结互助,使我们度过了困难时期。

七、艰苦创业图发展
——计算机系第一任主任毛培法教授回忆计算机系的成立与发展

1986 年 10 月,电子系的"计算机应用"专业成立刚满一年,学校为适应计算机快速发展的形势,决定将电子系的计算机教研室和校计算中心合并,成立计算机系,由原在电子系担任领导的毛培法、洪永清、孙华樵几位老师组成第一届领导班子,下设两个教研室(计算机硬件教研室、计算机软件教研室)和一个计算中心。1988 年 7 月换届后,毛培法任系主任,洪永清任书记,胡朋子和蔡家楣分别担任教学副主任和分管学生的副书记,全系的任课教师和实验室人员达 20 余人。

毛培法教授回忆:

浙江工学院的计算机系,于 1986 年 10 月 28 日在电子系计算机教研室和计算中心的基础上成立。教师人数不足 30 人,学生只有 2 个班,是从工自专业一、二年级改专业过来的。新建的学院、新建的系、新建的专业,从场地、经费、师资到教学管理都遇到了很大困难。

房子不够,首先将行政与党总支的办公地点合并在一间 20 平方米的房间内。2 个教研室的教师,各占 20 平方米,2 个 50 平方米的教室分给基础实验室和专业实验室。每个实验室都要承担多门课的实验。

教学行政经费十分短缺,如行政经费一年只有 1000 元左右,我们就千方百计尽量节省开支。为节省调研差旅费,请系内外探亲或公出的同志顺便到目的地有关院校收集教学计划、教学大纲、实验教材等。甚至去广州参加国务院电子振兴办召开的全国计算机应用推广及教材编审会的费用也全部是自筹的。

实验设备不足,尽量结合学生实习,自制教学设备。我们自制了 100 余台晶体管稳压电源,不仅节省了 5 万多元经费,还培养了学生的动手能力,而且自制电源的电压种类、电流范围等更加适用于教学,也比较轻巧,深受学生的欢迎。

课程多教师少,我们提出每门课应至少有2位教师能上(A、B角),每位教师也至少能上2门课。同时,积极引进青年教师,并通过教学和科研实践进行培养。

教学管理涉及面广,首要的是定好培养目标,优化教学计划和教学大纲。我们研究了十多所院校制定的教学计划和教学大纲,在此基础上理出了主干课程的五条知识链,应用到教学计划中,突出了重点,删除了不必要的内容重复,理顺了相关课程之间的衔接关系,提高了教学效率。每学期结束,组织学生对每门课程的教学进行测评,并反馈给任课教师。测评的内容有教学态度、教学内容、教学方法、教学效果、辅导作业和教书育人等六项,并标出每一项的全系所开课程平均分数,以便教师自己比较,改进教学。

招生人数少是个大难题,有一年只招20名学生。20世纪80年代,高校实行按计划招生,由于企事业单位使用计算机不多,计算机应用人才需求量不大,毕业生难以安排工作。然而,信息化是必由之路。古人云,"十年树木,百年树人",人才培养的过程很长,必须尽量提前,况且我们已落后西方发达国家很多年。为此,我们一方面与多家银行合作,为他们代培计算机应用专业的学生,另一方面联合在杭高校计算机系的系主任及有关专家等八名教授,直接向当时的省长葛洪升写信反映,要求重视信息产业及有关人才的培养。省长很重视,立即批示有关部门落实。1991年6月5日,《钱江晚报》头版以显著标题《八教授科技兴省心情热切,省领导尊重知识求贤若渴》作了报道。

从1986年10月到1991年12月,我在计算机系整整工作了五年多,留下了十分深刻的印象。虽然当时条件很差,但大家不怕艰苦、不计报酬、团结协作、无私奉献的精神一直鼓舞着我,感动着我。

胡朋子老师回忆:

1986年到1996年是计算机系全面发展的十年:

(1)教学逐步成熟。我们比较系统地培养了近800名计算机本科和专科的学生,由于教师的教学态度严谨,对学生要求严格,学生刻苦,这批学生质量较高,目前均成为各部门的骨干,得到社会的肯定。

1993年、1994年我们还各招了两个班的专科生,虽然是专科,但录取分数还是本科线的。为了保证质量,当时我们一些老教师都主动承担专科教学任务。他们毕业时,很多教师反映这些学生的质量并不比本科生差。

(2)在教学中我们把《数据结构》这门课作为重点课程来建设,配备结构合理、阵容强大的教师队伍,有一套完整的教学系统和试题库,课题"《数据结构》教学改革与建设"获得了省优秀教学成果二等奖。

逐步建立各课程的实验体系。虽然设备条件不是很好,但在实验中,教师认真,要求严格;经历多种实践环节,培养的计算机专业学生有较强的动手能力,受到用人单位的好评。

为了改善教学条件,硬件实验室教师自己动手,研制成功一套18台单片机控制实验系统,供学生实验使用。该系统在校内使用了6—7届,还推广到杭州大学等高校。硬件实验室也曾被评为校优秀实验室。

(3)教师队伍基本建成。那些年由于计算机教师在外面很吃香,所以流动性很大,但我们大部分教师还是兢兢业业,做好教学和科研工作。老教师中有四位女教师,除了在教学、科研工作中带头干外,还能团结好周围的年轻教师。我们第一任系主任毛培法曾经动情地说过:计算机系初办时虽然条件很差,但是有这四位女将,增加了我不少底气。

之后系里又引进一批硕士和博士生,全系教师达到30多人,使我们的队伍壮大、结构改善、素质提高。

(4)我们的科研工作已经全面开展,并取得了一定成果。

(5)计算中心有了 VAX 小型机及各类微型机,机房设备齐全,并有一支强有力的计算机基础课程教学的教师队伍,为全校各系全面开设的计算机应用基础课和一些专业课服务,保证了浙工大学生计算机等级考试的合格率。

八、王家诒老师回忆光纤研究室筹建与省光纤通信重点实验室的建设

1984 年,浙江工学院光纤研究室成立,有多位来自全国各知名高校的专家、学者加盟,是国内最早从事光纤通信研究的高校之一。

1984 年,刚从浙江大学调到浙江工学院任院长的邓汉馨先生,凭着他敏锐的眼光,提出要在电子系筹建光纤研究室的设想,并着手从本校和外单位"调兵遣将"。四川永川的原电子部 44 所(现重庆光电技术研究所)的总工邵士强、长春光机所的乐中道、合肥工业大学的董鼎伟老师等,先后调来浙江工学院光纤研究室,邵士强任主任。在以上几位老师面前,我算最年轻的,筹建中承担了比较多的事务工作(类似"秘书"工作)。当年从本校电子系毕业的陈建国、从杭州大学毕业来浙工院报到的孟利民,后来也分到了光纤研究室。

光导纤维能传输信息,是 1966 年由英籍华人高锟首先提出的(他由此被誉为"光纤之父"),美国康宁公司 1970 年才生产出可供实用的光纤,其特点是信息容量高,传输速度快。

有一次食堂午餐后,我和邓汉馨院长、院党委屠德雍书记在闲聊时说起,和浙大比起来,我们浙江工学院几乎所有专业都被浙大覆盖,仅在光纤通信领域应该是在同一起跑线上。我们的老师多来自全国各名牌大学,加上你们两位领导都是搞弱电出身,在光纤通信领域是可以同浙大一比的。

1984年7月,由浙江省科委牵头,包括浙江大学、原杭州大学和我们浙江工学院在内,召开了有关我省发展光纤通信的论证会,这中间,工学院原科研处副处长方人琪、原基础部物理教研组的范竞藩老师起了很大作用。经过论证,省里最后支持我们浙江工学院上光纤通信研究。

这里有个插话:浙江大学搞光纤通信的主要是刘锐老师,其他的人都是搞别的方面的,如王明华(中共一大代表王尽美的孙子)是搞光电器件的,徐森禄是搞光传感器的。刘锐是邓院长的学生,省里开论证会时他是我们的竞争对手,后来也被我们"挖"过来了。

我们从外出调研、争取项目起步,逐步在浙江省乃至全国亮出了"光纤"这块牌子。我们先后从塑料光纤、光纤通信和光纤传感等方面入手,争取了省科委的有关项目,其中塑料光纤是邵士强老师提出的项目,他是化工出身,后来连人带项目转到化工系去了。

在光纤通信领域我们不与邮电、电信争,主要从光纤有线电视着手,当时有线电视主要依靠同轴电缆传输,容量不大,而光纤正好发挥它的高容量特点。记得有一次我出差去武汉邮电科学研究所,准备买他们的光有源器件(包括光发射器、光接收器),与对方技术人员交流时,他们只知道这类器件是用在电话通信上,还不知道可以用在有线电视上。当时国内已经开通的为数不多的光纤有线电视端机都是进口的。1993年,我们以"高容量频分复用光纤传输系统"成果开发的光纤有线电视发射和接收端机,首次以国产化形式用于浙江省象山县的有线电视链路上,获得成功,被国家科委评为九五国家级科技成果重点推广计划项目。

在光纤传感领域,董鼎伟老师领衔搞了光纤PH传感器等项目,我也承担过浙江省科委1988年下达的光纤液位传感器项目,1989年通过鉴定。

此后我们的光纤研究室被评为浙江省重点实验室,这中间,毛培法老师起了很大作用。

上述工作为电子系筹建通信工程专业打下了基础,该专业初期就是以光纤通信为特色的。

九、通信工程专业的筹建
——通信学科带头人、省光纤通信技术重点实验室主任
毛培法教授的回忆

从 1986 年 10 月到 1991 年 12 月,我在计算机系整整工作了五年多,1992 年起,我申请调回到电子系工作,就是为了要搞光纤通信的研究。

通信工程专业是 1994 年才批准建立的,这时虽然浙江工学院升格为浙江工业大学,电子系也升格为信息学院,但通信工程专业的报批过程还是长达 4 年之久。其原因,一是电信部门只录用邮电部所属院校的毕业生,省属院校毕业生进不去;二是人们习惯地认为,通信就是邮电,通信专业的毕业生只能在邮电部门工作。随着改革开放的深入和信息技术的发展,这两个原因逐渐被破除。计算机信息处理的方式已越来越走向多机联网的网络方式,并已发展成世界上最大的数据通信网。有线电视的发展也非常迅速,并正向数字化和交互式方向迅速发展,形成另一个遍布各地的宽带数据通信网。还有安全监控、环保检测等数据传输系统,无一不是数据通信系统。移动通信使通信终端的位置更灵活、应用更广泛。因此,通信工程专业的毕业生应该很容易找到合适的工作。

信息学院的通信工程专业,以原电子系光纤技术研究室和高频电子技术为基础筹建,由于报批过程长达 4 年,老教师开始一个接一个退休,年轻教师不稳定,有的出国、有的“下海”,新教师一时又进不来。到 1998 年,通信专业教研室连实验员在内只有 6 名教职工(赵新建、石旭刚、毛培法、陈彪、覃亚丽、虞金有)。赵新建是教研室主任,石旭刚是实验室主任,我是学科带头人,陈彪和覃亚丽是年轻教师,虞金有是实验员。

改革的春风唤醒了我们的智慧,开放的浪潮鼓起了我们的勇气,我们要向民营企业家学习,“不求所有,但求所用”,在这个理念指引下,我们提出了“科学无国界,学术无禁区,学科的联合应重于行政归属”的口号,以海纳百川的胸怀广纳人才。在校内,我们联合了理学院和职教学院等有关学科,实现优势互补。在校外,我们联合了浙江省邮电设计研究院、浙江省电子技术研究所、杭州富春江通信集团公司、杭州东信仪器仪表有限公司等,建立了科研和教学合作基地,完成了光纤波分复用器、局域网数据光端机、远程数据光端机等多项科研成果。在学校和学院领导的关心和支持下,我们的队伍迅速壮大,于 1999 年申报成功了浙江省光纤通信重点研究实验室、通信与信息系统省重点扶植学科、通信与信息系统硕士点等。有了这几个重要平台,加盟的年轻骨干教师和博士生迅速增加,人气大旺,学科发展欣欣向荣,充满勃勃生机。现在,我们学院的通信与信息系统学科已成为省内较有影响力的学科之一;通信工程专业及通信与信息

系统硕士点已为国家培养了一大批优秀人才；省光纤通信重点实验室研究领域已扩大，并已更新了名字，学术水平也在不断提高。

十、结束语

当我被要求写这篇文章的时候，心里有一种高度的责任感和紧迫感。所谓责任感，是想到自己曾是一名参与过工自专业创业、为信息学院教学科研实验室的建设发展付出过努力的共产党员，对回顾历程、研究文化、提炼精神、留下经验有一种义不容辞的责任。所谓紧迫感，是想到我们这些参加、经历过信息学院创业的退休老师年龄都已七八十岁，把创业过程的故事留给年青一代，激励和鼓舞他们继承传统、发扬精神，是一项时间紧迫的抢救性工作。记得 2011 年校老教授协会为 60 周年校庆动员各小组写回忆文章，当时我找到蔡和麟老师，请他写一篇回忆试制工自专业实验设备和实验室改革的文章，他一口答应，很快就写好了文稿，于 2011 年 9 月 19 日信息学院退休教职工集体活动时交给了我，却不料仅仅一个月后他就离开了人世，这篇回忆文章竟成为他人生的绝笔，令我不胜唏嘘，难以忘怀。

我接受任务后，反复拜读了郑跃华、毛培法、蔡和麟、胡朋子、孙华樵、王家诒等老师以及我自己的回忆文章，又先后访问了邵文高、张鸣华、周德泽等同志，有的还不止一次，他们也都非常支持我，有的提供资料照片，有的答应撰写回忆材料，我还参考了王家诒老师收集和撰写的有关资料，最后形成本篇"集体的回忆"。

学校（学院）在发展，社会在进步，目前我校广大师生和干部正在校党委的领导下，以百倍的努力、千倍的智慧、万倍的干劲，为"决战十三五，实现学校跨越式发展"，为把学校早日建成全国知名的综合性多科性高水平的研究型大学，而努力奋斗。

浙江工业大学，我们衷心祝愿您！

敦实鼎新,励志建工

——建筑工程学院学科发展的足迹与展望

吴炎曦 周巍蔚 钟莉娟

　　大学文化是校园的血脉,是师生的精神家园,是学校、学院实现可持续发展的内在支柱性力量。浙江工业大学建筑工程学院自成立以来,十分重视自身的文化建设,不仅在学科建设、学生培养等多方面,将其自身的文化建设与社会文化繁荣发展的历史性需求融合在一起,获得深刻发展,更取"敦实鼎新"为院训,确证其独特价值。敦,隐含敦实、敦厚、仁义、厚道和诚心诚意之意,古时也作盛黍稷的器具之解,延伸为古代建筑。实,倡导和追求教风笃实,学风谨实,为人诚实,工作精实,学业充实,生活殷实。敦实,即教诲所有建工人为人诚实,治学重实证,做事重实效。鼎,包含鼎立、鼎力、鼎盛、鼎新之意,"鼎间"表示厨房,借代为建筑、房子。新,包含了思想纳新、观念更新、制度革新、学术创新、工作求新、发展常新等众多含义。鼎新,即寓意所有建工人同心同德、尽心尽职、自强不息、追求卓越。

一、聚萤映雪,如日方升:学院历史之源

(一)直面需求艰创业

　　1977年后,随着"文革"的结束,我省国民经济得到迅速恢复和发展,各类专业人才的需求随之猛增,原有我省工科院校毕业生已无法满足需求。为此,1978年5月浙江省向国务院上报《关于创办浙江工学院的请示报告》,同年12月经国务院批准的全国恢复和增设的46所工科院校中就包括浙江工学院。《报告》明确指出:浙江工学院设土建系,首先设工业与民用建筑专业,于1980年招收本科生2个班,60余名新生。

　　工学院筹建之初,尚无建系基础,随基建工作推进,逐步引进师资,"边建设,边办学",条件十分艰难。1978—1979年首批从全国各地调入的教师有张明谦、余子莹、唐人美、陈乃声、汤兆珊、张介人、陈德钜、吴佳雄、黄德亮、吴炎曦、

邱良佐、俞租范、居荣初、梁传珏、许礼琛。1982 年前引进的教师还有樊良本、朱雪晖、米万庆、韩子玉、汤强民、洪慧、李鸿懋、孙焕彬、项桦太、卢希平、张培基等,他们就是土木系发展的基础力量。当时物力、财力极其缺乏,一切从零开始,众位老师不得不分别屈居三墩旅馆等多处临时住宿点,一起白手起家,艰苦创业。改革开放的紧迫感和使命感,促使他们倾注心血,以优良的师德、严肃认真的教风,教书育人,为建系开了好头。

为了让 80 级首届工民建专业学生按时入学,首先要落实教学计划和课程设置。工民建专业是土建类专业中最为成熟的专业,对地方性工科院校本专业的培养目标是:学生毕业后,除能胜任建筑设计单位、研究单位工作外,也能进入建筑施工单位工作,因此在教学计划中必须列入施工课程,对实践性教学环节(如工程测量、结构试验、认识实习、生产实习、课程设计、毕业设计等)还要适当加强。但当时国内重点大学的工民建专业并不设置施工课程,因此这一议题受到质疑,经多次讨论后才终于得到落实。由于建院初创期师资力量不足,暂无条件开设选修课程。为创造良好的教学环境,分配负责实验教学的教师还要极力筹划各种实验室设备(包括测量仪器室、建材实验室和土工实验室),任课教师则主要负责精选教材,备好课。

1980 年 9 月 14 日,浙江工学院土木系首届 80 级新生入学,月底,学校宣布了组织机构及各系、部门负责人。张明谦任党总支负责人,余子莹任土木系负责人。

浙江工学院的首任院长李恩良(曾任浙江大学副校长,1956—1979 年任浙大土木系主任)特别关切土木系建设,多次亲临土木系指导工作,对专业建设、师资引进、职称评审等工作做了许多重要指示,对土木系的后期发展起到很重要的作用。

(二)重视教学扎深根

为认真贯彻教育与生产劳动相结合、理论与实践相结合的教育方针,系领导十分重视学生的素质教育和能力培养,树立为浙江地区经济建设服务的思想。在教学安排上组织精兵强将,加强认识实习、测量实习等实践性教学环节。办学初期,几届工民建专业选在暑期进行测量实习,在系领导直接参与下,先后为富阳、萧山城关地区和杭州重机厂测绘 1/500 大比例尺地形图。师生们顶烈日、战酷暑,圆满完成了测绘任务,为上述地区和单位的规划建设提供了基础资料,深受好评。

系领导十分重视教学质量,规定任课教师须经过试讲,经听课教师评估合格后,再向学生授课,教师的讲稿或备课笔记也定期接受检查。后来就逐步形成了规矩:新开的课(包括新开课的教师)应试讲,年轻教师开课也必须试讲。尽管师资力量有限,但对本专业的重要专业基础课,还是加强教师资源的合理配置,有的课程一名主讲教师配两名辅课教师,其结果自然是学生受益。

系里对学生的管理也很重视:系总支对学生思想政治工作负总责,设专职的政治辅导员(陈慰涌为 80 级政治辅导员),并实行班主任制度。班主任由任课教师担任,其职责为协助行政,指导学生制定学习计划,沟通教与学之间的联系,了解学生在学习中碰到的问题。当时的 80 年代,学习机会来之不易,加上当时的学校三点一线(宿舍——教室——食堂)之间的距离很近,离校外出交通又极不便,学生多数学习刻苦,很少有外出游玩、夜不归宿的情况。学校对期中、期末的严格教学检查,更促使教师勤奋、努力、兢兢业业、踏踏实实做教学。朝晖校区的图书馆始建于 1986 年 3 月,竣工于 1988 年 10 月,所以 80 年代初期能供学生自习的教室很少,晚自修大部分学生在宿舍做习题、预习,教师们课后答疑也均深入学生宿舍。

(三)众志成城谋发展

那时系里非常重视课程建设,要求教师主动从多渠道获取信息,设法参加不同学科、不同课程的全国性研讨会。随着计算机应用的不断普及,教材的不断更新、深化,专题内容的逐渐增多,新编的教材在经过一段教学实践之后,会碰到许多问题,有待各校互相交流、学习,以不断提高课程教学质量。

1980—1982 年,"结构力学、弹塑性力学""建筑工程制图"全国教学经验交流会在重庆、武汉等地召开,我系随即派任课教师参加。对工民建专业而言,这不仅是一门重要的专业基础课,更是一次审视自己、找出差距的机会。1987 年 5 月,学院教师参加了全国(包括中南、东北、华北、华东、西南各大区)99 所高等学校土木系(建工系、城建系、建筑系)系主任会议。此次各校之间的交流,对初创期我校土木系在办学理念、学科与专业建设、课程建设、实验室建设、人才引进、专业发展都具有重要的促进作用。

1985—1986 年,学校曾组织各系人员共赴浙江各地区(大型企业、各地市、局设计单位、科研单位)参与各地区对各类专业人才需求的调研,调研结果表明,我系建筑学专业、给排水专业、路桥专业均属于专业人才紧缺之行列。

由于当时师资匮乏,我系于 1987 年起,才招收一个三年制建筑设计大专班,李鸿懋、洪慧老师承担了主要专业课程。随着建筑学专业师资的引进,直到 1993 年才开始招收建筑学专业的本科生。

给排水专业的增设,也同样面临师资匮乏的困境。1985 年,我系只有从太原理工大调入的吴锡福老师及另一名年轻教师钱柏友是给排水专业的教师,直到 1988 年才以城镇建设专业(给排水专门化)定名招三年制专科生一个班,给排水和水力学综合实验室也于后期建成。经过六年多的艰苦努力,给排水专业于 1994 年获批升格为本科招生。

类似的,路桥专业(公路与桥梁工程)也始建于 1988 年,金应春和刘碧华老师入盟土木系后,在筹建专业实验室、承担路桥专业的专业课程、力促路桥专业由专科升为本科等方面,均做出了很大贡献。

随着社会对专业人才层次和教育培训形式的多样化需求,自1984年起,我系先后在金华、杭州等地区面向建筑行业职工,开办了多期工业与民用建筑大专专业证书班,培育行业骨干力量,使其接受系统的专业知识教学后,能更好适应本职工作。另自1997年起,我系还曾选派多名教师,协助参与省建设厅举办的全国注册结构工程师资格考试的考前培训工作,受到了社会的广泛认可。

(四)科研起步稳推进

1985年以前,系里的工作重点在于要求工民建专业达到专业大纲规定的质量标准、完成实验大纲规定的必做实验(选做实验课暂缓),尚无力开展科研工作,纯属教学型办学。1985年以后,随着师资力量日益加强,首届学生顺利毕业,部分教师才开始结合专业与教学、经济建设与生产实际、教师本人的专业特点,逐步开展一些科研项目。

由唐人美负责的《非烧结粘土砖中试及压砖机》项目,由省科委立项,资助经费8万元,1984年10月启动,1985年12月完成鉴定,1986年获省科技进步三等奖,1988年获省星火计划成果展览交易会二等奖。土木系参与该项目的成员还有吴佳雄、方诚,1989年唐人美获《非烧结黏土砖的制造方法》发明专利。

我系还以协作单位身份,参加了省科委下达的"七五"重点科研项目《宁波深水港域开发研究》的子课题《港域工程地质查勘及软基处理研究》,史如平为项目负责人,1988年完成了《宁波深水港(东区)软土地基处理初步可行性研究》。

由邱良佐负责、结合土力学实验室建设完成的科研项目《三轴试验,微机控制》,达到了省内同类实验先进水平。

由吴炎曦负责的国家自然科学基金项目《土工合成材料测试方法》,其子项目《土与土工织物的相互作用》获省教委资金资助,1987年起步,1990年完成鉴定。该项目为南京金陵石油化工公司炼油厂江边码头五座二万立方米油罐,用土工织物加筋垫层处理油罐软基,提供了合成材料设计参数研究及测试装置研制,1992年获中国石油化工总公司科学技术进步三等奖。

由叶青负责的《新型拒水卷材料的研究》1992年开始,1994年完成并通过了省教委鉴定,1992年10月申请了发明专利,1997年2月获得了专利权。

这一时期的研究课题多属应用性课题,紧密联系了国家经济建设。虽然这些项目的资金资助不多,每项1万—3万元不等,但这是土木系教师科学研究迈出的第一步,为后来的学科建设奠定了基础。

这一时期部分教师还开始了结合实际的科技服务活动,如由许礼琛负责的《振动法测桩》承担了实际工程生产任务,锻炼和提高了教师解决实际工程问题的能力,也收到了一定的经济效益。又如受河南平顶山市公路总段的委托,利用科研项目《土工合成材料界面摩擦特性试验装置》的科研成果,测试复合加筋带在膨胀土中的拉拔摩擦特性,确定界面粘着力和拉拔摩擦角,直接为生产服务做试探。建材实验室和土工实验室也开展了为各工程单位做材料试验和土工试验的服务,均收到了很好的社会效益和经济效益。

1993年,随着浙江工学院升格为浙江工业大学,建工系也升格为建工学院。随着师资力量的加强,为了进一步明确学科主攻方向,整合资源,凝练特色,学院制定了学科中长期发展规划,以便分层次、有重点地进行学科建设,着力搭建学科平台,促进科学研究水平不断增强。

二、惟真惟实,自强不息:建工学院发展近况

(一)完善的学科建设

从1979年成立建工系开始,历经初创期的艰辛、三十八年的建设,今天的建工学院已拥有比较完整的专业教学和学科体系:

教学体系包括土木工程、市政工程、建筑学、城市规划、港口航道与海岸工程五个系,设五个本科专业。

学科体系方面,学院现有结构工程、岩土工程、桥梁与隧道工程、市政工程、建筑设计及其理论、建筑历史与建筑技术、城市规划7个二级学科,另拥有一级学科硕士点一个、专业学位硕士点一个、自主设置二级学科博士点一个、自主设置二级学科硕士点三个。学院还设有混凝土结构工程、钢结构工程与力学、土木工程材料、防灾减灾与施工技术、桥梁与隧道工程、岩土工程、市政工程、港口与近海工程、城市设计与景观园林、建筑设计与理论、建筑历史与建筑技术、区域发展与规划、城乡规划与设计等13个研究所和1个实验中心(包括土木与建筑专业实验室、土木基础中心实验室、土木工程教学中心及工程结构研究中心),拥有1个省级重点实验室、1个省级教学实验示范中心、1个省级虚拟仿真实验中心。

(二)创新的专业教育

学院现有土木工程、给排水科学与工程、建筑学、城乡规划、港口航道与海岸工程5个本科专业,本科生规模1700余人。土木工程专业和建筑学专业、城乡规划专业、给排水科学与工程专业分别于2008年和2010年通过住房与城乡建设部本科教育评估,2013年和2014年通过专业复评。学院现有1个省"十二五"高校优势专业土木工程专业,1个省重点建设专业给排水科学与工程专业,也是省新兴特色专业,此外建筑学、城乡规划专业为校重点建设专业。

近年来,随着"互联网+"思想的兴盛,学院开始将"互联网+"思维运用于

专业建设之中,革新专业办学理念、联动教学管理资源、协促教学改革建设、彰显专业发展成效。运用"互联网＋"的思维,学院采用互动式专业办学理念,坚持"以浙江精神办学、与浙江经济互动"的办学特色,在专业办学上打破界限,积极采用"四个内外相结合"(专业内与专业外、课内与课外、校内与校外、学期内与学期外)的开放式教育理念。学院独创了"三螺旋"的创新思维:将优化教学管理机制、提升教师教学能力、促进科学研究水平三者有机结合,以科学的教学管理机制促进教师教学能力提升,用教师高水平的教学能力奠定教学科研的基础,将教学科研的优秀成果反哺专业课程教育。在课程建设上,学院立足"专业大类",实行通识课程、大类基础课程、专业及专业基础课程的课程体系重组,形成"理论＋技术＋应用"相承接的专业课程体系,旨在培养具有创新创业意识和能力、具备国际视野和胸怀的优秀人才。学院还积极开设"第二课堂",将专业建设和发展依托学科专业老师和学工线的辅导员,综合运用微信公众号等网络平台和辅导员工作室等创新空间,形成学科学工、线上线下,内容覆盖学生学习指导、生活帮助、职业规划、就业指导、心理辅导、学生活动等方面的全面育人网络体系。

(三)优良的师资队伍

建工学院现有教职工 143 名,其中,拥有正高级职称教师 33 人、副高级职称教师 54 人,具有博士学位教师 78 人。国家自然科学基金杰出青年基金获得者 1 人;省特级专家 1 人,钱江特聘教授 1 人,浙江省"新世纪 151 人才工程"26人;中青年学科带头人 6 人。在全国省属高校的同类专业中,优势明显。

学院坚持培养、引进并重,不断推进教师队伍建设。近三年来,学院共引进教师 22 人,其中博士 17 人、教授级高工 1 人,专任教师中具有博士学位的教师比例提高到 64％,省"新世纪 151 人才工程"第一、二层次各 1 人,省高校中青年学科带头人 3 人。新晋正高专业技术职称 3 人,副高专业技术职称 4 人,使师资队伍的结构得到了优化。学院在引进海归博士的同时,还通过"151"出国项目等渠道,共派出教师(3 个月以上)10 人次,目前专任教师中具有海外工作或学习经历的比例达到 33.6％,有 4 名教师在职进修获得博士学位。

学院在建设过程中,一直注重青年教师的培养,坚持执行《浙江工业大学青年教师导师制实施办法》《浙江工业大学新教师岗前培训实施办法》《浙江工业大学主讲教师资格制度实施办法》《浙江工业大学建筑工程学院关于加强青年教师培养和考核工作的规定》等制度。

(四)精进的科研创新与社会服务

建工学院着力搭建学科平台,科学研究水平不断增强。近五年,学院先后主持和完成了各类国家科技计划项目 31 项,省部级科技计划项目 59 项,科研到款总数达 1.1 亿余元;在国内外发表论文 800 余篇,被 SCI 收录论文 370 余篇;获省部级一等奖 1 项,二等奖 2 项,三等奖 5 项。获授权专利 79 项,其中发明专利 27 项;纵向科技项目到款逐年增长。

学院还成功申报"工程结构与安全"等多个博士、硕士点,多次主办或协办了学术讲座、研讨会,科研实力日臻强盛。2015 年,学院主持召开了小城镇城市化协同创新中心首届理事会,参加了省第一批 4 个特色小镇的建设和第二批 4 个特色小镇的申报工作,组织实施了省委、省政府委托项目"三改一拆""两路两侧""四边三画"第三方评估的方案设计及项目推进工作。2016 年成功举办了浙江省"特色小镇"学术研讨会,成立了浙江省小城镇学术委员会(我校为主任和秘书长单位)。通过这些项目,成功地将一批科研成果转化为生产力。

学院主动对接社会需求,不断提高社会服务的能力。通过与其他单位签订合作协议、外派教师去宁夏等地挂职、在省内各地开展培训班、通过培训中心在温州和舟山继续开展工程硕士班校外合作办学等方式,与以往相比,学院的社会服务组织行为明显加强,社会服务的方式也呈现多样化趋势,社会服务的广度和深度进一步扩大,社会服务能力有所提高。通过培训授课,学院不仅扩大了知名度,缓解了自主理财压力,也为今后与地方开展进一步的合作打下良好基础。

(五)卓越的人才培养和国际交流

建工学院日趋上升的本科生就业率与升学率、研究生一次就业率,验证了学院培养学生质量的逐年提高。为进一步加强全面发展与健康成长综合平台建设,满足学生成长成才需求,学院深化党建影响力工程,积极构建服务型基层党组织建设,成立党员服务中心,设立党员服务热线,切实发挥党建育人功能。以"励志教育工程"为载体,开展精品文化工程,结合学科实际和社会热点需求,倾力打造建工学院励志讲堂品牌,创办浙江工业大学"禾泽都林大讲堂"等高质量讲堂,提高学生理想抱负水平。学院还进一步加强接轨社会与理想就业综合平台建设,提高学生核心竞争力,并为家庭经济困难的学生提供一定的帮助。

建工学院的学术气氛也日渐浓厚,校际、国际交流活跃,先后邀请美国、英国、日本、德国、丹麦、澳大利亚等国家的专家学者和学生来我院讲学、交流学习并建立良好的合作关系。

近年来,留学生人数逐年快速增长,对学院工作产生了较大的冲击和影响。学院不仅全力配合国际学院开展土木工程专业中外合作项目,并全面承接土木工程学历教育留学生的教学管理,为此还制定了"土木工程专业全英文授课专业建设方案"和"2014 级全英文授课留学生土木工程专业中英文培养计划",并开始了全英文授课的专业教学。经全院教师的共同努力,有效实现了留学生教学和管理工作的平稳过渡。

三、百尺竿头，更进一步：学院未来发展方向

"十二五"期间，建工学院在学科建设、科学研究、人才培养等方面取得了可喜的成绩，从教学型学院向教学研究型学院的转型成效显著。目前，全院师生正通过进一步深化改革，强化发展意识、危机意识和责任意识，找出差距与不足，推进本学科的建设，为把学院建成国内知名学科的教学研究型学院而努力。

目前学院自身的不足在于：缺乏高端领军人才、院士、长江学者和高水平创新团队，缺乏土木工程一级学科博士点；学术能力和学科特色还不够突出，科研工作总体实力相对薄弱，高层次的科研成果亟待突破。同时，学员也面临着"国、省、校三层机遇"：《国家新型城镇化规划（2014－2020年）》刚出台实施，国家级海洋综合开发试验区"舟山群岛新区"开始建设，国家正积极推进"一带一路"基础设施建设；浙江省委省政府正积极贯彻"国家海洋经济发展和新型城镇化建设"战略，推行"建设美丽浙江、创造美好生活"战略和"五水共治"战略，实施"浙江省重点高校建设计划"；学校也正要全面深化人才培养和科学研究，实现学校的转型升级。抓住这些机遇，正好可以为学院发展规划一张宏伟蓝图。

（一）立足宏观定方向

建工学院首先明确了未来几年发展的指导思想和总体目标，提出：

在指导思想上，要把握机遇，以提升解决新型城镇化发展重大问题的能力为发展主线，立足浙江，走向全国，面向世界，实施内涵发展、转型发展、跨越发展、特色发展、协同发展，突破瓶颈、突出重点，整体提升，努力提高科学研究、社会服务和科研创新能力，办出特色，争创一流，为区域经济社会发展做贡献，加快推进建设区域特色鲜明的应用研究型学院。

在总体目标上，一要将建工学院建设成为区域特色鲜明的应用研究型学院；二要将土木工程一级学科建成国内一流学科，建筑学、城乡规划一级学科建成国内知名学科，拥有若干个面向国家重大战略需求、有重大社会影响的研究方向，拥有多个面向区域重大发展需求、有重大社会示范效应的研究方向，并在2—3个方向取得重大突破和重要成果；三要完善学院激励机制，实施"引进高端领军人才、培养年轻学术骨干"工程，力争到2020年，拥有若干领军人才主导的、高水平的创新科研团队；四要打造国家级教学科研平台，为学院人才培养、科学研究、社会服务提供强有力的支撑。

（二）牢抓微观促发展

建工学院提出未来重点建设项目主要在于"学科建设、人才培养、科学研究、人才引进、激励机制优化、国际化、文化建设"七个方面，并分别明确发展目标及具体措施。

242

1. 要主动对接国家海洋经济发展和新型城镇化建设、浙江省"建设美丽浙江、创造美好生活"战略部署和"五水共治"战略决策，主动迎合区域科技重点和企业科技需求，以"省高校重点建设计划""省一流学科计划"为契机，进一步凝练学科研究方向，有重点的发展滩涂围垦地基处理技术及软土动力学、高性能混凝土材料与工程耐久性等学科方向，取得一批有影响力的研究成果，做实一级学科，做强二级学科，实现跨越式发展。

2. 要大力贯彻学校的人才队伍建设方针，通过多种形式实现高层次人才队伍建设的重点突破；依托教育部和浙江省的"新世纪优秀人才支持计划""钱江学者""省151人才工程"，支持和加快省级人才的培养；凭借实施"教学团队建设计划"，依托省校两级重点学科，建立教学团队传帮带机制和青年教师"工程能力和教学能力"双能力培养机制，培养省级教坛新秀和校级教学名师，建设一批教学质量高、结构合理的教学团队，支持省级教学名师的申报，加强教师教学能力和教学团队建设；学院还鼓励实施"创新团队发展计划"，加强教师科研创新能力和创新团队建设。

3. 坚持以学生学习成果为导向的OBD理念（Outcomes-based Education），根据社会需求、专业发展及定位等多方面因素及时修订培养方案，确定培养目标和培养方案，进而优化课程体系建设，培养学生面向工程的实践能力，培育教学平台和教学项目，提高研究生培养质量。

4. 为进一步增强科学研究和社会服务水平，提高学科实力，学院要对接国家和地方的重大产业需求，研发重大工程中的关键技术难题和共性科学问题，拓展学科影响力；瞄准基础研究的前沿进展，鼓励交叉学科研究，以带动产出更多具有国际水平的学术成果；以浙江省重点学科、省级重点实验室等平台为载体，充分利用校内外资源，争取申报省部级以上项目；针对学科重点发展方向，大力加强高水平学科的科研条件和平台建设。

5. 学院将进一步开展国际交流与合作，提高本科生与研究生教育和师资水平的国际化，搭建广泛的学术交流平台，不断提高学科的国内外知名度，进而提高国际化办学层次。

（三）稳取措施树保障

为保证学院发展目标的实现，学院从组织、资源、机制三方面予以支持。

组织上，学院将成立学科建设和规划领导小组，通过体制和机制建设，理顺各级学科内部关系，明确学科建设方向、具体目标和保障措施；完善学院、系、所、团队两级机构三级管理的组织体系，进一步明确各自的责权关系，在稳定学院、系、所结构的前提下，以有利于推进团队融合、加强团队凝聚力为导向，酌情打破系、所建制，自行整合教学团队、科研团队。

资源上，学院通过加强与国家有关部委机构、省相关厅局和学校相关职能部门的联络沟通,及时掌握国家、地方和学校发展战略,了解政策信息,寻求发展机遇,积极主动争取外部资源投入。学院还将优化内部资源配置、提高资源使用效率,整合教学科研公共平台;立足学科建设与人才培养的需要,服从学校、学院的战略要求,为学科发展提供坚实的投入和基础保障;扩大创收渠道,开源节流,改善办学条件;设立学科学位点建设基金(如校友捐赠基金等)。

机制上,要推进民主决策、民主监督机制,完善学科管理机制和学术委员会制度,提高有效绩效考核和激励机制,通过开展各种文体活动,调动教职工的工作积极性与创造性。

生环学院的崛起

姜一飞

从 1980 年 9 月 10 日教育部下达《关于同意将浙江化工学院并入浙江工学院的通知》后，学校领导敏锐地感觉到，在办学条件得到较大改善的情况下，学校将开始进入迅速发展的阶段。时任校党委书记兼校长的周学山，组织干部与教师向省内外的厂矿企业、科研设计单位、高等院校和有关业务部门开展调查研究，广泛听取意见，了解浙江经济发展对工业技术人才的迫切需求情况。在此基础上认真分析本校的条件与潜力，提出了要解放思想、振奋精神，根据浙江经济的需求，由单科性的化工学院向多科性的工学院过渡，加速扩大办学规模，增办新专业的办学方略。当时，不仅增设了非化工类的机械制造、工业企业电气自动化等专业，而且建立了电子工程系。

生物工程与制药工程

1981 春，学校成立了"轻工系"，由梁宝生老师任系主任。梁宝生是学校元老、老领导，曾任机械系、设备处等部门的主要领导，具有丰富的领导经验和组织管理才能。他一接手该工作，就组织人手，一面制订教育计划，确定教材，积极引进专业教师，还到杭大、华东、无锡等地挑选毕业生以充实教师队伍。最紧张的还是实验室，由于学校尚在搬迁筹建阶段，教学用房非常紧张，大多数教学用房都是临时搭建的简易房或租用农民的民舍，在领导的调度和广大教师的努力下，1985 年培养出了第一届"发酵工程"的本科专业毕业生。

20 世纪 80 年代，国家刚从"文化大革命"的动荡中恢复过来，虽然全国已进入了改革开放时期，但工业尚处于调整恢复期，微生物工程仅应用于生产味精、啤酒、酒精等食品调料、饮料方面，90 年代后才进入大发展时期。到 1998 年，原属轻工系的发酵工程专业更改为生物工程专业，其间还曾使用过微生物化学工程专业、生物化工专业等名称。

1987 年，轻工系创办了食品科学与工程专业并开始招生。

创办于 1985 年的塑料工程专科专业于 1988 年从机械系调整到轻工系，1993 年升为本科专业并改名为高分子材料与工程专业，1998 年因学校院系调整又转到化工学院。

1998 年，轻工系发展成立生物与环境工程学院（简称生环学院），生物工程专业与化工学院联合创办制药工程专业，负责生物制药方向的招生与培养，2001 年学校成立药学院后划归药学院。2001 年创办生物技术专业，2003 年创办环境科学专业，2010 年创办食品质量与安全专业，2013 年 9 月，食品科学与工程专业和食品质量与安全专业划归海洋学院。

生物工程迎来快速发展时期是 1998 年引进了沈寅初院士后。沈寅初院士被誉为"中国生物农药之父"，长期从事微生物源农药及生物化工研究和技术开发。70 年代初，沈寅初研究团队成功开发对人畜无毒无害的生物农药"井冈霉素"，为有效防治我国水稻主要病害纹枯病提供了首选用药，并首次实现了我国微生物农药的工业化生产，因此被称为"井冈霉素之父"。80 年代又成功开发高效杀虫杀螨抗生素——阿维菌素（7501 杀虫素）和丙烯腈生物催化生产丙烯酰胺的工艺。阿维菌素在全国推广应用，是有效替代高毒农药的绿色生物农药。而丙烯腈生物催化生产丙烯酰胺万吨级生产技术，被评为国家重点科技攻关计划重大成果及昊华科技进步一等奖。1998 年获何梁何利基金科学与技术进步奖、上海市"科技功臣"称号。2002 年获侯德榜化工科学技术奖，2007 年获中国农药工业杰出成就奖，2010 年获浙江省科学技术重大贡献奖。1997 年当选为中国工程院院士。1998 年起被聘为浙江工业大学教授。2000 年 12 月起任浙江工业大学校长，2005 年 5 月后任浙江工业大学名誉校长。

沈寅初院士的成功历程，被认为有三次转型，第一次真正意义上的转型，是成为"中国生物农药之父"。20 世纪 70 年代之前，农药都是用化学方式来生产的。然而沈寅初院士学的是生物，他希望用自己的知识去改变这样的格局，提出要在中国开展生物农药的研制。他首先开始探索在土壤中找到一种微生物，来应对水稻的病虫害，这对学习生物的沈寅初提出了挑战。沈寅初说："如何用我的知识去解决农作物的病虫害问题，这是一个全新的课题——生物农药。""井冈霉素"的研制成功，在中国开辟了生物农药这一全新的科研领域，也使他获得了"中国生物农药之父"的称号。

第二次转型是生物化工领域——丙烯腈生物催化生产丙烯酰胺工艺的发明。当时沈寅初在生物农药领域已经取得了重大成就，仅凭"井冈霉素"这一产品，在当时乃至未来很长的一段时间内，很难有同类产品可以超越。但作为研究人员，他始终保持对微生物专业研究的激情，"不断探索，潜心钻研"，用"生药"的方式解决化工生产的问题。丙烯腈生物催化生产丙烯酰胺工艺的发明，使他实现了又一次成功的转型。

第三次转型,便是投身教育事业。1998 年,他回到浙江,加盟浙江工业大学,2000 年 12 月至 2005 年 3 月出任浙江工业大学校长。在这个全新的岗位上,沈寅初更看重对浙工大科研团队的培养。"为年轻人做点服务和帮助",他说:老教师的责任或者主要任务是培养年轻人,要有这样的胸怀,要促进年轻学术带头人成长。老一辈的长处是经验积累比较丰富,但应该清醒地看到创新能力不如年轻人了,要把精力放在培养年轻人上面。这是学校发展的根基、学校发展的后劲。因此在教学工作方面他秉承导师的风范,精益求精、传道授业、甘做人梯,为学科培养年轻人。在他的悉心指导下,生物工程领域涌现出一批青年技术骨干,如郑裕国、郑小龙等,并做出了可喜的业绩。

郑裕国主持完成的"阿卡波糖的生产及其结构类似物的利用"成果,经过与华东医药股份有限公司和杭州中美华东制药有限公司十余年的不懈努力,创新了阿卡波糖产生菌育种技术,获得稳定高产生产菌株;创建了阿卡波糖连续变速补料发酵新技术,发酵单位高达 8000 单位以上;构建了低温预处理—两步层析阿卡波糖分离纯化工艺,提取总收率高达 57% 以上,杂质组分含量、物耗、能耗、废水排放量和生产成本大幅度降低。还首创了阿卡波糖结构类似副产物生物裂解技术,实现阿卡波糖发酵副产物资源高值化利用;采用具有多枝形结构的微晶纤维素作为片剂填充剂,提高了阿卡波糖片剂的成型性、稳定性和品质。该项目核心技术已申请国家发明专利 8 项,其中授权专利 5 项,发表 SCI 收录论文 29 篇。该项成果在华东医药股份有限公司和杭州中美华东制药有限公司成功实现了产业化,建成了年产 20 吨阿卡波糖原料药和 10 亿片阿卡波糖片的生产线,近三年新增产值 11.27 亿元。该项目实现了我国最大口服降糖药品种制造技术及产品的国产化,打破了国际制药巨头的长期技术和市场垄断,是我国微生物药物研发、改良与产业化的成功范例。"阿卡波糖的生产及其结构类似物的利用"项目荣获了浙江省科学技术奖一等奖。

有"抗生素最后一道防线"之称的亚胺培南/西司他丁钠,是目前抗重症感染的首选药物,其制造技术曾长期被美国默克公司所垄断。7 年前中国患者打一支进口针需要花费 1400 元之巨,平均到每克的价格,比黄金还昂贵,但现在这样一支针剂只需花费几十元。这是因为,郑裕国带领的创新团队建成了国际上第一条化学—酶法生产亚胺培南/西司他丁钠的产业化生产线,以及我国第一套利用腈转化酶生产手性药品的工业化装置,用生物法替代化学法,以前要 8 个步骤才能完成的亚胺培南—西司他丁钠素,如今只要 2 个步骤就可以生产完成。目前,亚胺培南—西司他丁钠素的出口份额,已占我国该品种原料药出口量的 90% 以上,也开始逐步替代进口产品进入临床使用,打破了国外制药企业长期垄断技术和市场的局面。

井冈霉醇胺是生产新一代糖尿病治疗药物的关键中间体,郑裕国创新团队成功开发了高纯度井冈霉素及其生物催化法生产井冈霉醇胺的产业化技术,实现了井冈霉醇胺和高纯度井冈霉素规模化生产,创建了井冈霉素高产菌和水解、裂解菌高通量选育新方法,获得了时空产率居所有抗生素之首的井冈霉素生产新菌株和高效水解、裂解新菌株,建立了高纯度井冈霉素大规模生产及其生物催化水解和裂解的新工艺,以及具有节能减排显著效果的提取分离新技术,获得3项国家发明专利,具有自主知识产权,技术水平全面超越曾长期垄断该技术领域的日本武田公司。目前,高纯度井冈霉素国内外市场占有率第一,近3年新增销售5.17亿元,实现了从生物农药到生物医药产业链的重大突破,也使浙江省成为全球井冈霉素的生产基地和技术研发中心。

郑裕国成为浙江省生物化工重中之重学科带头人,从事生物催化与微生物发酵的基础研究和技术开发,先后承担了国家863计划、973计划、"十五"国家科技攻关和"重大新药创制"国家科技重大专项等多项课题。在生物催化剂的发现和制备、工业生物反应过程控制和优化、手性化合物生物合成等方面形成了鲜明的特色和优势。已发表学术论文100余篇,其中被SCI收录70余篇;申请发明专利21项,授权12项;获国家技术发明二等奖1项、省部级科技一等奖3项。多项技术在省内大型医化企业成功实现产业化,创造了显著的经济和社会效益。因此,郑裕国先后获"全国优秀教师""浙江省有突出贡献的中青年专家"等称号。

生物工程与环境工程

环境工程学科是生环学院的另一个亮点。追根溯源,早在20世纪70年代初,国务院就召开了全国第一次环境保护工作会议,制定了保护环境的方针政策。此后,环境保护逐步开始提上重要的议事日程,并成为基本国策。

1977年原化工部在广西南宁市召开全国农药会议,会上指出了农药生产领域存在的突出问题:生产和使用事故频发、三废排放污染环境等。农药生产产生的废水具有恶臭、毒性高、污染严重等特点,尤其是有机磷农药,在生产过程中产生大量的工业废水。由于废水毒性大、浓度高,许多企业没有合适的治理方法,就直接排入江河,造成人畜中毒、鱼类死亡、水体富营养化,严重破坏水体生态,对环境造成严重的危害,成为农药生产中一个十分突出的污染源。1978年,化工系领导根据农药会议精神,抽调力量成立了"三废治理研究室",并任命田冰式老师为组长。新成立的三废治理研究室首先选择"处理有机磷农药废水"为课题,并依据有机磷农药易分解特点,提议参照上海高桥化工厂采用低压水解无机氰方法,处理有机磷农药废水。化工系的领导为加强力量,又从当时农药教学组抽调朱良天等人充实三废治理研究室,并任命朱良天为副组长。在条件十分艰苦、工作环境恶劣的情况下，全体人员齐心协力，顺利完成了作为省重点攻关项目的《马拉硫磷生产污水闭路循环技术研究》。由于有机磷农药是当时全国产量最大的杀虫剂，所以能为解决有机磷农药生产废水处理提供一种有效方法，具有重要意义。

1979 年化工系又成立了"重金属废水治理"科研组，经高德永、唐泽、张嗣炯等人艰苦努力，顺利完成了重金属矿山废水处理的研究项目。

当时我校的三废治理研究已在省里奠定了良好的基础，省环保局对我们很重视，80 年代初就建议我们成立"环境保护专业"，并答应给予经费支持。我们及时向有关领导做了汇报，并附上了成立"环境保护专业"的可行性调查报告。可惜当时的学校领导忙于搬迁和建设杭州新校区，对此建议并没引起重视。直到 1992 年，化工系才抽调张嗣炯老师负责筹建"环境工程"新专业，并于 1994 年开始招收第一届环境工程专业本科生，1998 年因学校院系调整，环境工程本科专业并入轻工系，成立了生环学院。

进入 21 世纪，国家把环境保护作为基本国策，提升到战略层面，给环境工程学科发展创造了有利条件，在短短的十多年时间里，环境工程学科就取得了辉煌业绩，涌现了一批青年技术骨干，如陈建孟、王家德、何锋、陈东之等。

陈建孟创新团队组建于 2001 年，2004 年入选浙江工业大学首批创新团队，2009 年被评为浙江省首批重点创新团队，是教育部创新团队的重要组成部分。目前，该团队由 13 位成员组成，其中高级职称 11 人，具有博士学位 10 人。团队成员先后获得国务院政府特殊津贴、国家八部委"新世纪百千万人才工程"国家级人选、教育部优秀人才支持计划、浙江省人民政府咨询委员会委员、浙江省有突出贡献中青年专家、浙江十大杰出青年、霍英东青年教师基金及全国高等学校优秀骨干教师等荣誉。在陈建孟教授及团队成员的共同努力下，学校先后建立了"生物转化与生物净化"教育部工程研究中心（2006）、浙江省环保公共科技创新大气平台（2008）、"国家级环境工程专业创新人才培养模式实验创新区"（2009）、"可再生资源利用与加工"国家级实验教学示范中心（2009）等教学、科研平台。以陈建孟教授作为带头人的"环境工程"省重中之重学科于 2011 年被授予一级学科博士学位授权点。

该团队还先后承担了包括国家科技支撑计划、863 计划、973 计划、国家重大科技专项、国家国际科技合作专项、国家自然科学基金在内的重大/重点科研项目 20 余项；与美国杜克大学、加州大学戴维斯分校、西班牙拉科鲁尼亚大学等开展长期科研和人才培养合作。近 3 年，团队成员在 Environ. Sci. Technol.、Bioresour. Technol. 和 J. Phys. Chem. C 等权威期刊上发表 SCI 论文有 100 余篇，其中影响因子大于 2.0 的有 48 篇，被 SCI 论文正面他引达 600 余次，形成发明专利 41 项，其中授权 28 项，获省部级科学技术一等奖 4 项、二等奖 2 项。

近年来,该团队成员刻苦钻研,致力于协同创新,在我国亟待解决的大气污染控制技术和废水高级氧化技术研发中取得系列成果。针对引起城市灰霾、光化学烟雾的挥发性有机物(VOCs)和恶臭废气排放,团队构建了具有完全自主知识产权的废气生物净化技术体系,并在医药化工、石油炼制等 10 个典型行业、19 个省(市、自治区)建立了 128 套废气净化装置,近 3 年累计新增利税和节支 1.69 亿元,减排 VOCs 3019 吨、H2S 1437 吨。另外,团队率先实现了电氧化技术处理难降解有机废水成果的产业化,年治理废水 146 万吨,削减 CODcr 1460 吨,节支 1471 万元,大大促进了染料、农药、医药中间体等精细化工行业的健康发展。工程实施效果得到了政府主管部门及中石化镇海炼化分公司、普洛股份有限公司、浙江医药股份有限公司、浙江华方药业有限公司等上市企业或行业龙头企业的高度肯定。经过十余年的奋力拼搏,陈建孟创新团队作为我国工业污染控制领域的一支重要研发力量已得到业内广泛认可,现已成为国家首批产业技术创新战略联盟及浙江省环保公共科技创新服务平台的核心成员。

生环学院的创新团队制度

在短短的十几年里,生环学院取得了一系列标志性成果:获国家科技发明二等奖 1 项、中国石油和化学工业协会技术发明一等奖 2 项、浙江省科技进步一等奖 1 项、教育部科学技术二等奖 1 项、浙江省科技进步二等奖 1 项;申报成功教育部工程研究中心和教育部创新团队各 1 个;成为浙江省环境保护科技服务创新平台、浙江省饲料科技创新平台建设的核心单位;主持"973"计划专题课题 1 项、"863"计划专题课题及子课题 3 项、国家自然科学基金重点项目 1 项;在《Chemical Reviews》(IF=22.76)上发表论文 2 篇。生环学院以往以横向项目为主,大项目、大奖项和大平台缺乏的局面得到明显改变。

这些标志性成果的获得与生环学院领导敢于改革、勇于探索创新,在学院内实行创新团队制度密不可分。生环学院从 2005 年下半年起,将管理重心进一步下移,开始探索通过创新团队建设改革学院管理体制,并以 2006 年岗位聘任为契机,以"生物化工""环境工程"这两个重中之重学科的研究方向为导向,尝试按"学院-学科-团队"的管理模式运作,要求每位教师"人人有研究方向,人人进研究团队,人人有团队归属",鼓励教师打破原有的学科、专业界限,加强不同学科的交叉融合,建立跨学科、跨专业的创新团队,努力营造"个人融入团队,团队成就个人"的氛围。通过实行创新团队建设,凝练研究方向,加强团队协作,强化学科交叉融合,实现资源的有效凝聚和配置,摒弃了个人"单兵作战"的模式。目前,学院拥有 14 个创新团队,其中包括 1 个教育部创新团队和 4 个校级创新团队。

为保证各创新团队能顺利、有序地运行,生环学院采取了一系列积极、有效的措施,制定了《生环学院创新团队考核管理办法》等制度,明确了团队及团队负责人的责、权、利。

1. 人才引进建议权下放给团队负责人。每年初上报的进人计划和具体人选均由团队根据自己的研究方向、科研和教学要求提出建议,经过学科、学院审核,报学校审批。人才引进建议权的下放,保证了引进的人才从报到第一天起就有其明确的团队归属,确保团队人员紧密协作。

2. 根据团队的组成和业绩配置工作用房和团队建设经费。实验用房分配、团队经费运作以团队为单元,一方面杜绝了以前房子、经费"私有化"的弊端,另一方面有利于团队成员齐心协力,为团队的共同目标而努力。

3. 学院各种补贴、奖励以及对教师的个人考核,都由团队负责人提出基本意见。年终计算业绩点时,团队成员在科研项目、研究生指导等方面的业绩点允许在团队内部进行调剂、划拨和重新分配,客观上为教师提供了"潜心治学,宁静致远"的研究工作条件。

4. 重视培养团队精神。为了在团队内营造"追求学术、崇尚事业"的共同价值观,使团队成员互相信任,增强团队的凝聚力,学院通过多种方式引导教师以大局为重,不因小利而错失良机,并在年终的团队考核中增设队伍建设与精神文明单项奖,鼓励各团队加强文化建设、培养团队精神。

5. 从组织和制度上做好保障工作。以团队为单元,在若干个单元基础上成立教师党支部和工会小组,从组织上保证创新团队的建设,进一步加强团队概念在学院的运作。

实行创新团队制度是生环学院在快速发展过程中增强自主创新能力、探索新的体制机制的一种尝试,旨在以此强化团队意识,提升团队总体实力,铸造团队文化,做强做大团队,努力"拿大项目、夺大奖项、获大成果、出高水平学术论文";同时,以科研反哺教学,通过科研促进教学,实现教学科研并重,提升人才培养质量;通过团队负责人的领军及传、帮、带作用,使青年教师得到锻炼和培养,得以快速成长。

近年来,生环学院共承担纵向科研项目 253 项,其中包括国家 863、973 课题 23 项、国家基金 67 项,省重大、重点项目 28 项,省基金 69 项,100 万元以上重大横向项目 14 项,科研经费累计达 2.8 亿元,获得国家技术发明奖二等奖 2 项,省部级奖 28 项,其中一等奖 8 项。发表学术论文 1000 余篇,其中 SCI 收录的论文 566 篇、EI 收录 278 篇,出版专著 2 部、教材 19 部,授权发明专利 135 项。2016 年,环境科学与生态学学科首次进入 ESI 全球排名前 1‰(2016 年 3 月 18 日更新的数据显示)。

　　2015年底,生环学院分为生物工程学院和环境学院。这似乎应了"合久必分"这一古训,其实合是为了充分利用共有资源,分则代表成熟,有利于各学科更好地发展。在国家新的"十三五"规划影响下,这两个新学院将会有更大的跨越。

腾飞的药学院

姜一飞

　　20 世纪 90 年代后期,为适应国际科技飞速发展的需要,并根据国家发展战略,教育部将高校专业再次进行调整,参照西方先进国家高校专业的设置方法,将高校专业按宽口径、大专业进行大规模撤拼,专业种数由 504 种调减到 249 种,化工类专业统一划归成化工工艺专业。据说有部分专家向教育部领导建议:"医药是关系民生的大事,我国的制药工业尚在发展阶段,与发达国家有较大差距,应重点扶持一下。"因此医药类专业从化工类专业独立出来,单独成立药学专业。

　　从 1995 年开始,我校在化工学院原精细化工专业的两个班级中,分出一个班搞"制药专门化"。世纪之交的 2000 年,学校以沈寅初校长牵头,从化工学院、生环学院抽调了胡维孝、单伟光、苏为科、王普等骨干教师,组建了药学院筹建组,2001 年 11 月 28 日正式挂牌成立药学院。

　　从药学院成立的那一刻起,院领导和广大教师就遵循"主动适应浙江经济、科技和社会发展的需要,为浙江省经济结构战略性调整和高新技术的发展提供人才支撑和技术支撑"的办学方针,发扬我校"服务浙江、艰苦创业、开拓创新、争创一流"的优良传统,使药学院的教学、科研工作在短短 15 年内就取得了骄人的业绩,建成了制药工程省部共建教育部重点实验室、浙江省新药创制科技服务平台、浙江省制药科技创新基地(浙江省重中之重学科),确立了工业催化、生物化工等 2 个省级重中之重学科的研究方向,拥有了浙江省制药工程重点实验室及制药工程研究所等 5 个研究所。

　　今天,药学院已拥有药物化学博士点和药学一级学科硕士点,拥有药物化学、药剂学、药理学、生药学、药物分析和微生物与生化药学六个硕士学位授予权,并拥有浙江省目前唯一的制药工程领域工程硕士学位授予权,本科拥有制药工程(含化学制药和生物制药两个专业方向)、药物制剂、药学、中药学四个专业,其中制药工程专业获得国家第四批高等学校特色专业建设点。目前,药学院学科门类齐全、培养层次完善、师资力量雄厚,有省特殊贡献人才 2 人,"151

人才"第一层次 3 人,教授 19 人,副教授 34 人,博士生导师 9 人,硕士生导师 42 人,具有博士学位的教师占教师总数的 48%,是学校具有高级职称和博士学位教师比例最高的学院。同时,药学院现有博士研究生、硕士研究生和工程硕士共 400 多人,在校本科生 1000 多人。近年来,药学院承担的国家级及省部级科研项目达 100 余项,并获得国家技术发明二等奖 1 项、国家科技进步奖 1 项、科技部刘永龄科技奖 1 项、省部级科技进步奖 13 项,发表了学术论文 600 余篇,其中被 SCI、EI 摘录的论文 350 余篇,出版了专著 3 部,已授权的发明专利 47 项。

2004 年 10 月,由药学院牵头,成立了浙江省新药创制科技服务平台,这是由浙江工业大学牵头建设的省内首批行业科技创新平台,旨在通过体制机制的创新来促进科技创新。平台以产学研合作的方式,联合有关企业共建了 20 多个研发中心以及多个合作研究院,并在江苏等地建立中试和生产基地,研发成功了一批拥有自主知识产权、具有国际先进水平的药物制造关键共性技术,已广泛应用于国内近百家企业,创造了显著的社会效益和经济效益,推动了经济社会与生态文明协调发展。

享有"抗生素最后一道防线"之称的亚胺培南/西司他丁钠,是目前抗重症感染的首选药物,其制造技术曾长期被美国默克公司所垄断。7 年前中国患者打一支进口针需要花费 1400 元之巨,平均到每克的价格比黄金还昂贵,但现在,这样一支针剂只需花费几十元,就是因为长三角绿色制药协同创新中心副主任郑裕国教授带领的创新团队建成了国际上第一条化学—酶法生产亚胺培南/西司他丁钠的产业化生产线,以及我国第一套利用腈转化酶生产手性药品的工业化装置,用生物法替代化学法,以前要 8 个步骤才能完成的亚胺培南—西司他丁钠素,如今只要 2 个步骤就可以生产完成。目前,亚胺培南—西司他丁钠素的出口份额,已占我国该品种原料药出口量的 90% 以上,也开始逐步替代进口产品进入临床使用,打破了国外制药企业长期垄断该药技术和市场的局面。

井冈霉醇胺是生产新一代糖尿病治疗药物的关键中间体,协同中心郑裕国创新团队成功开发了高纯度井冈霉素及其生物催化生产井冈霉醇胺的产业化技术,技术水平全面超越了曾长期垄断该技术领域的日本武田公司。目前,高纯度井冈霉素国内外市场占有率已达到第一,近 3 年新增销售 5.17 亿元,实现了从生物农药到生物医药产业链的重大突破,也使浙江省成为全球井冈霉素的生产基地和技术研发中心。

由长三角绿色制药协同创新中心执行主任、省特级专家苏为科教授带领的创新团队研发的替代光气、氯化亚砜等有毒有害原料的绿色化学技术,从工艺源头上消除了或大幅减少了安全和环境隐患,为我国医药化工发展撑起了一把

"绿伞"。该项技术先后在 12 家企业实现了产业化,2004 年至今累计产值 20 亿余元,利税 4 亿余元。

　　长三角绿色制药协同创新中心作为一个新药创制科技服务平台,集药学、药效学、毒理学、新药设计与发现、药品质量控制研究于一体,有效整合了省内 5 家高校和科研院所,并吸纳了 300 余家医药企业加盟,通过建立资源共享机制,为企业提供新药筛选、工艺改进、质量控制、药效研究和安全评价多类新药临床前研究的"一条龙"服务。平台的创新方式、服务基层的能力和取得的成果,受到了社会的广泛关注,时任省委书记赵洪祝,全国政协副主席、科技部长万钢,都先后对平台进行视察与指导。国家《教育体制改革简报》《教育部简报》《中国教育报》等媒体对平台主动对接制药行业重大需求、服务区域经济社会发展的经验给予报道。2012 年 4 月 28 日,中共中央政治局委员、国务委员刘延东在视察浙江工业大学时指出:新药创制科技服务平台是产学研结合的一个典范,真正做到了资源整合、开放共享,而且瞄准世界前沿、服务制药产业的需要,体现了胡锦涛总书记 2011 年提出的"协同创新"的要求,做到了"国内一流、国际接轨"。

　　"协同创新"是胡锦涛总书记在 2011 年 4 月 24 日庆祝清华大学建校 100 周年大会讲话时,从建设创新型国家的战略高度提出的重要思想。为了推进协同创新,促进高等教育与科技、经济、文化的有机结合,大力提升高等学校的创新能力,支撑创新型国家和人力资源强国建设,2012 年 3 月 23 日,教育部和财政部联合下发了《关于实施高等学校创新能力提升计划的意见》,正式启动"2011 计划"。该计划按照"国家急需,世界一流"的要求,结合国家中长期教育科技发展规划纲要和"十二五"相关行业领域以及地方重点发展规划,以人才、学科、科研三位一体创新能力提升为核心任务,旨在通过突破高校内外部机制体制壁垒,充分释放人才、资源等创新要素活力,大力推进高校与高校、科研院所、行业企业、地方政府,以及国内外科研机构的深度合作,深化高等学校的机制体制改革,转变了高等学校的创新方式。同年 5 月,教育部与财政部联合召开视频会议,印发《高等学校创新能力提升计划实施方案》,标志着以大力促进和加快推动协同创新为核心内容的"2011 计划"进入具体实施阶段。根据两部下发的《实施方案》,浙江省也启动了省属高校"2011 协同创新中心"的培育组建工作。

　　学校深刻理解"协同创新"对于深化学校改革、转变和提升学校创新能力的重要意义,牢牢把握国家实施"2011 计划"的重大历史机遇,迅速成立"2011 计划实施工作领导小组",认真梳理浙江省新药创制科技服务平台建设中的经验和成果,进一步整合新的国内外优势创新力量,推进一系列新的体制机制改革,于 2012 年 7 月 23 日成立了"浙江工业大学绿色制药协同创新中心",并启动中心的培育和组建。7 月 29 日,全国政协副主席王志珍在视察后对中心的运行机制给予充分的肯定。9月16日,学校名誉校长沈寅初院士和学校党委书记梅新林共同为"浙江省绿色制药协同创新中心"揭牌,标志着校绿色制药协同创新中心已被浙江省确定为全省首批3个"2011协同创新中心"之一,意味着共建单位在构建协同创新的模式与机制上迈出了新的一步。省绿色制药协同创新中心成立后,很快确定了理事会理事、监督委员会委员及中心的机构设置,确定了首席科学家、方向平台负责人、理事会秘书长等人选,通过了《绿色制药协同创新中心章程》和多项主要运行机制,选举产生了中心理事长和副理事长。

2012年9月,学校向教育部申报绿色制药协同创新中心为国家级"2011协同创新中心",并提交了《绿色制药协同创新中心实施方案》,后对《方案》修改完善,10月份再次上报,顺利完成了材料的申报工作。经专家组初审,我校从167个申报单位中脱颖而出,成为下一轮答辩的35个中心之一。12月中旬,张立彬校长在教育部科学技术委员会全会上介绍了中心运行与实践的情况。次年2月,在学校领导的带领下,苏为科等一行10人赴京答辩,最终以优异的成绩通过答辩,成为进入现场考察的17个中心之一。2013年3月,认定"2011协同创新中心"的考察组钟掘院士一行9人来中心现场考察,在考察意见反馈会上对中心的建设给予了高度评价和肯定。4月10日,学校成立了绿色制药协同创新中心建设工作领导小组。4月11日,中心以"长三角绿色制药协同创新中心"之名进入国家级"2011计划"认定名单并予以公示。2013年5月17日,教育部、财政部联合公布,由浙江工业大学牵头建设的"长三角绿色制药协同创新中心"被认定为2012年度国家协同创新中心,成为全国首批14个国家协同创新中心之一。

中心以"做精原料药,做强制剂"为己任,按照"国家急需、世界一流、制度先进、贡献突出"的要求,瞄准世界前沿的国际合作,主动对接区域制药产业发展的重大需求,突出科技创新和人才培养两条主线,努力把中心建设成为制药领域具有国际影响力品牌的协同创新体和推进我国从制药大国变为制药强国的重要创新基地。

中心实行理事会领导下的中心主任负责制,理事会为中心最高决策机构,并设立了监督委员会、学术委员会和人才培养委员会等非常设机构,以及办公室、项目与成果转化部、人力资源发展部、国际合作部和发展战略研究院等内设机构。中心主任沈寅初,是中国工程院院士,曾任浙江工业大学校长,现任名誉校长。中心执行主任和理事会秘书长苏为科,是浙江省特级专家、浙江工业大学教授。中心按核心层、紧密层、服务层三个层面运行。核心层由浙江工业大学、浙江大学、上海医药工业研究院、药物制剂国家工程研究中心、浙江省医学科学院、浙江省食品药品检验研究院等6家核心协同单位组成;紧密层由美国Irvine Pharmaceutical Services. Inc.(IPS公司)、美国University of California at Irvine(UCI)、俄罗斯科学院西伯利亚分院等国际创新力量组成;服务层由华东医药、浙江医药、海正药业等300余家区域制药企业组成。

近两年来,中心相继制定、完善并协同实施了《中心创新团队聘任管理办法》《中心高层次人才聘用实施办法》《中心重大科研任务绩效考核办法》等一系列管理制度。通过系统机制体制的改革,集聚了一批制药领域高层次人才,建立了创新人才协同培养模式,促进了绿色制药优势学科群的建设,为学校争取了更多的办学资源和政策支持,办学内涵显著提升。

通过协同创新,中心要重点突破药物制造工艺路线绿色设计、有毒有害物质绿色替代等20余项达国际先进水平的重大关键共性技术,有效支撑国家浙东南化学原料药出口基地和杭州湾工业园区率先建成国内一流、世界先进的现代制药模式示范区。技术成果实施企业建成了全球最大、最强的卡马西平、萘普生等15个大宗产品的生产示范基地,产生了直接经济效益100余亿元。目前,中心正加快推进普瑞巴林、瑞舒伐他汀、波利维、立普妥等一批重点药物的协同研发。

"长三角绿色制药协同创新中心"是首批入选的国家"2011计划"14个协同中心之一。"2011计划"是继"211""985"重点高校建设后,我国高等教育领域的第三个国家战略工程。它的申报成功是浙江工业大学在追求卓越、实现强校之梦、建设高水平大学征程上浓墨重彩的一笔,是浙江工业大学的一张新名片。

教科学院的发展与变革

徐伟良

浙江工业大学教育科学与技术学院创建于 1985 年,是我国第一所在普通工科院校中创办职业技术师范本科教育的院系。经过 30 余年的建设、变革和发展,在人才培养、科学研究、社会服务、文化传承等方面均取得了丰硕成果,已形成较鲜明的办学特色,在国内同行中具有较高的学术地位。目前,它已是教育部首批 10 个"卓越中等职业学校教师培养计划改革项目"的试点单位之一,是教育部重点建设的职教师资培养培训的基地单位、中国职业技术教育学会职教师资专业委员会副主任理事单位、中国职业技术教育学会科研委员会常务理事单位。

一、院史沿革

(一)技术师范系(1985.7—1993.6)

1985 年 7 月,浙江工学院党委决定成立技术师范系筹备小组。9 月,首届技术师范系化学工程师资、机械工程师资、电气工程师资三个专业共 90 名本科生入学报到。10 月,浙江工学院党委、院行政决定,成立浙江工学院技术师范系。

1986 年 5 月,学校发文,将基础部的工程制图教研室、无机化学教研室、电子系的电工教研室、化工系的机械基础教研室、社科部的中文教研组,成建制划归师范系,作为该系的建系基础。

(二)技术师范学院(1993.7—1994.12)

1993 年 7 月,随着浙江工学院升格为浙江工业大学,技术师范系也更名为技术师范学院,为浙江工业大学下属的三个学院之一。学院拥有 5 个师范类本科专业:机械、土木、化工、工自、食品;2 个非师范类专科专业:计算机技术应用、机电技术应用。

1994 年开始,经省教委批准,由学校组织考试,招收以优秀中专、技校和职业高中的毕业生为起点的高等职业教育专科学生。

（三）职业技术教育学院（1995.1—1999.2）

1995 年 1 月，技术师范学院更名为职业技术教育学院。下设三个系：技术师范系、教育技术系、应用技术系。学院设有 6 个本科教育类专业，1 个文秘专科专业，2 个高职专科专业，有 8 个学科方向。

1998 年 2 月，学院所属的化工教研室及实验室成建制划归生环学院。9月，电工教研室、电子实习车间及实验仪器设备成建制划归信息学院。1999年 9 月，中文教研室划归新组建的人文学院。由此可见，技术师范学院为学校的若干学科建设和发展做出了重大贡献。

（四）职业技术教育学院、职业技术学院（1999.3—2005.11）

1999 年 3 月开始，学校与浙江省建材工业学校联合办学，成立建材高等职业技术学院，所招收的高职专科学生均在省建材学校校区学习。

2001 年 3 月，省政府批准将浙江省建材工业学校并入浙江工业大学。6月，学校决定撤销建材高等职业技术学院，成立职业技术学院，与职业技术教育学院实行两块牌子、一套班子。

（五）教育科学与技术学院、职业技术教育学院（2005.12 —）

2005 年 12 月，职业技术学院更名为教育科学与技术学院，与职业技术教育学院两块牌子一套班子。2012 年 9 月，教科学院整体搬迁至小和山的屏峰校区畅远楼。

现在，教科学院设有教育技术学（师范）、电气工程及其自动化（师范）、机械工程（师范）、计算机科学与技术（师范）、应用心理学、安全工程等 6 个普通本科专业，以及计算机科学与技术、电气工程及其自动化、机械工程等 3 个普通专升本专业。在学科方面，现有教育学、心理学、安全工程 3 个一级学科，拥有教育学一级学科硕士学位授予权。

二、学院大事追溯

在学院 30 余年的建设、变革和发展过程中，具有较大影响的事件主要有如下这些：

（一）人才培养

1.获得世界银行贷款。1987 年 3 月，以罗伯特·麦古先生为组长的世界银行职业技术教育考察组考察了我院技术师范教育的情况。1990 年 10 月，经国家教委核准，获得世界银行贷款 100 万美元，改善了技术师范系的办学条件。

2.获批教育学一级学科硕士学位授权点。学院 2003 年获得职业技术教育学硕士点，2005 年获得教育技术学硕士点，2011 年 3 月，教育学一级学科又获批为硕士学位授权学科。该学科特色鲜明,以技术改变教育、技术促进教育的理念作为学科的建设主线。

3.国家级教师教育精品资源共享课立项。2013 年 5 月,学院的《现代教育技术》《职业教育学》两门课程获得国家级教师教育精品资源共享课立项建设,实现了我校教师教育国家级精品资源共享课程立项建设的零的突破。2015 年 3 月,这两门课程在国家在线开放课程"爱课程"(http://ttools.icourses.cn)上向全世界开放。

4.招生模式改革。2013 年秋季,学院的三个技术师范专业(电气工程及其自动化、机械工程、计算机科学与技术)招生按第一批次提前招生录取,实现了学院招生模式改革的重大历史性突破。2015 年,教育技术学改为教育技术学(师范),也按第一批次提前招生录取。

5.专业内涵建设。2013—2015 年,我们获批了 7 个教育部、财政部重点建设职教师资专业点建设项目,每个项目经费 200 万元。此外,我院 2008 年就获得了职业院校教师素质提高计划 3 个职教师资培训包的开发项目,每个项目经费 50 万元,并于 2012 年 12 月通过了国家验收。2013 年又获得了职业院校教师素质提高计划 4 个职教师资培训包的开发项目,每个项目经费 150 万元,也于 2015 年 12 月通过了国家验收。

6.学生作品获得全国"挑战杯"二等奖。2013 年 10 月,我院应用心理学专业的《孤独症儿童心智解读能力训练方法的研发与实验》,继获得浙江省第十三届"挑战杯"大学生课外学术科技作品竞赛一等奖后,再获第十三届全国"挑战杯"决赛二等奖,取得了我校在该项赛事中的历年最好成绩。

7.入选卓越中等职业学校教师培养计划改革项目。2014 年 12 月,学院承担的"教育信息化背景下'理实交替式'卓越中等职业学校教师培养探索与实践"研究,成功入选教育部实施的卓越教师培养计划试点单位(全国仅 10 个试点单位),充分反映了我院职教师资培养在国家职教师资培养体系中的重要地位。近年来,学院以电气工程及其自动化(师范)、机械工程(师范)、计算机科学与技术(师范)和教育技术学(师范)等 4 个职教师范类专业为人才培养实体,重点培养适应现代职业教育体系、专业知识扎实、技术技能娴熟,能胜任中等专业人才培养的"双师型"教师(注:所谓"双师型"教师,是针对中等职业技术学校的教师而言的较高要求,其含义大致是"既有良好的专业理论水平,又有一定操作技能的专业教师")。

8.入选教育硕士(职业技术教育)专业学位研究生教育试点。2015 年 8 月,我院成为国务院学位委员会公布的教育硕士(职业技术教育)专业学位研究生教育试点单位(全国共有 45 家试点单位)。通过试点,学院积极探索具有职业教育特色的研究生培养模式和质量评价机制,推动改革,积累经验,为中等职业学校培养造就了一批素质全面、基础扎实、技能娴熟、能够胜任理论和实践一体化教学的高层次"双师型"师资。

(二)科学研究

1.入选校级人文社科研究中心。2007年,我院职业技术教育发展研究中心入选了校级人文社科研究中心(A类)。2013年3月,我院技术与教育发展研究中心、社会和谐与心理健康促进研究中心也一起入选。

2.教育名家大讲堂。"教育名家大讲堂"是学院于2006年开始推出的教育学术精品文化活动,旨在以讲坛汇聚教育名家,分享教育学术思想,剖析教育经典案例,共商教育大计,以学术交流促进思想的交流和碰撞,展示教育学术的精神和魅力。

3.国家社科基金重大项目立项。2013年1月,我院申报的"自闭症儿童早期发现、干预、教育的跨学科研究"获国家社科基金重大项目立项,实现了我校在人文社科领域最高级别科研项目零的突破。

4.承办第23届计算机教育国际会议(ICCE)。2015年12月,学院承办了第23届计算机教育国际会议,主题为"大数据时代的教育变革",共有26个国家和地区的300余名代表(其中境外代表240余名)与会。ICCE是国际教育信息化领域最有权威和影响力的年度学术会议之一,选定我院作为承办单位,不仅显示了亚太计算机教育协会对我院的青睐,更是学院近几年来飞跃式发展的最好印证。

(三)社会服务

1.成为国家职业院校教师专业发展的重要平台。1998年,经省教育厅批准,在我院成立了浙江省职教师资培训中心。2000年6月,经教育部批准,又成为全国重点建设职教师资培训基地。学院的职教师资培训工作始终坚持"职教师资培养培训良性互动,立足浙江,服务全国"的发展定位,坚持以改革谋发展,以创新求开拓,逐渐探索出一条历久弥新的职教师资培养培训之路,努力打造成一个"职教师资培养培训工作业绩突出、特色鲜明、辐射面广、社会效益良好的全国知名(示范性)职教师资培养培训基地"。

2.承办职业教育重大赛事与考务工作。2012年,我院开始承办浙江省中职学校学生电工电子技术技能竞赛暨全国技能竞赛选拔赛,年均完成11个赛(次),全省11个地市近600名(次)选手和指导教师参加比赛。2014年,又开始承办省中职学校信息化教学大赛暨全国大赛选拔赛。2015年,还设计并承办了浙江省"面向人人"中职学校学生技能大赛。2012年开始,还承办历年的浙江省中职学校教师资格面试的组织与评审,年均1000余名考生参加面试,成为浙江省职业院校教师来源的重要"蓄水库"。

3.成立职业教育发展协同创新联盟。2013年12月,我院发起成立职业教育发展协同创新联盟(简称"联盟"),浙江信息工程学校、平湖市职业中等专业学校、嘉善县中等职业学校、富阳区职业高级中学、永康职业技术学校等近20所中职学校加入"联盟"。学院整合了校内的相关学科资源,根据"联盟"学校的办学实际,为他们在学校发展规划、教师专业发展、品牌专业建设、课程改革、教学资源库建设、实训基地建设、教育信息化工程、数字化校园建设、智慧校园建设等方面提供技术和理论指导。与此同时,学院还利用"联盟"学校丰富的职业教育实训资源,建立教师教育校外合作基地,使"联盟"学校成为学院相关专业的本科师范生、硕士研究生挂职锻炼、科研实习、教育实习的平台。

4.成为省职业教育信息化的重要后台。2013年,我院受托成立了"浙江省职业教育信息化项目管理办公室",并设立了"浙江省职业教育数字化教学资源建设基地学校项目专家指导小组办公室""浙江省职业教育数字化教学资源建设项目管理办公室""浙江省中等职业教育名师网络工作站",承担了教育部、教育厅、省教育技术中心委托的多项职业教育信息化和教师教育信息化建设项目的管理与服务工作。

5.成为教育部、浙江省职业教育发展的"智库"。近年来,学院受教育部委托起草了《职业教育教师教育信息化建设规划与方案》《中等职业学校教师专业标准》等国家性文件;受浙江省教育厅委托参与起草了《浙江省对口支援新疆阿克苏地区职业教育实施方案》。此外,学院还积极开展政策咨询和决策参考服务。2013年学院提交的《关于加快推进嘉善县职业教育发展、服务嘉善经济转型升级的对策建议》,得到省政协主席乔传秀的批示。2014年,学院提交的《关于推进职业教育改革、培养高素质技能型人才、服务浙江"工业强省"建设的对策》,得到副省长毛光烈的批示及省委领导的高度重视和认可。2015年,学院配合省人民政府召开全省教育工作会议,参与文件起草及多项调研任务,得到了夏宝龙书记、李强省长、郑继伟副省长的批示。

三、学科团队风采

1995年1月,技术师范学院更名为职业技术学院,并设立了8个学科方向。1999年,为适应学校学科建设的发展趋势,学院进一步加强了原有的学科建设,教研室均调整为学科方向,组建了教育技术学学科、职业教育与工程技术复合学科,这个复合学科包括四个方向:机械工程技术教育方向、电气工程技术教育方向、土木工程技术教育方向、计算机工程技术教育方向。2000年6月,学院的学科构架基本形成。

在学校学科建设和发展的浪潮中,学院历经坎坷,几经分合,逐渐形成了以教育学一级学科为主体的学科格局。

（一）教育学一级学科

本学科拥有教育学一级学科硕士学位授权点和职业院校教师在职攻读硕士学位授权点。2003年职业技术教育学获得硕士学位授权点，2006年教育技术学获得硕士学位授权点。在以上两个二级学科基础上，2011年获批教育学一级学科硕士学位授权点，2012年开始招收教育学专业全日制硕士研究生。我院教育学一级学科硕士点学科特色鲜明，以技术改变教育、技术促进教育为理念，凸显三个特色：一是以职业技术教育、成人教育为切入点，积极为地方经济建设与社会发展服务；二是以高等工程教育理论为载体，创新工程技术课程与教学论；三是以教育技术为手段，有效推进信息技术的实践转化。在2014年中国普通高校各学科排行榜中，本学科全国排名第38位（A）。现设五个二级学科：职业技术教育学、教育技术学、高等教育学、课程与教学论、教育学原理（教育心理学）。

（二）浙江省重点学科——教育技术学

本学科成立于1999年，2006年获得硕士学位授予权，2009年，本学科入选浙江省高校重点学科（A类）。在2014年中国普通高校各学科排行榜中，教育技术学全国排名第8位（A+），为我校社会科学领域的综合实力贡献了不可或缺的重要力量。现设三个方向：学习科学与媒体技术、校园数字化与信息化教学、教学系统设计与职教课程开发。本学科的总体研究实力处于国内前列。

（三）校重点学科——职业技术教育学

本学科建设始于1995年成立的职业教育研究室，2002年建立了职业技术教育研究所。2003年11月，职业技术教育学硕士点申报成功，成为浙江省首个职业教育学硕士点。同年，开始招收中等职业学校教师在职攻读硕士学位研究生，2004年起，开始招收职业技术教育学硕士研究生。学科团队2014年获批学校创新团队，2015年获批进入学校学术特区计划。学科现设三个方向：职业教育教师教育研究、职业教育政策与规划研究、区域经济与现代职业教育发展研究。

（四）校重点学科——应用心理学

本学科建设始于2005年，为把学校建成综合性的教学研究型大学，先设立应用心理学研究所。2008年开始招收应用心理学专业本科生；2011年开始招收教育心理学方向硕士研究生，当年还成立了国内首个"心理与辅具技术研究所"；2012年申报成功校级"社会和谐与心理健康促进研究中心"（A类）以及"应用心理学重点学科"；2014年，入选校级"应用心理学创新团队"。学科现设三个方向：心理发展与教育研究、人机工程心理与创新研究、组织行为与管理心理研究。

（五）安全科学与工程学科

本学科于 2004 年 12 月开始筹建,2006 年招收第一批本科生。2007 年成立了安全技术与工程研究所,2012 年进一步成立了安全科学与工程系,下设安全工程专业综合实验室,包括安全人机工程实验分室、安全检测监控实验分室、火灾与爆炸控制技术实验分室、材料阻燃技术实验分室、安全管理与仿真实验分室。本学科先后承担了 3 项国家安全生产监督管理总局项目、11 项省部科技项目、20 余项企业委托项目,2011 年作为发起人单位,正式组建了浙江省安全工程学会,并取得了三级安全生产标准化评审资格,为全省企业安全生产标准化达标创建提供社会服务,目前在省内已享有一定的知名度。

四、学院的文化建设

在学院 30 余年的建设、变革和发展过程中,学院历届领导班子都十分重视学院的文化建设,主要体现在以下三个方面:

1.重视育人文化建设,创新工作载体,培养和提高学生的综合素质,着力构建以互助帮扶为主要内容与载体的学生大爱文化。学院组织了"畅想未来、远大理想"优秀校友成才报告会、桃李园综艺晚会、"屏峰问道"师生访谈活动、大学生心理讲坛、校园无偿献血志愿服务和"春泥计划"社会实践等一系列"青春教科"的品牌活动,丰富了大学生课余生活,促进学生形成对学院的认同感、归属感和荣誉感。

2.在学科文化建设方面,学院积极创建"名师讲堂",多次参与并组织了学院课外科技成果展示会、专业核心课程竞赛、教学技能培训课和多媒体技能集训课等品牌科技活动,不断加强在"挑战杯"系列赛事、师范生教学技能竞赛、大学生多媒体作品设计竞赛等高水平学科竞赛方面的引导和培育,产生了一批饱含价值、富有特色的大学生学术科研作品,培养了一批勇于实践、善于创新的优秀科研学子,在全院营造学生参与科研、科研孕育创新的浓郁的学术文化氛围。

3.2012 年,学院整体搬迁至屏峰校区畅远楼,学院的办学条件得到极大改善,新院楼为学院的新一轮跨越式发展注入了新的活力。学院积极开展"师道"文化建设,努力打造教职工休闲娱乐的温馨家园,积极营造"创新工作、快乐生活"的文化气氛。

五、结束语

浙江省早年的工业学校,最早可追溯到 1911 年创办的浙江中等工业学堂。综观浙江省早年工业学校的历史沿革,可以看出我校与浙江省早年工业教育的学脉紧密相连,并以此为渊源和基础,直接传承着浙江省工业教育的历史。这种渗透在血液里的职业教育基因,在教育科学与技术学院、职业技术教育学院的身体里延续和发展。经过三十余年的不懈努力,几代职教人创造了新时代的职业教育奇迹,谱写了职业教育的新篇章。

学院的发展愿景是:以扛职教大旗、绕职教做事和技术促进教育、技术改变教育为理念,到 2020 年将学院建设成为特色鲜明、优势显著的,技术与教育融合发展的,省内领先、国内有影响力的教育科学学院。

工程语言技术传媒，审时图变度势求进

——画法几何与机械制图学科的 65 年

李哮琳

浙江工业大学 60 华诞之际，我曾撰文《科学是魂改革是能——回忆浙工大工程制图学科发展的历程》。为完整记载浙江工业大学画法几何与机械制图学科 65 年的发展，本文是《科学是魂改革是能》的补全。

一、学科定位

画法几何与机械制图学科通常简称制图。审时度势，与时俱进，浙江工业大学制图学科 65 年的历史，是一部改革的历史，从制图学科的变革，可以折射出时代的进步，教学的进步。

制图在 20 世纪 50 年代曾分成"画法几何"和"机械制图"两门课，在教育计划里，机械制图属基础技术课，画法几何属基础课。当时，不仅数学专业开设画法几何，而且机、电、化、土各类工程专业也开设画法几何，在此基础上，再分别开设结合专业的机械制图或建筑制图或工程制图或某某制图，直到 20 世纪后期，两门课才改革、合并为一门课，在教育计划中列为基础技术课。

不论制图课程的名称如何称呼，从工程教育的认识逻辑而言，开设画法几何与机械制图的目的，是让工科学生在接受工程专业教育以前先走一步，掌握一种对几何形象空间的思维和表述，掌握一种国家标准规范的工程图形表达，形象喻之为"工程语言"，正如人之间有了语言才能交流，同样，有了工程语言才能方便技术沟通，所以，制图是步入工程技术殿堂的敲门砖，制图是一门实用型的工具课。

二、学科团队

浙江工业大学画法几何与机械制图学科已有三代人的历史，而学校的前期历史，则从 1953 年成立的杭州化工学校说起。杭州化工学校制图教研室是在源头学校之一——温州高级工业学校的制图教师班底的基础上组建的，所以半数是温州籍教师，第一任教师有苏寿祈、朱志群、叶鑫、张清、张尔玺、朱可久。苏寿祈早年毕业于天津北洋工学院，中华人民共和国成立前在上海大夏大学任过教。

其后的 60 多年里，进进出出，陆续加入过制图教研室并承担教学任务的有：李哮琳（1956 年），叶殿春（1957 年），贾双根、冯贵芳、杜祖华、忻鸿（1958 年），周宝梅（1959 年），方志湛、倪根芳（1960 年），王祖才（1961 年），王文勋、王君良（1963 年），费明佳（1964 年），柴章迪（1973 年），马银德、金燕大（1975 年），陈延生（1977 年），徐昌政、汤锡虎（1978 年），姚国民、汤兆珊、郑骅云（1979 年），林开文、孙大开、王柏如（1980 年），李娜、赵国军（1982 年），以及 1983 年以后的张长洲、肖刚、厉淦、孙毅、叶永伟、姜献锋、鲁聪达、单继红、吕迅、李克彬等。教辅人员先后有汪颖章、周赐恩、朱元华、王金娟、陈素英、倪红、戴秀娥、陈水仙。

历任制图教研室主任有：苏寿祈（1953—1961 年）、李哮琳（1961—1987 年）、王君良（1987—1997 年）、蒋献锋（1997—2000 年）。负责制图模型室建设的先后有朱志群、李哮琳、王君良。

1960 年，浙江化工学院成立之初，当时曾有制图学科留校首届大专毕业生 15 人，并举办过制图师训班，半年以后，全部重新分配。

20 世纪 80 年代以来，浙江工业大学制图教研室保持在 20 人上下，规模仅小于浙江大学制图教研室，位居浙江高校第二。

到现在为止，累计有 21 人从制图教学岗位退休，他们把最好的年华和精力奉献给了浙江工业大学制图学科的教学和发展。

三、学科文化

制图作为学科至今仍在延续，但与学科相关的制图教研室从 1953 年建立，到 21 世纪初撤销并重组为研究所为止，走过半个世纪的历程。一个老教研室的文化经过 50 年的凝练和积淀，致实致虚，致高致深，浙江工业大学制图教研室有其作风的成熟和事业的高度。

首先，制图教研室作为一个团队，具有它特定的价值观和作风，现在，历史地回顾制图教研室的作风是：谨教谨导，尊实求实。价值观是：夯实基础，熏陶学生。

在大一年级就开设的制图课，制图教师势必首当其冲，担当养成学生良好学风的第一波任务，从几乎零基础开始培养学生的空间想象能力，教师显得十分劳心劳力，不仅要精于理论教学，还要精于配套绘图作业。几十年下来，课内课外学时数为1∶1,课内连课外,展示于课表,也就是说,教师上两节课,课后再在课堂延续两节课,面对面,甚至手把手,指导学生画图。从指导削铅笔、画图线做起,直到指导测绘装配图的大型作业,稳扎稳打、步步为营,丝毫不敢轻心。不仅如此,制图教师还需要全课程批改作业,不能抽改,不能粗改,不能简单地对错勾叉,要在作业上批注评点,所以制图教师格外耗时耗神。因为只有这样,教师才能及时掌握每一个学生的动态,实现师生良好互动,这么做虽然低效却有实效,为了学生成才,无疑辛苦了教师,如此环环相扣,届届反复,成为传统,养成了习惯。长期以来,浙江工业大学的制图教师靠一条无形的精神纽带,交棒接棒,不改初心,无怨无悔,一教三四十年,如此周而复始,老带新,新带新,辛苦了自己,点亮着学生,这就是浙江工业大学画法几何与机械制图学科用半个世纪凝练而成的传统和教风。

四、概说制图改革

65年来,浙江工业大学画法几何与机械制图学科的教育思想一直受着政治环境、教育生态的影响,但是也一直有着自身坚韧不拔、坚持不懈的探求。

若以2000年为界,前50年,那是小视野、框在学科圈子里,也就是在教研室范围内的改革;后15年,那是大视野、跳出学科圈子、破茧教研室、在智能时代尚在继续的改革。

浙江工业大学画法几何与机械制图学科的改革与发展的前50年可以划分三个阶段:

第一阶段,全盘学习苏联(1953—1959年);

第二阶段,课程改革(1959—1966—1969—1980年);

第三阶段,教学深化(1980—2000年);

这是一条漫长、曲折、深刻的自我变革的道路。

五、全盘学习苏联

1953年,杭、温、甬、苏四所高工的化工科合并组建杭州化工学校,建校初期正逢全盘学习苏联的高潮,工科各专业用的都是苏联的翻译教材和习题,制图学科也一样,受到清华大学编写的《画法几何教学法建议书》的影响。这本书是苏联专家1952年在清华大学举办的制图教师训练班的讲义,在国家还没有颁发课程的教学大纲之前,《画法几何教育法建议书》其实就是准教学大纲。

苏联版工程教育十分强调理论基础,在制图领域,不仅单独开设画法几何,而且大班开课,正是因为单独设课就必然倾向于课程系统的完整,从而引发出一系列深层次的问题：

1. 将本来对接实际的第一分角的点、线投影，不分轻重主次地扩展到其他七个分角，超越了空间想象。

2. 在平面投影，将课程系统的主线偏向于以迹线（平面与投影面的交线）表示平面及其后的几何关系的表述，过度倾向于理论的虚化。

3. 对几何元素的位置，大篇幅于一般位置（相对于投影面双倾斜位置）。一般位置与特殊位置（相对于投影面平行或垂直位置）相比，几何的复杂性和空间想象的难度不是稍难而是提升了一个层级。

概括当时制图教学的倾向是：

虚化——以迹线系统为主显示平面（有位无形）及其后的图示、图解。

求全——内容求全、几何形式求全、空间位置求全。

扩张——借助迹线从几何形式上衍生几何内容，自我膨胀。

现在回望与评点 50 年代苏联版《画法几何》，固然比美国版教材重视基础理论，但是有刻意虚化、故弄玄虚的倾向，标榜自我，误导学生，让学生难上加难，应该说，难是正常的，更难则是人为的。工科培养的是工程人才，不是培养制图教师，在有限的时间里，不能不问专业，面面俱到，其结果是学生的空间想象力严重滞后，学习负担超重。从现在的视角来看，这是一个不难统一的认识，但是在当时却是一个高度学术、高度专业的分歧，业外插不进嘴，业内莫衷一是。

毋庸置疑，画法几何是机械制图的理论基础，是空间想象能力与空间分析能力的知识源头，但是不能过分拔高它的作用，一味扩张它的体量。虽然迹线系统在只定位不示形的空间几何关系中有其作图简便的优势，在画法几何中有其学术价值，但它的应用价值被一直质疑，至少到目前的认识水平，还没有发现它的不可替代的价值，而且删去迹线系统的画法几何，经过三十年的教学验证，虽然少了空间几何逻辑的细密训练，但是没有发现影响到工科学生的空间想象能力的培养，可见将迹线系统从画法几何剥离并封存是科学的，或者说是可行的，画法几何的"瘦身"是整个工科教育必须的妥协与平衡，顾全了工科专业教学的大局。

六、课程改革

1959 年开始，国家强调理论联系实际，批判全盘学习苏联，提出教育改革以后，制图"难"的根因，查到画法几何"虚与实"的主要矛盾，并引发教研室的分歧。什么是"虚"，什么是"实"？"虚"到什么程度才不是"理论之上"，"实"到什么程度才不是"实用主义"，凭当时的学术生态、认识水平和实践底气，分歧双方谁也说服不了谁,因为这不是几场辩论可以统一的认识,也不是哪一个权威能一锤定音的方向性大事。

如何取得教育改革的发言权,深入实际是最好的途径。不过,"文革"前期,制图教研室已被"砸烂",制图教师只留下李哮琳、方志湛、周宝梅、王君良、费明佳,与其他基础课教师一起落户在"红旗支队"。1969 年开始"复课闹革命",教改才出现转机,教师才有机会长期下厂,熟悉生产熟悉专业。李哮琳五次、周宝梅两次参与氮肥厂施工设计,并到浙江、上海、南京几十个企业、设计院采集工程图例,积累第一手资料;王君良数年参加机械制造专业课教学,如此才逐渐取得改革画法几何的话语权,逐渐积蓄了制图教改的底气,可以站在专业的高度,倒推画法几何的宽深,经过一二十年的教学渐进,才找到制图教学"虚与实"的对接和交集。

从 1959 年教育改革开始,到 1980 年教育部颁发课程教学大纲为止,制图的教学改革起码走了 20 年,其中有四个时间节点和四个时间段。

四个时间节点是:

1959 年,国家提出教育改革;

1966 年,"文革"动乱,教学瘫痪;

1969 年,复课下厂,开门办学;

1980 年,教育部颁发教学大纲,教学有章可依。

四个时间段是:

1959—1966 年,画法几何体系大辩论;

1966—1969 年,"文革"前期,所谓砸烂封资修课程旧体系,制图教学随之瘫痪;

1969—1976 年,"文革"后期,复课闹革命,开门办学,制图步入重建初期;

1977—1980 年,恢复高考,制图以本科高度重建教学体系。

七、编写三轮制图教材

制图改革的成果集中体现在编写的三轮制图习题集及制图教材。

第一轮自编讲义。1969 年,当时的浙江化工学院在浙江仅存的七所高校中率先"开门办学",深入到义乌化肥厂举办小氮肥工艺试点班。李哮琳参加学校第一支"教改小分队",比学生提早半年到义乌化肥厂蹲点锻炼,现场备课。王君良也于 1970 年到义乌化工厂参加化机 70 级"现场办学"。教师同工人一起当班开始,逐工段摸透生产工艺与设备,阅读了全厂每一份工艺流程图、管路布置图(配管图)和设备图。利用从企业采集到的图纸和资料,李哮琳在现场编写了讲义《小氮肥工艺制图》,王君良编写了化机专业的制图讲义。限于当时的教学生态，只能开门见山讲解三视图，只拼实用、只求速成，谈不上理论，这是典型的从一个倾向走向另一个倾向。但不管怎么说，这是制图学科改革"立"的开端，从理论至上变成实用至上，瘦了身，弱了体，这是理论上的短视，僵化了的实践。

第二轮自编教材。1974年，李哮琳、王君良、周宝梅、方志湛、费明佳、贾双根分工合作，编写出铅印讲义《工程制图》，用于几届工农兵大专生。经历过理论至上和实用至上的两种倾向以后，在编写这本自编制图教材时，制图教师对画法几何、机械制图趋于合并已不存异议，对画法几何"虚与实"的交集已有思考，认知到画法几何的"瘦身"不是弱身，而是要"强身"，不过还是局限于有图示没有图解的阐述，还没有摆脱不敢理论，实用短视的羁绊。

1977年，高考恢复，77届本科生进校，标志着制图教学步入重建的新时期。制图教研室先引进全国统编教材，目的是确保教学质量，保持与兄弟高校的可比性。同时，又补充自编的机类和非机类制图习题集，调整教学的深度，体现出重建制图学科的意志和慎重的态度。

第三轮编写出版教材。1984年，浙江工学院教务处下文制图、化学两教研室，指定李哮琳、李志成分别组织编写本科《工程制图》和《大学化学》教材。于是，《工程制图》自编教材的原班人马用了一年时间，编写出大学本科非机类《工程制图》及《工程制图习题集》。1988年，由上海交通大学出版社出版并全国发行，这是浙江工学院早期不多的正式出版的教材。

上海交大版上、下两册的本科《工程制图》，上册的特点是：以非迹线系统为主线，保留了画法几何的框架；以图解为制高点，阐述图解需要的图示原理知识链；补强几何作图、投影制图（画法几何与机械制图的过渡段）。下册不仅完叙机械制图，还编写了建筑制图、计算机绘图，以及国内制图教材首编的工艺和管路布置图。

教学改革，破是难，立则更难。三次编写的制图教材，真实记录了20多年浙江工业大学制图学科教改的轨迹，彰显出浙江工业大学制图学科教学团队尊实求实的努力。

上海交大版本科《工程制图》，理性地对几何作图、图示、图解、读图、测绘的知识链和能力链，有了系统的认知：

1.以图解的高度，反推图示的知识链；

2.以读图（以二维视图想象三维立体）为逆向思维，铺垫三维立体画二维视图的顺向思维；

3.以形象思维的认知流，策划空间分析能力和空间想象能力的台阶和认知梯度。

以上的见解集中体现在组合体读图和剖视读图的训练梯度之中：

1.从简单对线的显性关系逐渐提升到逻辑推理的隐性关系；

2.从叠加的简单关系加难到出现截交线的挖切关系,再加难到相贯兼挖切出现相贯线、截交线的综合关系；

3.从完整易想的整体发展到隐蔽难想的局部；

4.从可见的几何外形推进到体内不可见的几何关系。

苏联版《画法几何》以虚为尊,那么上海交大版本科《工程制图》则是尊重理论、尊重实际,这是不同于英美俄制图教材的中国式教材,走着理论联系实际的创新之路。

一本好的教材必须要有好的习题相匹配,与上海交大版本科《工程制图》配套出版的《工程制图习题集》,积累着浙江工业大学第二代制图教师采集的工程实例之凝练和虚化,积累着为提高读图能力自行设计的新编题。

在编写教材的同时,学科致力于诸如教学大纲等教学文件的制定、修订,多年的教学基础工作标志着浙江工业大学制图学科的软实力,为后续入职的新教师顺利开课提供了全方位的隐性支持。

八、学科的压舱石

回望制图教改有过的分歧,不能回避一个深层次的问题,那就是开制图干什么?

作为一门工具课,制图的正道,或者说主攻目标,是培养实实在在的能力。能力可分为知识型、技能型和经验型能力。制图培养的是空间想象能力和绘图能力,是兼具知识型与技能型的能力。围绕能力的培养,制图模型室走着一条务实和创新的道路。第一代的苏寿祈、朱志群为制图模型室奠定基础,画法几何教具、制图木质模型多数成套采购,也有自制木模,也有从工厂收集来的废旧零部件。1959年以后,第二代制图教师便开始自行创意和设计具有教学典型性的教具。当时已调到学校机械厂的叶殿春和李哮琳合作,由学校机械厂加工出100台学生测绘用齿轮泵,60年代又委托临安水泵厂加工50台,一直成为历届学生测绘装配体的主力部件,其后虽然增加了尾架与微型台虎钳,但是典型性不及齿轮泵。另外,加工制作出供零件测绘用的轴套、盘盖、支架类铁质典型零件,保证了机械制图阶段低端的测绘训练。从1959年开始,李哮琳设计的几何体、组合体、剖视模型,涵盖了零件必然出现的同面、异面(相交、相切、相贯)的典型几何关系,以及零件内外表面将会出现的典型元素——筋、凸台、锪孔以及倒角、阶梯孔、相贯孔等,分批委托富阳场口农机厂、上海金山农机厂批量制作测绘用木模,让学生在训练读图能力前,先实感并积累各种经典的形象元素与几何结构,为学生在读图以前做好感性的铺垫。

经过 50 年的不断积累、淘汰和更新,浙江工业大学制图模型室装备的讲课用教具、学生测绘用实物,呼应了学生空间想象能力的培养,系列齐全,目标明确,符合思维逻辑的发展,在八九十年代,学生能够人手一份,好过浙江高校同行,即使到了智能化时代,测绘仍旧不能或缺,制图传统教具仍是制图教学的压舱石。

九、与时俱进

从 1976 年到 2000 年的二十余年,是制图学科教学深化的黄金时期。

1976 年前后,学科团队感到计算机时代的逼近,强烈预感到一种不努力要落后的危机,因此下猛劲补英语,学程序,练内功,强基础。

1976 年,先后学习 AGOLE、FORTRAN 和 BESIC 高级程序语言,居浙江高校同行之前列。

1978 年,组织翻译美国航空航天局《计算机绘图在工程中的应用》论文集,并在次年浙江和中国工程图学学会的年会上交流。

1979 年,朱可久主讲刚从北航学习回来的《计算机制图》,集体学习AutoCAD。

1982 年,教研室邀请前辈金茂书主讲《射影几何》。

1982 年,郑骅云获得美国新版《技术制图》,教研室迅速组织朱可久、李哮琳、郑铧云、林开文、王君良、费明佳、周宝梅、贾双根、方志湛分工翻译,半年出稿。

1983 年,郑骅云赠予教研室一台时值 2 万元的苹果电脑,几经申请,教研室配套小型六笔平板绘图仪,使浙江工业大学在浙江高校中,仅后于浙大拥有计算机绘图实验室,规模虽小,却是零的突破,为制图教师涉足计算机制图争取了时间。

1988 年上海交大版《工程制图》《工程制图习题集》出版。

在稳定教学、提高质量之际,教研室重点向教学的深度要质量,重点研究培养空间想象能力的认识规律。李哮琳在研究钱学森《思维科学》的基础上,撰写论文《形象思维与画法几何》,提出"象元"——"形象元素"以及"形象元素认知梯度"的概念。该篇论文收入中国工程图学学会首编的《画法几何论文集》。

浙江工业大学制图学科在 20 世纪 80 至 90 年代,撰写论文 20 余篇,是浙江省工程图学学会的创建单位、浙江省工程图学学会副理事长单位。1984 年,浙江省工程图学学会组织在杭高校工科学生画法几何竞赛,浙江工业大学学生的成绩位居第一。

十、传承与发展

画法几何与机械制图学科的近 15 年发展史,也是一个跳出学科、扩大视野的改革过程,制图学科的第三代遇上改革开放的时期。学校从体制上打破课程之间的森严壁垒,拆分教研室、重组研究所,让制图教师终于有机会扩大治学范围,优化知识和能力结构,拓宽发展空间。在科研、教学的新体制里,制图教师由于打开了学术视野、提升了专业高度,推动着他们从教学型向教学研究型转变,涌现出赵国军、肖刚、姜献峰、孙毅、鲁聪达等一批学科的后起之秀。同时,专业教师兼授制图课也成了常态,这是破天荒的突破。对学科而言,画法几何与机械制图经受了时势的检验,保持着不可替代的作用,在稳定经典内容的同时,又在智能化的平台上,做出了更新的探求。

2012 年,孙毅等主编、清华大学出版社出版的《图学原理与工程制图教程》,被列为教育部推荐教材。2012 年清华版《图学》教材与 1988 年交大版《工程制图》对照,既有系统的传承,亦有现代意义的发展;既保持了经典的画法几何体系,又对接了现代设计的数字化智能手段;书中提出的"图元"正是"象元"的智能型语言;图元的理念重新解读了浙江工业大学制图学科历来积累的组合体解析的思路和方法,将三代人探索的读图认识论凝练为"图元识析"。

单继宏等主编的配套习题集,忠实地延伸着制图学科的教育思想和教学成果。

孙毅的"图学美学"一节尚留有很大的探索空间。智能绘图的确优于手工画出的图纸,但是智能工具需要人的指令,需要人工评判和干预,人的空间思维能力和美学修养决定着智能出图的品质,足见图学基础和草图能力的重要。同时,3D 打印对测绘提出新的课题,不断出现的工程和建筑的异形结构,对画法几何学科的新一代提出了新的挑战与要求,从事制图教学的年轻教师在精通智能新技术的同时,需要扎实画法几何的功力。

审时图变,度势求进,在智能化的时代,期待后辈倾心倾力,出精品,写历史。

三环之路：从工业管理工程系到经贸学院

罗国勋

经贸学院的院徽是环环相扣的三环，这个标识始用于 1987 年。

按现在的解释，这环环相扣的三环，寓意着学院师生勇于担当、胸怀天下、团结和谐、激情拼搏，志存高远、博学经世。然其初意却是：企业发展依靠科学、技术与管理。长期以来，人们一般将管理纳入行政和政治思想工作范畴，并未认识到管理也是一门技术，甚至是一门科学。由于理解的偏颇，有人甚至将泰勒的科学管理简单地理解为剥削压榨工人的手段，而不认为是研究安全、节约、效率的科学技术。为强调和突出管理也是一门技术，遂将科学技术和管理设计成两个轮子，再加一环以示学校主要任务是教学，于是有了三环，后来不但以此命名学生社团的刊物——《三环时报》，还一直作为工管系的标识，三环之旗开始飘扬在各种场合。

1980 年秋，32 名学生从全省各地来到了烂柯山下的浙江化工学院，开始攻读工业管理工程。工业管理工程专业起初隶属化工系，是年 9 月，国务院批准浙江化工学院并入浙江工学院，工学院设化工、机械、电子、工管、土木、轻工六个系，于是工业管理工程专业由化工系划出，成立工业管理工程系。这批学生就成了浙江工学院的首届管理工程专业的学子，也是华东地区的第一批管理工程专业的本科生。1993 年，随着浙江工学院升格为浙江工业大学，工业管理工程系也就改制为经贸管理学院。

三十多年间，当年仅有三十余名学生、十多名教师的一个专业，从一张白纸开始，从无到有、从小到大、由弱到强，克服种种困难、闯过道道难关，可谓筚路蓝缕、历尽艰辛，到如今已发展成有一百八十余名教师、两千余名学生，有工商管理、技术经济、管理科学与工程、金融、财务管理、国际贸易、信息管理、工程管理、旅游等专业与方向，本科、硕士、博士以及博士后科研流动站各办学层次齐全的、在国内有一定知名度的经贸管理学院。

师资队伍在磨炼中成长

当年的化工学院,除了有化工领域工程技术的背景以外,别无长物。创办管理工程这样的交叉学科,一切均从零开始。

初创之时,首先面临的问题是教师。要想培养出基础坚实、勤于思索、具有一定分析问题和解决问题能力以及拓展知识能力、能适应社会发展的学生,教师是基本的保证。而那时管理工程有关课程的教师在全国都极其稀缺。虽然在 20 世纪 50 年代的杭州化工学校时期,曾开设过一门有关管理的课程,但开课的教师已退休多年,后继无人。虽然早在 1948 年周志诚教授就已将"管理工程"学科引入我国,在交通大学创办了管理学院,但 1953 年院系调整后,国内仅剩人民大学和吉林工业大学有管理系科,十余年培养的管理专业人才本来就不多。"文革"动乱、大学停招,造成严重的人才断层,各类专业人才都是青黄不接,而管理专业人才尤甚。因此,寄希望于引进科班出身的管理专业教师,看来并不现实,因而必须采取非常措施来解决师资队伍建设问题。当时采取的办法是"两条腿走路":一方面想方设法引进管理专业毕业,或在大型工矿企业从事管理工作的人员,另一方面将眼光放在校内,抽调工程专业毕业又在企业从事过经营管理的教师,派去进修管理的有关学科,调财务管理工作的教师担任会计、财务管理等相关课程的教学,同时又从在校本科生中选拔了 5 名学生到相关院校学习与管理有关的专业。1980 年,调入了 3 位曾在吉林工大管理专业任教的教师,这样就逐渐有了 12 位教师,基本涵盖了管理工程的主要课程,能基本承担管理工程专业教学工作。

表 1　教师队伍规模的发展

年度	1979	1980	1983	1984	1985	1986	1987	1988	1989	1991	1992	1994	1995
人数	9	12	22	24	28	32	34	34	33	37	37	45	61

数据来源:据人事档案整理

尔后,每年设法调入一些教师和相关专业毕业的本科生、研究生,师资队伍逐年扩大与完备起来,到 1987 年已有教师 34 人,学缘广谱,年龄结构合理,知识互补,建立了企业管理、会计统计、工业经济与技术经济、系统工程四个教研室,覆盖了管理专业的全部课程。

教师队伍虽初具规模,基本能满足教学的要求,然而能担任并不意味着能胜任,两者之间还是有不小差距的。改行的当时仅仅是入门,还需进一步深入与系统化;科班出身的,其原本的体系是因袭苏联的,与国际上先进的管理科学体系也有一定的差距,需要更新知识、与国际接轨;新分配来的毕业生,虽经过专业的系统培养，但学得好未必就能教得好，他们也需过好教学关。因此，不断提高师资的学术水平和业务能力，在相当长时间内依然是学科建设的首要任务。要建立一支学识渊博、治学严谨、知识互补、结构合理的教师队伍，还有相当长的路要走。

工学院是一个工科院校，一直以培养工程技术专业人才为己任，有关经济管理领域的理论和文化积淀甚少，客观地说，这方面底蕴不足、力量不强，这属于先天的不足；又囿于当时的条件，经费不多、设施与资料极其有限、交流渠道不畅，所以后天的调理力度也不够。虽经几年努力，工业管理工程系已有了一支基本合格的教师队伍，但缺乏能够前瞻学科发展、引领学科建设的领军人物。而那时浙江工学院还默默无名，指望调入在业界有声望、有影响的专家来校任教，作学科带头人，带领和培养教师，仅是一种奢望。既然无力调人，就设法"借外脑"。工管系先后聘请了中国社会科学院数量经济技术经济研究所的负责人徐寿波教授（现为中国工程院院士）、复旦大学管理学院院长郑绍濂教授、上海交大管理学院院长黄洁纲教授、天津大学虞和锡教授、上海中国银行龚浩成副行长等为客座教授，来校作短期讲学、指导教师；还邀请"管理工程"学科的引进者周志诚教授、清华大学傅家骥教授等国内外专家来做学术报告和专题座谈；同时，定期地与浙大管理学院进行科研和教学等方面的交流，以获取有益的经验，了解学科发展的新方向和趋势。这些办法在一定程度上弥补了我们单科性工科院校在人文、经济、管理方面的先天不足，拓宽了信息来源和交流渠道，加强了后天调理的力度。

随着科学技术的发展，知识更新的周期不断缩短，特别是技术进步和生产方式的转变，使人们的生活方式和理念不断发生革命性的变化，新的管理技术伴随着新的管理理论不断产生，这是管理科学与自然科学之间的最大区别。虽说科学技术的变化也是日新月异，但其基础理论是相对稳定的，所以大学的工科教学内容也相对稳定；而管理学科则不然，新的管理理论、理念、模式、方法和技术往往与原有的迥然不同，这些新模式一经产生，就迅速传播并延伸出广泛的新应用、新技术，若不将这些新的理论、理念和技术补充到教学内容之中，我们的学生就会落后于时代，不能适应社会发展。为此必须时时关注社会的变革和管理学科的发展变化，且将其纳入自己的科研和教学之中。我们的教师十分清楚，以其昏昏不可能使人昭昭，在承担着繁重的教学任务的同时，还必须努力学习，不断吸取新知识、了解新理论，要苦练内功加深理论功底，提高自身的学术水平和理论修养。为了培育新人，老教师们主动承担更多的教学任务，以支持、鼓励年轻教师到外校进修和考研，工管系期间就先后有 10 名青年教师出国或到外校进修和攻读研究生。

扩大规模、拓宽专业面、提高办学层次

经过多年努力,到 1986 年,我们已有干部专修科、专科和本科毕业生 274 人,在校学生 303 人,有了相当的规模。我们的毕业生在工作岗位的表现也普遍获得好评,社会反响良好。但是,要提高办学水平和社会声誉,除了在本科生的数量和质量上不断有所发展,还应向社会提供更高层次的管理专业人才。因此,工管系在向教委申报第二学士学位点的同时,还积极筹划硕士学位及 MBA 的申报。

1986 年 7 月,在徐寿波研究员的大力支持下,经过与中国社会科学院数量经济与技术经济研究所科研处多次研究商量,他们终于同意与浙江工学院管理工程系联合招收技术经济专业硕士研究生,相关的数学、运筹学、系统工程、会计、统计等基础课由我们开设,专业课由数量所承担,研究生导师组由数量所的研究员及工管系的教师组成,研究生由浙江工学院招生。可惜的是,因为学校没有管理学科的硕士学位点,这一方案无法实现。

表 2　工管系 1980—1995 年的招生人数

年度	干部专修班	专科	本科	二学位	研究生
1980	39		32		
1981			34		
1982	31		40		
1983	30		43		
1984	32		65		
1985	36		85		
1986	30	63(技术经济)	63		
1987		63(技术经济)	81	10	
1988		66(技术经济)	68	11	
1989			56	6	
1990		14(小企业)	61	9	
1991			52	8	
1992				23	
1993				12	
1994				18	4
1995				19	10

数据来源:据经贸学院建院 30 周年资料

278

因为已连续六年招生，有三届本科毕业生，并有省级软科学重点课题，征得徐寿波教授同意，组成以他为主的导师组，工管系已初步具备申报硕士学位点的条件，于是在1986年12月向教委申报管理工程的硕士学位点。

硕士学位点的第一次冲击因实力不强未果，而第二学士学位获准于1987年开始招生。首届二学位人数虽仅10人，但大多是大企业的骨干与后备干部，经单位推荐，学校组织考试，按规定的标准选拔录取。二学位招收的人数虽不多，但由于严格按标准招生，认真组织教学，得到了国家教委的认可和支持。1992年12月，国家教委在重庆大学召开了第二学士学位工作会议，我校是继东道主重庆大学之后第一个介绍二学位办学经验的学校。

此后，由于全国各大学的硕士点、博士点逐渐增多，作为缓解人才供不应求的过渡手段的第二学士学位逐渐式微，生源逐渐减少，招生遇到诸多困难。而此时，工管系教师的职称结构也发生了变化，职称梯队初步形成；经多年的努力，有了一批研究成果，科研方向也更加明确；通过其他学科的学位点招收的管理专业硕士已有了三届。这些情况表明，我们已经具备申报硕士学位点的条件。鉴于在杭高校中浙大、杭大、杭州电子工学院已有管理硕士学位点，根据我校的特点，决定申报技术经济硕士学位点。1994年，硕士点申报成功，首批4名技术经济硕士研究生入学。

在逐年增加招生数的同时，工管系还努力创造条件增设专业，以满足社会上对各种经营管理人才的需要。

20世纪80年代初，改革开放逐渐拉开序幕，国家由计划经济向社会主义市场经济转型，经济发展逐渐走上快速道，许多建设项目纷纷上马。政府和企事业单位的决策部门从历史的教训中，认识到决策民主化、科学化的重要性。为确保投资项目的效益，必须对项目的可行性做科学的论证，以做到项目前期决策优化、设计优化，因而投资及资金的提供方亟须大量能从事可行性论证的技术经济专门人才。1986年，工管系与浙江建设银行合作，在工管系设置了技术经济专业，为了快出人才，缓解投资项目多而人才紧缺的急迫矛盾，决定先办两年制专科。

随着改革开放的大潮风起云涌，国门打开，国外的游资纷至沓来，我国的产品也出口至世界各地，所以急缺能从事对外经济贸易活动的人才，既懂工程技术、工业生产又通晓对外经贸者尤为稀缺。服务社会是办学的宗旨之一，社会有需求，学校则责无旁贷，于是工管系在1987年与浙江二轻联合举办工业外贸培训班，在此基础上，于1988年以3+2的方式开设了工业外贸专业。

表 3　工管系的专业变化

年度	1980	1986	1987	1988	1992	1994	1995
专业	管理工程	管理工程 技术经济 （专）	管理工程 技术经济 （专） 技术经济 （本）	管理工程 技术经济 （专、本） 工业外贸 （3＋2）	管理工程 技术经济 工业外贸 （3＋2） 房地产	管理工程 技术经济 工业外贸 （3＋2） 房地产 市场营销 理财 涉外文秘 涉外财务	管理工程 技术经济 工业外贸 （3＋2） 房地产 市场营销 理财 信息管理 涉外文秘 涉外财务

数据来源：据经贸学院建院 30 周年资料整理

　　经济发展了，收入水平提高了，人民的生活方式和理念也随之改变，对居住条件也有了新的更高的期望，要求"居者有其屋"。改善居住条件不但是人民的迫切需求，更是全面实现小康的标准之一。90 年代开始，政府对城镇居民的住房有了新的政策，福利分房逐渐退出了历史舞台，房地产开发逐渐活跃起来。而原有的房屋管理及开发机构人员不足，文化程度普遍不高，政策水平与其他部门相比相对较低，与房地产业的逐渐兴起不相适应。1992 年夏，在浙江省城乡建设厅的支持下，经省教育厅批准，工管系新设了房地产管理专业，成为省内首设房地产管理专业的学校。为了快出人才，先从 3 年级学生中选拔有志于从事房地产管理开发的学生，再读一年相关课程，完成学业。1993 年开始，正式招收房地产管理与开发的本科生。

　　后来，相继设置了市场营销、理财、信息管理等新的专业和专业方向。

科研初见成效

　　培养人才、教化社会、引领社会的发展，是大学教育的功能和目的，教学与研究是大学的两项互相促进的工作。科研的重要性以及两者间的相辅作用毋庸赘言，问题是科研如何开展？

　　1986 年，工管系承接了省科委对策办下达的《浙江省小型工业企业技术进步对策研究》软科学研究课题，这是工管系承接的第一个省政府课题，由此迈出了科研第一步。首役必须打胜，这不仅体现我们的学术水平、研究能力、治学态度和信誉，且将直接影响今后科研工作的开展。凡事开头难，我们的教师大多是理工科出身，习惯于自然科学和工程技术的思维方式、研究方法，初次接触软科学课题研究，不了解软科学课题研究的一般方法与技术路线。为打响第一炮，工管系 60％的教师参与课题的研究，我们阅读了大量的文献资料，特别是认真研读了国务院技术经济研究中心承接的"六五"哲学社会科学重点科研项目《2000 年的中国》研究报告,以学习了解软科学课题的研究方法,制定课题研究的技术路线。为确保课题研究的质量,我们用系统工程的网络规划技术控制研究的进程,采用定性与定量相结合的研究方法。在界定小型工业企业的范围的基础上,收集了大量国内外小企业的相关数据,编辑了小企业数据库。通过对数据的分析研究,确立影响小型工业企业技术进步与发展的经济变量及其之间的关系,建立了系统动力学模型,就小企业技术进步对浙江经济发展的作用进行仿真研究,预测了小型工业企业的技术进步与发展。我们还将研究情况定期用简报或口头方式向科委对策办汇报,以及时获得指导。经过一年多的努力,终于完成了课题的研究任务并获得好评,研究报告还被《中国软科学》杂志转载。

首战告捷,我们取得了以下成果:1. 积累了经验、锻炼了队伍、开拓了思路、打通了渠道,调动了教师科研的积极性,推动了科研工作的开展;2. 确立了工管系在浙江省软科学研究中的地位,扩大了影响,成为浙江省软科学研究队伍的一支重要力量;3. 为以后关于中小企业的系统研究打下了良好的基础。此后我们有关中小企业的一系列研究成果,在国内有了一定的影响。出版了关于中小企业的著作《中国中小企业》《二十一世纪:中国中小企业的发展》,分别获得省部社会科学优秀成果奖,后者曾与吴敬琏的《当代中国经济改革》、胡鞍钢的《中国发展前景》等十本书列入经济类图书排行榜。据不完全统计,有关专著和发表的论文被引用 30 余次,并被研究中小企业的国家重点课题作为重要的参考资料。

此后,工管系在承担围绕小企业的发展、政策等一系列软科学课题研究的同时,还积极争取自然科学、社会科学基金支持的软科学研究项目,并通过咨询、培训等渠道,为解决企业存在的问题与要求展开研究,先后承接了市场机制、价值工程、金融、管理信息系统的设计与开发、投资环境、区域经济、行业规划及发展对策等方面的研究课题。课题增多了,研究范围拓展了,科研经费也就逐年增加了,科研工作逐渐走上了轨道。

发展的机遇

事物的发展不会总是一帆风顺的。短短几年时间,管理工程、经济管理专业在我国高校遍地开花。80 年代初刚开始设置的管理专业,没有几年就成为长线专业,沦落为行将调整的对象。教委限制管理工程的招生人数,并着手对经济管理、管理工程专业进行评估,拟通过专业评估来整顿、调整经济管理、管理工程专业的规模和布局。

　　对管理工程进行专业评估,虽然带来了压力,但也是一个机会。学校为迎接行将来到的专业评估,在实验室建设的经费和用房上给了很大的照顾,拨出了 25 万专项经费,筹建管理信息系统实验室和 IE 实验室。说来也巧,这期间浙江省科委正好接待一个台湾来访团,一位毕业于普渡大学(Purdue University)的工业工程专家介绍了台湾的 IT 产业发展如何得益于工业工程,科委深感工业工程专业之重要性,会同省教委专程来校座谈,建议从建好 IE 实验室入手,做好人员、设备、资料等方面的准备工作,尽快设置工业工程专业。我们抓住这个机遇,经过一年左右的准备,正式向教委申请设立了工业工程专业。不过当时有一个认识上的问题:工业工程(Industrial Engineering,简称 IE)与管理工程(Management Engineering,简称 ME)的课程设置、培养计划与规格十分雷同,两者的区别何在? 起初的确是不甚了了,以为 IE 偏重于微观,旨在培养工长、车间主任,而 ME 面较宽、相对"较软",以培养企业家为目标。所以清华大学为了与多伦多大学(University of Toronto)合作,IE 不设在经管学院而设在机械系,因此我校的工业工程专业也是由经贸学院和机械学院共办。随着时间的推移,通过办 IE 专业的实践,人们才慢慢明白当初对 IE 认识的肤浅,其实 ME 就是 IE,之所以称为管理工程,是因为现代管理的引进者周志诚教授认为国人不懂何为工业工程,不如将工业工程叫作管理工程为宜。当今国际著名的工业工程权威,普渡大学教授 GavrielSalvendy 主编的工业工程手册(Handbook of Industrial Engineering)第二版的中译本就译为《工业工程手册》。管理工程就是工业工程,我们不知道,企业更不清楚。我校是华东地区最早设工业工程专业的学校之一,我们的首届工业工程毕业生,在浙江不容易找到对口的工作,反而在上海、张家港找到合适的工作。由于对管理工程的认识不足,在教学的过程中我们又强化了"经营"等方面,相对"软化"了现场管理、设施规划、人机工程、质量工程等,不自觉地在向工商管理(Business Administration)方向靠拢。在办学的过程中我们不自觉地将 ME 向工商管理(Business Administration)方向拓展了。

　　90 年代,我国教育事业发展很快,我们学校的规模也在扩大,招生逐年增加、专业也逐年增多,已经突破了理工科的界限,有了管理、中文等人文类学科,还有师范类,日益向综合大学方向发展。学校准备以工学院、管理学院、师范学院为基础,将浙江工学院升格为综合大学。其间,工管系也多次讨论研究发展规划。此时,爱国爱乡的张子良先生决定造福桑梓,在当时的浙江工学院投资,学校抓住了这个机遇,由于技术师范系已获联合国教科文组织的资助,故决定将工管系作为投资的一个重点,规划将其建成商学院,起初打算命名为国际商学院,后来考虑国家有经贸委,于是定名为"经贸管理学院",与 1993 年 4 月 18 日正式挂牌成立。

1994 年,又一个机遇来到:浙江经济管理干部学院并入浙江工业大学,其中21 名教师转入经贸管理学院,进一步壮大了我们的教师队伍,使经贸管理学院有了新的发展。

几点思考

从仅有十几位教师,三十余名学生的小系,发展成有一百八十余名教师、两千余名学生的学院,拥有工商管理、技术经济等专业与方向,具有本科、硕士、博士以及博士后科研流动站等齐全的办学层次,这三十多年可谓成绩斐然。这是几代经贸人付出心血与汗水辛勤耕耘的结果。虽说这已成为历史、成为往事,然而以史为鉴却可照前程。品味过去、深思得失,窃以为个中或许会有所发现和启迪。

如果说现代管理学是在 20 世纪 40 年代末由国外"引种"进来,则大面积的"播种"却过了三十年之久。80 年代初许多高校纷纷开始设置管理工程专业,那时大家几乎都在同一起跑线上,各方面的差距并不大。三十多年过去,我们虽也取得了可喜的成绩,但是与那些历史名校、重点大学相比,差距并未缩小,我们是"起步早却走得慢",至今还只能望其项背而未能与之比肩。这自然有诸多原因,我以为:

1. 我们的起点比较低。例如,我们从招本科生起步,而那些历史名校、重点大学直接招研究生,以研究为切入口,办学起点就高了。就办学的层次而言,我们招本科,他们招硕士、办 MBA 班;当我们有了硕士点,他们已在招收博士;等我们争取到博士点,他们已建了博士后流动站。即便若干年后我们也建了博士后流动站,但入站从事研究者的数量与层次,仍然不可同日而语,我们总是滞后一步。

2. 我们的声望和地位不如他们,对人才的吸引力自然无法与他们抗衡。我们的文化底蕴、历史积淀也不及他们。我们也缺乏对学科发展有深锐目光的学科带头人,缺乏对学科发展趋势的预见能力、捕捉能力,师资和人才也准备不足,因而在学科的设置与布局、科学研究的深度和广度上还存在不小的差距,竞争力自然就弱一些。

3. 科研不能穷于应付压力。我们的科研是从零开始的,承接的研究课题逐年增加。教师们都十分努力,四处寻找和争取课题,采用各种方法、先进技术、新的思路倾力研究,努力在规定时间内完成课题,随即又着手准备下一课题的前期工作,再申报新的课题。如此一个接着一个,虽然完成的课题不少(据不完全统计,至 2009 年课题数已达 77 项,科研经费为 715 万,发表和出版论著 201篇、部),但较少能对所完成的课题作进一步思索,也来不及对方法、理论作进一步探讨。因为缺乏这样一个十分重要的反思环节,故鲜有理论上的成果,甚至可能与新现象、新方法擦肩而过,以致失去有所发现的创新机会。例如,小企业技术进步仿真模型的运行结果表明,按当时的体制,分配与积累比例的调整不会影响经济发展的平稳,但模型对出生率参数极为敏感,提示出生率的微小变化将会对经济发展产生很大的影响。囿于种种原因,当时未能对此作进一步的研究。直至90年代初非线性科学开始普及,大家才恍然大悟:原来这就是著名的蝴蝶效应,我们观察到了经济的混沌现象,却与其失之交臂!错过了创新的机会。又如,在研究证券市场持续、协调发展时,我们意识到在转型中的中国,非瓦尔拉斯均衡并不完全适用,虽做了一些修改,却未能在理论上再进一步研究。类似这种事例,在经贸学院还有许多。

表 4 经贸学院科研情况统计表(经费单位:万元)

	工管系	93	94	95	96	97	98	99	00	01	02	03	04	05	06	07	08	09
项目	13	8	5	4	8	13	12	29	40	58	65	51	49	77	79	84	87	77
经费		5.5	9.5	6.8	24	80	85	156	142	348	811	788	891	839	752	832	771	715
论著	224	44	46	55	70	80	79	65	98	127	134	177	217	157	184	188	208	201

数据来源:据经贸学院建院30周年资料整理

　　客观、审慎地评估我们的工作,由于教学任务繁重,科研压力很大,课题一个接着一个,任务接踵而至,大家辛苦而又匆忙,疲于应对,却少有闲暇可供休整并静心思考。因此,在科研上有些急于求成,思考上总似乎差那么一点!我想,这不能简单地推托于大环境的浮躁,实际上也反映出我们自身的理论功底不够深厚、知识面不够宽广。如果能淡泊一点,不那么纠结于什么基金资助、课题来自何处、经费多寡,再如果允许失败,不以成败论英雄,甚至允许一段时间不接课题、不出文章,让教师们能定下心来宁静致远,对自己擅长或感兴趣的领域做一些基础理论的研究和积累,也许短期内会少一些"成果",但无疑会增加教师们的内涵和水准,我们的科研也才能渐入佳境、更上层楼。

人文学科发展溯源

任　文

浙江工业大学人文学科的发展，历经 30 多年，从无到有，从弱到强，可以说，它是浙工大建设"国内知名的综合性的教学研究型大学"发展目标的标志性成果。它的发展是在全国改革开放、高校大发展的背景下，学校各级领导决策支持和师生共同努力的结果。

如今的浙工大人文学科，人才济济，硕果累累，引人瞩目，如同进入"而立之年"的青年人，成熟而自信。在这个时候，回顾一下浙工大人文学科最初的发展，探寻当年师生筚路蓝缕的经历，或许更能激励我们"一切皆有可能""欲穷千里目，更上一层楼"的胸怀，继往开来，向着学科建设更强更高的目标奋进。

浙工大人文学科的发展，大体经历了这样几个阶段：

一、中文教研室与《大学语文》

20 世纪 80 年代中期，浙江工业大学的前身浙江工学院，还是以化工、机械专业为主体的工科院校，没有任何文科专业。当时学校只有一个小小的中文教研室，从属于刚成立不久的技术师范系。技术师范系是以培养化工、机械、建筑类职业中学教师为主要任务的教学单位。中文教研室的六名教师中，只有四名是中文教师，另外两名是教育学教师和心理学教师，不仅没有自己的专业地盘、课程保障，甚至连能否生存下去都成问题。

1989 年，时任中文教研室主任的叶征洛老师退休，杭州大学中文系调来不久的毛信德老师接任主任一职，他认为教研室发展的第一步是解决"吃饭问题"，即教研室的老师要有足够的工作量。在院系领导的支持下，毛老师多次与学校主管教学的副院长吴添祖沟通，为中文教研室争取到了学校的教改项目"理工科大学的大学语文教学改革"，将"大学语文"列入校定必修课程，这样中文教师就有了足够的工作量。

有了校定必修课程，还要有体系完备、特点突出的教材。在毛老师的主持下，中文教研室人人参加，冒着杭州暑期的酷热挥汗写作，与浙江大学、上海工业大学、福州大学、江西工业大学、河海大学等联合，编写出版了两卷本的华东地区理工科院校统编教材《新编大学语文》（文学卷—写作卷）。

这个教改课题至 1993 年基本完成，达到了"形成一个比较完整的课程体系，出版一套比较有特色的理工科大学语文教材，建立一支结构比较合理的教师队伍"的教改目标，并且在当年获得了"浙江省普通高等学校优秀教学成果二等奖"，首先在大学语文课程建设上赢得了浙江省高校的领先地位，成为浙江省大学语文研究会挂靠单位。由此，中文教研室与"大学语文"课程在学校崭露头角。

"大学语文"被列为校定必修课程后，因听课学生人数众多，几乎涵盖了全校各个专业，加上课程本身的人文色彩浓厚，从古代诗词的欣赏，到现当代名家名著的解读，触发了青年学子的文学情结和理想主义情怀，因而在全校渐渐形成广泛的影响。中文教研室的老师们，除了上课，还积极参加校园文化建设，开辟"第二课堂"。他们担任学生社团的指导老师，担任学生大型活动的评委，在学校报刊上发表文章，成为校园文化建设的一支主力军。

二、创办新专业的尝试

历史转机出现在 1993 年。那年浙江工学院更名为浙江工业大学，虽然距离真正意义上的"大学"（UNIVERCITY）还远，但学校升格了、拓展的空间大了，对学校学科的发展，尤其对于学校的新专业、新学科来说，是重要的机遇。再加上当时学界对于培养学生综合素质的呼声甚高，很多知名的理工科大学都在增设人文类课程或酝酿建立人文学科，使学生兼备人文素养和科学素养，更趋全面发展。

1995 年 9 月，时任校长吴添祖提出与杭州市广播电视局、杭州电视台、杭州日报、杭州歌舞团联合创办新闻广电专业、音乐舞蹈专业的设想。经过两三个月的联系、商量、交流，终于在是年年底，于存中楼（当时称作主楼）的十楼接待室，由吴校长与这些单位领导签订了联合办学的协议。那时浙工大还没有自主设置专业的权力，也缺少这些专业的教师，只是抱着试试看、慢慢走的想法，试图在工科专业一统天下的浙工大闯出一条文科发展的新路子。可惜结果只是"浅尝辄止"，新闻专业没有搞成，音乐舞蹈专业也只是放在杭州歌舞团，通过成教模式办了两届三年制专科班。

学科的发展需要专业的基础。这一次"联合办学"没有达到预想的结果，但却是浙工大人文学科的一粒种子，虽说时机未到，尚未破土，但是它的发芽、成长指日可期。

新闻专业没有办成,但是借助当时职业教育大发展的形势,中文教研室所属的技术师范系(后改名职业技术教育学院)却在这一时期办成了文秘专业,面向全省职业高中统一招生。时任院长沈中伟老师直接参与了这个新专业的建设,制订招生办法、教学计划等。考虑到文秘专业的工作性质,招生考试在笔试的基础上还增加了面试,将考生的口头表达能力和仪表修养也纳入了考核范围。中文教研室的老师不仅参加了文秘专业的招生,还承担了文秘专业大部分课程的教学。与通识性的"大学语文"课程不同,文秘专业除了秘书学、秘书写作等课程外,还特别增加了一些传统中文系的专业课,例如古代汉语、现代汉语、中国文学选讲、外国文学专题选讲等。文秘专业学生毕业后,因其良好的人文素养、扎实的语言文学基础,深受工作单位的好评。

三、人文学院与中文系

1999 年以前,浙工大承担社会科学教学的师资队伍,大体上来源于 3 个部分:一是由 80 年代工业管理系发展起来的经贸管理学院,它拥有经济学、管理学两大门类的若干个本科专业和硕士点;二是以全校"两课"教学为主要任务的社会科学部;三是 90 年代中后期新创办的设计艺术系,再就是不足十人的中文教研室;如果加上学校党委宣传部的几位"理论工作者",大约有 100 多人。人数虽然不少,但职责不同,而且经济管理毕竟与人文科学有别,因此在那几年里,整合成立浙江工业大学文科学院的呼声日益高涨。尤其是 1998 年和 1999 年上半年,酝酿成立人文学院的大会小会、正式的非正式的会不计其数。到 1999 年夏天,由社会科学部和中文教研室合并建立人文学院的构想已成定局之势,同时保留了社会科学部的牌子和"两课"的教学职能。

浙江工业大学的人文学科之所以能够迅速发展起来,与当时的全国形势有密切关系。

90 年代末期,全国高等教育大规模发展,国家连年对各高校提出扩招、升级要求。于是专科升本科、学院升大学成为一时间的全国性浪潮,万人大学如雨后春笋般四处破土、比比皆是。在当时全国范围的高校合并风的推动下,1998 年浙江大学、杭州大学、浙江医科大学、浙江农业大学"四校合并、强强联手"成为新的"浙江大学",使浙江省一下子失去了在全国高校中颇具重要地位的三所省属重点大学。"四校合并"对于我们的影响最直接的是,浙工大一下子从原先省属高校的老四、老五提升到了老大的地位,客观上给我们提供了前所未有的发展余地。

形势喜人,形势也逼人。在即将跨进新世纪的时候,学校适时提出了要在十年内将浙江工业大学建设成为国内知名的综合性的教学研究型大学的新目标。以众所周知的"短板理论"来说,制约浙工大发展的最短板自然是以前几乎空白的人文学科,于是发展人文学院成为必然的选择。

1999年9月,学校正式宣布成立人文学院,由原社会科学部主任徐德明教授任院长,下设法学系、新闻(广告)系、中文系,其中最先创建的是广告学和新闻学专业。

在这之前,浙工大已经获得自主设置专业的权力,并且确定了广告学专业的招生,之后新闻学专业也作为第一批新专业申报。1999年5月,在校长吴添祖的主持下,学校在子良楼B4会议室举行新闻学专业申报专家论证会。会议邀请了人民日报浙江记者站站长、光明日报浙江记者站站长、文汇报浙江记者站站长、中央人民广播电台浙江记者站站长、浙江省广电集团总裁、杭州市广电局局长、杭州日报总编辑等领导专家,就浙工大创办新闻学专业进行论证。专家们表达了比较一致的肯定意见,认为浙工大已经获得了发展人文学科的重要机遇,新闻学专业毕业生目前还是社会比较需要的人才,浙工大可将其作为新兴专业进行试点;当然,他们也提出了一些问题,重点是浙工大新闻专业的办学特色是什么?它与复旦大学、浙江大学(原杭州大学)的传统新闻学专业区别在哪里?说实话,这些问题当时根本无法回答,恐怕时至今日也很难有明确答案。但无论如何,先把新专业办起来再说,有一才有二、有二才有三,这是当时学校和人文教师们的明确态度。

2000年9月,30名新闻学专业新生以文科第二批成绩进入浙江工业大学人文学院,成为学校真正意义上的首批文科大学生,此后学校又继续加大招收文科学生的步伐。

2000年上半年,中文系根据学校要求,准备申报汉语言文学专业。在撰写申报材料、制定教学计划、明确培养目标、进行专业论证的基础上,5月底在学校邵逸夫科学馆举行了浙江工业大学汉语言文学专业申报专家论证会,邀请了浙江大学中文系书记、中央人民广播电台浙江记者站站长、杭州市文化局副局长、国有大型企业领导等社会各界朋友,为人文学院创办汉语言文学专业提供支持帮助。专家们在充分肯定的同时,建议在探讨浙工大中文专业的特色上下功夫,要设法与传统的中文专业有所区别,走出自己的路。

2000年10月24日下午,在子良楼B4会议室,中文系代表人文学院做了申报汉语言文学专业的陈述,由学校教学委员会全体委员在若干专业申报中投票选出前三名,结果汉语言文学专业名列第二。2002年4月,学校确定汉语言文学专业列入当年高考文科第二批招生,招收两个班共60名学生。于是这一年9月上旬,人文学院终于迎来了58名经过高考而填报工大志愿的汉语言文学专业的一年级新生。

汉语言文学专业的建立,为学校和人文学院的学科发展奠定了实实在在的基础。与此同时,人文学院不断引进青年教师,扩大教师队伍。人文教师与学生的大量增加,更加丰富了校园的文化活动,古典诗词朗诵会、话剧社团的活动与演出、演讲赛、辩论赛,都成为培养学生人文素质的"第二课堂"。

四、人文艺术学院与人文学院

2000年底,省政府任命原杭州大学中文系主任、时任浙江大学人文学院副院长的肖瑞峰教授为工大副校长,主管教学与设备等事项。肖瑞峰教授主治唐代诗歌,是国内有影响的古代文学专家,也是浙江省文学学会副会长,他的到任,给浙工大的中文学科乃至整个人文科学的发展增添了很大的力量。此时,学校决定将人文学院一分为二:法学专业与社科部独立为法学院兼社科部,新闻、中文、广告专业与设计艺术专业合并为人文艺术学院。学校从南昌大学聘请了孙力平教授担任人文艺术学院的院长,浙工大人文学科的发展由此进入了新阶段。人文艺术学院办公地点先是在东门原经干院的旧二楼,后搬至邵科馆三楼。

为了更好地整合学科力量,促进学科发展,学校在2003年上半年再次做出调整,撤销人文艺术学院,分别建立人文学院和艺术学院,孙力平教授担任人文学院院长。至当年9月,人文学院共设有新闻传播、广告、汉语言文学、播音与主持艺术4个本科专业,50余名教师,500余名学生;学院搬迁到屏峰校区郁文楼,拥有数百平方米办公用房,已经是具有相当规模的二级学院了。

新的人文学院在扎扎实实抓好本科教学的同时,下大力量推进学科建设。学科建设需要一支高素质的师资队伍,学院积极从省内外引进优秀人才,组建起教学经验丰富、学术造诣精深的师资队伍。此后,学院的学科建设的标志性成果越来越多。到2005年,人文学院已拥有中国古代文学、比较文学与世界文学、传播学3个硕士点和5个本科专业。2010年10月,人文学院申报的中国语言文学、传播学两个一级学科硕士点获得批准。之后,中国古代文学学科再获省级重点学科、浙江省人文社会科学重点研究基地。

至此,浙江工业大学人文学院已经发展成为一个涉及中国语言文学、新闻传播学和艺术学3个一级学科的综合性文科学院,拥有中文系、新闻系、广告系、播音主持系、对外汉语系5个教学单位,有全日制本科生近1200名,高级职称教师40多人,占专任教师总数的65%以上。无论是专业实力、师资力量、学生规模,在浙江省内不仅可以与浙江师范大学、杭州师范大学等并肩媲美,而且在很多方面还显示出了浙工大人文学科的特色和亮点,在省内外都产生了重要影响。

如今,人文学院的领导都进入了"60后""70后"时期,在李剑亮院长、王哲平书记的领导下,全院师生正朝着新的发展目标奋进。

高校思想政治理论教育及其效用的历史回顾

——记我校思政学科的传承与发展轨迹

曾鹤翠

中国共产党历来十分重视思想政治工作，重视思想政治理论教育。早在1955年，我们伟大领袖毛主席就向全党和全国人民指出："政治工作是一切经济工作的生命线。"1957年又指出："没有正确的政治观点，就等于没有灵魂。""思想政治工作各个部门都要负责任。"

一、高校思想政治教育发展的历史回顾

高校思想政治教育的历史，既是用马克思主义基本理论教育青年和青年健康成长的历史，也是马克思主义思想政治教育理论不断走向成熟的历史，两者统一于我国高等教育发展之中。

1. 从建党到中华人民共和国成立的近30年间，是高校思想政治教育初创、形成和发展时期。

这一时期，高校思想政治教育主要在革命根据地的新型学校和国民党统治的大学中进行，通过卓有成效的思想政治教育工作，一方面为革命事业培养了大批优秀人才，另一方面积累了许多成功的经验，为中华人民共和国成立后的高校思想政治教育奠定了坚实的基础。

2. 从中华人民共和国成立初到"文革"前，是高校思想政治教育的基础奠定和曲折发展时期。

20世纪50年代初，在新民主主义教育向社会主义教育的转变过程中，高校思想政治教育一方面大力批驳旧的教育思想观念，一方面积极开展爱国主义、集体主义和国际主义教育，有力地推动了土地革命、镇压反革命、抗美援朝、"三反五反"和政权建设等政治运动的顺利进行。在社会主义改造中，高校思想政治教育继续反对各种资产阶级腐朽思想，加强共产主义思想道德教育，初步形成了马克思主义理论课的课程体系和一支具有马克思主义理论素质的教育队

伍。这一时期受苏联高校思想政治教育模式的影响,出现了简单化和形式化的做法,但是由于我们党及时发现和纠正,高校思想政治教育在原有的基础上稳步向前发展。到了 60 年代初期,随着党内"左"倾思想的泛滥,高校思想政治教育也被纳入"以阶级斗争为纲"的轨道,开始遭受挫折,但总体上仍然沿着正确的方向向前发展。在党中央批准的《中华人民共和国教育部直属高校暂行工作条例(草案)》中,对高校思想政治教育的任务、内容、政策和方法等做了系统的、明确的规定。由于"左"倾错误思想的干扰,这个《条例》没有得到贯彻实施。

3."文革"十年,是高校思想政治教育的严重受挫时期。

这一时期,高校思想政治教育出现了罕见的混乱。高校政治机构和队伍的正常活动陷于瘫痪,正常的马克思主义理论课教学被迫取消,正常的学生管理制度被废止,正常的高考制度被取消,正常的教学秩序被各种形式的政治活动所冲乱。

4.从十一届三中全会到十三届三中全会,是高校思想政治教育的"拨乱反正"和新的发展时期。

十一届三中全会的召开,重新恢复了党的正确的思想路线、政治路线和组织路线,高校思想政治教育开始步入了健康、快速和科学发展的轨道。在"拨乱反正"中,高考制度得以迅速恢复。尊重知识和培养人才成为全社会的共识,从而开创了高校思想政治教育工作的新局面。1987 年 5 月,中共中央做出了《关于改进和加强高校思想政治工作的决定》,要求各级教育行政管理部门和高等学校进一步明确教育思想,克服和防止只重视智育而轻视德育的倾向,充分认识加强学生思想政治工作的极端重要性。

5.十三届四中全会以来,是高校思想政治教育迅速发展的时期。

党中央再三强调,越是发展社会主义市场经济,就越要加强思想政治工作;抓思想政治工作就必须抓素质教育,特别是抓好青少年的思想政治素质教育这个根本问题;要求把思想政治教育当作一门科学看待;加强和改进党对思想政治教育工作的领导。1994 年 8 月 31 日,中共中央发出了《关于进一步加强和改进学校德育工作的若干意见》,1995 年 11 月,原国家教委又颁布了《中国普通高等学校德育大纲》(试行),这两个文件是新时期高校思想政治教育的纲领性文件和基本依据。2000 年 6 月,党中央召开中华人民共和国成立以来的第一次全国性的思想政治工作会议,对新形势下的高校思想政治教育具有重要的指导意义。在课程体系上,1998 年,中宣部和教育部联合发出了《关于普通高校"两课"课程设置和规定及其实施工作的意见》,对"两课"的内容、教法、组织管理做出了具体规定。这一时期大学生社会实践活动获得了迅速发展,校园文化建设出现热潮。2004 年 10 月 14 日,中共中央、国务院发出了《关于进一步加强和改进大学生思想政治教育的意见》(下简称《意见》)。《意见》对大学生思想政治教育

的重要性、指导思想和基本原则、重要任务、途径、队伍建设、环境建设和领导等
九个方面的问题做出了明确规定,是新时期思想政治教育的纲领性文献,对新
时期大学思想政治教育具有重要的战略指导意义。

根据中央精神,2010年11月10日,浙江省委办公厅、省人民政府办公厅专
门发出了浙委办〔2010〕128号文件,文件中指出推进大学生思想政治教育的总
体要求和主要任务。要牢固树立育人为本、德育为先的理念,解放思想、实事求
是、与时俱进、贴近实际、贴近生活、贴近大学生,以理想信念为核心,以爱国主
义教育为重点,以思想道德建设为基础,以大学生全面发展为目标,着力改进方
式方法,着力提高队伍素质,着力健全长效机制,着力优化育人环境,构建全员
育人、全过程育人、全方位育人的工作体系,不断提高大学生思想政治教育工作
的科学化水平,培养德智体美全面发展的社会主义建设者和接班人,为全面建
设惠及全省人民的小康社会做出更大贡献。主要任务是:立德树人,把社会主
义核心价值体系融入学校教育教学全过程。进一步加强马克思主义中国化最
新成果教育,引导学生形成正确的世界观、人生观、价值观;进一步加强理想信
念教育,坚定学生对中国共产党领导、社会主义制度的信念和信心;进一步加强
爱国主义教育,培养学生的爱国情怀;进一步加强社会主义荣辱观教育,培养学
生团结互助、诚实守信、遵纪守法、艰苦奋斗的良好品质;进一步加强中华民族
优秀文化传统教育和革命传统教育,增强学生的民族自信心、自豪感和实现中
华民族伟大复兴的使命感、责任感;进一步加强公民意识教育和道德教育,树立
社会主义民主法治、自由平等、公平正义理念,培养社会主义合格公民;进一步
加强创业创新教育,培养学生的创新意识和能力。因此学校也多次发文要求学
校各部门必须从培养社会主义事业的建设者和接班人的角度,来认识和加强马
克思主义理论教育的重要性,必须要把马克思主义理论教育作为学校教育工作
的重要方面来抓,要把马克思主义理论课程作为重点课程来建设。校党委和行
政领导每学期至少研究一次马克思主义理论教育工作,要有一名副书记或副校
长主管马克思主义理论教育工作,经常了解理论教育的情况,参加社科部的重
要活动。对于马克思主义理论教育工作中出现的困难和问题,学校各部门要认
真给予解决。

二、高校思想政治教育和政治理论课的效用性

对于思想政治教育的巨大客观效用,历代的思想家曾从不同的角度进行过
生动的揭示。众多的华夏先哲将教化视为个体获取社会性的必由之路,同时又

视教化为立政之本，"善政，不如善教之得民也"①。在西方，人们将公民政治美德的培养视为善良之邦确立的基础，同时也将德性的大小视为决定个体成就大小的重要因素。诸如此类的描述，我们确实看到了不同阶级的思想家都十分重视思想政治教育在人类社会历史发展中的重要作用。

以马克思主义武装起来的中国共产党从诞生之日起，便自觉地以彻底的历史唯物主义和辩证唯物主义作为观察问题、分析问题、处理问题的武器。在数十年思想政治教育的实践中，中国共产党运用了马克思主义的基本原理，结合中国革命与建设的总体实际，创造性地构建了中国共产党思想政治教育的理论与实际运作体系。邓小平反复指出："为什么我们过去能在非常困难的情况中奋斗出来，战胜千难万险使革命胜利呢？就是因为我们有理想，有马克思主义信念，有共产主义信念。"②"过去我们党无论怎样弱小，无论遇到什么困难，一直有强大的战斗力，因为我们有马克思主义和共产主义信念。"③由此可见，邓小平将强有力的思想政治教育视为党的事业前进的重要保证，是党的思想建设、政治建设、组织建设的中心环节。说到底，党的思想建设，正在于有强有力的思想政治教育。

1.坚持思想政治教育，开展高校思想政治理论课教学，是坚持社会主义办学方向的本质要求。

坚持社会主义办学方向，最重要的是要解决办什么性质的大学、如何办大学；培养什么人、如何培养人的问题，这是办学的根本问题。这个问题解决得如何，直接关系到社会主义办学方向能否取得有效坚持。

2.高校思想政治教育理论课是大学生思想政治教育的主渠道。

因为马克思主义理论教育在对青年学生系统地灌输马克思主义科学理论，进行科学世界观、人生观和价值观的教育，以及引导学生全面、正确地学习和领会党的以经济建设为中心，坚持四项基本原则，坚持改革开放的基本路线，坚持党和国家的方针政策方面，担负着特殊重要的责任。所以说，它是高校思想政治教育的主阵地和主渠道。

3.高校思想政治教育理论课程是大学生的必修课，对大学生的全面发展起着根本的作用。

高等学校的根本任务是培养和造就德智体美全面发展的社会主义事业的建设者和可靠的接班人，"学校教育育人为本，德智体美，德育为先"。大学生思想政治教育是提高大学生思想政治素质，促进大学生全面发展的首要任务和根

① 《中国古典名著译注丛书》，广州出版社2001年版，第242页。
② 《邓小平选集》第三卷，人民出版社1993年版，第110页。
③ 《邓小平选集》第三卷，人民出版社1993年版，第144页。

本保证。大学生的素质结构包括思想政治素质、科学文化素质和身心健康素质,大学生的全面发展也是以上三个素质的全面发展和提高。思想政治素质是大学生最重要的素质,它是大学生科学文化素质和身心健康素质发展的基础。要想促进大学生的全面发展,首先需要提高大学生的思想政治素质,以此来带动和促进其他两个素质的全面发展。大学生能否把握人生成长的重要方向,能否在人生发展的道路上增强可持续发展的能力,在很大程度上取决于高校思想政治理论课程的学习和把握。

4. 思想政治教育,在文化环境建设中起到了重要的调节作用,为大学生的全面、健康成长营造了一个良好的外在氛围。

我们每个人都生活在一定的文化环境中。良好环境,不是人以外的某种神秘力量创造的,也不是自然而然形成的,而是长期不懈建设的结果。文化环境建设是一个系统工程。其中发挥思想教育的调节功能,提高人对环境的能动作用,是文化环境建设的主要方向。首先,在文化环境建设中,思想政治教育的调节功能主要表现在倡导主文化。所谓主文化,亦称主流文化,是一个社会中占统治地位或主导地位的文化。主文化反映了社会文化的性质和面貌,制约着社会成员的行为,决定着社会文化的过程。它是特色社会主义的根本价值观之所在,有着强大的凝聚力量。由于主文化这种突出的地位和作用,所以,在文化环境建设中,思想政治教育的重要性可见而知。其次,体现在引导亚文化。思想政治教育在高扬主旋律、坚持主文化的同时,还要审时度势、因势利导,引导好亚文化。亚文化是社会上一部分成员所接受或为某一社会群体所特有的文化。在我国社会转型加速期,由于种种新职业的出现、社会分工与社会人员流动的加剧,群体和小群体的数量急剧增加,亚文化也呈多样化。因此,发挥思想政治教育对亚文化的引导调节功能,显得尤为重要。它表现为:一是思想政治教育引导人们对亚文化的自觉认知;二是引导人们对亚文化的主动选择;三是引导人们对亚文化环境的积极改造。再次,思想政治教育不仅具有倡导主文化、引导亚文化,还具有抑制反文化的功能。所谓反文化,是指那种否定、背离主文化的亚文化。最后,还具有创造新文化的功能。文化环境,其实在相当大的程度上是一种文化资源或文化现实。它表征着一个国家和民族文化发展的现状、需要和追求,是文化主体创造力及进步程度的体现。为此,将马克思主义基本原理同中国的实际相结合,实质上是本民族文化发展资源同外来文化优秀成果中的时代精神精华有机结合的文化变迁,它是我国实现现代化内生机制的必然要求,是实现民族文化更新和激发全民族创造力的正确选择。总之,良好的文化环境对现代社会、对新时代的大学生健康成长是一个不可忽略的重要外在因素。

综上所述,内因是根据,外因是条件。高校思想政治理论教育在高校发展、在大学生的培养教育上起到了十分重要的功效。

三、从历史的发展看我校思政部的传承与发展轨迹

常言道：土沃苗壮，枝繁叶茂。纵观历史，思政部的发展，同样经历了一个从小到大、由弱到盛的过程。在我党、我国历来十分注重如何抓好思想政治工作和政治理论教育的这片"沃土"中，它就像一棵幼小的"树苗"，不断汲取种种"养分"，如今已成长为一棵枝叶繁茂的"大树"；它又像一只辛劳的"母鸡"，先后不断孵化出一只只新活的"小鸡"；它更像一位慈爱的"母亲"，用自己甘甜的"乳汁"，无私、艰辛地哺育了一代又一代新中国的大学生。

1.教学机构的变化

1953年，建立了政治学科委员会，负责全校师生的政治理论教学，直属校党支部领导。

1959年，名称改为政治教研室。

1960年，建立了马列主义教研室，直属校党委领导，并由党委副书记兼任室主任。

1961年下半年起，教研室下设本科和专科两个教学小组，组织和领导马列主义理论课的教学工作。

1966年6月—1970年11月，马列主义教研室解体。

1970年12月，恢复马列主义教研组。

1978年，改称马列主义教研室。

1980年，校本部和分部均设马列主义教研室。

1984年5月，马列主义教研室下设政治经济学、中共党史、哲学、自然辩证法等4个教研室和1个资料室。

1985年，成立了社会科学部（属于独立的院部建制）。

1986年，建立了社科部党总支（见浙工大党〔1986〕24号文件）。

1988年2月，新成立了中国社会主义建设、法学、世界政治经济与国际关系等3个教研室，连同原有4个教研室，共7个教研室，还设有1个研究室。

1998年3月，为促进人文社会科学专业和学科的建设，学校决定在社科部的基础上，加上原职业技术教育学院的中文教研室，成立人文学院，同时保留社会科学部的名称，原社会科学部的编制、经费等渠道仍不变。办公地点设在社科部（见浙工大〔1998〕10号文件）。

2000年6月，原人文学院又一分为二，中文教研室与原艺术设计学院合并，成立了人文艺术学院。剩下部分则成立了法学院，社科部的名称、编制仍保留不变（见浙工大〔2000〕23号文件）。

2003 年 12 月,法学院与社科部又一分为二,以法学教研室为核心成立了新的法学院,余下部分则成立了政治与公共管理学院,简称政管学院。社科部与政管学院属于一套班子两块牌子,原社科部的编制与经费渠道仍保留不变(见浙工大〔2003〕34 号文件)。

2009 年下半年,社科部又改名为思政部,其仍是政管学院中的独立编制。

2015 年 8 月,思政部又改名为马克思主义学院,成为一个独立学院。

综上所述,在以社科部为基础的主干上,前前后后陆续分枝出人文学院、人文艺术学院、法学院、政管学院、马克思主义学院等数个人文学科方面的独立学院。本教学机构的名称也先后由政治学科委员会更名为政治教研室、马列主义教研组、马列主义教研室、社会科学部、思政部,直至今天的马克思主义学院。

现在的马克思主义学院,下设马克思主义基本原理概论教研室、中国近现代史纲要教研室、毛泽东思想和中国特色社会主义理论体系概论教研室、思想道德修养与法律基础教研室、形势与政策教研室、研究生思想政治课教研室等 6 个教研室。此外,浙江省舆情教研中心(省级)、马克思主义大众化和大学生发展研究中心(校级)等,也依托马克思主义学院的建设和发展。

2. 师资队伍的建设与变化

关于师资队伍的建设问题,中共中央宣传部、教育部等有关部门一直着手抓此问题。教社科〔2008〕5 号文件中就明确提出了以下六个问题:第一,要充分认识加强高校思想政治理论课教师队伍建设的重要性、紧迫性和总体要求;第二,要大力加强高校思想政治理论课教学、科研组织建设;第三,认真做好高校思想政治理论课教师的选聘配备工作;第四,切实加强高校思想政治理论课教师队伍的培养培训工作;第五,为高校思想政治理论课教师个人建设提供学科支撑;第六,切实为高校思想政治理论课教师队伍建设提供政策和制度保障。

纵观思政部教师队伍的成长历程,的确叫人感触颇深。它不管是从量上、质上还是功能上,都有了一个很大的飞跃。

1953 年教师只有 3 名,1958 年 4 名,1960 年为 9 名,1965 年增加到 11 名。

1978 年以后,随着学校规模的扩大,慢慢增加到 1992 年的 33 名。其中具有高级职称的 6 名,中级职称的 22 名。除教师外,另有党政管理干部 5 名。2003 年,专职教师 38 名,其中教授 4 名、副教授 20 名,博士生 15 名。同时还在学生辅导员、学院党总支(副书记)、学校机关干部中建立起一支既有丰富教学经验和较强科研能力、又有很强学生思想政治工作能力的兼职教师队伍。有兼职教师 30 名,其中教授 5 名、副教授 16 名。

现马克思主义学院共有教师 51 名,其中专职教师 48 名,教授 6 名、副教授 20 名、讲师 21 名,具有博士学位的教师 26 名。

总之,提高教师的政治素质与业务水平,培养和建设一支有足够数量和较高素质的教师队伍,是加强和改进马列主义理论课的根本保证。多年来,培养教师的措施有脱产进修、攻读双学位、定向代培研究生、在职进修研究生重要课程、参加社会实践等。

1986年开始,学校把组织思政部的科学研究活动,作为促进师资队伍建设和提高教学质量的重要手段。教师队伍积极主动申报,承担了省科委、省社联、省教委、市科委等单位的科学研究课题,多次组织了有一定广度和深度的学术研讨会等。

"两课"教师的队伍,不仅是理论教学和研究的队伍,而且是学生思想政治工作的队伍,也是校园文化建设的队伍。多年来,"两课"教师在课堂外担任了大量的学生思想政治工作和校园文化建设工作。主要内容有:

(1)担任学生各种社团的指导工作,例如,徐德明教授、闫梓琦教授、朱燕副教授相继担任校大学生"邓小平理论读书会"会长(总干事由学生出任);

(2)担任学生各种演讲、辩论、演出和社科知识竞赛等活动的指导和评委;

(3)担任学生党校的党课老师,学生党校教师有一半均为"两课"老师;

(4)结合形势,面向学生开办了大量的专题讲座;

(5)指导学生课外、假期的社会实践活动,帮助学生策划、组织活动及修改、评选论文等。

3. 课程设置与"两课"教学的改革

马克思主义理论教学改革的重点是教学内容的改革,关键在于加强理论联系实际的能力。要在理论性、系统性和科学性的基础上着重加强教学的思想性、针对性和现实性,要把理论教育同国内外现实情况和学生的思想实际紧密结合起来。

马克思主义理论体系是一个科学的体系,是马克思主义者对自然界和人类社会客观发展规律进行研究和探索的科学研究成果的系统集成。高校思想政治理论课程建设面临的首要任务,就是把马克思主义的科学理论体系转化为科学的课程体系。这种转化的实质,就是通过科学设计和合理设置高校思想政治理论课程体系,优化马克思主义理论教育和思想道德教育的课程结构,建构合理的马克思主义理论与社会主义思想道德的知识结构体系。这经历了一个探索过程。

1953—1957年,政治理论课曾开设新民主主义革命史、社会发展史、社会主义过渡时期的总路线、宪法等课程。

1957年下半年开始,系统的政治理论课停开,改为专题教育,采用上大课的方式。

1958年后,政治理论教育工作发生了以下一些重大变化:首先,加强了党对政治理论课的领导;其次,在政治理论课教学内容上,确定了以社会主义建设总路线为中心,学习中国共产党有关社会主义革命和建设的理论和政策,使学生受到活的马克思主义理论教育;第三,教育方法上,试行了自我教育和相互教育,贯彻整风精神的教学方法。

1958—1961年,以社会主义建设总路线为中心进行教育,同时进行了"教育为无产阶级政治服务,教育与生产劳动相结合"教育方针的教育,以及继承革命传统,发扬艰苦奋斗精神的教育。另外,还根据国际形势发展的需要,对学生进行了多次较为集中的反对帝国主义和反对修正主义的形势教育,对学生进行阶级观点、辩证唯物主义观点的基本理论教育。

1961—1962年,按照中央指示的精神,本科和专科开设马克思主义哲学课,以毛泽东的《实践论》《矛盾论》和《关于正确处理人民内部矛盾的问题》等3篇著作为主要教材,中专部开设中共党史课。

1962年9月—1963年,二、三年级先后开设政治经济学课程,采取课堂讲授与自修相结合的学习方法。

1963—1964年,全校开设中国革命史课程。以刘少奇的《马克思列宁主义在中国的胜利》、胡乔木的《中国共产党的三十年》为历史线索,以毛泽东著作为基本的教材。

1964年下半年,马列主义理论课的任课教师下乡参加社会主义教育运动,1965年全校高年级学生下农村参加社教运动,政治理论课均停开。

1966年6月后,马列主义理论课停开,教师被分配到机械厂、图书馆、广播台等部门,直至1970年底恢复马列主义教研室。1971年,恢复马列主义理论课。

1971年下半年开始,系统开设3门课,一年级开设中共党史,二年级开设政治经济学,三年级开设马克思主义哲学。

1986年,中央提出马列主义理论课教学内容体系要进行改革,把原来开设的3门课改为中国革命史、中国社会主义建设和马克思主义原理。

1987年起,一年级中共党史课改为中国革命史课程,1988年开设中国社会主义建设课程,而马克思主义原理课基本上仍按马克思主义哲学和政治经济学课程内容分别讲授。

自1988—1989学年开始,每学期开设选修课4—11门不等,前后共开设21门课程,有社会学、公共关系学、科学方法论、经济法、当代台湾、国际贸易和国际金融、社会主义经济体制改革、当代西方哲学思潮、中国传统文化、企业技术进步、外向型经济、艺术欣赏、当代政治思潮、领导科学、形式逻辑、国民经济管理学、世界政治经济与国际关系、发明与专利、国际贸易法、书法、当代世界经济、科学与技术史等课程。

1986年,根据省计经委要提高企业政工干部管理水平的需要,开办了首期工业企业政工管理干部专修班，学制 2 年，在全省企业职工中招收学员 30 名。

1990 年，根据社会对党政干部培养的要求，举办了小企业技术经济（党政管理）大专模块班。该专业除了设置思想政治工作理论课程外，还开设了 4 门经济管理类课程。

1998 年中宣部、教育部联合下发的文件《关于加强和改进高等学校"两课"教育的若干意见》规定，高校本科生开设的"两课"分别是马克思主义哲学、马克思主义政治经济学、毛泽东思想概论、邓小平理论概论、思想道德修养、法律基础，另外文科专业的学生再开设一门"当代世界经济与政治"。同时在硕士研究生中开设"科学社会主义理论与实践""自然辩证法"两门课，在博士生中开设"马克思主义与当代技术"一门课。

2005 年 3 月，中宣部、教育部颁发了《关于进一步加强和改进高等学校思想政治理论课的意见》（教社政〔2005〕5 号）文件，提出了高校"思政课"的课程设置问题。本科课程设置是 4 门必修课：

（1）"马克思主义基本原理"：着重讲授马克思主义的世界观和方法论，帮助学生从整体上把握马克思主义，正确认识人类社会发展的基本规律。

（2）"毛泽东思想、邓小平理论和'三个代表'重要思想概论"：着重讲授中国共产党把马克思主义的基本原理与中国实际相结合的历史进程，充分反映马克思主义中国化的三大理论成果，帮助学生掌握毛泽东思想、邓小平理论和"三个代表"重要思想的基本原理，坚定在党的领导下走中国特色社会主义道路的理想信念。

（3）"中国近现代史纲要"：主要讲授中国近现代以来抵御外来侵略、争取民族独立、推翻反动统治、实现人民解放的历史，深刻领会历史和人民是怎样选择了马克思主义、选择了中国共产党、选择了社会主义道路。

（4）"思想道德修养与法律基础"：主要进行社会主义道德和法制教育，帮助学生加强社会主义法制观念，提高思想道德素质，解决成才过程中遇到的实际问题。

另外，开设"当代世界经济与政治""形势与政策"等选修课。

高等学校思政课新课程设置方案，从 2005 级学生开始，在中宣部、教育部的领导下进行试点；从 2006 级学生开始，全国普通高校普遍实施。

思政部积极认真贯彻教社政〔2005〕5 号文件的精神，努力开设好每门必修课，另外还先后开出 60 余门选修课。选修课分为两类：一类是作为思想政治理论课教育功能延伸和拓展的课程，如"当代哲学思潮述评""当代中国社会问题研究与专题""台湾政治与两岸关系"等；另一类是综合素质教育的课程，如"口才学""现代礼仪学""人格心理学与能力测评"等方面的研究和实践。

思政部在"两课"教学和建设过程中，始终坚持革命性与科学性的统一；理论与实际的统一；系统性与针对性的统一；政治教育与综合素质教育的统一；课堂教学与课外教育的统一。制定了"两课"本科教学纲要和教学规范；编写出版了4门课程的"两课"教材；在"两课"教学课时中，拿出48课时用于社会实践，提出社会实践课程的教学要求，评选优秀社会实践论文；扩大平时成绩在学生总成绩评定中的比重，即平时成绩在总成绩中占30%—40%；加强优秀课程建设，"中国革命史"课程被评为校一类课程；马克思主义哲学课程，被列入校优秀课程建设，最后验收时被校外专家们评为优秀；"邓小平理论"课程也申报了校优秀课程建设，并积极指导校院两级学生"邓小平理论读书会"的工作，为读书会骨干开设"邓小平理论原著课"；在"两课"考试中，提倡开卷考试、撰写论文，反对死记硬背。

4. 思政部的科研概况及诸项重要事件

(1)从1993年至2002年，"两课"教师共发表论文约500篇，主编教材20余部，主编出版文集4部，出版专著和编著10余部。

(2)课题立项100余项，其中省级课题30余项，科研经费从年均不足万元增加到年20余万元。

(3)有3个研究所：企业文化研究所、企业思想政治工作研究所、区域经济发展研究所。

(4)有6个学会秘书处挂靠：省自然辩证法研究会、省系统哲学研究会、省科技促进外向型经济研究会、省高校马克思主义理论教学研究会、省高校马克思主义哲学教学研究会、省历史唯物主义研究会。其中项浙学教授任省科技外向型经济研究会理事长，徐德明教授先后任省自然辩证法研究会理事长。省高校马克思主义理论教学研究会、省自然辩证法研究会挂靠我校长达30年。

(5)2004年，思政部开始招收硕士研究生。迄今已招188人、毕业140人，获国家奖学金6人，获校优秀论文8篇。

(6)2015年，马克思主义学院获国家社科基金1项、国家重大项目子课题项目1项、教育部课题2项、民政部课题1项、省规划课题3项、厅级课题项目4项，入选教育部高校思想政治理论课教学方法改革项目择优推广计划1项，入选2015年全省高校优秀中青年思想政治理论课择优计划1人。浙江省舆情研究中心出版了《浙江省社科舆情蓝皮书(2015)》，中宣部部长刘奇葆、浙江省委副书记王辉忠、省委宣传部长葛慧君都对此书做了批示；浙江日报还刊发了舆情中心的最新研究成果。

2016年，马克思主义学院将围绕校院两级中长期发展规划，进一步做好马克思主义一级学科硕士点申报的准备工作，积极申报全国及浙江省教学科研创新团队，以及做好高校思政实践教学基地建设等工作。

(7)1988年，项浙学教授荣获"全国企业管理优秀论著"最高奖。2015年5

月,项教授的《论知识劳动的价值观》一文,被"中国毛泽东思想学术研究会"评为"当代人民功勋思想成果特等奖"。

(8)1997年,徐德明教授被国家教委评为"首届'两课'百佳优秀教师",《真善协同论》获全国高校思想政治教育专著二等奖。

(9)1997年,《中国革命史》教学改革被评为"省优秀教学成果"二等奖。

(10)由徐德明、闫梓琦、朱燕相继担任会长的浙江工业大学"邓小平理论读书会",作为"两课"延伸,获浙江省优秀教学成果一等奖。

(11)1986年、1993年,项浙学、徐德明两位教授,在科学哲学学科中实现了突破,分别提出了"知识经济"和"共享价值体系"两个原创性范畴。这两位教授在我校科学哲学的研究和普及活动中,起到了重大的推动作用,的确功不可没。

(12)1993年,社科部出面承办了全国系统辩证法学术年会。

(13)2002年7月—2005年7月,闫梓琦教授承担了浙江省的援疆任务,出任新疆和田地委党校副校长。

四、几点感悟

高校思想政治理论教育是凝聚大学生的爱国之心、调动大学生的积极性、激发大学生的创造力的工作,它关系到合格的社会主义建设者和接班人的培养,关系到社会主义建设事业的兴衰成败。加强和改进高校思想政治理论的教育,切实提高大学生的思想政治素质,是一项长期而艰巨的工作,具有重大而深远的战略意义。这是摆在我们每一位高校教师,特别是政治教育者和"两课"教师面前的一个重大课题,需要我们认真地去认识、去思考,并在实践中探索行之有效的方法。

纵观思政部的传承与发展轨迹,以下几点感悟要牢记心间:

1.思政部有今日之局面,这与我党一直坚持大力抓好思想政治工作的优良传统分不开,也与我校党委始终坚持对马列人在思想、组织上的热情关怀与殷切教育分不开。

2.始终坚持理论联系实际的原则不能丢。要联系学生实际,联系国家革命与建设的实际,联系当今世界发展的实际。

3.在思想政治理论课的教学过程中,要始终正确处理好坚持与发展的关系,两者既不能对立也不能画等号。

4.要始终抓好资料室的建设工作,这是做好教学与科研的重要保障。

5.思政部一代代马列人的信仰坚定、敬业尽职、团结互助、实干创新的精神,要始终发扬光大。

2015：思政部与政管学院分开，成立现马克思主义学院

2015：现政管学院

2009：社科部改名为思政部（仍为政管学院中的独立编制）

2003：成立现人文学院

2003：成立现艺术学院

2003：法学教研室分出，成立现法学院

2003：其余部分成立政管学院（社科部仍独立）

2000：中文教研室与原艺术设计学院合并成立人文艺术学院

2000：余下部分成立法学院（社科部仍独立）

1998：中文教研室并入社科部，成立人文学院（社科部仍独立）

1985：成立社会科学部

1978：改称马列主义教研室

1970：恢复马列主义教研组

1966—1970：马列主义教研室解体

1960：建立马列主义教研室

1959：改称为政治教研室

1953：建立政治学科委员会

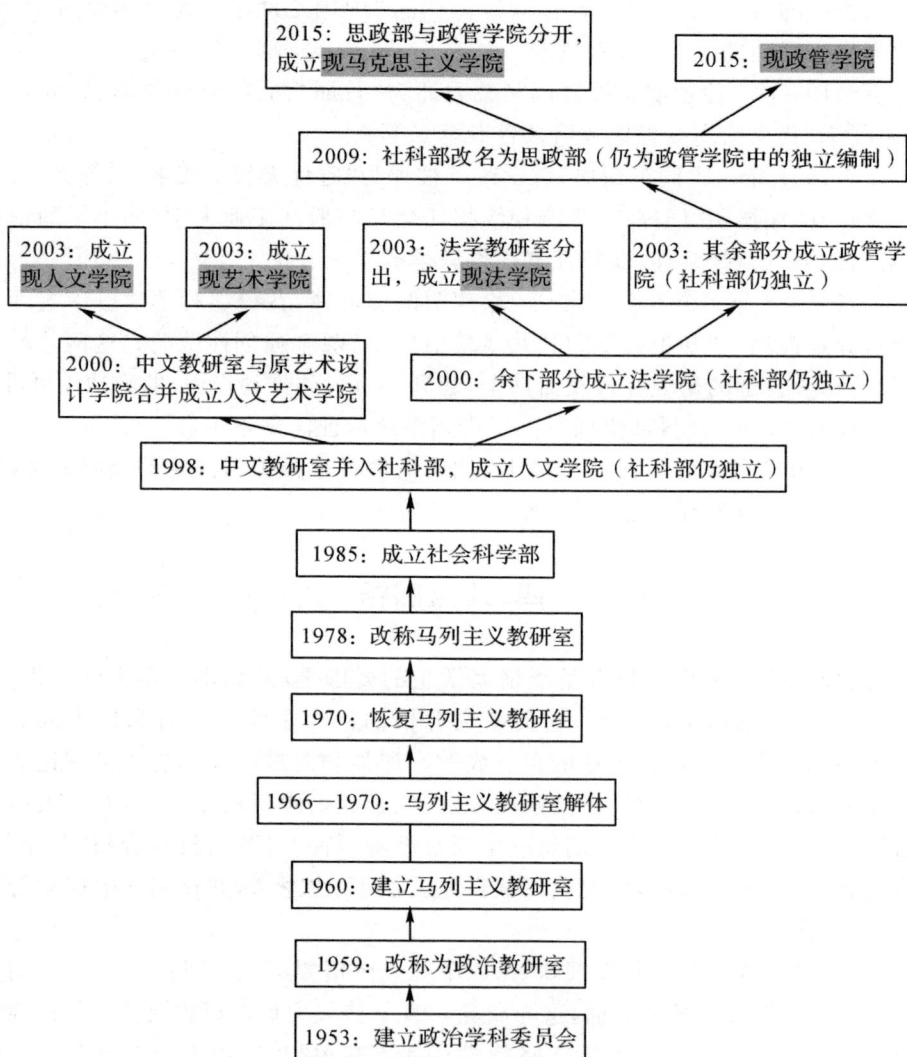

社科部发展演化之树

大学英语教学的成长之路

陈文光

大学英语算不上一门学科,只是一门课程而已;可是大学英语教学和大学英语的教学水平却牵动着千万人的心。

我校大学外语教学的发展经过了几代人的艰苦努力、探索和实践,有成功,也有挫折,更有岔道和弯路。大学外语教学可以说是全国一盘棋,我校外语教学的成长体现了中华人民共和国成立之后所走的外语教学的整个路程,全国外语教学的发展中也有我校外语教学的影子。回忆大学外语教学的成长之路,会使我们更加珍惜今天大学外语教学改革的机遇,进一步深化改革,使大学外语教学切实更上一个新台阶。

我校大学外语教学大致可以分为五个阶段:起步阶段、"文革"阶段、摸索阶段、落实大纲阶段和全面提高阶段。

一、起步阶段(1953—1970 年)的外语教学

20 世纪 50 年代前半期,英语被认为是"帝国主义语言",在国内形成了向俄语"一边倒"的形势,国内高等院校的外语教学主要是俄语教学,高等院校的公共外语课统称为"高等俄文课",公共英语几乎不开设。杭州化工学校成立于1953 年,参照高等院校外语教学规定,外语只能上俄语,当时只有 5 位俄语老师,他们都是从社会上招聘或从其他单位调入我校的。第二年,即 1954 年,学校引进了中国人民解放军翻译学院毕业的尹翠龄,但当时并没有外语教研室。

1956 年对于英语教学来说具有里程碑的意义。这一年在全国范围内,英语"刑满释放",在高校中有了立足之地,开始了英语教学在中国的发展,有条件的高等院校逐渐开设公共英语课程。可是当时的杭化没有英语教师,从高等院校引进英语教师又有时间问题,学校除了积极申请引进英语教师以外,并没有其他的办法,公共俄语课一直延续到"文化大革命"。

20 世纪 60 年代,中俄关系的恶化,英语终于有了抬头的机会。1964 年教

育部以"红头文件"的形式把英语列为第一外语,俄语成了小语种,英语在国内地位得到了认可。教育部要求各学校积极调整外语教学机制,增加英语教学。化工学校于是开始通过各个渠道,从全国各地招募英语教师,从60年代初开始,陆续引进了刘佑同、林乃尔、王志宏、戴遥璜,以及语言学专家钱松生等教师,成立了外语教学小组,开设了英语选修课。

当时人们普遍面临着英语基础薄弱的问题,尽管我们开设了初、中、高级英语选修课程,但选修高级英语的学生寥寥无几,大多数学生入学时26个字母都认不全,因为他们中学阶段主要学习的是俄语。为了能够学好英语,只能是让学生节假日不放松,单词本随身带。那时在每个学生的口袋里都会发现一个小本子,上边密密麻麻地记着各种英语单词;每天清晨也都会看到学生捧着单词本背单词的身影。当时没有复读机以及其他录音设备,师生都无法使用有声设备,教学手段只能是从语法入手,加强阅读,也就是我们说的"哑巴英语"。由于学习不得法,英语被学生们视为耗时最多、效果最差的课程。

"文化大革命"开始的时候,我们外语教研室已经有10多位英语和俄语教师。

1966年到1970年,化工学院和全国其他高校一样停止了一切招生工作,原有的学生也停课闹了革命,没有了教学,也没有了外语课程。

二、"文革"阶段(1971—1978年)的外语教学

1971年,浙江化工学院迎来了第一批工农兵学员。那时,俄语课已经全面下马,要开设英语课程,名曰"公共英语"。但是当时英语教师奇缺,学校就要求曾经学过英语的俄语老师改行担任英语教师。许多原来讲授俄语的教师面临着两种选择,或是转行到工厂,永远放下教鞭;或是转攻英语,准备讲授英语课程。谈志仁、孙东篱等老师就这样遗憾地永远离开了教师岗位,到校办工厂当起了工人。其他被迫转行教英语的教师,在起步阶段的大学英语教学内容和教学水平也一直很低,教学手段也极其落后,加上"文革"一闹,更是既无名也无实,更谈不上什么教学研究。但是,在那多事的六七十年代里,广大外语教师们没人去计较个人事业、自身价值之类,而是将自己的命运与国家的命运、学校的发展紧紧地联系在一起,与学校的外语教学紧紧地联系在一起。当时,在教师队伍中流传着这样的一首打油诗:"我是浙化一块砖,哪里需要哪里搬。我是浙化一片瓦,一切为了我中华。"学校的需要就是我们的需要,祖国的召唤就是我们的志向。

工农兵学员的学制为三年,基础英语课程的教学为二年,一般都从26个字母开始学习,在教学中或多或少存在盲目性。工农兵学员在校期间还必须学

工、学农、学军。学工是到工厂、车间与工人打成一片、体验生活;学农就是整个班级的学生到农村进行劳动锻炼,说是为了从思想上保持劳动人民的本色;学军则是到部队军营里,操练、瞄靶、长途拉练等。学生除了学习课本知识外还得去工厂实习(要结合课程专业知识,与上述的"学工"有所不同),边上课边实践。英语教师也跟着学生到工厂、农村、部队进行锻炼,组织现场教学,但事实上教学工作往往是可有可无、断断续续的。学生到了三年级还没有开设专业英语,到要做毕业论文时,很多学生还不会查阅英文资料,更不会用英语撰写论文文摘。

这一阶段的英语教学,教材是低起点的,学生的水平很低;教学是低起点的,教师的水平也较低。尽管所有的外语教师都很努力,特别是那些从俄语改行的教师,都经历了本身专业转型和教学提高的艰辛过程。但由于青黄不接,他们必须边学边教、现学现教,整天疲于备课、上课、改作业,还要不断提高自己的语言水平。只知道一点语言皮毛,却要斗胆在三尺讲台上滔滔不绝;自己只有一碗水,却要变戏法一般倒出一桶水来,还要让学生认为你有一缸的水,那种艰辛只有自己知道。

70 年代,为了能够尽快地提高浙江化工学院的外语教学水平,满足教学要求,特别是英语教学上的要求,学校积极从其他高校引进了 3 位英语专业和 1 位日语专业的毕业生,还在社会上招聘了一批"文化大革命"时期英语专业毕业的大学生,承担繁重的教学任务。

三、摸索阶段(1978—1986 年)——改革开放时期的外语教学

20 世纪 70 年代末,中国开始了改革开放,邓小平带领全国人民"摸着石头过河"。但是,大学英语怎么改?这令很多人绞尽脑汁。那时中国发生了两件跟英语相关的大事:其一,1977 年恢复了高考,英语列入了考试科目,英语才逐渐从政治桎梏中松绑。到1983 年,英语在高考中就要百分之百记分了。其二,中国首次向多个国家派遣"公费"留学生。仅 1978 年一年,就向 40 多个国家派送了 480 名留学生。"出国"这一在"文革"中近似于"叛国投敌"的词汇渐渐走进人们的生活。人们纷纷好奇地把头伸向国门之外,想和外界交流,尤其想从国外引入先进技术和先进管理,迫切需要大量外语人才,英语的重要性更加凸显,英语从原来的"帝国主义的语言"变成了香馍馍。人们对于这个新形势跃跃欲试,充满了信心,出国成为人们向往的事。在国内,英语成了出国留学人员除政治以外最重要的一个选拔指标。我校各个专业的许多年轻教师开始参加英语培训班,积极提高英语水平,为出国做准备。

1977 年,学校迎来了恢复高考后的第一批大学生,这批大学生尽管英语水

平很低,但他们的求知欲非常强,学习特别自觉、特别勤奋,这也无形之中给教师很大的压力,使教师们感到"山雨欲来风满楼"。当时浙江化工学院外语教研室的教师也和全国的英语教师一样,千方百计提高自身的英语教学水平。大家认识到,如果自己的英语水平再不提高,就会被时代所淘汰。大家开始了"摸着石头过河":组织读书班、研讨会,请刘佑同老师给年轻教师辅导许国璋的英语教材,请钱松生老师给大家上语言学课程,大家一起畅谈学习心得,轮流做读书报告,并且选派教师到杭州大学外语系进修。

对于浙江化工学院来说,1978年还有一个令全体教职工兴奋的事件,那年12月浙江省政府下文:浙江化工学院和浙江工学院(筹)合并,正式成立浙江工学院,地址选在杭州。正是由于这一个契机,一批来自全国各地的外语精英们陆续来到杭州,来到浙江工学院,承担了改革开放初期和转型中的外语教学任务。

1979年,浙江工学院杭州朝晖校区的校舍刚开始建设,但教学任务已经下达,除了在衢州(作为分部)继续上课之外,在杭州还以"浙江工学院杭州分校院"的名义招收了440名大专新生,分布在杭州钢铁厂、杭州汽轮机厂、杭州机床厂、杭州制氧机厂、华丰造纸厂、机械工业学校、杭州市电力局等7个教学点上课。因此在杭州的英语教师们就不得不奔波在各个教学点,刮风下雨、酷暑寒冬,从未间断,不顾自己的疲劳,只求提高学生的英语水平。

改革开放初期,国家急需外语人才,特别是英语方面的人才,从国家教委到各大专院校,都非常重视培养具有较高英语水平和丰富教学经验的年轻教师。国家教委从英国聘请了一批英语教育专家,在全国各地办起了英语助教进修班,培训时间为半年。在1980年下半年到1982年上半年的两年时间里,为我国的大专院校培训了数以千计的英语教师。华东地区的教学点设在上海交通大学,比较便于我校英语教师的进修交流。我们学校先后派遣了6位年轻教师到上海交通大学进修。培训之前,年轻教师都参加了TOFL考试,许多教师是第一次接触TOFL考试,初次了解到TOFL考试的形式和评分标准。英语助教进修班结束之后,学校还派遣英语老师到上海复旦大学外语系进修学习。这批老师在培训期间认真学习,回来以后在教学中都起到了骨干作用,为我校的大学英语建设做出了贡献。

1979年,受教育部委托,清华、北大等几所院校联合制定起草了《英语教学大纲(草案)》,将教学目标分为"基础英语教学"和"专业阅读教学"两个阶段。我校根据《英语教学大纲(草案)》,将一、二年级的教学定为"基础英语教学阶段",三、四年级所开设英语的课程就属于"专业英语阅读阶段"。外语教研室主要负责"基础阶段"的英语教学,当时我们所用的教材是大连海运学院英语教研室主编的《基础英语》。这是"文革"后我国大学英语教材的代表作之一,受到了许多工科院校师生以及科研、生产单位科技人员的欢迎。"专业阅读阶段"的教材主要由各专业的教师自己决定。在当时英语水平普遍较低的情况下，许多专业负责人希望外语教研室的老师帮忙选编英语教材，或要求外语教研室的教师上"英语专业阅读"课。刘宗本、应蓉忠等老师就是横跨两个阶段教学的代表。

1982年，国家教委召开会议，决定修改《英语教学大纲》，正式成立教学大纲修订组。《大纲》把大学英语基础教学分为六个级别，一至四级为必修课程，五至六级为选修课程。"四、六级结束时，按教学大纲的要求进行全国统一考试"。当时，吴银庚教授主编的《英语（理工科通用）》教材已经在全国各地广泛使用，它是粉碎"四人帮"后根据大学英语教学大纲编写的第一代大学英语教材，当时影响较大，我们学校许多教师也采用这套教材。

由于出国热的兴起，英语的听说能力显得越发重要。1982年，中央电视台开始播出由陈琳教授主持的《Follow Me（跟我学）》节目，在当时的中国可谓是家喻户晓的英语学习节目、最火爆的电视英语教材。1983年，我国编写了第一部适合我国学生实际英语水平和要求的听力教材《Step by Step 英语听力入门》。该教材以听力技能训练为主线，内容充实、素材生动，贴近日常生活，我们学校也引进了这套教材。上课的时候，外语教师手提录音机，为学生们播放听力材料，为学生"听英语""说英语"营造了良好的课堂语言氛围，极大地推动了听力教学。学生们为了能够提高英语水平，收集磁带，课后反复听，我校的语音实验室就是在这样环境下起步的，起初叫"录音室"，配备了实验员的编制，除了给上课的老师复制磁带以外，还要满足学生的要求，最繁忙的时候，四台复式录音机齐开、每天八小时录音还供不应求。

为了促进学生们更好地学好英语、提高学生的英语口语水平，外语教研室还组织了"英语角"。每周一次，晚饭后，学生们会自觉地集中在校园的草坪上练习英语口语，外语教研室选派年轻教师和外籍教师参加，指导学生训练，就某个情景做专题的谈论或讲解，受到学生的一致欢迎。

1985年，国家教委将新一届公共外语教材编审委员会改名为大学外语教学编审委员会，"大学英语"正式取代"公共英语"。

1985年和1986年，大学英语界经过几年的社会调查，制定了《大学英语教学大纲（理工科用）》和《大学英语教学大纲（文理科用）》。这两个大纲成为这一时期大学英语教学的重要文件和大学英语教学发展史上的里程碑。此后，大学英语进入了一个新的发展时期。

四、落实大纲阶段（1987—2001年）的外语教学

1986年，复旦大学董亚芬教授总主编的《大学英语》系列教材正式出版（这

套教材正式出版之前,已在国内 9 所重点大学试用 6 年,经过反复修改、数易其稿),它是根据国家教委审定批准的《大学英语教学大纲(文理科本科用)》编写的,含精读、泛读、听力、语法和练习以及快速阅读五部分。它的精读、泛读、快速阅读和听力部分,按分级教学的要求编写成 6 册,每级 1 册,供 1—6 级使用;语法与练习部分编写成 4 册,供 1—4 级使用。这套系列教材的问世和推广使用,标志着我国大学英语教学有了质的飞跃。

这套教材一出版,就被全国 80% 以上的高校采用,我们学校也立即采用了,在本科教学中一直使用到 20 世纪的最后一年,广受师生的欢迎。

为了贯彻《大学英语教学大纲(文理科本科用)》,1987 年举行了第一次全国大学英语四级(CET4)考试,一年之后举行了大学英语六级(CET6)考试。

大学英语四、六级考试是教育部主管的一项全国性的教学考试,其目的是对大学生的实际英语能力进行客观、准确的测量,为大学英语教学的普及和规范化提供服务。大学英语四、六级标准化考试自 1986 年末开始筹备,我校的外语教研室也就积极准备应试。刚开始,学校并不十分重视 CET4 的考试,学生自愿报名,学校组织考试。到 1989 年,根据全国大学英语发展的形势,学校开始重视起来。教务处规定本校的学生学完《大学英语》基础阶段之后必须参加《大学英语》四级考试,必须取得《大学英语》四级合格证书,否则就不予毕业,学生可以连续参加四级考试,直到通过为止。为了能够取得毕业证书,不少学生一次不及格再考一次,一而再、再而三的情况不在少数。这样一来,《大学英语》的四、六级考试就牵动了整个浙江工业大学,上至校长和书记、下至学生和家长,都当作头等大事了。主管教学的校长每每来到考试指挥中心坐镇,监考老师在考试之前都要参加培训,提前一个小时来到试场,忙碌着为考试做各种准备,监考人员不够,会调动全校教师参加,那真是兴师动众、全校动员。

为了使学生都能达到合格成绩,外语教师们在课堂上增加了许多应试教学,另外还开设了若干个培训班,以满足学生们的应试要求,这对于英语教学无疑有很大的促进。

从 1983 年开始,不少"文革"之后恢复高考的外语本科毕业生陆续来到我们外语教研室,他们一来就承担了繁重的外语教学任务。为了能够提高学生的英语水平、提高学生的听说能力,外语教研室的磁带录音室升级成了语音室,增添了几位实验人员。

从 90 年代初开始,除了本科毕业生之外,几乎每年都有英语专业的研究生来到我们教研室,壮大了我们的教师队伍,为大学英语的建设、教学改革和教学科研增添了生力军。

这个阶段也是"英语热"迅速发展的时期,大大促进了大学英语教学的发展。为了能够适应 21 世纪的大学英语教学,"大学英语指导委员会"每年暑期都要在全国范围内进行大规模的英语教师轮训,在广大教师中逐步推广外语教学法、课程设置、语言测试、心理语言学、社会语言学、二语习得等理论,帮助大学英语教师提高教学理论、教学目标,掌握先进的教学方法。

20世纪90年代初,我校开始实施第二个"十年发展规划",提出了"以工为主、理工结合、文理渗透、经管师法等兼容"等目标,外语教研室和基础部领导认为这是学科发展的大好契机。在学校领导的支持下,经省教委同意,在1994年入学的新生中进行了第二次招生,选拔第一批英语专业(科技方向)的学生。1995年,学校正式向省教委申报开办英语专业,获评委会全票通过。1996年,英语专业被学校列入招生专业目录。外语系也进行了相应的改革,分设英语专业教研室、公共英语教研室(1)、公共英语教研室(2)、综合外语教研室和语音室。

2000年1月,基础学院被撤销,在外语系和公共外语部的基础上正式组建了外国语学院。外语学院从2003年起开始招收日语专业学生,下设英语系、日语系、大学英语第一教研室、大学英语第二教研室、综合外语教研室和语音实验室。英语专业的创办为大学英语的教学水平提高起到了积极的推动作用。

1999年,《大学英语教学大纲》修订组重新修订大纲,审定通过了《大学英语教学大纲(征求意见稿)》。该《大纲》提出,文理科和理工科大纲统一考试、统一教学安排,进一步强调语言基础教学,突出阅读能力培养,提高学生的英语综合能力。

为了能够适应教学大纲的落实,除了已有的董亚芬主编的《大学英语》之外,各种其他教材也蜂拥问世,全国出版了好几套有影响的大学英语教材,如:复旦大学翟象俊等主编的《21世纪大学英语》、浙江大学应慧兰等主编的《新编大学英语》、孔庆炎等主编的《大学体验英语》、郑树棠等主编的《新视野大学英语》等。我校的楼荷英等教师也参加了应慧兰教授主编的系列教材。

在挑选我校使用的教材时,大家各抒己见,最终多数老师主张同时采用《新编大学英语》和《21世纪大学英语》以进行比较,为长期的教材选择和教学研究做进一步的探讨。

在这一阶段,外语学院始终将队伍建设列为一切工作的头等大事,除了积极引进研究生之外,还采取将在编教师送出国门培养和引进高学历教师相结合的办法,想方设法提高师资队伍水平。在学校的支持下,我们陆续把一些教师送到英国、新西兰等国,攻读硕士学位或接受短期培训,他们逐渐成为教学科研的中坚力量。考虑到外语教师的工作负荷比较繁重,为确保业务进修和教学工作两不误,我们和浙江大学外语学院合作举办英语语言学研究生班,将上海外国语大学的硕士生导师请进来,在校内举办研究生班,给年轻教师提供了业务进修、提高教学水平的良好机会。经过十几年的努力,在学校领导的关怀和支持下,担任大学英语教学的教师队伍逐步达到了职称学历结构合理、中青年教师配备适当、研究方向多元的水平。

五、全面提高阶段(2002年到现在)的外语教学

2002年秋,我校屏峰校区开始招生。2003年外国语学院整体搬迁到屏峰校区,开始了外语教学的全面提高阶段。

2002年4月,教育部高教司领导的一篇署名文章《加强实用性英语教学,提高大学生英语综合能力》的发表,拉开了新一轮大学英语改革的序幕。2003年教育部确定了"大学英语改革工程",成立了"大学英语课程基本要求项目组"。2004年初,教育部办公厅正式推出了《大学英语课程教学要求(试行)》,同年正式批准包括我校在内的全国180所院校进行教学改革试点,为一线教师设立了大学英语教学改革研究项目,一场全方位的大学英语改革,以前所未有的深度和力度在全国高等学校展开。这场改革对20世纪80年代以来大学英语课程的教学理念、教学模式、教学目标及教学评估体系等方面产生了深刻的影响,促使我们从观念上把"大学英语教学"提升为"大学英语教育",深化英语文化内涵的传递和研究,促进大学英语教学内在质量的提升,全方位提高学生的英语语言水平和英美人文常识的认知。

2005年6月起,大学英语四、六级考试在考试形式和成绩报导方面都进行了改革。成绩采用满分为710分的计分体制,不设及格线;成绩报导方式由考试合格证书改为成绩报告单,向每位考生发放成绩报告单,报告内容包括总分、单项分等。为使学校理解考试分数的含义并根据各校的实际情况合理使用考试测评的结果,四、六级考试委员会向学校提供四、六级考试分数的解释。在考试内容和形式上,四、六级考试将加大听力理解部分的题量和比例,增加快速阅读理解的测试,增加非选择性试题的比例。试点阶段的四、六级考试由4部分构成:听力理解、阅读理解、综合测试和写作测试。

为配合新一轮大学英语四、六级考试改革,我校也需要改革教学模式。2003年12月,教育部高教司在北京对《大学体验英语》《新时代交互英语》《新理念大学英语》和《新视野大学英语》4个大学英语教学软件进行了评审验收,一场空前规模的全国范围大讨论又悄然兴起。我校的英语教师也积极参与了这场全国性的大讨论。讨论的主要问题是:大学英语教学到底要不要改革、怎样改革?是阅读放在第一位,还是加大综合应用能力尤其是听说能力的培养?强调听说能力的培养会不会冲击语言基础?以学生为中心会不会给英语教学带来困难和混乱?用计算机加课堂教学的模式,教师会不会下岗?网络课程到底能干什么?会不会冲击正常的课堂教学秩序,会不会降低教学质量?等等。

2006 年 5 月，我校外国语学院的英语专业接受了教育部的本科教学评估，这是在我国自改革开放以来高等教育取得了巨大成绩的背景下进行的。教育部的这次评估，不但提升了我校英语专业的发展，同时也推进了我校大学英语的教学改革。以前的大纲是以阅读为主，兼顾听说，这在以前是非常必要的，但进入 21 世纪以后，形势的发展要求我们学生具备英语的综合应用能力，特别是听说能力。因此外国语学院提出：应充分利用现代多媒体的先进技术，全面提高学生的英语综合应用能力。

教学改革试点院校的实践已开始显示出网络课程的先进性，网络为开拓个性化自主式学习、教学互动、合作式学习以及教学多元化评估提供了多种可能和渠道，这使教学理念正在悄悄地、逐步地从以教师为中心向以学生为中心转移，我校许多英语教师也开始逐步转变观念，开展网络教学，积极投入新教材和教学软件的开发。

教育部办公厅在总结、推广改革试点经验的基础上，于 2007 年 7 月颁布了正式定稿的《大学英语课程教学要求》，再一次在教学理念创新方面提出了新的教学模式。当代科学技术的发展为教学模式改革提供了手段，为大学英语"培养语言实际应用能力、跨文化交际能力和自主学习能力"提供了可能。在这次教学改革中，我们对教学模式里的学生自主权应该包含哪些内容、学生自我控制的程度如何把握、教师在学生学习中起什么作用、在"以学生为中心"的教学模式中院校和教师的权限和职责是什么、如何评价学生学习等等一系列的问题，进行了实践和探索，大大提高了学生的英语水平和综合应用能力。

鉴于近些年学生入学英语水平逐步提高，从 2014 年起，我们在入学的新生中取消了全面分级的做法，大学英语的教学不再是按照原来的行政班级按部就班地展开，绝大部分学生直接从英语三级开始起步，只有少数学生（如艺术类的学生）低于三级；而对于精英学生（如健行学院），2011 级新生入学时就直接从大学英语四级开始上。此外，根据学生发展需求及兴趣，在大学英语中还设置了《高级视听拓展课》《跨文化交际》《英美文化》《通用学术英语》《英语学术论文写作》《国际学术交流英语》等 20 多门选修课程，以利于全面提高学生的英语水平和扩展学生的知识面。

2012 年 12 月，教育考试中心为了防止作弊，CET4/6 开始实施"多题多卷"，即同场考试采取内容不同的试题题目。

现在，对于绝大多数大学生来说，学英语既不神秘也不可怕。对于考入浙江工业大学的学生来说，CET4 已不再是高不可攀、难不可及的事情。广大教师也不再为学生能否达到 CET4 的要求而伤脑筋，因为他们几乎都能较顺利地达到，学校也早已不再将 CET4 的合格分数线定为是否能够毕业的门槛。现在大学生的普遍目标是如何达到 CET6，如何全面提高英语水平和综合应用能力。

2014 年，教育部高等学校大学外语指导委员会主任在"高等学校大学英语教学改革与发展学术研讨会"上透露，正在研制建设多层次多元化的教学目标体系，要搞一个能满足学生个性化学习需求的《大学英语教学指南》。在《指南》中，大学英语课程将设定三级目标体系，即基础目标、提高目标和发展目标。基础目标是英语入学水平较低的学生应达到的基本要求，提高目标是大多数大学生应达到的目标要求，发展目标是针对各高校人才培养计划的特殊需要以及学生的能力、需求和兴趣而提出的多元目标要求。大学英语不是一门课程，而是由多门课程组成的一个课程系列。大学英语课程根据教学内容可分为通用英语（English for General Purposes）、专门用途英语（English for Specific Purposes）和通识教育类英语（English for General Education）三个类别。在课程设置中，每个类别的课程都包括必修课、指定选修课与任意选修课。不同层次高校各个类别的课程所占比例应有所不同，并依此设计具有特色的个性化教学模块。根据新的指南要求和现有的科技手段，我们外国语学院也从 2014 年陆续开始了针对教学方法和教学模式等的一系列探索。

跨入新世纪以后，浙工大在第三个十年规划中对自己提出了"建设研究型大学"的更高要求。为了配合学校的新目标，担任大学英语教学的教师成立了研究团队，分别在句法、语言类型学、语法语用界面、认知语义、词汇、实验句法、句法对比、语料库的隐喻认知、口语测试环境下的考生互动等方面展开了研究。近三年来，在权威期刊、A 类期刊、B 类期刊上共发表了 30 多篇论文，成功申报了省部级项目 2 项。

我们学校大学英语的发展历程，固然与我国的政治、经济发展息息相关，也与我校的课程设置和变化相关，但更凝聚了几代大学英语教师的心血，才换来了今天大学英语教学领域的满园春色。

我们必须认识到，大学英语教学和教育的改革涉及社会的认同、思想和观念的创新、体制和机制的创新、模式和内容的创新、方法和手段的创新、政策和管理的创新等等。革新与传统、开拓与守旧、探索与反思、内因与外因的冲突和博弈，必将还会有一个历史发展的过程。所以，大学英语教学的改革任重道远，关键的因素还是广大教师的理念更新、辛勤耕耘和忘我付出的精神。

我校数学学科的成长

唐　明

浙江工业大学数学学科的成长,取决于三个因素:

1. 国家大势

中华人民共和国成立之初,百废待兴,我国各大高校的数学教学既继承自己的传统,又学习苏联的经验。那时教学上还比较正规、严格,比较注意知识的系统性和理论原理。

1958 年,我国教育贯彻"教育为无产阶级政治服务,教育与生产劳动相结合"的教育方针,开始强调"两个突出":突出政治、突出实用,要求学生"又红又专""上手要快"。"文革"把这两个"突出"推向极端,鼓吹"活学活用,急用先学,立竿见影",数学的教学完全不顾数学的系统性和基础性。

"文革"以后,否定极左,改革开放,目光向西。大学恢复招生,我校的数学教学也逐渐回归正轨,但在教学中仍偏重实用性,强调"联系实际""服务社会",对数学的系统性和基础性还是不够重视。

进入 21 世纪,随着改革的深入和经济社会的发展,眼界逐渐开阔,对创新意识和创新能力的重视导向了对教育改革和科学研究(包括基础研究)的重视,我校的数学学科发展才逐渐蓬勃起来。

2. 学校定位

作为大学里的一个学科,学校的定位也决定了学科的定位。

我校 1953 年初建时的定位是初中起点的中专,因此数学课主要是讲授高中数学和一点初步的微积分,同时传授一些零星的实用知识技能如计算尺等,那时无所谓数学学科。

之后的半个世纪中,学校定位逐渐上升到高中起点的中专、大专、单科性的工科大学本科、多科性的工科大学本科,再到综合性的大学本科,进而到培养硕士、博士,各专业、各层次对数学的要求越来越高,也就促使数学课的教学内容和理论层次也随之提高,对数学的理论研究也渐渐加强,由此推动数学的学科开始发展。

进入 21 世纪,学校的定位目标有了新的提升,从"一流地方工科院校"提升到"国内知名的教学研究型综合大学",再提升到"国际知名的研究型大学",除了教书育人之外,学校对各学科的科研要求也不断提高,数学的学科建设也就有了更多的压力和动力,发展逐渐蓬勃。

3.师资水平

1953 年学校初建时,数学教师的水平大体相当于中学教师,大学数学专业的本科毕业生很少,有一些本校毕业的化工或化机专业的优秀学生,留校以后送出去培训一下,回来就教数学。不久,准备要办大专班,为了培养自己的师资,学校于 1956 年单独办了一届大专师资进修班(学制 3 年),使师资水平总体上上了一个台阶。

1958 年以后,陆续分配进来一些知名大学数学专业的本科毕业生,送出去培训的教师也陆续回归,办大专的师资解决了,随即又被要求迁到衢州去办本科。为适应本科教学,1960 年学校在杭州老校区办了一期本科基础课教师培训班,主要讲授本科院校的教学方法。

70 年代末,"文革"结束,"拨乱反正",学校参与新建浙江工学院并迁回杭州以后,数学教师的职称晋升开始有序进行,还陆续调入一些较高水平的教师,师资队伍的整体水平得以提升。

80 年代,新进数学教师的门槛开始逐步提高,从数学专业本科开始,逐渐上升到硕士;90 年代开始有博士进来(王时铭是第一个)。一些高水平教师带领年轻教师办起讨论班,同时也送一些年轻教师去其他高校进修,数学教研室的学术氛围逐渐加强。

进入新世纪,理学院成立,数学系开始招收数学专业的本科生,2006 年又开始招硕士生,于是对进校的数学教师的门槛升级到了博士或更高,有些教师还具有国外的高学历和教学研究的资历,系里还调入了一些高水平教授,年轻教师们也开始陆续分批出国进修和讲学、交流,数学系开始进行重点学科的建设和精品课程的建设,学科形态开始形成、并逐渐蓬勃发展起来。

纵观六十多年的发展历程,我们数学学科的成长经历了两个大的阶段:

第一阶段可称为"教学服务型"——专注于数学的公共课教学,为全校各专业服务,但自身的学术研究很欠缺。

第二阶段可称为"教学研究型"——办了数学专业、有了硕士点,专业课教学与公共课教学兼顾,教学与学术研究并重。

第一阶段：教学服务型

这一阶段从 1953 年建校开始到 20 世纪末。近半个世纪中，学校从初建时的中专，逐渐成长为省级重点工科大学，学校的基本定位是为本省地方工业发展培养高级工程技术人才（号称"工程师的摇篮"）。因此学校看重的是一些工程专业方面的教学和科研，而数学只是整个培养计划中的一个基础部分，是服务于各专业后续课程的，因而数学教师的任务比较单纯，主要就是上好数学课。

这一阶段，又有六个不同的时期：

一、初建中专，落户杭州

1953 年 9 月，由温州工业学校、杭州工业学校化工科、苏州高级工业技术学校合并，成立"中央人民政府重工业部杭州化学工业学校"，属中专层次，校址选在杭州城西的白荡海。

那时学校有三个部：教务系统、化工部、机械部，主体专业是化工工艺与化工机械，"教务系统"是支撑主体的服务保障系统，包括教务科和若干辅助性的教研组，如数学、物理、化学、外语、语文、制图、体育等。

当时数学课学两年：第一年学高中数学（把普通高中的数学内容压缩到一年），第二年学微积分初步（含一元微积分、级数、简单微分方程）。那时教学上参照苏联，教学要求比较严格，讲授数学知识的时候比较强调数学思维；同时也强调要"上手快"，希望尽快为专业、为生产服务，所以在教学内容中还包括了"误差理论""计算尺"等实用性知识介绍。

二、中专升级，兼办大专

1956 年，学校归属新成立的化工部，并接受化工部委托办了一期大专师资进修班，学制 3 年，主要是为全国若干学校准备开设的大专班培养师资，科目包括语文、数学、物理、力学、制图等。这样，对数学的要求自然就提高了。为适应新任务，数学组的一些教师被派到浙大、杭大去进修。

1957 年，有一位来自欧美的数学教授在浙大讲概率统计，有教师就跑去听课并带回一些资料，我校由此开始接触概率统计。

1958 年 6 月起，化工学校被移交给浙江省政府，省政府随即安排我校办大专班，并将学校更名为"浙江化工专科学校"，学校内部分为中专和大专两个层次（大专部分叫"大学专修科"），1958 年秋季开始招收大专班（高中起点）的新生。大专层次的数学课不同于原先的中专层次，删去了初等数学部分，高等数学部分则增加了多元微积分、微分方程和空间解析几何。

三、升格大本，迁建衢州

1960 年 2 月，依据浙江省委"建设产、学、研三结合基地"的设想，省政府下

文,以"浙江化工专科学校"的大专部为基础,同时将原"衢州化工专科学校"并入,于 1960 年初在衢州烂柯山下新建本科层次的"乌溪江化工学院",不久学校被上交化工部,迁往杭州,更名为"浙江化工学院";不久再次交回浙江省,迁回衢州(此所谓"五年三迁");而原化工专科学校的中专部仍留在杭州(先是作为"乌溪江化工学院杭州分部",后又归入浙江化工学院共用白荡海校园,然后又分家成为"浙江化工学院杭州分部",直到 1970 年停办,迁往衢州并入化工学院)。

化工学院设有基础部,含数学、物理、化学、外语、体育五个教研组,李寿恒副院长兼任基础部主任。数学教研组组长是章朝宗,教师有十余人,包括原杭州化工专科学校和原衢州化工专科学校的一些老教师,和几个新分配来的杭大数学系毕业生。原杭州化工专科学校的数学组还留了几人在杭州维持中专部(包括办培训班)。中专部停办后,他们也全部到了衢州。

那时化工学院的数学课所用的教材是全国 27 所高校合编的《高等数学》,后来改用樊映川编的《高等数学》,工程数学则基本不上。27 所高校合编的《高等数学》,1958 年开始编,1960 年开始普遍使用,是顺应当时的"教育方针"而编的,教材中强调与生产实践相结合,因而应用实例较多,内容也比较全。还有几本后续教材与它配套,分别针对化工类、机械类、电气类的专业特点介绍一些相关的数学知识。1960 年发书的时候,连同另几本工程数学的教材(《复变函数》《偏微分方程》《积分变换》《场论》等)整套一起发,但那几本教材都没用过,因为没开出这些课。这套书一直用到"文革"开始。

因那时化工学院初建大学本科,许多后续专业课程的教师尚未配齐,一些课开不出来,所以给了数学课很多课时(共学两年),教的内容比较多,也讲得比较系统、比较精细。

四、"文革"折腾,治乱初归

1966 年,"文革"风云渐起,停课闹革命,原有的教学秩序和教学体系被完全打乱。

1967 年,化工学院成立革委会,下设革命批判组、教育革命组、生产实习组等;学生按军队的连队编制,每个连配有军代表、工宣队员,再配几位基础课和专业课的教师(各教研室都打散,教师被分散到各连队),边参加生产劳动实习,边上一些文化课,常常在车间里或田间地头支一块黑板就开讲,而且常常是与一线工人一起上课。工人的文化基础本来就差,又讲究"急用先学",所以教学全无系统,用到什么讲什么,根据需要临时编些讲义,如《初等数学》《计算尺》《诺木图》等,也难得讲一点粗浅的微积分知识(临时讲义起名为《捅破窗户纸》,意为"微积分的神秘其实就像一层窗户纸,一捅就破")。

1973 年,化工学院开始招收工农兵大学生,教学稍微有序了一点。那时用的数学教材是清华大学编的《微积分》，书很薄，讲得很浅。

1977 年，"文革"动乱逐渐平息，学校秩序开始恢复。基础部重新建立起来，徐铜为负责人，原属"教育革命组"的数学、物理、外语、体育和原属化工系的无机化学、原属化机系的制图，划入基础部成为六个基础教研室。数学教研室主任是吴挺。

1978 年春，"文革"后恢复招生的第一届学生（史称"77 级"）进校，教学秩序基本正常。高等数学课主要还是讲微积分，采用同济大学编的教材，学时为220—240 学时。

五、筹建浙工，迁回杭州

1978 年，浙江省政府决定筹建省属重点高校"浙江工学院"，选址上塘河的东新桥畔。1979 年，省政府决定将偏于衢州一隅的浙江化工学院迁回杭州，并入浙江工学院（筹）作为建校基础（1980 年秋教育部正式下文），大大加快了浙江工学院的筹建进度。随着建校工作的进展，教学秩序也很快步入正轨。

浙江工学院设立了基础部，主任是吴挺，书记是徐铜，下辖数学、物理、（普通）化学、外语、制图、体育六个教研室（后来还一度设有中文教研室）。数学教研室主任起初是吴挺兼任，吴挺调去温州大学以后，徐铜任基础部主任，翁祖荫任数学教研室主任，翁祖荫出国以后是李维宣（翁回国以后又当过一段时间，后来还是李维宣），然后是王时铭（1993—1997 年），其后是邬学军，2000 年成立理学院应用数学系以后，邬学军一直任系主任至 2015 年退休，交班给金永阳。

工学院初期的数学课程主要就是高等数学，吴挺对教学抓得比较严，强调"精讲多练勤考核"，练习题选自同济版的《高等数学练习册》，规定选题不少于总题量的一半（许多学生甚至把整本练习册全部做完）。吴挺特别要求第一学期要起好步，教师要作业全批、每周要安排答疑，除了正常的期中、期末考试外，上完极限部分就有一次全校统一的阶段考核。这些措施使工学院的数学教学质量很快走到全省高校的前列。

1980 年起，数学教研室开始为部分专业开出工程数学课：首先是线性代数，两年后开出概率统计，再以后又陆续开出了复变函数、偏微分方程和积分变换等课程。大约到 90 年代，线性代数全面铺开。

大约在 1984—1985 年，因各专业开设的专业课门数增加，而高教部又要求在教改中"减负"，学校把一学期的教学周数从 20 周压缩到 18 周，后又压缩到16 周。相应地，高等数学的学时数也从 220 以上压缩到 180 左右甚至更少，线性代数被压缩到 32 学时，概率统计被压缩到 48 学时。

1984 年左右，学校开始招收硕士研究生（实际上，学校招研究生还要早，大约 1979 年就开始了，但没有硕士学位授予权）。那时全校各个专业一共只有 20多个研究生，上数学课就合成一个班，课程除了泛函分析外还有复变函数、矩阵论、概率统计、数理方程、积分变换等。这样大约持续了五六年，后来研究生多了，才根据不同课程分班上课。

六、升格工大，教学重压

进入 20 世纪 90 年代，浙江工学院已初具规模，在校生（含成人教育）超过了 6000 人，教学质量和管理也在社会上赢得了较好的口碑，学校开始实施第一个十年发展规划。此时恰逢浙江籍的台湾实业家张子良来大陆捐资助学，浙江省将他推荐到浙江工学院，并提供了配套资金。学校抓住机遇、修订规划、增设专业、系部升学院、改革核算体制、强化学科建设（要求专职教师"人人进学科"），终于获国家教委批准升格。1993 年 12 月，"浙江工业大学"的新校牌换下了"浙江工学院"的旧校牌。

1994—1998 年间，陆续有一些教研室从基础部分出去：普化教研室划归化工学院、制图教研室划归机械学院、语文教研室划归技术师范学院、体育教研室划出组建体育军训部，基础部仅剩下数学、物理、外语三个教研室，承担着全校数学、物理、外语三大公共基础课的教学。

1996 年 9 月，学校曾尝试搞"两段制"试点：化工、经贸、信息三个学院的一、二年级学生由基础部管理，三年级起再回到各自学院。于是基础部在抓教学之外还要抓学生管理，任务更重了（这个试点仅实行了 96、97 级两届就停止了）。

在各个系纷纷升格为学院的环境中，基础部于 1998 年 4 月也改名为基础学院。由于外语教研室 1994 年已经开始单独招生，所以基础学院之下单设外语部，剩下的数学和物理两个教研室便组成了数学物理部，邬学军开始担任数学教研室主任。

1999 年，全国各高校开始扩大招生，学校规模迅速膨胀，学生"宽进宽出"，学风出现滑坡，这令基础部教师们更加疲于应对。那几年是基础部教师最累的几年——数学教师普遍有"三大"：大教学班、大作业量、大工作量。

"大教学班"：学校快速扩容，教师紧缺，数学课就都变成了大班上课，大教室总是坐得满满的，学生人数基本都过百、甚至过两百，教师要大嗓门、写大字、掌控大课堂，上课特别累。

"大作业量"：数学课必须多练，作业本来就很多，再加上学生人数多、上课门数多，教师们下课后总是要提着沉甸甸的大捆作业挪到办公室或休息室，然后还要花几倍于讲课的时间来批改作业。那时学校规定作业的批改量不少于总数的三分之一，但数学教师们基本上是不少于总数的一半，有的（比如应百文）甚至坚持全批，劳动强度是很大的。

"大工作量"：由于课时多、班数多、人数多，数学教师们一学期下来工作量普遍超过 400，甚至超过 500（而学校规定的满工作量仅为 260）。为了职称晋升，教师们在繁重教学之外还要挤出时间做科研、写论文，压力之大可想而知。

为了保证和提高教学质量,当年的基础部、数学教研室曾经有一些很好的做法:

1. 集体备课。数学教研室内部按课程再分小组,各课程组一学期至少进行三次集体备课(开学初、期中考试后、期末考试前);教研室还组织过几次相互听课和教学观摩活动。

2. 加强交流。基础部每年开一次教学经验交流会,每个教研室至少有一个代表发言,会后将发言稿汇集起来印发给全体教师参考,这有效地促进了教师们对于教学的思考、总结、钻研和交流。

3. 统考统批。部分主干课程(高数、物理、英语)的期末考试实行统考统批,并安排集体答疑。为保证命题的客观性,有几年的高数期末考试还由教务处出面请浙大出卷。

4. 数学竞赛。90年代搞过几次全校范围的数学竞赛(主要是高数,线性代数也搞过一次),对刺激学生的学习积极性、改进教学和课外辅导,都有很大促进,不过对数学教师也产生了很大的压力。

5. 强化师资。基础部对新进教师严格把关。对调进来的资深教师,不仅考察个人履历,还要考察其实际讲课水平。对毕业分配来的新教师,不但要试讲测试,还规定担任助教不少于一年。80年代吴挺曾出试卷单考新教师,不仅为了摸底,也为了敦促他们不能松懈,争取尽快站稳讲台。此外,还安排本科学历的教师在职进修研究生主干课程,鼓励教师参加相关的学术交流。

那时学校把讲师细分为三级,只有从三级讲师逐级提升到一级讲师,才能申请副教授,这对忙于应付教学的教师们也是一种很大的鞭策。

那些年,学校、基础部、教研室的集体活动都比较多,加上每周二下午各教研室雷打不动的政治学习时间,教研室的凝聚力比较强,大家的集体意识也比较浓厚。我们数学教研室的团结、和睦、互助,在全校师生中都很有口碑,这对搞好教学工作也是很重要的。

6. 教改创新。1990年前后,数学教研室对高数、线代进行一体化综合改革,经过几番研讨,于1993年编出了《工科数学一体化》试用教材,次年参加了国家教委组织的全国性交流,并在《工科数学》上发表了相关论文。虽然这项改革试点只进行了一年,但对以后的教学改革和教材建设影响深远。

7. 因材施教。对优秀学生实施精英教育。1989年,面临"精英教育"逐渐向"大众教育"滑坡的大势,学校在全校大一第一学期考试成绩较好的学生中选拔一批学生集中上课(此即"提高班"的前身),教材用清华大学的《高等数学》,教学要求接近理科,这样持续了两届。

1998年,高考中涌现了一批非常优秀的学生,学校决定把他们招进来编成"提高班",由教务处直接管理,配备最强的基础课教师,具体的学生管理和教学委托基础学院来抓,其中有几个特别好的学生,还请了浙大的高水平教授担任一对一的专职指导。

2004 年,学校在此基础上成立"健行学院",教学要求参照硕士研究生程度,数学课除了高数(教材用《数学分析》)、线代、概率统计三大课之外,还开设过复变函数、矩阵论等课程。

这些做法,逐渐在全国各知名高校普遍实施,其实就是在"大众教育"的大背景下坚持部分的"精英教育",使优秀的学生能学得更多更好些,也带动了全校的学风。

第二阶段:教学研究型

进入新世纪,数学系逐步从教学服务型转为教学研究型,这个过程大致跨了三个台阶:从公共基础课跨上专业课的台阶、从专业本科教育跨上专业硕士教育的台阶、从教学研究型跨上研究教学型的台阶。

一、从公共基础课跨上专业课的台阶

从 20 世纪 80 年代开始,改革开放如火如荼,教育系统也积极推行教改,各种新举措层出不穷,国家教委不但强调提高教学质量,也强调加强基础研究、提高学术水平(2000 年以后,对本科生提出了"宽口径、厚基础"的概念),并开始了对各本科大学的综合评价排名。相应地,浙工大先后制订了第二个、第三个十年发展规划,学校定位逐步提升,在强调"教学为本"的基础上,推行"以学科建设为龙头"的办学方针,要求所有的专职教师"人人进学科",对科研成果和学科发展提出了越来越高的要求,并在此基础上开始实行全员岗位聘任。

国家和学校的新气象,使教师们精神亢奋、眼界扩大、观念更新。教学重压之下的数学教师们,虽然也是"忙并快乐着",但普遍有一个深切的苦恼——没有精力搞科研,学术水平难以提高,难以适应学校发展的新要求,自己的职称晋升也会发生困难。来自内部和外部的压力,迫使基础学院必须设法把教师们从教学重压下解放出来,腾出部分精力来加强学术研究和进修提高。

2000 年 1 月,随着学校的发展,在基础学院领导和教师们的强烈呼吁下,"基础学院"被取消,分别成立了理学院和外语学院,理学院下设应用数学系和应用物理系,各学院、各系开始招收本专业的本科生。这给数学的学科发展创造了条件,使数学系可以选定自己的专业方向、加快师资队伍建设、组织科研队伍、构建自己的学科形态,由此迈开转型的步伐。

2000 年,数学系开始招收"信息与计算科学"专业本科生 1 个班(30 人),2002 年扩大到 2 个班(60 人),2003 年、2004 年又扩大到 4 个班,2005 年招收了 3 个班。2005 年起,增设了"数学与应用数学"专业,2005 年招收 1 个班(30

人),2006年起每年招两个班(60人)。此后,数学系的本科生就一直保持两个专业、每年各招两个班(共120人)的规模。

有了自己的专业,数学系在继续教好全校公共数学课的基础上,重点转向自己的专业数学课,着力抓好专业建设。数学系的主要做法是:

1.加强已有教师队伍的培养提高。鼓励只有硕士学位的教师在职读博士,也鼓励他们出国进修和访学,促进他们晋升技术职称。2000年以来,数学系出国、出境进修和访问的先后有30多人次,在工大升为正教授的有10人(戴新荣、周明华、寿华好、张隽、金永阳、邬学军、沈守枫、张冬梅、罗和治、王金华),升为副教授的有50多人,大大提高了整个师资队伍的水平。

2.积极引进高水平的教师。除了引进许多年轻的重点高校博士毕业生外,还引进了几位已具有高级职称的资深教授(如邸继征、王定江、薛秀谦、丁昌明等)。

3.抓好专业本科教育的规范化建设。包括:规范课程设置、提高教学质量、配备班主任和辅导员、认定本科生导师、抓好毕业论文质量等;教授坚持为本科生上基础课,并担任本科生导师,为申报硕士点打好基础。

4.努力提高学生的积极性和主动性。系统指导学生参加国家和国际的大学生数学建模竞赛、大学生数学竞赛等高水平竞赛活动,指导学生参加"运河杯"科技竞赛、大学生科技创新项目等科技活动,提高学生的学习积极性和自我要求。

二、从专业本科生培养跨上专业硕士生培养的台阶

2006年,数学系获批"应用数学"二级学科硕士点(当年被定为校级重点学科,2010年又被定为省级重点学科),2007年开始招收本专业的硕士研究生。

2011年,数学系又获批"数学"一级学科的硕士点(2013年,教育部评估该一级学科国内排名第82位)。

目前,数学系的专业设置共有"数学"及"统计学"两个一级学科,在"数学"一级学科下有两个本科专业("信息与计算科学""数学与应用数学"),有五个二级学科硕士点("计算数学""基础数学""应用数学""概率论与数理统计""运筹学与控制论"),涉及了"数学"一级学科之下的所有二级学科。

数学系现有硕士导师资格的教师20名,在校研究生有33名。在研究生培养中,数学系特别注意抓好学术型研究生的培养。近几年每年都有1名研究生被评为省级优秀硕士毕业生。

专业硕士生教育的发展,也进一步促进了教师水平的提高、学术团队的形成和数学系学科形态的构建。

三、从教学研究型跨上研究教学型的台阶

刚开始办专业本科和专业硕士点的那几年,数学教师们的科研主要还是围绕着与专业教学有关的方向,所以把那个阶段称为教学研究型。随着教师队伍水平的提高,许多教师的学术研究方向已经大大超越了专业教学的范围,有一些还瞄向了国际学术的前沿。

学科建设,最重要的是学术团队的建设。2011 年以来,为了组成职称、学历、年龄和学缘分布比较合理、具有积极的创新精神和创新能力的学术团队,数学系每年要引进毕业于重点高校并有国外访学背景的优秀博士 4—5 名(主要方向在偏微分方程理论与应用、动力系统与微分方程、科学计算与图形学、最优化算法与控制和应用统计等,意在逐渐形成特色研究团队,这几年引进的年轻博士有的已申请到国家基金和省基金项目),每年也都有 3—4 名青年教师到国外著名大学访学,还有多人次到国外短期访学或参加国际会议。

2012 年 1 月,数学系正式与省千人计划学者、澳大利亚科学院院士、澳大利亚国立大学数学系教授汪徐家先生签订了协议,聘请他作为我们的学术带头人。他保证每年至少有 3 个月时间在我校开展学术活动,并协助我们培养青年教师。目前他已为数学系做了多次学术报告,数学系也已于 2013 年派一人到他那里(澳大利亚国立大学数学系)学习访问半年,2014 年派一人去访问学习一年。

目前数学系共有 62 名教工,其中主讲教师 58 人(包括教授 10 名、副教授 38 名),具有博士(后)学历的 42 名。80% 的教师具有出国讲学、合作研究的经历,其中被列入省"151"人才第二层次 1 人、第三层次 7 人。

数学系的省级重点学科是"应用数学",目前有 5 个学科方向:"最优化与系统控制"(带头人是王定江教授)、"调和分析及其应用"(带头人是金永阳教授)、"科学计算与图形学"(带头人是寿华好教授)、"可积系统及其应用"(带头人是张隽教授)、"应用统计"(带头人是周明华教授)。各方向都已形成相关的学术团队,团队成员在独立研究的基础上定期进行学术交流。

科研的活跃和团队的协作,使我们的学科建设成果累累:

在科研立项和论文方面,2011 年到 2013 年间,数学系成功申请获批国家自然科学基金 11 项、省自然科学基金项目 8 项。3 年中平均每年发表 SCI 学术论文达 15 篇以上。

在学术专著方面,目前已由科学出版社出版专著 5 部:《小波分析原理》(邸继征)、《信息论与密码学》(邸继征)、《数据分析与 R 软件》(李素兰)、《修波(shearlet)理论及应用》(邸继征)、《小波分析应用解析》(邸继征),英国 WIT 出版社出版专著 1 部《Fundamentals of wavelets》(邸继征)。

在平台建设方面,2012 年数学系与信息学院等联合申报成功了"浙江省信号处理重点实验室",另外还在积极筹备"科学计算与图形学实验室"的建设。

在学术交流方面,近三年来数学系已先后主办过两次国际学术会议:2013 年暑假的数学物理国际会议(沈守枫负责),2015 年暑假的代数群论国际会议(朱海燕负责)。

在服务社会方面,"无压力的平面接触的光学感应器"(陆成刚)于2014年申报成功实用新型专利,浙江省重大科技项目"立体视觉下城市智能交通信号协调控制系统研究及产业化"项目(周佳立)也于2014年初立项,数学系还与浙江林科院等单位合作,开展了林业病虫害、森林保护等应用的基础研究。

学术研究的活跃,也反过来有力地促进了教学(尤其是研究生教学),本科生和硕士生的教学质量和毕业论文水平得到显著提高。2014年有一位硕士生的毕业论文被评为校级优秀论文,有两位本科生的毕业论文获奖(A类)。

在狠抓学科建设的同时,数学系也并未放松全校的数学公共基础课的教学,因为数学公共课的教学质量,直接关系到全校各专业的本科生和研究生的培养质量。

随着教育改革的推进和国家经济、科学的发展,早年曾经行之有效的做法有些逐渐淡出(如集体备课、教学经验交流大会、频繁的阶段考核、全校性的数学竞赛等),有些则保留并渐成制度(如统考统批、集体答疑、教师间的相互听课交流等)。此外还有一些与时俱进的新做法:

1.分层教学。随着全校学科门类的增多和学生人数的增加,学生的数学基础和不同专业对数学的要求也差别较大。根据"按需供给、因材施教"的原则,高等数学分为A(174学时)、B(160学时)、C(80学时)、D(64学时)、高等数学提高班(45学时)五个层次(在2013年以前就开始试行,目前称为高等数学A、B、C、大学文科数学、高等数学提高班)。其他的公共数学课程也有简单的分层,如线性代数A(48学时)、B(32学时),概率统计A(64学时)、B(48学时)等。

2.挂牌选课。涉及面大的公共课如高等数学、线性代数、概率统计等,允许学生在同一课程中自行选择自己喜欢的任课教师。

3.推广多媒体教学。多媒体教学设备,从20世纪90年代开始试用,逐步推广,现在已全面铺开。对于数学课程来说,多媒体教学具有信息量大、视听效果丰富、课件比较规范、方便教师修改、便于交流与共享资源等优点;但也有一些缺点,如容易导致教学表面化、碎片化,容易忽略内在思想逻辑的展开和推导、演算的过程,制作优质课件比较费时等。如何将二者有机结合、取长补短还有待继续研究探索。数学系的教师上课大多以板书为主,他们的板书能力是全校所有课程中最好的;但是相对地,数学课的课件也大多不够精美。

4.教学督导。2004年,学校开始推行教学督导制,学校成立了校督导组,各学院也相应成立了学院督导组,由教学经验较丰富、教学口碑较好的退休老教师和资深在职教师组成,对课堂教学及毕业环节进行监督指导,特别是对上课经验较少的青年教师进行督导帮助。

5.青年导师制和主讲资格认定制。具有博士学位的青年教师,虽然一进校就"初定讲师待遇",但还必须经过教育厅的"教育理论上岗培训"和校内的"新教师岗前培训",同时配备"青年导师",青年教师必须担任导师的助教至少一年,还要参加"教师教学发展中心"组织的若干培训活动;拿到"高校教师资格证"和正式的讲师职称以后,还要通过"主讲教师"的资格认定,才能正式独立开课。这些措施,既是为了保证课堂教学的质量,也是为了帮助青年教师给自己的教师生涯开个好头。

6.建设精品课程。1993年开始,学校逐步强化课程建设,先后建成若干一类课程、优秀课程、精品课程(校级、省级乃至国家级)。《高等数学》在第一批就被评为一类课程(1994年),后来渐次提升为优秀课程(1998年)、校级精品课程(2004年)、省级精品课程(2007年),都是学校的第一批。跨入新世纪以后,《线性代数》等课程也陆续被评为优秀课程、精品课程,详见下表:

校级优秀课程名称	负责人	立项时间	验收时间
高等数学	邬学军	1995 年	1998 年
线性代数	王定江	2004 年	2007 年
概率论与数理统计	金建国	2007 年	2010 年
高等代数	宋军全	2008 年	2011 年
常微分方程	沈守枫	2009 年	2012 年
复变函数与积分变换	潘永娟	2010 年	2012 年
数学模型	邬学军	2013 年	2016 年

精品课程名称	负责人	类别	验收时间
高等数学(本科)	邸继征	校级、省级精品	2004 年、2007 年
高等数学(成教)	邬学军	省级精品	2010 年
线性代数	王定江	校级、省级精品	2007 年、2009 年
复变函数与积分变换	潘永娟	校级精品	2016 年

7.教材建设。教材建设既体现了教师的专业水准和教学经验,也体现了学科建设的成果。

1993年,数学教研室曾编出《工科数学一体化》教材,虽然很不成熟,没有正式出版也没有推广,但为以后的教材建设打下了良好基础。

1997年,教研室开始编写《经典高等数学》(邬学军等)、《线性代数》(唐明等)等教材,于2004年由浙江大学出版社出版,在全校推广使用。此后,浙大出版社又陆续出版了《线性代数一本通》(唐明等)、《概率统计一本通》(周明华等)、《复变函数》(潘永娟等)、《数学建模竞赛辅导教程》(邬学军等)、《数学建模竞赛入门与提高》（周凯等）、《Matlab 实用教程》（周明华等）、《信息论导引》（邸继征）等教材和教辅材料。

2012 年，与科学出版社商定，由数学系组编一套"浙江省重点学科'应用数学'教学改革与科学研究丛书"（由邸继征、邬学军、王定江主编），到目前为止，除前述 5 部学术专著外，作为教材还陆续出版了 7 本：《复变函数与积分变换》（潘永娟等）、《概率论与数理统计》（邓爱珍等）、《数值计算基础》（陆建芳等）、《线性代数》（王定江等）、《现代数学物理方法》（沈守枫等）、《大学数学与数学文化》（唐明等）、《矩阵论》（邸继征）。

8. 参加高水平竞赛。竞赛能有效地激发学生的学习兴趣、开阔眼界、提高目标设定、促进学习和教学。

从 1995 年开始，学校组织优秀学生参加由国家组织的数学建模比赛，对获奖学生给予一定的奖励和优惠（由数学系具体组织，参赛的主要是理学院和健行学院的学生，也有一些其他学院的学生），2006 年开始又参加了美国主办的国际数学建模比赛。为此，数学系开设了《数学建模》《数学实验》《Matlab 应用》等课程，建起了数学专用实验室，并由系主任邬学军挂帅建立了辅导小组，每年暑假都要花大量时间对报名参赛的学生进行数学建模培训。由于教学质量高、培训效果好、激励措施给力，也由于参赛学生的聪慧和努力，我校 20 年来参赛成绩总体优异。在国际竞赛（MCM：美国数学建模竞赛）中，近 10 年（2006—2015）共获特等奖 1 项、特等奖提名 1 项、一等奖 16 项、二等奖 57 项，位列浙江省属高校之首。在国内竞赛（全国大学生数学建模竞赛）中，近 15 年（2001—2015）共获 Matlab 创新奖 1 项、国家一等奖 25 项、国家二等奖 35 项、省一等奖 29 项、省二等奖 59 项、省三等奖 88 项，获奖比例远超全国平均水平。特别值得一提的是，2014 年获本科生组的最高奖"Matlab 创新奖"，该奖自 2009 年增设，每年在全国本科生组中仅设 1 项，我校成为省内第一所、国内第六所获此殊荣的本科高校（当年共有包括中国香港、中国澳门及新加坡、美国的 1338 所院校、25347 个队、7 万多名大学生参加此项竞赛）。

此外，数学系还积极组织学生参加浙江省高等数学竞赛（浙江省高等数学学会组织的全省高校数学课程竞赛，按本科专业分成工科、经济和数学 3 个组别。近 5 年我校学生的获奖总成绩列浙江省第一，获奖人数占全省获奖总人数近一半，一等奖的数量仅次于浙江大学）、大学生统计调查方案设计大赛（由浙江省教育厅与浙江省统计局联合举办，2012 年首办，我校学生连续 3 年夺得省一等奖）、挑战杯（获省二等奖 2 项，省三等奖 1 项）等高水平竞赛。

经历 62 年的发展，特别是进入 21 世纪以来的快速发展，浙江工业大学的数学学科已逐步成长为一个朝气蓬勃的科研教学型团队。我们今后的努力目标是："方向明确、进取有力的学术研究＋成熟、优质的多层次教学。"

物理学科的成长与现状

陈洋洋

一、浙工大物理学科的成长

物理学是自然科学中最为基础的学科之一，是理工科专业必需的基础课程，就目前而言，绝大部分有志于向综合型发展的大学都开设有物理专业。浙江工业大学从建校初就设有物理类课程，整个学科的成长与发展脉络大致可以分为初生期、成长期、高速发展期三个阶段，其中高速发展期在整个过程中是最为关键的一段时期。

（一）初生期

从 20 世纪 50 年代化工学校初建到 80 年代浙江工学院初建的这一段时间，是我校物理学科的初生期。这段时期的主要特征是受时局与学校整体发展影响大、课程层次比较低浅、学科体系远未成形。

这一阶段，外部大环境的时局主要有两段：一是"立"，二是"破"。1949 年中华人民共和国成立后，国家性质从根本上改变，大学物理教育迎来了春天。基于解决社会主义建设中需要解决的实际问题，大学物理教育进行了教学大纲、教学内容、教学方法等方面的调整，同时借鉴苏联物理教育经验，使我国物理教育沿着健康的轨道向前发展，并取得了显著成绩，此谓"立"；而"破"则是因为遭逢了十年"文革"动乱，我国教科文卫各个领域的发展都受到严重冲击，物理教育也进入了倒退期，出现了"以典型产品带教学，以生产为主线安排教学内容"等导向，物理基础知识与理论研究被大大削弱，物理学科正常的发展进程被打乱。1967 年，浙江化工学院成立革委会，下设革命批判组、教育革命组、生产实习组等；学生按军队的连队编制，每个连配有军代表、工宣队员，再配几位基础课和专业课的教师（各教研室都打散，教师被分散到各连队），边参加生产劳动，边上一些文化课（所谓"以实践带教学"），常常在车间里或田间地头支一块黑板

就开讲,而且常常是与一线工人一起上课。工人的文化基础本来就差,又讲究
"急用先学",所以教学全无系统,用到什么讲什么,临时根据需要编些讲义。
1973年,进入"文革"后期,化工学院开始招收工农兵大学生,教学稍微有序了一
点。1977年下半年,"文革"动乱逐渐平息,学校秩序开始恢复。基础部重新建
立起来,原属"教育革命组"的数学、物理、外语、体育和原属化工系的无机化学、
原属化机系的制图都划入基础部,成为6个基础教研室。1978年春,"文革"后
恢复招生的第一届学生(史称"77级")进校,教学秩序基本恢复正常。

　　学校整体的状况则是:建校初,我校定位于初中起点的中专,物理课主要是
教中学物理和初步的热力电光学,同时还讲授一些零星的实践技术等。总的来
说物理学科还未成形。那时候学校的师资力量也比较薄弱,本科毕业已经是最
高学历。当时学校有3个部:教务系统、化工部、机械部,主体专业是化工工艺
与化工机械,"教务系统"是支撑主体的服务保障系统,包括教务科和若干辅助
性的教研组,如数学、物理、外语、语文、制图、体育、普化等。那时教学上参照苏
联,同时也强调要"上手快",希望学生能尽快为专业、为生产服务,所以在教学
内容中还包括实用性知识介绍。1956年,学校归属新成立的化工部,并接受化
工部委托办了一期大专师资进修班,学制3年,主要是为全国若干学校准备开
设的大专班培养师资,科目包括语文、数学、物理、力学、制图等。这样,对物理
的要求自然就提高了。为适应新形势下的新任务,物理组的一些教师陆续被外
派进修。

　　1958年6月起,化工学校被移交给浙江省政府,省政府随即安排我校办大
专班,并将学校更名为"浙江化工专科学校",学校内部分为中专和大专两个层
次(大专部分叫"大学专修科"),1958年秋季开始招收大专班(高中起点)的新
生,大专层次的物理课也相应地比原先的中专层次提高了要求。

　　1960年2月,依据浙江省委"建设产、学、研三结合基地"的设想,省政府下
文,以"浙江化工专科学校"的大专部(迁往衢州)为基础,同时将原"衢州化工专
科学校"并入,于1960年初在衢州烂柯山下成立本科层次的"乌溪江化工学
院",不久被上交化工部、迁回杭州,更名为"浙江化工学院";不久再次交回浙江
省、再迁衢州(此所谓"五年三迁");而原化工专科学校的中专部仍留在杭州(先
是作为"乌溪江化工学院杭州分部",后又归入浙江化工学院,共用白荡海校园,
然后又分家成为"浙江化工学院杭州分部",直到1970年停办,迁往衢州并入浙
江化工学院)。化工学院设有基础部,含数学、物理、化学、外语、体育等5个教
研组,李寿恒副院长兼任基础部主任。原杭州化工专科学校的物理组还留了几
人在杭州维持中专部(包括办培训班)。中专部停办后,他们也全部到了衢州。
到这时,物理教研组总算聚齐了,但也只有8人。

（二）成长期

从 20 世纪 80 年代到跨入新世纪,是浙工大物理学科的成长期。这段时期的主要特征是学科体系逐渐形成,发展框架逐渐明朗,脉络走向逐渐清晰,许多学科独立做的积淀在这时渐渐铺垫完成。

这一阶段,外部环境主要是十年"文革"结束、改革开放拉开序幕,百废待兴、一切欣欣向荣。学校也从初建时的中专、大专,逐渐成长为综合性的省级重点工科大学,学校的基本定位是为本省地方工业发展培养高级工程技术人才(号称"工程师的摇篮"),因此学校倚重应用型工科专业方面的教学和科研,而物理只作为整个培养计划中提供基础支持的部分,物理教师的任务主要就是上好物理课,为各专业后续课程做好服务工作。80 年代末,新进物理教师的门槛开始逐步提高,从物理专业本科开始,逐渐上升到硕士,随后开始有博士进来。资深教师通过办研讨班的形式带领年轻教师一同进步,一些年轻教师也积极参加其他高校的进修学习,物理教研室的学术氛围逐渐加强。

进入 90 年代,浙江工学院已初具规模,在校生(含成教)超过 6000 人,教学质量和管理也在社会上赢得了较好的口碑,开始实施第一个十年发展规划。此时恰逢浙江籍的台湾实业家张子良来大陆捐资助学,浙江省向他推荐了浙江工学院,并提供了配套资金。学校抓住机遇,修订规划、增设专业、系部升学院、改革核算体制、强化学科建设(同时要求专职教师"人人进学科"),终于获国家教委批准升格。1993 年 12 月,"浙江工业大学"的新校牌换下了"浙江工学院"的旧校牌。

1994—1998 年间,陆续有普化教研室划归化工学院、制图教研室划归机械学院、语文教研室划归技术师范学院、体育教研室划出组建体育军训部,基础部仅剩数学、物理、外语三个教研室,承担着全校的数学、物理、外语三大公共基础课的教学任务。

1999 年,全国各高校开始扩大招生,学校规模迅速扩大,而基础课程教师一时难以引进。在教师人数严重不足的情况下,基础部教师勇挑重担,物理教师普遍有"三大":大教学班、大作业量、大工作量,一位教师往往要完成三位教师的工作量。这也导致教学重压之下的物理教师们普遍有一个深切的苦恼,即没有精力搞科研,学术水平难以提高,难以适应学校发展的要求,自己的职称晋升也发生困难。来自内部和外部的压力,迫使基础部必须设法把教师们从教学重压下解放出来,腾出部分精力来加强学术研究和进修提高。

（三）快速发展期

新世纪初建立理学院以后,物理学科进入快速发展的阶段。这段时期物理学科正式开始走上独立学科发展的道路,学校的定位目标有了新的提升,从"一流地方工科院校"提升到"国内知名的教学研究型综合性大学",再提升到"国际知名的研究型大学",物理的学科建设也就有了更多的压力和动力,其发展走向系统化、精细化。

2000年,物理系开始招收"应用物理学"专业本科生1个班(26人),2002年扩大到2个班(56人),2003年扩大到3个班(69人),2004年起开设"光信息科学与技术"专业,2005年两个专业共开设4个班(95人)。此后,物理系的本科生就一直保持2个专业、4个班、共100人上下的规模。

成立物理专业后,物理系在完成面向全校范围物理基础课教学的同时,重点转向专业课学习,强调打造自己的专业课体系,物理系的主要做法是:

①全力构建现有教师成长培育体系,创造条件支持本院教师在学历、出国阅历、职称各个方面实现全面提升。2000年以来,物理系出国、出境进修和访问的先后有20多人次,在工大升为正教授的有5人,升为副教授的有27人,极大地提高了整个师资队伍的水平。

②着力在引进高水平教师上下功夫,夯实师资厚度。除了引进许多年轻的重点高校博士毕业生外,还引进了几位已具有高级职称的资深教师(如熊宏伟、张起、黎忠恒等多位教授)。

③规范专业本科教育建设构架(规范课程设置、提高教学质量、配备班主任和辅导员、认定本科生导师、抓好毕业论文质量等),教授坚持为本科生上基础课,并担任本科生导师,为申报硕士点打好基础。

④系统指导学生参加全国物理实验大赛、浙江省物理科技创新竞赛、浙江省物理创新竞赛(理论)等高水平竞赛活动,指导学生参加"运河杯"科技竞赛、大学生科技创新项目等科技活动,提高学生的学习积极性和自我要求。

2003年,物理系获批"光学"二级学科硕士点,2004年开始招收硕士研究生。2011年,物理系又获批"物理"一级学科的硕士点(2013年,教育部评估该一级学科国内排名第66位,列省属高校第一)。

目前,物理系的专业设置共有"物理学"及"光学工程"两个一级学科,在"物理"一级学科下有两个本科专业(应用物理学和光电信息科学与工程)。物理系现有具有硕士导师资格的教师25名,在校研究生有96名。在研究生培养中,物理系同时兼顾学术型研究生与专业型研究生的培养,近几年每年都有2名研究生被评为省级优秀硕士毕业生。硕士生教育的发展进一步促进了教师水平的提高、学术团队的形成和物理系学科形态的构建。

二、浙工大物理学科的现状

(一)团队建设

学术团队的建设是学科建设中最为重要的一块。在学院物理系相关本科专业与硕士专业刚开始招生时,物理教师们的科研主要还是围绕着与专业教学有关的方向,那个阶段可称为"教学研究型"。随着教师队伍水平的提高,许多教师的学术研究方向已经大大超越了专业教学的范围,有一些还瞄向了国际学术前沿。

具有博士学位的青年教师虽然一进校就"初定讲师待遇",但还必须经过教育厅的"教育理论上岗培训"和校内的"新教师岗前培训",同时配备"青年导师",青年教师必须担任导师的助教至少一年,还要参加"教师教学发展中心"组织的若干培训活动;拿到"高校教师资格证"和正式讲师职称以后,还要通过"主讲教师"的资格认定,才能正式独立开课。这些措施,既是为了保证课堂教学质量,也是为了帮助青年教师给自己的教师生涯开个好头。

2011年以来,为了组成职称、学历、年龄和学缘分布比较合理、具有积极的创新精神和创新能力的学术团队,物理系每年要引进毕业于重点高校并有国外访学背景的优秀博士十余名(主要方向在量子光学与精密测量、光电子学、量子理论、天体物理与宇宙学、光电仪器技术、光电功能材料、光通信网络技术等,意在逐渐形成特色研究团队。这几年引进的年轻博士有的已申请到国家基金和省基金项目),也有十余名青年教师到国外著名大学访学,还有多人次到国外短期访学或参加国际会议。

目前物理系共有83名教工,其中主讲教师75人,包括教授10名、副教授28名,具有博士(后)学历的55名。其中被列入省"151"人才第二层次1人、第三层次3人。

应用物理系着力建设教学团队,2007年基础物理系列课程被浙江省教育厅评为省级教学团队,2009年被教育部评为国家级教学团队。这也是目前浙江省高校唯一一个物理类国家级教学团队。

应用物理系拥有省级重点学科的是"光学",省级一流学科(B)"物理学"。物理系目前拥有9个团队:"林强创新团队"(带头人是林强教授)、"程成创新团队"(带头人是程成教授)、"乐孜纯创新团队"(带头人是乐孜纯教授)、"光电检测与信息处理研究团队"(带头人是隋成华教授)、"量子物质研究团队"(带头人是熊宏伟教授)、"引力与相对论天体物理研究团队"(带头人是王安忠教授)、"多体系统研究团队"(带头人是李海彬教授),各方向都已形成相关的学术团队,团队成员在独立研究的基础上定期进行学术交流;此外,还有"基础物理教学团队"(负责人是施建青、徐志君教授)、"物理实验中心"(带头人是徐志君教授、魏高尧副教授)。

(二)实验室建设

自20世纪80年代物理实验独立开课以来,物理实验教学改革便走在学校前列。1996年,物理实验室以优秀的成绩通过"浙江省首批基础合格实验室"的评估。2000年,为了适应面向21世纪物理实验教学改革的需要,在原物理实验室的基础上,学院组建了"浙江工业大学物理实验教学中心",实行校院两级管理体制和实验中心主任负责制。中心在以学生为本,以"素质、能力、创新意识"培养为核心的教育理念指导下,通过整合、优化各实验室资源,对物理实验教学体系、内容、方法及运行机制等进行了全面的改革,取得了优异成绩,于2002年被评为浙江省首批基础课实验教学示范中心。2004年,实验中心迁入小和山高教园区,拥有了一幢独立的实验大楼。2007年被批准为"国家级物理实验教学示范中心建设单位"。2012年以浙江省高校理工科组第一名的成绩通过专家组验收,被正式授予国家级实验教学示范中心称号。浙江工业大学物理实验中心是浙江省唯一国家级物理类教学示范中心。实验中心现有使用面积3500平方米,固定资产1600万元,可开设各类物理实验项目286项。每个实验室均装有中央空调,通风透光、宽敞舒适、干净卫生,亮度达到国家要求,为学生提供了良好的实验环境。建有基础物理实验、近代物理实验、设计性研究性物理实验、课题性探索性物理实验、专业物理实验、数字化网络实验6个实验教学平台,其中基础实验平台由22个面积为100平方米、32套实验仪器,并装备了投影仪和6台连接成局域网的计算机等辅助设备组成的多媒体教学系统的标准实验室组成,保证了基础实验每人一套仪器设备的条件。

近几年来,通过国家财政部中央与地方共建高校专项基金,浙江省支持办高水平地方高校专项和学校自筹等渠道先后建设了光电专业、半导体光伏及器件、诺贝尔奖物理实验、省示范中心重点等实验教学平台,共新添设备522台(套)数,其设备总值达固定资产443万元。

在实验配套网站建设方面也成果颇丰:

① 建立了实验中心的专门网站(http://mathzjut.oicp.net：8080),在网上发布实验示范中心相关管理信息;

② 建设了大学物理、大学物理实验精品和普通物理实验课程网站(http//kczy.zjut.edu.cn/wlsy);

③ 在杭高校大学物理实验教学协作网(校内:http://172.16.12.120/cop/index.asp;校外:http://mathzjut.oicp.net：8080/cop/index.asp);

④ 学生自主选课平台;

⑤ 大学物理实验仿真软件;

⑥ 物理实验导学软件库和试题库。

(三)课程建设

建设精品课程:1993年开始,学校逐步强化课程建设,先后建成若干一类课程、优秀课程、精品课程建设。"大学物理"第一批就被评为校样板课程(1994年),后来逐步提升为优秀课程(1995年)、校级精品课程(1997年)、省级精品课程(2005年),都是学校的第一批。跨入新世纪以后,"普通物理实验"等课程也陆续被评为优秀课程、精品课程,详见下表。

校级优秀课程名称	负责人	立项时间	验收时间
普通物理	林国成	2004 年	2011 年 1 月
物理学与现代文明	徐志君	2005 年	2011 年 1 月
量子力学	徐东辉	2008 年	2014 年
普通物理实验	魏高尧	2009 年	2011 年 12 月
电磁场理论基础	程成、张航	2010 年	2014 年 1 月
光学设计	乐孜纯	2012 年	2014 年 4 月
光伏技术课程群(含量子力学、固体物理、半导体物理、半导体器件与测试、光伏材料与技术及相关课题性实验)	徐志君	2012 年	2014 年 6 月
光电子学	严金华	2013 年	

精品课程名称	负责人	类　别	验收时间
大学物理实验	隋成华	省级精品	2003 年
大学物理 B	徐志君	校级、省级精品	2006 年、2008 年
普通物理实验	徐志君	省级精品	2010 年 12 月
物理学与人类文明	施建青	培育国家精品视屏公开课	2012 年 4 月

学院每年从物理系中抽调十多位有国外学习或教学经历、英语口语基础好的优秀教师,开设全校留学生全英文"大学物理""大学物理实验"等基础课程,切实制定教学计划,为我校国际化战略目标的实验贡献一分力量。

(四)教材建设

教材建设既体现了教师的专业水准和教学经验,也体现了学科建设的成果。编写了高质量的"面向21世纪课程系列省级重点建设教材"——《大学基础物理实验》《大学近代物理实验教程》和《大学物理自选与开放实验教程》等系列教材,其中,《大学物理学》教材入选教育部"十一五""十二五"国家级本科规划教材,也是全国第一批入选大学物理方面的6种"十二五"国家级本科规划教材之一。《近代物理实验》教材是全国唯一一部近代物理实验方面的"十二五"国家级规划教材。这些教材的编写出版,取得了明显的成果,成了大学物理与物理实验课程新体系、新模式和新内容,对提高我校大学物理和物理实验教学水平与质量,推动国内高校大学物理和物理实验教学改革起到了良好的示范和辐射作用。

建院后,由隋成华主编《大学自主物理实验教程》《大学近代物理实验教程》,由徐志君主编《大学基础物理实验教程》,虽然没有正式出版也没有推开,但为以后的教材建设打下了良好基础。

2007年,北京出版社出版了由隋成华主编的《大学基础物理实验教程》和《大学近代物理实验教程》。

2012年,上海科学普及出版社出版了由徐志君主编的《设计性研究性物理实验》(省级重点教材)、《大学物理实验指导书》(省级重点教材)、《课题性物理实验》,由隋成华主编的《大学物理实验》(省级重点教材),高教出版社出版了由施建青主编的《大学物理学》("十二五"规划教材),机械工程出版社出版了由程成主编的《电磁场与电磁波》(省级重点教材)等。

2013年,科学出版社出版了由程成主编的《纳米光子学及器件》,由张航主编的《非成像光学设计》。

2016年,高等教育出版社出版了由隋成华主编的《大学物理实验》。

经历62年的发展,特别是进入21世纪以来的快速发展,浙江工业大学的物理学科已逐步成长为一个朝气蓬勃的科研教学型团队。我们今后的努力目标是:培养物理基础厚、应用口径宽、动手能力强、理工素质高和富有创新精神的物理类专业人才。

(五)学术交流与学生培养

在学术交流方面,近三年来物理系主办过3次国际学术会议:2014年第八届冷原子物理与量子信息青年学者学术讨论会(熊宏伟教授负责);中国物理学会引力与相对论天体物理分会2015年学术年会(王安忠教授负责);2016年第七届冷原子物理国际学术研讨会(林强教授负责)。在服务社会方面,近三年来,物理系共有33项发明专利(其中1项为美国发明专利)、19项实用新型专利、3项外观专利、2项软件申请获得授权。目前仍有37项发明专利、5项实用新型专利、1项软件申请已获受理。

学术研究的活跃,反过来也有力地促进了教学(尤其是研究生教学),本科生和硕士生的教学质量和毕业论文水平显著提高。每年都有一位硕士生的毕业论文被评为校级优秀论文。

为有效地激发学生的学习兴趣、开阔眼界、提高目标设定、促进学习和教学,物理系自学院建院以来,继承物理教研室优良传统,一直强调将学科竞赛融入学科体系中,组织或承办了包括浙江省物理创新竞赛(理论)、浙江省物理科技创新竞赛等数理学科竞赛,将课外实践平台融入应用型创新型人才培养体系中,在参与竞赛在校学生中人均至少获得1项省级竞赛及以上奖励,同时每年都有多名学生通过竞赛获奖获得免试保送研究生的资格,进入各重点高校继续深造。

近些年来,曾获得全国物理实验大赛二等奖 1 项、三等奖 1 项,浙江省物理科技创新竞赛一等奖 2 项、二等奖 6 项、三等奖 3 项,浙江省物理创新竞赛(理论)一等奖 42 项、二等奖 148 项、三等奖 267 项,校"运河杯"大学生课外学术科技作品竞赛特等奖 3 项、一等奖 22 项、二等奖 39 项、三等奖 84 项,科技立项国家级 9 个、省级 27 个、校级 185 个、院级 115 个。

目前,校、院各级正处于"十三五规划"的开局之年,对于学院发展而言,尽早建成特色鲜明、本研比例适中、学科层次完整、科研教学水平较高、在省属高校中居领先的理学院,初步建设成为与学校发展目标相一致的研究型学院,已经成为这一个五年计划的共识。物理系将在学院总体目标基础上,以学科建设为引领、以队伍建设为核心、以人才培养为中心、以科研提升为抓手、以文化建设为保障,力争实现物理学、光学工程一级学科博士学位授权点零的突破,推进一流学科建设,争取物理学一级学科在全国学科学术排名前移 15%,力争下一轮进入省一流学科 A 类学科,争取光学工程一级学科在全国学科学术排名前移 15%,力争下一轮进入省一流学科 B 类学科。注重物理方向光电科技与新能源人才培养,积极申报浙江省重点实验室,实现理学院省级平台零的突破。形成物理学科四大研究领域:量子理论、天体物理与宇宙学研究,精密测量,纳米光电材料与器件,光电检测与信息处理;形成光学工程学科三大研究领域:光电仪器技术、光电功能材料、光通信网络技术。

校园里的军工

——记省重点学科"武器系统与运用工程"

方志明　盛强观　王积瑾

之江学院的前身是杭州船舶工业学校,它原属第六机械工业部(以下简称六机部),在专业上与海军有联系。1999年转交给地方,成为浙江工业大学的附属二级专科学院;2014年成为浙江工业大学属下的独立学院。但是,起源于船舶工业学校的有关军工设备的研究和生产一直没有中断,并孕育出了浙江工业大学一个独特的学科——"武器系统与运用工程",这是我国非军事院校中唯一与军工有关的学科,自有其特色。

一、军工特色显成果

这个学科初创于1999年,学科负责人是方志明教授(原之江学院党委书记)和盛强观教授级高级工程师(原445厂厂长兼总工程师)。经过不断建设,本学科于2005年3月被批准为第五批浙江省重点B类学科,建设起止时间为2005年3月至2010年3月。2012年6月又被批准为"十二五"浙江省高校重点学科,建设起止时间为2012年6月至2015年12月,现在学科归属浙江工业大学之江学院,是之江学院自成立以来的第一个省级重点学科。

本学科先后获得国防科技进步二等奖1项、国防科技成果三等奖1项、浙江省科技进步二等奖2项,2005年被评为浙江省重点学科(B类)后,学科有了长足的进步,培育出鲜明的特点:

第一,学科具有鲜明的国防军事研究背景和科研、试制、人才培养、军方应用为一体的运作机制,其亮点为:拥有一个紧密型的生产试制产业化基地(国营第445厂),也是全国非军事院校中唯一以武器系统为研究对象的学科,其研究成果具有重大的军事意义和应用前景。

第二,学科以原浙江工业大学特种装备研究所为基础,近五年来承接了15项重大国防军工项目、国家自然科学基金、省科技厅项目和省自然基金项目,科研经费超过 5000 万元,科研经费充足,科研任务饱满,其中已结题 11 项。学科发表了 50 余篇高水平论文,授权军工专利 3 项,其他专利 1 项,拥有 8 项软件著作权。

第三,产学研基地承担了学科研发项目的试制生产任务,是我国"HJFS 装置与随动系统"的重要研发基地。

第四,学科积极适应军工的需求,开拓了"JZ 无线制导技术与应用"的新研究方向,并已承接了多项重大国防军工项目。

第五,学科人才梯队结构更加合理,学术水平得到了进一步提高,与浙江大学、浙江工业大学等高校联合培养了 15 名研究生。

学科从 2005 年浙江省重点 B 类学科,发展到 2010 年申请为省级重点学科后,以原浙江工业大学特种装备研究所、之江学院机电工程分院、信息工程分院、理学系、校企 445 厂为依托,多年来组织专门团队和工程技术人员深入研究"HJFS 装置及随动控制系统",涉及多种专业技术领域和高新技术,综合运用了自动控制、电力电子技术、抗高温高压燃气流冲击等多种高新技术,学科将这些研究成果进行直接应用,为我国国防事业做出了一定的贡献。

自 2010 年后,学科逐步将研究方向拓展到"JZ 无线制导技术与应用",主要研究抗强干扰、高保密的无线制导通信方式。学科研究内容的相当部分是 JZ 装备涉及的新技术,经过多年的深入研究,其研究成果已经应用到我国的新型装备中。学科进一步围绕"HJFS 装置与随动系统""JZ 无线制导技术与应用"两个军工特色鲜明的主要研究方向,使其有效地应用于 JZ 系统,为海军提供可靠的新型装备,并逐步拓展其他相关方向的研究。

在学科建设方面,进一步加强机械、计算机和通信等相关基础领域的应用研究,完善学术梯队建设。通过军工项目的研究,锻炼培养专业研究队伍,加强开展与军方和军事院校同行的合作交流,使本学科能更好地为我国国防事业做出新的贡献。

学科具有鲜明的军工特色和科研、试制、人才培养、军方应用为一体的运作机制,拥有一个紧密型的试制生产产业化基地(国营第 445 厂)。该基地承担了学科研发项目的生产试制任务,建有机械、机电一体化、自动控制、通信、工艺、技术保障等专业研究室,现有研究人员 60 余人,由一批理论基础扎实、实践经验丰富的博士、硕士为各专业科室的带头人,主要从事新技术、新工艺的研究和海军装备的设计开发,是我国"HJFS 装置与随动系统"的重要研发单位。通过不懈的努力,先后研发了数十项关键技术,获得了 30 多项专利,完成了 10 多项国家重点项目,多项成果填补国内空白,为海军装备现代化建设做出了重大贡献。学科成员先后获得中国船舶工业公司科技进步二等奖和中国船舶重工集团科技进步三等奖。

之江学院是浙江工业大学属下的一所独立学院，能在高等学校里建设"武器系统与运用工程"军事学中的重点学科且颇有成就，是因为在之江学院的校园里有一座长期坚持着军工科研生产的军工厂——445厂。445厂不单有军工任务，而且有军工序列代号，有驻厂军代表室，有全套军工科研生产资质，在全国高校中绝无仅有，是浙江工业大学的一种特殊资源。用好这个资源，对浙江工业大学建设区域特色鲜明的教学研究型大学无疑是大有裨益的。因此回顾和总结445厂的历史，对如何传承和发扬军工精神，特别是军工如何走好产学研相结合的道路，在普通高校中如何更好地服务于学科建设，使军工文化与大学文化的融合发展，需要我们以创新精神去求解、并进一步探讨和实践。

二、峥嵘岁月忆历程

原船舶工业学校的校园军工生产，发轫于20世纪60年代至70年代"文化大革命"时期。当时提倡学校办企业，促进了军工科研与军工生产的结合；原杭州船舶工业学校附属之445厂，正是"文化大革命"中由校改厂，承担了国家下达的军工生产任务。在尚处"文化大革命"高潮的1968年，杭州船舶工业学校及附属工厂承担了第六机械工业部（以下简称"六机部"）下达的设备电力瞄准传动装置的试制任务，并于1969年3月通过了由六机部主持、海军装备领导机关及167厂军代室、710所等单位参加的鉴定，由此迈开了军工生产的"关键一步"。

1969年8月27日，六机部军管会以（69）378号文批复同意杭州船校改厂规划方案。1970年，六机部将"××式×××装置"的试制任务交给445厂，445厂干部职工仅用了一年多时间就完成了，并于1974年通过了生产定型。随着"××式×××装置"和与其配套的设备电力瞄准传动装置一起都由445厂生产，445厂成为我国FQ设备的专业厂家，为巩固我国海防发挥了重要作用。几十年来，445厂几经沉浮，数度变迁，至1999年随杭州船舶工业学校并入浙江工业大学。

1999年7月根据浙江省浙政发〔1999〕169号文：杭州船舶工业学校并入浙江工业大学，445厂随同并入后成为浙江工业大学的附属工厂，但445厂的番号不变，隶属于浙工大之江校区。由于之江学院办学的需要，不少职工由445厂调入之江学院，工厂使用区域大幅度减小，先后将铸造车间、电装车间、木模车间、实习车间与行政技术办公房等拆除，工厂用地减少一半以上，部分家在外地住集体宿舍的职工发放了拆迁安置费提前退养回家。至2001年，445厂仅剩职工176人，固定资产仅剩900余万元。

1984年至2005年的20年，是工厂比较困难的一段时间。但全厂员工始终没有放弃,而是迎难而上,积极投身于改革开放的大潮中,向先进企业学习,努力开发产品,虽然没有取得重大突破,但职工保留下来了,工厂生存下来了,并保住了作为国家军工产品的定点生产单位。

1982年445厂开始研制回转式五管××及随动系统,1986年通过设计鉴定;随后研制六管××××装置及随动系统,1987年该装置通过设计定型,随动系统通过设计鉴定。这些产品的研制锻炼了科技人员,保住了工厂军工生产线,此后持续十余年间生产的产品得到列装并在90年代初出口泰国。自90年代初起,710所的有关产品开始在我厂研制并投产;715所的机箱机柜也在我厂研制并投产;1994年起工厂开始对随动系统进行数字化改进;为了实现自动发射,2000年起对××装置进行引信自动设定改进,并于2003年通过鉴定。这些新产品的研发、试制、生产,使445厂存活下来,并逐步呈现出新的希望。

2006年后,工厂摆脱了多年徘徊的局面慢慢发展起来,并完成了军工资质的考评审查。此后,工厂先后承接了多项1000万元以上的科研项目。如今我国自主研制的所有主战平台上均列装有我厂的装备,工厂也获得省部级以上科技奖近10次,获得专利10余项,今年起我厂产值过亿元,利润过千万元,手持合同金额超过3亿元,职工收入也有较大增长。

由于工厂研制产品的重要性及技术难度的提高,国家给予工厂近8000万元的专项资金,使工厂在邻县建起了一个设备设施先进、工艺流程合理的新厂区,生产能力得到大幅提升,国有资产近10年间增值了10余倍。

如今的445厂,有自己的核心技术、有较先进的生产线、有较好的科研条件,已经初步具备自主发展的各种要素。我们有条件和能力为军工装备做出更大贡献,为浙江工业大学建设区域特色鲜明的教学研究型大学做出自己的贡献。

(一)创建初期(1969—1976年)

1966年,"文革"动乱开始,原属六机部的杭州船舶工业学校也"停课闹革命"。1969年8月27日,六机部军管会发文《关于杭州船校改厂规划方案的批复》,明确工厂名称为杭州航海仪器厂,代号445厂,人员控制在500人左右,于是一个新的军工企业在杭州船舶工业学校的校址上诞生了。

在工厂成立前的1969年3月,六机部就在杭州船校主持召开了由杭州船室研仿的"6X01"产品鉴定会,东海舰队、167厂及军代室、710所等多家机关及军工科研生产单位参加,产品也通过了鉴定。

当时我国海军军工自主研发的主干力量是七院(中国船舶工业总公司第七研究院)系统,属下的各研究所大部分成立于1960年以后,还处于成长阶段,大部分的装备处于单机阶段,尚未形成系统。"6X01"是一型仿苏产品,虽然不是大装备,但在当时是个有较大影响力的军品。445厂成立后第一个列装装备就是"6X01"，且是由 445 厂自己研仿的。当时一般的分工是研究所负责设计、工厂负责生产，像"6X01"这样由工厂自己研仿的产品很少，所以 445 厂后来重视研发、保持一支研发科技队伍，应该说与"6X01"的研仿有关，当然也与杭州船校属于军工系统、有一批军工背景的专业老师有关。可以说，445 厂从成立之初，就有自己的军工研发基因。

校改厂后，六机部在学校的基础设施上投资 160 万元进行补充完善，扩建了一个 3000 余平方米的大机加车间及少量辅助生活设施，使 445 厂成为在当时堪称相对先进的中型企业。

1969 年末至 1970 年，445 厂革委会及党委会先后成立，工厂组织架构建起来了，开始正常运行。1970 年初，在校的毕业生结束停课闹革命，分配去各军工单位参加工作，其中 50 名毕业生就留在 445 厂，下半年又招收了 160 余名以浙江省各地市复退军人为主的新工人，加上原来附属工厂的职工及部分船校干部、教师，工厂的职工队伍基本形成，且总体素质较高。那时非军工企业中大学生还很少，而 445 厂的科技及管理岗位上却有许多毕业于交大、浙大、人大、北京工学院等著名高校的大学生。杭州船校毕业的几十名高素质的中专生则充实到生产一线，直接从事机械加工操作，这样一支科技生产队伍，在当时就是实力强大的国企也难以达到。

1970 年中，六机部将"65 式 FSP"的试制任务交给 445 厂。当时该产品由五机部所属企业试生产，已经小批量生产。但根据行业分工，列装装备应由六机部所属企业生产，因此该装备就由五机部转给六机部。在计划经济体制下，一切听从国家安排，五机部的企业花了大量的时间、经费，基本试制成功，而此时要转给 445 厂，他们不但没有意见，还尽最大努力支持我们，把成套的工装、专用设备，连同图纸资料和生产工艺无偿提供给 445 厂；他们的工人、干部和主管工程师不仅有问必答，还亲临 445 厂，师傅教徒弟般指导生产。这些在今天看来是不可思议的事情，但在当时却是再自然不过的事，所以今天早已不知当初情况的年轻人，真应该感激五机部的企业，要怀有感恩之心，因为正是这型装备的试制并与 6X01 配套，奠定了 445 厂作为军工企业的基础；也因此使 445 厂在海军装备系统里站稳了脚跟、树立了声誉，成为海军装备生产的一个重要企业。

445 厂的干部、职工排除生产线不健全、校改厂初期企业管理经验不足、工装不齐、工艺不成熟等许多困难，攻克了薄壁管加工、单支点高低架高温震荡、电瞄在高湿环境下绝缘电阻低等关键技术，仅用了一年多时间，到 1972 年就完成了样机试制。根据国家计划 1973 年生产了 FSP 30 座，"6X01"17 套，达到小批量生产规模。根据六机部要求，FSP 在 1974 年要完成生产定型，为此工厂成立定型筹备组，并从图纸、工艺、工装、生产线及相应的技术管理制度着手，全面筹备生产定型工作。在一无经验、二缺专业技术人员、三受"批林批孔"运动冲击的情况下,工厂干部、科技人员、工人克服重重困难,完成工艺规范几千页,把工装配套完整、生产线补充完善,至 1974 年秋完成了定型试验。其中射击试验在杭州湾钱塘江畔的乔司靶场进行,试验时现场数百职工,红旗招展,多箭齐发,每个人的脸上洋溢着自豪的微笑。那几天是 445 厂员工最难忘的日子,那几天也是 445 厂员工最值得纪念的日子。此后从国家下达的计划可以看到,445 厂已经是一个名副其实的军工厂了。FSP、随动系统、C630 车床、6X01 电瞄在当时都是大产品,工厂已完成了建厂初期的摸索提高阶段,成为一个有自己产品,有技术人才、工人队伍,管理比较规范的军工企业。在当时的浙江军工系统,445 厂已小有名气。

(二)从辉煌到彷徨(1976—1984 年)

1976 年粉碎"四人帮"是一个历史的转折,"文革"动乱终于结束了。从此以后工厂进一步走上正轨,在"文化大革命"中诞生的 445 厂告别一段特殊的历史,将迎来自己发展的高峰,也将要去迎接新的考验。

"文革"十年间,工厂大部分时间处于无政府状态,一部分职工热衷于"闹革命",大部分职工则享受着自由,逍遥自在。工厂工资照发,守纪律的上、下班时报个到,胆子大的则长期不去工作岗位,领了工资回家养鸡种菜带孩子。"文革"一结束,各项工作要逐步正规化,大家也都认识到必须要抓紧生产了,但一时真还适应不过来,好在这个过程很快就过去了。

1977 年职工的积极性基本发挥出来了,历史上第一次完成了"6X01"30 套、FSP 60 座、双 57 随动系统 11 套等产品,当年总产值超过 700 万元。这是建厂以来的历史最高值,在当时完成 700 万元产值是许多中型企业都做不到的。

445 厂的产品从电瞄(6X01)到 FSP 到 C630、C618 车床,到 714、711 随动系统,一路扩展,在工种上从常规车、磨、刨、铣、钳到焊接、电镀一直到铸造,当时 445 厂的铸造车间可以铸铁,还能铸铝、铸钢,在浙江普通的机械厂都很难看到这么齐全的工种。当时 445 厂不但工种齐、工艺水平高,而且六机部投入的龙刨、磨床、立车、齿轮加工设备都是顶尖设备,有些甚至在浙江是独一无二的。445 厂的工艺水平也小有名气,其中铸造"拉缸式"炉型具有优质、高产、节能的特色,1:17 的焦铁比达到国内先进水平。为此,六机部于 1977 年 7 月在 445 厂召开冲天炉节焦现场会,六机部、省、市有关领导、浙大等有关院校、企事业单位共 61 个单位参加现场会,这次会议在行业内外产生了较大影响。

1978 年是工厂历史上辉煌的一年,当年产值达到 843 万元,年生产"6X01"35 套、FSP 63 座、双 57 随动系统 14 套,年产值、劳动生产率以及质量指标均达到历史新高。

1978 年 3 月中共中央在北京召开全国科学大会,首次提出"科学技术是第一生产力",这是中国共产党在粉碎"四人帮"之后,国家百废待兴的形势下召开的一次重要会议,也是中国科技发展史上一次具有里程碑意义的大会。会上表彰了一大批先进集体、先进科技工作者和获奖项目,445厂有2项成果获奖(714项目及6X01项目)。作为办厂不久的中小型军工企业,获得2项全国科学大会奖,在当时是十分难得的,在浙江省内更是少有的,对广大职工特别是科技人员是很大的鼓舞。可惜当时企业刚走上正轨,单位又多次变更,工厂尚无档案室,这两张珍贵的全国科学大会奖状,其中一张已经丢失,目前仅存一张。

在445厂军品科研生产的历史上,值得一提的是与713所的合作。根据专业划分,713所是JP及其伺服系统的研制单位,而其中伺服系统的生产单位是445厂。

"0X1"在我国海军发展史上具有里程碑意义,1971年根据上级指示,我厂准备试制713所设计的"0X1"载"711"项目,因"文革"动乱影响,试制进展缓慢,一直到1981年才完成设计定型。设计定型后即进入小批量生产,1982年生产了10套,1983年18套,以后又陆续生产了20多套。

1970年起工厂开始试制713所设计的"714"项目,这在当时是我国单机走向系统的重要装备,713所派出驻厂工作组,组成由技术人员、干部、工人组成的试制组。445厂高度重视,派出最优秀的干部。职工参加试制,并在设备、设施等方面给予重点保障,经过大家的努力,1971年完成了2套样机。但在后续试验中遇到不少困难,加上"文革"动乱的影响,一直到1976年才完成设计定型,定型后1977年生产了11套,1978年生产了14套。

"711"与"714"生产量都不大,持续生产时间也不长,但在445厂成长史上起过重大作用。一是二型产品均是电气产品,使以机械产品为主的445厂成长为机、电并重的企业。二是二型产品均为专业所设计,在当时应是技术含量较高、控制较复杂的大产品,与当时445厂承担的其他产品比较,在技术层次上有明显的提高。三是对445厂的管理、生产、人员素质的提高有重大促进作用,对445厂技术水平的提高,工艺、装配特别是电气产品的工艺、装配、调试技术水平的提高也有重大促进作用。

445厂的生产在1978年达到顶峰,1979年出现了下降趋势,而到了1980年则大幅下降,计划销售产值不到200万元,可以说是断崖式下降。吃惯了计划经济大锅饭的干部职工此时慌了手脚,极不适应。为了生存,当时工厂提出了"千方百计、广开门路、找米下锅"的口号。工厂开始开发研制民用产品,诸如和面机、落地收音机、折叠椅、各种机电零配件,只要有需求,工厂就设法加工、生产;但即使这样,当年也仅完成工业总产值300余万元。

在军工企业大面积发生困难的局面下,国家采取多种措施设法解决,主要办法是:一部分企业转产民品,其军工代号取消,即摘帽销号;一部分企业保留军品线的同时开发民品即军民分线;一部分骨干军工企事业单位陆续从大山深处搬到交通方便的城市,甚至中心城市。在这样的背景下,国家计委、国务院、国防工业办公室 1980 年 8 月批复六机部"将 706 所与 445 厂合并调整为 SS 技术装备研究所"。六机部随即发文 706 所、445 厂部署合并事宜。在合并过程中,445 厂有过一段短暂的波动,但由于合并是 706 所从宜昌搬迁至杭州,445 厂的员工基础条件基本不变,所以对 445 厂的科研、生产影响不大。由于当时杭州人口控制极严,706 所在迁入杭州的过程中阻力很大、困难很多,最后化解的办法是 445 厂继续在原址办厂,而 706 所本部迁入杭州市郊的富阳县。至 1984 年,部分在 445 厂办公的科研人员及所领导也搬往富阳。1981 年至 1984 年,工厂名称变为中国船舶工业总公司第七研究院第 715 研究所 445 厂,归属七院领导,厂内机构与运行体系没有发生实质性的变化。1981 年至 1984 年,工厂军品结构除双 57 随动系统停产外其他没有大的变化。6X01 的产量每年 30 ~50 座,电瞄 15~25 套件,产值在 300 万元左右,职工 600 余人,与高峰时相比,主要军品产值不到一半,利润大幅下降,几年间都只有微利。工厂各项经济指标明显下滑,企业已没有了当初欣欣向荣的气氛。更为严重的是,老产品"714"已停产,"6X01"随平台建造数量的减少而减少,也有逐渐停产的可能。如果不开发新的产品,没有新的经济增长点,工厂将越来越困难。此前虽然搞过几年的民品开发,但几个民品均打不开市场,不少还是亏本经营,大部分职工认为,技术含量不高的民品我们是竞争不过民营企业的。民品开发的积极性已经消失,而军品开发的路又不知道在哪里,工厂向何处去?与当时不少军工企业一样,很多职工是迷茫的,对于如何走开发之路是彷徨的。

1982 年底 1983 年初,工厂领导提出要开发军品,其突破口是当时我国自研的舰艇平台,同时装备多个武器,且有些已成系统。我们的设备也列装,但不像以往只针对一种目标,为了打击多个目标,可以让平台机动来瞄准,而现在的装备必须自动瞄准,即在高低、方位上都必须能实现机动瞄准,所以海军要求我厂设备能实现方位机动。工厂抓住海军需求,提出自筹经费、组建研制组,研制可以旋回的设备。研制组由"文革"前毕业的大学生、工厂自己培养的电大生、中专生和部分资深老工人组成。

工厂真正自主研制的路应该就是从那时开始的。自筹资金、自主研发,在当时还是比较超前的。根据当时的常规,研发应由研究所负责,而研制经费应由国家拨款。但如果等国家立项拨款,这项任务我们就争取不到,所以在 20 世纪 80 年代初,我们的有些观念还是比大部分军工企事业单位要进步一些,危机意识也要强一些。1984 年起,我们的旋回式产品及随动系统研制全面开展,且进展顺利,工厂这项开创性的工作得到海军和当时的船舶工业总公司的肯定。

1984 年,改革开放的成果已比较明显,乡镇企业兴起,国家的经济形势明显好转,随着各行各业的发展,人才需求很大,人才短缺成了瓶颈,而 715 所实际已在富阳建设。在这种形势下,1984 年 11 月中国船舶工业总公司发文"恢复杭州船舶工业学校",445 厂为学校附属工厂。这样,职工出现了大分流和大调整,有的回校当老师,有的去从事管理工作。从此工厂又在一种新的体制下运行,将要面对新的考验。

(三)杭州船校的附属工厂(1984—1999 年)

1984—1999 年,445 厂经历着工厂改为学校体制的变化、经历着军工集团改革将学校下放地方的变化、经历着国家对军工领域多研制少生产的战略调整,可谓道路崎岖,历经风雨,但 445 厂人始终坚忍不拔、自强不息,探寻自身生存与发展之路。

这段时期,工厂研制及生产的产品以军品为主,始终坚守着自己的专业领域并有所发展,主要产品为 FS 装置及随动系统。该产品自 20 世纪 70 年代至今经历过 6 次更新换代,其中有三代产品就是在 1984—1999 年期间研制生产的,包括第二代产品回转式 1200 及随动系统(1983 年 3 月由海装、中船军工部下达研制任务,1986 年通过设计鉴定,列装于 XX3 型平台,并出口东南亚国家),第三代产品 87 式 FS 装置及随动系统(1985 年 7 月由海装及中船军工部下达研制任务,1988 年 12 月通过设计定型及设计鉴定,装备于多型平台,并出口亚洲国家),第四代产品 87 式 FS 装置及数字式随动系统(1994 年 5 月由工厂立项开始研制,1999 年 8 月海装兵器部下达研制任务),其中回转式 1200 及随动系统于 1984 年获青工"五小"成果一等奖;87 式 FSP 于 1990 年获中船总科技进步三等奖,回转式 1200FSZZ 随动系统于 1988 年获中船总科技进步三等奖。在此期间,工厂与 710 研究所合作完成了 X 弹射机构的研制,并于 1987 年获中船总科技进步三等奖。

工厂在此期间还生产了多型系列干扰弹、7X1 产品、消磁接线盒、绞车、2X6 机柜、2X5 机柜、6X01 放大器、军备件等军品,并努力开拓民品市场,承接外协任务,主要有注塑机等民品。

从 1984 年至 1999 年的 15 年间,全厂职工同舟共济、齐心协力,虽然职工人数在逐年减少,从 1984 年 385 人减至 1999 年 203 人,但工厂年工业总产值从 1984 年的 328 万元提高到 1999 年 468 万元,年商品产值从 1984 年的 276 万元提高到 1999 年的 377 万元。通过这 15 年计划经济向市场经济转型的洗礼,445 厂渐渐地懂得只有开拓进取、科技创新才有自己的出路。

(四)归入工大的岁月 (1999 年—至今)

1999 年 7 月 13 日,浙江省人民政府《关于杭州船舶工业学校并入浙江工业大学的批复》(浙政发〔1999〕69 号文件),同意杭州船舶学校并入浙江工业大学,附属工厂随同并入,成为浙江工业大学附属工厂。

445 厂并入工大后，原来的隶属关系变了。在船舶总公司时，主管单位是央企，对企业的管理是规范的，从计划、考核到监管都有对口的部门。并入工大后，上级主管是学校，对企业的管理是大口径的。为了使 445 厂在军工行业内能生存下去，征得学校同意后，2000 年 5 月 19 日，浙江省国防科技工业办公室浙军工综字〔2000〕29 号文批复同意 445 厂纳入省国防科技工业行业管理。

并入工大时，军工行业正处于谷底，大部分军工企业都比较困难。改革开放后，我国优先发展民生工业，军工逐渐走下坡路。所以并入工大时，很多人认为工厂没有出路，人心思走，一些员工要求到学校的管理、后勤岗位去。鉴于工厂编制较多，学校分流安置有困难；而且军工产品出厂后有维护、保养和保持装备完好战斗力的政治要求，工厂在困难中保留下来了，但人员逐年缩编，厂区逐年缩小，产值、利润等各项经济指标都不理想。

1999 年 5 月中国驻南斯拉夫大使馆被炸后，国家对军工的投入逐年加大，从导弹、飞机至常规武器需求都有所增加，至 2005 年前后，我厂的军工生产已看到复苏的转机。

工厂并入工大后，最直接的好处是高校强调科研，而工厂要办好也必须要有自己的产品。企业核心竞争力的关键是有自主知识产权，有高附加值的高技术产品，所以工厂更加重视科研，强调科研兴厂、军工报国。为此，工大结合工厂的专业特点成立了"武器系统与运用工程"学科。之江学院部分机械、液压、自动控制的专业老师，教学之余也参与工厂的科研与试制，对 445 厂提升科研实力、走产学研相结合的路子提供了人才支撑。

2005 年以后，工厂加大人才引进，大规模开展军品研发。

第一个重大产品是 XX1 舰的 FSZZ 及随动控制设备。一个小厂要研制中大型装备，无论是技术、管理还是设备难度都很大，工厂员工凭借勤奋刻苦、员工心齐、良好的信誉，在激烈的军品市场最终获得海装机关和系统责任单位的支持。在本系统其他单位已开局领先的情况下，攻坚克难，潜心攻关，在 700 多个日日夜夜里，不论寒冬酷暑，举全厂之力，攻克多个关键技术。军代室说我们是"五加二、白加黑"，员工士气空前高涨，全厂团结拼搏。为了研制工作，多个职工全年除春节外休息不到 10 天。700 多天后，我们这个晚起步的单位，却于 2009 年 9 月全系统率先交装，得到海装机关、系统责任单位、兄弟院所的高度评价。我们的型号装备列装于大船，这在浙江是唯一的，因此省国防科工办说我们是"小厂办大事，为全省军工争了光"。

新型装置及随动控制设备的研制成功大大鼓舞了士气，此后工厂的科研工作走上了高速发展之路。新的产品不断研发用于装备部队，科技人才快速成长，产学研结合之路越走越宽，工厂的核心竞争力快速增强，企业走上了平稳发展的道路。

随着重大产品研制工作重要节点的完成,工厂科技实力不断增强,学科建设有了良好的平台和载体。2004年之江学院成立了以军工为背景的"特种装备研究所",2005年3月"武器系统与运用工程"被批准为第五批浙江省重点B类学科。2012年6月被批准为"十二五"浙江省高校重点学科。

新型装置及随动控制设备研制的成功,也使我们取得了装备领导机关的赞赏和信任。此后新产品研制任务不断下达,其中一个重大的突破是指令修正设备的研制。

指令修正设备属于通信信息专业。我国某新型的装备即将服役,因其飞行距离远,需要配备指令修正设备,这在我国舰载装备中也是首次列装,所以还没有定点的厂、所。我厂之前基本没有这方面的技术储备和人才储备,但工厂得到信息后,立即展开调研和策划,并竭力向领导机关争取。当时机关希望我们参与研制,也有考验我们能力的意思。工厂充分发挥身在高校、熟悉浙江高校各校学科优势分布的特点,在任务准备阶段,发动多个高校参与初步方案的设计。最后由445厂、杭州电子科技大学、之江学院有关专家、教授组成了研制组。工厂提出的方案、试制的样机,经过各种严酷的试验考核,以全部满足战术指标、正式试验中零故障率的成果,得到海装机关的充分肯定。涨装机关并将后续多个型号的研制任务下达给445厂,为工大、为企业创造了很好的经济效益和社会效益。

指令修正设备的研制成功是产、学、研相结合搞科研的成功范例,也是中、小企业研制大、中型装备的一条捷径。高校中有许多学有专长、业有专攻的专家教授,当他们与优秀的企业研发平台相结合时,会有强大的创新创造能力。自2007年开始至今,新型装置与随动控制设备的研制已有3个千万级以上(最大2700万)的大的科研项目,还有几百万至几十万的中小项目十余个。

科研和创新为445厂增添了活力,获得了很好的经济社会效益。如今企业产值超亿元,利润超千万,还培养、锻炼了大批科研人员,一代年轻的科技人员正在茁壮成长。原来工厂技术科仅十余人,现在已有五个研究室四十余人。产、学、研相结合使工厂尝到了甜头,如今工厂与浙大、工大、电子科技大学均有长期科研合作项目,今年又与之江学院合作成立了特种装备协同创新中心,产学研相结合的路越走越宽。

艰辛的科研工作也使工厂的知识产权获得丰收,基础研制项目已申请专利十余项,软件著作权十余个,获得省部级科技奖、国防科技成果奖多项。工厂的科研能力有了很大提高,工厂成为国家高新技术企业、浙江省研发中心、西湖区专利试点单位。

研制使工厂生机勃勃,目前海军所有的主战平台都有我们厂的装备列装,这是以前想都不敢想的。现在工厂的科研项目都在顺利开展,同时承担多项预研任务。工厂为海军装备建设出了力,为浙江军工争了光,也为浙工大建设区域特色鲜明教学研究型大学做出了一份贡献。

由于工厂承担着重大科研试制项目,为保障研制工作的顺利进行,国家多次立项进行保障条件建设,在国家 GXGXⅡ、GXGCⅢ 中,国家财政拨款 7300 余万元,工厂自筹近 2000 万元,新建了邻县的新厂区,目前建筑面积已达 2005 年时的 3 倍,设备设施得到全面更新,检测手段已从传统仪器量具进入先进检测行列,有些检测设备省内领先。

工厂具备了全部从业资质,具有正式的军工序列番号,这在全国高校是绝无仅有的。

三、军工精神照征途

学科的建立和发展、学科紧密型的生产试制产业化基地(国营第 445 厂)的长期曲折的成长过程都表明:我们能在军工科研和军工生产中取得较大成就,是得益于改革开放政策,得益于浙江省和浙工大对军工的支持,是广大科技人员(包括教师)、管理人员和工人群众几代人共同努力的结果,在此过程中所形成的特有文化值得总结、提高和发扬光大。

(一)军工精神——勇于担当、忠于使命、大局为重、艰苦奋斗、一丝不苟、精益求精

由于军工性质的特殊性,其任务带有鲜明的政治特色,负有政治使命。上级下达给企业的研制生产任务,不管有多少困难,企业必须组织职工攻坚克难,按节点要求完成。特别是武器装备的科研试验,常常有较大的危险性,需要研制指挥、设计师们精心组织、科学指挥,做好预案,争取试验顺利完成。

某项目定型射击试验时出现了哑 D,情况危急。现场领导沉着指挥,按应急预案处置。首先断电,观察十分钟后,指挥员先于 D 厂技术人员靠前指挥,研制组党员工程师冲在最前面,对不过火现象按预案排故。该型 D 是新型 D,尚处于样机阶段,按工作分工,D 不过火可以等待 D 厂科技人员来检查排障,而这就要浪费时间。我厂科技人员挺身而出,冒险检查,发现是低温储存后大温差下凝露引起的电路失常。故障定位确认后,后续试验十分顺利。

我厂随舰军贸至某友好国家的装备进入系泊与航行试验阶段,需要工厂的科研人员出国参试。当时该国局势混乱,枪战爆炸经常发生,参试有较大危险。工厂做了政治动员,面对危险,共产党员冲在前,正式职工服从命令听指挥,勇敢地到国外精心调试参试,受到上级与系统的高度评价。在试验结束,装备交付受援国海军后,系统组织单位为我厂参试人员发来了祝贺和请功专电。

在长期的军工科研生产中,广大员工自觉讲政治、讲奉献,在危急关头能挺

身而出,大局观念很强。2007年10月台风"罗莎"袭击杭州,厂区严重进水,在灾情面前全体员工听从指挥、忘我抢险。从出现险情到洪水侵入车间,前后不到半小时,员工们哪里危险往哪里冲,将靠地物资往货架上搬,电机抢修组在很短时间内将设备动力电机全部拆开抬高至安全处,特别是装备抢运组抢在车间行车停电前将正在调试准备出厂的装备及时吊高垫实,保证了交货时间。抢险队伍中有生病的员工、有自己家严重进水需要抢险的员工,他们都不顾病痛、先抢设备。这种舍小家为大家的主人翁精神,就是军工精神的最好体现。这样全厂性的洪灾,按常规10天都难以恢复,但我们厂受灾后仅3天就实现了复产。

军工科研生产责任重、要求高,在我国海军高速发展的今天,大部分任务都是时间进度紧迫、节点考核严格,不管困难有多大,需确保后墙不倒,即确保研制最后的结点。

某大型装备的研制,我们起点已晚,为了赶上进度,举全厂之力,开辟绿色通道,编入1号工程,进入关键研制点后的700多个日日夜夜,统一指挥,无缝衔接,研制线上员工紧密团结、精心操作。凡是调入1号工程加工的操作者没有休息日,没有正常的下班时间。干部、工人、工程师一起研究、一起探讨、一起攻关。放弃休假,小病不下研制线,全厂员工呈现出特别能战斗、特别能吃苦的主人翁精神。700多个日日夜夜的奋战后,我们一个晚起步的小厂,先于系统内其他院所第一个交装。军工意味着责任,军工的核心是质量,质量第一是企业的管理核心。有一个零件,我们精加工结束后检测发现超差,虽然装机并不会影响性能,但噪声会增加。尽管当时时间进度很紧张,压力很大,但为了保证质量,质检线领导仍决定整批报废,并连续投了2批,直到全部合格才装机。有一个检查触点必须用不锈钢材料,一位工人加工时报废了一个,擅自用其他钢材加工一个补了进去,检验发现后立即查封,那位工人因此受到纪律严惩。质量是军工生产的生命线,一丝不苟是对员工的基本要求。

长期以来我们继承与发扬军工精神,在军工科研生产中勇于担当。忠于使命,赢得了上级机关的信任和赞扬,使得上级机关不断地将重要军品的研制、生产任务下达给我厂,才有了企业的不断发展,同时得到各级机关与领导的关心支持。时任浙江省委书记习近平,海军副司令员张序三,军委装备发展部副部长、时任总装海军局长冯丹宇,海军常委、海装部长、时任副部长李长江,时任杭州市委书记黄坤明,国防科工局局长陈求发等领导,先后来厂视察调研。学校领导也经常来厂调研,听取关于军工科研生产、企业文化建设的汇报。领导们的肯定鼓励和激励了445厂员工勇于攀登、不断进步。

(二)科研兴厂、创新发展

当前,我国不少领域已出现产能过剩,淘汰落后产能、加速转型升级成为一种趋势。军工企业领域同样存在产能过剩,军工科研生产同样竞争激烈。我们这样一个小厂要在大院大所林立、央企大企遍布全国的局面下求得生存发展，十分不易。按照计划经济时代的分工，各军种的装备由相应的行业负责。行业内，院所负责理论研究与工程设计，企业则负责生产。改革开放后，由于军工产能过剩，上游的院所设计完成后，除了特殊产品（如火工品）必须由工厂生产外，大部分装备设计完成后院所都能够自己生产或型号总装，企业就变成了无源实体。所以改革开放后，大部分企业都尝试自主研制。

我厂是小型企业，又体制多变，所以20世纪80年代就有生存危机。当时大家已经意识到只有自己设计新产品才有出路。但装备的生产要部队采购，具有严格的列装计划，军工科研立项要经过层层审批通过。当445厂十分艰难、老产品无以为继时，我国某新型平台拟装我厂设备，但要增加方位自动。当时按规定这种功能改进型设计要由国家定点研究所设计，但因为研制费暂时未列入国家计划，无法马上开展设计。机会不等人，工厂决定在困难局面下自筹资金开始研制。1983年厂内立项，1985年就完成了鉴定交装。这在当时是一种创新，是企业搞研制的罕见的成功范例。

产品研制成功，提高了工厂自主研发军工的积极性，从此以后工厂就再也没有间断过研制工作，但一直到2005年前，研制项目不多，技术难度也有限，研制工作没有重大突破。2005年后，我们的一项重大装备研制获得上级机关的支持，在全系统十分激烈的竞争中，我们的项目比较顺利地签了研制合同。这时，人才、设备、试验又是新的考验。工厂决定举全厂之力，做了充分动员，员工们士气高涨，克服重重困难，攻克多个关键技术，2009年该型装备我们又是全系统率先交装，赢得多方面赞扬。该装备安装的军品我们是浙江唯一，浙江省国防科工办说我们"为浙江军工争了光"。

在众多的研制项目中，某型无线信号发送的装备研制最值得总结。我们的主导产品是常规武器与伺服系统，在通讯专业方面无技术储备，也无人才储备，而当时国家急需这型装备，我们就充分利用高校人才资源，走协同开发之路。在全厂员工和研制组的努力下，研制工作按结点顺利完成鉴定，并大量装备部队。

科研兴厂，创新发展，使445厂走上了平稳发展的健康之道。十余年来，工厂承接了科研项目二十余项，千万级以上就有三项。科研使工厂的核心竞争力获得很大提高，科研使工厂实现经济、社会效益双丰收，科研也使工厂科技人才得到锻炼、快速成长，工厂技术部原来仅有十余人，现在已增加到五个研究室共四十余人。因为承接国家重大科研项目，为了保障研制工作顺利完成，国家拨付了保障条件建设专项拨款近8000万元，使工厂的软、硬实力得到极大提升。如今工厂已是国家高新技术企业、浙江省高新技术研发中心、西湖区专利试点单位。现在我国海军新建的主战平台上都有我厂的装备。

（三）协同创新，走产学研发展之路

445厂这几年科研搞得很有起色，一个重要的经验是协同创新，走产、学、研结合之路。

一个装备，需要用许多技术，需要多种专业人才。像445厂这样的小厂，无论是专业人才还是人才数量都很有限，要搞大装备就会捉襟见肘。我们的机缘在于工厂处在学校之中。在杭州船校时期，就有部分老师参与工厂科研，并入工大后，人才起点高了，后来又有学科支持，可以说445厂作为大学的附属工厂有得天独厚的人才优势。工厂自90年代初对随动系统进行数字化升级时，就与大学教授、博士生合作研制，并因此使我们装备的技术水平大大提高，使我们装备的技术指标达到同类装备的国内领先水平，因而使我们的研制水平和实力得到海装机关的认可。

在新型装备等重大装备研制中，我们厂校协同研制的模式发挥了重大作用，浙大、工大的专家直接进入研制组参与研制。许多新技术、多项关键技术的突破都得益于协同创新，院校专家发挥理论分析、建模仿真、新技术应用的特长，而工厂专家则有工程经验、了解装备使用环境、军用特殊要求的标准规范，有装备结构继承和制造试验的优势。理论和实际相结合，特殊和一般相结合，既使装备技术含量大大提高，又减少工程研制的风险。所以说，新型装备的圆满研制成功，是协同创新、产学研结合的成功经验。

无线通信设备的研制更是走产学研结合之路的成功。工厂没有无线通信专业技术，没有专业人才；但由于身在高校，了解无线通信人才的布局，有了初步战术指标后，我们就与省内各高校通讯方面专家联系，并做出方案，经过比较与考察，445厂、电子科技大学、之江学院联合组成了研制组。研制组发挥各位成员的特长，团结奋斗，从方案到样机，从加工到试验，研制结点步步紧扣，在系统联调正式试验中，我们研制的样机以零故障率得到系统的高度评价。整个研制过程没有大的反复，第一次拉距试验就获得成功，专业院所的专家也给予很高的评价。除了军工报国的精神力量外，研制组成员的专业有机结合，发挥专家教授、博士工程师、管理与组织各自的优势，将个人力量融入集体之中，形成集体的合力，是我们小厂搞科研的诀窍。

工厂承接的研制项目逐渐增多，技术难度也逐渐增加，参加研制的教授也都有了较大的技术成果。不少教授以研制产品的各个分项作为研究生课题。近十年来，以工厂科研项目为研究课题共培养了几十名研究生。之江学院也因军工科研需要成立了特种装备研究所，学校以军工科研为依托成立了武器系统与应用学科，并入工大后的十多年来，靠着协同创新、产学研结合，完成了几十个科研课题，获得了很大的经济社会效益。事实证明，协同创新、产学研结合是企业科研，特别是人才有限、专业较少的中、小企业搞科研的一条捷径。

学人篇 PART THREE
HOUDEJIANXING
QUJINGYONGHONG

忆我国化工教育的先驱李寿恒先生

王国榜

　　1961年下半年,我结束了在浙江大学化工系的进修学习,回到学校化机系化工原理教研室。当时,学校已经在衢州烂柯山下开始进行校园建设,并开始了我校首届本科生的教学。李寿恒先生也已经受省政府之命来学校担任教学行政领导工作。

　　李寿恒先生是一级教授,在浙江大学当过副校长。他是浙大化工系的创始人,而浙大是我国最早创建化工系的大学。我在浙大学习时,就经常听那里的老师提到李先生的名字,那些老师中好多都是李先生的学生。李先生来我校后,除了担任学校领导工作外,还亲自给本科学生上《化工原理》课。在我国,也是他最先在化工系开出《化工原理》这门课程。这门课是化工专业学生必修的重要课程,在欧美等西方国家的大学,称为《化学工程》或《化工单元操作原理》,在苏联称为《化工过程及设备》,而在我国则习惯上称为《化工原理》。所以,李寿恒先生确实是我国化工教育的先驱。

　　我回校后,当时的化工原理教研室主任马瑞椿老师分配我给李寿恒先生当助教。在我回校后不久,时任学校党委书记张庆三同志也曾经找我谈过一次话。他告诉我,让我给李寿恒先生当助教也是党委的意见,事前也跟李先生商量过,希望我好好跟着李先生学习,把李先生的教学经验和治学精神学过来。

　　能给李先生当助教我当然非常高兴,感到很幸运,也十分感谢党委对我的信任。助教的工作主要是批改学生的作业,给学生答疑和上辅导课。经过一段时间的教学实践,方可在主讲老师的指导下上部分章节的课。直到今天,我仍然觉得助教工作对青年教师的培养和教学基本功的训练非常重要,对保证和提高教学质量有着不可忽视的影响。我从1961年下半年开始给李寿恒先生当助教,直到1966年由于"文革"运动学校停课为止。在给李先生当助教近五年的经历中,我学到了很多。李寿恒先生留给我印象最深的,是他对教学工作高度负责的精神和严谨的教风。

　　李先生跟我讲,不管是办学校还是上一门课,最重要的是保证教学质量。

保证质量的关键是教师的学术水平和教风。他说："一个老师要教给学生三分知识,自己必须具有十分的知识水平。"他不但要求我要精通教材内容,还要求我多看一些教学参考资料,要了解本学科的国内外发展动向。他当时就给我指定和推荐了几本参考书,大多是英文版的。我的英语基础不好,但在他的督促和指导下,我认真读完了这些书。这不但使我的专业知识更加扎实宽广,也使我的英语阅读能力有了很大提高。

给李先生当了一年助教后,他开始让我上部分章节的课。我记得,李先生让我上的是化工原理教材中的"液液萃取"和"固体干燥"这两章,约十节课,这是我第一次正式上讲台给大学生上课。为了帮助和指导我上好这些课,李先生专门把我叫到他的办公室,跟我一起分析这几节课在内容上的重点和难点,包括在教学方法上如何引导学生举一反三等教学中应注意的问题,还提醒我一定要认真写好备课笔记,即讲稿。我把讲稿送给他审阅,他对我的讲稿修改得十分仔细,连符号和标点的错误也不放过,令我非常感动。

他不只是对我提出严格的要求,对整个学校的师资队伍建设和师资水平提高也十分重视。那段时间里,学校派了许多教师到国内各知名大学去进修学习,还在校内办了好几个教师培训班、提高班。他要求学校的每个教研室,都要积极开展科学研究和学术交流活动。在那段时间里,我校教师的学术交流和教学研究活动相当活跃,学习的气氛是比较浓的,学习提高外语水平的积极性也比较高。这样的氛围,对每个教师都是一种鞭策和推动。

为了提高学校的教学质量,李先生十分重视教师的教学方法。他专门请了当时浙江大学和浙江师范学院的知名教授来给我校教师作示范教学,我也都参加了,确实觉得受益匪浅。

《化工原理》这门课,是一门理论和实践结合得比较紧密的课程,要求学生不但要掌握其基本理论和基本原理,还要有一定的实验技能和生产实际知识,所以对教师的实践知识和能力方面也就有比较高的要求。李寿恒先生经常跟我讲,要重现实验和工厂生产实践,要多下实验室,要多下工厂。有一次,李先生邀我到他家里吃晚饭,先生自己也能做菜,红烧肉烧得特别好。饭后,他又和我亲切交谈,在谈到创建浙大化工系的一些经历时,李先生说:"创建中最困难的是实验室,浙大的化工原理实验室都是教师自己动手,一点一点建起来的。"他要求我一定要重视实验和实验室工作。当时,我校的化工原理实验室也正在建设中。按照李先生的要求,我经常到实验室去和实验室工作人员一起进行实验装置的设计、实验设备的安装、调试和指导学生实验。在给李先生当助教的几年里,我利用假期和教学空隙的时间,多次到一些国内的化工厂和大学的化工原理实验室去参观学习。当时国内较大的化工厂有南京化工厂、兰州化工厂、大连化工厂、太原化工厂等,我都去过;当时国内几个知名的大学如北京化工学院、大连理工学院、华东化工学院、华南理工学院等,他们的化工原理实验室我也都去参观学习过。

1965年上半年,我受学校派遣,参加了化工部组织的"化肥会战",地点在上海化工研究院。我国是化肥使用大国,但大部分化肥还需进口,即使能进行一些生产,但关键技术和设备还得依赖国外。为了改变这种局面,当时的化工部组织了一批研究人员、工程设计人员和高等学校教师,一起开展技术攻关,称为"化肥会战"。我校参加这次会战的还有刘化章、贾高顺等青年教师,我参加的是"尿素全循环"这个项目。会战进行了将近一年时间,通过参加设备设计、制造和实际运行操作,我得到了一次非常好的实际锻炼。

"文革"以后,由于身体等原因,李寿恒先生不再直接担任教学工作,不久就退休了,但他始终关注我国的化工教育事业,关怀着我们的成长。他1995年驾鹤西去,远离我们已经二十多年了,但他的音容笑貌至今宛若在眼前,他对教学工作高度负责的精神和严谨的教风,始终是留给我们的宝贵的文化财富。

"知识经济"这一原创性科学范畴的确立

——纪念项浙学先生《论知识劳动的价值观》发表三十周年

徐德明　张华斌

　　当今时代，"知识经济"这个范畴风靡全球，可谓无人不知、无人不晓。毋庸讳言，它的出现和传播改变了人们的思维方式。但是，若问是谁最早系统研究"知识经济"，并对这个范畴予以明确的定义？也许知道的人就不多了。即使自以为知道答案的人，也多半会将这首创之功赋予外国人吧？

　　由项浙学教授领衔的浙江工业大学三位教师（另两位是王光铸、李宝泰），于1986年5月17日在《光明日报》理论版发表了题为《论知识劳动的价值观》的学术论文，明确提出了"知识经济"范畴并首次下了明确的定义："在未来的社会中，知识经济将成为社会的主体。所谓知识经济，是指主要依靠知识生产物质消耗很低而质量又很高的产品，并依靠知识实现高效率的管理。其主要特点是：第一，这个社会的多数人将从事各种知识劳动，如文化教育、科学技术以及各种管理工作等。第二，在这个社会中，劳动生产率的提高主要依靠劳动者的知识水平、科学技术的发展水平以及劳动组织的合理性和管理办法的科学性等。第三，在实物性的产品中，物质消耗的部分大幅度地降低，而智能消耗的比重大幅度地增加。第四，一系列新的智能机器应运而生，并将延伸人脑的功能，以减少人们脑力的支出。"①

　　我们认为，这可视为"知识经济"这一范畴的原创。理由如下：

---

　　①　项浙学、王光铸、李宝泰：《论知识劳动的价值观》，《光明日报（理论版）》1986年5月17日。

一、三十年来的学术文献确认：《论知识劳动的价值观》是第一次把"知识经济"作为一个科学范畴予以明确定义的学术论文，在国内外都是如此

我们以两位学者的研究作为佐证。

第一个佐证是吴季松先生。吴先生曾在联合国工作，他在 1998 年出版的著作《21 世纪社会的新趋势——知识经济》中，提供了一个"知识经济"范畴产生的时间表，现摘引如下：

1. 20 世纪 70 年代初，布热津斯基提出我们面临一个"电子技术时代"；

2. 1973 年，丹尼尔·贝尔提出"后工业社会"；

3. 1980 年，托夫勒提出"后工业经济"；

4. 1882 年，奈斯比特提出"信息经济"；

5. 1986 年，福莱斯特提出"高技术经济"；

6. 1990 年，联合国研究机构提出"知识经济"；

7. 1992 年，吴季松提出"智力经济"；

8. 1996 年，经合组织明确定义"以知识为基础的经济"；

9. 1996 年，《美国商业周刊》提出"新经济"概念；

10. 1997 年，美国总统比尔·克林顿采用了"知识经济"的说法。[①]

第二个佐证是郭强教授。郭教授是苏州大学主攻知识经济的学者，他在 1999 年出版的著作《我的知识经济观》中，提供了又一个知识经济范畴产生的时间表，现摘引如下：

1. 1984 年 11 月 26 日，段纪宪在《世界知识导报》发表《产业结构知识与中国现代化》一文，最早提出"知识经济"概念；

2. 1986 年 5 月 17 日，项浙学、王光铸、李宝泰在《光明日报》理论版上发表了《论知识劳动的价值观》，这是一篇最早系统研究知识经济的学术论文，该文最早给"知识经济"下了明确的定义并指出"知识经济"所具有的特征；

3. 1987 年，郭强提出"知识经济"这个概念，并把"知识经济"作为"现代知识学"的重要内容加以讨论；

4. 1989 年，郭强和石倬英又一次明确提出"知识经济"概念并进行讨论；

5. 1990 年 4 月，托夫勒在《权利的转移》一书中，提出了"知识经济"概念，而且还提出"以知识为基础的经济"的论断；

6. 1994 年，美国信息探索研究所《1993—1994 年鉴》中又一次提出了"知识

[①] 吴季松：《21 世纪社会的新趋势——知识经济》，北京科学技术出版社 1998 年版。

经济"概念,并把"知识经济:21 世纪信息时代的本质"作为一系列论文的总标题;

7. 1994 年,温斯洛和布拉马在《未来工作:在知识经济中把知识投入生产》一书中,又一次明确提出"知识经济"概念,并对概念的内涵和外延做了比较完整的论述;

8. 1996 年 10 月,宋太庆在《知识革命论》中,多次提到"知识经济"概念并对此进行了探讨;

9. 1996 年,OECD 组织在巴黎发表了《以知识为基础的经济》,再次使用了"知识经济"概念,并系统地提出了"知识经济理论"。[①]

我们在摘录郭强教授列举的时间表时,再增补一条重要的历史事实:1998 年,江泽民倡导"知识经济",指出"知识经济已初见端倪"的论断。从此,中国出现了学习和研究知识经济的高潮,并转化为发展知识经济的动力。

从文献学的角度评论,吴季松和郭强两位学者各自提供的两个有关"知识经济"范畴产生的日程表,具有很强的互补性。吴季松先生提供的佐证是国际上"知识经济"范畴形成的十个节点,其不足之处是只知有国外,不知有国内,不知有同胞,但他确实提供了一个世界范围内的参照系;郭强教授提供的佐证是国内"知识经济"范畴形成的九个时间节点,其不足之处是国内详细,国外不详,有国内的参照系,而国际上的参照则不详,但他对于国内同仁学术成果的尊重和珍视却非常难能可贵。

因此,从文献学的角度,我们可以确定一个基本事实:风靡全世界的"知识经济"科学范畴的原产地是中国。说得具体点,来自浙江工学院(浙江工业大学前身)的项浙学教授领衔的三位教师发表于 1986 年 5 月 17 日《光明日报》理论版的学术论文《论知识劳动的价值观》,首次提出了这一科学范畴。

笔者曾多次著文探讨"知识经济"的原创问题,一再引述吴季松和郭强两位学者提供的文献,旨在引起学界关注,并欢迎提供商榷的文献。时至今日,尚未发现有对此提出异议的文献。[②]

---

① 郭强:《我的知识经济观》,中国经济出版社 1999 年版。

② 徐德明、吴伟强、陈玉瑞:《关于"知识经济"范畴的原创性定义考辨——兼与吴季松先生商榷》,《科学精神与人文精神的理念与实践文集》,电子科技大学出版社 2005 年版,第 17—20 页。

徐德明:《孔德之容,唯道是从——忆在我校诞生的现代科学哲学之三个范畴》,浙江工业大学老教授协会:《大学学术文化与校史文化——纪念浙江工业大学建校六十周年文集》,浙江工商大学出版社 2013 年版,第 36—44 页。

二、三十年的学术思辨确认，项淛学等定义的"知识经济"具备科学范畴的基本属性和基本特征

1."知识经济"范畴反映的对象是新的科学技术革命引起人类社会的深刻变革，尤其是经济领域的巨大变革。

20世纪中叶，新的科学技术革命蓬勃兴起，它以信息技术、空间技术、新材料、新能源、生物工程等高新技术的崛起为标志，以科学与技术一体化、跨学科综合化、科学技术数字化、系统论、信息论、控制论等横贯学科的产生和科学技术活动社会组织化为基本特征。这次科学技术革命引起的社会变革，其深度、广度和速度是人类历史上任何一次科学技术革命都无可比拟的。这对于世界上任何国家、任何民族的生存和发展，既是严峻的挑战，也是难得的机遇。

因此，在新科学技术革命的发源地，西方发达国家研究新科学技术革命及由其引起的社会变革并提出种种对策，逐渐成为一门显学。其中，一批未来学家开始崭露头角，他们的文章和著作开始风靡全球。丹尼尔·贝尔、耐斯比特、托夫勒以及罗马俱乐部群体等就是他们的代表。

在中国这个最大的发展中国家，新科学技术革命及由它引起的社会变革，也日益成为学术界和思想界关注的对象，是顺理成章的事。"知识经济"这个范畴的出现，正是对这个客观现象认识的结晶。

2."知识经济"范畴是钱学森"科学技术体系"范畴合乎逻辑的发展。

在中国这个最大的发展中国家，人民科学家钱学森就是新科学技术革命及其引起的社会变革中科学实践和学术研究杰出的先行者。钱学森在美国学习、工作和生活期间（1935—1955年），成为美国最早研制火箭的"火箭俱乐部"五人小组成员之一，提出了"技术科学"新范畴，开创了"物理力学"和"工程控制论"两门新兴学科；钱学森回到祖国（1955年）后，向国家领导人建言献策，并成为中国"两弹一星"工程中的导弹、卫星工程的技术主帅；在改革开放新时期，钱学森也进入了他科学创造的第三个高峰。他坚持对新科学技术革命进程及其巨大成就的追踪研究，提出了许多具有创造性、前瞻性和战略性的学术思想。1979年1月，钱学森在《哲学研究》上发表哲学论文，他以毛泽东的实践论为哲学基础，运用系统论的方法，正式提出"科学技术体系"这一原创性范畴，创立了著名的"科学技术体系学"。钱学森科学技术体系学继承和发展了恩格斯的自然辩证法，是马克思主义科学技术哲学的第二个历史形态。他从哲学高度概括了新的科学技术革命的伟大成就，并揭示了它的层次、结构和系统化趋势。他明确指出：现代科学技术是人类认识客观世界、改造客观世界的整个知识体系。"知识经济"中所指的"知识"正是这整个知识体系。

3."知识经济"范畴是研究现代科学技术如何与社会经济发展深度结合而得出的必然结论。

20世纪70年代末、80年代初,中国共产党第十一届三中全会决定把工作重心转移到以经济建设为中心,实行改革开放的基本国策。在中国这个最大的发展中国家,新科学技术革命及其引起的社会变革受到全民族的关注,并逐步形成学习和研究热潮。新科学技术革命创造的认识世界和改造世界的知识体系如何迅速而有效地转化为推动经济社会发展的宝贵资源和强大动力,已经成为全民族关注的焦点问题。因此,在20世纪70年代末、80年代初,全社会都如饥似渴地学习科学技术知识,热情洋溢地探讨新科学技术革命对于社会经济、思想、文化变革的巨大意义,人们欢呼中国科学的春天到了,这种态势在高校校园里表现得最为生动,其中又以自然辩证法研究会的同仁们最为兴奋。今天回顾那时的场景,印象之深刻犹如昨日。

项浙学教授在民主革命时参加学生运动,并加入中国共产党。他1948年考入厦门大学化学系,因革命需要于1949年中断了学业。中华人民共和国成立后,他重返大学课堂,在大连工学院学习并留校任教,相继担任助教、讲师、系党总支书记、学院宣传部长、党委委员等,并先后主讲了《自然辩证法》《有机金属化学》《铀土工艺学》等课程。1958年,他参与筹办原子能系并担任该系党总支书记五年之久,为我国培养急需的原子能科学技术人才而殚精竭虑。在长期的学习、教学、研究和工作中,他逐渐养成了将自然科学、工程技术和哲学社会科学结合起来思考问题的习惯。1977年底,项浙学回到故乡浙江,在浙江化工学院(浙江工业大学前身)担任党政领导工作的同时,组织社会科学工作者、自然科学工作者和管理工作者,结合新科学技术革命及其最新成果,重新学习和应用恩格斯的《自然辩证法》,先后开设了《技术经济》《科技哲学》《教育经济》《战略管理》等交叉性学科课程。

项浙学教授在浙江工学院工作期间参与的、与此有关的重要学术活动主要有:

1979年9月初,学校举办党政干部《自然辩证法》学习班;

1979年11月14日,学校自然辩证法研究会宣告成立,首批会员达38人,发起举办有关科学技术与经济社会发展的讲座和学习研讨会;

1980年,经过赴企业的调查研究,针对正在全国进行的经济整顿中的企业"关停并转"问题,撰写了《在关停并转中要运用辩证法》一文,并将其提供给中国自然辩证法研究会成立大会暨首届年会。在这次会议上,中国经济发展战略问题受到很大重视;

1982年12月,项浙学教授向时任浙江省委主管工业的副书记崔健建议,由他所在的浙江省自然辩证法研究会和浙江省企业协会联合主办,召开浙江工业发展战略研讨会；

1984 年，项浙学教授参加了由国务院多个部门联合召开的新技术革命对策研究会，提出把工业化和信息化结合起来互动发展的主张；

1985 年，项浙学教授在浙江省政府召开的经济社会发展战略研讨会上，做了题为《科技、经济、社会必须协调发展》的发言，提出制定经济发展战略应把智力开发作为振兴经济的核心；

1985 年，在浙江省企业管理协会年会上，项浙学教授做了题为《知识劳动的价值观》的报告。嗣后，杭州市企业管理协会召开了近千人参加的报告会，项教授又以此为题做了报告。此后，其他市、县也相继召开了类似的报告会，项教授均以此题做主旨发言。据粗略统计，前后共 20 余场类似报告会，每次会议听众均数以百计。报告内容受到企业界和党政领导的重视，同时他们也联系实际提出了许多建议，于是项浙学教授也对讲稿做了多次补充与修改。

论文的第二位作者王光铸老师于 1953 年毕业于大连工学院化工系，在大型国有企业从事企业管理工作 20 余年，1982 年调入浙江工学院，任当时的工管系主任。另一位作者李宝泰时任《今日企业》杂志副主编。他们都具有复合型知识结构、丰富的管理工作经验和宽广的国际化视野，重视社会经济发展的前沿性问题，这是论文作者共同的显著优势。

1986 年初，在《论知识劳动的价值观》一文公开发表前夕，浙江省企业管理协会根据企业界的反响，坚持推荐此文参加中国企业管理协会优秀论著评选；

1986 年 5 月，项浙学教授在中国企业管理协会理事会上宣读《论知识劳动的价值观》，当晚，《光明日报》《人民日报》理论部负责人约谈作者，建议公开发表；

1986 年 5 月 17 日，《光明日报》理论版正式发表了《论知识劳动的价值观》。

由此可见，《论知识劳动的价值观》是一篇经过长期酝酿、反复锤炼的成熟的学术论文，其重要思想在正式发表前已在浙江省产生了广泛的反响。

4."知识经济"范畴是针对两种错误倾向、坚持和发展了马克思主义的劳动价值论、并在此基础上构建起来的新范畴。

项浙学教授在回顾 30 年前研究知识劳动价值问题的初衷时说："20 世纪 80 年代初开始研究的知识劳动价值，是在主动设计基础上拟定的第一个重要课题。"

他指出，当时蔑视知识和践踏知识分子政策的余毒仍未肃清，社会上轻视知识、轻视人才现象仍很普遍。为此我们着力剖析了轻视知识和人才的认识论根源，尽管脑力劳动和体力劳动存在很大差异，但绝对的、纯粹的体力劳动或脑力劳动都是不存在的，在注意体力劳动与脑力劳动差异性的同时没有把握好它们之间的同一性，是政策上出现混乱的重要原因。考察人类体力和脑力的发展史便可知,体力的发展是缓慢的,而智力的发展却极其迅速。随着社会的进步,知识越来越重要,建立在知识劳动基础上的知识经济将成为未来社会的主体。

他还指出,正当我们在知识和知识分子问题上拨乱反正的时候,在西方却出现了否定劳动价值论的思潮,这个思潮也给中国学术界和决策层带来影响。这个思潮的代表人物说,"在信息经济社会中,价值的增长不是通过劳动,而是通过知识","我们必须创造一种知识价值来代替劳动价值论"。他们断言,马克思关于劳动价值的论述已经过时。项浙学教授等认为,这股思潮的立论依据,就是把知识与劳动、知识价值与劳动价值对立起来,从而在根本上否定了劳动价值论。

因此,针对这两种倾向,项浙学教授等三位老师主动选择了"知识劳动"这个命题,集中探讨了知识劳动的性质、特点和知识劳动价值的运动规律,从而在劳动价值论的基础上构建起"知识经济"这个新范畴。

5."知识经济"范畴具有语义上的明晰性、深刻性、相对稳定性。

要思维就必须有逻辑范畴,每门学科都要用概念、范畴去揭示研究对象的本质、特征和规律,科学概念、科学范畴是认识世界的结晶。

科学概念、科学范畴与一般词汇在语义学上的区别在于,科学概念和范畴是有定义的,人们如果不加界定地使用这些词汇,或者不明了这些科学概念、范畴的科学含义,往往会造成无谓的争论和思维混乱。

经过定义的词汇,具有明晰性、深刻性、相对稳定性的特点,它成为支撑理论体系大厦的基石,是科学认识客观世界之网络中的纽结。

当然,科学概念和科学范畴的明晰性、深刻性和稳定性也是相对的,它只是认识到达一定阶段的结晶。随着人们实践和认识的发展,科学概念和科学范畴的外延也会被重新界定,其内涵会更加丰富,原有的稳定性将被打破,确立起新的稳定性,成为认识发展到新阶段的标志。

项浙学教授第一次对"知识经济"下定义,是在段纪宪先生提出"知识经济"这个词语(1984年11月26日)之后(1986年5月17日)。二者的区别在于是否有明确的定义、是否具有科学范畴的特征。

相对于布热津斯基的"电子技术时代"、奈斯比特的"信息经济"、福莱斯特的"高技术经济"等概念,"知识经济"这个范畴的概括性更强,它的外延与钱学森提出的现代科学技术体系是"人类认识世界和改造世界的知识体系"更相匹配、更加周延。而丹尼尔·比尔的"后工业社会"、托夫勒的"后工业经济"仅指出时间上的阶段性,是一种讨巧的提法,并未明确指出内涵上的特质。

"知识经济"这个范畴以马克思主义劳动价值论为基础,以新科学技术革命的伟大成就为根据,明确揭示了它的基本内涵和四大基本特点,其深刻性超过笔者目前所知的其他学者关于"知识经济"的定义和描述。

"知识经济"范畴提出之后,相继有"循环经济""绿色经济""数字经济""新经济"等新概念涌现出来,这些概念或者是"知识经济"在逻辑上的引申,或者是"知识经济"在某一侧面的突出体现,或者是新的讨巧的称谓。至于"前××时代""后××时代""新××时代"等提法,它们并不是严格意义上的科学范畴。这就好比一个大姑娘,在长成大姑娘前后,她会经历幼儿、少女时期,也会经历结婚生子时期,甚至还会经历做婆母或岳母的时期,该如何称呼她呢?倘若以"前姑娘时期""后姑娘时期"等称呼,大家或许会忍俊不禁吧!学术界的跟风风气,有点把讨巧当深刻的味道了。

总之,"知识经济"这一科学范畴,反映的对象是对于新的科学技术革命引起的人类社会的深刻变革,是理性思维的结晶,是理性思维之网上的基本纽结,是进一步认识世界和改造世界的工具,它具备一个科学范畴的基本属性和基本特征。

三、三十年的社会经济发展验证,"知识经济"范畴具有科学预见性

论文作者指出,"在未来的社会中,知识经济将成为社会的主体"。这是一个预判,而预判并不等于现实。但三十年来,整个世界发展的大趋势显示,知识劳动在整个社会中的地位确实显得愈来愈重要,科学技术水平的提高、劳动者文化和专业知识水平的提高、产业结构的改革与创新、经济实体和社会公共领域的管理引进现代科学技术成果从而提高其效率,尤其是信息技术的开发与应用,使互联网成为我们这个时代最具活力的领域,给人类生活生产带来深刻的变化,也给人类社会带来新机遇新挑战。这一切都显示了知识经济的浪潮正方兴未艾、精彩纷呈,也显示了"知识经济"范畴的科学预见性。

关于"知识经济"范畴在中国的命运,我们可以从以下两个方面来观察:

第一方面,《论知识劳动的价值观》论文在中国备受重视。

1989 年 2 月 13 日,中国企业管理协会发布公告称,为鼓励我国企业工作者和企业管理工作者加强企业管理科学的研究、探索,按照企业管理优秀论著奖评选办法,评选出 1988 年度获奖论著。其中甲等奖三项(专著二项,论文一项),而获得甲等奖的论文就是《论知识劳动的价值观》。

1989 年 3 月,在中南海怀仁堂召开了全国优秀企业家、企业管理优秀奖和企业管理优秀论著奖的颁奖大会,《论知识劳动的价值观》的作者接受了党和国家领导人颁奖并合影留念。

1998 年,江泽民倡导"知识经济",指出"知识经济初现端倪"。

1998 年 3 月,吴季松发表著作《21 世纪社会的新趋势——知识经济》。吴

先生在联合国工作多年,具有一定的话语权。在该著作中,吴先生列出了"知识经济"概念产生的时间表,显示 1990 年联合国研究机构最先正式提出"知识经济"概念,认为"知识经济"范畴的原创性属于西方发达国家。

1999 年,郭强教授发表著作《我的知识经济观》,也列出了一个"知识经济"范畴产生的时间表,郭强教授在文中明确指出,1986 年 5 月 17 日《光明日报》理论版刊登的项淅学等三人合著的论文《论知识劳动的价值观》第一次给知识经济下定义并进行研究,这明显证明"知识经济"范畴的原产地在中国,而且比西方发达国家早四年。

2000 年 5 月 12 日,《浙江经济报》刊登阿边撰文《改变知识的命运——记浙江省科技协会副主席项淅学教授》,文中指出:"'知识改变命运',这是一句颇为流行的广告词,言外之意是知识即命运,谁掌握了知识,谁就掌握了自己的命运。有这么一位老知识分子,对他来说,知识并未给他带来好运,但在其后半生,他坚持改变知识的命运,与学术界同仁合力把知识推到了经济社会的主导地位,当年他在国内最早定义'知识经济'和'经济社会'概念,现已成为当今时代最为闪亮的标志。他就是日前接受记者采访的著名软科学学者、浙江省科学技术协会副主席项淅学教授。"

2005 年 11 月 14 日,《人民日报》"网友之声"写道,在我国,对知识经济的研究,起步是较早的。只是由于各方面的原因,中间出现了一个断层,延误了其研究的发展。1986 年,我国项淅学等同志在《光明日报》上发表的论文——《论知识劳动的价值观》打响了我国知识经济的开山炮。

我们不妨从传播学的角度思考一下《人民日报》"网友之声"提出的现象,继西方国家掀起"知识经济"研究高潮之后,知识经济理论的研究和宣传何以在该范畴发表十多年后的中国再度兴起? 这是中国的知识经济理论"出口转内销"吗,或者是西方"知识经济"理论的"舶来品",抑或是中西方"知识经济"理论研究者的一次不谋而合? 从吴季松先生和郭强教授提出的证据看,显然以上均不是答案。那么,答案又是什么呢?

2006 年 10 月,中国新闻文化促进会、时代创业楷模文化发展中心通知项淅学教授,《论知识劳动的价值观》一文被《功在千秋——感动中国时代杰出新闻人物经典理论》收录,并被评为优秀论文。

2006 年,中国国家博物馆学术研究中心、中国现代史学会、中国共产党名人大典编委会联合通知项淅学教授,《论知识劳动的价值观》一文经过严格的审核,被认为立意新颖、主题突出、论据充分,符合入编要求,并决定将其编入《中国共产党建党思想宝库》,同时被国家博物馆永久性珍藏。

在论文发表后的三十余年中,项淅学教授从未中断对"知识经济"理论及其应用的研究,他坚持科学技术与经济社会发展深度结合这一主线,致力于决策咨询研究,在"知识经济"的理论及其应用两方面均取得突破。由浙江工商大学出版社于 2013 年 4 月出版的专著《决策咨询研究》,集中反映了项教授的最新研究成果。①

第二方面,知识经济在中国的发展验证了"知识经济"范畴的预见性。

中国是世界上最大的发展中国家,三十多年前还处于工业化阶段。二十世纪 70 年代末、80 年代初,中国进入改革开放新的历史时期。三十多年里,中国经济持续、稳定、高速发展,综合国力显著增强,人民生活水平显著提高。

作为一个开放的复杂巨系统,中国这个具有强大生命力的自组织过程所具有的动力源和保障条件是多方面的,限于篇幅,笔者无法展开全面论述,仅指出一个基本的动力源和保障条件:中华民族主动应对新科学技术革命的挑战和机遇,主动致力于现代科学技术与经济社会发展的深度结合,推动知识经济的发展。

三十多年里,中国从事知识劳动的人口比例虽远未占多数,但正呈稳步增加态势。其间,劳动生产率的提高正在逐步转移到依靠劳动者知识水平的提高、科学技术的发展、劳动组织和管理的科学性的轨道上来。

三十多年里,实物性产品中,物质消耗部分正在下降,智能消耗部分正在增加。

三十多年里,当代的"毕昇"们发明了汉字输入技术,创造了巨大的经济社会效益,近代先贤们视汉字为中国现代化障碍的忧虑被扫除。

三十多年里,中国的超级计算机的运算速度和数量均超越美国成为世界之冠。2016 年,全球超级计算机 500 强榜单中,使用中国自主芯片制造的"神威之光"取代"天河二号"荣登榜首,其 1 分钟运算量相当于全球人 32 年的运算量之和。中国超级计算机上榜数(167 台)有史以来首次超过美国(165 台)名列第一。此前,中国"天河二号"超级计算机连续 6 年雄踞榜首,其经济社会效益巨大。

三十多年里,互联网已成为中国最为活跃的领域。据统计,截至 2016 年 6 月,中国网民已达 7.1 亿之多,其中,10—39 岁年龄段人群占 74.7%。互联网培育起一个巨大的市场,催生了许多新技术、新产品、新业态、新模式,创造了众多创业机会,实现了"弯道超车"。

三十多年里,中国基本实现全世界最大规模的九年制义务教育,并逐步向普及十二年义务教育发展。中国发展了世界上规模最大的高等教育,仅 2016 年,全国高校毕业生就达 700 多万人。中国已形成世界最大规模的各类技术人

---

① 项浙学:《探索决策咨询之路》,浙江工业大学老教授协会:《大学学术文化与校史文化——纪念浙江工业大学建校六十周年文集》,浙江工商大学出版社 2013 年版,第 17—24 页。

员培训体系,学习型人才大量涌现,学习型社会已初现端倪。

在中国,最具全局和世界意义的是:中国共产党领导的国家,应用钱学森提出的开放复杂巨系统理论,视中华民族的伟大复兴为开放的复杂巨系统问题,建立总体设计部,实施总体设计(亦称"顶层设计"),坚持从定性到定量相结合,运用大数据、云计算和综合集成方法,组织实施中国特色社会主义建设的伟大社会工程,力求将先进性、科学性、可操作性结合起来,不断总结经验教训,调整创新,实现经济社会这个复杂巨系统的持续、稳定、高速的自组织发展,并为促进人类命运共同体的全球性治理提供经验。

马克思认为,人区别于动物的根本特性是自由自觉的活动,即生产劳动。他把人的本质归结为劳动,把生产劳动看作社会生存和发展的基础,"整个所谓世界历史不外是人通过人的劳动而诞生的过程,是自然界对人说来的生成过程",他把实践理解为改造外部自然界的对象性活动,即生产劳动,生产劳动是实践的基本内容,它具有客观性、主体性和创造性等特征。[①]

恩格斯明确提出了劳动创造人类和人类社会的科学理论,论证了劳动在人类起源和社会发展中的决定性作用,创立了自然界的辩证发展向人类社会飞跃的科学理论,体现了辩证唯物主义和历史唯物主义的统一。[②]

马克思和恩格斯提出的劳动价值观,已经被人类社会全部历史事实证明是科学的劳动价值观,理所当然是社会主义最核心的价值观。科学技术活动从发明和制造人类发展史上第一件原始工具开始,一直是最具活力的创造性劳动。

新的科学技术革命,核能的发现、释放和利用标志人类迈进了利用核能的时代,人造地球卫星发射成功标志人类开始了向航天航宇进军的时代,DNA 的实验成功标志人类开始了可以控制生命过程和遗传基因的时代,软件开发成功标志人类开始进入互联网时代;而即将取得突破的暗物质、量子理论,又将使人类涉足更新的领域……科学技术革命就是这样以前所未有的规模和速度发展,一浪高过一浪,相互激荡,不断推动知识经济的发展,深刻改变人类社会的各个领域。

通过三十多年的文献、三十多年的思辨以及三十多年的验证,我们可以确认,项浙学等三位老师定义的"知识经济"范畴是一个具有原创性、逻辑性和预见性的科学范畴。当然建立在劳动价值论基础上的"知识经济"科学范畴的确立,仅是人类社会认识发展的一个支点,而建立在知识经济支点基础之上的理论体系之网还有待于人们去构建。

---

① 马克思:《1844 年经济学哲学手稿》,《马克思恩格斯全集:第 42 卷》,人民出版社1995 年版,第 91—131 页。

② 恩格斯:《劳动在从猿到人类转变过程中的作用》,《马克思恩格斯全集:第 20 卷》,人民出版社 1995 年版,第 373 页。

从教五十一周年感怀

刘化章

我于 1958 年考进化工学校,到 2015 年,转眼间已过去 57 年,其中在校读书 6 年,在职从教 51 年,也是我加入中国共产党 50 年,学校党委还给我发了一张入党 50 周年纪念证书。同时,今年还是工业催化研究所成立暨从事氨合成催化剂研发 45 周年,也是发现世界首创的 $Fe_{1-x}O$ 基催化剂 30 周年! 冥冥之中感到,似乎应该写点什么。

我毕业于 20 世纪 60 年代中期,那是中华人民共和国成立以来的黄金时期。在那激情燃烧的岁月,青年人意气风发、朝气蓬勃、满怀憧憬,纷纷响应党中央提出的"到祖国最需要的地方去,为祖国健康工作 50 年"的号召。很荣幸,在浙江省政府和学校的关心下,我实现了这个愿望!

成长之路——活到老、学到老,学校把我培养到老

我出生在浙江省文成县南田镇杨梅岗的一个贫苦农民家庭,生活十分贫困,记得小时候家里每年吃 8 个月的番薯丝,1 个月的马铃薯,3 个月的野菜加糠饼,度过了辛酸的童年。我 10 岁开始上小学,求学之路一直充满着艰辛和苦难。从初中到大学毕业,我每年都享受"人民助学金",不仅不要交学费,还给我们发放伙食费。1963 年国家刚刚度过三年困难时期,就将大学生的伙食费标准从每月 11.5 元提高到 14.5 元。在大学学习期间,学校每年寒暑假都给我提供勤工俭学的机会,但所得微薄,依然常常买不起教科书,大多靠记笔记。我盖的被子、穿的衣服,里里外外都是学校给的,我用的脸盆是向同学借的,一条毛巾我要当作三条用(用破了剪开,再缝成两条用),大三时穿的第一双解放鞋是同学送的,我拍大学毕业照时穿的衬衫是向同学借的。没有人民助学金,我不可能上得了学! 没有新中国,就没有我的今天。

从跨入校门以来,我一天也没有离开过工大。毕业留校任教后,学校把我定位为专职从事科研工作,并作为重点培养对象,继续给我提供各种培养、锻炼

和留学深造的机会,使我成长为一位由学校自己培养的土生土长的教授、第一个博士生导师。

1964年,全国掀起"社会主义教育运动"(即"四清运动"),我随校党委书记张庆三带领的萧山闻堰公社裴家大队社教工作队参加"四清"工作。1965年5月,第一期社教工作结束后,学校把我们一批青年骨干教师抽出来(不参加第二期)派往上海化工研究院,参加由化工部组织的化肥"大会战"。我参加了尿素半循环法中试研究和云南磷肥厂的设计。1965年10月,学校又把我抽出来派往南通磷肥厂,带领10多位教师,参加由化工部副部长、著名科学家侯德榜先生主持的化工部"三高一稀磷肥会战",并任课题组长。1966年6月奉召回校参加"文化大革命"。

1969年6月,我参加了学校组织的教育革命小分队,到义乌化肥厂接受工人阶级再教育,1969年9月参加了衢县化肥厂的设计。这些都为我日后的科研工作积累了许多实践经验,增强了工程技术知识。

1966年4月,国家第一次向西方国家派遣留学生,教育部给了我校一个名额。学校秘密地把我从南通磷肥厂科研现场召回,李寿恒先生亲自出题,对我进行了外语和专业考试,并让我到杭州进行了体格检查,等待下半年出国。没想到,同年6月初"文化大革命"爆发,留苏学生在我国驻苏联大使馆前闹事,派遣留学生工作被迫停止。"文革"中,红卫兵砸了学校组织部档案室,资料失密,我被扣上"修正主义苗子"的帽子,成为学校108个"牛鬼蛇神"之一。

1978年,由于在科研工作中取得了一些成绩,化工系把我作为重点培养对象,让我脱产进修一年。我从大学一年级就已经开始学习俄语,并一直坚持到1978年。但在科研工作中我深深体会到,不懂ABC还是不行,现在有了这个机会,我决定从头开始自学英语。在自学英语基础知识的同时,我借了一本英文原版教科书《Inorganic Chemistry》,借助词典逐字逐句地学习。我这辈子一共学过3门外语,俄语已还给老师,日语用处不大,有用的正是自学的英语,并为我近年书写出版英文版专著打下了基础。

1978年10月,教育部在厦门大学举办"催化基础理论培训班",学校派我参加。这次机会,让我这个没有学过催化的人,懂得了一些催化基础理论知识,为其后的催化研究发挥了一定的作用。

"文革"结束后,国家恢复了高考制度和派遣留学生制度。1978年教育部给了我校一个专业自选名额,学校进行了留学生选拔考试,我有幸被录取,留学的国家是日本,于是1980年10月到大连外国语学院参加了6个月的出国日语培训。1982年4月赴日本横滨国立大学留学,为期2年。

1996年,我已经56岁,学校决定再次派我以高级访问学者身份到日本北海道大学从事催化研究工作。这是学校为我提供的第三次出国留学机会。俗话说，活到老、学到老，学校是把我培养到老!

创新之路——异想天开，百折不挠

1970 年 10 月，衢县化肥厂设计结束后，我回到学校参加了氨合成催化剂课题组"触媒组"，并任课题组长，从此开始了长达 40 多年的氨合成催化剂的研究。

我们的创新是在一无所知、一无所有的条件下开始的。我们学习大庆王铁人"有条件上，没有条件创造条件也要上"的大无畏精神，自力更生，艰苦奋斗，一切自己动手，克服了重重困难，其艰难是现在的人们难以想象的。没有实验室用房，我们自己设计、建造实验室；没有高压实验装置，我们自己设计、安装，首创了我国第一套高压实验装置；为了建实验装置，硬是挖掉了房子旁边的一坐小山丘；没有高温炉，我们自制土炉子；没有电动鼓风机，我们用手摇鼓风机，直摇得满头大汗、手酸背痛。经过 6 年艰苦努力，终于建成了具备最基本条件的实验室。在这简陋的实验室里，我们边建设边进行氨合成催化剂的研究。

1976 年，我们研制成功我国第一个 A110-2 低温型氨合成催化剂，达到了国际同类先进水平。这是我校第一项重大科研成果，开了我国 A110 系列催化剂之先河，成为我国近 40 年间、迄今依然应用最为广泛的工业催化剂。

也就是在这个简陋的实验室里，1985 年 12 月 3 日，我们发现了世界上独创的 $Fe_{1-x}O$ 基催化剂。$Fe_{1-x}O$ 基催化剂的发现是一个典型的创新过程，从构思到产业化经历了 14 年时间，经受了三次生死攸关的考验，遭遇了无数次的困难、曲折和失败。

最初的构思始于 1978 年，从构思到发现历时 7 年。在 A110-2 催化剂的工业推广实践中，我们发现工厂里将使用过的催化剂堆积在废物场里，不仅白白地浪费了资源，还污染了环境。于是我们试图利用废催化剂研制新型催化剂的探索。但是，废弃的氨合成催化剂是含金属铁达 85％的混合物，要把它重新制成 Fe_3O_4，就必须通过氧化，经济上不合算。因此，在课题组讨论时，我的意见被否决了。如果就此放弃，那么 $Fe_{1-x}O$ 基催化剂就不会被我们发现了，这是第一次考验。但是，我始终没有放弃，废催化剂回收利用的念头一直在我的脑海中盘旋。

1985 年 11 月的一天，我碰巧看到我校机械厂正在从合成塔中卸出废氨合成催化剂，触景生情，立即勾起一直深埋在我心底的研究废催化剂回收利用这件事，就叫助手取回来几公斤废催化剂。12 月 1 日，我带着这些废催化剂到衢州去试图试制新的催化剂。由于一直未能找到有效的技术方案，我改换了思维，采取了"瞎搞"的办法，但多次试验都以失败告终。其他人劝我说："刘老师，做不出来的,别做了。"如果那时真的放弃不做了,那么 $Fe_{1-x}O$ 催化剂也不会被我们发现,这是 $Fe_{1-x}O$ 催化剂面临的第二次生死攸关的考验。

半途而废不是我的风格,既然要"瞎搞",那就"蛮干"到底,不达目的决不罢休。我坚持今天一定要做出一种样品带回去!失败了,卸炉、装料、通电;再失败,再来;如此反复多次,终于试制成功一只 85—25 号催化剂样品。谁也没有想到,这次"瞎搞"的实验竟然是一次重大的突破性的实验,它标志着 $Fe_{1-x}O$ 催化剂的诞生。研究室公用实验记录本上详细地记录了实验的全过程,当时的实验记录本和 85—25 号样品,现在仍然保存在实验室。

$Fe_{1-x}O$ 催化剂的发明过程表明,搞科学研究要有异想天开的独创精神,要敢想、敢做,从前人没有做过的或按一般常识被认为是不可能的地方闯出自己的路。德国科学家、诺贝尔奖得主米歇尔说过:"最重要的一点就是要去追求科学中意想不到的东西,如果你在做实验的时候,只期望得到所能期望的结果,那么你就停止了创新。如果你不得不思考想不到的结果,意料之外的新发现也许会让你拿到诺贝尔奖。另外一点就是要发现不可能的事情,我自己就一直珍视不可能的东西,如果它不可能,那么你不得不寻求方法来让它变成可能。"为此,必须首先改变思维方式。按照固定思维,要把废催化剂重新制成 Fe_3O_4 是不可行的。如果换一种思维,即不事先设定预期的结果,而是"异想天开"地采用"瞎搞"的思维,却"偶然"地发现了一种新型的 $Fe_{1-x}O$ 催化剂。这就是一种创新思维。按照固定思维不可能的事情,按照创新思维就成为可能。创新思维正是把不可能的东西,不得不寻求方法来让它变成可能结果的思维。既然是前人没有做过的、按一般常识被认为是不可能的,那就只有两种选择,要么放弃,要么实践。所谓"瞎搞"是指在不违背科学基本理论的条件下进行实践,它也是一种实验方法。同时,自然科学是实验科学,只有通过实验才能有所发现。我始终坚持"一切结论都在实践之后。尚未实践就下结论,就不可能有创新"的准则,这可能正是我们能够发现 $Fe_{1-x}O$ 催化剂的原因。

这个过程还体现了"机遇只留给有准备的人",机遇属于期望成功的人,而偶然的机遇可以改变人的一生。自古机遇险中求,机遇钟情于冒险者,害怕失败就会错失机遇,懒于思考就与机遇无缘。别出心裁,突破惯性思维,从"不可能"中找机会,有时可以创造机遇。自信乃是抓住机会的第一秘诀。$Fe_{1-x}O$ 催化剂的三次生死攸关的考验,就是这两种"思维"的抉择。

氨合成熔铁催化剂已有百年历史,被认为是研究得最透彻、最成功的,也被认为是不可能突破的。我们在创新思维指引下,抓住了机遇,创新却一个接着一个,几乎改变了整个熔铁催化剂领域原有的成熟局面。例如,在实验技术和方法方面,我们在翻阅有关的产品广告中,偶然发现了隔膜式压缩机,因而首创了以氨裂解气为原料和隔膜式压缩机的高压催化剂性能评价装置;甚至包括无氨基空速的计算方法和公式,也是我首次提出来的,并被审定为国家行业标准。在催化剂研究中,我们还创新了三代催化剂:第一个低温型 Fe_3O_4 催化剂、最早研究了 Fe—Co 催化剂(1975 年化工系决定停止研究而被迫放弃,后被福州大学产业化)、首创新一代 $Fe_{1-x}O$ 基催化剂;在催化剂制备理论研究中,第一次提出了驼峰形活性曲线、铁氧化物分子比、单相理论、均匀性原则和活性模型等系列新的理论和概念,百年来第一次建立了熔铁催化剂的制备科学基础;在催化剂理论研究中,提出了助催化剂与 $Fe_{1-x}O$ 结构特征相匹配原则、表面酸碱协同效应、$Fe_{1-x}O$ 歧化机理、Al_2O_3 表面重构作用、竞争性还原机理、H_2 的强化学吸附和高活性本质等新概念和新理论,形成了以单相理论为核心的我国原创 $Fe_{1-x}O$ 催化剂特色理论体系。根据这些理论和概念撰写出版的《氨合成催化剂—实践与理论》《Ammonia Synthesis Catalysts:Innovation and Practice》中英文专著已在世界范围发行。

从第一个样品到研制成功又经历了 7 年时间,不仅遇到了极大的困难,而且 $Fe_{1-x}O$ 催化剂又经历了一次生死存亡的考验。

1986 年 11 月起,我们在上虞催化剂厂进行放大试生产,但效果不理想。1989 年,第一次工业试验又宣告失败。课题组在认识上和工作上发生了严重的分歧,少数人动摇了、退却了,有的认为 $Fe_{1-x}O$ 技术路线在本质上是不可行的,再继续下去也是"死路一条",并退出了课题组。$Fe_{1-x}O$ 基催化剂再次面临生死存亡的考验!

如果遇到困难和挫折就放弃,那就意味着 $Fe_{1-x}O$ 基催化剂研究的彻底失败! 在这个关键时刻,我向校长汇报了课题组遇到的困难和挫折,表达了我的观点和态度,请求领导给我们"背水一战"的机会。为了表示决心和鼓舞士气,立下誓言:"誓与 $Fe_{1-x}O$ 催化剂共存亡,坚决完成国家任务! 如不成功,我从主楼跳下来!"可以想象,当时我承受了多么大的精神压力!

在领导的支持下,我带领课题组继续日夜奋战。1992 年 12 月,世界上第一个 $Fe_{1-x}O$ 基 A301 催化剂研制成功,技术达到国际领先水平。

然而,创新的故事还没有结束。1998 年,在 A301 基础上我们又开发成功新一代 $Fe_{1-x}O$ 基 ZA-5 型催化剂。在工业应用中,遭遇了两次如出一辙的催化反应器重大破损事故。虽然两次都纯属设备事故,与催化剂没有直接关系,但催化剂都逃不掉"替罪羊"的命运,成为直接的"牺牲品",给 ZA-5 造成了不可挽回的伤害和灾难性的影响,对我的工作和身心也带来沉重的打击。由此可知,科技创新光有异想天开的独创精神是不够的,还要有脚踏实地、实事求是的科学精神,坚忍不拔、追求真理的献身精神,它是创新的力量源泉。

在创新活动中,对自己从事的事业要有自信心和百折不挠的气概。$Fe_{1-x}O$ 催化剂的发明和开发过程中,困难、曲折和失败始终伴随着我们——小试失败了！中试失败了！工业应用也遭遇失败了！特别是小试和中试的失败，是 $Fe_{1-x}O$ 催化剂能否被发现和能否被开发成功的两个关键节点：在小试过程中，如果没有坚持实验，没有"今天一定要做出一种样品来"这样的决心和坚持实验的科学精神，就没有这一重大发现！在中试失败后，如果没有坚持 $Fe_{1-x}O$ 催化剂技术路线，没有"誓与 $Fe_{1-x}O$ 催化剂共存亡"的不怕失败、百折不挠的献身精神，就没有这一重大成果！即使在工业试验失败的情况下，我们依然痴心不改，依然以严谨的科学态度，创造性地解决了一系列技术关键。在那 7 年的艰难岁月里，我们没有成果，没有论文（保密专利），没有奖金（有一年，学校的主管副校长同情我们，曾特批给我们课题组 1000 元奖金）。

机遇是可遇不可求的，机不可失，时不再来；认定机遇，就要全力以赴，不要让机会溜走。但更重要的是要坚持不懈，不观望、不退缩，想到就做，有尝试的勇气、有实践的决心。成功需要拼搏，成功需要等待！成功往往就在再坚持一下的努力之中！成功与失败往往就差一步！

创新过程饱含着酸甜苦辣，有成功的喜悦，但更多的是失败的痛苦、委屈的伤心。人生之路坎坎坷坷，创新之道更是荆棘丛生。谁能经受坎坷的人生磨炼，勇敢走向荆棘丛生的创新之路，谁就能有所成就。经受人生和事业的磨炼，是人才成长的必由之路。我所经受的苦难与现在的年轻人没有可比性，但人生的道路是不可能平坦的，困难、曲折、失败、风险、伤心、委屈、甚至是冤枉，也许会伴随着我们一生。这些我有幸都经历过了，这是我人生的宝贵经历，是金钱买不来的宝贵财富。正如余秋雨在凤凰卫视"世纪大讲堂"讲座中曾说过的：要振兴创新意识，最有效的办法就是去寻找一个个创新者。他们正被各种各样的争议包围着，那么，借几匹白马，把他们扶上马背，快速地冲出来。完全不去理会马蹄边的喊叫声，因为我们生活在一个伟大的时代。

创业之路——产学研结合、协同创新之路

国家提出全面实施创新驱动发展战略、加快建设创新型国家的战略，提出紧扣产学研结合问题，重点在推动科技成果转化上求突破。我是从事催化剂研究的，如果把"创新"比作经济发展的"催化剂"，那么这个"催化剂"必须与"经济"结合，才能"驱动"经济的发展。

"文革"期间曾有一股批判"唯生产力论"的热潮，我在实验室只贴了一张"抓革命，促生产"的标语，坚持科学研究（为此被扣上"走白专道路"的帽子）。我们认为，没有创业的创新是无果之花，只能是多几篇论文、多几个科技成果奖而已，而科技与经济依然是"两张皮"。我们团队充分认识到，获奖不是我们的最终目的，必须将科研成果最大限度地转化为生产力，才能解决"两张皮"的问

题,为社会创造财富,科研成果才能实现真正的价值。这是我们始终坚守的科研价值观和目的观。

从 20 世纪 70 年代开始,我们始终坚持走产、学、研结合的道路,在该领域率先提出"研究、开发、生产、应用"一体化的科研指导思想,并创新了成果转化模式和方式:一是在校内外建立中试和产业基地,包括校催化剂有限公司、校机械设备有限公司和上虞催化剂有限公司;二是技术转让几乎覆盖全国所有的催化剂生产厂;三是解决成果转化和工业应用的关键技术;四是从催化剂生产、合成塔升温还原到正常运行一竿子到底,为企业提供全方位技术咨询和现场服务。这 4 项系统的、完整的成果转化配套措施,有力地促进了成果转化,降低了企业采用新技术的风险,《中国化工报》曾评价我们的措施"把成果转化风险降为零"。

同时,我们也认识到,科研成果的产业化和工业应用过程,并不是简单的生产销售过程,而是创新的继续,仍需要不断地解决工业实践中遇到的新技术、新问题。例如,在 A110-2 的工业应用实践中,发现原有的合成回路工艺设备不能充分发挥新型催化剂的优越性,我们与学校化学工程学科、机械学院机械基础学科、学校机械厂、上虞催化剂厂、海宁化肥厂等围绕 A110-2 催化剂的工业应用所进行的系列配套技术的开发,带动了相关学科的科学研究,取得了一系列重大科技成果,从而形成了一套特有的新型催化剂使用技术,使催化剂的研究和使用提高到新的高度,使得我校开发的催化剂一枝独秀,能够在全国得到最广泛的应用。从 1978 年迄今,我们的研发成果全部实现产业化,在全国大中小型合成氨厂得到最广泛的应用,其中包括世界上最大规模的年产 60 万吨合成氨的特大型合成氨厂,支撑了我国合成氨工业的"半壁江山",且已持续了 37 年之久。

产学研过程同样充满着艰辛。我们见过冷面孔、坐过冷板凳、吃过冷馊饭、受过委屈和冤枉,甚至在去企业服务的路上挨过打。我们团队成员的足迹踏遍了祖国除西藏、香港、台湾之外的所有省市区的数百家化肥厂。虽然团队成员个人与企业之间没有经济关系,也没有形成产学研利益共同体,而且技术转让费也难以按合同足额、及时拿到,但我们始终坚持招之即来,无偿地为企业提供全方位的技术服务和咨询。

我们在产学研结合方面所取得的成绩,得到了全国同行的公认,受到了浙江省和原化工部的高度评价。省科技厅原主管领导曾指出:"实践表明,浙工大工业催化学科所走的道路,正是高校产、学、研并重,科、工、贸结合的成功之路,也是我省高新技术成果真正实现商品化、产业化的典范"。我们在产学研结合方面所走过的成功之路,是我校协同创新早期实践的成功案例。

我们深深体会到,在科学研究创新活动中,需要群体的力量和团队合作精神。40多年前的1970年,我们组建了现在国家重点实验室和国家工业催化重点学科的前身——催化研究室(触媒组)。这个团队是一个团结的集体、合作的集体、拼搏的集体,也是一个特殊的集体。其特殊性就在于,虽然团队中的一些成员因工作需要有进有出,先后有70多位教师在这里工作过,但团队的核心队伍40多年稳定不变,我自始至终是这个团队的领头人。它的特殊性还在于这个团队40多年来就是一个课题、一个目标,从事着同一个项目——氨合成催化剂的研究。我们所取得的所有成果和荣誉都属于这个集体。

学科建设和人才培养

我是我校第一位博士生导师,除了2000年以来几乎每年都给全校或化工学院的本科生进行一次成长成才的讲座外,却没有给本科生授过课,深感遗憾。1996年以来,我给硕士研究生和博士研究生分别讲授过《催化作用导论》和《催化科学与工程》学位课程。2002年指导我校完全自己培养的第一位博士生毕业、2005年第一位博士后毕业,迄今培养了约70名博士和硕士。

我校的第一个博士点、第一个国家重点培育学科,是在"零"起点、"零"投资、十分简陋和困难的条件下,从一个课题组发展而成的。在学科建设和人才培养中,如何把学科建成知识和技术创新基地、高新技术产业化基地和高层次人才培养基地,我认为应坚持以下原则:

(一)科学研究是它成长与发展的基础

我认为,只有加强科学研究,才能提高学科的学术水平和地位,才能提高教学质量和水平,才能获得资金的支持,带动学科建设。科学研究要有稳定的、连续的和强大的工业背景为研究方向。

在20世纪粮食短缺的年代,粮食是国家的重大战略需求,我们选择了合成氨工业为研究方向,并与中国石化等大型国企合作。在该领域40多年孜孜不倦、坚持不懈地开展了系统的研究,并取得了重大突破,极大地推动了该领域的技术进步,并取得了3项国家级大奖、6项省部级一等奖和12项中国、美国、英国、德国、丹麦的发明专利。在应用基础研究中,创立了以单相理论为核心的$Fe_{1-x}O$基催化剂理论体系,发表论文300余篇,出版专著《氨合成催化剂——实践与理论》中英文版各一部,主要成果被编入高等学校教科书。这一系列首创性的研究成果,代表了近40年该技术领域的发展水平,在国内外产生了重大影响,引起了国际关注。这样就确立了我们在该领域国内领先的地位,赢得了在全国同行学术界和企业界的声誉和知名度。

20世纪末,能源问题已经凸现,并将成为国家重大战略需求和瓶颈。1999年我们及时调整研究方向,将$Fe_{1-x}O$基催化剂拓展到煤制油费托合成催化剂的开发,并与中国神华等大型国企合作,进入了这一战略性的能源工业领域,并为我校申报成功能源化工专业奠定了基础。

在科学研究取得骄人成绩的同时,我们在学科建设和人才培养等方面也取得了一系列"零"的突破:1989年成为我校第一个省重点扶植学科;1991年成为我校第一个省多相催化重点实验室,2003年在此基础上建成我校第一个国家重点实验室培育基地;1998年有了我校第一个博士学位点,后来以此为基础又建成第一个博士后科研流动站;2005年成为省首批重中之重学科;2007年成为我校第一个国家重点培育学科,基本上实现了我校2000—2010年规划中四个"零"的突破中的三个突破。

(二)产学研结合是它的成功之路

工业催化学科从70年代开始坚持走产学研结合之路,在校内外建立了自己的中试基地,研究、开发与产业化一体,形成了良性循环,既加速了科学研究,又促进了产业发展;既培养了研究型的企业家(本学科出了三位企业家),又培养了企业家型的科学家。本学科从企业获得的技术转让费40余年未曾中断,这是十分难能可贵的。这些经费为学科的正常运行和建设提供了基本保障。

(三)坚持学科建设与学位点建设相结合,把学科建成高层次人才培养基地

我们始终认为人才培养是学科的基本任务之一,同时,学生是科学研究的基本力量和生力军。本学科无本科专业,先天不足,因此我们一直重视研究生教育和学位点建设。

在未取得学位点之前,学科自1980年代中期开始,挂靠在化学工程硕士点招收研究生,努力扩大招生规模,提高硕士生质量。1994年开始,我取得了浙江大学、中国科学院的副博士生导师资格,与浙江大学、中科院煤化所联合招收和培养博士研究生,为1998年获得博士学位点创造了条件,使本学科成为我校第一个博士点。

在研究生教育中,我们坚持研究生教育的价值不在于学到多少实际知识,而在于思维训练和创新能力的培养。具体知识能从书本中学到,而大学毕业生一般应该没有看不懂的书。这并不是说实际知识的学习不重要,而是说更重要的是学会学习的能力。思维训练和创新能力培养的基础在于对已有知识的系统、全面、深刻的掌握,因此在课本知识的学习中,应努力掌握基本理论、基本知识、基本技能("三基")。在指导研究生中,我们始终把培养学生严谨的学风、独立的思考、创新的思维和能力放在首位,鼓励学生用哲学思想来武装自己的头脑,养成严密的逻辑推理、敏锐的观察力、丰富的想象力和批判精神。如果掌握了"三基"和再学习的能力,培养了独立思考和创新思维,那么无论你现在学什么专业,将来从事什么事业、做什么工作,都是终生享用不尽的财富,概无例外。

我认为,这就是同学们应该学到的精髓!

我的教学价值观和努力,得到了同学们的认可。自 2010 年学校开展评选"我心目中的好导师"活动以来,我曾 4 次被学生推选为"我心目中的好导师"。

在校 50 多年,我虽然为学校做了一些微薄的贡献,但离学校的要求差距甚远。我始终认为做人重于做学问,努力按照共产党员要发挥先锋模范作用的目标严格要求自己。在党的长期教育下,几十年如一日,勤勤恳恳、埋头苦干、默默无闻地工作在科研教学第一线。把事业视为自己终身的追求和目标,就会乐在其中。学校历届领导和广大教师对我的政治立场、思想觉悟、道德品质、作风学风、为人处事是十分清楚、有口皆碑的,也是经得起历史考验的,因为长达 57 年时间都在一个单位里,任何不端行为都无法隐瞒和掩盖。我在工作中当然也会有许多缺点,也有错误,但我知错能改。在个人品行上,我思想纯洁、品行端正、学风严谨,一辈子老老实实、光明磊落、清清白白,一辈子没有做过任何损人利己的事。这是我的人生态度和价值观。

这里敬引毛泽东《卜算子·咏梅》词的下阕作为结束语:

"俏也不争春,只把春来报。待到山花烂漫时,她在丛中笑。"

这应该是人生,特别是教育工作者和科技工作者的最高境界!

化工学院的脊梁

姜一飞

　　1953 年杭州化工学校成立时就有化工系,现在发展成浙工大的化工学院。因而它的发展成了学校发展的一个缩影,同时也为学校发展起到促进和支撑作用。无论在教学上还是科研方面,都是学校的主力军,到目前为止,学校的 1/4 学院都是化工学院衍生出来的,如药学院、海洋学院、材料工程学院、环境学院。学校获得的国家级和省部级科技成果奖有 50% 以上是化工学院贡献的。为校内外培养的人才更是数不胜数。化工学院之所以成果累累、人才辈出,是因为在教学、科研第一线,有一批吃苦耐劳、不断进取、默默耕耘的优秀教师、学科带头人和教学科研团队,如张成荫、沈德隆、徐振元、刘化章、徐如玉、徐崇嗣等,他们堪称化工学院的脊梁。

张成荫

　　张成荫老师从建校开始就进入学校工作,一直奋战在教学第一线,他的家属都在上海,唯他孤身一人在学校,这在当时是比较普遍的现象,现代许多人恐怕难以理解了。1970 年 6 月,中共中央批转《北京大学、清华大学关于招生(试点)的请示报告》,提出废除招生考试制度,实行"群众推荐、领导批准和学校复审相结合的办法"招收工农兵学员。我校与其他院校一样,在经历了 4 年停止招生以后,开始恢复招收新生。起初全国确定 10 个省市搞试点,共招生 23000 人,学制 2 到 3 年,学生由工厂、农村、部队第一线推荐。浙江省属试点省份,分配到 2300 名招生指标,我校分配到 153 名(后来增加到 154 名)。浙江省是农业大省,除衢化、杭钢等少数几个大型国企外,化工类企业仅有 的农药厂二十几家和化肥厂三十几家。按照"教育与生产劳动相结合"的原则,这一年招生就暂定为 4 个班:农药专业(1 个班,41 人)、化肥专业(1 个班,35 人)、化工机械专业(2 个班,共 78 人)。"文化大革命"全盘否定了高等教育的成绩及其规章制度、教学计划,教材也遭到批判。在这种情况下,教育革命怎么个"革"法?在工宣队和革委会领导下,指派了以张成荫老师为组长,组成农药专业教育革命小分队去原杭州农药厂,由教师、学生和工人结合共同编写教材,在生产实践中结合典型产品进行教学。这些学生分别来自工厂、农村、部队农场,是名副其实的工农兵学员,他们经历各不相同、年龄差距很大(大小差30余岁)、文化程度参差不齐(低的小学没毕业,高的是大学肄业),因而教学难度相当大。张成荫老师等为提高教学质量而尽心尽力。从当时的实际可能出发,制订教学计划,编写教材,在工厂进行生产现场教学,按照典型产品结合实际组织教学,对学习困难的同学进行个别辅导,不使一个同学掉队。在当时形势下,教学中还要注意言词,不能说错话,否则就要受到批判,这给教师在精神上增加了巨大压力,很多年长的老师都不敢上课,或在上课时胆战心惊。张成荫老师身为组长,一方面要做不来上课的教师的思想工作,另一方面有的课没人上,他只好自己上,因此他常常一人讲多门课程。有一次张成荫老师与工厂工人闲聊时,谈到学生文化程度参差不齐,说了一句"有的学生一斤等于十六两(当时斤两制)都分不清",由于这句话当天就受到大会批判(全班学生),批他污蔑工农兵学员文化程度低。因为他是教学组长,受批判的第二天,还得继续负责上课等教学活动。张成荫老师业余爱好是泡上一杯茶或买半斤黄酒,边喝茶(或喝酒)边摇头晃脑地唱上一段京剧,而且他唱京剧已达到较高的业余水平,原来杭化有个教物理的怀贯滨老师与他配合拉京胡,据说他们两人曾多次上台表演过。怀老师也是个非常有趣的人,他业余制作的微型电影放映机、蒸汽机火车头、车厢等与实物一模一样,能放电影,火车头能自动开。他居住的房间就是一个钳工车间缩影。各种钳工工具一应俱全,还有微型车床,房间周边有一排工具箱,上面铺有微型双轨铁路,蒸汽机火车头、车厢可以在微型铁路上奔驰。

20世纪60年代中期至70年代,是国际上石油化工发展最迅猛的时期,欧美和日本等国的石化产业日趋成熟,并向大型化发展。石油裂解制乙烯的装置,已从单套年产18万吨乙烯,迈向年产30万吨、45万吨乙烯。在我国,大庆油田的发现使全国振奋,各院校一时都开始考虑成立石油化工专业。张成荫老师发现这是我校发展石油化工专业的机会,他就积极向系领导建议成立新石油化工专业,同时他带领有关教师,对国内石化厂及有关院校进行了一番调查考察,并收集资料,编写教材,准备筹建石油化工专业。并将基本有机合成72、73、74届学生专业方向,都向石油化工靠拢。但是,当时国内的石油化工尚处在起步阶段,各厂的现有生产装置都只有几千吨规模,而且生产工艺落后,仅上海浦东高桥化工厂有一套年产2万吨乙烯试验性生产装置,是为金山石化进行人员培训所引进的试验装置。如果各院校一哄而上,都办石油化工专业,学生参观、实习都会成问题。比如我校的学生只能到江苏丹阳化肥厂去实习,而他们仅有一套年处理能力1万吨原油的小石化,按乙烯计算年产仅1000多吨。生产工艺是国外早已淘汰的蓄热炉裂解。当时去实习时由于丹阳还是小县城,各种条件都比较差,住宿开始是住在废弃寺庙内,师生都只能在地上辅上稻草打地铺,而且去工厂要走近1小时的路程,张成荫老师也和学生一起上下班,还要上夜班。到有机73届去实习时才找到一个学校,师生住宿分别住在教室地板上。石化企业属于高科技综合性产业,在当时条件下,我国尚无能力自行进行产业化的研究开发,设备只能靠进口,而进口设备自动化程度高、集中控制、一套30万吨的生产装置,仅需几百人,这显然不适合于一般院校石油化工专业的学生进行参观实习及毕业后就业。所以到1977年恢复正常招生后,我们学校只好放弃石油化工专业,还是按原先的基本有机合成专业招生。张成荫老师在1977年后才调回上海一所大学工作,终与家人团聚。由于他工作认真负责、责任心强、业务水平高,后来升为教授、图书馆馆长、校长。

沈德隆

毛主席说:"有钢有粮,心中不慌。"我国是人口大国,粮食是中央领导特别注重的大事,在"文化大革命"中更是提到特别突出的地位,化肥、农药是提高粮食产量不可或缺的重要基础,因此中央领导特别关注化肥、农药的工业发展。1970年,在经历了"文革"4年停止招生以后,学校开始试点恢复招收新生。据说教育部曾要求天津大学、大连理工大学、华东化工学院(现上海理工大学)3所大学的"染料及中间体专业"改成"农药化工专业",但他们都以缺乏教材资料等为理由不同意改,仅华东化工学院在染料及中间体专业课程中加了一章介绍有关农药的专业知识。沈德隆老师在出差时,碰到原南开大学校长杨石先老先生,他希望我校能承办农药化工专业,他们南开大学有国家级化学研究所,本科化学专业都侧重于农药理论研究、小试开发。他要我们学校帮助他们小试产品工业化,两校形成接力棒,来发展我国农药工业;同时沈德隆老师又向原化工部争取到筹办农药生产及应用技术培训班。返校后,他立即向系及校领导做了汇报,得到领导的大力支持,并成立由他为组长的农药专业筹备组,于1975年开出了受化工部委托的农药生产及应用技术培训班。从举办农药技术培训班着手,沈德隆老师带领新成立的农药专业筹备组教师,一方面完成培训班教学工作,一方面通过调查摸底,收集有关我国农药研发、生产、应用现状,以确定农药学科发展方向。在20世纪70年代初期,我国农药工业刚刚起步,又受到"文化大革命"的影响,国内虽然有200多家农药生产企业,但生产的农药产品大多是国外早已淘汰的品种,毒性高、残毒量大,而且生产规模小、生产工艺落后,由于缺少技术人员,在生产中经常发生重大人身事故,对环境影响更是严重。如,1971年钱塘江的死鱼事件,就是由于钱塘江上游一家化工厂(生产农药原料的厂)的废水被雨水冲入钱塘江,造成钱塘江百里江面白茫茫一片死鱼,一直延伸到钱塘江出海口。这个事故惊动了党中央,时任副总理李先念为此事故专门做了批示:"彻查事故"。通过调查研究,摸清了我国农药工业生产现状,也确定了农药化工专业教学、科研发展方向。沈德隆老师根据当时实际情况,一方面组织编写教材,认真完成培训班教学工作,同时积极努力争取,通过原化工部教育司与教育部高教司联系沟通,把农药化工专业列入教育部正式招生目录。1977年恢复高校招生后,农药化工专业被正式列入全国招生计划,并确定农药专业面向华东地区招生,为我校面向全国招生开了一个窗口,成为国内高校唯一有农药化工专业的地方院校。直到1985年教育部为扩大专业面,将农药化工专业并入精细化工专业,共招了8届学生,培养了数百名农药化工专业人才,较好地解决了当时社会对该专业人才的需求。

同时,他还积极进行科学研究,带动和促进了农药工业及专业学科的发展,在完成"黄磷炉尾气合成光气"项目后,又接受"提高氧化乐果收得率"项目。当时氧化乐果是一个较新的高效低毒杀虫剂,国内需求量大,但收得率低,使得生产厂亏损严重,难以满足农业生产要求。该项目是与建德农药厂合作的,为尽快完成项目,沈德隆老师带领全组教师下到厂里,由于他爱人正好去外地进修,他只好把读小学二年级的儿子也转到当地小学插班。在建德梅城镇农药厂,沈德隆老师带领全组教师与工人同吃、同劳动(三班倒),经过半年多时间的努力,最终解决了氧化乐果收得率低难题,为我国新产品推广做出了贡献。

此后,沈德隆老师进一步承接和完成了几项省、部级科研项目"采用非光气法合成新农药杀扑磷和噻嗪酮的工艺路线开发"、研究开发新颖杂环类农药杀虫剂"甲基嘧啶磷、杀扑磷、噻嗪酮、噻唑磷和新颖除草剂草铵膦、甜菜安和甜菜宁"等7个新农药产品的工艺工程开发研究。这些产品工业化生产后,获得了显著的经济效益和社会效益。沈德隆老师还对农药剂型加工工程领域进行深入研究,取得一批优秀成果,得到上级有关部门的肯定和外国专家的承认。2009年10月,在中国农药工业协会在上海召开的全国农药会议上,对在中国农药化工领域的创新发展做出贡献的个人或单位进行表彰,沈德隆老师被授予国家颁发的"建国60周年中国农药工业突出贡献奖"。

沈德隆老师承担并通过技术鉴定和验收的国家级或省部级科研项目达35项,荣获科技成果奖18项。其中荣获国家级发明四等奖1项,省部级二、三等奖17项;申请23项国家发明专利,在国内外发表论文和研究报告200余篇,其中35篇论文发表在A类以上学术期刊上,16篇论文被国际三大索引收录。

徐振元

在 20 世纪 80 年代初,为提高学校层次、夯实基础,学校引进了一批人才,徐振元老师是这批引进人才中的佼佼者。他一直奋战在教学、科研第一线,在教学工作方面,他坚守着导师风范,传道授业,精益求精,甘做人梯,为社会培养人才;科学研究方面,他始终保持对化工专业的激情,潜心钻研,在精细化工领域进行了大量卓有成效的研究,特别是在开发新农药及其中间体、绿色合成技术及一系列产品工业化方面的研究取得了辉煌的成果,做出了突出贡献。他的这份执着与坚持颇有东北人"一条道跑到黑"的劲头,并将"敬业奉献、结合实际、关注前沿、开拓创新、转化成果"这 20 个字作为工作的准则。这也是他想和有志献身于科研工作的年轻学者们共勉的人生之谈。

浙江省是柑橘、茶叶等经济作物重要产区,螨害极为严重,而杀螨剂品种少,数量短缺。在普遍急需"绿色"杀螨剂的情况下,80 年代末,徐振元老师带领团队积极研制和开发杀螨剂,从甲脒类农药开始相关研究,首先研发了双甲脒。课题创新性地应用新催化剂,使合成总收率提高了 15%,生产周期从 42 小时缩短至 12 小时。1993 年团队又开发了双甲脒新工艺,比原工艺节省了 50% 的设备,总收率却提高了 10%。针对一些甲脒类化合物存在易分解的问题,徐振元老师从理论上分析甲脒类化合物不稳定的原因,发明了复合稳定剂,研发了清洁生产工艺,成功地创制了单甲脒水剂,并首先实现了工业化和商品化。与此同时,徐振元老师还开发了与其配套的中间体——2,4-二甲苯胺和 N-甲基甲酰胺,填补了国内在该领域的空白。该系列成果在国内十余个厂相继应用,取得了显著的经济效益,有助于解决当时杀螨剂品种短缺和供不应求的问题,因而获得国家发明三等奖、国家科技进步二等奖和国家技术开发优秀成果奖等科技奖励。

20 世纪 90 年代,我国农药产品结构不合理的问题日渐突出,甲胺磷等高毒农药占农药总产量的 30%,每年有数以万计的人、畜中毒死亡,高毒浓药还严重危害生态环境。徐振元老师为研发取代高毒品种的农药产品,先后主持省重点科技攻关和国家火炬项目——"高效广谱杀虫杀螨剂毒死蜱中试开发"和"年产500 吨毒死蜱生产工艺开发",在反应的催化剂、溶剂、缚酸剂和分离助剂等方面进行集成创新,简化了合成工艺,降低了溶剂的毒性和对环境的污染,提高了收率,解决了产品难分离和质量差等问题。由于毒死蜱是取代高毒农药较理想的品种,"毒死蜱的产业化"项目于 2001 年被列入国家"十五"科技攻关计划,2003年 10 月通过验收;2005 年,国家发改委将"新建年产 3000 吨毒死蜱原药和配套制剂生产线"项目列入第一批高毒农药转产和替代的国债投资计划。在整个毒死蜱的研发和产业化过程中,他始终坚持不断创新、提高技术水平的思路,使浙江新农化工有限公司成为我国生产毒死蜱规模最大、产品质量最好的国家高新技术企业。毒死蜱开发成果先后获得浙江省科学技术一等奖、国家科技进步二等奖和中国专利金奖。

另外,徐振元老师的课题组还主持研发了氟噻乙草酯超高效除草剂、灭锈胺和青枯灵杀菌剂等农药,对取代高毒农药、调整农药产品结构和促进行业技术进步做出了积极贡献。

除农药开发以外,徐振元老师还一直从事绿色合成技术研究及其工程技术开发,主持了多项国家和浙江省催化加氢科技攻关项目,与课题组同志研究了一系列加氢催化剂,研发的绿色合成技术成功地应用于生产,包括 2,4 和 2,6-二甲苯胺、2,2'-二氨基联苄二磷酸盐、1,3-环己二酮、3-氨基-9-乙基咔唑等十多个医药、农药和染料的中间体,同时研究了配套的产品保护剂和分离新工艺,这不仅提高了收率和产品质量,增强了产品的出口创汇能力,更主要的是减少了"三废",实现清洁生产。技术开发成果在多家企业成功应用,取得了显著的经济效益和社会效益,获得了国家科技进步二等奖。"催化加氢多功能装置的产业化开发"项目又被列入国家"十五"科技攻关课题,2003 年 10 月顺利通过验收。徐振元老师课题组创建了浙江工业大学催化加氢研究中心和浙江省绿色化学技术创新研究与开发中心,积极推广绿色合成新技术,改造传统落后的生产工艺,从源头杜绝和减少"三废",使企业走可持续发展的道路,对调整产品结构和发展精细化工做出了积极贡献。他负责的课题组还主持完成了国家 863计划课题、"十一五"国家科技支撑计划专题、国家自然科学基金和浙江省绿色化工专项等科技项目,取得了一系列创新性成果,获得了 40 多件授权发明专利,在国内外重要学术期刊上发表了百余篇被 SCI/EI 收录的论文。

作为浙江省应用化学重点学科的学术带头人,徐振元老师在学科建设方面做了大量的工作,注重学科队伍建设,努力培养年轻的学科带头人和学术骨干,建成了一支知识和年龄结构较合理的学术队伍。应用化学学科被评为省优秀重点学科,2004 年又被评为浙江省重中之重学科。徐振元老师除了承担繁重的科研任务外,一直从事教学工作,培养博士和硕士研究生,言传身教,教书育人,50 年来,他培养了大批德才兼备的专业技术人才。

徐振元老师具有敬业、奉献、求实和创新精神,积极承担科研和教学任务,几十年如一日,艰苦奋斗,默默耕耘,充分发挥了一个共产党员的模范作用。鉴于徐振元老师取得的业绩和所做的贡献,党和政府给予他充分肯定和很高荣誉,他被授予国家有突出贡献中青年专家、全国先进工作者、全国模范教师、全国优秀科技工作者和"五一"劳动奖章、浙江省特级专家、浙江省功勋教师和"劳动模范"等荣誉称号。2005 年获得了浙江省科学技术重大贡献奖。

刘化章

刘化章老师在回顾其科学研究历程时颇有感慨地认为：文化是我们创新创业的灵魂，40 多年来始终坚持科研成果产业化，促进经济发展作为科研的目的和价值观，走了一条产学研结合的成功之路。学校于 1970 年下半年抽调一批骨干教师，组成了以刘化章老师为组长的合成氨催化剂研究团队，开创了学校科研先例，为我校在合成氨催化剂研究领域的突破打下了坚实基础。在科研硬件条件十分困难的情况下，以刘化章老师为组长的催化剂研究团队，发扬没有条件创造条件也要上的大无畏精神，自力更生，艰苦奋斗，一切自己动手，克服重重困难，付出的努力是现代人们难以想象的。没有实验室用房，他们自己设计、建造实验室；没有高压实验装置，他们自己设计、安装，首创我国第一套高压实验装置；为了筹建实验装置，还硬是挖掉了房子旁边的一坐小山丘；没有高温炉，他们自制土炉子；没有电动鼓风机，他们用手摇鼓风机，直摇得满头大汗、手酸背痛。经过 6 年艰苦努力，建成了具备最基本条件的实验室。在这简陋的实验室里，他们边建设、边进行氨合成催化剂的研究。1976 年研制成功我国第一个 A110-2 低温型氨合成催化剂，达到国际同类先进水平。这是我校第一项重大科研成果，并开创了我国 A110 系列催化剂之先河，成为我国近 40 年、迄今依然应用最为广泛的工业催化剂。

也是在这简陋的实验室里，1985 年 12 月 3 日，他们发现了世界上独创的 $Fe_{1-x}O$ 基催化剂。$Fe_{1-x}O$ 基催化剂的发现是一个典型的创新过程，从构思到产业化耗费了 14 年时间，经受了 3 次生死攸关的考验，遭遇了无数次的困难、曲折和失败。小试失败了！中试失败了！工业应用也遭遇失败了！特别是小试和中试失败，是 $Fe_{1-x}O$ 催化剂能否从发现、到能否被开发成功的两个涉及 $Fe_{1-x}O$ 催化剂生死存亡的关键节点：在小试过程中，如果没有坚持实验，没有"今天一定要做出一种样品来"这样的决心和坚持实验的科学精神，就没有这一重大发现！在中试失败后，如果没有坚持 $Fe_{1-x}O$ 催化剂技术路线，没有"誓与 $Fe_{1-x}O$ 催化剂共存亡"这样的不怕失败、百折不挠的献身精神，就没有这一重大成果！即使在工业试验失败的情况下，他们依然痴心不改，以严谨的科学态度，创造性地解决了一系列技术关键，才最终获得成功。

从 1978 年迄今，研发成果全部实现产业化，在全国大中小型合成氨厂得到最广泛的应用，其中包括世界上最大规模的年产 60 万吨合成氨的特大型合成氨厂，支撑了我国合成氨工业的"半壁江山"，且已持续使用了 37 年之久。他们的成果受到了浙江省和原化工部的高度评价，省科技厅原主管领导曾指出："实践表明，浙工大工业催化学科所走的道路，正是高校产学研并重、科工贸结合的成功之路,也是我省高新技术成果真正实现商品化、产业化的典范。"

刘化章老师是我校第一位博士生导师,1996年以来给硕士研究生和博士研究生分别讲授过《催化作用导论》和《催化科学与工程》学位课程。2002年指导我校完全自己培养的第一位博士生毕业、2005年第一位博士后毕业,迄今培养了约70名硕士和博士。

我校第一个博士点、第一个国家重点培育学科是在"零"起点、"零"投资、十分简陋和困难的条件下,从一个课题组发展而成的。在学科建设和人才培养中,他坚持把学科建成知识和技术创新基地、高新技术产业化基地和高层次人才培养基地。

刘化章老师在该领域40多年孜孜不倦、坚持不懈地开展系统的研究,并取得了重大突破,极大地推动了该领域的技术进步,共取得3项国家级大奖、6项省部级一等奖和12项中国、美国、英国、德国、丹麦发明专利。在应用基础研究中,他创立了以单相理论为核心的$Fe_{1-x}O$基催化剂理论体系,发表论文300余篇,出版专著《氨合成催化剂－实践与理论》中英文版各1部,主要成果被编入高等学校教科书。这系列首创性研究成果代表了近40年该技术领域的发展水平,在国内外产生了重大影响,引起了国际关注。这就确立了我校在该领域国内领先的地位,赢得了在全国同行学术界和企业界的声誉和知名度。

徐如玉

徐如玉老师曾是合成氨催化剂研究团队的副组长,长期与团队成员一起,在科研硬件条件十分困难的情况下,克服重重困难,与催化研究室全体科研人员共同努力,首先研制成功我国第一个A110-2低温型氨合成催化剂,达到国际同类先进水平。这是我校第一项重大科研成果,并开创了我国A110系列催化剂之先河,成为我国近40年、迄今依然应用最为广泛的工业催化剂。

在一次偶然的废催化剂回收中,她发现铁比高的催化剂活性较好,凭着丰富的实践经验、敏锐的科研观察力,她感觉到这可能是很有探索前景的新型活性催化剂。在机械系肖延龄老师的帮助下,她通过XRD测试确定了催化剂的结构为亚铁基($Fe_{1-x}O$),命名为Amomax-10/10H。此后,为了继续研究、探索、推广该型催化剂,她与肖延龄老师长期合作,通过两年多坚持不懈的努力,Amomax-10/10H氨合成催化剂的研制终于取得了突破性的成果,开始投入广泛应用。那时的实验条件极端艰苦,人手少、实验环境差,他们投入了全副身心,基本上是吃住在实验室,即使在她病重期间,仍念念不忘该型催化剂的推广应用。因长期积劳成疾,徐如玉老师不幸英年早逝,但她开发的Amomax-10氨合成催化剂,无论是在使用性能、经济性、还是在节能减排等方面,均具有明显的先进性,其工业应用技术也日臻成熟,2003 年 1 月首先使用于小化肥生产并取得成功,同年 12 月推向大化肥厂,2004 年全面推向国际市场。

从 2003 年至今,在肖延龄老师的努力下,Amomax-10/10H 氨合成催化剂已销往世界五大洲 72 个客户,其中 42 家为大化肥企业、30 家为中小化肥企业。Amomax-10/10H 氨合成催化剂作为新型氨合成催化剂的开发成功,为推动世界合成氨工业的发展提供了有力的技术支撑,是世界合成氨工业史上取得的一项革命性的重大科技成果,是中国人对世界合成氨工业做出的重大贡献,我们为此感到自豪。2007 年 10 月,Amomax-10/10H 氨合成催化剂项目被中国石油化学工业协会评为科技进步一等奖。

徐崇嗣

徐崇嗣老师是学校元老,也是化工原理学科的开创者。从 1953 年杭州化工学校诞生开始,徐崇嗣老师就组建了化工原理教学组。随着学校发展壮大,徐崇嗣老师一直是勤勤恳恳、不辞劳苦地奋战在教学、科研第一线,带领着化工原理学科教师,为学科发展铸造辉煌。

化工原理是化工工艺类专业重中之重的化工技术基础课程,我校的毕业生之所以深受社会欢迎,除专业基础扎实外,主要还因为动手能力强,这与专业基础课化工原理注重教学与实验同时并举是分不开的。早在 60 年代初,徐崇嗣老师对化工原理教学和实验室的建设及发展就非常重视,在各方面配以最强的力量。当时化工原理实验室新建了十余套新的实验装置,成为设备齐全、仪器先进、在国内有影响的一流实验室。

20 世纪 70 年代初,徐崇嗣老师带领教研室的教师,开始进行多降液管筛板塔技术的开发研究。这项技术具有液气通量大、板压降低、板间距小和操作稳定等优点,在当时是一种新型优良板型。在实验室研究成果的基础上,于 1977 年应用到杭州良渚化肥厂的水洗塔上,后又推广应用到江苏、山东等省化肥厂的水洗塔、衢州化工厂合成氨水洗塔等改造项目上。这一科研成果于 1979 年获省科技成果二等奖。

从此化工原理教研室进入了国内塔器研究的先进行列。特别对于多降液管塔板,在实验室做了大量工作。近年来,这一课题还被美国精馏研究公司 FRI 列为与浙江工业大学的国际合作项目,在 DN1200 的冷模装置中开展深入的实验研究。

70 年代到 80 年代,由徐崇嗣和董谊仁老师领衔,在国内率先开发、研究和推广了金属、塑料波纹填料。徐崇嗣老师在 80 年代研制了穿流塔板与规整填料的组合式塔板,命名为复合塔板。1991 年以徐崇嗣为发明人的复合塔板获得中国发明专利。复合塔随后很快在精细化工和制药工业中获得广泛应用,并获得了浙江省科技进步二等奖。

　　1979年,徐崇嗣老师招收了第一届2名化学工程研究生。当时我校硕士点还没有学位授予权,硕士生的学位是由浙江大学授予的。1983年,我校第一个硕士点——化学工程硕士点建立了,这也是我国非重点高校的第一个化学工程硕士点。随后30多年来,化工原理培养成长了硕士生导师20余人,招收的硕士生超过150名。1990年学校组建化学工程学科,化工原理的研究室、学科组和实验室又重新合并,成为化学工程学科下的一个研究方向,称为传质与分离研究方向,2004年被授予化学工程的博士点。由于化学工程学科连续多次被评为省级A类重点学科,化学工程学科成为一级博士点,化工原理教师都是这一重点学科中的中坚力量。

锲而不舍,终成正果

——Amomax-10/10H 氨合成催化剂项目的漫漫长征路

肖延龄　周懿菁

在合成氨生产领域,我国几十年来一直沿用传统熔铁催化剂的四氧化三铁基体系,此类催化剂由四氧化三铁为基加入助剂用电阻炉进行生产,存在着催化剂活性低、难活化、产氨晚等不足,不仅生产周期长、限制了产量,而且能耗高、可利用成分损耗大,既浪费了有用资源、又对环境造成了一定污染。20 世纪 80 年代以来,随着世界能源价格的不断上涨,降低能耗和成本已成为合成氨工业技术发展的主攻方向。合成氨厂的核心是氨合成催化剂,寻找与开发高效低温低压氨合成催化剂是合成氨工业节能降耗的有效途径。

80 年代中期,时任浙江工学院(浙江工业大学的前身)化工系触媒组副组长徐如玉,为了做废催化剂中钴元素的回收实验,前往衢州制备催化剂样品(当时学校已迁至杭州,而样品制备装置还留在衢州老校区),参加这次样品制备的有王素珍和陆培林。在分析铁比时,意外发现这批催化剂的铁比特别高,催化剂活性也较好。对科学充满求知欲的徐如玉随即产生了浓厚的兴趣,即联系我把样品带去浙江大学实验室做 XRD 测试,确定了催化剂的结构为 $Fe_{1-x}O$。出于多年的知识积累,徐如玉敏感地意识到这个偶然发现对于合成氨生产意义重大,便向时任化工系主任的徐梅丽老师汇报,徐主任建议她就此发现申报专利。于是,她以催化研究室的名义于 1986 年 1 月申请了专利(亚铁基的原创专利)。催化研究室全体科研人员又经过几年的共同努力,于 90 年代初研制生产出了 A301 专利产品。与传统的催化剂相比,A301 在生产使用中具有还原速度快、初活性高的优点。

后来,徐如玉因故离开催化研究室,学院为她成立了石油化工研究室,专注于研究 $Fe_{1-x}O$ 的性能和实际生产应用。她发现 A301 尚存在一些不足:衰减较快、易还原、出水快,但与现有工厂工艺、设备不相适应。这些缺陷的原因何在?而我最擅长的就是材料的失效分析,于是徐如玉找我建立了合作关系,共同研究,寻找新一代的催化剂。当时机械系材料与表面工程研究所实验室正好新购买了一台扫描电子显微镜（含波谱），由我负责调试、保管使用。徐如玉把使用过不同时间段后的 A301 催化剂提供给我，我利用扫描电子显微镜进行剖析。由此，我们针对 A301 催化剂的不足，迈开了研制新型 $Fe_{1-x}O$ 氨合成催化剂的步伐。

从 1992 年到 1994 年的两年时间里，除了上课，我俩全泡在实验室做实验，尝试用物化分析手段，对过去生产使用的熔铁型氨合成催化剂（Fe_3O_4 型，$Fe_{1-x}O$ 型）进行剖析，拍下了大量照片用于研究。那段时间，我们经常通宵达旦地干，为了尽可能节约时间，全身心地投入实验研究，中晚餐我让夫人直接把饭菜送进实验室；而徐如玉的实验室里也总放着整箱的方便面。资金紧缺，我们举步维艰，我就把自己对外服务的分成部分用作科研经费，而徐如玉则找科研处象征性地获得了一点资助，可也只是杯水车薪。为了节约资金，我们自己动手在金工实验室制作了一套催化剂制备装置，正式开始了对氨合成催化剂的多学科合作研究。凭着对科研的孜孜探求，我们不辞辛劳、锲而不舍，一步一个脚印地艰难前行。

在资金有限的艰苦条件下，两年的不懈努力终于有了突破性的进展。1994 年，我们申报了"氨合成催化剂及制备方法"和"预还原型氨合成催化剂及制备方法"两个专利，国家专利局于 1995 年公示、1999 年授权。

1996 年，得到学校化工厂支持，借得了一套催化剂评价装置，我们对此进行改造、安装，使制备的样品终于可以在实验室进行评价了。但由于工作量大（样品评价需三班倒）、人手少，科研还是进展困难。陈能、楼程华、赵军看我们过于辛劳，先后主动申请参与研究，约好有成果共享，没成果就当白干。由于该项目是自立项目，除徐如玉是专职外，其他人员完全是利用业余时间支持徐老师进行研发：夜里上夜班，第二天照常上课、工作。功夫不负有心人，我们的艰辛探求终于取得了可喜的成果——新型 $Fe_{1-x}O$ 氨合成催化剂 A303 小试成功。

大家决定尽快把研究成果进行工业化试验，以便最终推向市场。在当时机电学院院长贾高顺教授的推荐、帮助下，我们和南化公司催化剂厂签订了意向合同。回校后，又向学校科研处汇报了与南化催化剂厂草签合同的情况，希望学校出面签订正式合同。但科研处表示，徐如玉归化工学院管理，要签合同，必须有两个学院同意才能签。因为化工学院不同意，该项目于 1996 年被迫搁浅。

1997 年，该项目改由我负责，机电学院直接与化工部化肥催化剂工程研究中心（挂靠在福州大学）签订了一个 50 万元的合同：由该中心出经费，让我们经中试放大后推向市场。但学校科研处却告知"合同不规范，机电学院无法人资格，没权签合同（注：我以前的其他科研项目都是由机电学院直接与外单位签订合同，报科研处备案的），合同无效"。于是，我们找到当时负责科研的副校长葛忠华，希望得到他的支持，可他回答说："你们的项目必须通过鉴定，才能决定是否可以推出去。"我们申辩说："我们是自立项目，专利产品不需要鉴定。"葛校长便以"你们的事我管不了，交给党委处理"结束了对话。无奈，我们又找当时的校长吴添祖，他回复说："你们的项目必须以催化学科的名义才能对外签合同。"我们回答说："催化剂是材料学科的一部分，以材料学科的名义对外应该是可行的。"吴校长还是说："不行，对外必须以催化学科的名义才能签订合同。"结果，学校科研处把催化工程研究中心汇来的首付 5 万元启动经费及合同一并退回去了。至此项目的推出又一次宣告失败。唉！科学研究的道路为什么就如此举步维艰？缺经费、少人员，以及实验室研究中遇到的道道难关，我们都一一闯过来了，可是欲把成果推向市场，签订个合同怎么就那么难呢?！个别老师眼看前景无望，无奈地离开了；留下的人员犹如夹缝中求生存，艰难地坚守着、寻求着……

　　终于，事情有了转机。1999 年，机电学院成立了机电技术开发公司，具有独立法人资格。在董事长何立民老师的支持下，1999 年 6 月，我们以机电技术开发公司的名义，与辽河化工集团催化剂厂签订了技术转让合同。然而好事多磨，因对方厂方经费短缺，直至 2001 年才开始对新型氧化态型氨合成催化剂 A303 进行中试放大；又于 2002 年对新型预还原型氨合成催化剂 A303H 进行中试放大。同年，该催化剂厂与德国南方化学联合成立盘锦南方化学辽河催化剂有限公司，由德国南方化学以 60％比例控股。由于这两项专利已在 1999 年 10 月获得授权，且原辽河催化剂厂主体已不存在，同时学校领导班子也有所调整（马淳安任主管科研的副校长，彭伟、赵明祥任科研处正、副处长）。2003 年初，双方终止了原来的技术转让合同，并经学校同意，于 2003 年 4 月 29 日以浙江工业大学名义，与盘锦南方化学辽河催化剂有限公司签订专利实施许可合同，合同期为两个专利的终止日（2014 年 6 月 19 日），并把原名"A303"更名为"Amomax-10"，"A303H"更名为"Amomax-10H"。

　　常年的辛劳和饮食不规律，大大损害了徐如玉老师的健康，2002 年底，她被查出胃癌。为了早日让新型催化剂投入使用，她向家人隐瞒病情，独自完成了新型氨合成催化剂的下厂还原方案，然后将病情告知我，并把后续工作安排妥当，请学校化工厂许海生老师与我一同前往重庆潼南化肥厂（后改名万利来化工厂）帮助进行升温还原，在小化肥厂第一次成功地推广使用。之后，徐如玉病情日益加重，不得不住院治疗（徐如玉的儿子陈能担心母亲的健康，让我在科研问题上报喜不报忧，当然我也深深理解家人的心情，尽量不去打扰她）；而其他人也因自身工作关系无法下厂，我只能孤身一人在生产厂和使用厂之间两头跑。我学的是材料专业，对于化工工艺我可是门外汉。下厂期间，我只有虚心地向生产第一线的工人师傅、技术人员、车间主任等学习请教，交流、探讨问题。

　　一般做过实验室成果转化的科研人员都有体会：实验室的工艺、流程、制备条件等都可以是较为理想化的,但下到工厂就不可能那么理想了,实践中经常会出现各种"意外",所以,一项实验成果真要转化为实际生产力,绝不是件轻而易举的事。为了生产出既节能降耗又效果理想的新产品,我竭尽所能将新产品的性能、特点、操作要领向厂方介绍,以取得他们的认同、支持,还要与厂方人员一起,一次次地进行工艺改革,摸索、总结催化剂的生产、推广使用经验、教训。为了及时处理生产、使用中突发的"意外",我经常跟着工人师傅"三班倒"。最初几年,一年间我几乎有 7—8 个月的时间待在厂里,接触到了几乎所有类型的合成塔反应器,积累了大量的实践经验。2005 年下半年,机电学院材料学科的肖帆博士加入团队,通过对催化剂的表征及预还原工艺改进的深入研究,加深了该项目的研究深度,提高了理论研究水平。这一工作,在 2007 年氨合成催化剂技术交流暨新产品推广会上,得到了专家组的肯定。

功夫不负有心人,这种新型环保节能的催化剂(Amomax-10/10H 的生产过程相比 Fe_3O_4 系列节省能耗三分之一),因其具有极易还原、催化活性高、适用压力与温区宽、抗毒性能优良、机械强度高、耐热稳定性好等特点,无论是在使用性能、经济性,还是在节能减排等方面均具有明显的先进性,其工业应用技术也日臻成熟。

以川化二化(Casale 工艺)为例:

(1)节约还原时间方面:使用全塔 Amomax-10H,还原时间总共 36 小时(而渭化仅用了 25 小时),大大缩短了还原时间,预计比第二三层采用氧化态催化剂至少节约 2 天时间。

(2)环保效应方面:使用全塔 Amomax-10H,由于总出水量小,该厂采用一次通气还原流程后,做到了零污染排放,没有低浓度氨水排放;同时由于氨反应起活温度低,氨水浓度可以在短时间内达到较高浓度,可以直接回收利用。

(3)低温活性方面:在该厂实际运行中,发现 Amomax-10H 最低起活温度在 265—270℃,大量反应在 285℃左右。在装置因故障需要短期停车处理时,停车时间达到 21 小时(目前该厂遇到的最长时间短停),只要催化剂床层进口温度高于 260 ℃、床层出口温度不低于 300 ℃,103-J 重新开车,合成塔通气 30—45 分钟后温度就可以全部恢复正常。

(4)能效方面:从数据可以看出,同一工况下,同一塔型,该厂使用 Amomax-10H 后,合成塔压差明显下降,氨净值提高,从而可以有效降低循环流量和合成回路压力。使用 Amomax-10H 后,目前 1200 吨/d 工况下,合成气压缩机功耗接近 1992 年使用 A110-1 时 1000 吨/d 工况下的功耗。

(5)经济效益方面:该厂使用全塔 Amomax-10H,比使用氧化态催化剂至少节约 2 天时间,可以增产液氨 2000 吨,创造约 500 万元产值,相当于一炉催化剂的费用。合成气压缩机和冰机,由于合成回路循环流量显著下降,压缩机功耗明显下降，总共可以节约中压动力蒸汽约 4—6 吨/hr，可以为企业创造经济效益约 300 万元/年。

　　从使用 Amomax-10/10H 氨合成催化剂的各家企业的反馈信息可以看出：Amomax-10/10H 氨合成催化剂可以在短时间内完成活化，一台 30 万吨以上合成氨装置，能节约开车费用 1000 万元以上并提前产氨，为用户节省可观的开车费用。从正常生产时的数据我们可以看出，还原过程中较高的水汽浓度对催化剂活性等方面没有影响。另外较高的氨净值可以为用户带来更高的收益，较低的压力和较小的循环量可以更节能。

　　Amomax-10/10H 氨合成催化剂完全满足合成氨的工艺要求，并与之相得益彰。在卡萨利、托普索、KBR、布朗、伍德等不同的反应器中均得到了证实，并且在中国、美国、德国、俄罗斯、乌克兰、英国、澳大利亚、印尼、伊朗等不同的国家均得到了证实，在中国中石化所属的湖北枝江化肥厂、湖南洞氮，江苏灵谷化工两套大型合成氨装置等应用中均得到好评。

　　2006 年 5 月，由中国石油化工协会主持，召开了 Amomax-10/10H 氨合成催化剂的鉴定会。当时已有国内外 18 家大、中、小型化肥企业使用了此产品，且反应效果都不错。因此鉴定委员会的鉴定结果是："该项目成果技术创新性强，总体水平在氨合成催化领域处于国际领先水平，具有广泛的推广应用前景"。中国化工报也曾多次报道 Amomax-10/10H 氨合成催化剂项目的进展情况和实际效果。

　　2007 年 7 月 16—18 日，由中国石油化工协会主办，德国南方化学公司和浙江工业大学协办，在中国大连市召开了"氨合成催化剂技术交流暨新产品推广会"。来自 10 个国家的 113 名代表出席了本次会议。会议由中国石油化工协会副会长孟全生先生主持，中国石油化工协会名誉会长（原化工部副部长）谭竹洲先生、德国南方化学公司副总裁穆勒先生出席会议并致辞。中国工程院院士沈寅初、院士杨锦宗、原中国氮肥协会理事长王文善、副秘书长刘惠云等 7 位专家应邀出席，并担任分会主席。谭会长在致辞中指出："由浙江工业大学和盘锦南方化学辽河催化剂有限公司合作开发的新型亚铁基氨合成催化剂，拥有完全自主知识产权，突破了国际上沿袭了 70 多年的传统熔铁型催化剂 Fe_3O_4 基体系，填补了世界空白，是一项自主创新的重大成果。这种新型氨合成催化剂的开发成功和实施，已经并将继续为推动世界合成氨工业发展提供有力的技术支撑。"会议结束时，中国石油化学工业协会科技办主任胡迁林在会议总结中说："根据物化手段分析，以及 Amomax-10/10H 氨合成催化剂在国内外商业运行的实际情况，可以得出以下结论：该新型催化剂与目前国内外工业上应用的铁基氨合成催化剂相比，无论是使用性能、经济性还是节能减排等方面，均具有明显的先进性，其工业应用技术是成熟的，具有巨大的推广应用价值。新型

Amomax-10/10H 氨合成催化剂的开发成功,是世界合成氨工业史上取得的又一项革命性的重大科技成果,是中国人对世界合成氨工业做出的重大贡献,我们为此感到自豪。"2007 年 10 月,Amomax-10/10H 氨合成催化剂项目由于在耐热稳定性上的突破,被中国石油化学工业协会评为科技进步一等奖。

可不是吗?"这种新型氨合成催化剂的开发成功和实施已经并将继续为推动世界合成氨工业的发展提供有力的技术支撑"(谭竹洲会长致辞),"新型Amomax-10/10H 氨合成催化剂的开发成功,是世界合成氨工业史上取得的又一项革命性的重大科技成果,是中国人对世界合成氨工业做出的重大贡献"(胡迁林主任的会议总结)。从 2003 年 1 月在小化肥厂使用取得成功,同年 12 月进入大化肥厂,到 2004 年冲向国际市场,我们不辞辛劳,一步一个脚印,至今已生产销售了 2 万余吨 Amomax-10/10H 氨合成催化剂,销售总额约 11.5 亿元,销往世界五大洲 100 多套次大型合成氨厂使用。

然而我们的科研并未止步,仍行进在漫漫征途上……

多年的科研实践使我领悟到,科研成功的关键在于:

(1)专利转变为产品并在市场上立足,需要多学科协作,应充分发挥高校交叉学科的优势。

(2)教师必须从实验室开始,对科研数据实事求是,按规矩经历小试、中试放大、稳定生产、推广使用这四个过程。

(3)工程师的工作就是把理论和实践相结合,把科学理论转变成工业生产的实际操作规程。

(4)每一位科研人员在做好课题前首先要学会做好人,正如孔老夫子所说:"三人行必有我师"。科研人员要不耻下问、集思广益、汇集群众的知识力量,科研的成功需要集体的合作和优秀的团队精神。

徐如玉于 2009 年不幸逝世,特以此文纪念她一生独立思考、锲而不舍的工作态度,鞠躬尽瘁、死而后已的科研精神,以及在氨合成催化剂方面为祖国、为人类所做出的巨大贡献!

徐如玉值得我们永远怀念,她的学术精神值得后辈学习、继承与弘扬!

借此机会,我还要致谢:对曾经关心、帮助、支持我们的老师、工人师傅、管理者们,表示衷心的感谢! 谢谢你们!

我校科研管理和高教研究的奠基者

姜一飞

　　大学优秀的传统文化积淀,体现大学的先进办学理念及其在改革中逐步完善的合理的管理制度,是构成一所大学核心竞争力的重要组成部分。高校学术水平评估的依据主要是教学与科研。教学是软任务,短期内难以用数字衡量;科研是硬指标,很容易用科研成果与学术论文进行评价,因此在高校学术评价中往往都以科研水平(学术论文)作为评价标准。从高校排名的影响因素中,我校的科研影响因子直逼国内一流大学,这说明了我校科研在国内高校中的地位。学校先后有 300 多项科研成果获国家、省部级科研成果奖,其中国家发明奖和国家科技进步奖 22 项。截至 2010 年底,学校有效专利拥有量居全国高校第 5 位。2010 年,学校被 SCI、EI、CPCI-S 三大索引机构摘录的论文数,在国内高校排名分别为第 69、58 和 50 位。2011 年学校科研经费到款 3.8 亿元。我校既不是 211 院校,也不是 985 院校,仅是省属地方工科高校,在全国高校排名中能进入 100 强,凭的就是科研实力。

　　我校的科研工作从 20 世纪 70 年代以来就一直日新月异,有影响的成果如雨后春笋,在省内外都产生了巨大影响,并获得了巨大的经济效益,这些都离不开我校当时的科研管理开拓者和推手——林宝琨。林老师在科研处这一管理岗位上干了 20 年时间,在高校管理工作的岗位连续干这么长时间是极为罕见的。他为我校科研管理制订了完善的科研管理体系及系统管理条例,在管理中灵活掌控科研政策,使得我校科研管理一直位于省属院校前列,这也是促成我校科研成绩斐然的重要因素。

　　在 20 世纪五六十年代,浙江省本是个农业大省。当时以江华为第一书记的省委领导班子一直想改变这种状况,由农业大省逐步变成工业大省。1959 年底,浙江省委提出在衢州建设一个产学研三结合基地的"共产主义试验区"构想。始建于 1958 年的衢州化工厂,是浙江省第一个大型化工联合企业,为浙江省发展化学工业奠定了基础,对全省工农业发展具有重要的推动作用。省委决定以浙江化工专科学校为基础在衢州创办浙江化工学院(当时称乌溪江化工学院），同时将浙江化工研究所从杭州迁至衢州。这样，在衢州形成衢州化工厂、乌溪江化工学院、浙江化工研究所三结合的基地，并与衢州当地的发展规划相结合，在沿乌溪江两岸建设一个规划80万人口的带状工业城。这一构想既是当时经济上"大跃进""跑步进入共产主义"思路的具体表现，也是高等学校贯彻中央《关于教育工作的指示》精神、实行"教育与生产劳动相结合"的举措。当时，要求高等学校、科研机构和工厂企业相结合，学校的教学、科学研究与生产劳动相结合，学生、研究人员与工人相结合。集全省最大的化工联合企业、省化工研究所于一地，再有一所化工学院，以探索新的办学路径，省里对此寄予许多美好的期待。

在乌溪江化工学院建校之初的1960年，林宝琨老师受学校领导指派，负责组建课题组，并邀请金华工科所、衢县科委参加，承担省计划的研究课题。只是在当时形势下，前五年学校经历了三迁波动，后五年又经历了轰轰烈烈的"文化大革命"，学校的正常教学秩序都难以维持，也就无法进行科学研究了。

学校刚从杭州搬迁到衢州烂柯山下，校舍都是临时搭建的茅草棚，既无固定办公室，也缺乏人手，一切都要从零开始。更加困难的是，1960年后国家经济进入困难期，1961年3月，中央八届九中全会决定对国民经济实行"调整、巩固、充实、提高"的八字方针，初建的学校因此也要进行调整工作。全国高等教育由大发展转入大调整，全国先后停办800多所高等院校，占1960年高校总数的68%。浙江省50所高等院校调整至12所，学校数减少了76%，在校学生数减少39%，并出现连续五年的负增长。在这样严峻的形势下，乌溪江化工学院能够生存下来，没有被列入停办行列，这既与浙江省委执行"把衢州化工厂办成浙江省第一个大型化工联合企业，为浙江省发展化学工业奠定基础"的大战略有关，也与化工学院卓有成效的认真办学有关。

1963年8月，化工部教育司司长马恩沛专程到校考察，认为在烂柯山麓办学的外部条件太差，投资大，见效慢，不利于人才培养，提出迁校杭州办学的意见，并随后提出了具体方案。浙江省委书记办公会议同意了迁校杭州的方案。10月25日，国务院批准"同意将乌溪江化工学院改由化学工业部直接管理，并正式定名为浙江化工学院"。迁校工作于11月启动，首批为129名一年级学生从衢州迁入杭州文一路原白荡海校园上课。到1964年初寒假结束，全部学生都在杭州校园里上课了。化工部接管后，采取了一系列改善办学条件的措施：调入10余名教师和50余名64届本科毕业生（其中有20名为本校首届毕业生）充实教师队伍；增拨了办学经费；增添了一批教学仪器设备；租用了附近的楼宇以缓解校舍紧缺；扩大招生规模，招生范围开始扩大到上海、江苏等地；教学工作和学生实习也纳入了部属院校的计划。这样使学校较快地恢复了元气，开始进入新的发展时期，但因实验设施紧张，科研尚无条件开展。

1964年,在编制第三个五年计划中提出了"三线建设"(又称战略后方建设)的问题,化工部决定以浙江化工学院为主体,合并青岛化工学院及北京化工学院的一些保密专业,组建一所西北化工大学,校址设在西安市郊临潼。当时学校党委书记周学山、校长刘亚东等一班领导,跟随化工部有关领导一起去西安考察新校址,在西安临潼看到的是大片不毛之地,心都凉了。那时的西北地区与南方相比差距很大,西安远郊更显荒凉。学校领导觉得那里的办学条件实在太差,远不如衢州烂柯山下,遂决定不去西安,这使化工部领导很恼火,说:"既然你们不愿去西安,那化工部也不要你们这所学校。"于是我们学校又由部属改为省管。1965年8月,浙江省委以"备战需要"为由,强令浙江化工学院在1966年1月前迁回衢州原址办学,这就是浙江化工学院被称为"五年三迁"的一段史实的原委。

1966年,还没来得及招生,"文革"就爆发了,不仅打断了学校的正常发展,也打乱了正常的教学秩序。1966年开始至1969年,学校"停课闹革命",也停止了招生,进入了大串联、大批判、大夺权的动荡纷乱。1968年下半年,中共中央发出了"抓革命、促生产"的指示,各地纷纷成立革命领导小组或革委会。我们学校也由军代表、工宣队代表、群众组织代表和老干部一起组成了革委会,形势才逐渐稳定了一些。在"教育为工农兵服务"的口号下,学校于1970年下半年抽调一批骨干教师,组成了以刘化章老师为组长的合成氨催化剂研究团队,为我校在合成氨催化剂研究领域的突破打下了坚实基础。

在此以后,学校的学术氛围日趋活跃,在校领导的大布局和科研处的推动下,学校兴起了一波科研新高潮,许多教师纷纷投身科研。化学工程教研室的徐崇嗣等教师,于1972年开始开展多降液管筛板塔技术的开发研究,并在实验室研究成果的基础上,先后到浙江、江苏、山东等省的化肥厂推广使用。金相教研室的韩玉生等教师,于1973年开展了国产新钢种及配套焊条耐腐蚀性能研究,把实验装置建在衢州化工厂的生产车间旁,利用工厂生产现场的条件开展研究工作。他们不仅完成了冶金部、燃化部下达的多种新钢种的研究项目,而且成功开发出具有独特技术的高压管件弯制工艺,为日后创办校办化工设备厂打下基础。化机教研室的张康达等教师,自行设计研究并建成了国内第一套压力容器疲劳试验装置,于1974年开展了系列的疲劳断裂研究,并承接来自企业生产装置新结构的疲劳失效试验研究项目,研究成果列入化工部、石油部和机械工业部联合制订的《钢制石油化工压力容器设计规定》中。防腐教研室的濮阳楠等教师,于1976年开始与上海化工设计院合作,开展硬聚氯乙烯塑料的耐腐蚀性能研究,并受化工部委托,开展杀草丹生产设备防腐蚀材料的研究,攻克了杀草丹生产的关键性难题。农药教研室的沈德隆等教师,开展黄磷炉尾气制光气、采用综合技术提高新农药氧化乐果收得率及农药新剂型研究。三废研究室的田冰式等教师,开展农药废水处理的技术研究,等等。

这些研究课题都是来自生产上迫切需要解决的技术难题,通过产学研相结合的途径进行研究,科研成果又能适时地推广应用到生产中去,产生了良好的社会效益和经济效益。这成了当时我校科研工作的特色和成功之道。科研工作也有力地促进学科建设和新专业的成长,并为学校发展创造了良好的条件。

这段时间是学校科研的第一波高潮期,林宝琨老师和科研处的其他老师,忙于帮助各课题组申报项目、申请经费、申报成果、制订科研管理条例,也形成了科研管理的一波高潮。为掌握第一手资料,他们经常到各课题组了解、熟悉课题进展情况,帮助解决科研中碰到的具体困难。在项目申报、经费申请、成果申报中,他们经常和课题组老师一起跑杭州各厅局、省科委。当时衢州地区的经济和交通尚不发达,农村条件更差。学校离衢州县城虽然只有 12 公里,但有一条乌溪江相隔,交通十分不便,学校每天只有一趟班车去衢州县城,早上 8 点钟出发,下午 3 点钟返回。从衢州县城坐火车到杭州要七八个小时,去杭州无论往返,都一定得争取赶上学校班车,否则只能坐公交车到衢州化工厂,再步行1 小时回校。由于学校所在地石室村属乡下,校门口只有长途汽车通到衢州城里,每天仅有两班,上午一班、下午一班,学校教师很难挤上这种长途车。从学校出差到杭州,即便办事只需半天,但来回行程起码也要 3 天时间,这在现代交通、通讯发达的年代是不可思议的。

粉碎"四人帮"以后,进入改革开放的崭新时代,1978 年浙江省决定新建一所省属高等工科院校"浙江工学院",校址定在杭州市。经化工学院领导努力争取,1980 年 9 月份教育部批复浙江省,同意将浙江化工学院并入浙江工学院,作为新学校的建校基础。两校合并后,成立科研处,学校的科研工作进入了一个新的发展阶段。尽管当时的办学条件比较差,但新形势促进了学术交流与学术氛围的活跃,学校召开了科研工作会议,编制了"六五"科研计划,举行了全校性的学术报告会,组织与协调申报了我校第一个国家科技进步奖项目。在 1982年浙江省首届科技成果交易会上,我校参展的科技成果数在全省高校中占首位。同时,在科研管理制度建设方面也跨出了重要一步:起草制定《浙江工学院科研管理工作条例四十条》,积极开展科研生产联合体的实践,组建科技服务部,以适应科技成果转化的需要,更好地为经济发展服务。在这期间,林宝琨担任科研处处长,在做好科研管理工作的同时,还开展了科研管理工作研究、参加了相关学术团体的工作,并曾担任浙江省科学与科技管理研究会副理事长、浙江省高校科研管理研究会副理事长等。

1987 年林宝琨老师调入高教研究室,正值高教研究学科在我校起步的阶段,他的调入促进了这一学科的发展。我国高等教育研究成为一个专门的研究领域、一门系统的学科,起步于改革开放之后,随着全国高校的恢复、改革与发展而不断拓展和深化。林宝琨老师在组建研究工作团队、选择研究方向与课题的同时，策划筹办了高教研究的学术刊物《高教与经济》季刊，创刊号于1988年2月经浙江省新闻出版局批准出版。《高教与经济》的创办及其办刊过程，对我校开展高教研究和高教研究室的工作是极大的促进，激发了教师和管理工作者的高教研究热情，凝聚研究力量，有益于提高办学水平和扩大社会影响。20余年来，它客观地记录了我校改革与发展的历程，也反映了高教研究学科的发展轨迹，在推进新时期高教改革、服务于高等教育实践中发挥了积极作用。

1987年底，以林宝琨老师为首的高教研究室承接了浙江省哲学社会科学规划领导小组下达的研究课题"高等职业技术教育经济学问题的研究"，列为浙江省哲学社会科学"七五"规划第一批重点课题，也是高教研究室开展教育经济学研究的第一个课题，于1989年9月写出了8万余字的研究报告，并以系列研究论文形式陆续发表在一些学术期刊上。由中国高等职业技术教育研究会主办的《高等职业教育》1989年第3期的首篇《高等职业技术学校的规模与效益》一文，就出自他们之手。该期的编者按语说："浙江工学院林宝琨同志收集了大量可信服的资料，就职业大学的规模与效益问题，作了精辟的分析，还提出了增强办学效益的一系列很好的建议。由于不是空发议论，而是采用与普通大学及其他各类学校比较研究的方法，用事实、数字推理。因此，这篇文章有一定的参考价值。"这项研究成果于1990年底获得了中国高等教育学会优秀成果二等奖、浙江省高校哲学社会科学优秀成果二等奖。

"高校学生校外实习和社会实践问题及其对策研究"，是省教委1990年的计划研究课题。当时，高校学生校外实习和社会实践遇到许多困难，成为严重影响教育质量的一大难题，因此该课题研究受到省有关部门的重视。由林宝琨老师与陈世瑛老师等组成的课题组，从当时学生校外实习所遇到的实际问题出发，重点对生产实习的共识、体制、基地、经费、改革途径等五个方面进行研究，提出了相应的对策与改革措施，为有关部门解决这一问题提供了决策的理论依据和具体的改革思路。经过近两年的研究，提交了近6万字的研究报告，经专家评审，被省政府有关部门采纳，反映在相关的4个文件和改革举措中，并在省高教学会年会上被安排做专题发言。研究报告内容以系列论文形式相继在《中国教育报》《吉林教育科学》和《上海高教研究》等报刊上登载。这项研究成果在1992年、1993年先后获得了中国高教学会科研成果一等奖、浙江省高校哲学社会科学优秀成果二等奖等5项奖励。

在林宝琨老师带领下，高教研究成果的社会效益不断扩大，承接的高教研究课题也逐年增加，先后承接了省教委下达的"浙江省普通高等教育科类结构优化研究"（1991年）、"产学合作教育机制及其运行研究"（1992年）等课题，还承接了省高教学会的一些研究课题。同时，校内的研究课题也在逐步增加。

　　因有着丰富的管理经验、敏锐的洞察力、深厚的文学底蕴,林宝琨老师主持的高教研究室深得同行们的信服和敬佩,在高教研究领域的社会影响力和知名度不断扩大。1988年华东地区高等教育管理科学研究会成立浙江分会,林宝琨老师被推选为理事,并分工负责学术交流工作。在1989年省高教学会第二届理事会上,林宝琨老师被推选为理事,后又担任副秘书长,这样不仅参加学术交流活动,还参与了学会的一些管理工作。1991年,我校高教研究室和杭州大学高教所、浙江大学高教所一起策划筹建浙江省高等教育科学研究会,在成立大会上,林宝琨老师被推选为副理事长。这是一个以全省高校的高教研究机构为主体的学术团体,也是省高教学会的主力军。1992年,林宝琨老师被推选为中国高等教育管理研究会理事,后来还被表彰为学会优秀工作者。

　　林宝琨老师还参与了我校第一个十年发展规划——《1991—2000年发展规划》的研究与编制。该项工作始于1990年7月,9月以高教研究室为主正式成立规划办公室,有关职能部门和研究人员共8人组成工作班子,进行了近一年时间的深入研究。十年发展规划不仅是一项未来研究,需要运用未来前景分析预测的方法,而且是实践性很强的工作研究,必须建立在现实可行的基础上,去追求可能争取和实现的发展目标。1991年4月,学校教代会审议通过了这个规划。规划的实施对学校的年度工作计划发挥了指导作用,并为1992年制订学校综合改革方案以及利用张子良先生捐款项目而编制的《浙江工业大学建设方案》提供了依据。这个规划不仅是我校高教研究一项具有历史意义的课题,也是后来另两个新十年规划的基础,对学校此后的发展产生了深远影响。

　　20世纪90年代中期以后,我校教师和管理工作者参与高教研究的热情不断提高,发表的研究论文也逐年增加。1993年,林宝琨老师调离了高教研究室,但是仍结合工作岗位的实践参加多项研究工作,从专业研究者变为业余爱好者。他的研究工作从来没有间断,先后参与了省教委的计划项目"产学合作教育研究""高校校办产业管理体制和运行机制研究"和全国化工高教学会计划项目"高校校办产业发展问题的研究"等,研究论文发表在各种相关的学术刊物和由化学工业出版社出版的《全国化工高教学会"九五"教育研究课题论文集》一书中。

　　1998年林宝琨老师退休后,仍一直笔耕不辍,积极参与我校老教授协会承接的研究课题,诸如"高等教育大众化阶段优秀生培养方案的研究""高等学校精英教育定位问题的研究""大学文化力及其作用机制的研究"等等,校老教授协会编辑出版的《大学学术文化与校史文化》和本书中就收录了他的10余篇文章。

吴挺教授二三事

唐 明

　　吴挺教授是原浙江工学院（浙江工业大学的前身）的基础部主任，1985 年调往温州大学任副校长。俗话说："人走茶凉"，可他调走 30 多年了，许多老人还经常念叨他；筹编本书的时候，许多人都说"学人篇"里应该写一写他。其实他从 1955 年进入杭州化工学校（浙江工学院的前身），在此工作也不过 30 年，怎么会留下这么深的烙印？怎么会有那么多人至今对他念念不忘？带着疑问，我采访了几位老人，写下一些有关他的片断，或许能解答一二吧。

刚强的穷孩子

　　吴挺 1930 年出生于浙江温州东门码头附近一个贫困农户家里，收入少、孩子多，常常吃不饱饭，他长得又瘦又小，还要帮家里干活，养成了能吃苦、有担当的刚强性格。

　　他解放初参加过当地的土改工作队，后来当过小学教师（据说还做过乡村小学的校长），1953 年作为调干生进入紧邻六和塔的浙江师范学院（那里原是私立的教会大学"之江大学"，1952 年与原浙江大学的师范专业合并，成立浙江师范学院，若干年后又成为浙江大学三分部），在数学科学习了两年，1955 年以大专学历毕业。

　　作为政府培养的青年干部，调干生每月有 32 元工资（相当于工厂里一个三级工的待遇）。为了能挤一点钱寄回家，他非常节俭，每月伙食费才花 7、8 元钱。毕业后分配到杭州化工学校教书，工资有 42 元（一年后又涨到 48 元），但他仍然非常俭省，早饭常常是一碗稀饭加一点咸菜。从小受苦的他也很硬气，不管多么艰苦，他从不要求学校补助。毕业分配时他还主动要求到最艰苦的地方去。

　　徐铜老师和吴挺是同班同学，他至今还记得，读书时学校实行"劳卫制"（即"劳动卫国制度"，主要是号召国民加强锻炼、强身健体，以便更好地劳动和保家卫国),不但所有打扫卫生的工作全由学生自己负责(包括打扫教室、宿舍、场院和厕所),而且每人都要制订个人的健身锻炼计划(作为一项政治任务)。吴挺一心埋头读书,虽然学习成绩好,但文娱体育却很差。徐铜和几位同学就拉着他,组织了一个"马特洛索夫锻炼小组"(马特洛索夫是苏联卫国战争中的英雄,用胸口堵敌人地堡的枪眼而壮烈牺牲。朝鲜战场上的英雄黄继光,便被称为"中国的马特洛索夫"),坚持每天晨练半小时,风雨无阻(无雨就长跑,有雨则在室内跳绳、打乒乓球)。他虽然不太喜欢运动,却对这项政治任务极其认真,自觉参加锻炼,一直坚持到毕业。分配工作以后虽然没有再订什么锻炼计划,但几年的坚持已使他们养成了运动健身的习惯,徐铜经常说:"老了以后更加体会到,坚持锻炼让大家受益终身!"现在他们几个老同学都已是"八〇后"了,依然一个个硬朗矍铄,这不能不感谢那时的劳卫制和长年坚持锻炼。

不过那时曾经热门的交谊舞,吴挺却始终拒绝参加,即便被拖了去,也只在边上看,不肯上场。

吴挺1958年结婚,爱人陈品珠是他的温州同乡,原先也是乡村小学教师,婚后调进化工学校实验室工作,双职工的经济状况自然比过去好多了。可惜好景不长,60年代初国家遭遇了巨大的经济困难,被迫实行"八字方针"进行调整,内容之一就是各机关、企事业单位都大量精简裁员。学校(这时是衢州烂柯山麓的乌溪江化工学院)动员能回乡的人尽量回乡,陈品珠也就于1962年打报告申请回乡。她事前居然未与丈夫商量,直到报告批下来吴挺才知道此事,但他并没有怪罪和阻挠爱人,"分担国家困难嘛",他默默接受了既成事实。可是爱人回乡后却未能如愿就业(或许乡村小学本身也在精简裁员吧),只得靠打零工度日,几乎没什么收入,这不但让他们夫妻两地分居20多年,也使他们原本困难的家庭更加困难。身处窘境,吴挺没有怨天尤人,而是用自己的加倍节俭和埋头工作来默默应对。直到他们的儿子长大成人,1981年进了学校的化工实验室(此时化工学院已迁回杭州并入浙江工学院),有了一份稳定收入,家庭经济状况才稍有改善。1985年,浙江工学院考虑到他的实际困难,让他们父子一起调回温州,他才终于结束了夫妻分居,有了个安稳的家。

老人们说起他的含辛茹苦、任劳任怨和自立刚强,不胜唏嘘,更由衷敬佩。

书山有路勤为径

吴挺留给老人们最深的记忆就是他读书时的勤奋和刻苦。

解放初调干生进校并不填志愿,由学校对他们进行摸底考试,根据考试情况来分专业。他数学考得比较好,所以分到数学科。其实他的数学底子很薄,只学过一点初中数学,一下子要学高等数学,困难可想而知。但是他学习非常认真、非常刻苦,成绩很快就在班上拔尖。

由于底子薄,课堂上许多地方听不懂,吴挺就时常在课外去图书馆加班自学。同学们都说,课余时间如果要找吴挺,去图书馆准没错。那时学校作息制度很严,晚上九点半必须熄灯,这使他养成了抓紧时间但不开夜车的习惯,这个习惯几乎保持终身。

吴挺读书喜欢完整而系统。那时图书馆的藏书不太多,他很珍惜借来的参考书,基本上都要完整地读,而且认真做笔记,这个习惯也几乎保持终身。

1955年,他以优异成绩毕业了。那年月毕业分配大家不怎么挑剔,都表示服从分配,吴挺还主动要求到最艰苦的地方去,后来和徐铜一起分配到新建的杭州化工学校来教数学。李维宣老师还记得1955年夏天受化工学校派遣去师范学院领取吴、徐二人档案材料的情景:从文一路的白荡海步行去六和塔,好远、好热、好辛苦,沿途一些地方还是田间小路。

来到化工学校以后,吴挺、徐铜就与李维宣同住一个寝室。李老师回忆说,那时条件很差,三个人挤一间8平方米的小屋,三张单人床一放就满了,只能在每人床前放一张小课桌。吴挺几乎总是趴在他的小课桌上读书、备课。学校作息制度也很严,晚上十点必须就寝熄灯,所以他总是分秒必争,不肯浪费一点时间,但也从不开夜车。

1958年结婚以后,学校在一座"筒子楼"里分给他们一个单间,他算是有了一个属于自己的小窝。那时国家号召"向科学进军",全社会逐渐形成较浓厚的读书风气,他就更加勤奋读书了。好几位老师都说,吴挺有这个本事——不管周围如何闹闹哄哄,他照样能旁若无人地沉浸在自己的世界里。

罗国勋老师回忆,吴挺那段时间还读了不少外文书。他外文不太好,要依赖词典,读起来比较吃力,就干脆先把外文书完整翻译成中文,再对照起来读。罗老师也用这个方法,翻译过三四本外文书,他记得吴挺翻译了六七本。每读完一本,他们就把翻译稿收藏起来备查,并不拿去出版。渐渐地,他们读外文书可以不太依赖词典了,而那些翻译稿则成了他们的私人藏书。

数学教师必须大量做题。厚厚的《吉米多维奇习题集》一般人能做掉一半就不错了,可吴挺把全部题都做了一遍。吴挺善于思考,自己编了不少习题。他出试卷,不但参考多本书,而且许多题目是自己编的,所以很独特。

由于勤奋读书、大量做题,他的业务水平提高很快,讲课口碑又好,在教研组里逐渐崭露头角。1977年,数学教研室老主任退休,他被任命为新主任。甫一上任,他就积极倡导大家勤奋读书。80年代初,他向学校争取到一些经费,买了一批经典参考书,建起了教研室的小图书室,规定大家每学期至少读完一本书。他还建立了读书报告制度,给许多教师(尤其是年轻教师)分配任务,轮流做读书报告,促使大家认真读书、互相交流,提高整个教研室的业务水平。

作为读书人，作为学者，吴挺的勤读书、善思考为我们树起了一个典型的榜样。

做教师要有良心

吴挺读书认真，做事更认真。

从教小学开始，到教中专、教大专，再到教本科、教研究生，教书成了他的终生职业。他热爱这份职业，肯学、肯钻，这份职业就成了他呕心沥血为之献身的事业。他说："做教师要有良心，要对得起学生。"平平常常一句话，却是他潜心教学的无尽动力和无形约束。

吴挺刚进化工学校的时候，数学教研组长是章朝宗。章先生也是温州人，毕业于老浙大的数学系，与谷超豪同乡且同班（他们那个班进校时有30多人，最后仅剩5个人毕业，包括谷超豪和他）。毕业后章朝宗返回家乡，任教于温州高等工业学校（简称"温高工"），1953年随温高工并入杭州化工学校，1960年又随化工学校归入乌溪江化工学院、浙江化工学院，他一直担任数学教研组长。他治学严谨，对年轻教师要求严格。新教师上讲台前先要试讲，并学习如何备课。学校发有专用的备课本，新教师每堂课的备课笔记都要先经他审查，批准了、签了字，才能去上课。他还常常随堂听课，及时点评。在他的带领下，数学教研组形成了认真严谨的好风气。遗憾的是，那些年各种运动频繁、学校又几经拆并变迁，以至于章朝宗的职称始终没能评上去，直到1977年退休返乡，他还仅仅是一个老讲师。

吴挺初进数学组，很认真地按章先生的要求备课，备课笔记总是写得整洁而完整。那些年中国教育学苏联，推行"凯洛夫教育学"，课堂教学讲究"五段教学法"（开场白＋回顾前节＋讲新课＋小结＋布置作业），他在备课笔记中都一一写明。他善于思考，讲完课以后他常常要反思得失，修改备课笔记。没过几年，吴挺的教学就得到了同事和学生的一致好评。

1960年乌溪江化工学院在衢州新建（杭州化工学校被迁去作为建校基础），"中国化工教育之父"李寿恒从浙大调来做分管教学的副院长，后来还兼基础部主任。为了提高原有教师的教学水平以适应本科教学，李寿恒主办了几期教师培训班，他亲任班主任，从浙大、浙师院请了几位高水平教授来传授本科教学经验（老人们回忆说，他们的每次讲座，底下总是坐得满满的，各种课程的老师都有）。其中有一位数学教授是浙大的周茂清，他不但在培训班传授教学法，还进课堂做示范教学。最后他还指定一些片断，让数学组的教师们分别试讲，大家一起来听，他来做点评，年轻教师中他对吴挺的试讲评价最高。

吴挺不但讲课认真，对学生的课外辅导也很认真。他经常深入学生宿舍答疑解惑,注意辅导有困难的学生,还经常在晚上去教室答疑。辅导答疑跟上了,讲课的效果自然就会更好。他教过的学生中有不少人后来留校了,他们至今还对吴挺记忆深刻、赞不绝口,说"吴挺教课,有口皆碑"。他们说,吴挺讲课深入浅出,学生容易懂,而且不但讲方法,也注意讲思路和思想,所以学生的印象特别深。乌溪江化工学院初建时,条件极其艰苦,一些教室和学生宿舍起初还是竹棚茅舍,建校工地上道路泥泞、灯光昏暗,但他晚上还是经常打着手电跑宿舍、跑教室,令学生们十分感动,至今记忆犹新。

1977年,老组长章朝宗退休,吴挺接任教研组长。他不但自己认真教学,也认真地抓教研组的教学,特别注重对青年教师的传帮带。

我是1982年夏季进入数学教研室的,那时吴挺已是基础部主任兼数学教研室主任。教研室每周有一次政治学习兼教研活动。记得开学初第一次活动,他向大家介绍我们几个新教师之后,就给我们来了一个"下马威"——拿出一张试卷来考我们,规定独立完成、次日交卷,题目全是他自己编的,翻书也没用。还给我们每人指定一个专题,规定一周后各做一个读书报告。到下一周,他又给我们每人指定一个老教师做指导老师,让我们先给他们做助教。我先后跟了两位指导老师,一年后试讲习题课,再过一年才正式分配教学任务。

吴挺很注重教研室内部的学术交流,每学期要搞几次读书报告,还组织了几次全基础部(当时有6个教研室)的教学经验交流会,会后把大家的发言稿编印成册发到各教研室,引导大家热爱教学、研究教学。

由于吴挺的专业能力和教学口碑都比较突出,"文革"后各大学陆续恢复职称评定和晋升工作的时候(70年代后期),浙江化工学院第一批晋升了4名副教授,吴挺是其中之一。

温厚长者之风

出身贫苦的吴挺,为人宽厚、心地善良。对自己,他能吃苦、少怨言,但是却见不得别人受苦,富有同情心。

与同事相处,无论是作为普通教师,还是作为教研组长、教研室主任、基础部主任,他总是温和宽厚、一视同仁,从不厚此薄彼。在安排教研室工作的时候,他知人善任,并且尽量公开、民主,把排课名单、工作量统计等公布在办公室黑板上,尽量让大家各抒己见,使大家都能心情愉快,也使整个教研室很团结、很温馨。和他一起工作过的人,都觉得他很好相处,合作很愉快。至今提起他,老人们最直接的印象就是:"吴挺?好人啊!"

"文革"结束,逐步恢复教学秩序、开始招生时,数学教师很缺,学校动员了几位其他专业毕业留校的优秀学生改行教数学。吴挺对他们先进行耐心培训,指导他们读书,再慢慢地逐步给他们安排任务,帮助他们实现专业转型,后来他们都成了深受学生欢迎的优秀数学教师。

1983年初,有一位老师的儿子右膝上部疼痛数月,杭州某医院诊断为"成骨肿瘤",并说"从速截肢是唯一办法",她急得六神无主。吴挺及时宽慰她,建议她到上海去找专家复查,自己主动为她代课,还想方设法帮她联系专家、托人挂号。最后上海的专家否定了肿瘤结论,治愈了孩子的骨关节,保住了他的腿。每当忆及此事,这位老师总是激动不已:"多亏了吴挺!在这样贴心的领导下面工作是自己的幸福。我会感谢吴老师一辈子的!"

吴挺的业务和人品,得到了学校领导和师生们的一致好评。1981年浙江工学院推选他为浙江省人大代表。1985年调去温州后不久,又在温州再次当选为浙江省人大代表。

俗话说"好人终有好报",这便是一个实实在在的例证。

浙江工业大学老教授群像速写

王治平

  浙江工业大学作为中国江南文化重镇的一所重要的高等院校,在它六十多年的发展历程中,有众多的教职员工为学校今天的成就做出了努力,其中的老教授们自然是学校大业的中流砥柱。现在他们中许多已经退休,在家安度晚年,但我们永远铭记他们的卓越贡献。

  那个时代的老教授,作为中国知识分子独特的一代,经历了我们国家翻天覆地的历史变迁,他们个人的命运也随之波澜起伏。他们每个人都是一本书,他们的人生、他们的思想、他们的努力、他们的成就,都是一本内容丰富的书,一本非常值得后人细细品味、汲取养分的大书。

  从 2016 年初开始,我有幸走进了他们的世界。

  我寻找各种机会,拜访了我们学校的几十位退休老教授,倾听他们的讲述,了解他们的生平。感谢他们对我的友好接纳、不吝赐教,让我发现了一个巨大的宝藏,原来他们的故事是那么地精彩,原来我们的学校真的是藏龙卧虎之所!

  我利用现在使用非常广泛而又便捷的信息传播技术,用照片和文字记录了对老教授们的访谈,并且通过微信的“格图”,上传到了无远弗届的互联网。虽然只是浮光掠影、惊鸿一瞥,但还是得到传主们的首肯,给我的读者们留下了深刻的印象。大家给了我很多鼓励,认为这是一种非常有意义的社会学“田野调查”、非常有价值的历史学“私人文档”。囿于篇幅,我在这里只把部分文字集结起来,原先每段文字都有相配的照片,留待日后另书补齐。

  由于时间关系,我的这项工作才刚刚开了一个头。我们学校已经退休的老教授有 200 多位,现在我还只是随机拜访了二十几位,未来还有非常多的工作要做,我会继续坚持一直做下去。这对于我来说,是一个无比宝贵的学习之旅,老教授们毕生的故事是我最好的人生教科书。我相信,这对于后人也同样大有裨益。同时,它也可以作为学校历史“宏大叙事”的若干“插图”而载入学校的史册。

一、李寿恒：中国化学工程教育的创始人（2016 年 1 月 11 日）

1.在浙江工业大学朝晖校区存中楼的北面,绿树掩映着一座李寿恒先生(1898.2—1995.2)的半身铜像。

2.其碑文刻着:"李寿恒,字乔年,江苏宜兴人。中国化学工程教育的创始人,化学工程学家,教育家,一级教授。曾任浙江大学副校长,浙江工业大学前身浙江化工学院院长。"

3.近旁有一株参天雪松,以李先生的雅字命名为"乔年松"。

4."乔年松"植于 1991 年春,是为了庆祝李寿恒教授 94 华诞暨李寿恒文献室成立。

5.2016 年 1 月 11 日,因我要为"浙工大文化研究"撰写人物篇章,于当天开始着手收集李寿恒先生的资料。

6.我采访了李寿恒先生的高足、浙工大图书馆前馆长马瑞椿老师。他给我推荐了书目,其中有他自己的一些研究成果。

7.我又采访了早先为我提供《化工教育先驱李寿恒教授专集》等重要资料的沈振闻老师。

8.我还采访了当年参与李寿恒诞辰系列纪念庆祝活动的万跃华老师。学校的几代同仁从不同侧面给我介绍了李老的许多故事。

9.在学校档案馆的故纸堆里,史海钩沉,我又搜罗到了原藏于李寿恒文献室的一些资料,满载而归。

二、李恩良：建设大学（2016 年 1 月 12 日）

1.浙江工业大学的前身浙江工学院的第一任院长,是曾任浙江大学副校长的著名的土木工程专家李恩良教授(1912—2008)。

2.2016 年 1 月 12 日晚上,我去李先生的大公子李瑞麟老师家,采访到李恩良先生一生的许多故事。

3.李恩良,广东台山人,本科毕业于浙江杭州的私立之江文理学院(之江大学前身)理科土木工程学系。

4.1938 年他远涉重洋,赴美留学。起初在密歇根大学(The University of Michigan)读研究生,一年就获得了硕士学位。

5.李恩良后又进入康奈尔大学(Cornell University)攻读博士,两年就获得了博士学位。

6.李恩良(Yen-Liang Lee)的博士论文是《连续空腹桁架》(Continuous

Vierendeel Trusses）。

7.1941 年李恩良学成回国,先后在多地的建筑事务所任工程师,在之江大学、复旦大学、浙江大学任教授。50 年代先后任浙江大学土木工程系主任、浙江大学副校长,主持了学校的基本建设工作,玉泉校区中央草坪两侧六幢教学大楼的结构设计,就是他当年亲手完成的。

8.他长期从事教育工作,上讲台、搞科研、带研究生,为国家培养出一大批土木工程的高级人才。

9.“文革”中他被打成“反动学术权威”,受尽了折磨。“文革”后的 1982 年,他以七旬高龄,出任新组建的浙江工学院院长。

三、项浙学:决策咨询献国家（2016 年 1 月 13 日）

1.项浙学教授是浙江工业大学的前身浙江工学院的副院长,他是浙江临海人,生于 1930 年,现在已是 86 岁高龄。

2.2015 年浙江工业大学《老人年报》的“年度人物专访”,开篇就是介绍他的《最美思想中》。

3.2016 年 1 月 13 日上午,我去项浙学教授家拜访,不仅听到了老人一生经历的跌宕起伏的故事,也听到了他作为软科学专家的许多深刻的思想。

4.项老师在读中学时因参与学运而遭开除,参加革命后因党内斗争而被关押,“文革”中更因旷日持久的批斗而一度萌发轻生念头。

5.项老师意志坚强、信仰坚定,一生努力奋斗,成就斐然。

6.他的若干学术创造,曾获得学界的瞩目,有专家将他称为“钱学森学派的代表性人物之一”。

7.他一直将学术研究与社会实际相结合,为有关部门提供决策咨询。他迄今还担任着浙江省科技发展咨询委员会的委员。

8.作为一名离休干部,他的晚年生活幸福。他曾被学校评为“健康老人”,还在社会上积极参与各种有意义的活动。

9.感谢项老师把他 2013 年出版的新著《决策咨询研究》一书赠予我,这本书记录了作者为国家发展决策的科学化所做出的努力和贡献。

四、徐德明:追求真理的荣光（2016 年 1 月 14 日）

1.漫步在浙江工业大学的朝晖校区,每当看到横跨上塘河的那座古老的石桥,我就想起徐德明教授对它的精心考证和倾力保护。

2.徐德明教授是浙江工业大学的资深教授,曾在学校历任社科部主任、人文学院院长、校图书馆馆长。

3.2016年1月14日,我在学校拜访了徐德明教授,得知徐老师对校园文化建设的贡献远不止这一座桥。

4.在《风物校园——浙江工业大学校园建设巡礼》一书中,徐老师对上塘河、东新桥、"梦溪笔谈大铜钟"等景物娓娓道来,如数家珍。

5.图书馆门前的学风碑上镌刻着"取精用弘"四个大字,是1995年由徐德明教授首推、从二十多条"学风征集"中由学生海选出来的,作为浙工大学风的标识。而今,学校里有了"精弘楼""精弘桥""精弘论坛",甚至,"精弘食苑"。

6.徐德明教授生于1939年,重庆市巴县人。1964年从四川大学哲学系毕业后,就来浙江从教,至今已半个多世纪。他酷爱李白的《梦游天姥吟留别》,而天姥山就在浙江。不过,"举头望明月,低头思故乡",他还是将自己的书房取名"思蜀斋"。

7.作为哲学教授,他的专长是科学哲学。他用先哲老子的话"孔德之容,唯道是从",来彪炳人们研究科学、追求真理的无上荣光。

8.当2014年徐老师将他领衔主笔的大作《钱学森学派:一个科学技术体系学在东方崛起》一书赠予我时,我惊叹于他的立意恢宏,而今天我才发现,这只是他宏大计划的一部分,他还要在80岁之前完成与之配套的另外两部著作。

9."老骥伏枥,志在千里。烈士暮年,壮心不已。"一直在徐德明教授身边工作的曾鹤翠老师说,这种精神真令人敬佩。

五、刘化章:"全年无休"的研究员(2016年1月17日)

1.2016年1月17日,一个冬日的周末,我冒雨赶往浙江工业大学朝晖校区,为的是去验证一个动人的传说。

2.传说化学工程学院有位刘化章研究员,一年到头,风雨无阻,每天都在学校的实验室里搞科研。我久仰大名,却无缘谋面。今天我要做个不速之客,登门拜访。

3.果真在工业催化研究所的所长办公室,见到了这位有着传奇故事的刘老师!

4.刘化章,1940年生,浙江文成县人。一谈方知,他竟是博学多才、神机妙算的明代国师刘伯温的21代孙!1955年他以"优秀高小毕业生"到县城领奖,2008年他作为"改革开放十大人物"的乡贤,在县城的同一个礼堂领奖。

5.作为"国家杰出专业技术人才"和"国家突出贡献科技专家",刘化章研究员的研究领域是"氨合成催化剂"。他最新出版的这部厚达500多页的沉甸甸的著作,凝聚了他一生的心血。

6.作为硕士研究生和博士研究生的导师,刘老师多次被学生评选为"我最喜爱的导师""我心目中的好导师"。

7.刘老师和他的团队为学校创造了多个"第一":第一个发明专利、第一个国家级奖项、第一个博士生培养点。

8.作为我校自己培养的人才,他从1958年被保送进校以后,就一直在母校学习、生活、工作、奋斗,从一而终,矢志不移,他戏称把自己"卖"给浙工大了。

9.告辞出来,我又特地去了文一路118号我校前身浙江化工专科学校的旧址。沧桑变迁,这里仅剩一幢作为"杭州市历史建筑"保留的曾经的校舍。当年从浙南山乡辗转三天赶到杭州求学的青年刘化章,就是在这幢楼房的教室里度过了进校的第一夜。

六、张康达:永不"疲劳"(2016年1月19日)

1.浙江工业大学机械工程学院是我校规模最大、历史最悠久的学院之一,其中有一位大名鼎鼎的张康达教授,他从教的历史与学校同步。

2.浙工大最早的前身杭州化工学校于1953年成立时,张康达老师已毕业留校,当时在浙江工业干部学校,随后并入化工学校,此后便相伴迄今。2012年时,学校为他庆祝从教60年,并以他的名字设立了"张康达教育基金"。

3.张康达1936年生于浙江杭州。童年时遭遇战火,四处逃难。青年时只因提了一点意见差点被打成"右派",而在"文革"中却被扣上"漏网右派"的罪名关进了"牛棚"。

4.但这一切都挡不住他坚定地走上教学科研之路。他年轻时师从苏联专家,改革开放以后又应邀赴英国布列斯托尔大学(University of Bristol)进行合作研究。

5.张康达教授的专业领域主要是"压力容器的结构强度和疲劳断裂"。他是我校化工机械专业的创始人,曾任化工机械研究所所长、机械系主任、学校科研处长等职。

6.张康达教授领衔主编的《压力容器手册》,是一本厚达700页的专业工具书,完整地编入了压力容器的设计、制造、检验、管理和使用中的常用数据、计算方法以及现行的技术标准等,丰富而实用。

7.由张康达教授为首的"化工机械"学科,现更名为"过程装备与控制工程",在中国大学本科专业排行榜上排名第三,已成为国内最有影响的学科之一。

8.2016年1月19日,我登门拜访了张康达教授。他给我讲了许多很有意思的故事。

9. 当年离我们不远的秦山核电站即将启动时,突然发现有十几根铬制控制棒发生泄漏,张教授参与了上海核工程设计研究院的研究,并在我校进行了"疲劳试验",提出了解决方案,因此得到国家科工委的二等奖。可惜我没能拍到照片,因为它已被学校的校史馆收藏了。

七、李哮琳:西湖的歌者(2016 年 1 月 21 日)

1. 浙江工业大学坐落在杭州,这是个"东南形胜,三吴都会,钱塘自古繁华"的地方。我们学校的老教授协会有位会员李哮琳老师,就是个老杭州。

2. 李哮琳,1936 年生,从照片上你根本看不出他已近耄耋。他家原先住在杭州吴山路的市井街巷,小时候常随母亲到西湖边的湖埠头去洗衣裳。

3. 几十年来与湖光山色和名胜古迹耳鬓厮磨,西湖的春夏秋冬、日暮晨昏,早已铭记在心。近年来,他对西湖的无限热爱终于像火山一样喷薄而出。深谙音乐的他,给世人献上了一份令人惊叹的大礼——一组歌唱西湖风景名胜的 30 首深情的赞歌。

4. 西湖自古不乏文人墨客为它吟诗作画,然而像李哮琳老师这样,为西湖的"老十景""新十景""新新十景"分别写词谱曲,形成蔚为大观的系列赞歌,却真是空前的大手笔。

5. 承蒙李老师厚爱,嘱我为他即将重印的书写序言,2016 年 1 月 21 日,我特地去了李老师家拜访,以了解更多书里书外的故事。

6. 李老师的文艺才华在年轻时便崭露头角。他在学校里任教的同时,业余时间唱歌、跳舞、演剧、当乐队指挥,还自己创作歌曲。

7. 而今,早已退休的李老师仍旧活跃在文艺舞台上,他带领浙工大老教师艺术团参加各种庆典、比赛、慰问、联欢,忙得不亦乐乎。

8. 作为歌曲,它的演唱和欣赏,也是作品成功的重要环节,李老师耗费几年心血创作的、由这 30 首歌曲构成的《西湖组歌》,正在通过各种渠道广泛传播。

9. 李哮琳老师曾接受杭州西湖明珠电视台的邀请,出现在电视节目中。他讴歌西湖的精心创作,获得了人们极大的赞誉。

八、唐明:让你爱上数学(2016 年 1 月 23 日)

1. 学生中流行一句话,"大学里有棵树,名字叫高数,树上挂掉了人无数。"是说"高等数学"这门课程令许多人不及格,可见学生多么视它为畏途。

2. 浙江工业大学老教授协会的会员唐明老师,一直致力于改变这种状况。他要让学生深切感受到数学的魅力,从而喜欢上数学。唐明,祖籍浙江兰溪,

1966 年毕业于杭州浙大附中，1968 年支边黑龙江抚远县，1977 年返回老家兰溪插队。1978 年考上了杭州大学（现浙江大学）数学系。

3. 唐明老师 1982 年大学毕业以后即在浙江工学院（现浙江工业大学）教数学，直至 2008 年退休。现仍在学校教师教学发展中心做主讲教师资格认定工作。早几年前他便开始与学科的同仁一起研究数学与人文社会科学的关系。

4. 他与人合作的研究大学数学教学的一篇论文，题目竟然是《线性代数是蓝色的》，好有文艺范儿。

5. 他是浙江最早一批利用数学建模进行经济研究的专家，他以此身份出席过 1984 年的"全国中青年经济科学工作者学术讨论会"（史称"莫干山会议"），那次会议的成果极大地影响了中国改革开放的进程。1986 年浙江省经济社会发展战略研讨会的会议文件《浙江省宏观经济指标预测》，也出自他的手。

6. 唐明老师多才多艺。他精通音律，是学校教师合唱团的指挥。他爱好文学，《浙江工业大学校歌》就是他撰写的歌词。

7. 所有这些方面的人文素养，引导着作为数学教师的他走上了研究"数学文化"的道路。

8. 近日听说唐明老师领衔编著的《大学数学与数学文化》一书在科学出版社出版，我立即上网到京东书城查看，存货仅剩 1 件了，我赶紧下单，没几天就送到了家。

9. 数学史学家 M. 克莱因说："音乐能激发和抚慰情怀，绘画能使人赏心悦目，诗歌能动人心弦，哲学能使人获得智慧，科学可以改善生活，而数学能提供以上的一切。"我想，只要谁认真读了唐老师的这本尽释数学之美的著作，他一定会爱上数学的。

九、林宝琨：书写历史，创造历史（2016 年 1 月 26 日）

1. 在浙江工业大学的各种校史文献资料中，到处可以看到一个熟悉的名字"林宝琨"，他是我们老教授协会的资深会员，现住杭州城西的亲亲家园。2016 年 1 月 26 日，雪后初霁，我专程来此拜访。

2. 林宝琨，1937 年生于上海，幼时回宁波就读于（虞）洽卿小学，及长去上海做学徒，后再回老家读书，1955 年考入浙工大的前身杭州化工专科学校。毕业后留校工作直至 1998 年退休，之后仍然笔耕不辍。他把一切都献给了浙工大，与学校风雨同舟时已逾甲子。

3. 林老师年轻时便富有创造力。1958 年 7 月 4 日的《青年报》，报道当时作为学生的他《打破迷信，大胆设想》，试验成功分析硅酸盐新方法的故事。

4. 林老师随着学校在杭州、衢州之间数度迁徙，在"文革"中也无辜受折腾，三次被抄家,还被打入"牛棚",但这一切都未能影响林老师的工作热情。

5.他参与了学校历史上的第一个科研项目,并担任过多年的学校科研处长,积极组织和推进学校的科研事业。他最早提议并创办了学校的第一本学术期刊,即沿革至今的《浙江工业大学学报》。

6.他自参加国家教育部的高校干部进修班后,开始潜心研究高等教育学。他担任过多年的学校"高教研究所"所长,创办了《高教与经济》杂志。

7.他对学校开展校际交流合作做了许多事情,建议并接待了日本足利工业大学的来访,积极参与了地方工科院校协作网的工作。近年来,他又在国内外大学文化研究的潮流中,与老教授们一起致力于我们学校的文化研究,成果丰硕。

8.林老师作为学校历史的亲历者,撰写了大量的历史文字,主持了学校的纪年修志,策划编纂了多本学校同仁的回忆文集。

9.他不仅秉笔书写了学校的历史,更是参与创造了学校的历史。

十、苏尔云:岐黄正传,万汇滋生(2016 年 1 月 28 日)

1.2016 年 1 月 28 日下午,我来到杭州孩儿巷口的"张同泰名医国药馆",不为求医问药,为的是拜访一位在这里悬壶济世、治病救人的坐堂医生。

2.他就是我们浙江工业大学老教授协会的会员、中西医主任医师苏尔云。他曾是我们学校的校医,白血病及疑难症研究所的所长。退休后,他走出校门,更将爱心仁术遍施于社会大众。

3."张同泰",杭州一家"中华老字号"的百年老店,始创于清嘉庆十年(1805年),迄今已有 200 多年的历史,驰名江南,享誉神州。

4.苏尔云,1948 年出生于浙江瑞安,5 岁时随父母进入浙工大的前身杭州化工学校。青年时在农村做过"赤脚医生",后就读于浙江医科大学,还是中国中医科学院函授研究生,他把毕生献给了"岐黄正传、万汇滋生"的中医药事业。

5.苏医师的专长是中西医结合治疗血液病,这是一种凶险的疑难病症,病人大多挣扎在死亡线上。苏医师妙手回春,救活了许多人。

6.苏医师是一位学者型的医生,他在《浙江中医杂志》《中华内科杂志》等专业刊物上发表论文数十篇。退休以后也没有搁笔,最近《中国中西医结合杂志》又给他发来了录用通知。他说,现在写论文的目的,只是为了传播为医之道,泽被苍生。

7.更难得的是,苏医师秉承和弘扬中华医学深远的医学哲学和崇高的医学道德,"上医治未病","无事是贵人","但愿世间人无病,何妨架上药生尘"。

8.在中国的血液病病友中流传着"南苏北麻"的说法,"麻"是指北京的中国中医科学院西苑医院的麻柔大夫,"苏"就是杭州的苏尔云医生。

9.很可惜今天是星期四,苏医师不坐堂,我没能够在这里见到他。不过这不要紧,苏尔云医师的名声早已传遍了江湖。

十一、徐崇嗣:浙工大的元老(2016年1月31日)

1.2016年1月31日下午,我又一次来到浙江工业大学早先的教工宿舍——浙工新村,这里宁静,高人密集,随便碰上一个人,可能就是某个领域里学问精进的专家学者。

2.今天我要登门拜访的,就是德劭年高的徐崇嗣老教授。他1927年生于宁波,从小长在杭州。虽然年届九旬,而且刚安装了心脏起搏器,但他脸色红润,握手时感觉手很暖乎,头脑清晰,说话底气十足。

3.徐老先生青少年时代遭逢战火,颠沛流离,学业断断续续。1946年在贵州遵义考上因避战乱而西迁的浙江大学化工系,1950年在杭州毕业后,先到"杭高工",1953年并入浙工大的前身杭州化工学校,工作至今,任教至退休。

4.1957年,徐老师与几位年轻教师因给某领导提意见而被一起打成右派,后来那位领导自己也成了右派。那年全校的右派竟有二十多人,比例超过教职工的百分之十。

5.当他离别妻子儿女随校去衢州时,又赶上人民公社运动,不久遭遇全国大饥荒。他回忆当时经常都是饿着肚子、没有东西吃,严重营养不良。

6.在艰苦的条件下,他坚守教坛,潜心治学。他是我校历史上最早的几个副教授、最早的几个正教授之一。作为浙工大的元老,现在许多大名鼎鼎的教授都是他的学生。

7.徐教授研究的专业是化学工业的传质过程及设备,他发明的高效气液传质设备——复合塔,在业界广泛应用。

8.在2013年浙工大成立60周年之际出版的《甲子抒怀》一书中,我还读到徐教授和其他老前辈在学校发展历史上的更多作为和贡献,令人钦佩。

9.徐教授现在是我校老教授协会最年长的会员,晚年生活幸福,全家四代同欢。衷心祝愿他健康快乐、福寿无疆!

十二、张治辉:"自驾游达人"(2016年2月1日)

1.2016年2月1日下午,我穿越杭州城、跨过钱塘江,来到滨江的彩虹城,只为拜访一位跋涉千山万水的"自驾游达人",他就是我们浙工大老教授协会健身队的队长张治辉。

2.张老师1947年生于四川成都,从小学习成绩优异,是"老三届"中的老高三。"文革"中下乡进厂,1977年一举考上哈工大,本科只读了一年半,又考上了同济大学研究生。毕业后在浙工大任教直至退休。

3.张老师从小就是无线电发烧友,从矿石收音机开始到自装电视机。退休以后,他还以信息工程专家的身份,继续担任国家财政部的专家库成员,不时被抽去全国各地评审重大建设项目标书。这不,他昨天才刚刚从北方某地回来。

4.一辈子的职业生涯都是靠学问吃饭,退休后却偏偏爱上了"自驾游"。他与"江湖"上的一群驴友,自驾结伴出游,走遍了大半个中国,还游历了新西兰、西班牙、摩洛哥及亚欧多个国家。

5.他特别偏爱向西部进发。横贯东西的318国道,东起上海,西至西藏中尼边境的樟木,他已数度往返。青藏、川藏这几条"天路"一般的进藏线路他都亲征过。

6."自驾游"大大拓展了张老师的身历空间,去了很多从未去过的地方,遇见了很多萍水相逢的人,了解了世上各种各样的自然形态和生活方式,感受到了这个世界的五彩缤纷。

7."自驾游"更是大大拓展了张老师的心灵空间,那种"天高任鸟飞、海阔凭鱼跃"的自由自在的感受,非亲历者不能体会,有体验者也难以言说。

8.张老师的座驾近三年来陪伴着张老师走了六万多公里。"自驾游"正所谓"不在乎目的地,在乎的是沿途的风景和看风景的心情"。

9.作为老教授协会健身队的队长,张老师经常组织大家去毅行、攀登。只要跟上张老师,我们的老教授们就能踏遍青山永不老。

十三、沈立晟:追求真善美(2016年2月17日)

1.2016年2月17日,美丽的梅花盛开的日子,我来到杭州城西美丽的梅林苑,拜访一位引起我好奇,在退休以后竟然走上"探索美学之路"的理论化学教师。

2.他就是我们浙江工业大学老教授协会的资深会员沈立晟老师。他1938年出生于浙江鄞县,1957年是黄岩县唯一一名考上北京大学的学生,就读于化学系。

3.在他同校同系同年级的同学中,有一位是大名鼎鼎的叶永烈,起初是撰写《十万个为什么》的科普作家,后来转写纪实文学、人物传记。在"文革"发动50周年、"四人帮"覆灭40周年之际,叶永烈刚刚推出了四卷本的《"四人帮"兴亡》:《初起》《兴风》《横行》《覆灭》。

4.沈老师大学毕业后被分配到上海901厂工作,因当时严格的户籍制度而

414

致夫妻分居长达十年之久。1979年他调到当时位于衢州的乌溪江化工学院（浙工大前身），给本科生和研究生开课，一直任教至1999年退休。

5. 其间，由于对经济学、管理学等社会科学的热爱和造诣，他还曾参与了浙江省企业管理协会《今日企业》杂志的创刊和编辑工作。

6. 他勤于思考问题，深入钻研学问。他所写的文章虽然不多，但每篇都有一些别有创意的观点，无论是对岳飞、朱熹的功过褒贬，还是对马斯洛需求理论的拓展。

7. 他的这篇讨论"美的本质"的美学论文，历经多年琢磨，反复修改，终于得以在期刊上公开发表。这其实是他自青年时代就开始心仪美学理论的结果。

8. 更令我肃然起敬的是，沈老师多年来一直自费订阅几种政论杂志，翻开一看，随处红杠眉批，可见阅读得非常认真。

9. 至此，我已然明白，为什么一个教理论化学的老师会去写美学论文了。这是一个毕生都在孜孜不倦地追求真善美的老知识分子。

十四、徐湄荃：记忆中的故事（2016年2月23日）

1. 我们浙工大老教授协会的资深会员徐湄荃老师，住在朝晖校区的上塘河边，2016年2月23日，我特地去他家拜访，想听他给我讲讲记忆中的往事。

2. 每个人的私人照相簿里都会有一些老照片，每张老照片的背后都有故事，这都是非常珍贵的记忆。现在有个《老照片》杂志，就在到处寻觅这些老照片，发掘老照片背后的故事。徐老师也有这样一本珍贵的影集。

3. 日寇侵华时期的1939年，徐老师出生在逃难途中的浙江嵊县。父亲丢掉了杭州的印刷店，后在奔波时甚至丢掉了性命。他小时候刻骨铭心的记忆就是逃难。

4. 他1956年在杭州高级中学参加高考，从其准考证上可以看出当年的高考科目，除了本国语文、数学、外国语、政治常识，还有物理、化学、历史、地理，甚至还有一门"达尔文主义基础"。

5. 他考上西北电子科技大学以后，由于学校的需要，品学兼优的他在就读期间就开始承担教学任务，边学边教，当起了一名教师。

6. 他是在"文革"结束后的1979年初调到杭州的，当时刚刚筹办的浙江工学院（浙工大前身）急需人才。进校后他一直担任数学教师，讲授高等数学、工程数学、统计学原理等课程。

7. 他觉得教书给了他无穷的乐趣，能够从事自己最喜爱的工作是幸运的，以至退休以后他还继续上了十多年的课。

8. 徐老师最喜爱家门口的这座千年古桥——东新桥，在桥边散步是他晚年莫大的享受。回首往事,他感慨万千:国家强盛、安定,我们才能有幸福的生活。

9.我真的非常感谢徐老师,他对我像老朋友一样敞开心扉,他讲的故事我很感兴趣,他的温情与谦和让我如坐春风。

十五、沈振闻:负暄聊天(2016年3月3日)

1.浙江绍兴的皋埠本是一个典型的江南水乡,秀美,富庶,文化底蕴深厚。这里有驰名的吼山桃花,有不少老台门,后来迁居嵊县的文化名人马寅初原本就出生在这里。这里也是我们浙工大老教授协会资深会员沈振闻老师的故乡。

2.他1938年出生时浙江已经沦陷于日寇铁蹄之下,与在邹韬奋的生活书店杭州分店任经理的父亲,在战乱中失散。母亲在家乡靠几亩薄田艰苦度日,勉力供养他读了私塾、小学。1951年他考入绍兴一中,1957年高中毕业后,又以优异成绩考上了浙江大学化工自动化专业。

3.2016年3月3日午后,我与沈老师坐在浙江省博物馆负暄聊天,听他讲了许多人生故事。当年他进大学时适逢"反右",许多师生被打成右派,结局悲惨,而他们的"错误"仅仅是对大学院系的调整有看法。当时的浙大被拆得七零八落,只剩下化工、机械、电机、土木四个系。

4.他1962年大学毕业后被分配到北京化纤工学院(后改为北京化工学院)。"文革"内乱时期,不上课,闹革命,军训操练,只为到天安门广场接受检阅。沈老师还亲历了好几起当时司空见惯的自杀事件,包括纺织部长张琴秋、学校革委会主任以及另一个无辜的学生。

5.沈老师记忆犹新的一次学术活动,是参加由浙大周春晖教授主持、各地六校十位教师共同编写《化工自动化》教材。走遍千山万水,吃尽千辛万苦,从1971年起历时三年才完成。

6.为解决夫妻多年分居问题,1975年沈老师调回杭州。起初在杭州电子工学院,转入管理系统工程专业。1985年调到浙江工学院(浙工大前身),任教至1999年退休后,还继续工作直到干满50年。

7.在浙工大期间,沈老师又一次华丽转身,转入当时日趋兴旺的房地产经济专业,为了培养社会急需的人才,沈老师和他的"沈振闻工作室"出版了20多种、数百万字的教材。他的许多学生现在都供职于房地产部门,"建成广厦千万间,大庇天下寒士俱欢颜"。

8.沈老师心地善良,为人热情,担任学院工会主席多年,走访了每一个教工家庭。沈老师"位卑未敢忘忧国",他创立了中国民主建国会的浙工大组织,并在省监察厅、省国土厅任监察员,在省教育厅任督学,参政议政,服务国家。

9."心中为念农桑苦,耳里如闻饥冻声。"沈老师难忘少年时代的艰难困苦,忧虑国家多灾多难的历史,因而很感谢今天的时代。今年沈老师将喜迎金婚,衷心祝愿他晚年幸福!

十六、赵国华:书香之家(2016 年 3 月 5 日)

1.2016 年 3 月 5 日下午,我慕名来到浙工大退休教师赵国华老师的府上,专程寻访经由国家新闻出版广电总局在全国范围内评选出来的这户"书香之家"。这块长 55 厘米、宽 21 厘米、重 2.5 公斤的青铜牌匾,悬挂在客厅的墙上,顿使满室生辉。

2.赵老师家早在 2004 年就已获得杭州市十大"藏书人家"称号,2012 年获得"第六届西湖读书节"的十大"书香人家"称号。2014 年的首届全国"书香之家"评选中,获此殊荣的,全国有 996 家,浙江省有 39 家,杭州地区仅 5 家。

3.赵老师 1938 年出生于浙江诸暨的一个书香门第,其父是一位国文教师。位于诸暨县治所暨阳南门的赵氏家族,祖宗显赫,从他们的宗谱上可以查到,赵老师是宋朝开国皇帝赵匡胤的第 32 代裔孙。

4.赵老师家不大的几个房间里,共有 7 个占满整面墙壁、顶天立地的大书柜,每个书柜里都塞满了书,整整齐齐、满满当当。根据他的记录,迄今收藏有各类书籍 8643 册,总计字数约 27 亿,比两套半的《四库全书》还要多。

5.赵老师原是有机化工专业的教师,但他酷爱读书、赏书、购书、藏书,特别偏爱中国文化方面的书籍。他家的藏书,主要是中国语言文字的字典、词典、百科全书;中国文学的诗词曲赋、骈文散文、白话小说;中国历史的各种断代史、编年史、地方志;以及书法、绘画、对联、棋艺、武术、兵书、宗教、科技,等等,林林总总,蔚为大观。

6.藏书讲究版本,如四大名著之一的《红楼梦》,共有 80 回脂评抄本的 10 个版本和 120 回程高印本的 2 个版本。赵老师家就收藏有 10 个版本,还有各种续书仿作、研究资料。

7.藏书讲究齐全,他家"8 册以上成套"的书现有 112 种。有的成套易购,有的就需要长期四处搜集,还要凭点机缘巧合,才能幸运地把散落江湖的书籍搜集完整。

8.藏书还讲究包含的信息量,如中国汉字的字典工具书,汉代《说文解字》收字 9000 多个,清代《康熙字典》收字 47000 多个,而这本厚达 1786 页的《中华字海》,收字 85568 个,是目前收字最多的字典。赵老师收藏的宋代《集韵》,是按照汉字字音分韵编排的字典,这使今人可以"听"到古人的读音。

9.赵老师现在每周都要到浙江图书馆的书市去淘宝,平时就在家坐拥书城,浏览阅读,媒体报道他时称他为"书痴"。达观的赵老师甚至已经刻好了自己的墓志铭:"搜古奇中外书,藏经史子集典",横批:"书香之家"。

十七、范竞藩:我的梦想(2016 年 3 月 6 日)

1. 浙江工业大学朝晖校区的"飞梦亭"边,住着我们浙工大老教授协会的一位资深会员——范竞藩老师。2016 年 3 月 6 日下午,我在飞梦亭边拜会了范老师,早已退休的他最近有了一个关乎学校超越式发展的梦想。

2. 范老师是杭州人,1935 年出生。身体硬朗,精神矍铄,看上去完全不像是八十有余的耄耋老人。而从他思路清晰、观念新锐的谈话中,更显露出"老骥伏枥,壮心不已"的年轻心态。

3. 范老师早年在湖南长沙的"雅礼中学"读书,那是一个有着悠久历史、中西合璧的著名学校。"雅礼"既是《论语》"子所雅言,诗书执礼",又蕴涵着学校创建人从美国"耶鲁"(Yale)大学归国办学的背景。不过在范老师就读期间,1951 年被改名为"解放中学",1952 年又改名为"长沙市第五中学",直到 1985 年才改回原名。

4. 1953 年,年轻的范竞藩考上了南开大学。两年以后,才华出众的他以及另外一些南开同学,被抽调到了北京大学新组建的"核物理专业"学习。

5. 这个专业的这一届 200 名学生,全是从北大、南大、南开、复旦、川大、武大、东北人大和中山大学等 8 所顶尖高校抽调来的德才一流的高才生,作为国家建立核工业、发展核武器的特殊人才,予以特别培养。

6. 这位中国"两弹一星"元勋朱光亚(1924—2011),当年就是他们的老师,给他们讲授《原子核物理导论》课。不过,范老师后来没有与他的同学那样参与核武器的制造,而是"化干戈为玉帛",在 1958 年即从三机部转到了浙江的我校来任教了。

7. 之所以被转行,只因他当年直言国家要防止个人崇拜,被打成"高校毕业生中的反社会主义分子",据说还是多亏了周恩来总理对他们的保护,才逃脱了被划为"右派"的更悲催的命运。他从杭州到衢州,又从衢州到杭州,直到迎来改革开放。

8. 改革开放以后,作为老知识分子的他,对国家的振兴爆发出巨大的热情。他应邀为浙江省政府的地方经济发展战略、光纤通信的高科技发展等领域,建言献策,不遗余力。如同他的祖父,当年在杭州为清政府的钱塘县做幕府一样。

9. "更名,更名!为了学校的超越式发展,现在我们学校必须更名!"这是范老师经过深思熟虑、审时度势后提出来的一个梦想,当然这其中自有他厚重的内涵。正如马云所说:"人总是要有梦想的,万一实现了呢?"

十八、李宝泰：做一回福尔摩斯（2016 年 3 月 10 日）

1. 2016 年 3 月 10 日，我们浙工大老教授协会经贸学院小组在"万泰城"聚会，我乘机采访了资深会员李宝泰老师。他的一生经历曲折，其中不乏许多精彩的故事。而最吸引我的，是当年他依据自己的专业知识，像福尔摩斯断案一样，参与了一桩惊天大事故的调查。

2. 1979 年 9 月 7 日下午 1 点 05 分，浙江温州地处东南郊的温州电化厂一声巨响，生产液氯的车间发生了大爆炸。此次事故造成 59 人死亡、近 600 人氯气中毒。这件事当时中国少有人知，但"美国之音"第二天就报道了，是他们的卫星观测到的。

3. 时任浙江衢州化工厂电化分厂工程师的李宝泰老师作为专家，临危受命，参加了省化工厅组织的事故控制和原因调查小组。当他们乘吉普车赶赴现场时，只见现场一片狼藉。

4. 厂房已全部倒塌，附近大楼的墙面扎满了像刀一样的钢瓶碎片，当班员工无一生还，死难者的遗体压在废墟下，残肢断臂四处飞散。因爆炸而导致的有毒氯气乘着东南风，吹遍了半个鹿城，所到之处万物变色、生灵涂炭，整个城市笼罩在一片凄惨之中。

5. 事故原因的调查如大海捞针一般的困难。事故性质是生产技术性还是有人蓄意破坏？当时全社会都绷紧了阶级斗争的弦，有一个工人因请病假没来上班，逃过此一劫，会不会是他？……后来的调查，排除了他的嫌疑。

6. 氯（Cl）是一种化学性质十分活泼的非金属元素，可以用来生产多种产品。它在常态下是一种黄绿色的气体，但为了便于运输和使用，需要将它变成液态（液氯），装在特制的钢瓶里。调查发现，爆炸的中心就是这样的钢瓶。

7. 在灌装液氯时必须清空里面的异物，否则就可能导致化学反应发生爆炸。而此前正好有一个生产氯化钙的工厂送来空瓶，由此怀疑是该厂的空瓶中有水的缘故。当时有些人急于交差，就想以此做结论，但李老师坚持继续剥茧抽丝，一定要查个水落石出。

8. 李老师明察秋毫，发现现场可见有一层黑色粘附物，断定必是有机物爆炸，而不是水，于是查到生产液化石蜡的某药物化工厂，接着又与企图掩饰真相的这个厂家斗智斗勇，最后终于使真相大白于天下。这其中的情节错综复杂，扑朔迷离，足以写成一本福尔摩斯侦探小说了。

9. 李宝泰老师 1937 年生于杭州，1953 年入"杭初"（这是当时杭州最好的初中），1956 年考进杭州化工学校，毕业后留校。1962 年至 1982 年在衢州化工厂工作，之后调回杭州的浙江工学院（我校的前身）。他戮力参与创编的浙江省

《今日企业》和《改革月报》杂志,在改革时代发出了影响全国的企业改革之声。1997年退休之后,他还一直在为《浙江省乡镇企业志》撰写"改革篇"。

十九、贾高顺:老教授的优雅风采(2016年3月14日)

1. 2016年3月14日下午,我在浙工大朝晖校区子良楼,拜访了老教授协会的资深会员贾高顺教授。虽然早已退休,但他还是常常来学校,还来帮助他终身供职的机械学院搞科研。

2. 贾老师1937年生于江苏扬州的江都县乡下,1951年以优异成绩考入扬州中学。这是一所肇始于1902年的赫赫有名的学府,它的著名校友有江泽民、胡乔木、朱自清等,院士校友就有45人之多。

3. 1954年他从江苏扬州考到了浙江杭州化工学校就读。从1957年毕业开始,他就留校做老师,一做就做了一辈子。

4. 1960年,贾老师带着一批学生去金华化工厂搞技术革新。正在这时,家里传来父亲病重的消息,遭遇大饥荒的父亲胃部大出血。可惜因为工作繁忙、路途遥远,等他赶回家时,父亲已经去世落葬,未能见到最后一面。每当忆及此事,贾老师仍会黯然神伤。

5. 贾老师没有辜负父亲培养他成才的殷切期望,在他的化工机械专业领域一直努力工作。他1962年到华东化工学院进修3年,回来后就参加化工部的"尿素全循环法中试研究"并取得成功。1975年开始研究卧螺离心机,它成为我校获得的第一个专利,并获得浙江省科技进步二等奖。

6. 贾老师是一个优秀的学术团队带头人。他从1960年起就负责教研室工作,1991年起任机械系主任。他主编了全国统编教材。他主持的"化机专业实验课程建设"获浙江省教学成果一等奖。他重视学科的建设,努力把以教学为主的系,向教学研究型的学院提升,1995年他出任了机械学院的首任院长。

7. 贾老师除了做好本学院的工作,还努力为学校多做贡献。1999年我国高等教育大发展时,他受命主持我校的二级学院——之江学院的教学工作。2002年他接任校教学督导组长,襄助学校在国家教育部的本科教学评估中获优。

8. 贾老师不仅工作勤勉,生活情趣也很丰富。他现在虽早已退休,却还每周两次参加"舞韵队"的活动,用跳舞的方式来锻炼身体、陶冶情操。每当看到鹤发童颜、身板笔挺的贾老师和他的舞友们翩翩起舞,人们都由衷地赞叹老教授的优雅风采。

9. 相由心生,眉慈目善的贾老师宅心仁厚。前几年有人主张在西湖边恢复人力黄包车作为旅游卖点,贾老师闻讯后专门致信媒体表示反对,因为他不忍再看见黄包车夫在路上疲于奔命。作为一个机械专家,他竭力主张用机器来代替人力,让人从辛苦劳作中得到解放。

二十、田志芳:高大上的不平凡经历(2016 年 3 月 15 日)

1. 2016 年 3 月 15 日下午,我前往杭州潮王路上的"潮王人家",拜访了浙工大老教授协会的资深会员、浙江工业大学的前副校长田志芳老师。采访之后我惊讶地发现,他可真是一位高大上的非凡之人,有许多不平凡的经历。

2. 许多人都知道,田老师是近年中国舆论界曾经传得沸沸扬扬的一桩公案里的核心人物,包括央视在内的各大媒体都曾纷纷报道:"美国西点军校学雷锋"的事,到底是真是假? 我想要听听当事人自己的说法。此事说来话长……

3. 田老师 1935 年生于杭州。少年时在杭州弘道小学(后转入天长小学)读书。他的同班同学蒋孝文常带他到现在西湖断桥边的这栋"蒋经国旧居"打乒乓球。蒋孝文是蒋介石长子蒋经国的长子。这在今天或可显摆的往事,但当年却让主动"向党交心"的田老师吃尽了苦头,在国共两党不共戴天的年代,这竟使他迟迟不得加入共产党。

4. 田老师从杭州二中毕业后,1955 年考上南京工学院(现东南大学)机械系,毕业后到北京的中科院电子所工作。"文革"中他亲眼看见团中央书记胡耀邦惨遭批斗。1976 年天安门事件后他因传抄诗词而被查,差一点就成为"四五英雄"。十年"文革"后,1982 年升任中共中央总书记的胡耀邦曾参观中科院的科研成果展览会,胡耀邦认真聆听田老师为他做讲解。

5. 机会总是留给有准备的人。改革开放以后,田老师凭借业余自学的英语,以科教专家的身份,于 1984 年被外交部派往中国驻美大使馆任一等秘书,负责中美学术交流活动。

6. 田老师与美国前总统尼克松(1913—1994)留有合影。尼克松总统于 1972 年访华,为中美两国关系打开了新的篇章。他被称为中国人民的老朋友。

7. 田老师与基辛格博士等人也留有合影。基辛格也是中国人民的老朋友,他为中美友好做出了很大的贡献。

8. 田老师在美国做了四年多的外交官。回国以后,他应浙江省政府的力邀,到浙江工业大学的前身浙江工学院任副院长,后任浙江工业大学副校长,矢志科教兴省、造福桑梓,直至 1996 年退休。

9. 给平静的退休生活带来一丝涟漪的就是这张照片。田老师说,这确实是他在美国访问西点军校(West Point)时带回来的。他们的学生也要学习外语,包括中文,也要了解中国,包括军人,因此在教室里贴一张雷锋的画像,没什么可以大惊小怪的。但把这诠释为美国大兵像中国人一样"学习雷锋好榜样",却是不靠谱的。

二十一、邢纪鑫:促膝访谈(2016年3月22日)

1.2016年3月22日,今天学校春游,我与老教授协会的资深会员邢纪鑫教授同车并座,得以聆听他许多精彩的人生故事。邢老师1940年出生于杭州的鼓楼附近,据说他的祖父是前清举人,父亲留美回国后从事技术工作。邢老师8个月大时便随母亲逃难至福建南平,8岁时才回到杭州。

2.邢老师的中学6年在杭州高级中学(曾经改名为杭州一中)住校就读。它位于明清两朝杭州府的贡院旧址,其渊源可追溯到1899年教育家林启创办的"养正书塾"。江南名校,育人无数,著名校友有徐志摩、郁达夫、丰子恺、查良镛(金庸)等。

3.青年邢纪鑫谨遵庭训,想学工程技术。当时钱塘江上已有著名桥梁专家茅以升建造的中国第一座现代化铁路大桥,丰功伟业激励他投身铁路交通事业。1957年他考上了茅以升的母校——唐山铁道学院的机械系。

4.这就是现为"西南交通大学"的前身"唐山铁道学院"。它是中国历史最为悠久的高等学府之一,最早可追溯到1896年创立的"山海关北洋铁路官学堂"。它是中国近代交通工程、矿冶工程、土木工程教育的发源地。

5.邢同学在学校刻苦学习,不问政治,曾作为"白专典型"而被"拔白旗"。然终因成绩优异提前一年于1961年从数学力学系毕业。之后留校任教10年,其间随校迁至四川峨眉,学校更名为西南交通大学。

6.1971年,邢老师调到内蒙古包头的617厂,他在那里开始推广"优选法"。这是著名数学家华罗庚发明的一种"用最少的实验次数,最快找到最优方案"的高效率方法,若各有3种状态的13个影响因素,全面试验需做的试验次数为……邢老师至今还能脱口而出:"3的13次方,1594323次"。而用优选法的科学试验设计方法只需27次。

7.改革开放以后,邢老师回归高校任教。1980年调到南京理工大学,1990年调回到杭州,进入浙江工业大学。根据国家经济发展的需要,他的学术方向适时转入到技术经济研究。62岁退休以后他还相继去本省的几个学院从事教育管理工作。

8.完全退休以后,邢老师得以真正地享受生活。游历与养生使他一直保持着身心的健康与快乐。作为一个智者,他对流行的许多相互矛盾的养生之道,比如"生命在于运动、还是静止?""膝盖是用进废退、还是要减少磨损?""医疗是服膺'医从性'、还是坚信'最好的医生是自己'?"都有自己独到的见解。

9.今年5月份,邢老师要去成都参加西南交大120周年校庆。早些日子邢老师刚接待了母校来人,专为拍摄这处"王文韶故居"。故居位于杭州清吟巷,离鼓楼不远。正是这位清末重臣王文韶,奏请光绪皇帝创办了邢老师的母校。

二十二、郑耀华:思考人生(2016 年 3 月 27 日)

1. 2016 年 3 月 27 日下午,我去浙工大朝晖校区一幢普通的教工住宅楼,拜访老教授协会的资深会员郑耀华老师。

2. 日前我在健身队的活动中得以结识郑老师。他是一个生性活泼、乐观开朗的人,与他聊天是一件十分愉快的事。

3. 郑老师 1937 年生于福建福州市,他家住在福州的"三坊七巷",那是"中国十大历史文化名街"之一。从这里走出去的人物,在近代中国许多重要的历史事件中,都扮演了时代推手的角色,如林则徐、左宗棠、严复、林觉民等。

4. 郑老师 1955 年从福州一中毕业后考到浙江大学,因成绩优秀、表现良好而提前一年毕业。留校任教的他,成了他同班同学的导师,指导他们做毕业论文。

5. "文革"中郑老师记忆深刻的一件事是,1966 年 8 月 26 日夜晚,他作为浙大青年教师,与大学生一起去守护灵隐寺。当时的红卫兵认定这是"四旧"必须砸烂,浙大师生的奋勇捍卫才使这座千年古刹得以幸免于难。

6. 郑老师 1971 年调到了当时的浙江化工学院(浙工大的前身)。他原本是搞热能的,随之转行搞化工仪表自动化。待到"文革"结束,学校大力发展新专业,他又跟上时代,参与筹建了我校的"工业电气自动化"专业,直到 1997 年从信息工程学院退休。

7. 作为中国最早涉足"信息工程"学科的专家之一,郑老师特别推崇钱学森当年倡导的崭新的思维科学,包括系统论、控制论、信息论等。他积极参加我校学人的"自然辩证法研究会"活动,努力探索最前沿的学术思想。

8. 当今时代,信息技术发展迅猛,他读书时是电子管时代,教书时是半导体时代,退休时已是超大规模集成电路时代了。旧知识更新很快,唯有睿智的思维方式让他保持思想的先进性。退休以后,他对世界、对人生都有了更多更深的思考。

9. 回顾近 80 年的人生历程,一辈子恪守中国传统忠恕文化的郑老师,也有抱憾之事。在反思"文革"50 周年之际,他悔恨自己当年奉组织之命,参加了到浙大陈运铣老师家去抄家的所谓"革命行动"。尽管过程还算平和,但他认为这是自己必须要忏悔的。郑老师这种"巴金式的忏悔"让我感动。

二十三、翁爱湘:善人多福(2016 年 3 月 28 日)

1.2016 年 3 月 28 日,我与一群朋友出去春游,其中就有我家的芳邻、我校老教授协会的会员翁爱湘老师,她是《浙江工业大学学报》的资深编辑,是我校最早获得编辑系列正高职称(编审)的老师。

2.翁爱湘 1949 年生于浙江衢州。在衢州二中读到高一那年,国家发生了"文革"动乱。她与当时所有的"老三届"(66、67、68 届初高中毕业)学生都只得中断学业,上山下乡。她回到了自己的老家龙游乡下。

3.衢州是一个文化底蕴深厚的地方。宋高宗南渡避难时,孔子后裔孔端友从山东曲阜随皇室南迁,在衢州诏建家庙,俗称"南孔",与曲阜的"北孔"齐名。虽然它在"文革"中被毁,但浓郁的文化气息却在当地氤氲。翁爱湘回乡后就当了一名乡村教师,给农民子弟教书,为成年农民扫盲,同时也接续着自己的文脉。

4.1973 年翁爱湘进入江西冶金学院(现江西理工大学)就读。毕业后分配到东北的沈阳铝镁设计研究院工作。1978 年她调回到衢州的浙江化工学院(浙工大前身)。起初在化工系,1986 年转到学校的学报编辑部担任编辑,直至 2009 年退休。

5.《浙江工业大学学报》是我校主办的一本综合性学术刊物,双月刊,国内外发行。它虽是出自一个地方工科院校,但科学无疆界,它在学术界有不小的"影响因子",被国际六大检索中的美国《化学文摘》、俄罗斯《文摘杂志》和英国《科学文摘》列为源期刊,有关化学化工的论文摘录率达 90% 以上。

6.翁老师做学报编辑 20 多年,努力按照标准化、规范化和科学化的要求,使期刊的编辑质量不断提升。《浙江工业大学学报》在 1999 年"全国优秀高等学校自然科学学报及教育部优秀期刊评比"中荣获三等奖,在 2008 年成为中文核心期刊。

7.翁老师努力钻研编辑业务。理工科学报的编辑既要具有科学的素养,又要有很好的文科知识和文字功底。同时,编辑也是一个"为他人做嫁衣裳"的职业,翁老师经手编发了许多后来成为学界大佬的文章,但她自己却总是默默无闻,乐于奉献。

8.翁老师给自己取个网名叫"善人",善人多福。她的丈夫施金南老师也是我们浙工大老教授协会的会员,退休前在学校行政管理部门工作,夫妻俩举案齐眉,相敬如宾。一双儿女均已成家,孙辈也在茁壮成长。

9.翁老师现在一边享受含饴弄孙的幸福生活,一边继续担任着清华大学"中国知网"驻浙江办事处主任的工作,把本省 100 多家学术期刊的学术信息,通过网络推广到全中国、全世界。

二十四、史如平：万丈高楼平地起（2016 年 4 月 19 日）

1.2016 年 4 月 19 日，我在浙工新村的院子里，有幸拜访了我校老教授协会的史如平教授，他是我国赫赫有名的岩土工程先行者，是土木建筑工程的专家。他 1929 年生于东海之滨的浙江象山，他的青少年时代就在这里度过。

2.1948 年，史如平考进了上海的复旦大学就读工程建筑专业。复旦大学创建于 1905 年，创始人是中国近代知名教育家马相伯。"复旦"二字取自《尚书大传》名句"日月光华，旦复旦兮"，意在自强不息，日日进步。

3.当年国内多条江河水患严重，国家为治理安徽境内的淮河，决定在其上游建造一座"佛子岭水库"，以防洪为主，兼济发电、灌溉、航运。刚刚毕业的史如平被安排到那里管理地基工程，从此与工程地质结缘。

4.万丈高楼平地起，任何人工建筑都须建立在牢固的地基之上。史老师在水坝建设的实践中积累了经验，其间还去长春地质学院进修了两年，回来后又参与了多个水坝的建设。治淮结束后，1960 年他被调入新成立的安徽水利电力学院任教，培养了一大批水利建设人才。

5.1978 年，时已并入合肥工业大学的史老师获得了国家公派出国进修的机会，他去了瑞士的洛桑（联邦）理工学院。在那里他跟着世界顶级的专家学习土力学、岩石力学、工程地质学，又去欧洲各地的水利工程考察，积累了丰富的理性和感性的知识。

6.史老师是在 1984 年调入浙工大建工学院的，到这里后他致力于研究土木工程的地质基础。一幢建筑，如果地基不稳，要么因负荷过重而沉降，要么因承载不均而倾圮。他所做的一切，就是为让每一幢建筑都能夯实基础，"风雨不动安如山"。

7.史教授有多部学术著作问世，如《土力学与地质工程》《土木工程地质学》《补偿收缩混凝土的应用技术》等。他发明的有效防止混凝土开裂渗漏、拥有著名 TEA 商标的膨胀剂，现一直被建筑业界普遍采用。

8.退休以后，史老师除了继续在专业领域发挥作用外，耄耋之年的他正在幸福地安享晚年。他每天在家阅读文学名著，在院子里散散步，与朋友们聊聊天，保持身心的快乐。2013 年他被学校评选为"健康老人"。

9.为表彰史教授数十年来为工程建设的基础工作所做出的贡献，业内的"杭州结构与地基处理研究会"2015 年还特地为他颁发了荣誉证书，予以嘉奖。

二十五、夏振鲁：高原归来（2016 年 4 月 26 日）

1. 2016 年 4 月 26 日，国色天香的牡丹开遍全国之日，我去了浙工大老教授协会的资深会员夏振鲁老师家拜访。夏老师老家在山东菏泽的曹县，那里是著名的牡丹之乡。

2. 夏老师是 1937 年出生的，当时刚刚爆发"卢沟桥事变"，侵华日寇的扫荡让幼小的夏振鲁尝尽了逃难的苦楚。

3. 青年夏振鲁于 1956 年考上了当时的山东工学院（现已并入山东大学）机械系，至 1960 年毕业后，他积极响应国家号召，积极报名参加支援边疆建设，来到了号称"世界屋脊"的西藏高原。

4. 遥远而又神秘的西藏，令人充满遐想，然而对一个内地人来说，这里的生活条件非常艰苦。不说用青稞做成的糌粑难以下咽，也不说雪域高原漫长的严冬令人胆寒，就是分分秒秒需要呼吸的氧气都有匮乏之虞，没有坚强的意志恐怕难以坚持多久，但我们的夏老师在这里一待就是 20 年。

5. 在那人迹罕至的西藏高原，有时甚至还会遇到人身危险。夏老师曾写过一篇《遇险冈底斯》，记叙了他在一个寒冬深夜的荒郊野外所经历的一幕，读来令人惊心动魄。

6. 那次他与西藏交通厅的几个同事出差，从拉萨出发，沿新藏公路驱车西行，去往萨噶。在半路的桑桑，他们迷失了方向，小车陷入沙坑无法动弹。努力到天擦黑也没能脱身，只得在黑夜中鸣枪报警，幸得招来解放军救助，才得以解脱，否则后果难以想象。

7. 1980 年，夏老师得以举家迁回内地，进入杭州的浙江工学院（浙江工业大学前身），以其在工交系统多年的管理实践经验，参与创建了工业管理系（经贸管理学院前身）。

8. 他在浙工大教过管理学的课程，并担任过多个院系的领导工作。他对于工业发展中所展现出来的人类的智慧创造非常感兴趣，专门著有《工业智慧》一书，受到中国社科院原院长于光远先生的重视和题签。

9. 丰富的人生阅历，给了夏老师以文学创作的素材与灵感，本来就富有良好文学素养的他，近年写就了一部 5 万余字的中篇小说！今天当我终于拿到书稿时，一口气把它读完了。这是一个委婉动人的故事，文笔细腻而流畅；更重要的是，从中我感受到了从圣洁的西藏高原归来的人，那特有的一颗质朴纯真的赤子之心。